Zhao Jie

Kleiner Phönix

Zhao Jie

Kleiner Phönix

Eine Kindheit unter Mao

Karl Blessing Verlag

Unserer Großen Mutter
– in ewiger Erinnerung

Verlagsgruppe Random House FSC®N001967
Das für dieses Buch verwendete
FSC®-zertifizierte Papier *EOS*
liefert Salzer Papier, St. Pölten, Austria.

1. Auflage 2013
Copyright der deutschsprachigen Ausgabe 2013
by Karl Blessing Verlag, München,
in der Verlagsgruppe Random House GmbH
Umschlaggestaltung: Hauptmann und Kompanie
Werbeagentur, Zürich
Fotos im Bildteil © privat
Zeichnungen © Chen Youmin
Satz: Leingärtner, Nabburg
Druck und Einband: GGP Media GmbH, Pößneck
Printed in Germany
ISBN 978-3-89667-498-2

www.blessing-verlag.de

DIE NACHRICHT

Meine Armbanduhr war stehen geblieben. In der Nacht des 3. Juni 1989, um 11 Uhr 40. Das entdeckte ich, als ich am Morgen aufwachte. Ich zog sie auf. Sie ging trotzdem nicht. Ich brachte sie zu einem Uhrmacher in der Berkaer Straße in Schmargendorf. Er sagte mir, die Uhr sei zwar uralt und verschmutzt, aber die Mechanik eigentlich noch völlig in Ordnung. Er verstehe es nicht und könne mir leider nicht helfen.

Ich trug diese Uhr seit mehr als fünf Jahren. Sie war eine mechanische, silberfarbene Schweizer Damenuhr der Marke Titoni, ein Erbstück meiner Großmutter. Als ich im März 1984 zum Studium nach Berlin gekommen war, hatte Großmutter sie mir gegeben und gesagt: »In meinem Alter spielt die Zeit keine Rolle mehr. Aber du brauchst eine Uhr.« Seitdem begleitete sie mich Tag und Nacht. Ich pflegte sie abends aufzuziehen, bevor ich schlafen ging. Noch nie war sie stehen geblieben.

Am diesem Abend sah ich blutige Bilder im Fernsehen: blutüberströmte Menschen, Tote auf ihren zerdrückten Fahrrädern, Schwerverletzte auf Dreiradkarren, rollende Panzer, brennende Fahrzeuge, Soldaten mit Sturmgewehren … Alle Sender berichteten über ein Massaker auf dem Platz des Himmlischen Friedens. Die Demokratiebewegung Chinas im Frühling 1989 sei vom Militär blutig niedergeschlagen worden, hieß es. Mir stockte der Atem. Wie gelähmt saß ich vor dem Fernseher, stunden-, tage- und nächtelang. Ich hätte es nicht geglaubt, wenn ich diese mir so vertrauten Straßen, diese mir so ähnlich sehenden Menschen nicht am Bildschirm gesehen hätte.

Sechs Wochen hatte ich die Entwicklung in China sehr genau verfolgt. Ich schnitt Zeitungsartikel aus und heftete sie sorgfältig nach Datum in einen Ordner. Ich sah jeden Tag die Fernsehberichte und zeichnete sie auf Videokassetten auf. Ich ging mit chinesischen Studenten auf die Straße, um mich mit den Studenten in Peking zu solidarisieren. Wir glaubten, in China fände eine Umwälzung statt.

Der direkte Anlass der Demokratiebewegung war der plötzliche Tod des ehemaligen KP-Generalsekretärs Hu Yaobang am 15. April. Er hatte sich für die wirtschaftliche und politische Liberalisierung eingesetzt, aber seinen Kampf gegen die Konservativen und schließlich seinen Posten verloren. Am 17. April marschierten sechshundert Studenten und Dozenten der Hochschule für Politik und Recht spontan zum Platz des Himmlischen Friedens und legten dort Trauerfahnen und Kränze ab. Im Lauf des Tages kamen immer mehr Studenten anderer Universitäten hinzu. Sie gedachten des beliebten Staatsmanns und forderten bessere Studienbedingungen und Berufschancen sowie Freiheit.

An diesem Tag war die Demokratiebewegung entfacht worden. Die Studenten organisierten sich, gründeten die »Autonome Vereinigung der Pekinger Universitäten« und forderten die Regierung zum Dialog auf. Da die Regierung nicht auf die Bedingungen der Studenten einging, versammelten sie sich zu Hunderttausenden immer wieder auf dem Platz des Himmlischen Friedens, boykottierten die Vorlesungen und forderten Demokratie, Bekämpfung der Korruption, Meinungs- und Pressefreiheit.

Am 26. April erschien ein Leitartikel in der *Volkszeitung,* in dem die Demokratiebewegung zum »Aufruhr« erklärt wurde. Die Studenten waren empört. Sie sahen sich als Bürger und Patrioten, die ihre Rechte ausübten, und nicht als »Verbrecher«. Besorgt ging ich zu meinen Freunden. In unserer Verfassung steht doch geschrieben: »Die Bürger der Volksrepublik China genießen die Freiheit der Rede, der Publikation, der Versammlung, der Vereinigung, der Durchführung von Straßenumzügen und Demonstrationen.« Warum waren dann diese friedlichen Demonstrationen ein Aufruhr? Wir waren fassungslos. Die ganze Nacht hindurch diskutierten wir und befürchteten einen bösen Ausgang. Denn in der Logik des Staates musste ein Aufruhr bekämpft werden. Aber auch für die Studenten gab es jetzt kein Zurück mehr. Gäben sie auf, müssten sie damit rechnen, als »Aufrührer« abgestempelt und von der Staatssicherheit verfolgt zu werden.

Von diesem Zeitpunkt an wurde aus einer Studentendemonstration ein Massenprotest. Arbeiter, Angestellte und einfache Bürger gingen auf die Straße, um die Studenten zu unterstützen. Der Protest eskalierte. Die Studenten besetzten den Platz und traten am 13. Mai in einen Hungerstreik. Zwei Tage später sollte Gorbatschow als erster Generalsekretär der KPdSU seit dreißig Jahren China besuchen. Die Studenten hofften wohl, diesen günstigen Zeitpunkt nutzen zu können, um die Regierung zu Zugeständnissen zu zwingen. Denn der Fokus der internationalen Presse richtete sich in diesem Moment auf Peking.

Aber die Regierung ging nicht auf die Studenten zu und verlegte den Empfang für Gorbatschow, der ursprünglich auf dem Platz des Himmlischen Friedens stattfinden sollte, auf den Flughafen. Anschließend musste Gorbatschow die im Westen des Platzes befindliche Große Halle des Volkes durch einen Nebeneingang betreten, um sich mit dem Staatspräsidenten Yang Shangkun zu treffen. Das bedeutete einen großen Gesichtsverlust für die chinesische Regierung, das wusste jeder Chinese. Und ein Gesichtsverlust verhieß nichts Gutes.

Am 17. Mai strömten circa eine Million Menschen zu Fuß, mit Fahrrädern oder auf Lastwagen zum Platz des Himmlischen Friedens: Studenten, Arbeiter, staatliche Angestellte, Schriftsteller, Wissenschaftler, Polizisten, Ärzte, sogar Parteikader und Journalisten des Parteiorgans – der *Volkszeitung* – und des Staatsfernsehens. Die Medienvertreter aus aller Welt, die anlässlich des Besuchs von Gorbatschow in Peking versammelt waren, berichteten mit höchster Begeisterung: Sie wollten ursprünglich über den Staatsbesuch Gorbatschows berichten und gerieten unerwartet in eine Revolution.

Die Bilder im Fernsehen erinnerten mich an den 1. Oktober 1969. An jenem Tag hatte ich als eines der Blumenmädchen an der großen Parade zum 20. Staatsgründungsjubiläum teilgenommen und den Vorsitzenden Mao gesehen. Aber dieses Mal war es keine staatlich organisierte Kundgebung, sondern eine spontane Massenbewegung – wohl die erste und größte seit Gründung der Volksrepublik – und für ein ganz anderes Ziel. Ich war aufgewühlt und verfolgte angespannt die weitere Entwicklung: Vielleicht würde es ja doch noch ein Wunder und auch in China eine Perestroika geben!

Am Morgen des 20. Mai wurde das Kriegsrecht über Peking verhängt. In den Abendnachrichten dieses Tages sah ich Zhao Ziyang, den Generalsekretär der KP Chinas, der in der Nacht zuvor die Studenten auf dem Platz besucht hatte. Mit Tränen in den Augen sagte er: »Wir sind zu spät gekommen. Es tut mir leid.« Er bat die Studenten, den Hungerstreik zu beenden. »Ihr seid noch so jung. Ihr sollt gesund weiterleben, um die Verwirklichung der Vier Modernisierungen zu erleben. … Wir können unseren Dialog weiterführen. Manche Dinge brauchen Zeit, sie brauchen einen Prozess, bis man eine Lösung findet …«, sprach er durch ein Megaphon. Man sah selten, dass chinesische Politiker unter die Massen gehen, schon gar nicht, dass sie in der Öffentlichkeit Emotionen zeigen. Zhao Ziyang sah sehr erschöpft und traurig aus. Meine Unruhe und Sorge wurden immer größer.

Am 30. Mai tauchte eine zehn Meter hohe »Göttin der Demokratie« – eine Nachbildung der New Yorker Freiheitsstatue – vor dem Tor des Himmlischen Friedens auf. Studenten der Zentralen Kunstakademie hatten sie aus Gips und Polystyrol gebaut. Am nächsten Tag berichteten die Zeitungen, dass erste Demonstranten in Peking festgenommen worden seien und dass die staatlichen Medien die »Göttin der Demokratie« als eine »Demütigung der chinesischen Nation« bezeichneten. Alle Anzeichen deuteten darauf hin, dass die »konservativen Kräfte in der KP-Führung« fest entschlossen waren, dem »Chaos« ein Ende zu setzen.

Dann kam die Nacht vom 3. auf den 4. Juni. An viele Möglichkeiten hatten wir gedacht, aber nicht an diesen blutigen Ausgang. Meine Freunde und ich konnten einfach nicht glauben, dass die Volksbefreiungsarmee auf das eigene Volk schoss und es mit Panzern niederwalzte. Die westlichen Medien sprachen von mehreren Tausend Opfern. Aber was war wirklich auf dem Platz des Himmlischen Friedens passiert? In dieser Nacht war kein einziger westlicher Journalist dort gewesen.

Ich war paralysiert. Regungslos saß ich vor dem Fernseher und zeichnete alle Berichte auf, ohne zu wissen, wozu. Inzwischen hatte ich mehr als ein Dutzend Videokassetten, die mit »Demokratiebewegung China 89« oder »4.6.« betitelt waren. Nach Peking zu telefonieren kam nicht infrage, denn ich wusste, wie gefährlich es im Moment für die Menschen in China sein musste, öffentlich über die Ereignisse zu sprechen.

In diesem Zustand der Fassungslosigkeit erhielt ich zehn Tage später, am 14. Juni 1989, einen Brief meiner Mutter aus Peking in dem gewöhnlichen hellblauen Umschlag für Luftpost. »Großmutter ist gestorben«, stand darin als erster Satz. Ich begriff die Schriftzeichen nicht, es waren Worte, deren Sinn ich nicht fassen konnte. Ich las sie noch einmal und noch einmal. Dann las ich weiter: »Großmutter ist im friedlichen Schlaf von uns gegangen, am 4. Juni um 5 Uhr 40. Doktor Liu hat den Totenschein ausgestellt. Noch am selben Tag brachten wir sie in die Leichenhalle des Bezirkskrankenhauses. Die Leute im Krematorium mussten wir mit einer hohen Summe bestechen, damit ihr Leichnam bereits drei Tage später eingeäschert werden konnte. Sonst hätte man sehr lange warten müssen, besonders in diesen Tagen … Weißt du, in Peking herrscht zurzeit eine unerträgliche Hitze.«

Die Worte »eine unerträgliche Hitze« waren unterstrichen.

Während ich das las, fühlte ich, wie ich in einen dunklen Abgrund hinabfiel, tiefer und tiefer; ich wollte weinen, hatte aber keine Tränen.

Großmutter ist tot? Es gibt sie auf dieser Welt nicht mehr, nicht einmal ihren Leichnam? Sie ist als Mensch aus diesem Kosmos gegangen, einfach erloschen? Und ich erfahre es in Form einer Notiz auf einem Blatt Papier?

Und dann, von einem auf den anderen Moment, ging es mir auf: Ich schaute auf meine Uhr, die ich immer noch trug, in der Hoffnung, dass sich die Zeiger wieder bewegen würden. 11 Uhr 40 zeigte sie nach wie vor. Plus sechs Stunden Zeitdifferenz in der Sommerzeit. In Peking war es 5 Uhr 40 des 4. Juni gewesen, als meine Uhr stehen geblieben war. Eine giftige Ohmacht würgte und betäubte mich augenblicklich. Ich verlor meinen Verstand ...

In meiner Kindheit und Jugend hatte ich zweimal den Tod aus der Ferne erlebt, einen Tod, den ich nicht begreifen und an dessen Wirklichkeit ich lange nicht glauben konnte.

Als ich drei Jahre alt war, starb mein Großvater, mit dem ich zusammenlebte. Während er im Sterben lag, hatte man mich ihn nicht sehen lassen, auch nach seinem Tod nicht. Er war einfach aus meinem Leben entschwunden. Als ich später nach ihm fragte, wurde mir erzählt, mein Großvater sei tot und verbrannt worden. Seitdem träumte ich immer wieder einen Traum: dass mein Großvater, der feuerrot und leuchtend aussieht, mich lächelnd besucht. Jahrelang hatte ich gehofft, dass er eines Tages zu uns, Großmutter und mir, zurückkehren würde, ich müsste nur Geduld haben. Erst als ich in die Schule ging, entdeckte ich einmal durch Zufall ein Kästchen mit Großvaters Urne und seinen beiden eiförmigen Handschmeichlern aus smaragdgrünem Jade in unserer Holztruhe. Aber ich konnte die Urne nicht mit Großvater in Verbindung bringen. Die beiden Handschmeichler, die seitdem mein liebstes Spielzeug in der Kindheit wurden, blieben die einzige Erinnerung an meinen Großvater.

Als ich dreizehn war, starb mein Onkel Peiren in einer weit entfernten Provinz im Süden an einer unerklärlichen Krankheit. Er war der einzige Bruder meiner Mutter. Ich liebte und verehrte ihn sehr. Man gab mir keine Gelegenheit, von ihm Abschied zu nehmen und an seiner Trauerfeier teilzunehmen. Ich konnte meine Trauer durch nichts zum Ausdruck bringen. Ich besaß nichts von ihm. Ich musste mich mit der Tatsache abfinden, dass mein geliebter Onkel, der uns nur einmal im Jahr besuchen kam, auf einmal nicht mehr da war und nie wieder heimkehrte.

Heute wollte ich mich nicht noch einmal damit abfinden, dass der mir liebste Mensch plötzlich nicht mehr existierte. Ich beschloss auf der Stelle, nach Peking zu fliegen.

Selbst wenn Großmutter wirklich nicht mehr da sein sollte, wollte ich zumindest noch einmal in dem Zimmer sein, in dem sie geatmet und geschlafen hatte. Selbst wenn es kein Grab gab, wollte ich zumindest einmal neben ihrer Asche meine Trauer ausweinen. Selbst wenn sie kein Testament hinterlassen hatte, wollte ich zumindest die von ihr zuletzt benutzten Gegenstände noch einmal ansehen und berühren. Und auch wenn keine Trauerfeier für sie stattfinden würde, wollte ich zumindest ein Räucherstäbchen für sie anzünden und ihr meines Herzens Opfergabe im Stillen widmen. Ich musste zurück, sonst wäre ich für den Rest meines Lebens nicht mit mir im Reinen gewesen.

Die Halle des Pekinger Flughafens war so gut wie leer.

Seit ich 1984 zum Studium nach Deutschland gegangen war, hatte ich meine Heimat zweimal besucht. Jedes Mal hatte ich ein überwältigendes Gefühl empfunden, sobald ich Pekinger Boden betrat und in das Meer von Menschen eintauchte, die die gleiche Hautfarbe hatten wie ich. Ich hatte schon auf dem Flughafen jeden angelächelt, dem ich begegnete.

Aber heute war der Flughafen leer. Nicht einmal vor der Passkontrolle gab es eine Schlange. Ich konnte gleich durchgehen.

»Welchen Zweck hat dein Besuch?«, fragte mich der uniformierte Beamte, ein junger Mann mit einem ausdruckslosen Gesicht, während er auf meine schwarze Trauerarmbinde starrte.

»Tote betrauern«, antwortete ich leise.

»Tote betrauern?«, echote er und beobachtete mich einige Sekunden. Dann fragte er, wer gestorben sei.

»Meine Großmutter.«

»Wie lange bleibst du?«

»Zwei, drei Wochen.«

Daraufhin senkte er seinen Kopf. Ich konnte nicht feststellen, was er tat, denn der Schalter, hinter dem er unter blassem Neonlicht saß, war sehr hoch. Nach einer Zeit, die mir endlos lang erschien, gab er mir meinen Pass zurück.

Ich nahm den Flughafen-Shuttlebus und stieg an der Haltestelle aus, die meinem Elternhaus am nächsten war. Den restlichen Weg ging ich zu Fuß. Es war drückend heiß und schwül. Die Radfahrer traten gemächlich und lustlos in die Pedale. Ein paar ältere Männer saßen mit ihren Vogelkäfigen im Schatten der Bäume am Straßenrand und spielten Schach. Alles war wie früher. Von den blutigen Bildern und Straßenschlachten, die ich vor zwei Wochen im Fernsehen gesehen hatte, keine Spur.

Meine Eltern wohnten in der Nähe des Diplomatenviertels im Chaoyang-Bezirk. Dort befanden sich auch die Büros der ARD- und ZDF-Korrespondenten, aus denen Jürgen Bertram und Gisela Mahlmann über die nächtelangen Schießereien berichtet hatten. Jetzt herrschte hier absolute Ruhe. Die breite Asphaltstraße schien sich im Hitzeflimmern in einen Fluss zu verwandeln. Ich blickte umher, diese mir so vertrauten Straßen, Menschen, Geschäfte – alles war wie früher. Trotzdem tat mir das Herz weh. Ich ging langsam weiter, unsicher und vorsichtig, und plötzlich wusste ich, warum: Ich suchte nach Spuren. War das hier die Straße, über die die Panzer der Volksbefreiungsarmee ins Zentrum gerollt waren, um eine friedliche Bewegung niederzuwalzen?

Je näher ich unserem Wohnhof kam, desto schwerer wurden

meine Schritte. Kam ich wirklich zu spät? Ich hatte Angst, vor der Tatsache zu stehen, dass ich meine Großmutter wirklich nicht mehr vorfinden würde.

Als Mutter die Tür öffnete, war sie sichtlich verwirrt: »Tochter? Bist du es?« Wieso ich nicht geschrieben hätte, sie hätten mich doch abgeholt. Damit habe sie wirklich nicht gerechnet, sagte sie immer wieder und betrachtete mich von Kopf bis Fuß. Ihr Blick blieb kurz auf meiner schwarzen Armbinde haften. Dann wurde sie still, und ihre Augen wurden rot. Ich fürchtete mich vor solchen Augenblicken. Wir waren es nicht gewohnt, Gefühle zu zeigen. Ich hatte Mutter selten weinen sehen, ich weinte auch ungern vor ihr, geschweige denn, dass wir zusammen weinten. »Mama, ich habe Durst«, sagte ich.

Als ich hörte, dass Mutter in der Küche war, schlich ich hinaus, öffnete mit einem Ruck die Tür des gegenüberliegenden Zimmers, trat ein und schloss sie hinter mir.

Das Zimmer war leer.

Der etwa zwölf Quadratmeter große Raum auf der schattigen Nordseite der Wohnung war das gemeinsame Schlafzimmer von Großmutter und meinem Cousin Shitou gewesen. Ich konnte keine Veränderung wahrnehmen. Es fehlte lediglich das aus zwei Holzbrettern bestehende Bett meines Cousins, alles andere war noch da: Großmutters Bett, ihre Bettdecke, ihr mit Buchweizen gefülltes Kopfkissen, der von mir aus einem geblümten Bettbezug genähte Vorhang, der uralte, dunkelbraune Schreibtisch, den einst meine Eltern von ihrem Theaterensemble zugeteilt bekommen hatten, die drei großen eisernen Eimer mit Deckeln zum Aufbewahren von Reis und Mehl unter dem Schreibtisch, der kleine Geschirrschrank mit zwei Rauchglas-Schiebetüren, der Großmutter ein Leben lang begleitet hatte – alles war da. Sogar Großmutters Thermosflasche und ihre kleine, weiße, mit dem »Gott der Langlebigkeit« verzierte Porzellanteekanne standen noch auf dem Tisch, und ihr Spazierstock aus Sandelholz lehnte wie immer in der Ecke hinter der Tür.

Nur Großmutter war nicht mehr da.

Als ich sie letztes Mal besucht hatte, hatte sie mich gefragt, was der Tod bedeute. Ich hatte ihr gesagt: »Du wirst nicht sterben. Du willst doch Urgroßmutter werden, nicht wahr? Warte ab, nächstes Mal bringe ich dir einen Urenkel mit.« Sie hatte leise gesagt: »Ich will ja nicht sterben.«

Aber sie war tot. Ich hatte sie und mich selbst belogen.

Mich ergriff tiefe Reue. Ich bereute, ihr in ihren letzten Jahren nicht noch mehr Freude und Zuwendung gegeben zu haben. Ich bereute, dass ich ihr die medizinische Versorgung, die ich in Deutschland mit großer Selbstverständlichkeit genoss, nicht hatte anbieten können. Ich bereute, dass ich nicht bei ihr gewesen war, als sie meiner Liebe und Fürsorge am meisten bedurft hätte.

Ich erinnerte mich an ein altes Foto, eine circa 30 mal 40 cm große Schwarz-Weiß-Aufnahme in einem Messingrahmen, auf der Großmutter vermutlich Anfang fünfzig war. Nach diesem Foto sehnte ich mich jetzt. Als ich es in der Holztruhe unter ihrem Bett fand und betrachtete, fiel mir auf, wie glatt ihre Haut damals gewesen war. Es konnte natürlich sein, dass die Fotografie – wie früher üblich – retuschiert worden war. Ihre nicht sehr großen Augen hinter den Gläsern lächelten mild und schauten mich an. Ihr entgegen dem damaligen weiblichen Schönheitsideal – einem »Kirschenmund« – eher breiter Mund war fest geschlossen, sodass auf ihrem Gesicht trotz des Lächelns ein gewisser Ernst, ja ein Hauch Melancholie zu lesen war. Ihr schwarzes Haar hatte sie gemäß der für verheiratete Frauen damals noch geltenden Sitte zu einem Haarknoten hinter dem Kopf frisiert, sodass ihre Ohren ganz frei waren. Großmutter besaß zwei üppige Ohrläppchen, die nach der chinesischen Physiognomik auf ein glückliches langes Leben hinwiesen. Ob sie glücklich gewesen war, konnte ich nicht sagen. Und wie lang sie gelebt hatte? Keiner wusste genau, wie alt Großmutter geworden war, nicht einmal meine Mutter, ihre Tochter. Im Familienbuch stand, dass sie 1907 geboren worden war. Meine Mutter behauptete jedoch,

Großmutter sei 84 gewesen, als sie starb; dann wäre sie 1905 auf die Welt gekommen.

Meine Großmutter war eine gewöhnliche Hausfrau gewesen. Sie hatte im Leben nichts besessen, kein Geld, keinen Reichtum, auch keine besonderen Fähigkeiten. Sie hatte keine Spur auf der Welt hinterlassen – oder in ihren eigenen Worten: »nichts Bemerkenswertes getrieben«. Aber sie hatte fünf Kinder großgezogen: meinen Onkel, meine Mutter, mich, meinen Cousin und meine Schwester. Sie war eine großartige Mutter, unsere Große Mutter. Sie hat uns nicht nur zu essen gegeben und Kleidung und Schuhe für uns genäht, sie hat uns vor allem auch mit ihrem Geist, mit ihrer Güte geprägt. Ihr Leben war eine Kerze, die nur dazu da war, uns zu beleuchten. Jetzt war sie abgebrannt, erloschen. Aber bin ich nicht die Fortsetzung ihres Lebens?

Ich glaube eigentlich nicht an ein Leben nach dem Tod. Aber für mich ist Großmutter unsterblich. Sie lebt in meinem Herzen weiter, sie lebt in uns allen weiter. Sie wird ewig lebendig in meiner Erinnerung bleiben, so lebendig wie ihr Lächeln auf der Fotografie.

Mit beiden Händen stellte ich den Messingrahmen mit der alten Aufnahme auf den Tisch, kniete nieder, machte voller Ehrerbietung dreimal Kotau und flüsterte ihr zu: »Großmutter, deine Enkelin ist zu dir zurückgekehrt.«

Danach ließ ich ungehemmt meinen Tränen freien Lauf.

Buch eins

Die Geburt des Phönix

1. Kapitel

Wie zwei Schüler aus Not und aus Liebe zur schönen Kunst in
die Volksbefreiungsarmee eintraten, oder warum sich meine Eltern
im Schützengraben am Yalu-Fluss zum ersten Mal begegneten

Im Februar 1949, acht Monate bevor Mao Zedong auf dem Tor
des Himmlischen Friedens vor der ganzen Welt verkündete:
»Das chinesische Volk ist aufgestanden!«, kamen drei Offiziere
des Front-Kunstensembles des Nordmilitärbezirks der Volksbefreiungsarmee in eine Schule der circa dreihundert Kilometer
südwestlich von Peking entfernten Provinzstadt Baoding und
warben Schüler an, die gern Theater spielten, sangen oder tanzten und das Ensemble verstärken sollten. Unter den Bewerbern
befand sich ein achtzehnjähriger, dunkelhäutiger, gut aussehender Junge, der in der ganzen Schule bekannte Schülersprecher,
Leiter der Schülertheatergruppe und Herausgeber der Schüler-
zeitung namens *Zhao Guohua* (»Elite der Nation«). Er trug das
Gedicht *An das Meer* von Puschkin so vor, dass es die drei Offiziere zu Tränen rührte, und wurde aufgenommen.

Dass er dadurch der Volksbefreiungsarmee beitrat – das hieß
ein Soldat wurde –, war ihm gleichgültig. Wichtig war, dass er
sich dem Theater widmen und selbstständig werden konnte und
damit nicht mehr der Familie zur Last fiel.

Seine Mutter war zwar nicht glücklich, dass der jüngste Sohn
von nun an auch noch die Familie verließ, und weiß der Himmel
wann sie ihn wiedersehen würde. Der ältere Sohn Guorong
(»Ruhm der Nation«) war bereits mit vierzehn Jahren nach Peking gegangen, um als Fahrer und Automechaniker die Familie
zu ernähren und den begabten, sieben Jahre jüngeren Bruder zu
unterstützen, der die Schule zu Ende besuchen sollte. Aber angesichts dessen, dass ihr Jüngster dadurch seinen Happen selbst

verdienen würde, wie man ihm versprochen hatte – sogar die Kleidung würde er in Zukunft umsonst von der Armee bekommen –, und dass die Armee der Kommunisten, die Baoding gerade befreit hatte, doch nicht so schlimm war, wie die Kuomintang behauptete, konnte sie sich mit dem Schicksal einigermaßen abfinden. Sie war in gewisser Hinsicht sogar erleichtert. Denn die Schulgebühr konnte sie ohnehin nicht mehr bezahlen. Den Krämerladen des Vaters übernehmen, das wollte er nicht. Was hätte der Sohn sonst werden können, in dieser unruhigen Zeit? Sie war dieses Jahr sechsundfünfzig geworden und stand sozusagen bereits mit einem Fuß im Grab. Was sprach dagegen, dass ihre beiden Söhne ihr Schicksal selbst in die Hände nahmen? Vielleicht wollte der Himmel ihnen ein besseres Leben bescheren. Wer weiß. »Kunstensemble« und »Schauspieler« klangen in ihren Ohren nach etwas Höherem, jedenfalls schöner als »Krämerladen« oder »Bauer«. Vielleicht würde aus ihrem Jungen eines Tages wirklich etwas werden. Deshalb willigte sie unter Tränen ein.

Der Vater war jedoch entsetzt, als er hörte, dass der Sohn in die Armee eintreten wollte. All die Jahre hatte die Familie den Gürtel enger geschnallt, damit er die Schule besuchen konnte. Auf ihm ruhte die ganze Hoffnung. Als er selbst noch jünger gewesen war, hatte er Träume gehabt: Die nächste Generation sollte es besser haben. Reichtum und Rang sollte sie genießen und nie, nie wieder arm sein. Am besten sollte der Sohn ein Beamter werden, damit die ganze Familie davon mitprofitieren könnte. Je älter er wurde, desto resignierter war er. Das Schicksal, ein armer Mensch zu sein, konnte er doch nicht abschütteln. Damit hatte er sich abgefunden. Er wäre zufrieden gewesen, wenn der jüngste Sohn seinen Krämerladen übernommen hätte. Nun wollte er aber fort, ein Soldat werden und womöglich auf dem Schlachtfeld sterben. Er war furchtbar enttäuscht. Sein Sohn musste ihm unzählige Male erklären, er trete zwar der Armee bei, werde aber nicht in den Krieg ziehen, sondern in die

Stadt gehen und auf der Bühne stehen. Er werde Schauspieler.
Der Vater hatte keine Ahnung, was das sein sollte, ein Schauspieler. Könne man davon leben? Habe man einen guten Ruf und
ein hohes Ansehen? Ja. Das alles versprach ihm der Sohn. Außerdem versprach er, Vater und Mutter brauchten nie mehr zu
schuften. In Zukunft werde er sie beide ernähren. Sie müssten
sich nie wieder Sorgen machen. Im Stillen ahnte der Vater, dass
der Sohn dadurch vielleicht doch einen besseren Weg einschlagen würde als er und alle seine Vorfahren. Schließlich hatte der
Junge fast die Mittelschule abgeschlossen, im Sommer dieses
Jahres wäre es so weit gewesen. Er und seine Frau sowie ihre Vorfahren waren alle Analphabeten.

Das Gepäck war schnell beisammen, viel zu packen gab es ja
nicht: ein Waschlappen und eine Zahnbürste, ein Fladenbrot
und zwei gekochte Eier. Ein Schulheft aus dem Krämerladen
steckte ihm der Vater in die Tasche. Und seinen einzigen Füllfederhalter, den wertvollsten Gegenstand, den die Familie besaß.
Briefe solle er schreiben. Sie würden schon jemanden finden, der
sie ihnen vorlese, fügte die Mutter schluchzend hinzu.

Schon war der Sohn weg. Bald darauf zog er mit dem Ensemble
nach Peking und wurde einer der ersten Soldaten der im November 1949 gegründeten Luftwaffe der Chinesischen Volksbefreiungsarmee. Denn das Ensemble wurde der Luftwaffe zugeordnet
und hieß nun »Kunstensemble des Nordbezirks der Luftwaffe«.

Dieser junge Soldat sollte acht Jahre später mein Vater werden.

Im April 1949 wurde Nanking, die Hauptstadt der Kuomintang,
von der Chinesischen Volksbefreiungsarmee besetzt. Chiang
Kai-shek floh mit seinen Anhängern auf die Insel Taiwan im
Südchinesischen Meer und errichtete dort eine Militärregierung.

Knapp ein Jahr danach, im März 1950, brachte eines Tages ein
vierzehnjähriges Mädchen, das mit seinen Eltern in einer Villa
im Huaihai-Weg wohnte und die 8. Klasse der Mädchenschule
Tongxin besuchte, ein Blatt Papier nach Hause, das seine Eltern

sehr überraschte. Darauf stand: »Schülerin Du Peiyi hat die Aufnahmeprüfung mit Erfolg bestanden und wurde vom Kunstensemble des Ostmilitärbezirks der Chinesischen Volksbefreiungsarmee aufgenommen. Sie wird gebeten, sich bis zum 25. März beim Nachwuchsensemble im Bezirk Xiaoying der Stadt Nanking zu melden.«

Dieses Mädchen namens Peiyi (»zur Gerechtigkeit erziehen«), das bereits mit vierzehn Jahren den Willen und Mut besaß, das Schicksal in die eigene Hand zu nehmen, sollte meine Mutter werden.

Ihre Mutter brach sogleich in Tränen aus. Ihr Vater, der bis dahin die Tochter darum zu bitten pflegte, ihr die Haare waschen zu dürfen, schwieg. »Was ist in dich gefahren?«, fragte die Mutter mit tränenerstickter Stimme.

»Mein Bruder ist auch mit vierzehn fortgegangen«, antwortete die Tochter.

»Das war doch etwas anderes. Damals wurde das Gerücht verbreitet, dass die Kommunisten Banditen seien. Aus Angst hatte ich deinen vierten Onkel gebeten, deinen Bruder nach Changsha mitzunehmen, damit er nicht rekrutiert wurde. In Changsha hatte er die Leute morgens mit Sojasoße und abends mit Zeitungen von Haus zu Haus beliefert und damit sein Schulgeld selbst verdient. Wer hätte gedacht, dass er bald eine Arbeit bei der Eisenbahn finden würde? Wenn ich gewusst hätte, dass die Kommunisten die großen Retter armer Leute sind, hätte ich ihn niemals weggehen lassen!« Die Mutter erzählte die Geschichte, die die Tochter zum hundertsten Mal gehört hatte.

»Ja, eben!«, brauste die Tochter auf, »Ich werde ein Mitglied dieser Retterarmee. Ihr könnt stolz auf mich sein. Außerdem ist der Krieg vorbei. Wir gehen ja nicht auf ein Schlachtfeld, sondern lernen nur tanzen, singen und Theater spielen. Ihr wisst doch, wie sehr mir das Spaß macht.« Da der Vater weiter schwieg, schmiegte sie sich an ihn und spielte das Töchterchen: »Bitte, bitte, Papa! Ich komme euch jeden Sonntag besuchen. Ich bin doch nicht tausend Kilometer weit weg. Das Ensemble ist in Nanking!«

Und sie gewann.

Ja, die Eltern wussten, wie sehr die Tochter das Theaterspielen liebte. Und dass sie begabt war, wussten sie auch. Sie sang wie eine Nachtigall und tanzte wie eine Ballerina. Und das Theaterspielen war ihre größte Leidenschaft. Schon als ein kleines Mädchen hatte sie sich oft verkleidet und alle möglichen Rollen ausgedacht. Zu Hause führte sie den Eltern ihre eigenen fantasievollen Theaterstücke vor. Die Eltern waren immer dabei, wenn Aufführungen in der Schule stattfanden. Es kam vor, dass ein Kind krank war oder vor Angst nicht auftreten wollte. Da sprang sie mit Wonne ein. Denn sie beherrschte nicht nur ihren eigenen Text, sondern konnte stets auch die Texte anderer Kinder auswendig. Oft fragten die Leute im Publikum, wer denn dieses kluge Mädchen sei, das so gut singen und tanzen könne. Stolz deutete ihr Vater mit dem Daumen auf die Brust und sagte: »Meine, das ist meine Tochter.«

Der wahre Grund, warum sich die Tochter fest entschlossen hatte, die Schule abzubrechen und in die Volksbefreiungsarmee einzutreten, und weshalb die Eltern den Entschluss der Tochter stillschweigend akzeptierten, wurde von beiden Seiten mit keinem Wort erwähnt: Die Eltern waren nicht mehr in der Lage, die Schulgebühr für die Tochter zu bezahlen, obwohl die Familie in einer prunkvollen Villa wohnte. Diese schöne Villa mit einem riesigen Garten und einem Lotosblumenteich gehörte nicht ihnen, sondern einem hohen Beamten der Kuomintang namens Qiao, der mit seiner Familie vor den Kommunisten auf die Insel Taiwan geflüchtet war. Der Vater des Mädchens Peiyi war Herrn Qiaos bester Freund. Deshalb hatte Herr Qiao ihn gebeten, in die Villa einzuziehen. Herr Qiao hatte nämlich die Hoffnung, dass die Kommunisten die Villa dann nicht enteignen würden, wenn eine arme Familie sie bewohnte.

Peiyis Mutter war traurig, dass ihre Tochter die Schule abbrechen und in einem so zarten Alter das zwar ärmliche, aber doch relativ sichere Nest verlassen wollte. Auf der anderen Seite war sie jedoch erleichtert, dass sie sich von nun an nur noch um ihren Mann kümmern musste und die Zukunft der Tochter nicht mehr in ihrer Hand lag. Und sie glaubte an ihre Tochter. Sie glaubte, dass ihre Tochter etwas aus ihrem Leben machen würde. Schließlich hatte sie selbst auch früh das Familiennest verlassen.

Die Mutter des Mädchens Peiyi, also meine Großmutter, hieß Du-Zhao Biru (»Jadeschmuck«) und stammte aus einer wohlhabenden Bauernfamilie im siebzig Kilometer nördlich von Peking entfernten Kreis Miyun. Vor ihr waren bereits fünf Söhne auf die Welt gekommen. Als sie geboren wurde, war ihre Mutter glücklich und nannte sie »Kleiner Phönix«. Und die fünf Brüder waren die »Fünf Drachen« der Familie. Phönix und Drachen sind Symbole für Glück. Mit sechs Jahren mussten einem Mädchen nach damaligem Brauch Ohrlöcher gestochen und die Füße gebunden werden. Denn ein Mädchen mit »großen Füßen« konnte nicht verheiratet werden. Mit einer langen Binde wurden die Füße so fest umwickelt, dass vier Zehen (bis auf den großen Zeh) nach unten gebogen und allmählich gebrochen wurden und die Füße nicht mehr wuchsen. »Goldene Lotosfüße« wurden die misshandelten Füße genannt, die die ideale Länge von zehn Zentimetern erreichten. »Silberne Lotosfüße« hatten eine Größe von etwa dreizehn Zentimetern. Diese Sitte konnte sich jahrhundertelang durchsetzen, weil angeblich Männer Frauen mit kleinen Füßen erotisch und anmutig fanden. Außerdem wurden Frauen dadurch daran gehindert, sich frei zu bewegen. Dem Kleinen Phönix mutete die Mutter diese Qual auch zu. Aber der Kleine Phönix wehrte sich vehement. Sie schrie wie am Spieß, randalierte, weigerte sich zu essen und riss die Binde wieder auf, so bald sie allein war. Der Kleine Phönix war Mutters Liebling und recht verwöhnt. Nach zähem Kampf gab ihre Mutter schließlich auf und seufzte: »Mit deinen großen Füßen wird dich in Zukunft kein Mann zur Frau nehmen.« Aber das war dem Kleinen Phönix völlig egal. Hauptsache, sie konnte mit ihren fünf Brüdern draußen auf den Feldern herumtoben, rennen, spielen, auf die Berge steigen, Gräser für die Schweine sammeln und Blumen pflücken.

Und dann passierte noch ein Wunder: Sie durfte in die Schule gehen. Das war zu Anfang des 20. Jahrhunderts auf dem Land eigentlich unvorstellbar. Dass es in ihrer Familie und ihrem Dorf ziemlich liberal zuging, lag wahrscheinlich daran, dass dort westliche Missionare lebten. Parallel zum Buddhismus wurde auch das Christentum gepflegt. Die Leute waren relativ aufgeklärt.

Nachdem sie im Dorf ein paar Jahre in einer Sishu, einer im alten China üblichen privaten Einklassenschule, lesen und schreiben gelernt hatte, nahm sie ihr drittältester Bruder – also mein dritter Großonkel – nach Peking mit. Mein dritter Großonkel war der Rebell in der Familie. Im Gegensatz zu seinen beiden älteren Brüdern, die als Bauern im Dorf blieben, hatte er es durchgesetzt, nach Peking zu gehen, dort eine kirchliche Knabenschule zu besuchen und später an der renommierten Peking-Universität – damals hieß sie »Yanjing-Universität« – zu studieren. Er wollte dem einzigen »Phönix« der Familie, seiner kleinen Schwester, ebenfalls die Augen für die Welt öffnen und brachte sie zu einer evangelischen Mädchenschule in Peking. Die Mathematiklehrerin dieser Schule mochte sie besonders gern und nahm sie freundlich in ihrer Familie auf. Die besagte Lehrerin wurde später ihre Schwiegermutter, und deren Sohn störten die großen Füße glücklicherweise nicht.

Der älteste Sohn der Mathematiklehrerin, der mein Großvater werden sollte, hieß Du Tianmin (»Volk des Himmels«). Er war ein Kommilitone von meinem dritten Großonkel an der Yanjing-Universität. Seine Eltern stammten beide aus einflussreichen Häusern. Tianmins Vater war Anfang des 20. Jahrhunderts Pfarrer in der 1870 zu Zeiten der Qing-Dynastie errichteten Asbury-

Kirche, einer evangelischen Kirche der Amerikanischen Methodisten in Peking. Alle seine Onkel waren Professoren oder Rechtsanwälte. Sein Vater setzte große Hoffnung in den ältesten Sohn. Er sollte Anwalt oder Kaufmann werden. Leider ging diese Hoffnung nie in Erfüllung.

Während mein dritter Großonkel nach dem Studium mehrere Schulen gründete und eine große Karriere im Erziehungswesen der Kuomintang-Regierung machte, brachte es mein Großvater Tianmin zu nichts. Wahrscheinlich hatte er das Jurastudium nie abgeschlossen. Meine Mutter konnte später nicht sagen, ob er je einen Beruf ausgeübt hatte. Das Einzige, was feststand, war, dass er der Geheimgesellschaft »Grüne Bande« angehörte, einer Triade im alten China, deren Ursprung bis in die Qing-Dynastie Anfang des 17. Jahrhunderts zurückreichte. Diese Triade, ursprünglich eine Art Berufsverband der auf dem Kaiserkanal arbeitenden Schiffer, verfügte im alten China über große gesellschaftliche und politische Macht – vergleichbar mit der Mafia in Italien – und war bei den Behörden gefürchtet. Ihre Struktur basierte auf einer höchst strengen Hierarchie, die aus mehreren Generationen bestand. Die zunächst Beigetretenen, die ältere Generation, waren die Meister, die Schüler aufnehmen durften, die dann eine jüngere Generation bildeten. Das Verhältnis zwischen Meistern und Schülern war wie das zwischen Vater und Sohn. Mein Großvater gehörte zur Generation des Triadenanführers Du Yuesheng, vor dem selbst der mächtige Chiang Kaishek Kotau machen musste. Denn um sich mit der Triade zu verbünden und an der Macht ihres Führers teilzuhaben, wurde er Du Yueshengs Schüler, obwohl er ein Jahr älter war als der Meister Du.

Großvater hatte in der Triade viele prominente Freunde, die ihm Hilfe boten, wann immer er sie brauchte. Die Einflussgebiete der Grünen Bande erstreckten sich in erster Linie entlang der großen Kanäle und des Jangtse sowie auf die Küstengebiete im Osten und Süden, weshalb sich Großvater nach der Hochzeit im Sommer 1932 in Peking in den Süden begab und vorwiegend dort lebte. Seine Familie besuchte er nur an Feiertagen. Was er dort machte, wusste Großmutter nicht. 1933 wurde mein Onkel und zwei Jahre später meine Mutter geboren. Großvater schickte Geld nach Hause, zwar unregelmäßig, aber gerade so viel, dass sich Großmutter mit beiden Kindern über Wasser halten konnte. Als meine Mutter acht Jahre alt war, zog die ganze Familie nach Nanking am Jangtse – seit 1927 die Hauptstadt der Republik China unter der Kuomintang.

Die einzige Fähigkeit, die meinen Großvater auszeichnete, war die, wie Großmutter meinte, Beziehungen zu pflegen und Geld auszugeben. Er führte ein ausschweifendes Leben, obwohl er nie genug Geld besaß. Sein Hauptberuf bestand darin, gesellschaftlichen Pflichten nachzugehen. Das hieß, er ging zu Hochzeits- und Trauerfeiern oder sonstigen Banketten seiner zahlreichen Meister und Schüler, was einer Ganztagsbeschäftigung gleichkam. Nebenbei arbeitete er mal bei einer Zeitung, mal in einer Schule seines Freundes Qiao, der später ein hoher Beamter im Bildungsministerium in Taiwan wurde. Dieser Herr Qiao war sein Hauptgeldgeber in der Nanking-Ära. Auch wenn mein Großvater nur noch einen letzten Cent in der Tasche hatte, gab er ihn für Essen mit Freunden aus, so die mündliche Überlieferung meiner Großmutter.

Gewohnt hatte die Familie stets in Häusern, die Freunde meines Großvaters ihm zur Verfügung stellten. Als Ende der Vierzigerjahre die Niederlage der Kuomintang absehbar wurde und die kommunistische Armee der Hauptstadt Nanking immer näher rückte, flüchteten viele hohe Kuomintang-Beamte und -Offiziere nach Taiwan, unter ihnen auch einige Freunde meines Großvaters, die ihn baten, in ihre Villen einzuziehen. Meine Mutter musste viermal die Schule wechseln, weil die Familie von Villa zu Villa zog. Für meine Mutter war das Leben kurios. Einerseits wurde sie von ihren Mitschülern um die schöne Villa, in der sie wohnte, beneidet, andererseits musste sie regelmäßig zu irgendwelchen Freunden ihres Vaters gehen und sie um etwas Geld oder ein Säckchen Reis bitten. Sie war ein hübsches Mädchen und wurde überall höflich empfangen. Sobald sie mit geröteten Wangen und gesenktem Kopf erschien, kam ihr eine Dienerin entgegen, brachte sie in die Küche und gab ihr Reis oder Mehl. Manchmal kam auch die Herrin herein und steckte ihr Geldscheine in die Blusentasche. Sie brauchte nicht einmal den Mund aufzumachen. Trotzdem fühlte sie sich zutiefst beschämt, und es war ihr leid, diese Demütigung weiter zu ertragen. Deshalb war sie fest entschlossen, fortzugehen. Dass das Ziel ihres Fortgangs zufälligerweise ihrer Leidenschaft entsprach, bedeutete ihr schieres Glück.

Das skurrile Glück der Familie nahm bald ein jähes Ende: Die Villa von Herrn Qiao wurde doch von der neuen kommunistischen Regierung enteignet. Meine Großeltern mussten in eine kleine Wohnung und später zu Freunden nach Peking ziehen.

Nachdem die meisten wichtigen Freunde meines Großvaters nach Taiwan oder Hongkong geflüchtet und somit die Geldquellen versiegt waren, ging meine Großmutter in einer Textilfabrik arbeiten und nähte Baumwolldecken für die Volksfreiwilligenarmee an der Front des Koreakriegs. Es war wohl ihr Schicksal, große Füße und Hände zu haben. Mit ihren fleißigen Händen musste sie ihr Leben lang hart arbeiten und ihren schwachen Mann stützen.

Beim Ausfüllen des Beitrittsformulars der Volksbefreiungsarmee gab meine Mutter statt des ihrer Meinung nach altertümlichen »Peiyi« das klangvolle, einsilbige »Bin« (»Ehrengast«) als Vornamen an. Sie dachte, eine Soldatin müsste einen kämpferisch klingenden Namen haben, zumal »Bin« sich ähnlich wie »Bing« (»Soldat«) anhört. Seitdem heißt meine Mutter »Bin«.

Am 1. August 1950, dem 23. Gründungstag der Chinesischen Volksbefreiungsarmee, wurde das Kunstensemble des Ostmilitärbezirks, dem meine Mutter beigetreten war, mit einem anderen Ensemble, dessen Mitglieder vorwiegend Kleinintellektuelle aus Shanghai waren, zusammengelegt und in das »Kunstensemble des Ostmilitärbezirks der Luftwaffe« umgewandelt.

Im September, drei Monate nach dem Ausbruch des Koreakriegs, ging dieses Ensemble zur Agitation an die Front. So musste meine Mutter ihre Eltern doch verlassen und Tausende von Kilometern weit von der Stadt Nanking wegziehen: Sie wurde eine der insgesamt 2,4 Millionen Soldaten der Chinesischen Volksfreiwilligenarmee, die zwischen 1950 und 1954 in den Koreakrieg zog, um die nordkoreanischen Streitkräfte beim Kampf gegen die amerikanischen Streitkräfte und UN-Truppen zu unterstützen. Das Ensemble wanderte von Stützpunkt zu Stützpunkt, um den Truppen seine Agitationsprogramme in den Pausen der Bombardements vorzuführen. Die meiste Zeit blieb es im Hauptstützpunkt der Luftwaffe Langtou, nahe der Stadt Dandong, direkt am Ufer des Yalu-Flusses, der Nordkorea und die chinesische Provinz Liaoning trennt.

Das »Kunstensemble des Nordbezirks der Luftwaffe«, dem mein Vater angehörte, kam Ende 1950 von Peking aus in Dandong an, um das dort stationierte Ensemble und die Truppen zu besuchen und Solidaritätsvorstellungen durchzuführen.

An den Fronten gab es anfangs keine Luftschutzbunker. Bei den Dauerbombardements boten Schützengräben den einzigen Schutz. Es gab auch keine Kasernen. Nachts schliefen die Ensemblemitglieder bei den Bauern oder im Zelt. Manchmal mussten sie sogar im Schweinestall nächtigen. Im Winter konnte die Temperatur dort auf minus dreißig Grad fallen. Diese jungen Menschen aus Großstädten hatten nie eine militärische Ausbildung gehabt und waren auch nie mit einem so harten Leben konfrontiert gewesen. Deshalb agitierten die Agitationsensembles nicht nur die kämpfenden Truppen, sondern auch einander.

Meine Mutter war die Jüngste und Kleinste in ihrem Ensemble. Ihre Uniformjacke reichte bis zum Knie. Nicht nur deswegen fiel sie auf. Ihr Hauptmerkmal war, dass sie keine Furcht kannte. Die anderen Mädchen verfielen unter dem infernalischen Lärm der Fliegerbomben schon mal in Weinkrämpfe oder machten sich in die Hose, wenn es nachts schon wieder Alarm gab und sie in den Schützengraben rennen mussten, um den Tieffliegern zu entkommen. Aber ihr passierte dies nie. Sie war immer putzmunter, erzählte Witze und hielt die Kameradinnen in Stimmung. Da sie eine helle und laute Stimme hatte, wurde sie Programmansagerin bei den Aufführungen.

Bei einem heftigen Bombardement, das während einer Vorstellung begann, begegneten sich Bin und Guohua in einem Schützengraben zum ersten Mal. Sie lagen sich auf dem Boden gegenüber, die Hände schützend über dem Kopf. Damit sie nicht unter den herumfliegenden Erdbrocken begraben wurden, hoben sie ab und zu den Kopf, schnappten nach Luft und sahen sich dabei zufällig in die Augen. Sie kannte ihn nicht, er jedoch erkannte die Ansagerin wieder. Geredet hatten sie im ohrenbetäubenden Fortissimo des Bombardements kein Wort. Als es vorbei war, standen sie auf, klopften den Staub von der Uniform, beglückwünschten sich gegenseitig mit einem Händeschütteln, die Bomben der amerikanischen Imperialisten noch einmal überlebt zu haben, und liefen zu ihren Kameraden zurück.

Dass sie sich später wieder begegnen, ineinander verlieben und meine Eltern werden sollten, hätten sie unter dem von Kampfjets zerpflügten Himmel beim besten Willen nicht gedacht.

Einen Monat später kehrte das Ensemble meines Vaters nach Peking zurück. Das Ensemble, zu dem meine Mutter gehörte, blieb jedoch mit einigen Unterbrechungen bis September 1954 an der koreanischen Front.

Am 1. Oktober 1954 nahm meine Mutter mit ihrem Ensemble an der großen Parade zur Feier des 5. Gründungstags der Volksrepublik China und des Sieges im »Krieg gegen die USA und zur Unterstützung Koreas« auf dem Platz des Himmlischen Friedens teil und sah als eine neunzehnjährige Soldatin den Großen Vorsitzenden Mao Zedong, der vom Tor des Himmlischen Friedens aus den vorbeimarschierenden Massen zuwinkte, zum ersten Mal mit eigenen Augen.

Der erste Oberbefehlshaber der Luftwaffe Liu Yalou, der sich bei der Gründung der Luftwaffe und im »Krieg gegen die USA und zur Unterstützung Koreas« große Verdienste erworben hatte, war ein begabter, kunstinteressierter General. Liu Yalou – selbst ein Erhu[1]-, Gitarren- und Mundharmonikaspieler – legte großen Wert auf die kulturelle Agitationsarbeit in der Armee. Auf seine persönliche Anweisung hin wurde bereits im März 1950 – unmittelbar nach der Gründung der Luftwaffe – deren eigenes Kunstensemble gegründet. Außerdem hatte jeder Militärbezirk sein eigenes Kunstensemble. Im Jahr 1955 wurde das »Theaterensemble des Ostmilitärbezirks der Luftwaffe« in Nanking gegründet, dessen Mitglieder aus den ehemaligen Ensembles des Nord- und Ostmilitärbezirks stammten. Die diversen militärischen Ensembles wurden dann 1958 im Zentralen Kunstensemble der Luftwaffe in Peking zusammengelegt. Orchester-, Theater-, Opern-, Tanz- und Gesangsensemble gehörten nun zusammen.

So trafen sich die beiden Kleinintellektuellen Bin und Guohua 1955 in Nanking wieder. Bin, nun neunzehn Jahre alt, war nach wie vor die Jüngste im Ensemble. Sie war aufgeweckt, lebhaft, sportlich und hübsch. Guohua war vierundzwanzig, ebenfalls sportlich, charmant und dazu gebildet. Er konnte Gedichte schreiben und beherrschte die Kunst der Kalligraphie. Sie mochten sich, traten miteinander auf der Bühne auf, spielten zusammen Basketball, gewannen beide den ersten Platz beim Hundertmeterlauf der Leichtathletikwettbewerbe und gingen am Wochenende gemeinsam aus. Darüber hinaus hatte Guohua ein Hobby: Er »jagte« gern. Das hieß, er schoss in der Freizeit mit einem Luftgewehr aus der Requisitenkiste auf Spatzen. Wenn es

---

1   Erhu: zweisaitige chinesische Kniegeige.

keine Spatzen gab, lauerte er am Rand des Sportplatzes und schoss anstelle von Patronen mit Papierkugeln auf Bin, sobald sie auftauchte. Die Getroffene schrie lachend auf und rannte los, um an ihm Rache zu nehmen.

Auf diese Weise tauschten Bin und Guohua ihre Liebesbotschaft aus, versteht sich. Schließlich waren sie Soldaten, genauer gesagt: Offiziere. Sie hatten damals bereits den Dienstgrad eines Oberleutnants und trugen zwei Sterne an den Schulterklappen. Aber an Heirat dachten sie nicht.

Die Struktur des Theaterensembles, das den Status eines Regiments hatte, war nicht anders als die einer militärischen Einheit, die aber einer feudalen Großfamilie ähnelte. Der künstlerische Leiter des Ensembles war Regimentskommandeur, der Leiter auf der Parteiebene war der Politkommissar. Das Ensemble war in einem geschlossenen Hof mit einem Wohnheim, einer Probehalle, einer Kantine, einer Bibliothek, einem Kindergarten und einer Sanitätsstation stationiert. Die Mitglieder lebten wie eine große Familie zusammen, und der Kommandeur und der Politkommissar (in dem Fall eine Frau) fungierten als Familienoberhäupter. In ihren Händen lag die Entscheidung über jeden Belang, ob beruflich oder privat.

Um die Mitglieder besser kontrollieren zu können, verfolgten der Kommandeur und die Politkommissarin eine einzigartige Politik: Sie wollten ihre »Kinder« untereinander verheiraten. Demzufolge wurde vermittelt, verkuppelt, wurden Sitzungen abgehalten und Privatgespräche geführt. »Je länger eine Nacht wird, desto mehr Träume gibt es«, lautete ein Sprichwort. Damit Bin nicht von einem der Piloten weggeschnappt werden würde, die ihr immer wieder Liebesbriefe schrieben, sollte sie bald Guohua heiraten.

Im August 1956 fand die Hochzeit statt, in einem Zimmer des Ensemblewohnheims mit einem Doppelbett, einem Schreibtisch, einem Schrank und zwei Stühlen, das das Ensemble dem jungen Paar zuteilte.

Bin, gerade einundzwanzig Jahre alt geworden, war jetzt eine schöne junge Offizierin, deren Laufbahn nun schon stolze sieben Jahre währte. Sie trug zwei lange, geflochtene Zöpfe, deren Enden sie mit einem weißen, seidenen Haarband zusammenband. Ihren Babyspeck, den sie trotz des Koreakriegs angesammelt hatte, hatte sie mittlerweile wieder verloren. Aus ihren Pausbäckchen war ein schönes ovales Gesicht mit einer schmalen, feinen Nase geworden. Ihr Bräutigam Guohua war ein ausgesprochen attraktiver junger Mann mit dichtem Haar, hoher Nase und vollen Lippen, um den sie viele ihrer Kameradinnen beneideten. Die beiden seien ein perfektes Paar, fanden die Politkommissarin und ihre Kameraden.

Bin war als Baby getauft worden, weil ihr Großvater ja ein Pfarrer war und ihre Eltern der evangelischen Kirche angehörten. Eine Zeit lang hatte sie sogar mit ihrer Mutter im Pfarrhaus der nahe dem Chongwen-Stadttor liegenden Asbury-Kirche gelebt, in der ihr Großvater tätig gewesen war. Aber seit sie ein Mitglied der Volksbefreiungsarmee geworden war, war die Kirche sowohl als Begriff als auch als eine reale Institution des Christentums aus ihrem Leben verbannt. Sie war nun kein Kind Gottes mehr, sondern eine Soldatin der Volksbefreiungsarmee, eine Tochter der Kommunistischen Partei. Eine kirchliche Trauung wäre ihr nicht einmal im Traum eingefallen. Statt der Predigt eines Pfarrers hielt nun der Regimentskommandeur eine Rede. Und die Politkommissarin war die Trauzeugin. Statt Eltern und Verwandten waren alle Kameraden anwesend, die das junge Brautpaar beglückwünschten. Bonbons und Erdnüsse wurden verteilt. Das Wort »Erdnuss« hat den gleichen phonetischen Laut wie »Geburt«. Deswegen werden auf einer Hochzeit immer Erdnüsse gegessen, um dem Brautpaar einen baldigen Nachwuchs zu wünschen. Dieser Wunsch ging damals meistens auch schnell in Erfüllung, weil Verhütung noch kein Thema war. Die Kameraden schenkten dem Brautpaar ein Paar Kissenbezüge, bestickt mit Mandarinenten – Symbol für eine glückliche Ehe.

Bin, die selbstverständlich noch Jungfrau war, war in Sachen Liebe ein völlig unbeschriebenes Blatt. Sie hatte keinen blassen Schimmer, was sie in der Hochzeitsnacht erwartete. Aber dass eine Frau in dieser Nacht schwanger und neun Monate später Mutter werden könnte, das hatten ihr die älteren Kameradinnen bereits eröffnet. Das gehörte eben zum Leben.

So durfte ich im Juli 1957 das Licht der Welt erblicken, in der heißen Großstadt am Jangtse – in Nanking.

2. Kapitel

Warum Großmutter mich vor der Hungersnot retten musste, oder wie ich im Alter von fünf Monaten meine erste Reise von Nanking nach Peking schreiend absolvierte

Alle Babys sähen gleich aus, sagten die Leute. Meine Mutter behauptete, sie könne mich an meinen besonders dichten, langen, schwarzen Haaren erkennen. Die Kinderkrankenschwestern auf der Station verzichteten sogar darauf, mir ein Schildchen ans Handgelenk zu binden. Sie konnten mich wegen meiner ungewöhnlich vielen Haare von den anderen Babys auf den ersten Blick unterscheiden. Angeblich lag es daran, dass meine Mutter während ihrer Schwangerschaft unendlich viele Walnüsse gegessen hatte. Außerdem hatte ich eine kleine Nase, sie war so platt, dass man dachte, es gäbe nur zwei kleine Löcher mitten in meinem Gesicht. Ansonsten war ich ein normales, gesundes, süßes Baby, das seine Eltern sehr glücklich machte.

Als meine Mutter mit mir schwanger war und nicht auf der Bühne auftreten konnte, verbrachte sie die meiste Zeit in der Bibliothek. Sie verschlang Bücher, manchmal ohne zu verstehen, was sie las, und holte nach, was sie durch den Abbruch der Schule versäumt hatte. In der Pause aß sie unentwegt Walnüsse und schaute sich Fotos von gut aussehenden sowjetischen Schauspielerinnen und Schauspielern an, denn laut ihrer älteren Kolleginnen sorgten Walnüsse für schöne Haare des Babys, und durch das Anschauen von schönen Menschen bekomme man ein schönes Baby.

In dem kleinen Zimmer im Wohnheim hatte sie eine vom Bühnenbildner des Ensembles gezimmerte, niedliche Wiege untergebracht, die sie mit einem hellgrünen, bestickten Baldachin und vielen getrockneten Blumen schmückte. Die winzigen

Jäckchen, Höschen und Söckchen, die sie gekauft oder von ihren bereits Mutter gewordenen Kolleginnen geschenkt bekommen hatte, holte sie mindestens dreimal am Tag heraus, betrachtete sie und besprühte sie mit Duftwasser. Sie hatte das Gefühl, dass sie sich wieder in ein kleines Mädchen verwandelte und das »Vater-Mutter-Kind-Spiel« mit sich selbst spielte. Dabei fand sie es gar nicht so langweilig, wie sie früher gedacht hatte, bis auf die Tatsache, dass die »Puppe« fehlte. Als sie ein kleines Mädchen war, hatte sie nie mit Puppen gespielt, sondern immer nur mit ihrem zwei Jahre älteren Bruder und dessen Freunden draußen herumgetobt. Die Bewegung des Babys im Bauch weckte in ihr ein völlig unbekanntes, zärtliches Gefühl. Ungeduldig wartete sie auf die Niederkunft ihres so vertrauten und doch so fremden Babys – umso mehr, als für sie die Hitze im sommerlichen Nanking unerträglich war. Nachts verlor sie den Schlaf und die Geduld.

Manchmal konnte sie es nicht glauben, dass sie bald ein Baby in eine Welt des Friedens setzen würde, dass sie nicht, vielleicht nie wieder, in einem Schweinestall schlafen und in der Nacht in einen Schützengraben rennen müsste. Denn es kam ihr vor, als wäre der »Krieg gegen die USA und zur Unterstützung Koreas« erst gestern gewesen. Oft schrak sie nachts aus einem Albtraum auf, in dem eine Fliegerbombe neben ihr einschlug, während sie auf der Bühne stand und das Aufführungsprogramm ansagte. Laute Geräusche konnte sie nicht ertragen, besonders das Sirengeheul, das Feuerwehr- oder Unfallwagen oder Schiffe im Hafen von sich gaben. Es verursachte bei ihr jedes Mal heftiges Herzrasen. Aber der Krieg war vorbei. Vier Jahre zuvor, am 27. Juli 1953, war der Waffenstillstandsvertrag in Panmunjeom nahe der Demarkationslinie unterzeichnet worden, in dem vereinbart wurde, den 38. Breitengrad als Grenze zwischen Nordkorea und Südkorea festzulegen, eine vier Kilometer breite entmilitarisierte Zone beiderseits der Grenze zu etablieren und eine Waffenstillstandskommission zur Verwaltung dieser Zone einzuberufen. Sie schätzte sich glücklich, dass jetzt Frieden herrschte, dass sie nie mehr an die Front musste. Ihr Baby würde das Licht einer Welt voller Blumen, Tauben und lächelnder Kinder erblicken, wie es das Plakat »Wir lieben Frieden« an der Wand ihres Zimmers darstellte.

Ja, sie war glücklich, auch wenn in ihrer Liebe das erste Anzeichen eines Risses erschien.

Und das kam so: Ihre älteren, bereits Mutter gewordenen Kolleginnen gaben ihr den Rat, während der Schwangerschaft auf gar keinen Fall mit ihrem Mann zu schlafen. Denn das würde dem Baby schaden. Sie befolgte brav den Rat. Um sich abzulenken, flüchtete mein Vater abends zum Kartenspielen ins Reich der Junggesellen und kam oft erst tief in der Nacht zurück. Meine Mutter war natürlich enttäuscht und wartete nächtelang vergeblich auf ihn. Ihre Schlaflosigkeit während der Schwangerschaft lag folglich nicht allein an der Hitze in der Jangtse-Stadt. So kam es zu Streitigkeiten, die zu keiner Lösung, sondern zu noch größerer Enttäuschung und Entfremdung beider Seiten führten.

Nach meiner Geburt wurden die beiden zunächst vom Elternglück überwältigt. Aber bald darauf gab es ein neues Problem: Das Baby entpuppte sich als ein nervenaufreibender Schreihals, der nicht allein in der Wiege schlafen wollte. So nahm es den größten Platz im Ehebett ein und schrie trotzdem ohne Unterlass. Mein Vater flüchtete nun noch öfter aus dem Zimmer und ließ sich manchmal die ganze Nacht nicht mehr blicken, denn schließlich musste er am Tag arbeiten und nachts wenigstens ein bisschen schlafen. Verständnis dafür hatte meine Mutter nicht. Sie habe diesen süßen Schreihals schließlich nicht allein gezeugt, er müsse auch einen Teil der Verantwortung übernehmen, beklagte sie sich. Dass das »Vater-Mutter-Kind-Spiel« doch nicht nur lustig war, begriff sie erst jetzt. Aber damit aufhören konnte man leider nicht. Ein Baby war keine Puppe, die man in den Schrank weglegen konnte. Es gab die ersten Tränen und ab und zu den Gedanken an den einen oder anderen Piloten, der sich als Ehemann bestimmt anders benommen hätte, weil er doch so sehr um sie geworben hatte.

Dieser Missmut in der Ehe wurde allerdings bald von einem anderen Problem überlagert, das sich größer und ernster ausnahm.

Da meine Mutter nach einem kurzen Mutterschaftsurlaub wieder auftreten musste, hatte sie eine Amme für mich angestellt. Es war eine nette, junge Frau vom Lande mit einem runden Gesicht und zwei langen Zöpfen. Ihr Baby ließ sie zu Hause von ihrer eigenen Mutter stillen, die auch gerade ein Baby geboren hatte, damit sie in der Stadt als Amme Geld verdienen konnte. Meine Mutter verstand sich mit ihr prächtig, schließlich war die Amme für sie eine große Hilfe. Denn meine Mutter verfügte über keinerlei Erfahrung, was Säuglinge betraf. Sie war selber, wie sie später zu sagen pflegte, fast noch ein Kind. So hatte die Amme bald alles unter ihrer Kontrolle. Während meine Eltern einmal auf einer Agitationstournee waren, durfte ihr Mann sie besuchen und sogar in dem kleinen Zimmer meiner Eltern übernachten.

Als meine Mutter, geplagt von Sehnsucht und Sorge, zurückkam, fand sie eine strahlende Amme vor, deren Gesicht nun noch runder geworden war und zudem eine zarte rosa Farbe bekommen hatte. Ich hingegen hatte Pickel im Gesicht, auf die eine weiße Salbe aufgetragen werden musste, und sah deshalb kreideweiß aus. Und ich weinte den ganzen Tag über. Zunächst dachte meine Mutter, ich würde wegen des Juckreizes schreien. Als ich allmählich auch an Gewicht verlor und Tag und Nacht unaufhörlich weinte und manchmal fast zu ersticken drohte, geriet sie in Panik und schickte ein Telegramm an Großmutter nach Peking, wohin meine Großeltern zwischenzeitlich wieder waren.

Eine Woche später kam Großmutter in Nanking an. Als sie mich, ihre erste Enkelin, zum ersten Mal in den Arm nahm, traten ihr die Tränen in die Augen. Ihre Diagnose war: »Das Kind hat Hunger!« Es stellte sich heraus, dass die Amme erneut schwanger war und nicht mehr genug Milch hatte. Dies hatte sie aus Angst, ihre Anstellung zu verlieren, meiner Mutter verschwiegen.

Die Amme wurde sofort nach Hause geschickt und Milchbrei gekauft. Großmutter fütterte mich ab jetzt mit Milchbrei. Wie sie mich fütterte, war eine ihrer Lieblingsanekdoten, die sie mir später immer wieder erzählen sollte. Sobald ich Großmutter mit dem Löffel und der Breitüte erblickte, fing ich, wie sie sagte, an zu schreien wie ein »hungriges Wölfchen«, und zwar so lange, bis sie mit der Zubereitung fertig war. Da mein Geschrei so herzzerreißend war, begann sie sofort mit dem Füttern, obwohl der Brei noch zu heiß war. So musste sie bei jedem Happen kräftig pusten, sodass ich auch zwischen den einzelnen Happen schrie, bis die ganze Zeremonie vorbei war. Nachdem mein Hunger einigermaßen gestillt worden war, wurde aus meinem Geschrei ein Knurren. Es hörte sich nicht mehr wie ein Wolf an, sondern wie ein Hund oder eine Katze. Tierisch war es dennoch.

Es dauerte nicht lange, da verwandelte sich der abgemagerte Schreihals wieder in ein prächtiges Baby. Die Pickel waren zwar noch nicht weg, aber ich sah jetzt gesund und munter aus. Meine Mutter war dankbar. Großmutter und Vater waren überglücklich.

Als ich fünf Monate alt wurde, ging das Ensemble wieder auf Tournee, und Großmutter musste wegen meines kränklichen Großvaters nach Peking zurück. So beschlossen meine Eltern, dass Großmutter mich nach Peking mitnehmen sollte. Großmutter packte den pickligen Schreihals, den Milchbrei und den Löffel und nahm den Zug, der zuerst auf einer Fähre den gewaltigen Jangtse überqueren musste, um dann Richtung Norden nach Peking zu fahren.

Es war die zweite von Großmutter überlieferte Legende über mich, dass ich den ganzen Tag und die ganze Nacht während der Fahrt schreiend verbrachte und dadurch nicht nur die jüngste, sondern auch die berühmteste Passagierin dieses Zuges Nanking Peking im Dezember 1957 gewesen war. Mein Geschrei soll so überwältigend und herzzerreißend gewesen sein, dass das ganze Zugpersonal und der größte Teil der Reisenden mobilisiert wurde, ihm entgegenzuwirken. Es gab unzählige Freiwillige, die meiner Großmutter halfen, den Milchbrei zuzubereiten, während sie mich auf dem Arm trug und im Waggon auf und ab wanderte, um mich zu besänftigen, in der Hoffnung, mich sogar in den Schlaf zu wiegen. Die Schaffnerinnen sorgten für heißes Wasser und wechselten sich mit Großmutter ab, mich zu tragen, damit sie meine Windeln waschen konnte. Der Zugführer stellte sein Abteil zum Windeltrocknen zur Verfügung. Je weiter der Zug in den Norden kam, desto kälter wurde es in den unbeheizten Waggons. Damit sich das schreiende Baby nicht auch noch erkältete, durfte Großmutter mich im wärmsten Abteil wickeln – das war die Küche. Kein Auge habe sie während dieser unvergesslichen Fahrt zugetan, pflegte Großmutter später zu sagen, und mit ihr viele Mitreisende im Zug. Und seitdem höre sie nicht mehr so gut. Denn mein Geschrei soll so laut, durchdringend und hochfrequent gewesen sein, dass wahrscheinlich deswegen ihr Trommelfell für immer geschädigt wurde.

Als der Zug endlich in Peking ankam und die entnervte Großmutter mit mir von Großvater in Empfang genommen wurde, war es diesmal sie, die in Tränen ausbrach.

Und seitdem hatte Großmutter mich nie wieder aus ihrem Arm gelassen, bis ich eines Tages sie verließ.

3. Kapitel

*Die Alte-Türvorhang-Gasse im Herzen Pekings, und warum
die alte Ulme im Sommer 1959 fast alle Blätter verlor*

Die Alte-Türvorhang-Gasse, in der Großmutter und Großvater wohnten, befindet sich im Westbezirk Pekings, nahe dem Platz des Himmlischen Friedens – genauer gesagt: kaum zehn Minuten Fußweg davon entfernt, fast direkt gegenüber dem westlichen Tor der Großen Halle des Volkes. Man könnte sagen, sie liegt im Herzen Pekings. Jeden Herzschlag der Hauptstadt konnte man von hier aus spüren. Zum Beispiel, wenn eine Kundgebung auf dem Platz des Himmlischen Friedens stattfand, konnten sie die Bewohner der Alte-Türvorhang-Gasse akustisch real miterleben.

In der Yuan-Dynastie im 13. und 14. Jahrhundert waren in Peking viele Kanäle angelegt worden. Einer der Kanäle verlief durch diese Gegend. Da sich hier die tiefste Stelle der ganzen Umgebung befand, entstand mit der Zeit ein Teich, in dem Lotos angepflanzt wurde. Später wurden Häuser am Teich gebaut, deren Bewohner dafür bekannt wurden, dass sie Lotoswurzeln ernteten und verkauften. Deswegen hatte man die Gasse »Lotossamen-Gasse« genannt. In der Zeit von Yongle, dem dritten Kaiser der Ming-Dynastie Anfang des 15. Jahrhunderts, wurde die Stadtmauer erneuert und weiter nach Süden verlegt. Der Kanal wurde indes trockengelegt. Der Lotosteich verkümmerte allmählich zum stinkenden Tümpel, der der Gasse einen neuen Namen bescherte: »Stinksenke-Gasse«. Um dem Gestank zu entfliehen und sich vor der Hitze im Sommer zu schützen, pflegten die Bewohner einen aus Schilf geflochtenen Vorhang vor die Tür zu hängen. So wurde die Gasse in der späten Ming-Dynastie ab dem 17. Jahrhundert schließlich in »Türvorhang-Gasse« umbenannt. Später entstand neben dieser Gasse eine neue Gasse. Seitdem hieß sie »Alte-Türvorhang-Gasse« und die neue »Neue-Türvorhang-Gasse«.

Es war ein schmales, ungepflastertes, westöstlich verlaufendes Sträßchen. Lang war es auch nicht. Wenn ein Scherenschleifer am westlichen Ende der Gasse auftauchte und sein »Scheren und Messer schleifen« schrie, konnte man ihn in den Höfen am östlichen Ende genauso deutlich vernehmen. Am westlichen Ende kreuzte eine größere Asphaltstraße, durch die eine Straßenbahn fuhr. In der nordsüdlich verlaufenden Quergasse am östlichen Ende unserer Gasse befanden sich ein Lebensmittelladen, eine Fleischerei und ein kleines Restaurant. Statt Bäumen stand eine Reihe Strommasten an der südlichen Mauer, an die die Wohnhöfe der Parallelgasse angrenzten. Die Tore aller Wohnhöfe unserer Gasse blickten nach Süden. Wehte ein starker Nordwestwind, hatte man eine Sichtweite von kaum fünf Metern. Regnete es, konnte man nur mit Mühe noch den Fuß vor die Tür setzen. Da verwandelte sich die Gasse in eine Schlammgrube, in der sich die Kinder gern vergnügten und nach Regenwürmern suchten.

Ungefähr in der Mitte der Gasse befand sich unser Hof, Nummer neun, ein typischer Wohnhof des alten Peking mit grauen, einstöckigen Häusern auf allen Seiten der vier Himmelsrichtungen, die einen quadratischen, umschlossenen Innenhof bildeten, den sogenannten Siheyuan. Alle Fenster und Türen öffneten sich zum Hof hin. Die hinteren Wände waren gleichzeitig die Mauern, die den Wohnhof von der Außenwelt trennten. Vor dem Tor thronten zwei Schutzlöwen aus Stein, deren Köpfe durch Witterung und Berührung fast unkenntlich geworden waren. An beiden Flügeln des Tors, dessen schwarzer Lack teilweise abgeblättert war, war je ein kupferner Ring angebracht.

In diesem Wohnhof wohnten sieben Familien. Wenn man durch das Tor trat, gelangte man durch einen bedachten, dunklen Tordurchgang in den kleinen Vorhof mit zwei nach Norden gerichteten Zimmern, in denen früher Diener gewohnt hatten, als der Hof noch von einer Familie bewohnt worden war. Heute wohnte hier Witwe Jiang, eine zierliche Frau um die fünfzig.

Über eine kleine Treppe kam man in den Außenhof mit drei miteinander verbundenen, nach Norden gerichteten Zimmern auf der südlichen Seite. Hier wohnte die Familie Chen, zwei Witwen des verstorbenen Apothekers Herrn Chen, die von den Kindern im Hof »Ältere Frau Chen« und »Jüngere Frau Chen« genannt wurden, und die beiden Söhne der Jüngeren Frau Chen – Dahe (»Großer Fluß«) und Xiaohe (»Kleiner Fluss«). Der Außenhof war früher durch ein zweites Tor – das sogenannte Hängeblumen-Tor – mit dem Innenhof verbunden gewesen. An einer Reihe riesiger rechteckiger Steine mit einem dreistufigen Sockel in der Mitte konnte man erkennen, dass hier einst das Tor und die Mauer gestanden hatten.

Im Innenhof wohnten vier Familien. Im nördlichen Hauptgemach logierte der Eigentümer des Hofes, ein sehr berühmter Arzt der Traditionellen Chinesischen Medizin namens Shi Jinmo. Familie Shi gehörte in Wirklichkeit nicht zu unserem Hof. Sie hatte einen eigenen Hof, der früher der dritte Hof des gesamten Wohnhofs gewesen war. Familie Shi benutzte den Ausgang dieses ehemaligen dritten Hofs, der heute zur nördlichen Parallelgasse führte. Links und rechts neben dem Hauptgemach befanden sich zwei von der Höhe und Größe her viel kleinere Kammern, die deshalb als »Ohrzimmer« bezeichnet wurden, weil sie wie zwei Ohren aussahen, wenn man das Hauptgemach als ein Gesicht betrachtete. Sie hatten ursprünglich als Lagerraum oder Küche gedient. Im westlichen Ohrzimmer wohnte der Buchhalter von Shi Jinmo, Herr Zhang mit seiner Frau. Das östliche Ohrzimmer war nicht bewohnt und diente als Rumpelkammer. Den östlichen Seitenflügel bewohnte die Familie Zhou: Herr Zhou, ein Lehrer, seine Frau Qiu Jirong, eine Schülerin von Shi Jinmo, ihre dreijährige Tochter Lili und Lilis Großvater, Frau Qius Vater. Im westlichen Seitenflügel, der aus einem circa fünfzehn Quadratmeter großen Zimmer und einer Kammer bestand, wohnten meine Großeltern.

Im Hinterhof, der durch den östlichen Seitenflügel vom Innenhof getrennt war, wohnte Frau Sun, eine Ärztin der westlichen Medizin, mit ihrem kleinen Sohn. Ihr Mann diente als Pilot bei der Luftwaffe und kam sehr selten nach Hause.

Der Innenhof war das Zentrum des Wohnhofs. Hier fand das alltägliche Leben der Wohnhofbewohner statt. Hier wurden Hühner und Goldfische gehalten, wurde gekocht und gegessen, Wäsche gewaschen und getrocknet, Gemüse und Kohle gelagert, gespielt und geplaudert, gelesen und Mittagsschläfchen gemacht und so weiter, und so fort. Hier hatte jede Familie ein kleines Gemüse- und Blumenbeet, die außer mit Gurken, Sonnenblumen, Flaschenkürbissen und Tomaten mit alle möglichen bunten Blumen wie Wunderblumen, Springkraut, Trichterwinden, Azaleen und Gardenien bepflanzt wurden.

Der Boden des Innenhofs war zum Teil mit Steinplatten belegt. Hier wuchsen zwei große Bäume: ein Chinesischer Surenbaum, der im Sommer cremeweiße, duftende Blüten trug, und eine uralte Ulme. Den neben der Treppe des Vorhofs stehenden Surenbaum mochten die meisten wegen seines eigenartigen Geruchs nicht. Außerdem hingen im Sommer unzählige grüne Würmchen, »Aufgehängte Teufel« genannt, von seinen Blättern hinab. Jeder, der vorbeiging, kriegte ein paar ab. Die Kinder hassten ihn deshalb wie die Pest. Die Ulme war hingegen sehr beliebt. Nicht nur weil sie den Bewohnern an heißen Tagen kühlen Schatten spendete und den Kindern als Spielgefährtin diente. Eines Tages sollte sie den Menschen um sie herum sogar nützlich sein, weil sie ihnen rettende Nahrung bot.

Unser ungepflasterter Hinterhof glich einem botanischen Garten. Dort wuchsen außer einem Zierapfelbaum, einem Birnbaum, einem Granatapfelbaum und einem Blumenpfefferbaum noch zahlreiche Blumen und Pflanzen, von Dahlien und Chrysanthemen über Jasmin bis zu Flieder und Rosenlorbeer. Außerdem befand sich dort unser Wasserhahn, der einzige im ganzen Hof, den man im Winter mit Wolle, Stoffresten und einem Holzkästchen umkleiden musste, um ihn vor dem Einfrieren zu schützen.

Großmutter war dankbar, ein neues Zuhause im verkehrsgünstigen Zentrum Pekings gefunden zu haben. Der Arzt Shi Jinmo war ein alter Freund meines Großvaters. Als er in Nanking krank wurde, wandte er sich an ihn. Shi Jinmo behandelte nicht nur seine Krankheit, sondern bot ihm auch die Möglichkeit an, den westlichen Seitenflügel seines Hofs kostenlos zu beziehen. Das Zimmer stehe sowieso leer, meinte er. So kehrten meine Großeltern 1956 von Nanking nach Peking zurück und zogen in die Alte-Türvorhang-Gasse Nummer neun ein.

Das Zimmer war zwar nicht sehr geräumig, aber für die beiden reichte es völlig aus. Die Fenster bestanden aus geschnitzten Holzrahmen, an denen weißes Gaoli-Papier[2] klebte, und zwei Glasscheiben. Eine seitlich angebrachte, schmale, mit geschnitzten Mustern verzierte Trennwand aus Sandelholz trennte das Zimmer andeutungsweise in zwei Teile: den Schlafbereich mit Dielenboden und den Koch-, Ess- und Wohnbereich mit grauem Steinboden. Meine Großeltern besaßen auch wegen der häufigen Umzüge nur noch wenige Möbel: ein Doppelbett, eine Holztruhe, einen Esstisch, zwei Stühle, einen Geschirrschrank mit zwei Rauchglas-Schiebetüren, einen großen Wasserkrug und einen Ofen für runde Lochbriketts, der im Sommer draußen unter der Veranda stand. Mehr passte auch bei bestem Willen nicht hinein. Die Decke bestand aus Sorghumstangen, die ebenfalls mit Gaoli-Papier beklebt waren. Zwischen der Papierdecke und den Dachbalken hausten mehrere Mäusefamilien, die sich in der Nacht rastlos auf Nahrungssuche begaben und meinen Groß-

---

2   Gaoli-Papier: ein zähes, aus Maulbeerbaumrinde hergestelltes Papier, wurde in der Vergangenheit in erster Linie als Fensterpapier verwendet.

eltern oft den Schlaf raubten. Alle Maßnahmen gegen diese Störenfriede, wie Rattengift oder Mäusefallen, waren völlig wirkungslos. Sie waren nicht auszurotten. So musste man sie als unsichtbare Mitbewohner widerwillig dulden.

Als Großmutter mich von Nanking nach Peking holte, war sie gerade fünfzig geworden. Sie war eine schlanke Frau mit einem ausgeprägten aufrechten Gang. Wie alle verheirateten Frauen band sie traditionsgemäß ihr schwarzes, streng nach hinten gekämmtes Haar mit einem Haarnetz zu einem Knoten. Ihre Haut war glatt, obwohl sie, anders als Frau Jiang, nie duftende Gesichtscremes oder Parfüms benutzte. Ihre Augen strahlten stets ein freundliches, warmes Lächeln aus. Meine Großmutter war eine liebenswürdige, optimistische, praktische Frau, die das Leben zu meistern wusste. Sie klagte nie über ihr Schicksal. Sie klagte nicht darüber, dass ihr Mann ein Versager war und ihr stets Sorgen bereitete; sie klagte nicht darüber, dass ihr geliebter Sohn mit vierzehn Jahren bereits das Haus verlassen musste und sie seitdem nur einmal im Jahr für ein paar Tage besuchen kam; sie klagte auch nicht darüber, dass sie ihren Lebensabend ausschließlich damit verbringen musste, ihren kränklichen Mann zu pflegen; sie klagte nicht einmal darüber, dass ihre Tochter weit entfernt lebte und ihr nun noch eine zusätzliche Aufgabe aufbürdete: nämlich mich großzuziehen. Das war im wahrsten Sinne des Wortes keine leichte Aufgabe. Denn ich war alles andere als ein pflegeleichtes Baby.

Meine Neurodermitis war nicht besser geworden, sodass Großmutter mich fast keine Minute aus den Augen ließ, damit ich mich nicht im Gesicht kratzte. Mein fast ständiges Weinen hatte sich auch nicht abgeschwächt. Im Gegenteil, je größer ich wurde, desto mehr machte ich aus dem Weinen eine Kunst. Ich entwickelte eine Strategie des Weinens, um die Aufmerksamkeit der Erwachsenen auf mich zu lenken oder um mein Ziel zu erreichen. Ich weinte leise und kraftsparend, wenn keiner mich beachtete. Sobald sich jemand um mich kümmerte und mich zu besänftigen suchte, erhöhte ich die Lautstärke des Weinens. Wie meine Großmutter später erzählte, pflegte ich im Winter vor der Tür zu stehen und – das Gesicht der Türspalte zugewandt – zu weinen, um das Mitleid der Erwachsenen zu erwecken, ich könnte mich dadurch erkälten. Meistens gewann ich. Denn meine Großeltern liebten mich über alles. Ich war, wie sie zu sagen pflegten, »eine leuchtende Perle auf ihrer Handfläche«, die sie nun durchs Leben trugen. Ich war nicht nur der Mittelpunkt ihres Lebens, ich war ganz einfach ihr Lebensinhalt. Alles drehte sich um mich. Mich zu füttern war zum Beispiel eine ihrer Hauptbeschäftigungen, und zwar die schwierigste. Kaum hatte ich die katastrophale Unterernährung überstanden, wurde ich wählerisch. Großmutter musste sich den Kopf zerbrechen, um herauszufinden, was ich gern essen mochte, oder um mich zum Essen zu überlisten. Ich mochte zum Beispiel kein Gemüse. So zerhackte Großmutter das Gemüse und mischte es in den Reisbrei. Da ich mich manchmal weigerte zu essen, versuchte Großvater mich abzulenken, indem er mir Geschichten erzählte oder mit mir spielte, während Großmutter hinter mir herlief und mich Löffel für Löffel fütterte. Jedes Mal war es ein Triumph für sie, wenn ich eine Schale Brei geschafft hatte.

Als ob das noch nicht genug gewesen wäre: Ich kränkelte ständig. Oft hatte ich Fieber oder irgendeinen Infekt, und Großmutter musste mich mitten in der Nacht ins Krankenhaus tragen. Die Kindersterblichkeit war damals sehr hoch. Deshalb jagte es Großmutter immer große Angst ein, wenn ich krank war.

Als ich ein Jahr alt war, bekam ich die Masern und erkrankte zudem an einer Lungenentzündung. Ich lag mit hohem Fieber auf der Intensivstation des städtischen Kinderkrankenhauses. Sieben Tage und Nächte lang saß Großmutter an meinem Bettchen und träufelte mir mit der Pipette eines Augentropfenfläschchens ununterbrochen Wasser in den Mund. Das Ensemble meiner Eltern war zwar inzwischen nach Peking gezogen, aber es befand sich zu diesem Zeitpunkt wieder auf einer Tournee. Mein Vater war aufgrund eines Sonderauftrags zufällig in Peking und konnte mich einmal im Krankenhaus besuchen. Den kleinen Körper seines bewusstlosen Töchterchens betrachtend, hatte er bereits verzweifelt Abschiedstränen vergossen. In jenem Jahr wurde China von einer Masernepidemie heimgesucht. Neun Millionen Kinder und Erwachsene erkrankten an Masern, 260 000 Kinder starben. Aber ich überlebte. Wie durch ein Wunder erwachte ich am Morgen des achten Tages und lächelte Großmutter an. Der erste Satz, den ich nach dem Aufwachen sagte, war: »Warum weint das Kind so fürchterlich?« Im Krankenzimmer waren mehrere Kinder untergebracht. Eins davon weinte gerade. Anscheinend empfand ich das Schreien eines Kindes durchaus als störend, solange es nicht mein eigenes war. Großmutter schloss mich in die Arme und weinte vor Freude. Während der ganzen Zeit hatte sie keine Sekunde daran gedacht, dass sie von mir angesteckt werden könnte. Ihr einziger Gedanke war: Meine Enkelin muss leben. Es war ebenfalls ein Wunder, dass Großmutter nicht angesteckt wurde.

Meine Großmutter war meine Retterin. Sie hatte mich nicht nur vor dem Verhungern gerettet. Sie hatte mich im wahrsten Sinne des Wortes den Klauen des Todes entrissen.

Nach dem Sieg in diesem Kampf wuchs und gedieh ich prächtig. In dem kleinen, gemütlichen Nest meiner Großeltern war ich gut aufgehoben und wohl behütet. Ich erfuhr so viel Liebe, Wärme und Zuwendung, wie sie ein Kind nur erfahren konnte. Denn meine Großeltern hatten nichts anderes zu tun, als auf mich aufzupassen, mich zu füttern, zu waschen und mit mir zu spielen. Ihren Lebensunterhalt erhielten sie von ihren Kindern: von meiner Mutter vierzig und von meinem Onkel sechzig Yuan im Monat. Großvater, der als junger Mann nie Zeit für seine Kinder gehabt hatte, entdeckte jetzt die Vaterliebe und ein neues Lebensziel, nämlich mich. Als ich im Winter 1957 in Peking ankam, hatte er bereits mehrere große Operationen hinter sich, bei denen Gallensteine entfernt worden waren. Er fühlte sich ausgelaugt, niedergeschlagen und wurde depressiv. Nun fand er plötzlich in mir sein Lebenselixier. Nie hatte er so viel Freude am Leben gehabt. Sein Leben bekam plötzlich einen Sinn: auf mich aufpassen, mich großziehen. Außer Zeitung zu lesen, verbrachte er seine ganze Zeit mit mir. Ich liebte meinen Großvater sehr, ich liebte seine schwarzen Haare, seine dichten Augenbrauen, sein Lächeln und seinen Schnurbart, mit dem er meine Wange kitzelte, wenn er mich küsste. In meinen ersten drei Lebensjahren war er mein bester Spielgefährte.

Sobald ich laufen konnte – angeblich fing ich früh an zu laufen –, ging er mit mir in die Pekingoper. Er war ein leidenschaftlicher Pekingopern-Liebhaber und mit vielen berühmten Schauspielern persönlich bekannt. Es gab keine Oper von Mei Lanfang oder Tan Fuying oder Xun Huisheng, die er nicht kannte. Damals war die Pekingoper – Theater und Teehaus in einem – eine Art Treffpunkt der Freunde gleicher Gesinnung. Man ging immer in dieselbe Oper, um seinen Lieblingssänger zu hören. Mit noch nicht einmal drei Jahren war ich bereits Mitglied des Freundeskreises des Großen Chang-An-Theaters und bekam jedes Mal freie Karten. Pekingoper muss wohl das schönste Wiegenlied für mich gewesen sein. Ich schlief immer pünktlich während des dritten Gesangs artig und selig ein. Wenn Großvater spätabends – mich auf dem Rücken tragend – zu Hause ankam, wurde er von Großmutter ausgescholten. Er musste schwören, mich nächstes Mal zu Hause zu lassen. Aber das nützte wenig. Am nächsten Tag zog er mit mir wieder los.

Ein anderes Ausflugsziel war der Zirkus. Auch in diesem Milieu hatte Großvater viele Freunde. Er liebte die Artisten und fühlte sich dort zu Hause. Eine berühmte Affendompteurin war eine gute Freundin der Familie. Sie hatte die Affen so dressiert, dass sie nicht nur akrobatische Künste machen, sondern auch Zahlen erkennen und rechnen konnten. Ich durfte nach der Vorstellung zu den Affen gehen und mit ihnen spielen. Großvater sprach sogar davon, mich in die Zirkusschule zu schicken, wenn ich etwas größer würde.

Selbst nach seinen zahlreichen Operationen konnte sich Großvater seine Vorliebe für kulinarische Genüsse in guten Restaurants nicht verkneifen. Der kleine Unterschied war: Statt mit seinen Freunden ging er jetzt mit mir. Es hieß, er steckte heimlich ein Löffelchen in die Brusttasche und sagte Großmutter, er ginge mit mir spazieren. Das flog immer erst auf, wenn ich krank wurde. Vielleicht lag es an der damals sehr mangelhaften Hygiene. Jedenfalls wurde ich nach diesen Restaurantbesuchen oft krank. Großmutter war dann sehr verärgert und stellte ihn zur Rede. Großvater bekundete jedes Mal tiefe Reue und versprach, das nie wieder zu tun.

Während Großvater mit mir durch Pekingoper, Zirkus, Restaurants und Parks zog, hatte Großmutter andere Dinge zu erledigen. Sie musste den Haushalt machen, und das bedeutete damals viel Arbeit.

Im Frühling, wenn die ersten Wildgänse zurückflogen, trug man den Ofen hinaus, nahm die Blechschornsteine auseinander, putzte sie, wickelte sie in Zeitungspapier ein und verstaute sie für das nächste Jahr. Dann wurde Kleister gekocht und Fenster- und Deckenpapier gewechselt, das vom Heizen und Kochen im Winter verrußt und mit schmutzig bräunlichen Schlieren überzogen war. Das fand ich aufregend und interessant, denn ich durfte von dem süßlichen Kleister aus Weizen- und Reismehl naschen und ihn auch überallhin schmieren. Das Fensterpapier, das man in jedem Krämerladen kaufen konnte, wurde jedes Jahr erneuert. Das Deckenpapier riss Großmutter jedoch nie ab, sondern klebte jedes Mal eine neue Schicht darüber. Man wollte ja nicht riskieren, den »liebgewonnenen« Mäusefamilien den Boden unter den Füßen wegzuziehen. Außerdem hatte Großmutter auch nicht unbedingt den Drang, zu entdecken, was da oben sonst noch verborgen war. Aber nicht nur ich naschte gern vom Kleister, die

Mäuse taten es ebenfalls. Nach dem Ankleben des neuen Deckenpapiers waren sie besonders aktiv, sodass man immer wieder Löcher in der Decke stopfen musste. Diese Mäuse zählten zu meinen größten Feinden, obwohl ich sie selten zu Gesicht bekam. Ich hatte eine unsägliche Angst vor ihnen. Mittlerweile waren sie sogar in der Lage, mir die Lust am Weinen zu verderben. Mitten in meinen besten Heularien brauchte Großmutter nur zu flüstern: »Psst, horch, Mäuse!«, schon hörte ich auf und lauschte.

Ungefähr vor dem Totenfest Anfang April fing Großmutter an, unser Blumen- und Gemüsebeet zu bestellen. Dort pflanzte sie Purpurwinden, Gartenbalsaminen, Trichterwinden, Gladiolen, Sonnenblumen, Tomaten, Helmbohnen und manchmal auch Mais ein. In dieser Zeit nähte Großmutter außerdem für Großvater, mich und sich selbst Sommerkleidung.

Den ganzen Sommer über hatte sie beide Hände voll zu tun. Außer sich um das Beet zu kümmern, hielt sie noch eine Schar Küken und wusch jeden Tag eine ganze Schüssel voll Wäsche. Die Bezüge der Winterdecken mussten zudem abgezogen, gewaschen und hinterher wieder zusammengenäht werden. Auch die wattierten Winterjacken und -hosen mussten auseinandergenommen, gewaschen und wieder genäht werden.

Im Herbst erntete sie die Früchte und Saaten und bedeckte die winterharten Pflanzen mit Erde. Dann musste sie für uns neue Winterkleidung und Schuhe nähen, die Sommerbettdecken waschen, nähen und in der Truhe verstauen, Briketts und Chinakohl für den ganzen Winter kaufen und lagern und zum Schluss einen riesigen Krug Sauerkraut aus Chinakohl einmachen.

Spätestens vor dem ersten Schnee wurde der Ofen wieder ins Haus getragen und wurden die Blechschornsteine montiert. Dann musste man einen Winterstall für die Hennen bauen, die Löcher im Fensterpapier stopfen, den wattierten Türvorhang aufhängen und die Spalten an der Tür und an den Fenstern mit Zeitungspapier abdichten. Nun durfte der Winter kommen, und wir drei konnten, wie Großmutter zu sagen pflegte, in unserem Nest »gemütlich überwintern«.

Wenn draußen der kalte Nordwestwind aus Sibirien durch die Straßen Pekings fegte und Schneeflocken fielen, saßen meine Großeltern, einen Becher heißen Tee in der Hand, am warmen Ofen und schauten mir glücklich zu, wie ich zwischen dem erhöhten Dielenboden und dem Steinboden auf und ab hüpfte. Auf dem Ofen neben dem dampfenden Wasserkessel wurden Süßkartoffeln gebacken, deren süßer Duft das ganze Zimmer erfüllte. Ich fühlte mich so geborgen, so zufrieden und glücklich, dass ich die Hungersnot draußen – die größte von Menschen verursachte Hungersnot in der Geschichte – nicht im Geringsten spürte.

Heute wissen wir, dass die drei Jahre andauernde, verheerendste Hungersnot von 1959 bis 1961 in China eine Folge der im Mai 1958 begonnenen Kampagne »Großer Sprung nach vorn« war und dreißig bis vierzig Millionen Opfer forderte. Aber damals kam sie leise und heimlich, ohne Vorwarnung.

Im Jahr 1958 herrschte in China Aufbruchsstimmung. »Großer Sprung nach vorn« war wie eine Zauberformel, die das neue China innerhalb kürzester Zeit in eine Wirtschaftsgroßmacht verwandeln sollte. Das ganze Volk wurde mobilisiert und packte mit größtem Enthusiasmus beim Aufbau des siegreichen Sozialismus mit an. Die Sowjetunion wollte die USA innerhalb von fünfzehn Jahren überholen, und China sollte im gleichen Zeitraum wenigstens das Produktionsniveau von Großbritannien erreichen oder gar übertreffen. Innerhalb von fünfzehn Jahren sollte sich die Produktion verachtfachen. Um dieses Ziel zu erreichen, wurden unzählige Staudämme zur Bewässerung der Felder und zur Stromerzeugung für die Industrie mit bloßen Händen gebaut. Überall im Land, in den Städten wie auch in abgelegenen Dörfern, wurden primitive Hochöfen errichtet, in denen Stahl geschmolzen werden sollte. Sogar in den Schulhöfen und in den Gassen ragten selbst gebastelte Hochöfen auf. Damit das Feuer nicht ausging, warf man ununterbrochen alles Brennbare hinein: Möbel, Balken, Zeitungspapier. Um Brennstoffe zu gewinnen, wurden ganze Wälder gefällt. Schüler und ältere Menschen wurden mobilisiert, nach Kohle zu suchen. Alles, was Eisen enthielt, wurde zum Stahlschmelzen gespendet. Kochtöpfe, Werkzeuge, verrostete Blechschornsteine und alte Nägel wurden eingesammelt. Diejenigen Familien, die die meisten alten Eisenwaren spendeten, wurden auf der Versammlung des jeweiligen Nachbarschaftskomitees gelobt und ausgezeichnet.

Mein Onkel Peiren, der im Süden arbeitete und normalerweise Großmutter und Großvater einmal im Jahr besuchte, kam dieses Jahr nicht. In einem Brief schrieb er, er sei sehr stolz, dass er von seiner Arbeitseinheit der Eisenbahn als freiwilliger Helfer fürs Stahlschmelzen eingesetzt werde. Zeit sei Gold. Sie kämpften mit der Zeit und arbeiteten Tag und Nacht. Deshalb könne er dieses Jahr keinen Heimaturlaub machen, um uns zu besuchen.

Als uns mein zweitältester Großonkel aus Miyun — einer der »Fünf Drachen« — im Sommer 1958 besuchte, berichtete er begeistert, dass in seiner Heimat etwas Großartiges geschehen sei. Mehrere Dörfer seien zu einer Volkskommune zusammengeschlossen worden. Man arbeite zusammen und esse in einer großen Kantine. Das Unglaublichste sei, dass man so viel essen dürfe, wie man wolle, ohne zu bezahlen. Zu Hause werde nicht mehr gekocht, zumal man auch keine Kochtöpfe mehr habe, die ja zum Stahlschmelzen eingesammelt worden seien. Kinder würden in einem Kindergarten untergebracht. Frauen gingen mit Männern zusammen aufs Feld, das nun das Kollektiveigentum der Volkskommune sei. Im Gegensatz zu früher hatte er uns diesmal allerdings keine getrockneten Süßkartoffeln und auch keinen Maisgrieß mitgebracht. Denn die Ernte gehöre jetzt ja der Volkskommune, man habe selbst keinen Vorrat mehr, erklärte er ein wenig bedauernd.

Im Oktober 1957 war es der Sowjetunion gelungen, den ersten künstlichen Erdsatelliten der Welt, den »Sputnik«, in die Umlaufbahn zu starten. Im Wettbewerb mit der Sowjetunion wollte China in der Landwirtschaft »Sputniks« abfeuern. In der Zeitung las man jeden Tag, dass irgendwo wieder ein »Hoher-Ertrag-Sputnik« abgefeuert worden sei. In manchen Orten soll der Reisertrag bis zu 450 Tonnen pro Hektar erreicht haben. Normalerweise konnten auch in den fruchtbaren Regionen höchstens nur sechs Tonnen Reis auf einem Hektar geerntet werden. Der Kreis Xushui in der Provinz Hebei mit 310 000 Einwohnern hatte im Jahr 1958 angeblich sogar 600 000 Tonnen Getreide geerntet, durchschnittlich 15 Tonnen pro Hektar.

In Wirklichkeit waren es 1957, also im Jahr zuvor, in diesem Kreis durchschnittlich nur 1 000 Kilo pro Hektar gewesen und im Sommer sogar nur die Hälfte. Die Kader der Volkskommunen und der Kreise standen unter Druck, hohe Erträge zu erzielen, um ein festgelegtes Ziel zu erreichen. Deshalb lieferten sie falsche Zahlen ab. Um hohe Erträge zu erzielen, wurden die Bauern gezwungen, das Getreide entgegen allen sinnvollen Gepflogenheiten so dicht wie möglich anzubauen, was fatale Folgen nach sich zog.

Xushui jedenfalls wurde durch die behaupteten Rekordernten zum großen Vorbild der Bewegung »Großer Sprung nach vorn« und landesweit als »Sputnik-Kreis« bezeichnet. Vorsitzender Mao hatte den Kreis Xushui sogar persönlich besucht, seinen Erfolg hoch gelobt und den Kreisparteisekretär gefragt, ob man denn überhaupt so viel Getreide in seinem Kreis verbrauchen könne. Man müsse wohl die Bauern auffordern, mehr zu essen, zum Beispiel fünf Mahlzeiten am Tag …

Aber dennoch kam sie – die Hungersnot. Wie ein Teufel packte sie den Riesen China mit festem Griff, geräusch- und gnadenlos.

Noch ehe das Feuer in den selbst gebauten Hochöfen erloschen und der laute Slogan »Lang lebe der Große Sprung nach vorn« abgeklungen war, wurden Lebensmittel rationiert. Die Menge wurde nach Geschlecht, Körpergröße, Beruf und Alter festgelegt. Man bekam Marken. Für alles gab es eine Marke: Marken für Reis, für Weizenmehl, für Speiseöl, für Zucker, für Salz, für Eier, für Fleisch, für Baumwolle, für Stoffe, für Gemüse und für Konsumgüter wie Fahrrad, Radio, Tee, Seife oder Zigaretten und so weiter. Meine Großeltern waren alt und arbeiteten nicht, deshalb betrug ihre monatliche Getreideration nur zehn Kilogramm. Und ich als Kleinkind bekam zwei Kilogramm Getreide im Monat. Es gab höchstens 100 Gramm Fleisch pro Kopf (vom Juni bis Dezember 1961 wurde die Fleischversorgung sogar eingestellt), 100 bis 150 Gramm Speiseöl, 250 Gramm Sojabohnenpasta, 500 Gramm Eier, außerdem 100 Gramm Zucker und 500 Gramm Salz pro Kopf. Frisches Gemüse (d. h. Rettich, Kartoffel oder Chinakohl) beschränkte sich auf 100 Gramm pro Tag und Kopf. Zum Frühlingsfest bekam man 250 Gramm Erdnüsse, 100 Gramm Wassermelonenkerne, 150 Gramm Glasnudeln, je 25 Gramm Blumenpfeffer, Sternanis und getrocknete Chinesische Morcheln und 50 Gramm Tee.

Solche Lebensmittelmarken gab es auch nur in den Städten. Auf dem Land war die Situation ganz anders. Als mein zweitältester Großonkel im Winter 1959 wieder bei uns zu Besuch war, erzählte er, die Hochöfen seien nun plattgemacht und die große Kantine sei geschlossen worden. Man habe jetzt nichts mehr zu essen, denn die Ernte sei sehr schlecht gewesen, und der Speicher sei während der Zeit der großen Kantine leer gegessen worden. Deshalb habe man im Frühjahr nicht mal genug Saaten gehabt. Die Dorfbewohner litten unter großer Hungersnot und müssten sich von wilden Kräutern und Baumrinden ernähren. Es gebe schon viele Toten, in erster Linie Alte, Kranke und Kleinkinder.

Großmutter meinte, wir müssten uns glücklich schätzen, in der Stadt – zudem noch in der Hauptstadt – zu leben. Da es so gut wie kein Fleisch gab, reichte das Getreide als Hauptsättigungsnahrung nicht aus. Man musste viel Gemüse essen, um einigermaßen satt zu werden. Da es aber auch nicht genug Gemüse gab, musste man sich etwas anderes einfallen lassen. Großmutter bereute, im Frühjahr 1959 nicht mehr Gemüse statt der nutzlosen Blumen angepflanzt zu haben. Aber wer hätte das schon geahnt.

Die Menschen wurden erfinderisch. In der Alte-Türvorhang-Gasse wurde schnell verbreitet, was und wo etwas zu finden war, das das Getreide ersetzen konnte. Spatzen wurden gejagt, nicht nur weil sie die Ernte vernichten würden, wie es in der Zeitung stand, sondern auch weil ihr Fleisch gut schmeckte. Wir Kinder durften plötzlich jederzeit Krach machen. Wir wurden sogar dazu aufgefordert, den ganzen Tag auf Töpfe, Eimer oder Blechdosen zu schlagen, damit die Spatzen nicht auf Ästen ruhen konnten und vor Anstrengung tot auf die Erde fielen. In den Gärten und auf den Feldern rund um Peking gab es fast drei Sommer lang keine Heuschrecken mehr, weil Kinder und auch viele Erwachsene sie fingen, zu Hause auf offenem Feuer grillten und als einen Gaumenschmaus verzehrten. Selbst Ameisen und Regenwürmer waren als Fleischersatz beliebt, ganz zu schweigen von Fröschen, kleinen Krabben und Fischen aus den Seen und Flüssen.

Als es in der Gasse bekannt wurde, dass in unserem Hof eine Ulme und ein Surenbaum wuchsen, hatten wir keine Ruhe mehr. Denn man sagte, die jungen Surenbaum- und Ulmenblätter seien nicht nur genießbar, sondern auch nahrhaft. Die Nachbarn kamen und rupften die jungen Blätter der Ulme und später die des Surenbaums ab. Wir mussten das Tor unseres Hofs auch am Tag verriegeln, um unsere Ulme zu verteidigen. Schließlich wollten unsere Hofbewohner auch selbst davon profitieren. In der Nacht kletterten die flinken Jungs aus den Nachbarhöfen auf die Mauer und gelangten über das Dach des südlichen Hauses in unseren Hof. Im Sommer 1959 verloren unsere beliebte Ulme und unser Surenbaum fast alle Blätter. In den darauf folgenden zwei Jahren kamen ihre Blätter kaum zum Entfalten.

Kaum sprossen sie an den Zweigen, wurden sie schon abgerupft. Schließlich konnte man ja nicht die ganze Zeit das Tor absperren. »Wer an der Quelle sitzt, kommt als Erster ans Wasser heran.« Statt darauf zu warten, bis sie von den anderen abgerupft wurden, ernteten wir sie lieber selbst. So schickten sich die Bewohner der Alte-Türvorhang-Gasse Nummer neun jeden Morgen bereits in der Dämmerung an, die Ulmenblätter für den Tag abzupflücken.

Meistens wurden sie zerhackt und dem Weizen- oder Maismehl für Mantou oder Wotou[3] beigemischt. Manche bereiteten sie auch als Gemüsebeilage oder als Salat zu. Die jungen Surenbaumblätter briet man mit Eiern oder Tofu; sie schmeckten vorzüglich. Nur Großvater mochte die Blätter nicht. Er war an feines Restaurantessen und Delikatessen gewöhnt. Lieber hungerte er und rührte das »grüne Zeug« nicht an, wie er sie zu nennen pflegte. Gott sei Dank hatte er eine Tochter und einen Schwiegersohn, die in der Armee dienten. Denn die Luftwaffe, zu der das Ensemble meiner Eltern gehörte, hatte das Privileg, in den Genuss einer Sonderversorgung zu kommen. Das hieß, sie erhielten etwas mehr Lebensmittel als die vorgeschriebene Ration für die Zivilbevölkerung. Meine Eltern brachten uns, solange sie nicht auf Tournee waren, am Wochenende oft etwas mit, wenn sie uns besuchten, wie zum Beispiel Bonbons, Obst, ein Stück Fleisch, manchmal sogar Schokolade.

Diese dunkelbraune, zarte, süße, auf der Zunge verführerisch schmelzende Leckerei, die stets in silbernem Papier verpackt war, lernte ich in dieser Zeit kennen und lieben, ohne zu ahnen, welch ungemeines Privileg es war. Da ich die »Perle« der Familie war, war alles, was ich mochte, ausschließlich für mich bestimmt, wie zum Beispiel die Schokolade. Mutter erzählte, Schokolade schenkten ihr immer die Piloten-Onkel, die sie kannte. Schoko-

---

3 Mantou: gedämpftes Brötchen aus Weizenmehl, das aussieht wie Pfälzer Dampfnudeln; Wotou: gedämpftes Brötchen aus Maismehl oder Maisgrieß.

lade mache stark, und die Piloten-Onkel müssten stark sein, um ein Flugzeug steuern zu können, deshalb bekämen sie Schokolade. Da ich das etwas fremd klingende Wort Qiao-Ke-Li (Schokolade) noch nicht gut aussprechen konnte, nannte ich sie »die stark machende Süßigkeit«. Jedes Mal, wenn Mutter zu Besuch kam, fragte ich sie nach einiger Zeit des Fremdelns leise: »Hast du ›die stark machende Süßigkeit‹ mitgebracht?« Wenn nicht, bekam ich als Trost Bonbons, die damals ebenfalls zu den Konsumgütern zählten und nur zu Feiertagen mit einer Marke zu bekommen waren.

Als die Hungersnot nicht mehr zu verbergen war, wurde die Bevölkerung aufgerufen, den Gürtel enger zu schnallen, um diese »vorübergehenden Schwierigkeiten« zu überwinden, die angeblich durch die drei Jahre andauernden »Naturkatastrophen« und den abrupten Abbruch der Unterstützung der Sowjetunion verursacht wurden. In der Öffentlichkeit durfte nicht davon gesprochen werden, dass Menschen verhungerten. Denn im Sozialismus gab es keine Hungersnot.

Bis heute glauben noch viele Chinesen an diese Lüge. Sie verwenden »die drei Jahre andauernden Naturkatastrophen« als Synonym für den Zeitraum von 1959 bis 1961 und vermeiden den Begriff »Hungersnot«.

Trotz des Privilegs, das wir in der Zeit der großen Hungersnot dank meiner Eltern genossen, trotz seines neuen Lebensinhalts, mich großzuziehen, ging es meinem Großvater immer schlechter. Er wurde zunehmend magerer und schwächer. Außerdem litt er wie damals viele Menschen unter Hungerödemen. Schließlich war er nicht mehr in der Lage, mit mir in die Pekingoper oder in den Zirkus zu gehen. Unser letzter gemeinsamer Ausflug war der Besuch des Beihai-Parks im Frühjahr 1960. Als ob er das Ende unseres Glücks geahnt hätte, schlug Großvater vor, uns von dem Fotografen im Park fotografieren zu lassen. Es war das erste und das letzte, es war das einzige Foto von uns dreien, meinen Großeltern und mir. Wir standen vor dem Geländer aus weißem Marmor, das den See umsäumt. Im Hintergrund waren die weiße Marmorbogenbrücke und die berühmte Weiße Pagode zu sehen. Großvater, rechts neben mir stehend, lehnte mit dem linken Arm am Geländer. Er trug einen Wollmantel und einen Hut. In der rechten Hand hielt er eine Strohtasche mit den Schriftzeichen »Peking« und seinen Spazierstock. Sein Kopf war ein wenig zur rechten Seite geneigt, es sah so aus, als ob er ziemlich erschöpft wäre. Großmutter stand links von mir, ihr Kopf war ebenfalls nach rechts geneigt. Sie trug keinen Hut. Ihr Haar war wie immer am Hinterkopf zu einem Knoten aufgesteckt. Beide lächelten nicht, sahen eher bedrückt und traurig aus. Nur ich strahlte. Ich, gerade mal so lang wie Großvaters Bein, stand zwischen meinen beiden mir liebsten Menschen und lächelte wie die Sonne. Obwohl bereits März (unten auf dem Foto stand gedruckt: »Erinnerungsfoto im Beihai-Park der Hauptstadt, März 1960«), war ich in dicker, wattierter Winterjacke und Hose eingemummelt, sodass ich wie ein niedlicher Ball mit zwei zum Himmel stehenden Zöpfen aussah. Mein Gesicht sah ebenfalls wie ein kleiner Ball aus, an dem keine Spur von der Hungersnot zu erkennen war. Im Gegenteil, ich strahlte eine Sorglosigkeit aus, wie sie nur ein Kind ausstrahlen kann.

Ein festgehaltener Moment des Glücklichseins, des Geborgenseins. Ein Bruchstück der Erinnerung. Erinnerung daran, dass ich eine glückliche Kindheit hatte. In meinem zarten Herzen ahnte ich noch nicht, dass dieses Glücklichsein im Leben keine Selbstverständlichkeit war; ich ahnte auch nicht, dass sich der Tod bereits in unsere kleine Familie einzuschleichen begann, um mir bald meinen geliebten Großvater zu rauben.

4. KAPITEL

Wie Großvater eines Tages plötzlich verschwand und mich
nur noch im Traum besuchte, oder warum ich mir jeden
Montagmorgen die Augen ausweinte

Der Herbst 1960 schien unendlich lang zu sein. Denn Großvater war nicht mehr da. Er musste ins Krankenhaus. Großmutter hatte keine Zeit, mit mir zu spielen. Sie musste den Haushalt machen und alle zwei Tage Großvater im Krankenhaus besuchen. Ich durfte nicht mitkommen, weil ich mich sonst mit schlimmen Krankheiten hätte anstecken können. Meine Hauptbeschäftigung war, auf einem Stuhl hinter der Fensterscheibe zu stehen und auf unsere geernteten Sonnenblumen aufzupassen, die draußen auf dem Fenstersims lagen. Sobald ein Spatz auf dem Fenstersims auftauchte, klopfte ich wie wild auf die Scheibe. Trotz der großen Kampagne gegen die Spatzen waren sie ebenso wenig auszurotten wie die Mäuse auf unserem Dachboden. Eigentlich mochte ich die Spatzen mit ihrem flaumigen Bäuchlein gern. Aber die Erwachsenen behaupteten, die Spatzen seien schuld, dass wir Menschen nicht genug Getreide hätten, weil sie es uns klauten.

Manchmal brachte mich Großmutter zu Lili, der Tochter der Familie Zhou im östlichen Seitenflügel, wenn sie länger im Krankenhaus bleiben musste. Lili war ein äußerst hübsches Mädchen mit großen Augen und langem lockigen Haar, das sie mit einer seidenen Schleife zu einem Pferdeschwanz band, sodass unzählige feine Löckchen über ihre Stirn baumelten. Die fand ich besonders schön. Ich verehrte und beneidete sie nicht nur, weil sie schön und drei Jahre älter war als ich, sondern auch, weil ihre Eltern mit ihr zusammenlebten und nicht wie meine mich nur ab und zu besuchten. Außerdem besaß Lili eine Puppe, ich hingegen nur ein rosafarbenes Kätzchen aus Kunststoff. Mit ihrer Puppe spielten wir »Familie«. Sie war der Papa, ich die Mama, die Puppe unser Kind. Mein Kunststoffkätzchen durfte manchmal auch mitspielen und übernahm die Rolle des Dienstmädchens oder des Brüderchens. Zudem mochte ich Lili, weil sie Bilderbücher hatte, die ich mir ansehen durfte. In ihrer Familie gab es überhaupt viele Bücher. Bei meinen Großeltern lag, soweit ich wusste, nur ein einziges Buch einsam in der Schublade zwischen Streichhölzern, Messern und anderem Krimskrams. Es hatte keine Bilder und trug den Titel »Die Bibel«. Lilis Mutter war Ärztin und ihr Vater Lehrer für Chinesisch in einer Mittelschule. Manchmal erzählte uns Lilis Vater Märchen, wenn er von der Arbeit nach Hause kam. Die Geschichten, die ich immer wieder hören wollte und bei mir einen tiefen Eindruck hinterließen, waren zum Beispiel *Das hässliche junge Entlein, Des Kaisers neue Kleider, Der Fischer und seine Frau* und *Das Mädchen mit den Schwefelhölzern.* Großmutter erzählte mir auch Geschichten, aber nicht solche Märchen, sondern Geschichten ohne Titel, die sie von ihrer Mutter oder Großmutter gehört hatte und die meistens gruselig waren oder einen erzieherischen Effekt haben sollten.

Oft lud mich Lilis Familie auch zum Essen ein. Lilis Mutter konnte gut kochen. Sie bereitete Gerichte zu, die ich von Großmutters Küche nicht kannte. Meistens waren sie sehr scharf. Und Lilis Familie aß gern Muscheln. Jedes Mal, wenn Lilis Großvater eine große Schüssel in den Hof stellte und mit Wasser füllte, wusste ich, dass wieder Muscheln gewaschen werden sollten. Das war immer ein spannendes Erlebnis für mich. Ich hockte mit Lili neben der Schüssel und beobachtete, wie sich manche Muscheln allmählich öffneten. Ich glaubte zunächst nicht, dass sie lebende Wesen waren, bis eine zuschnappte, als ich meinen kleinen Zeigefinger in sie stecken wollte. Seitdem hatte ich großen Respekt vor Muscheln. Und Lili erfand daraufhin ein Spiel: Muscheln ärgern. Wir steckten kleine Zweige oder

Stöckchen in die sich öffnenden Muscheln und hatten unsere Schadenfreude daran, wenn sie zuschnappten und nur ein Stöckchen erwischten. Wenn wir genug gespielt hatten, goss Lilis Großvater das schmutzige Wasser weg und heißes Wasser in die Schüssel. Dann konnten wir beobachten, dass sich alle Muscheln öffneten. Lili sagte mir, sie seien jetzt tot und man könne sie aufmachen und in ihnen nach Perlen suchen. Stundenlang waren wir damit beschäftigt, die Muscheln aufzumachen und nach Perlen zu suchen. Aber wir fanden nur Sand oder Steinchen. Die Fantasie, dass sich eine glänzende, schneeweiße Perle in einer Muschel befinden könnte, wich jedoch nie wieder aus meinem Hirn. Vielleicht deshalb weigerte ich mich stets, eine Muschel zu probieren, die mir Lilis Mutter anzubieten versuchte. So ein geheimnisvolles Wesen, das eine Perle in sich verbergen könnte, wollte ich nicht essen.

In derselben Schüssel, in der Muscheln gewaschen wurden, wurde auch die Wäsche der ganzen Familie gewaschen, und zwar von einer Wäscherin. Sie kam immer sonntags. Das war eine junge, hübsche Frau mit zwei langen geflochtenen Zöpfen. Ihre Finger sahen jedoch aus wie Mohrrüben. Sie stellte die Schüssel in die Mitte des Hofs, wo der Steinplattenboden besonders eben war, saß auf einem kleinen Holzhocker und rubbelte die Wäsche auf einem Waschbrett. Ich fand das Wäschewaschen genauso interessant wie das Muschelnwaschen und hockte stundenlang neben der Schüssel und schaute zu. Die Wäscherin sprach nicht mit mir, erlaubte mir aber, mit dem Schaum zu spielen, der am Anfang wie ein weißer Berg über den Rand der Schüssel schwappte und sich allmählich jedoch in eine schwarze Brühe verwandelte. Danach trug sie mit großer Mühe die Schüssel in den Hinterhof und spülte die gerubbelte Wäsche unter dem Wasserhahn. Passte Großmutter in dem Augenblick nicht auf, half ich auch beim Spülen mit und machte mich von Kopf bis Fuß pitschenass.

So verbrachte ich viel Zeit bei Lilis Familie, nachdem Großvater ins Krankenhaus gekommen war. Aber meine neue Spielgefährtin konnte ihn nicht ersetzen. Ich vermisste ihn sehr. Unser Zimmer kam mir auf einmal so groß vor, so leer, und der Tag so lang. In der Nacht fehlte mir Großvater auch. Denn bis jetzt hatte ich immer zwischen Großmutter und Großvater geschlafen, wie ein Küken in einem kleinen, warmen Nest. Nun schlief ich zwischen Großmutter und der Wand. Das Nest hatte ein Loch bekommen, das durch nichts zu stopfen war.

Als sich die Blätter gelb färbten und die Früchte unseres Zierapfelbaumes im Hinterhof dunkelrot wurden, nahm mich Großmutter eines Nachmittags ins Krankenhaus mit. Großvater war so schwach, dass er nicht aufstehen konnte. Ich gab ihm die Zieräpfel, die ich im Hinterhof gesammelt und mitgebracht hatte, und fragte, wann er nach Hause komme. Er lächelte mich an und sagte, bald, sehr bald. Man müsse eine kleine Operation bei ihm machen, und dann dürfe er nach Hause. Und er würde wieder mit mir in den Zirkus und in die Pekingoper gehen.

Aber Großvater kam nicht nach Hause. Auch nachdem alle vom Rupfen übrig gebliebenen Blätter der alten Ulme gefallen waren, kam er nicht. Stattdessen kam überraschenderweise mein Onkel Peiren, der im weit entfernten Süden arbeitete und uns normalerweise erst zum Frühlingsfest besuchte. Auch meine Eltern kamen eines Abends unerwartet nach Hause. Alle Erwachsenen trugen eine schwarze Armbinde, hatten ernste Mienen und redeten leise bis tief in die Nacht. Es fielen Worte wie »Gallenstein«, »Feuerbestattung«, »Beerdigung«.

Das Ensemble meiner Eltern war zwar bereits 1958 von Nanking nach Peking umgezogen. Aber sie waren die meiste Zeit auf Agitationsreisen. Ich sah sie so selten, dass ich jedes Mal lange fremdelte, wenn sie uns zwischen zwei Reisen besuchten. Ich weigerte mich hartnäckig, sie »Mama« und »Papa« zu rufen. Darüber, dass sie diesmal fast mitten in der Nacht urplötzlich auftauchten, war ich alles andere als erfreut.

Merkwürdigerweise hatte ich keine Angst vor meinem Onkel, obwohl auch er nur einmal im Jahr zu uns kam. Vielleicht lag es daran, dass er zwei Wochen in einem Stück bei uns blieb und dass er ein heiterer, lustigerer Mensch war im Vergleich zu Vater und Großvater. Und er liebte mich über alles. Er lachte und tobte mit mir, ging mit mir in den Zoo und erfand lustige Spiele. Aber diesmal war er anders, ernst und schweigsam, und sprach kaum mit mir. Ich war enttäuscht und traurig. Vielleicht hatte mich die düstere Atmosphäre auch ängstlich gemacht. Jedenfalls versteckte ich mich unter dem Tisch und wollte nicht herauskommen. Als Großmutter versuchte, mich ins Bett zu bringen, brach ich in Tränen aus. Ich schrie unaufhörlich und war untröstlich, bis die Kraft mich verließ und ich in Großmutters Arm einschlief. Wie ein kleines Tier hatte ich das Unglück gespürt.

Am nächsten Morgen sprach Mutter zu mir, Großvater sei tot. Er komme nie wieder nach Hause und könne nie wieder mit mir spielen. Die Erwachsenen hätten viel zu tun. Deshalb müsse sie mich in einen Kindergarten bringen.

Darüber, wie dramatisch meine Reaktion auf den Kindergarten war, müssen mir die Erwachsenen später so viel und so oft erzählt haben, dass es mir heute vorkommt, als wäre alles meine eigene Erinnerung. Vielleicht handelt es sich auch tatsächlich um meine eigenen Erinnerungen, weil das Ereignis so einschneidend war und deshalb für immer in meiner Hirnrinde gespeichert wurde.

Der Kindergarten befand sich in einem Wohnhof am westlichen Ende unserer Gasse. Großmutter nahm die geblümte Sommerdecke und brachte mich dorthin. Als ich begriff, dass sie mich dort allein lassen wollte, fing ich an zu schreien und hielt mich an ihrem Bein fest. Zwei Kindergärtnerinnen mussten mich mit Gewalt von ihr trennen. Den ganzen Tag hörte ich nicht auf zu weinen und weigerte mich, zu essen und zu trinken, geschweige denn mit den Kindern zu spielen. Niemand konnte mich trösten oder ablenken. Aus dem markerschütternden Geschrei wurde allmählich ein Schluchzen und zum Schluss ein kaum hörbares Jammern. Das ganze Szenario wiederholte sich am zweiten und am dritten Tag. Am vierten Tag musste Großmutter mir einen Spaziergang vortäuschen, damit ich überhaupt aus unserem Hof ging. Vor dem Tor des Kindergartens blieb ich wie angewurzelt stehen und fing an zu weinen. Großmutter schaffte es nicht, mich die Treppe hochzutragen. Wieder mussten zwei Kindergärtnerinnen kommen und mich in den Hof hineinzerren. Angeblich weinte ich nicht mehr den ganzen Tag. Stattdessen hielt ich stumm die ganze Zeit meine geblümte Bettdecke fest in den Armen, als hielte ich mich selbst fest und wolle mich vor Fremden schützen. Außerdem sprach ich mit niemandem und beantwortete auch keine Frage. Man dachte, ich sei taubstumm geworden. In Wirklichkeit konnte ich mit drei Jahren alle Märchen, die ich von Lilis Vater gehört hatte, Großmutter wiedererzählen. Am fünften Tag gaben die Kindergärtnerinnen auf: Sie wollten mich nicht mehr behalten, weil sie nicht bereit waren, Verantwortung für das Wohl des Kindes zu übernehmen. Ein so seltsames Kind hätten sie noch nie erlebt, erzählten sie Großmutter.

Aber meine Mutter gab nicht auf. Sie brachte mich in den Kindergarten des Kunstensembles der Luftwaffe, der direkt neben dem Hof des Ensembles lag. Während der erste Kindergarten in unserer Gasse eher eine Kindertagesstätte war, war dieser ein richtig strukturiertes Kinderheim mit gut ausgebildeten Erzieherinnen, die Klavier spielen und singen konnten. Meine Mutter hielt diese Lösung für eine bessere Idee. Der erste war ja nur ein Versuch gewesen. Aber für mich war es nur noch schlimmer. Denn die Kinder mussten die ganze Woche über im Kindergarten bleiben.

Mich zum Kindergarten zu bringen war die größte Herausforderung für meine Großmutter. Sie war gezwungen, erfinderisch im negativen Sinne zu sein. Jeden Montagmorgen musste sie sich einen interessanten Ort ausdenken, zu dem sie mit mir zu gehen behauptete. Sonst hätte sie mich nicht aus der Tür bekommen. Aber sobald der Oberleitungsomnibus in die Dengshikou-Straße einbog, in der sich der Kindergarten befand, fing ich an zu weinen. Ich weinte im Omnibus, weinte beim Aussteigen, weinte auf dem zehnminütigen Fußweg zum Kindergarten, weinte vor dem Tor weiter und weigerte mich hineinzugehen. Die Kindergärtnerinnen mussten immer eingreifen, um mich »in Empfang zu nehmen«. Man wusste später nicht mehr genau, wie viele Wochen oder Monate oder gar Jahre dieses Katz-und-Maus-Spiel gedauert hatte. Laut Großmutter spielte es sich jeden Montag so ab. »Du hast dir jeden Montag die Augen ausgeweint«, pflegte sie mir später zu erzählen.

Irgendwann beugte ich mich der Übermacht der Erwachsenen. Schließlich konnte ich ja nicht die ganze Woche weinen. Sich anzupassen, um zu überleben, gehört wohl zum Instinkt eines jeden Menschenkindes. Aber wohl fühlte ich mich im Kindergarten nie. Vor den Erzieherinnen, die wir »Tante« nannten, hatte ich Angst. Ich fand sie zu streng. Ich mochte die komische Disziplin nicht, zum Beispiel, dass man gleichzeitig aufstehen und ins Bett gehen musste, egal ob man müde war oder nicht, gleichzeitig essen und trinken, egal ob man Hunger und Durst hatte oder nicht, sogar gleichzeitig auf dem Topf zu sitzen hatte und dass man alles aufessen musste, auch wenn man das Essen nicht mochte oder nicht mehr konnte. Das Letztere fand ich besonders schlimm. Nicht einmal die Kinder mochte ich. Denn fast alle Kinder dieses Kindergartens wohnten im Ensemble mit ihren Eltern zusammen und kannten einander. Nur ich kam von außerhalb. Die anderen Kinder kamen mir überlegen, laut und unfreundlich vor. Da ich zudem auch schüchtern und ängstlich war, fand ich lange Zeit keine Freunde. Ich vermisste Lili von unserem Hof sehr und beneidete sie insgeheim, dass sie nicht in den Kindergarten gehen musste.

Ich blieb eine Außenseiterin, ein »sonderbarer Angsthase«, so wurde ich von den Kindern genannt – bis eines Tages ein seltsames Ereignis eintrat, durch das sich das Blatt meines Schicksals wendete und ich eines der tapfersten Kinder wurde.

Im Spätsommer nach meinem fünften Geburtstag brach im

Kindergarten eine Hepatitisepidemie aus. Fast alle Kinder wurden angesteckt und mussten im Krankenhaus behandelt werden. Nur drei hielten dieser Krankheit stand. Weil sie aber Kontakt mit den kranken Kindern gehabt hatten, mussten sie achtzig Tage lang unter Quarantäne gestellt und beobachtet werden, und zwar im Kindergarten. Diese drei Kinder waren Xiaohong und Xiaoming, ein Geschwisterpaar, und ich.

Was für ein Privileg, zu dritt den ganzen großen Kindergarten für uns allein zu haben! Eine Köchin kochte extra für uns. Mindestens eine Kindergärtnerin war Tag und Nacht für uns da. Die Disziplin galt nicht mehr, wir konnten tun und lassen, was wir wollten. Wir durften so lange draußen spielen, wie wir wollten. Wir durften mit allen Spielzeugen spielen, die wir normalerweise mit vielen Kindern teilen mussten. Die Kindergärtnerinnen gaben uns Lese-, Schreib- und Musikunterricht und brachten uns verschiedene Brettspiele bei, die sonst nur Kinder der ältesten Klasse spielen durften. Am Nachmittag bekamen wir viel mehr Obst oder Kekse als sonst, wovon manchmal sogar etwas übrig blieb. Abends lasen sie uns lange Geschichten vor, was im normalen Betrieb nicht der Fall war. Der Tag schien plötzlich unendlich lang zu sein, wenn ihn nur drei Kinder allein verbringen mussten.

Das Einzige, was wir nicht tun durften, war, nach Hause zu gehen. Wir durften nicht einmal den Hof des Kindergartens verlassen.

Achtzig Tage und Nächte. Für ein Kind eine Ewigkeit. Früher hatte mir eine Hand gereicht, um zu zählen, wann Großmutter wiederkam und mich abholte. Jetzt war ich nicht mehr in der Lage, die Tage zu zählen. Die Zeit war mir im wahrsten Sinne des Wortes abhandengekommen. Ich fühlte mich verlassen, zuerst von Großvater, jetzt auch noch von Großmutter, die mich zwar ab und zu besuchte, aber immer nur ganz kurz blieb. Langsam bekam ich das Gefühl, nicht mehr zu wissen, wie mein Zuhause aussah.

Der einzige Trost in dieser achtzigtägigen Gefangenschaft war, dass ich zwei »Kameraden« gefunden hatte. Xiaohong und Xiaoming wurden meine Freunde. Xiaohong war die ältere Schwester, genauso alt wie ich; ihr Bruder Xiaoming war ein Jahr jünger als wir. Nachdem ich sie nun gezwungenermaßen näher kennengelernt hatte, fand ich beide sehr freundlich, und bald waren wir unzertrennlich.

Die Tage, an denen ihre Eltern oder meine Eltern oder meine Großmutter uns besuchten, waren jedes Mal eine Überraschung und für uns große Feiertage. Wir teilten nicht nur die Süßigkeiten unter uns, die wir bekamen, sondern auch unsere Eltern. Xiaohong und Xiaoming freuten sich viel mehr als ich, als mein Vater uns einmal besuchte. Erstaunt und etwas neidisch sah ich zu, wie die beiden auf den Schoß meines Vaters kletterten und mit ihm wie verrückt tobten, als wäre er ihr eigener Vater. So etwas hatte ich in meinem bisherigen Leben noch nie mit ihm gemacht. Umgekehrt, wenn ihre Mutter kam, freute ich mich genauso wie sie.

Tagsüber genossen wir unsere ungewöhnliche »Freiheit«, tobten durch den Garten, erkundeten jede Ecke des Kindergartenhofs, lebten unsere Fantasien aus und kämpften als tapfere Krieger gegen die unsichtbaren Feinde. Wenn es dunkel wurde, schien uns alles plötzlich unheimlich zu sein. Der Kindergarten kam uns auf einmal so groß und so leer vor. Die Schaukel, die Rutsche, das Karussell, alles verwandelte sich in furchterregende Gestalten. Überall lauerten Gefahren. Wir hatten Angst und trauten uns nicht mehr, nach draußen zu gehen. Der Schlafsaal, in dem gewöhnlich dreißig Kinder schliefen, gehörte nun nur noch uns dreien allein. Wir rückten unsere Betten eng zusammen. Dennoch konnten wir manchmal vor Angst nicht einschlafen und baten die Kindergärtnerin, das Licht anzulassen.

Als wir fast vergessen hatten, dass es noch ein Leben außerhalb der roten Mauer dieses Kindergartenhofs gab, dass man normalerweise vor der Rutsche immer Schlange stehen musste und dass wir eigentlich Eltern und Großeltern hatten, kam eines Tages die Kindergartenleiterin ins Klassenzimmer herein und sagte: »Kinder, ihr könnt nach Hause gehen. Eure Eltern holen euch nachher ab. Heute ist Samstag.« Sie sprach in einem Ton, als ob dieser Tag ein ganz gewöhnlicher Samstag wäre. Wir starrten sie lange an und wussten mit ihrer Mitteilung nichts anzufangen.

An diesem Samstag im Herbst 1962 endete meine achtzigtägige »Gefangenschaft« völlig unspektakulär. Meine Eltern kamen und brachten mich zu Großmutter. Meine kleine Bettdecke wurde zum Waschen mitgenommen, ebenso die ganze Sommerkleidung. Zu Hause weinte zu meinem Erstaunen diesmal nicht ich, sondern Großmutter. Sie hielt mich lange in ihren Armen fest, als hätte sie Angst, dass ich wieder weggehen könnte. Ich hörte ihr Herz schlagen, spürte ihre Tränen in mein Haar tropfen und wagte es nicht, mich zu bewegen. Dann sah sie mich an und sagte: »Meine arme kleine Cui, du bist aber groß geworden.« Mutter bestätigte: »Ja, das stimmt. Sie ist wirklich ein großes Stück gewachsen. Auch keine kleine Prinzessin auf der Erbse mehr, nicht wahr?«

Das Kindergartenleben fand bald seinen gewohnten Rhythmus wieder. Die Kinder kamen zurück. Meine Eltern gingen erneut auf Tournee. Großmutter brachte mich montags zum Kindergarten, wobei ich jetzt nicht mehr weinen musste, und holte mich samstags ab. Der Hof hinter der roten Mauer in der Dengshikou-Straße sowie die darin befindlichen Räumen waren wieder voller Kinder. Alles war wieder wie früher. Das einzig Neue war, dass die Legende der »drei kleinen Leidensgenossen« in aller Munde war. Wir drei wollten nicht zugeben, wie sehr wir die anderen Kinder beneidet hatten, dass sie achtzig Tage zu Hause bleiben konnten, und prahlten stolz, wie toll und lustig es gewesen sei, zu dritt im Kindergarten zu sein, und welche Abenteuer man erleben konnte, wenn man in der Dunkelheit im Garten Versteck spielte. Um die Kinder noch mehr zu beeindrucken, erzählten wir, dass wir eines Nachts echten

Gespenstern begegnet seien. Die Kinder hörten mit aufgerissenen Augen zu und konnten ihre Bewunderung kaum verhehlen. Aus drei kleinen Leidensgenossen wurden auf einmal drei tapfere kleine Helden, zumal die Erzieherinnen uns auch ständig lobten. So wurde aus mir, dem »sonderbaren Angsthasen«, eines der tapfersten Kinder des ganzen Kindergartens. Unsere Geschichte wurde nicht nur im Kindergarten bekannt, sondern sogar eine Zeit lang im Ensemble unter den Erwachsenen ein Thema in der Kantine. Das hatte zur Folge, dass ich selbst auch glaubte, etwas Außergewöhnliches geleistet zu haben, worauf ich stolz sein konnte.

Im darauf folgenden Winter geschah etwas, was mein überschaubares, geregeltes Leben erneut durcheinanderbrachte. An einem verschneiten Montagmorgen fiel Großmutter aus dem überfüllten Omnibus, als sie mit mir aussteigen wollte, und brach sich ihr rechtes Bein. Sie wurde zwar alsbald aus dem Krankenhaus entlassen, konnte aber danach noch nicht richtig gehen. Und da meine Eltern für eine längere Zeit wieder auf Tournee gehen mussten, beschloss Mutter, mich in einen Kindergarten in der Nähe unseres Wohnorts zu schicken, damit ich alleine morgens hin- und abends zurückgehen konnte. Ich nahm diese Veränderung ohne Widerspruch hin. Denn ich konnte schon gut verstehen, dass keine andere Lösung möglich war. So nahm ich Abschied von meinen neu gewonnenen Freunden und trat tapfer durch das Tor meines neuen Kindergartens.

Dieser Kindergarten befand sich in der Parallelstraße der Alte-Türvorhang-Gasse, kaum zehn Minuten Fußweg von unserem Wohnhof entfernt. Die Einrichtung und Versorgung waren natürlich nicht so gut wie die des privilegierten Kindergartens der Kunstensembles der Luftwaffe. Das spielte für mich jedoch keine große Rolle. Denn ich hatte inzwischen gelernt, mich anzupassen und mit jeder Situation fertigzuwerden, die nicht zu verändern war. In diesem Kindergarten blieb ich bis zur Einschulung im Herbst 1964. Ich erinnere mich an keine besonderen Ereignisse – bis auf eines.

Im April 1964 kam mein Cousin Shitou im Heimatdorf meiner Großmutter zur Welt, und zwar drei Monate zu früh. Er war der erste Enkel meiner Großmutter. Shitous Vater, mein Onkel, der weit weg im Süden arbeitete, konnte zur Geburt nicht in den Kreis Miyun nordöstlich von Peking zurückkommen, in dem das Dorf lag. So eilte Großmutter meiner Tante Guolan und dem Baby zu Hilfe. Ich wurde dem Kindergarten überlassen. Beim Abschied gab Großmutter mir dreißig Bonbons und sagte, ich solle jeden Tag nur ein Bonbon essen. Wenn die Bonbons alle seien, komme sie wieder zurück. Meinetwegen blieb jeden Abend eine Erzieherin im Kindergarten zurück und passte auf mich auf, ohne zusätzliche Bezahlung für diese Überstunden.

Die Bonbons wurden tagsüber von den Erzieherinnen verwahrt, weil es eigentlich nicht erlaubt war, Essen oder Süßigkeiten von zu Hause in den Kindergarten mitzubringen. Abends, wenn alle Kinder abgeholt worden waren, gab sie mir die Erzieherin vom Dienst. Ich nahm ein Stück in den Mund und zählte dann den Rest, einmal, zweimal, dreimal … Diese Handlung wiederholte ich jeden Abend. Danach drehte ich das Karussell, das aus einem eisernen Gestell und eisernen Stühlchen bestand, bis es anlief, und setzte mich hinauf. Unaufhörlich fuhr ich Runde für Runde, während ich zurückgebeugt beobachtete, wie die Sterne im Himmel sich mit mir drehten. Wenn es mir zu schwindlig wurde, hörte ich auf zu fahren und zählte die Sterne und war froh, dass die Bonbons viel weniger waren als die Sterne.

Manchmal war es mir richtig langweilig, und ich wusste nicht, wie ich die Zeit bis zur Dunkelheit totschlagen sollte. Da dachte ich mir, wie schön es wäre, wenn auch nur ein anderes Kind einen Cousin bekommen hätte und im Kindergarten übernachten müsste. Wir könnten unendlich lange Halma spielen.

In diesem Kindergarten hatte ich zwei Freundinnen gefunden: Jian und Shu. Es waren zwei hübsche Schwestern mit großen

Augen und lockigem Haar, die Lili ähnelten und in einer Nach-
bargasse wohnten. Beide kamen nach dem Kindergarten oder
am Sonntag oft zu mir und spielten mit Großmutter und mir
Halma. Das war das einzige Brettspiel, das ich besaß. Großmutter hatte es uns beigebracht. Am Anfang war sie uns absolut
überlegen. Es dauerte aber nicht lange, da änderte sich die Lage.
Wir drei Mädchen gewannen immer öfter. Zum Schluss war die
jüngere Schwester Shu die Beste von uns. Sie gewann fast immer.
Wenn Großmutter bei einer Partie wieder die Letzte wurde,
pflegte sie seufzend zu sagen: «Das Blau stammt von der Indigo-
pflanze, ist aber blauer als diese.»[4]

Als ich alleine auf dem Karussell saß, sehnte ich mich danach,
endlich wieder zu viert Halma zu spielen. Eines Tages kam ich
auf die Idee, mit mir selbst Halma zu spielen. Im Kindergarten
gab es auch ein Halma, das allerdings längst nicht so schön war
wie meins zu Hause. Das Brett sah abgenutzt und verblasst aus,
und es fehlten mehrere Figuren. Aber das störte mich nicht. Ich
spielte gegen mich, indem ich mir vorstellte, dass Shu meine Gegenspielerin war. Ich versuchte meine imaginäre Gegenspielerin
so spielen zu lassen wie sie. Ihre Anfangsschritte kannte ich in-
und auswendig. Erst in der zweiten Hälfte wurde es normalerweise spannender, weil ich ihre Schritte nicht mehr einschätzen
konnte. Oft verlor ich nur um einen Schritt gegen sie. Aber nun
gewann ich jedes Mal, weil ich nicht in der Lage war, mich selbst
zu überraschen.

Am Wochenende nahmen mich die Kindergärtnerinnen abwechselnd nach Hause mit. Sie wuschen mir auch die Haare und
flochten mir die Zöpfe. Ich hatte lange Haare, die bis zur Taille
reichten, und konnte mir aber noch nicht selbst Zöpfe flechten.

Nachdem ich das letzte Bonbon aufgelutscht hatte, kam
Großmutter tatsächlich zurück und holte mich vom Kindergar-

---

4 Ein chinesisches Sprichwort, »Qing chu yu lan, sheng yu lan«, das so viel bedeutet
   wie »Der Schüler überflügelt seinen Lehrer«.

ten ab. Zu Hause fragte sie mich, ob die Bonbons geschmeckt hätten. Ich antwortete: »Ja, aber wenn du mich nie wieder allein lässt, verzichte ich für immer auf Bonbons.« Als Großmutter das hörte, schossen ihr Tränen in die Augen. Denn sie wusste, wie sehr ich Bonbons mochte. Großmutter drückte mich fest an die Brust und sagte mit tränenerstickter Stimme: »Meine liebste Enkelin, Großmutter verspricht es dir. Ich werde dich nie wieder alleine lassen.«

Seitdem hatte sich Großmutter nie wieder von mir getrennt, bis ich eines Tages sie für immer verließ.

Was ich zu diesem Zeitpunkt noch nicht ahnte, war, dass Großmutter seit dem 10. April 1964 nicht mehr ausschließlich *meine* Großmutter war, sie war ab diesem Tag auch Großmutter meines Cousins Shitou, ihres ersten, überstürzt auf die Welt gekommenen Enkels. Shitou war ein »Drache«⁵ und hatte die dramatische Frühgeburt überlebt. Woran ich ebenfalls nicht im Traum gedacht hätte, war, dass ich, als ich auf dem Karussell drehend die Sterne gezählt hatte, zum ersten Mal eine große Schwester geworden war: Dieser Shitou sollte eines Tages mein Bruder werden, denselben Kindergarten besuchen, mit demselben Karussell fahren und mit mir das Zimmer teilen – und unsere Großmutter.

---

⁵ Das heißt, er war nach dem chinesischen Mondkalender im Jahr des Drachen geboren.

5. Kapitel

Warum ich meinen Onkel gern zum Vater gehabt hätte,
oder wie ich früh lernte, die Liebe zu teilen

Mein Onkel Peiren, zwei Jahre älter als Mutter, war ein stattlicher junger Mann mit einem markanten Gesicht und
außerordentlich weißen, schönen Zähnen. Er war Großmutters
Liebling und mein Lieblingsonkel. Leider arbeitete er nicht in
Peking, sondern im Süden bei der Bahn. Einmal im Jahr hatte er
zwei bis drei Wochen Urlaub und besuchte dann immer Großmutter und mich. Jedes Mal brachte er viele exotische Früchte
mit, die ich in Peking noch nie gesehen hatte, wie Pampelmusen,
Ananas, Litschis und Longanfrüchte. Außer diesen Früchten mit
den fremd klingenden Namen brachte er jedes Mal auch eine
feine Bluse oder einen schönen Qipao, ein klassisches, knöchel-
langes, hochgeschlossenes Seidenkleid mit seitlichen Schlitzen,
für Großmutter mit. Die Tage, an denen Onkel bei uns wohnte,
waren die schönsten im ganzen Jahr für Großmutter und mich.
Onkel war nicht wie ein Gast, sondern gehörte zur Familie. Er
übernahm die schweren Arbeiten im Haushalt für Großmutter.
Und es gab nichts, was er nicht konnte: Er wusch die Wäsche,
kaufte die Braunkohlebriketts und stapelte sie unter der Veranda
schön ordentlich auf, verkleidete die Decke mit neuem Papier
und putzte unser Zimmer von oben bis unten. Er konnte sogar
kochen, allerdings brach er das Gemüse mit der Hand in kleine
Stücke, statt es mit dem Messer zu schneiden, weil er der Meinung war, so schmecke es besser. Großmutter versuchte ihrerseits, meinem Onkel das beste Essen anzubieten. Für jede Mahlzeit bereitete sie mindestens drei Gerichte zu. Es kam sogar vor,
dass sie die Fleischmarken für den ganzen Monat auf einmal auf-
brauchte, um für ihn einmal Gulasch in Sojasoße zu kochen.

Mein Onkel war ein außergewöhnlich liebenswürdiger, lebensfreudiger und humorvoller Mensch. Er sprühte vor Witz und brachte die Menschen immer zum Lachen. Dabei lachte er selbst nur sehr selten. Aber wenn er mal lachte, dann war es so laut, dass ich fürchtete, die Papierdecke könnte einreißen. Er spöttelte gern – auf eine liebenswerte Art und Weise. Wenn er das nicht tat, dann stimmte etwas nicht mit ihm.

Er war ein fleißiger Mann und ein sehr pietätvoller Sohn. Kurz vor der Befreiung Nankings ließ Großmutter ihn, damals war er gerade vierzehn Jahre alte, von einem Großonkel – einem Bruder meines Großvaters – nach Changsha mitnehmen, weit weg in den Südwesten. Sie hatte Angst vor den Kommunisten, über die die Kuomintang schreckliche Gerüchte verbreitet hatte. So wollte es das Schicksal, dass ihr geliebter Sohn früh von ihr getrennt wurde. Mein Onkel blieb in Changsha und wurde später Angestellter des staatlichen Eisenbahnamtes. Von dort aus wurde er nach Fujian und später nach Kunming versetzt und blieb die ganze Zeit in Südchina. Er schickte jeden Monat den Großteil seines Gehalts an seine Eltern nach Hause, später an Großmutter und mich. Da er sehr früh angefangen hatte zu arbeiten und fleißig war und da es bei der Bahn viele Zuschüsse gab, verdiente er in den Sechzigerjahren bereits hundert Yuan.[6] Davon schickte er sechzig Yuan an Großmutter und lebte selbst äußerst bescheiden und genügsam.

Mein Onkel war mein »Wunschvater«. Er liebte mich über alles. Jedes Jahr, wenn er bei uns Urlaub machte, ging er mit mir in die Parks, erzählte mir spannende Geschichten und spielte mit mir, nachdem er die Haushaltsarbeit erledigt hatte. Er war neben Großvater mein bester großer Spielgefährte. Ich pflegte Lili stolz von ihm zu erzählen. Denn Lili hatte zwei Onkel. Ich beneidete sie um ihre Onkel, weil sie beide in Peking lebten und oft zu Besuch kamen. Auch fand ich meinen Onkel ganz anders als

---

6 Yuan: chinesische Währungseinheit, 1 Yuan ist nach heutigem Kurs ca. 12,4 Cent.

meinen Vater. Onkel brachte mich oft zum Lachen, Vater hingegen war ernst, sodass ich ihn achtete, aber stets einen gewissen Abstand zu ihm hielt. Während Onkel Großmutter im Haushalt half und sich mit mir beschäftigte, las Vater meistens Zeitung, wenn er uns mit Mutter zusammen sonntags besuchte. Onkel wohnte drei Wochen lang bei uns, aber Vater schlief nie bei uns und hatte auch noch nie drei Wochen hintereinander mit mir verbracht. Als Kleinkind hatte ich mir den Kopf zerbrochen, warum mein Onkel nicht mein Vater war, warum er nicht in Peking arbeiten und für immer bei uns wohnen konnte. Ich war davon überzeugt, dass ein Kind, das meinen Onkel zum Vater hätte, bestimmt sehr glücklich sein müsste. Wie hätte ich nur ahnen können, dass sein künftiger ältester Sohn von der Geburt bis zu seinem sechsten Lebensjahr, in dem mein Onkel sterben sollte, insgesamt nur weniger als hundert Tage mit ihm zusammen verbringen sollte und dass sein zweitgeborener Sohn ihn nie sehen würde.

Nur einmal war ich nicht sehr vergnügt, als er bei uns war. Das war in dem Jahr, in dem Onkel heiratete. Die Braut, die Onkel heiraten sollte, hatte Großvater vor seinem Tod für ihn ausgesucht. Das war meine zweite Tante aus Miyun. Sie hieß Zhao Guolan (»Orchidee der Nation«), war die mittlere von den drei Töchtern des zweitältesten Bruders meiner Großmutter, also eine Cousine meines Onkels. Meine zweite Tante war zwar nicht besonders hübsch, aber sie war die beste Schülerin und Sportlerin in ihrer Schule gewesen. Als Leichtathletin hatte sie am Sportwettbewerb des Kreises Miyun teilgenommen und den ersten Platz im Hundertmeterlauf gewonnen. Und sie war eines der wenigen Mädchen in der Familie und in ihrem Dorf, das die Hochschulreife erlangt hatte. Studieren wäre ihr Traum gewesen. Aber weil ihr dritter Onkel – mein dritter Großonkel – vor der Befreiung ein Beamter in der Kuomintang-Regierung gewesen war, durfte sie nicht studieren. So wurde sie Lehrerin der Dorfschule in ihrer Heimat.

Da Onkel bereits als Vierzehnjähriger nach Südchina gegangen war, hatten sich die beiden in ihrer Jugend nie gesehen. Während eines seiner Heimaturlaube hatte Großvater ihn nach Miyun mitgenommen und mit meiner zweiten Tante bekannt gemacht. Ob sie beide ähnliche oder eher unterschiedliche Charaktere hatten, wusste man nicht genau. Aber in einer Eigenschaft waren sie sich nach allgemeiner Ansicht ähnlich: Beide waren schüchtern. Ob sie sich auf Anhieb gemocht hatten, ist nicht überliefert. Nach Aussage meiner zweiten Tante habe sie sich erst einige Jahre später in meinen Onkel verliebt, als ihnen nicht mehr viel Zeit blieb. Die Verlobung war noch während dieser Reise bekannt gegeben worden. Drei Jahre später folgte die Hochzeit.

Herbst 1963. Ich war sechs Jahre alt.

Die Hochzeit fand in unserem kleinen Haus, genauer gesagt: in unserem Zimmer in der Alte-Türvorhang-Gasse neun statt. Direkt hinter der südlichen Wand unseres Zimmers lag eine Kammer, die seit Großvaters Tod an Lilis Familie vermietet wurde. Wegen der Hochzeit meines Onkels stellte sie Lilis Mutter Großmutter vorübergehend zur Verfügung. Zwischen dieser Kammer und unserem Zimmer gab es nur eine dünne Holzwand. Normalerweise schliefen Lilis Eltern in dieser Kammer. Abends hörte ich sie flüstern. Sie waren beide gebildete, höfliche Menschen und redeten immer leise. Dass sie später in der Kulturrevolution eines Nachts unüberhörbar streiten sollten, sodass ich gezwungenermaßen alles mitbekam, war wirklich eine Ausnahme.

Dieses geliehene Kämmerlein war sozusagen das Hochzeitsgemach meines Onkels. Es war so klein, dass außer einem Doppelbett und einem Schränkchen nichts mehr darin hätte Platz finden können. Trotz der vielen Bonbons, die ich auf der Hochzeit bekam, war ich unzufrieden und sogar beleidigt, weil ich feststellen musste, dass meine zweite Tante im Mittelpunkt der ganzen Aufmerksamkeit meines Onkels und auch der Anwesenden stand und nicht wie gewöhnlich ich. Das Erste, was ich am Morgen des darauf folgenden Tages wahrnahm, war, dass meine zweite Tante immer noch da war und das Frühstück zubereitete. Ich wusste, dass das Bett in der Kammer für Onkel aufgestellt worden war. Aber sosehr ich mich auch anstrengte, ich konnte mir nicht vorstellen, wo meine Tante in der Nacht geschlafen hatte. Im Bett von Großmutter und mir hatte sie jedenfalls nicht geschlafen. Das wusste ich. Aber wo? Ich stellte den Erwachsenen selten Fragen, sondern beobachtete lieber selbst. Nach ein paar Tagen scharfer Beobachtung musste ich mich bedauerlicherweise der Tatsache stellen, dass meine zweite Tante in der Nacht bei meinem Onkel in der Kammer schlief.

Darüber hinaus musste ich mich damit abfinden, dass ich die Liebe und Aufmerksamkeit meines Onkels nun mit meiner zweiten Tante teilen musste. Ich war äußerst enttäuscht, gekränkt und traurig und fühlte mich von meinem Onkel vernachlässigt. Aber ich verriet nichts, sondern versuchte lediglich, meinem Onkel die kalte Schulter zu zeigen, indem ich ihn links liegen ließ und den ganzen Tag nicht mit ihm sprach. Die Aktion verfehlte ihr Ziel: Leiden tat nur ich. Onkel war nicht zu betrüben. Er war fröhlich wie immer. Während dieses Urlaubs machte er nach wie vor mit mir interessante Ausflüge. Der Unterschied war, dass er meine zweite Tante auch überallhin mitnahm. Um ihm meinen Unmut zu zeigen, weigerte ich mich einmal, mit ihnen in den Zoo zu gehen. Stundenlang versuchte Onkel, mich dazu zu bewegen, mit ihnen zu gehen. Obwohl ich im Herzen so gern mit in den Zoo gegangen wäre, blieb ich aus Trotz zu Hause. Ich dachte, Onkel würde vielleicht seinen Plan ändern, um Rücksicht auf mich zu nehmen. Aber nein, die beiden gingen tatsächlich allein und ohne mich in den Zoo. Nachdem sie gegangen waren, weinte ich erst einmal bitterlich. Danach schmollte ich noch den ganzen Abend. Zu diesem Zeitpunkt hatte ich noch nicht gelernt, die Liebe zu teilen. Ich war bis dahin immer die »Perle« der ganzen Familie gewesen.

Aber eigentlich mochte ich meine zweite Tante auch. Sie war

jung, nett und lebendig. Vor allem, weil sie noch besser Geschichten erzählen konnte als Onkel. Die beiden brachten so viel Frische, so viel Lebendigkeit und so viel Wärme in das kleine Zimmer, in dem normalerweise Stille herrschte. Es gefiel mir, dass das kleine Zimmer voller Menschen war. Dass man, wenn man zu zweit kochen wollte, sich kaum umdrehen konnte, ohne gegen den anderen zu stoßen, störte mich überhaupt nicht. Ich fühlte mich in dieser Enge besonders geborgen.

Nach der Hochzeit nannte Onkel meine zweite Tante weiterhin »Cousine Guolan« und ich sie weiterhin »zweite Tante«. Aber in Wirklichkeit war sie nicht mehr meine zweite Tante wie früher. Sie war jetzt die Frau meines Onkels, die Schwiegertochter meiner Großmutter, die Schwägerin meiner Mutter und gleichzeitig meine richtige Tante. Sie war ein richtiges Familienmitglied geworden.

In jenem vorübergehend aufgestellten Bett in jener von Lilis Familie geliehenen Kammer direkt an der südlichen Wand unseres Zimmers hatten mein Onkel und meine zweite Tante im Herbst 1963 ihr erstes Kind gezeugt – meinen Cousin Shitou.

Nach dieser Hochzeit und einem dreiwöchigem Urlaub fuhr mein Onkel nach Fujian und meine zweite Tante nach Miyun zurück. Das nächste Mal, als sie sich wiedersahen, sollte Shitou, der drei Monate zu früh auf die Welt drängte, bereits sechs Monate alt sein.

Die große Veränderung für mich war, dass ich seitdem die Liebe meines Onkels und auch seinen jährlichen Urlaub mit meiner Tante Guolan teilen musste. Er kam nach wie vor einmal im Jahr nach Peking zurück, wohnte aber nur zur Hälfte der Zeit bei uns und zur anderen Hälfte bei meiner Tante in Miyun. Damit er mehr Zeit mit Großmutter und mir verbringen konnte, bat er manchmal meine Tante, nach Peking zu kommen. Tante wollte aber lieber, dass er zu ihr in die Schule kam, wenngleich ihre Zimmergenossin deshalb vorübergehend ausziehen musste und die Lebensbedingungen auf dem Land viel schlechter als in

Peking waren. Denn sie wollte ihn wenigstens für ein paar Tage ganz für sich allein haben.

Wenn man die Liebe teilen muss, dann wird sie noch kostbarer, als sie ohnehin schon ist. Das hatte ich früh lernen müssen.

6. Kapitel

Wie ich mit sechs Jahren eine strenge Theaterkritikerin wurde,
und warum ich auf Tante Yues Hochzeit weinte

Mit sechs Jahren hatte ich eine neue Welt entdeckt: die Welt meiner Eltern. Als ich klein war, kamen meine Eltern meistens sonntags Großmutter und mich besuchen, wenn sie nicht auf Tournee waren. Versuchten sie, mich bei ihnen übernachten zu lassen, dann kam es öfter vor, dass sie mich mitten in der Nacht zu Großmutter zurückbringen mussten, weil ich untröstlich weinte und zu Großmutter »nach Hause« wollte. Erst mit sechs Jahren hatte ich allmählich das Gefühl entdeckt, neugierig und stolz auf meine Eltern zu sein. Anfänglich akzeptierte ich es nur, dass sie mich gelegentlich schon samstags vom Kindergarten abholten. Später freute ich mich sogar darüber.

Die Welt des Theaterensembles der Luftwaffe war ganz anders als die der Alte-Türvorhang-Gasse. Der Hof des Ensembles lag im Ostbezirk Pekings. Auf dem Gelände, das von einer hohen Mauer umgeben war, befanden sich mehrere Gebäude, darunter das Wohnheim der Ensemblemitglieder, eine Probebühne, eine Kantine, eine Sanitätsstation und ein Sportplatz. Das Wohnheim war ein zweistöckiges Backsteinhaus mit einem langen Korridor. Die Mitglieder, unverheiratete und verheiratete mit Kindern, arbeiteten und lebten hier wie eine große Familie. Von den Proben über die politische Schulung bis zur Freizeit, zu den Arztbesuchen, zum Sport, zu den Hochzeitsfeiern oder der Kindererziehung fand das ganze Leben innerhalb der Mauer statt. Der Ensembleleiter und die politische Kommissarin trafen alle Entscheidungen für die Mitglieder. Meine Eltern bewohnten ein Zimmer im ersten Stock in der Mitte des Korridors gegenüber einem gemeinsamen Waschraum. Ihre Möbel – ein Bett, ein

Kleiderschrank, ein Schreibtisch, zwei Stühle und ein Paar Hocker – waren Eigentum des Ensembles. Mir gefiel das Zimmer. Ich fand es so sauber, die Wände so weiß und den Dielenfußboden so glatt. Alles war ganz anders als bei uns zu Hause. Vor allem gab es hier keinen mit Zeitungspapier beklebten Dachboden, auf dem Mäuse wohnten. Die Toilette im Flur hatte eine Spülung und stank nicht so fürchterlich wie bei uns im Hof. Und man kochte nicht im Zimmer auf einem Herd, sondern aß in einem großen, hellen Raum, den man Kantine nannte. Das Einzige, was ich nicht mochte, war, in die Kantine zu gehen. Denn dort traf ich auf die Kollegen meiner Eltern und die Kinder meines alten Kindergartens. Da ich ein seltener Gast war, kamen alle Tanten und Onkel jedes Mal auf mich zu, machten Scherze mit mir oder baten mich, sie »Tante« oder »Onkel« zu rufen. Davor hatte ich immer solche Angst. Entweder presste ich meine Lippen fest zusammen und harrte aus, bis sie aufgaben, oder ich hielt es nicht mehr aus und brach in Tränen aus. Auch die Kinder rannten freundlich zu mir, plapperten und hüpften wie die Spatzen um mich herum. Ich meinerseits wusste mit ihnen nichts anzufangen. Ich besuchte doch seit Langem nicht mehr ihren Kindergarten und fühlte mich ihnen jetzt fremd. Um mich davon zu verschonen, holte Mutter oft das Essen aus der Kantine, und wir aßen dann im Zimmer.

Ansonsten fand ich es aufregend, meine Eltern im Ensemble zu besuchen. Am aufregendsten war es für mich, wenn Mutter mich zu ihren Theatervorstellungen mitnahm. Vor der Aufführung durfte ich in der Garderobe zusehen, wie sie und andere Schauspieler sich schminkten. Sie schmierten sich dick Farbe ins Gesicht, zogen schwarze Linien um die Augen, damit sie größer aussahen, und malten sich die Lippen rot. Manche Tanten oder Onkel mussten sich älter schminken, da malten sie mit brauner Farbe Falten auf die Stirn und an die Mundwinkel. Wenn sie Ausländer spielten, zum Beispiel amerikanische Piloten und Journalisten in dem Stück *Die jungen Adler*, setzten sie sich eine lockige, blonde Perücke auf, sodass ich sie nicht mehr wiedererkannte. Das fand ich lustig. Die Onkel pflegten dann mit mir das »Wer-bin-ich«-Spiel zu spielen. Das hieß, ich sollte raten, wer sich hinter der Maske verbarg.

Kurz vor Beginn der Aufführung brachte mich Mutter in die kleine Kabine der Turmscheinwerfer an der Seite der Vorbühne. Da diese Kabine ungefähr in der Höhe des ersten Rangs lag, konnte ich von dort aus das Geschehen auf der Bühne perfekt sehen. Das war meine persönliche Loge. Unzählige Samstagabende saß ich dort und schaute mir jedes neue Stück und das ganze Repertoire des Theaterensembles meiner Eltern an.

Im Stück *Die junge Generation* wurde die Geschichte einer Gruppe junger Menschen erzählt, die nach dem Studium oder nach der Schule auf ein bequemes Leben in der Stadt verzichteten und enthusiastisch ins Grenzgebiet gingen, um das Ideal des Kommunismus zu verwirklichen und ihre Jugend dem Aufbau des neuen Chinas zu widmen. In diesem Stück spielte Mutter einen verspielten, sechzehnjährigen Schüler, den kleinen Li, der sich unter dem positiven Einfluss seiner Freunde entschied, etwas Sinnvolles im Leben zu machen und mit ihnen aufs Land zu gehen. Sowohl die Rolle meiner Mutter als auch das Stück beeindruckten mich zutiefst. Ich fand, dass Mutter den Jungen sehr gut spielte, sodass ich vergaß, dass sie meine Mutter war. Eines Abends saß eine Reihe führender Funktionäre des Zentralkomitees im Publikum, unter ihnen Premierminister Zhou Enlai. Nach der Aufführung ging er auf die Bühne und schüttelte jedem Schauspieler die Hand. Meine Mutter besitzt heute noch ein Foto, auf dem sie als »der kleine Li« mit beiden Händen die Hand des Premierministers festhält und glücklich lacht. Das war sicherlich einer der glücklichsten Momente ihres Lebens als Schauspielerin. Denn bald sollte es für sie keine Selbstverständlichkeit mehr sein, auf der Bühne zu stehen.

Ein anderes Stück, das bei mir ebenfalls einen tiefen Eindruck hinterließ, hieß *Im Namen der Revolution* oder *Lenin und die jüngere Generation.* Es war ein sowjetisches Drama aus der Zeit der Oktoberrevolution. Es handelte von zwei Waisenkindern namens Vasya und Petja, die von Lenin und Felix Dserschinski aufgezogen und zu zwei tapferen Soldaten der Roten Armee ausgebildet wurden. Meine Mutter spielte den älteren Bruder Vasya. Sie hatte damals eine zierliche Figur und wurde deshalb oft für die Rolle eines Jungen besetzt. Es rührte mich jedes Mal zu Tränen, als die beiden Brüder, deren Mutter bereits im Krieg gestorben war, auch noch ihren Vater verloren. Ich bangte um sie, wenn sie in großer Gefahr waren, und war überglücklich, als sie durch Zufall Lenin begegneten und von ihm aufgenommen und wie seine eigenen Kinder behandelt wurden. Den Onkel, der Lenin verkörperte, fand ich so gut und so authentisch, dass ich ihn seitdem nur noch »Lenin« nannte. Er hatte Lenin als einen lebendigen Menschen mit Fleisch und Blut im Kopf eines sechsjährigen Mädchens erstehen lassen. Laut Mutters Überlieferung verehrte ich die Onkel, die im Theater gute Menschen wie Lenin oder andere Helden spielten, und verhielt mich gegenüber jenen Onkeln, die böse Feinde spielten, voller Verachtung, indem ich mich zum Beispiel hartnäckig weigerte, sie zu grüßen. Einen Schlüsselsatz aus diesem Stück habe ich nie wieder vergessen. Lenin sprach zu Vasya und Petja: »Im Namen der Revolution, vergesst nie die Vergangenheit! Wer die Vergangenheit vergisst, begeht Verrat.«

Andere Stücke, die ich in meiner Kindheit unzählige Male – meistens aus der Kabine der Turmscheinwerfer – gesehen hatte, waren zum Beispiel *Die Pilotinnen, Die jungen Adler* und *Die revolutionäre Tradition darf man nicht vergessen.* Die ersten beiden Stücke handelten über das Leben und das Heranwachsen sowie die Heldentaten der jungen Pilotinnen und Piloten der sehr jungen Luftwaffe der Chinesischen Volksbefreiungsarmee.[7] In letzterem Stück ging es darum, dass man sich auch im Frieden, also

---

7 Die chinesische Luftwaffe war im November 1949 gegründet worden.

nach der Gründung der Volksrepublik China, die revolutionäre Tradition wie Bescheidenheit, Kampfgeist und Enthaltsamkeit stets vor Augen führen musste.

In manchen Stücken trat auch mein Vater auf, aber vor allem war er Dramaturg. Außerdem erarbeitete er mit anderen Dramatikern zusammen neue Theaterstücke.

Dem damaligen chinesischen Theater und der Schauspielkunst lag der sozialistische Realismus zugrunde; beide waren von der Theorie des russischen Schauspielers, Regisseurs und Theatertheoretikers Konstantin Sergejewitsch Stanislawski beeinflusst. Die Schauspieler sollten sich in ihre Rolle einfühlen bzw. sich mit ihrer Rolle identifizieren. Sie mussten die Rollen so spielen, als ob sie selbst die zu verkörpernde Figur wären. Die Maske, die Requisiten und das Bühnenbild sollten so lebensecht wie möglich sein. Der Inhalt sollte vor allem eine erzieherische, agitatorische Funktion haben und zur Vermittlung der sozialistischen Ideologie dienen. Da das Ensemble der Luftwaffe angehörte, wurde dieser Zweck noch stärker akzentuiert.

Von all den Theorien und dem Zweck des Theaters hatte ich natürlich keine Ahnung, als ich in der Scheinwerferkabine saß und Abend für Abend diese pathetischen, revolutionären Theaterinszenierungen in mich hineinsog. Dennoch entwickelte ich im Lauf der Zeit meine eigene Ästhetik über die Schauspielkunst, die durchaus der von Stanislawski ähnelte. Da ich großes Interesse für das Theater zeigte, ermöglichte mir Mutter solche Abende fortwährend auch dann, als ich schon in die Schule ging. In diesem Alter hatte ich meine Hemmung gegenüber meinen Eltern mit zunehmendem Kontakt allmählich überwunden. Ich traute mich immer mehr, mit ihnen zu sprechen. Nach einer Aufführung konnte ich kaum warten und fing bereits auf der Rückfahrt ins Ensemble an, meine Kritik an der Aufführung des Abends zu äußern. Die Dialoge aller Stücke kannte ich in- und auswendig. Aber mir war nie langweilig. Auch wurde ich dieser Stücke nie überdrüssig. Schließlich spielten die Onkel und

Tanten meiner Meinung nach die Stücke jedes Mal ein wenig anders. Ich erzählte meinen Eltern, wer an welchem Abend wie anders gespielt hatte, und urteilte, wer gut und wer schlecht war. Gut bedeutete, dass jemand seine Rolle sehr realistisch, authentisch und überzeugend gespielt hatte, das hieß, dass er für mich »echt« gewirkt hatte, einschließlich seiner Maske. Meine Kritik war gnadenlos. Ich ärgerte mich heftig, wenn jemand an einem Abend nicht seine meiner Meinung nach beste Leistung präsentierte oder wenn jemand eine heisere Stimme hatte. Am meisten ärgerte es mich, wenn jemand seinen Text falsch aufsagte oder gar vergaß. Das fand ich unverzeihlich. Mutter meinte, man dürfe manchmal auch Texte improvisieren, Hauptsache, der Sinn und das Gefühl seien richtig ausgedrückt. Ich teilte keineswegs ihre Meinung und bestand darauf, dass die Dialoge immer exakt und wortgetreu gesprochen werden müssten. Manchmal flüsterte Mutter meine Kritik den betroffenen Onkeln oder Tanten ins Ohr. Sie amüsierten sich prächtig über mich. Manche kamen in der Kantine auf mich zu, fuhren mir mit der Hand über den Kopf und sagten lächelnd: »Na, kleine Cui, du bist aber eine strenge Theaterkritikerin!« Ich wusste nicht genau, ob sie es positiv oder negativ meinten. Immerhin schienen sie nicht verärgert zu sein. Manche baten mich sogar um Verzeihung, dass sie eine Textstelle falsch gesprochen hatten. Ich wurde dann immer verlegen, freute mich jedoch im Stillen, dass sie mir den Fehler eingestanden.

Am aufgeregtesten war ich, wenn meine Mutter auftrat. Da hatte ich das Gefühl, ich stünde mit ihr auf der Bühne. Wenn sie etwas falsch machte, eine Geste, einen Schritt oder einen Satz, dann fühlte ich mich blamiert. Im Stück *Die jungen Adler* spielte sie eine ausländische Journalistin. Dafür malte sie ihre Lippen dick und rot an – sie hatte selbst schmale Lippen – und trug eine blonde, lockige Perücke. Dieses Aussehen fand ich noch akzeptabel, denn sie wirkte schön und fremd. Eine Europäerin muss einfach schön und fremd sein, dachte ich. Aber dass sie ihren Text mit einem komischen Akzent sprechen musste, fand ich äußerst peinlich. Da bekam ich jedes Mal eine Gänsehaut und wünschte, dass sie ganz schnell ihren Abgang hatte.

Wenn ich Lili oder anderen Freundinnen aus der Alte-Türvorhang-Gasse von meinen Theaterbesuchen erzählte, lauschten sie mir gebannt, fragten nach mehr Details und baten mich, sie auch mal mitzunehmen. Sie waren besonders interessiert zu wissen, wie man auf der Bühne Regen und Donner erzeugte, und sehr erstaunt, dass ein Flugzeug auf die Bühne gestellt werden konnte. Ich musste genau beschreiben, wie es aussah. Denn sie hatten noch nie ein Flugzeug gesehen. Durch ihre Bewunderung stellte ich fest, dass ich stolz sein durfte auf meine Eltern, die Schauspieler waren. In der Tat war ich froh darüber, eine andere Welt entdecken zu dürfen, die Welt meiner Eltern, in der ich auch ein Plätzchen hatte. Allerdings betrachtete ich diese Welt stets mit einer gewissen Ambivalenz. Denn während die anderen Ensemblekinder zu dieser Welt gehörten, war ich nur ein Gast. Sie war mir nah und fern zugleich. Fest stand, dass diese Welt eine Ergänzung, eine Erweiterung meiner bisherigen Welt in der Alte-Türvorhang-Gasse war. Sie erweiterte meinen Horizont und bereicherte mein Leben. Sie war mir willkommen.

Außer den Theaterbesuchen nahmen mich meine Eltern auch zu den regelmäßigen Ausflügen mit, die das Ensemble organisierte. Der Frühlingsausflug 1965 zur Großen Mauer blieb mir unvergesslich. Ich sah sie damals zum ersten Mal und war zutiefst von ihrer majestätischen Größe und ihrer rauen Schönheit fasziniert. Miteinander wetteifernd kletterten wir – Kinder und Erwachsene – zum Teil auf Händen und Füßen bis zum höchsten Punkt der Großen Mauer in Badaling und blickten auf eine wunderschöne Berglandschaft. Auf dem höchsten Alarmfeuerturm erzählte mir Mutter die Geschichte von der Großen Mauer und von Meng Jiangnü: Vor über 2 000 Jahren ließ Qin Shihuangdi, der erste Kaiser Chinas, Schutzwälle errichten, die China gegen die Reitervölker aus dem Norden schützen sollten. Diese Wälle waren unendlich lang, sodass man sie einfach die »Große Mauer der zehntausend Li[8]« nannte. In Wirklichkeit waren sie noch viel, viel länger. Alle gesunden, kräftigen Männer wurden zum Einsatz beim Mauerbau gezwungen. Die meisten von ihnen mussten ihr ganzes Leben dort verbringen. Ihre Frauen sahen sie nie wieder. So erging es auch Meng Jiangnü aus dem Süden. Aber sie war fest entschlossen, ihren Mann aufzusuchen. So legte sie Tausende von Li zurück und kam zur Baustelle der Großen Mauer. Weinend ging sie an der Großen Mauer entlang und suchte nach ihrem Mann. Sie vergoss so viel Tränen, dass ein Teil der Großen Mauer einstürzte und die Leiche ihres Mannes zum Vorschein kam. So stellte sich heraus, dass die Leichen der toten Arbeiter eingemauert worden waren.

So hörte ich diese gruselige Geschichte, die mir Großmutter in allen Varianten und wegen meiner Neigung zum Heulen oft erzählt hatte, nun am authentischen Ort noch einmal. Plötzlich sah ich zwischen den Steinen Totenköpfe und weigerte mich, an den Mauerrand zu treten und durch die Schießscharte zu schauen, sodass Vater mich auf den Arm nahm und mich zwang, nach unten zu schauen, bzw. um mir die Landschaft in der Ferne zu zeigen.

Trotz dieser blutrünstigen, grausamen Legende und des traurigen Schicksals von Meng Jiangnü war ich von der Großen Mauer und der majestätischen bergigen Landschaft ringsum überwältigt. Zum ersten Mal wurde mir bewusst, wie schön und gigantisch die Natur ist und wie klein und unbedeutend ein Mensch in ihr.

An manchen Samstagabenden wurde ich von meinem Vater abgeholt, weil Mutter in den Zhongnanhai tanzen ging. Das sei eine ehrenvolle politische Aufgabe, erzählte mir Vater. Der westlich des Kaiserpalastes befindliche Zhongnanhai (»Mittel-Süd-

8 Li: chinesisches Längenmaß, zwei Li sind ein Kilometer.

See«) war früher der kaiserliche Park und Sommersitz gewesen. Heute wohnten alle Mitglieder des Zentralkomitees und viele verdienstvolle Generäle mit ihren Familien darin. Hier war auch der Regierungssitz. In den Fünfziger- und Sechzigerjahren, bevor die Kulturrevolution 1966 ausbrach, wurden im Zhongnanhai regelmäßig Tanzabende organisiert. Dazu wurden junge Schauspielerinnen aus den Kunstensembles der Armee als Begleiterinnen eingeladen. Durch ein strenges Auswahlverfahren wurden die Tanzbegleiterinnen bestimmt. Aussehen, Körpergröße, Temperament, politische Führung und vor allem die soziale Herkunft wurden sorgfältig überprüft. Mutter war eine von drei glücklichen Auserkorenen des Theaterensembles der Luftwaffe.

Am nächsten Morgen erzählte Mutter dann stolz und höchst beglückt, mit welchen »Zhongyang Shouzhang« (hohen Funktionären des Zentralkomitees) sie getanzt hatte. Die »Zhongyang Shouzhang« kamen nicht alle gleichzeitig, sondern nach Belieben, manche schon am frühen Abend, der Vorsitzende Mao erschien oft erst nach Mitternacht. Man tanzte stets zu klassischer, chinesischer Musik. Meine Mutter schwärmte immer wieder vom Premierminister Zhou Enlai, nicht nur weil er ein attraktiver, charmanter Mann war, sondern auch ein exzellenter Tänzer, der alle Gesellschaftstänze perfekt beherrschte. Der Staatspräsident Liu Shaoqi sei ebenfalls ein guter Tänzer; Marschall Zhu De[9] bewege sich wie ein »Panzer«; Vorsitzender Mao tanze – meistens in langsamem Viervierteltakt – so, als ob er spazieren ginge, so Mutter. Alle Funktionäre einschließlich des Vorsitzenden Mao seien freundlich und höflich, wie ganz gewöhnliche Menschen, berichtete Mutter mit großer Bewunderung.

---

9 Zhu De (1886–1976), einer der Gründer der KPCh, der Volksbefreiungsarmee und der Volksrepublik, war hintereinander der erste Vizepräsident der Volksregierung, der erste Vizestaatspräsident der Volksrepublik und Vizevorsitzende des Zentralkomitees der KPCh sowie Mitglied des Ständigen Ausschusses des Politbüros der KPCh.

Vorsitzender Mao unterhielt sich beim Tanzen mit ihr und fragte einmal nach ihrem Namen. »›Bing‹ wie Eis? Dann ist dir im Sommer nie zu heiß, nicht wahr?«, scherzte Mao in seinem Hunan-Dialekt.

»Nein, ich heiße ›Bin‹ wie Ehrengast, nicht ›Bing‹ wie Eis oder auch Soldat«, erwiderte meine Mutter ernst und ehrlich.

»Ah …, ›Ehrengast‹, dann bist du ein guter Gast im Haus der Schwiegereltern, wenn du eines Tages verheiratet bist«, lachte Mao vergnügt.

Diesmal traute sich meine Mutter nicht, dem Vorsitzenden Mao noch einmal zu widersprechen und zu sagen, dass sie bereits verheiratet war und eine Tochter hatte. Deshalb lächelte und nickte sie als Antwort.

Die meisten Ehefrauen der Kader tanzten nicht mit, manche waren gar nicht dabei, einige schauten mürrisch zu. Mutter fühlte sich von ihnen schlecht behandelt und sagte ihnen einmal in aller Offenheit: »Glaubt ihr, wir vergnügen uns hier? Wir haben den ganzen Tag geprobt oder kommen gerade von einer Aufführung. Wir lassen unsere Familie und Kinder allein, um diese ehrenvolle Arbeit zu machen. Es ist hart für uns.« Seitdem verhielten sich diese Ehefrauen viel freundlicher gegenüber den Begleiterinnen. Es gab zwei Ausnahmen unter ihnen: die Gattin des Vorsitzenden Mao, Jiang Qing, und die des Staatspräsidenten Liu Shaoqi, Wang Guangmei. Sie beide tanzten mit. Jiang Qing war früher Schauspielerin gewesen, Wang Guangmei stammte aus einer bürgerlichen Familie und war eine sehr elegante Frau. Jiang Qing mochte meine Mutter und tanzte oft mit ihr, wobei sie immer führte. In der Pause flüsterte sie meiner Mutter ins Ohr, sie solle bitte Vorsitzenden Mao zum Tanzen auffordern, damit er nicht zu viel rauche. Denn sobald er aufhörte zu tanzen und sich hinsetzte, zündete er sich eine Zigarette an. Das tat meine Mutter dann auch. Vorsitzender Mao drückte die gerade angefangene Zigarette aus und tanzte mit ihr.

Als Mutter uns davon erzählte, bat Vater sie, die Zigarettenstummel des Vorsitzenden Mao für ihn mitzunehmen. Seitdem steckte sich Mutter Maos Kippen heimlich in die Jackentasche. Mein Vater, selbst ein Raucher, bewahrte diese »heiligen« Kippen sorgfältig in einer Schale auf und präsentierte sie mir ab und zu voller Stolz. Vater gehörte zu den Ehemännern, die stolz auf ihre Gattinnen waren, die in den Zhongnanhai tanzen gehen durften. Es gab allerdings auch Männer, die es nicht so toll fanden, die Wochenenden allein verbringen zu müssen. Ein Schauspieler aus dem Tanz- und Gesangsensemble, dessen Gattin ebenfalls zu den Auserwählten zählte, soll in den Fünfzigerjahren etwas Negatives dazu geäußert haben. Im Zuge der Anti-Rechts-Bewegung 1957 wurde er dann als Rechtsabweichler abgestempelt und aus der Armee entlassen.

Was ich noch an der Welt meiner Eltern mochte, war, dass ich dort viele gut aussehende Menschen zu sehen bekam. Vor allem die Tanten fand ich so schön und elegant. Ich konnte mir nicht vorstellen, dass ich jemals so aussehen könnte wie sie. Eine junge Schauspielerin fand ich besonders anmutig. Ich nannte sie Tante Yue. Sie war eine zierliche und für mich kindlich wirkende, außergewöhnlich schöne Frau. Ihre Haut war so weiß wie Milch, ihr Haar so schwarz wie Ebenholz, ihre Augen waren so klar und leuchtend wie zwei Sterne. Ihre Stimme war so rein und hell und wohlklingend wie das Plätschern eines Bächleins. Ihr Lachen klang wie eine Reihe goldener Glöckchen im Wind. Ihr volles, langes, glänzendes Haar flocht sie zu einem dicken Zopf, der bis zu ihrer Taille reichte. Wenn sie lächelte, bildeten sich zwei süße Grübchen an ihren Wangen. In dem sowjetischen Theaterstück *Im Namen der Revolution* spielte sie Petja, den jüngeren der beiden Waisenbrüder, das hieß den kleinen Bruder meiner Mutter. Dabei trug sie lumpenartige Kleidung, die viel zu groß war. Aber sie sah mit ihrer kurzen, lockigen Perücke so niedlich aus, dass ich mir wünschte, einen solchen Bruder zu haben. Und sie hatte zwei unschuldige, neugierige und sprechende Augen, die in jedem

Zuschauer Mitgefühl und Liebe erweckten. Als die beiden nach langem Hungern entkräfteten Brüder endlich von Lenin Brot und Milch bekamen, waren sie äußerst glücklich. Ihre Freude, die Tante Yue höchst überzeugend spielte, war richtig ansteckend. Ich konnte aus meiner hohen »Loge« deutlich sehen, wie manche Zuschauer ihr Taschentuch aus der Tasche herausholten und sich heiße Tränen wegwischten. Auch ich wurde jedes Mal von ihrer Freude mitgerissen.

Tante Yue war die Einzige unter den Tanten und Onkeln im Ensemble, die mich wie eine Freundin behandelte. Ich mochte sie sehr. Jedes Mal, wenn ich ins Ensemble kam, lud sie mich in ihr Zimmer ein, unterhielt sich lange mit mir und spielte mit mir. Sie zeigte mir ihre ganzen Schätze: Puppen, Ohrringe, Perlenketten, Korallenarmreife, Edelsteine und schöne Döschen aus Email. Einmal schenkte sie mir eine Perlenkette, weil diese mir besonders gefiel. Tante Yue erzählte mir, dass sie aus der Provinz Guangdong stamme, die weit entfernt von Peking im Süden Chinas liegt. Ihre Eltern hätten früher eine Seidenfabrik besessen. Seit der Befreiung 1949 gehöre die Fabrik nicht mehr ihnen, sondern dem Staat. Ihre Eltern seien heute Angestellte in ihrer eigenen Fabrik. Tante Yue sei wie meine Mutter mit vierzehn Jahren in die Armee eingetreten, weil sie Schauspielerin habe werden wollen. Sie habe oft Heimweh und fühle sich manchmal einsam, besonders am Wochenende. Deshalb freue sie sich, wenn ich sie besuchen käme. Ihre Eltern vermissten sie auch sehr, denn sie sei ihr einziges Kind.

Diese Freundschaft hätte bestimmt viel länger gedauert, wenn Tante Yue nicht eines Tages überraschend geheiratet hätte.

An einem Samstagnachmittag kurz vor meiner Einschulung kam Mutter zu uns nach Hause und wollte mich abholen. Es gebe eine Hochzeit im Ensemble, kündigte sie fröhlich an. Ich sollte raten, wer heute heiraten werde. Ich stand ratlos da und wusste nicht, ob ich mich freuen sollte oder nicht. Einerseits war ich neugierig, weil ich noch nie auf einer Hochzeit gewesen war, andererseits mochte ich es nicht, viele Leute zu treffen. Da sagte Mutter mit einem breiten Lächeln: »Tante Yue! Tante Yue heiratet, deshalb musst du unbedingt mitkommen.« Mein Hals war auf einmal wie zugeschnürt. Tante Yue heiratet? Wieso habe ich das nicht gewusst?

Die feierlich geschmückte Halle der Probebühne war voller Menschen, als Mutter und ich dort ankamen. Überall hingen bunte Girlanden und rote Laternen. Auf einem langen Tisch lagen viele Teller mit Bonbons, Sonnenblumenkernen, Erdnüssen und Obst. Die Kinder rannten zwischen den ordentlich aufgereihten Stühlen hin und her und machten einen Höllenlärm. Die Erwachsenen unterhielten sich in bester Stimmung. Tante Yue kam auf uns zu, tätschelte liebevoll meine Wange und drückte mir eine Handvoll Bonbons in die Hand. Sie trug heute eine neue Uniform. Auf der Höhe der Brusttasche steckte eine rote Papierblume. Ihr Haar hatte sie zu einem Dutt hochgesteckt, sodass sie etwas erwachsener aussah. Sie begrüßte Mutter und mich. Ich starrte auf ihre schneeweißen Zähne und rosaroten Lippen und brachte keine Silbe heraus.

Die Zeremonie wurde von einem Onkel geleitet, der im Stück *Im Namen der Revolution* einen Bösewicht spielte. Er bat das Brautpaar, das in der ersten Reihe saß, aufzustehen und sich allen Anwesenden vorzustellen. Der Bräutigam war ein junger Mann, der die gleiche Luftwaffenuniform wie Tante Yue und die gleiche rote Blume an der Brust trug. Und er war offensichtlich kein Mitglied des Theaterensembles, denn ich hatte ihn noch nie gesehen. Die beiden mussten nacheinander detailliert über ihre Herkunft, ihren Werdegang und ihre Karriere berichten. So erfuhr ich, dass der Bräutigam Pilot war. Danach bat sie der Bösewicht-Onkel, sich umzudrehen und sich dreimal vor dem Porträt des Vorsitzenden Mao zu verbeugen. Anschließend sollten sie sich wiederum dreimal vor allen Anwesenden und zum Schluss dreimal voreinander verbeugen. Dann erklärte dieser Onkel feierlich, dass Tante Yue und ihr Bräutigam nun ein richtiges Ehepaar seien und dass sie den revolutionären Weg in Zukunft gemeinsam beschreiten würden.

Kaum hatte er seinen Satz beendet, rief ein Onkel von hinten: »Küsschen! Küsschen!« Tatsächlich befahl der Bösewicht-Onkel, der Bräutigam solle seiner Braut einen Kuss geben. Tante Yue und der Bräutigam wurden ganz rot im Gesicht und flehten den Bösewicht-Onkel an, diese Aufforderung sein zu lassen. Sie würden lieber ein Lied singen oder etwas anderes tun. »Nein!«, schrien einige Onkel, und der Bösewicht-Onkel sagte auch, nein, sie müssten sich küssen. Tante Yues milchweiße Haut wurde nun purpurrot, und ihr Lächeln gefror zu einer Maske. Der Bräutigam stand hilflos da und wurde abwechselnd rot und blass. Die Leute riefen weiter: »Küsschen! Küsschen!« Schließlich drehten sich beide zueinander, schlossen die Augen und ließen sich die Lippen kurz berühren. »Bravo! Noch mal!«, drängte der Bösewicht-Onkel schamlos. »Bravo! Noch mal!«, schrien die Leute hysterisch. Die beiden gaben sich noch einen Kuss und noch einen Kuss. Dreimal ließ sich Tante Yue das gefallen. Mir schossen Tränen in die Augen. Ich ballte meine Hände zur Faust und spürte eine solche Wut, dass mein Bauch zu explodieren drohte. Ich war empört und zornig über die Leute, die Tante Yue zwangen, das zu tun, was sie ganz offensichtlich nicht tun wollte. Und ich war traurig darüber, dass sich Tante Yue von so vielen Menschen demütigen ließ. »Warum muss sie heiraten?«, fragte ich mich im Stillen immer wieder. Ich wünschte, ich könnte mit Tante Yue zusammen vom Erdboden verschluckt werden.

Als ob es noch nicht genug wäre, forderten einige Onkel Tante Yue auf zu erzählen, wie sie sich in ihren Bräutigam verliebt habe. Die arme Tante Yue wurde jetzt ganz blass. Aber sie lächelte tapfer weiter und schlug vor, stattdessen ein Lied zu singen. Nein, die Leute wollten kein Lied hören, sondern ihre Liebesgeschichte. Gott sei Dank weigerte sie sich diesmal. Und ihr Bräutigam wollte es auch nicht erzählen. Um diese peinliche Situation zu lösen, stand die Politkommissarin Pan auf und hielt eine Rede. Tante Pan kannte ich, weil ihre Tochter denselben Kindergarten besucht hatte wie ich. Tante Pan beglückwünschte das Brautpaar und gab ihnen viele Ratschläge mit auf ihren künftigen Weg. Danach hielt auch der Ensembleleiter Huang eine Rede und wiederholte das alles noch einmal oder sagte etwas Ähnliches. Ich konnte nicht mehr zuhören. Meine Gedanken kreisten um Tante Yues Schicksal. Wird sie diese Hochzeit überstehen? Wie kann sie überhaupt mit diesem fremden Onkel, den sie in Zukunft wahrscheinlich ihren »Ehemann« nennt, in ihrem kleinen Zimmer schlafen?

Das ganze schreckliche Theater nahm auch nach den beiden Reden kein Ende. Die Leute forderten das Brautpaar auf, etwas anderes zu bieten, wenn sie ihre Liebesgeschichte nicht erzählen wollten. Daraufhin sang Tante Yue ein Lied, anschließend zündete sie allen rauchenden Onkeln Zigaretten an und verteilte Bonbons an die Gäste. Der Bräutigam musste Tierstimmen imitieren, weil er nicht singen konnte. So machte er »Miau«, »Wauwau« und »Muh«. Während alle Anwesenden in ein Gelächter ausbrachen, brach ich in Tränen aus. Mutter fragte, was mit mir los sei. Ich sagte, ich hätte Bauchweh und wolle nach Hause gehen.

Nach dieser Hochzeit fragte ich Mutter, warum Tante Yue heiraten müsse. Mutter antwortete, alle Mädchen müssten heiraten, wenn sie groß geworden seien. Ich verstand es trotzdem nicht und hakte nach. Mutter sagte, damit sie eine eigene Familie gründen und Kinder bekommen könnten. Wenn sie Papa nicht geheiratet hätte, würde es mich doch gar nicht geben. Die Antwort half mir nicht viel. Aber ich gab es auf, weiter nachzufragen.

Nach diesem Ereignis war ich überzeugt, dass eine Hochzeit das Schlimmste sei, was eine Frau in ihrem Leben durchmachen muss.

Nachdem nun Tante Yue geheiratet hatte, war unsere Freundschaft nicht mehr so wie früher. Sie grüßte mich zwar immer noch sehr herzlich, wenn ich im Ensemble zu Besuch war und ihr begegnete. Aber ich besuchte sie nur noch sehr selten in ihrem Zimmer, und höchstens dann, wenn ihr Mann nicht da war. Der kam jedoch meistens am Wochenende, wenn ich auch meine Eltern besuchte.

Als ich acht Jahre alt war, gab es jedoch ein Ereignis, das uns beide noch einmal zusammenbrachte.

Da ich oft Mandelentzündung hatte und dadurch hohes Fieber bekam, sollten mir die Mandeln entfernt werden. Mutter brachte mich ins Krankenhaus der Luftwaffe in einem westlichen Vorort Pekings. Dann sah ich sie erst wieder, als ich entlassen wurde.

Ich weiß heute nicht mehr, warum sie mich nicht besuchen kam. Vielleicht hatte sie wegen Proben oder Theatervorstellungen keine Zeit gehabt. Vielleicht war sie nicht in Peking gewesen. Sie musste ihren Grund gehabt haben. Eines steht fest, dass es damals üblich war, die eigenen Kinder dem Staat anzuvertrauen. Die Militärkrankenhäuser waren zu jener Zeit die besten im ganzen Land. Darin arbeiteten zweifelsohne die besten Experten, zu denen man Vertrauen haben konnte. Denen konnte man sein Kind natürlich auch anvertrauen. Dieser Krankenhausaufenthalt muss ein sehr prägendes Erlebnis in meiner Kindheit gewesen sein. Denn ich erinnere mich heute noch an jedes Detail.

Die Operation wurde unter örtlicher Betäubung durchgeführt. Ich wurde auf eine Liege gelegt, deren Kopfende meiner Erinnerung nach tiefer war als das Fußende. Mein Rachen wurde mit einem metallenen Instrument geweitet und fixiert, sodass ich meinen Mund nicht schließen und auch nicht schreien konnte. Zwei Krankenschwestern hielten mich fest. Der Arzt sagte: »Sei tapfer! Es dauert nur drei Minuten und tut nicht weh.« Dann gab er mir in irgendeine Stelle des Halses eine Spritze, die höllisch wehtat. Anschließend führte er ein zangenartiges Instrument in meinen Rachen und fing an, in meinem Hals irgendetwas anzustellen. Ich hatte große Angst und wollte mich wehren. Aber ich konnte mich nicht bewegen. Tonlos schrie und weinte ich. Am schlimmsten war mein Gefühl, ich bekäme keine Luft und würde augenblicklich ersticken. Ich wollte dem Arzt sagen, dass ich keine Luft kriegte. Aber ich konnte nicht sprechen. Die drei Minuten schienen eine Ewigkeit zu dauern. Als ich schon dachte, so fühle sich also das Sterben an, wurde das Instrument aus meinem Rachen entfernt. Eine Krankenschwester hob meinen Kopf hoch, und ich durfte alles, was in meinem Mund war, in eine Schüssel ausspucken. Ich war froh, dass ich wieder atmen konnte.

An diesem Tag schwor ich im Stillen, dass sich niemand jemals wieder in meinem Hals zu schaffen machen dürfte. Niemand! Nie und nimmer!

Die nächsten Stunden und Tage verbrachte ich mit quälenden Schmerzen. Man gab mir einen Eisbeutel, den ich auf meinen Hals legen sollte.

Am Nachmittag nach der Operation erschien zu meiner großen Überraschung Tante Yue in meinem Krankenzimmer. Ich hatte geschlafen. Als ich meine Augen öffnete, sah ich Tante Yue neben meinem Bett stehen. Umstrahlt von der Nachmittagssonne stand sie da wie ein Engel und lächelte mich an. Sie trug einen hellblau-weiß gestreiften Krankenhausanzug. Ihr pechschwarzes Haar hatte sie wie immer zu einem langen Zopf geflochten, der auf ihrer linken Schulter ruhte. Sie sah so schön aus. Einen Augenblick lang dachte ich, ich träumte. Aber sie fing an zu sprechen. Sie sagte, sie sei wegen einer Blinddarmoperation in diesem Krankenhaus und habe von meiner Mutter gehört, dass auch ich hier sei. Was für ein Zufall! Deshalb komme sie mich besuchen. Und wir könnten uns jeden Tag sehen. Sie fragte, ob mein Hals wehtue. Ich nickte. Denn ich zweifelte, ob ich jemals wieder würde sprechen können. Während ich nickte, kullerten mir Tränen über die Wangen. Tante Yue versuchte, mich zu trösten, indem sie meine Wangen streichelte und mir leise tröstende Worte zuraunte. Ihre Hand war weich und warm und duftete nach dem Duftwasser »Blumentau«. Sie gab mir ein wohliges Gefühl, das eine Schleuse in mir zu öffnen schien: Meine Tränen flossen und flossen still herunter und rannen über ihre zarten Finger.

Eine Krankenschwester brachte mir ein Wassereis. Ich schüttelte den Kopf. Tante Yue sagte, das dürfe ich ruhig essen. Das Eis würde den Schmerz lindern. Ich fing also an, vorsichtig das Eis zu lutschen. Plötzlich wurde es mir speiübel. Tante Yue nahm schnell die Waschschüssel, die neben meinem Bett auf dem Boden lag, und hielt sie unter mein Kinn. Im hohen Schwall spuckte ich eine rötlichbraune Flüssigkeit in die Schüssel. Immer und immer wieder. Tante Yue bekam Angst und bat eine meiner Zimmergenossinnen, die Krankenschwester zu holen. Die Krankenschwester sagte, das sei ganz normal nach der Mandeloperation. Ich sei wahrscheinlich sehr verkrampft gewesen und hätte möglicherweise während der OP viel Blut geschluckt. Es müsse eben wieder raus. An diesem Tag musste ich noch zweimal Blut erbrechen. Auch am darauffolgenden Tag noch einmal. Es war dann dunkelbraun geworden und roch eklig.

Tante Yue kam mich jeden Tag besuchen, obwohl sie auch Schmerzen an der OP-Narbe hatte und nur sehr langsam gehen konnte. Sie saß lange an meinem Bett und las mir Kinderbücher vor oder erzählte mir eine selbst ausgedachte Geschichte. Als es mir besser ging, brachte sie mir ein Milcheis, das ich lieber mochte als das Wassereis. Es war Hochsommer. Nach dem Abendessen, wenn es etwas kühler wurde als am Tag, gingen wir zusammen spazieren. Im Hof des Krankenhauses spendeten die vielen Bäume herrlich kühlen Schatten. Wunderschöne Blumen blühten überall in großer Pracht. Wir schlenderten eine Allee entlang, an deren beiden Seiten Ahorn wuchs. Ich hätte nie gedacht, dass ein Krankenhaus so schön sein könnte, tausendmal schöner als unsere Alte-Türvorhang-Gasse. Wir gingen Hand in Hand wie zwei Schwestern. Ich fühlte mich wohl und geborgen. Aus einem Lautsprecher ertönte das Lied *Die befreiten Leibeigenen*

fangen an zu singen, das von einer bekannten tibetischen Sängerin gesungen wurde. Es war eigentlich eines der populärsten revolutionären Lieder, aber es hatte eine langsame, romantische Melodie, die sehr melancholisch auf mich wirkte. Jeden Abend
hörten wir bei unserem Spaziergang dieses Lied, sodass es zu
einem richtigen Ohrwurm wurde und ich den Text bald auswendig konnte:

»Die Sonne, ah …, strahlt eine Myriade von Lichtstahlen,
Der Adler, ah …, breitet die Flügel aus und schwingt sich
    in die Höhe.
Die Landschaft des Graslandes ist wunderschön,
Wie könnte ich aufhören, ihre Schönheit zu besingen.
Der Schnee, ah …, glänzt im Sonnenschein,
Der Yarlung-Tsangpo-Fluss schlägt hohe Wellen.
Die Sonne treibt dunkle Wolken auseinander,
Der revolutionäre Weg ist sehr breit.
Vorsitzender Mao, ah …, ist die rote Sonne,
Die Kommunistische Partei ist unser Erretter.
Die befreiten Leibeigenen fangen an zu singen,
Glückliche Gesänge sind überall zu hören.«

Noch tagelang nach der Mandeloperation weigerte ich mich zu
sprechen, weil ich davon ausging, meine Stimme verloren zu haben. Da aber dieser Ohrwurm zu hartnäckig in meinem Kopf
bohrte und Tante Yue neben mir stets leise mitsang, fing ich eines
Abends plötzlich an, mitzusummen. Ich war selbst überrascht,
dass meine Stimme noch da und unverändert war. Tante Yue
lachte und drückte mich lange und fest an ihre Brust.

Noch Jahre später ertönte dieses Lied in meinem Ohr, wenn ich
schwermütig oder traurig war. Dabei sah ich Tante Yue, die Allee
im Krankenhaus mit den Ahornbäumen und die schönen Blumen. Es breitete sich dann ein schönes, warmes, aber zugleich
auch unsäglich trauriges Gefühl in mir aus.

Schwermut und Schönheit sind seitdem Zwillingsschwestern für mich geworden.

Tante Yue und ich wurden am selben Tag entlassen. Sie wurde von ihrem Mann und ich von meiner Mutter abgeholt. Mutter brachte mich zu Großmutter in die Alte-Türvorhang-Gasse neun zurück. Ich hatte mich nicht auf die Entlassung gefreut, sondern sie sehr bedauert. Denn ich wusste, ich würde in Zukunft nie wieder so oft und so eng mit Tante Yue zusammen sein wie an diesen unvergesslichen Tagen. Ich würde ihr lediglich kurz in der Kantine oder im Flur des Wohnheims begegnen, wenn ich meine Eltern im Ensemble besuchen käme.

Ein Jahr später brach die Große Proletarische Kulturrevolution aus. Ich ging lange Zeit nicht mehr zu meinen Eltern ins Ensemble. Tante Yue sah ich nie wieder. Ihr sollte etwas ganz Schlimmes widerfahren, das tausendmal schlimmer war als ihre Hochzeit.

7. Kapitel

Meine Baoding-Großmutter, die elf Kinder gebar und sich nie die Zähne putzte, und warum man vor Mitternacht am Silvesterabend des Chinesischen Neujahrs aufs Klo gehen musste

Seit ich mich erinnern kann, nahm mich mein Vater jedes Jahr anlässlich des Chinesischen Neujahrs in seine Heimat mit, um mit seiner Familie – das hieß mit seiner Mutter, seinem älteren Bruder und dessen Frau sowie deren acht Kindern – das Frühlingsfest zu feiern. Mein Vater stammte aus der circa hundertfünfzig Kilometer südlich von Peking liegenden Stadt Baoding in der Provinz Hebei.

Baoding ist eine alte Stadt, die einst von einem Stadtgraben und einer Stadtmauer umgeben war. An manchen Stellen kann man heute noch die Ruinen sehen. Im Stadtzentrum erhebt sich der uralte Glockenturm mit seinem dreistöckigen grünen Dächern. Dort ist auch der berühmte Lotosblumenteich, in dessen Mitte ein wunderschöner Pavillon steht, zu dem sich elegant eine weiße Marmorbogenbrücke schwingt. Es ist eine der schönsten Gartenanlagen Chinas und stammt aus dem 13. Jahrhundert. In der Qing-Dynastie[10] im 17. Jahrhundert wurde Baoding Provinzhauptstadt. Der Lotosblumenteich-Garten wurde zur kaiserlichen Residenz umgebaut. Hier war auch der Sitz der Kaiserlichen Akademie, in der jährlich die kaiserliche Prüfung stattfand.

Das Elternhaus meines Vaters lag im Norden der Stadt, jenseits des Stadtgrabens. Eine Lehmmauer umgab den Hof. Gegenüber dem Eingangstor stand das Hauptwohnhaus, das aus drei Zimmern bestand. Auf der westlichen Seite des Hofes befand sich noch ein Nebenhaus mit zwei Zimmern, die nicht bewohnt

---

10 Die Qing-Dynastie (1616–1911) war die letzte feudale Dynastie Chinas.

waren, sondern als Speicher und Speisekammer dienten. Im Hof wuchsen ein Dattelbaum, ein Aprikosenbaum und ein Birnbaum. Auf einem Beet an der östlichen Mauer des Hofes wurden Mais und Gemüse angebaut. Außerdem lebten hier im Hof auch ein paar Schweine, Kaninchen und eine Schar Hennen. Das Familienoberhaupt in diesem Haus war die Mutter meines Vaters, also meine Großmutter. Um sie von meiner Großmutter in Peking zu unterscheiden, nannte ich sie »Baoding-Großmutter«. Solange ich dieses Haus kannte, gab es hier acht Kinder, denn das jüngste war im gleichen Jahr wie ich geboren. Die sechs zuerst geborenen waren alle Söhne, also meine Cousins. Aber zum Schluss kamen doch auch zwei Mädchen zur Welt. Den Baoding-Großvater habe ich nicht gekannt. Er war früh gestorben.

Die Vorfahren meiner Baoding-Großeltern waren arme Bauern aus der Provinz Hebei. Mein Baoding-Großvater hatte drei Brüder. Der älteste ging allein nach Nordostchina, um sich durchzuschlagen. Der jüngste wurde als Kind zur Adoption freigegeben, weil die Eltern zu arm waren, um alle Kinder zu ernähren. Der zweite und dritte Sohn (mein Baoding-Großvater) verließen wegen einer Hungersnot mit ihren Eltern die Heimat und kamen nach Baoding, um hier ihr Glück zu versuchen. Mein Baoding-Großvater, der nie eine Schule besucht hatte, war mit zwölf Jahren auf sich allein gestellt. Er verdiente seinen Lebensunterhalt als Rikschafahrer oder verkaufte auf der Straße gebackene Süßkartoffeln. Mit zwanzig Jahren heiratete er durch die damals übliche Heiratsvermittlung meine zwei Jahre jüngere Baoding-Großmutter. Danach machte er mit einem Kumpel zusammen einen kleinen Krämerladen auf. Drei Jahre später, nachdem er ein bisschen Geld zusammengespart hatte, trennte er sich von seinem Kumpel, betrieb selbst den Laden, pachtete außerdem drei Mu[11] Ackerland, auf dem er Mais, Weizen, Sorghumhirse und Sojabohnen anbaute, und kaufte dieses Haus mit dem dazugehörenden Hof.

---

11 Mu: chinesische Flächenmaßeinheit, 15 Mu entsprechen einem Hektar.

Der Acker wurde in erster Linie von meiner Baoding-Großmutter bestellt, und der Großvater kümmerte sich um den Laden. Nur während der Erntezeit half er ihr auf dem Feld. Durch Fleiß und harte Arbeit hielten beide ihre Familie über Wasser. Wenn das Geschäft im Laden gut lief, konnten sie sogar ein paar sorglose Tage verleben.

Meine Baoding-Großmutter gebar insgesamt elf Kinder. Die ersten neun starben alle im frühen Kindesalter an Krankheiten oder wegen Unterernährung. Als mein Baoding-Onkel 1923 zur Welt kam, ließ ihn Baoding-Großmutter nach der Niederkunft sofort nach draußen tragen. Aus Aberglauben sollte das Baby nach dem ersten Gegenstand genannt werden, auf den es im Freien stieß. »Das Leben übertragen« hieß es. Man glaubte, durch die Verbindung mit diesem Gegenstand hätte ein Neugeborenes bessere Überlebenschancen. Da es gerade Herbsterntezeit war, lag eine Steinwalze auf der Dreschtenne im Hof. So wurde mein Onkel »Steinwalze« getauft und bis ins Jugendalter von der Familie und den Verwandten so gerufen. Als er fünf wurde, stach man ihm Ohrlöcher und kleidete ihn wie ein Mädchen, weil man davon überzeugt war, ein Mädchen wäre leichter großzuziehen als ein Junge. Als mein Vater sieben Jahre später geboren wurde, feierte seine Großmutter gerade den 80. Geburtstag. So bekam er den Kosenamen »Achtzig«. Man hoffte, dadurch würde die Langlebigkeit seiner Großmutter auf ihn übertragen und ihm selber ein langes Leben bevorstehen. Diese beiden jüngsten Söhne hatten tatsächlich überlebt und sollten es auch besser haben als ihre Vorfahren.

Mein Baoding-Onkel hatte ein paar Jahre die Einklassenschule Sishu besucht. Um seinen jüngeren Bruder zu unterstützen, verließ er mit vierzehn Jahren die Familie und machte in Peking eine Ausbildung zum Automechaniker. Denn die Familie war nicht in der Lage, für beide Söhne die Schule zu bezahlen. Er arbeitete in verschiedenen Städten auch als Fahrer und schickte das ganze Geld, das er verdiente, nach Hause. Als der

Vater krank wurde und den jüngsten Sohn zu überreden versuchte, die Schule abzubrechen und seinen Krämerladen zu übernehmen, war mein Onkel strikt dagegen. Er konnte seinen Vater davon überzeugen, dass die Schule für die Zukunft seines Bruders von großer Bedeutung war, und setzte alles daran, dass mein Vater die Mittelschule besuchen durfte.

Nachdem er durch Verkuppelung mit meiner Tante verheiratet worden war, arbeitete er weiterhin außerhalb der Heimatstadt und kam nur an wichtigen Feiertagen nach Hause. Seine Frau lebte mit den Schwiegereltern zusammen und gebar jedes Jahr ein Kind.

Als mein Baoding-Großvater im Jahr 1959 achtundsechzigjährig starb, war das jüngste seiner acht Enkelkinder gerade zwei und das älteste zwölf Jahre alt. Mein Onkel war damals zwar bereits ein Kader im Verkehrsamt der Provinz Hebei, verdiente aber gerade mal achtundachtzig Yuan im Monat. Damit konnte er auf keinen Fall eine elfköpfige Familie ernähren. Deshalb schickte mein Vater, seit er ein monatliches Gehalt bezog, den größten Teil seines Gehalts nach Baoding. Angefangen hatte er damit im Jahr 1955, als das neue Gehaltssystem in der Armee eingeführt wurde. Zu dem Zeitpunkt betrug sein Gehalt sechzig Yuan, davon schickte er vierzig Yuan an die Familie meines Onkels. Ab 1958 wurde sein Gehalt auf hundert Yuan erhöht. Seitdem schickte er sechzig Yuan Monat für Monat nach Baoding, bis alle Kinder meines Onkels erwachsen wurden und ihr eigenes Geld verdienten und Baoding-Großmutter 1976 starb.

Nicht nur aus diesem Grund wurde mein Vater von seinen acht Neffen und Nichten verehrt und geliebt wie ihr leiblicher Vater. Die ganze Familie war äußerst stolz auf ihn, weil er ein Mitglied der Volksbefreiungsarmee und ein Schauspieler war und weil er in Peking arbeitete. Die Beziehung zwischen meinem Vater und meinem Onkel war außergewöhnlich. Es war mehr als eine Bruderliebe, die sie verband. Sie waren ein Herz und eine Seele. Respekt, Vertrauen, Liebe und gegenseitige Bewunderung verbanden die beiden ein Leben lang.

Nach dem Tod des Baoding-Großvaters lebten hier nur noch zwei Frauen, meine Baoding-Großmutter und ihre Schwiegertochter, mit acht Kindern. Deshalb waren die Tage, an denen mein Onkel und Vater nach Hause kamen, die glücklichsten und feierlichsten für die ganze Familie. Mein Vater und mein Onkel hatten auch nur einmal im Jahr die Gelegenheit, sich zu sehen, nämlich beim Frühlingsfest. Daher war das Frühlingsfest das wichtigste Fest im Haus, das richtig gefeiert werden musste, auch wenn das Geld so knapp war.

Mein Vater und ich kamen meistens an Silvester des Chinesischen Neujahrs an und fuhren dann am zweiten oder dritten Feiertag nach Peking zurück, um das Frühlingsfest mit Mutter und Großmutter in Peking noch einmal zu feiern.

Bis zu Silvester, das hieß bis zum 30. Tag des 12. Monats des chinesischen Mondkalenders, mussten alle Vorbereitungen für das Frühlingsfest fertig sein. Die Datteln waren längst vom Baum geerntet und in mehreren Fässern eingemacht worden. Das dickste Schwein war geschlachtet und zu verschiedenen Delikatessen verarbeitet worden, wie das in Sojasoße gekochte Gulasch, mit Klebreis und wilden Kräutern gefüllter Schweinebauch, Fleischsalat mit Knoblauch. Der Rest wurde entweder eingepökelt oder eingefroren und in der Speisekammer aufbewahrt. Die Erdnüsse und Sonnenblumenkerne waren geerntet und geröstet worden, lagen haufenweise in den aus Sorghumhirsehalmen geflochtenen Worfschaufeln und lockten die Kinder mit dem frischen Duft. Schneeweiße Mantou aus Weizenmehl, die einen Monat lang für die ganze Familie reichen sollten, füllten ein großes Tongefäß. Selbst der Teig und die Füllung für die Maultäschchen Jiaozi[12] waren auch schon fertig vorbereitet worden. Dies alles waren Produkte aus den Händen meiner Tante.

---

12 Jiaozi: mit Hackfleisch und Gemüse (z. B. Chinakohl) gefüllte, halbrunde Teigtäschchen. Eine beliebte Speise in Nordchina, die traditionsgemäß am Silvesterabend des Chinesischen Neujahrs gegessen wird.

Meine Baoding-Tante war eine kleine, zierliche und äußerst fleißige Frau, die keine Anstrengung scheute und sich nicht von der schweren Last des Lebens erdrücken ließ. Sie sprach nicht viel und sehr leise, aber sie lachte gern und laut. Wenn sie lachte, steckte sie andere an. Sie war eine liebevolle Mutter, die ihre Liebe allen ihren Kindern in gleichem Maß zu geben verstand, zugleich eine pietätvolle Schwiegertochter, die ihre Schwiegermutter wie die eigene Mutter behandelte und die Pflicht ihres Mannes gegenüber der Mutter hundertprozentig übernahm, ohne jemals auch nur einen Hauch Unzufriedenheit zu zeigen. Und sie war eine verständnisvolle Ehefrau, die ihren Mann stets im Stillen liebte und nie etwas forderte und ihm wegen seiner Abwesenheit nie Vorwürfe machte.

Sie machte alles im Haushalt, natürlich halfen ihr die Kinder, nachdem sie größer geworden waren. Nach heutiger Terminologie könnte man sagen, sie war im Unternehmen Familie die Geschäftsführerin und Baoding-Großmutter die Aufsichtsratsvorsitzende, im wahrsten Sinne des Wortes. Denn sie saß den ganzen Tag im Schneidersitz auf dem Kang[13] und beobachtete durch das kleine Fenster die Geschehnisse draußen. Ab und zu ging sie in den Hof, fütterte die Hennen und verscheuchte die Vögel, wenn sie im Gemüsebeet oder auf der Tenne landeten. Baoding-Großmutter war bereits über siebzig, hatte jedoch noch einen sehr geraden Rücken. Da sie »Lotosfüße« hatte, bewegte sie sich mit einem langsamen, watschelnden Gang. Aber ich fand, sie sah dabei würdevoll aus. Ihre Kleidung war stets äußerst sauber, auch wenn ein paar Flicken darauf waren. Ihr nicht mehr ganz volles, grau-schwarzes Haar frisierte sie mithilfe eines Haarnetzes zu einem perfekten Knoten am Hinterkopf. Sie wusch sich nie die Haare, sondern kämmte sie jeden Morgen mit Wasser und einem Staubkamm sorgfältig aus. Sie putzte sich auch nie die

---

13 Kang: aus Stein oder Ziegelstein gemauerte, mit einem Herd verbundene Schlafstätte in den ländlichen Regionen Nordchinas.

Zähne, aber erstaunlicherweise fehlte ihr kein einziger Zahn, und sie hatte auch keine Karies. Lediglich ihr Gehör war nicht mehr in bester Ordnung. Man musste die Stimme anheben, wenn man mit ihr redete. Es gab immer wieder Anekdoten, die durch Missverständnisse entstanden. Manchmal scherzten ihre Enkelkinder mit ihr, indem sie nicht laut genug redeten, damit die Großmutter sie nicht richtig verstand und etwas erwiderte, was völlig daneben war. Sie amüsierten sich dann köstlich darüber und erzählten ihr anschließend, was sie eigentlich gesagt hatten. Nun lachte auch die Großmutter. Ihre selbst genähten, höchstens dreizehn Zentimeter langen, schwarzen Stoffschuhe, die sich genau der dreieckigen Form ihrer misshandelten Füße anpassten, zog sie nie aus. Selbst zum Schlafen trug sie ein Paar dünne, weiße Stoffschuhe. Sie schämte sich für ihre deformierten Füße. Aber sie war der Ansicht, dass das Fußwickeln einfach zum Schicksal einer jeden Frau gehörte, genau wie das Los der Frau, Kinder zu gebären. Insofern war meine Peking-Großmutter wahrhaftig eine kleine Heldin gewesen, als sie sich diesem grausamen Brauch widersetzt hatte.

Alle Nachbarn und Verwandten pflegten zu sagen, dass Baoding-Großmutter eine glückliche Frau sei. Sie habe zwei Söhne, die ihr Achtung entgegenbrachten, und eine gute Schwiegertochter, sodass sie im Alter ein »Buddha« sein dürfe. Sie meinten damit, dass Baoding-Großmutter nicht mehr zu arbeiten oder sich Sorgen zu machen brauchte, sondern den Rest ihres Lebens genießen konnte. So wie sie auf dem Kang dasaß, ähnelte sie in der Tat einem Buddha. Nur die tiefen Falten auf ihrem Gesicht erinnerten daran, dass sie ein hartes Leben durchgemacht hatte.

Gemäß dem traditionellen Brauch begann die Vorbereitung auf das Frühlingsfest bereits einen Monat vor Neujahr. Am 8. Tag des 12. Monats des chinesischen Mondkalenders wurde Reisbrei mit Trockenfrüchten und Nüssen gegessen, der die reiche Ernte symbolisierte. Vom 8. bis zum 23. des 12. Monats wurden Einkäufe für das Frühlingsfest erledigt. Der 23. Tag war das sogenannte Kleine Neujahr, an dem der Herdgott verabschiedet und zum Himmel geschickt wurde. Um 21 Uhr legte die Hausherrin, nachdem sie sich die Hände gewaschen hatte, die Opfergabe – eine aus Malzzucker hergestellte klebrige Süßigkeit – vor den Herd und zündete Räucherstäbchen an. Dann nahm sie das Bild des Herdgottes von der Wand, zündete es an, kniete sich auf den Boden vor dem Herd nieder und sprach folgende Formel aus: »Verehrter Herdgott, gehen Sie nun zum Himmel zurück! Sprechen Sie im Himmel bitte nur über gute Dinge! Legen Sie vor dem Jadekaiser[14] im Himmelspalast ein gutes Wort für uns ein!« Auf den beiden Schriftrollen, die das Bild des Herdgottes einrahmten, stand geschrieben: »Redet man gute Worte im Himmel, herrscht Frieden auf der Erde«, und auf der waagerechten Schriftrolle über dem Bild: »Herr des Hauses«. Wenn das Bild des Herdgottes verbrannt war, sollte er im Himmel angelangt sein. Um Mitternacht wurde dann das neue Herdgottbild an derselben Stelle aufgehängt, damit er am Silvesterabend wieder zurückkehren würde. Der 24. war der Tag des großen Reinemachens. Am 25. wurden Gewinn und Verlust des vergangenen Jahres ausgerechnet und Pläne für das neue Jahr gemacht. Am 26. wurden Schweine und am 27. Hähne geschlachtet und am 28. Mantou gemacht. Das waren die Tage, an denen Tante alle Hände voll zu tun hatte. Am 29. wurden Glück verheißende Spruchrollen auf beiden Seiten der Haustür aufgehängt. Am 30. musste man die ganze Nacht durchwachen. Denn in dieser Nacht sollte das alte Jahr verabschiedet und das neue willkommen geheißen werden.

Am Silvestermorgen zogen meine Cousins und Cousinen ihre neue Kleidung an, die ihre Mutter anlässlich des Neujahrsfestes für sie genäht hatte. Dann liefen sie auf die Straße und warteten ungeduldig auf Vater und mich. Damals gab es noch kein Telefon. Vater schrieb gewöhnlich auch keinen Brief. Die Kinder wussten

---

14 Jadekaiser: die höchste Gottheit des Taoismus.

nicht genau, wann wir ankommen, aber sie waren sich sicher, *dass* wir kommen würden. Von Weitem sah ich schon die ganze Schar, die dann auf uns zulief. Diese große, laute, aufregende Familie war ein Kontrast zu meiner kleinen, ruhigen Familie in Peking. Als ich klein war, fremdelte ich nach der Ankunft immer eine Weile. Aber bald taute ich auf und spielte vergnügt mit ihnen. Sie zeigten mir ihre Kaninchen und die Ferkel und holten, obwohl es verboten war, heimlich eingemachte Datteln aus dem Fass, damit ich sie kosten konnte. Meine Cousinen und Cousins betrachteten mich als einen besonderen Gast. Für sie war ich eine Prinzessin aus Peking. Es war für sie selbstverständlich, mich zu bevorzugen. Die üblichen Regeln galten also nicht für mich.

Das mittlere Zimmer des Hauptwohnhauses war die Küche, in der auf einem Steinherd gekocht wurde. Hier stand auch der Gebetstisch mit der Buddhastatue und dem Weihrauchfass. Das westliche Zimmer links von der Küche war das Wohnzimmer der Familie und zugleich das Schlafzimmer für Baoding-Großmutter und ihre sechs Enkel. Sie schliefen alle auf dem großen Kang, der zwei Drittel des Raumes einnahm. Der Kang war eine aus Ziegeln gemauerte und durch die Wand hindurch unten mit dem Herd verbundene Schlafbank, sodass er gut beheizt war, wenn draußen gekocht wurde. Tagsüber wurden die Bettdecken und Unterlagen zusammengelegt und in einer Ecke des Kangs ordentlich aufgestapelt. Auf dem Kang lag dann nur eine aus Stroh geflochtene Matte. In die Mitte des Kangs stellte man einen kleinen, viereckigen, niedrigen Tisch, an dem gegessen wurde. Im östlichen Zimmer rechts von der Küche schlief Tante mit den beiden Mädchen. Wenn mein Onkel nach Hause kam, schlief auch er dort. Während des Frühlingsfestes war es anders. Die sechs Jungs schliefen ganz einfach nicht. Sollte einer zu müde werden, machte er ein Nickerchen im Zimmer der Tante. Der Kang in Baoding-Großmutters Zimmer war für meinen Vater, meinen Onkel, meine beiden Cousinen und mich bestimmt. Manchmal durfte der jüngste Sohn auch hier neben seinem Vater schlafen. Denn er war Papas Liebling.

Sowohl das Aussehen als auch die Charaktere meiner sechs Cousins unterschieden sich enorm. Der Älteste war ernst, bedacht und resolut. Solange der Vater nicht zu Hause war, übernahm er die Rolle des Familienoberhauptes. Über wichtige Angelegenheiten beriet sich Baoding-Tante immer mit ihm, ehe sie eine Entscheidung traf. Der Zweite war mit seinen strahlenden, großen Augen und dichten Augenbrauen der hübscheste. Als er klein war, hatte ihn Baoding-Großmutter einmal zu Besuch bei meinen Eltern nach Nanking mitgenommen. Da er so gescheit war und so gut aussah, wurde er von einem Regisseur des Ensembles entdeckt und für eine Kinderrolle in einem Stück besetzt. So durfte er mit dem Ensemble auf Tournee gehen und hatte viele Städte gesehen. Aus diesem Grund fühlte er sich als einer, der die Welt gesehen hatte, und war ein bisschen eingebildet und hochnäsig gegenüber seinen Brüdern. Der Dritte war wortkarg, dafür sehr fleißig und arbeitsam und half der Mutter bei allen groben Arbeiten im Haushalt. Tante schätzte ihn besonders. Der Vierte war eigenwillig, hartnäckig, beinah dickköpfig. Baoding-Tante nannte ihn deshalb scherzhaft »Granitkopf«. Der Fünfte war eine »Bremse«. Er war langsam, geduldig, aber sehr humorvoll und fürsorglich. Er war der Spaßmacher für Großmutter. Er konnte unendlich viele Witze erzählen und Baoding-Großmutter jeden Tag zum Lachen bringen. Er durfte als Einziger sogar ab und zu Großmutter frisieren. Sein Spitzname war Li Lianying. Das war der Name des berühmten Obereunuchen der Kaiserinwitwe Cixi, der, wenn er seine Herrin frisierte, die ausgefallenen Haare geschickt in seinem Ärmel versteckte. Der Sechste war ein aufgeweckter, flinker Lausbub, der gerne Leuten Streiche spielte. Das ältere der beiden Mädchen war ruhig, umsichtig und hilfsbreit, und sie war die rechte Hand der Mutter. Das jüngere wusste, dass sie als jüngstes Kind und die hübschere der beiden Schwestern der Liebling der Familie war und deshalb sich von allen verwöhnen lassen konnte.

Das Abendmahl am Silvesterabend war das üppigste Festessen

im ganzen Jahr. Der kleine Tisch auf dem Kang bot kaum Platz für die vielen Köstlichkeiten. Die meisten Gerichte wurden mit Schweinefleisch zubereitet: Außer Gulasch, dem mit Klebreis und wilden Kräutern gefüllten Schweinebauch und dem Fleischsalat mit Knoblauch gab es noch Fleischklöße, süßsaure Rippchen, Fleisch mit breiten Glasnudeln, Fleisch mit Chinakohl usw. Einige kalte Gerichte dienten als Vorspeise, zu denen Vater und Onkel Schnaps tranken. Mein Lieblingsgericht war der Fleischsalat. Es handelte sich um von den Röhrenknochen gelöstes, mageres Fleisch, das man in einer Mischung aus Sojasoße, Essig, Knoblauch und Koriander marinierte. Um den kleinen, quadratischen Tisch auf dem Kang konnten unmöglich dreizehn Personen Platz finden. Deswegen saßen Baoding-Tante und die sechs Jungs, die Schale in der Hand haltend, unten auf den Hockern, während wir drei Mädchen mit Großmutter, Vater und Onkel am Tisch sitzen durften.

Mein Baoding-Onkel war die absolute Autorität in der Familie. Alle Kinder hatten Respekt und Ehrfurcht vor ihm. Wer die Mutter einmal geärgert hatte, der hatte etwas zu fürchten, wenn der Vater nach Hause kam. Er wurde dann vom Vater zurechtgewiesen, musste seinen Fehler gestehen und sich bei der Mutter entschuldigen. Aber am Silvesterabend brauchte keiner Angst zu haben. Da wurde nicht geschimpft. Nach drei Schälchen Schnaps wurde mein Onkel redefreudig. Er fing an, den Kindern Geschichten über Gespenster und Unsterbliche zu erzählen, dass es nur so spukte und geisterte.

Mein Vater trank normalerweise nie Alkohol. Denn schon nach wenigen Tropfen bekam er einen roten Kopf. Beim Frühlingsfest machte er eine Ausnahme. Da trank er mit seinem Bruder ein Schälchen nach dem anderen, bis er betrunken wurde. Wenn er angetrunken war, erzählte er im Baoding-Dialekt Witze. Die klangen so lustig, dass wir Kinder vor Lachen Bauchschmerzen kriegten. Zu Hause in Peking erlebte ich meinen Vater nie so ausgelassen und hörte ihn auch nie Witze erzählen.

Deswegen empfand ich meinen Vater beim Frühlingsfest in seiner Heimat als viel netter, lebendiger und liebenswürdiger. Es entstand für diese zwei, drei Tage immer eine besondere Nähe. Nach dem Abendessen setzte sich die ganze Familie auf den Kang und fing an, gemeinsam Jiaozi zu kneten, während alle sich lebhaft unterhielten, Sonnenblumenkerne und Erdnüsse knabberten und Rätsel lösten, die irgendeiner irgendwo gehört hatte und jetzt in der Runde wiedergab. Ab 22 Uhr durfte nicht mehr laut geredet werden, weil man sonst die Ankunft der Unsterblichen auf der Erde stören könnte. Wenn draußen irgendein Geräusch zu vernehmen war, hielten alle inne und spitzten die Ohren. Denn es könnten die zurückkehrenden Unsterblichen sein, die über Wolken schwebten und durch Nebel flogen. Während des Frühlingsfestes legte Tante Sesamhalme auf den Boden vor dem Gebetstisch. Wenn man beim Vorbeigehen darauf trat, machte es ein knackendes Geräusch, das die Bedeutung hatte: alle Jahre Frieden und Glück. Mein sechster Cousin pflegte in einem günstigen Moment hinauszuschleichen und ein paarmal auf die Halme zu stampfen. Dann kam er zurück und fragte, ob wir Geräusche gehört hätten, das sei bestimmt der Herdgott, der zurückgekehrt sei.

Kurz vor Mitternacht erinnerte Baoding-Tante die Kinder daran, auf die Toilette zu gehen. Denn nach Mitternacht durfte man kein Geschäft mehr verrichten, weder ein großes noch ein kleines, weil man sonst die Unsterblichen beleidigen und verärgern würde. Das könnte Unglück oder gar Katastrophen für das neue Jahr bringen.

Wenn die alte Pendeluhr auf der Kommode endlich zwölfmal schlug, rannten meine sechs Cousins aufgeregt nach draußen und zündeten Feuerwerk und Böller an. Die bunten Feuerwerksraketen flogen zischend in den Nachthimmel, als ob sie den Göttern dort oben zum Neujahr gratulieren wollten. Die Doppelkracher, die mein ältester Cousin anzündete, ließen die kalte Nachtluft zittern und vertrieben böse Geister. Dazwischen krachten die Knallfrösche, die mein fünfter Cousin am Ende einer Bambusstange befestigt hatte, wie das fröhliche Lachen Tausender Kinder. Die ganze Straße, die ganze Stadt verwandelte sich in eine bunte, krachende, rauchende Welt. Das Krachen des Feuerwerks dauerte bis zur Morgendämmerung an und setzte sich am Neujahrstag noch den ganzen Tag fort. Als ich klein war, hatte ich Angst vor Böllern. Deshalb kauerte ich auf dem Kang, drückte mir mit den Fingern die Ohren fest zu und schaute durchs Fenster. Später wagte auch ich, die Knallfrösche anzuzünden, aber nie die Doppelkracher.

Nachdem die Kinder alle Kracher und Böller in die Luft gejagt hatten, gingen sie ins Zimmer zurück, knieten sich vor dem Buddha nieder und huldigten ihm. Anschließend machten sie hintereinander vor der Großmutter, vor ihren Eltern und vor meinem Vater drei tiefe Verbeugungen, den klassischen Kotau. Dieses Ritual sollte Respekt, Dankbarkeit und Ehrfurcht zum Ausdruck bringen. Dann erhielt jeder ein aus rotem Papier gefaltetes Tütchen mit ein bisschen Geld darin als Neujahrsgeschenk. Auch diese Regel galt nicht für mich. Denn ich genierte mich, Kotaus zu machen. Ich bekam rote Tütchen ohne Kotaus.

Wir drei Mädchen konnten gewöhnlich nicht die ganze Nacht durchwachen und schliefen meistens im Krach des Feuerwerks ein.

Vor der Morgendämmerung fing Baoding-Tante an, die erste Runde Jiaozi zu kochen. Traditionsgemäß durften bei dieser ersten Mahlzeit des Neujahrs nur vegetarische Jiaozi gegessen werden, weil alle Götter und Unsterblichen Vegetarier waren. Um ihnen Respekt zu erweisen, aß man vegetarisch. Erst ab der zweiten Mahlzeit durfte man Jiaozi mit Fleischfüllung zu sich nehmen. Am ersten Neujahrstag sollte man ausschließlich freundliche, Glück verheißende Worte zueinander sagen. Zerbrach jemand aus Versehen eine Schale oder eine Tasse, wurde nicht mit ihm geschimpft, sondern gesagt: »Sui sui ping an«, sinngemäß: »Möge Jahr für Jahr Frieden herrschen«. Denn »sui« bedeutet sowohl »Jahr« als auch »Zerbrechen«.

Am ersten Neujahrstag pflegte man Verwandte zu besuchen und sich gegenseitig ein gutes, glückliches Jahr zu wünschen. Traf man sich auf der Straße, legte man als Gruß die rechte Hand auf die erhobene und geballte linke Hand und sprach gegenseitig die üblichen Glückwünsche aus wie »Großer Reichtum«, »Alles Gute« oder »Viel Glück im Neujahr«. An diesem Tag ging Vater auch mit mir die Verwandten besuchen. Überall bekam ich Erdnüsse, Sonnenblumenkerne und viele rote Papiertütchen mit Geld.

Später, während der Kulturrevolution, fuhr mein Vater anlässlich des Frühlingsfestes nach wie vor mit mir nach Baoding, wenn er zu dem Zeitpunkt gerade in Peking war. Man feierte weiterhin Neujahr, machte nach wie vor Jiaozi am Silvesterabend und zündete nach wie vor um Mitternacht das Feuerwerk an. Was sich allerdings verändert hatte, war, dass der Gebetstisch mit der Buddhastatue und den Räucherstäbchen verschwunden war und dass man die Wände statt mit dem Herdgottbild nun mit Porträts des Vorsitzenden Mao behängte und dass man sich am Neujahrstag statt mit dem Glückwunsch »Großer Reichtum« nun mit »Es lebe Vorsitzender Mao« gegenseitig grüßte. Außerdem fehlten zwei Cousins. Mein zweiter Cousin war zu einem Produktions- und Aufbaukorps in die Innere Mongolei geschickt worden, wo er zehn Jahre lang als Farmarbeiter und Barfußarzt arbeiten und eine Frau aus dem Süden heiraten sollte. Mein dritter Cousin war der Armee beigetreten. Baoding-Tante arbeitete nach wie vor ungemein hart, sorgte nach wie vor liebevoll für die Familie und zauberte, so weit es ging, am Silvesterabend einen Kang-Tisch voll Leckerbissen herbei. Nur im Vergleich zu früher lachte sie jetzt weniger, und ihr Haar war gänzlich grau geworden. Baoding-Großmutter saß nach wie vor den ganzen Tag im Schneidersitz auf dem Kang. Nur ihr Gehör war noch schlechter geworden.

Noch später waren wir Kinder alle erwachsen und überallhin verstreut. 1975 und 1976 sollten mein Vater und ich aus sehr unterschiedlichen Gründen hintereinander Peking verlassen. Danach sind wir leider nie wieder zum Frühlingsfest nach Baoding gefahren.

Mit der Zeit verlor das Frühlingsfest für mich immer mehr an Bedeutung, weil die kindliche Erwartung auf das besondere Fest, die große Freude beim Anziehen neuer Kleidung und beim Erhalten der roten Papiertütchen, die unbändige Aufregung um Mitternacht, wenn die Pendeluhr zum zwölften Mal schlug, sowie die atemberaubende Begeisterung beim Feuerwerkanzünden erloschen waren. All diese Empfindungen waren unwiderruflich verblasst. Die grenzenlose Vorfreude eines Kindes auf das schönste und größte Fest des Jahres hatte sich in den Seufzer einer Erwachsenen verwandelt: »Ach, schon wieder ein Jahr vergangen!«

8. KAPITEL

*Wie der Feuersturm der Großen Proletarischen Kulturrevolution
über unseren Hof fegte, oder warum Xiaohe wegen seines Vaters
und seiner Augenfarbe gedemütigt wurde*

Meine Schule – die Wollgarn-Gasse-Grundschule – befand
sich in einer benachbarten, etwas breiteren Straße, die parallel zur Alte-Türvorhang-Gasse verlief. Von unserer Gasse bis
zur Schule musste ich nur fünf, sechs Minuten laufen. Das war
eine gegen Ende der Qing-Dynastie im Jahr 1903 gegründete,
uralte Schule. Durch das rot lackierte, hölzerne Eingangstor trat
man einer weißen Abschirmungswand entgegen, auf der acht
große, mit roter Farbe gepinselte Schriftzeichen standen: »Lernt
fleißig! Macht jeden Tag Fortschritte!« – ein Spruch des Vorsitzenden Mao, den jedes Kind in China kannte, sobald es lesen
konnte. Der flache, graue Ziegelbau, beherbergte sämtliche
Klassenzimmer und umschloss aufgrund seines verzweigten
Grundrisses diverse Innenhöfe. Der größte Hof diente als Sportplatz, an dessen Rändern zwei Basketballkörbe und einige Recks,
Barren und Tischtennisplatten standen.

Meine Einschulungsfeier im Herbst 1964 fand auf diesem
Sportplatz statt. Dabei sangen wir, ein paar Hundert frischgebackene Schulkinder, im Chor das Lied, das wir bereits im Kindergarten gelernt hatten:

»Wir sind der Nachwuchs des Kommunismus.
Wir setzen die ruhmvolle Tradition unserer revolutionären
    Vorfahren fort.
Wir lieben den Staat und das Volk.
Das rote Halstuch der jungen Pioniere flattert vor der
    Brust.

Wir haben keine Angst vor Schwierigkeiten und Feinden.
Wir lernen fleißig und kämpfen entschieden.
Vorwärts, dem Sieg entgegen!
Wir sind der Nachwuchs des Kommunismus!«

Die hellen, klaren, kindlichen Stimmen aus mehreren Hundert Hälsen hallten machtvoll in dem nicht sehr großen Schulhof wider wie ein über einen Felsen herabfallender, gigantischer Wasserfall.

Nach der Zeremonie gingen wir in unser Klassenzimmer und erhielten unsere neuen Schulbücher. Mein Klassenzimmer befand sich in einem hinteren Innenhof an einer nördlichen Mauer. Die goldene Herbstsonne schien durch die Fenster und warf ihren Strahl auf dreiundfünfzig saubere Tischchen und dreiundfünfzig neugierige Kindergesichter.

Ich liebte Bücher und träumte schon lange von der Schule. Oft hatte ich Lili gebeten, mir von der Schule zu erzählen und mit mir »Schule« zu spielen, sie die »Lehrerin«, ich die »Schülerin«. Nun saß ich wirklich in meiner Schule und hielt meine Schulbücher in der Hand. Vorsichtig strich ich mit der rechten Hand über die Titelseite, auf der »Sprache und Schrift« stand – im Kindergarten hatte ich bereits lesen gelernt. Dann öffnete ich das Buch, steckte meine Nase zwischen die Blätter und atmete tief ein. Ich mochte den Geruch der Bücher, insbesondere den Geruch der frisch gedruckten Bücher, weil sie für mich eine neue, fremde, geheimnisvolle Welt darstellten, die entdeckt werden wollte. Natürlich roch ich auch gern an alten Büchern wie zum Beispiel Lilis Märchenbüchern. Aber die Geschichten darin kannte ich bereits in- und auswendig. Daher waren sie nicht mehr so spannend wie diese neuen.

Hinter dem Lehrerpult stand eine zierliche, junge Lehrerin mit einem rundlichen Gesicht und zwei langen, geflochtenen Zöpfen, die selbst fast noch wie ein Kind wirkte und eine Brille trug, hinter deren dicken Gläsern man ihre Augen kaum erkennen konnte. Sie hielt ein Blatt Papier in der Hand und rief einen Namen nach dem anderen auf. Wer seinen Namen hörte, stand auf und sagte: »Hier!«

Die ersten beiden Schuljahre verliefen unauffällig und friedlich. Wir lernten lesen, schreiben und rechnen, schrieben jedes Schriftzeichen auf bis zu einem Dutzend Seiten. Ich freundete mich mit einem ruhigen Nachbarmädchen namens Xiaorong an, mit dem ich jeden Nachmittag zusammen Hausaufgaben machte und Halma spielte.

Meine Großmutter litt manchmal unter Rückenschmerzen und Magenbeschwerden, die sie dem Beinbruch zuschrieb. Sie meinte, beides habe sie bekommen, weil sie sich nach dem Beinbruch zu wenig bewegt habe. Darum sei der Rücken steif geworden und der Magen zwei Zentimeter länger als bei einem gesunden Menschen. Lilis Mutter versuchte, sie mit Akupunktur zu behandeln. Aber Großmutter hatte offensichtlich Angst vor den Nadeln. Denn jedes Mal bekam sie Schwindelanfälle und Schweißausbrüche, wenn Lilis Mutter die Nadeln in ihre Haut einstach. Es tat mir sehr leid für Großmutter, weil mir bewusst war, dass sie sich meinetwegen das Bein gebrochen hatte. Ich versuchte ihr so gut wie möglich im Haushalt zu helfen.

Meine Eltern waren nach wie vor oft auf Tournee, und so bekam ich sie monatelang nicht zu Gesicht. Zuletzt waren sie jedoch nicht auf einer Tournee, sondern auf dem Land, um dort die sogenannte Vier-Säuberungen-Kampagne[15] durchzuführen. Im Sommer 1965 ging das Ensemble für sieben Monate in die südliche Provinz Hunan. Meine Eltern hatten mir nicht erzählt, was diese Kampagne bedeutete. Mutter berichtete in ihren Briefen lediglich, dass sie allein in einer Produktionsbrigade untergebracht sei und bei einer Bäuerin wohne. Sie arbeite mit den

---

15 Eine politische Kampagne, die von 1962 bis 1965 in den ländlichen Regionen Chinas durchgeführt wurde. »Vier Säuberungen« beziehen sich auf Politik, Wirtschaft, Organisation und Ideologie. Sie war ein Teil der »Sozialistischen Erziehungsbewegung«, die als Vorbereitung auf die Kulturrevolution gesehen wird.

Bauern zusammen auf dem Feld, esse mit ihnen und bringe ihnen lesen und schreiben bei. Mit achtzig Yuan – ihrem Monatsgehalt – habe sie einen Fotoapparat gekauft, um Fotos für die Bauern zu machen. Die Bauern mochten sie sehr, und sie möge die Bauern. Als ich das las, war ich neidisch auf die Bäuerin. So lange hatte Mutter noch nie mit mir zusammen gelebt.

Nach der Rückkehr aus Hunan im Februar 1966 wurde meine Mutter nach langjährigen Prüfungen aufgrund ihrer hervorragenden politischen Führung auf dem Land in die Kommunistische Partei aufgenommen. Mein Vater war bereits drei Jahre zuvor in die Partei aufgenommen worden, weil seine Familienherkunft – eingestuft in die Klasse der »armen Bauern und unteren Mittelbauern« – röter war als die meiner Mutter (»Freiberufler«). Seitdem hatte ich einen Grund mehr, stolz auf meine Eltern zu sein, da ich in Zukunft beim Ausfüllen eines Formulars in der Rubrik »Politischer Status der Eltern« voller Stolz »Parteimitglied« schreiben konnte.

Auch Lilis Mutter musste mit der Arbeitsgruppe der »Vier-Säuberungen-Kampagne« ihres Krankenhauses für drei Monate aufs Land gehen und als Ärztin den Bauern dienen. Wie Lili mir erzählte, habe das Leben auf dem Land ihrer Mutter nicht besonders gefallen. Es sei überall zu schmutzig, das Essen sei zu schlecht gewesen. Lilis Mutter war ja auch eine sehr schöne, zarte Frau mit sehr feinen, weißen Händen.

Wir beiden Mädchen und auch alle anderen Kinder hatten allerdings nicht ahnen können, dass im Sommer 1966 ein gewaltiger Sturm über das ganze Land hinwegfegen würde, wie man es in Chinas Geschichte vorher noch nie erlebt hatte. Ein Sturm, der zehn Jahre andauern und unser Leben von Grund auf verändern sollte. Ein Sturm, dem wir nicht hätten ausweichen können, weil er alle Fasern unserer Existenz durchdringen und unsere gesamte Kindheit und Jugend beeinflussen und beherrschen sollte.

Mitten in der Klausurphase vor den Sommerferien 1966

kündigte die Schule plötzlich an, das Schuljahr vorzeitig zu beenden. Es war der letzte Prüfungstag, an dem die Klausur für Chinesisch geschrieben werden sollte. Unsere kleine Lehrerin mit den langen Zöpfen trat mit einem Stapel Prüfungsblätter ins Klassenzimmer. Schweigend betrachtete sie uns durch ihre dicken Gläser eine ganze Weile. Dann sprach sie mit einer ernsten, leicht zitternden Stimme: »Die Klausur fällt aus. Ab heute beginnen die Sommerferien, weil wir Lehrer an einer Kampagne teilnehmen müssen. Diese Kampagne heißt ›die Große Proletarische Kulturrevolution‹. Habt ihr mich verstanden?«

»V e r s t a n d e n!«, antworteten wir wie immer im Chor, indem wir jeden Laut in die Länge zogen, um der Antwort Nachdruck zu verleihen. Aber wir blieben auf unserem Platz sitzen und beobachteten die Lehrerin verständnislos. Auf ihrem Gesicht war keine Regung wahrzunehmen. Der Sonnenstrahl spiegelte sich in ihren Brillengläsern, sodass wir ihre Augen nicht deutlich ausmachen konnten. Wir saßen sehr ruhig auf unseren Stühlen und warteten. Auf jedem Tisch lagen ein gut angespitzter Bleistift und ein Radiergummi.

»Ihr könnt nach Hause gehen. Das Klausurblatt könnt ihr mitnehmen und die Aufgaben zu Hause lösen, wenn ihr wollt«, fügte die Lehrerin hinzu.

Wir rührten uns nicht. Erst als wir durch die Fenster sahen, dass die Kinder aus anderen Klassenzimmern hinausströmten, fingen wir an, die Lage zu begreifen und zögernd von unseren Stühlen aufzustehen. Unschlüssig gingen wir an unserer stummen Lehrerin vorbei und verließen das Klassenzimmer, dies zum allerersten Mal in unserem Leben, bevor es läutete. Wir – acht bis neun Jahre alte Kinder – standen verwirrt unter der Sonne wie eine Schar vom Schäfer verlassener Schafe und wussten nicht, wohin. Einige Jungs riefen mit künstlich erhöhter Stimme: »Oh, oh, nach Hause! Oh, oh, schulfrei!«, als ob sie sich selbst eine unfassbare Tatsache bekräftigen wollten.

Bereits seit einiger Zeit waren ungewöhnliche Erscheinungen

in der Schule zu beobachten. Überall tauchten auf großformatigem Papier mit Pinsel geschriebene Plakate auf, die sogenannten Wandzeitungen, deren Inhalte ich noch nicht richtig verstehen konnte. Die Lehrer sprachen plötzlich von Begriffen, die uns fremd vorkamen, wie zum Beispiel »innerparteiliche Machthaber auf dem kapitalistischen Weg«. Auf dem Schulhof und in allen Klassenräumen waren Lautsprecher angebracht worden. Oft musste der Unterricht unterbrochen werden, damit wir aktuelle Nachrichten aus dem Radio per Lautsprecher hörten. Meistens handelte es sich um Leitartikel der *Volkszeitung*. Während die betont ruhige, kraftvolle, metallische Stimme des Sprechers des Zentralen Volksrundfunks in unsere Ohren, unsere Klassenzimmer und unsere Schulhöfe drang, gingen die meisten meiner Schulkameraden ihren Lieblingsbeschäftigungen nach: Figuren kritzeln, Zettel schreiben und an Tischnachbarn weiterleiten, Comics lesen, sodass die Lehrerin hin und her im Klassenzimmer laufen musste, um dies zu unterbinden. Keiner von uns dachte daran, dass das, was im Radio vorgetragen wurde, in irgendeiner Weise mit uns zu tun hätte, geschweige denn, dass wir einfach so in die Ferien geschickt werden würden, ohne alle Klausuren fertig geschrieben und das Schuljahrszeugnis erhalten zu haben.

Aufgedreht und verwirrt verließen wir »schäferlose Schafe« die Schule, ein leeres Klausurblatt in der Hand haltend, liefen in die jeweiligen Gassen zurück und begannen somit unsere längsten, langweiligsten, verwirrendsten, schrecklichsten und für manche Kinder schlimmsten und schmerzlichsten Sommerferien unseres Lebens.

Nicht durch die Leitartikel der *Volkszeitung,* sondern durch die Ereignisse um mich herum, in unserem Wohnhof, in unserer Gasse, in unserer Stadt, bekam ich diese unvermeidliche Revolution zu spüren.

Als Erstes fingen alle Familien in unserem Wohnhof an, Sachen zu verbrennen. Man durchwühlte Schränke, Truhen und

Koffer, suchte nach allem, was alt und schön aussah, und verbrannte es. Was nicht zu verbrennen war, wurde vergraben. Angeblich gehörten diese Sachen zu den »Vier Relikten«[16], also »alten Gebräuchen, alten Gewohnheiten, alter Kultur und altem Gedankengut«. Unter Tränen warf Großmutter ihren Lieblingsqipao ins Feuer. Diesen schwarzen seidenen Qipao hatte ihr mein Onkel geschenkt. Großmutter liebte ihn über alles. Im Sommer trug sie ihn jeden Tag. Wenn er schmutzig wurde, wusch sie ihn am Abend und ließ ihn an der Wäscheleine im Hof trocknen. Am nächsten Morgen zog sie ihn wieder an. Obwohl sie schon über fünfzig war, hatte Großmutter noch eine blendende Figur. In diesem Qipao sah sie besonders schön und schlank aus. Mit der Zeit war die Farbe blasser geworden. Aber das störte sie überhaupt nicht. Sie meinte, dass er heller geworden sei, mache diesen Qipao noch kühler zum Tragen. Bis dahin hatte ich Großmutter noch nie so weinen sehen, nicht einmal beim Tod meines Großvaters. Deshalb konnte ich mir vorstellen, wie traurig sie sein musste. Außerdem dachte ich an meinen Onkel. Wie würde Großmutter es ihm eines Tages erklären? Ich verstand nicht, warum Erwachsene aus Angst Dinge taten, die sie eigentlich nicht tun wollten. Wovor hatten sie Angst?

Die Familie Chen im südlichen Haus hatte viel zu verbrennen, weil sie angeblich früher sehr reich gewesen war und viele alte Sachen besaß. Keiner traute sich, am Tag und im Hof Sachen zu verbrennen, sondern alle taten es heimlich im Haus. Es war mitten im Sommer, man konnte sich gut vorstellen, was für eine Hitze in den Räumen der Alte-Türvorhang-Gasse neun herrschte. Abends sah ich Flammen im südlichen Haus tänzeln und Rauch aus der offenen Tür und den offenen Fenstern steigen und hatte Angst, dass das Haus in Flammen aufgehen würde.

---

16 »Die Vier Relikte«, si jiu, ein Begriff aus der Kulturrevolution. »Zerschlagt die Vier Relikte« war eine von Mao Zedong und Lin Biao initiierte Kampagne zu Anfang der Kulturrevolution, die von den Roten Garden durchgeführt wurde.

Gleichzeitig verschwanden die Haarknoten vom Hinterkopf aller älteren Damen. Ich hätte mir Großmutter ohne Haarknoten nie vorstellen können. Jetzt war er weg. Dafür war sie nicht einmal beim Friseur gewesen, sondern hatte ihn selbst abgeschnitten und in den Müll geworfen. Sie habe Angst, sagte sie leise. Angeblich schnitten Rotgardisten Frauen mit Haarknoten oder langen Haaren die Haare ab, sie machten ihnen sogar eine Glatze, wenn sie ihnen auf der Straße begegneten. Nun trug Großmutter eine kurze Frisur, gerade bis zum Ohrläppchen. Ich konnte mich lange nicht an diese neue Frisur gewöhnen. Bald darauf sollten meine und Lilis lange Zöpfe auch verschwinden. Der Begriff »Revolution« war mir durchaus vertraut. Aber bis jetzt hatte ich ihn mit Helden, mit der Kommunistischen Partei, mit der Befreiung, mit dem neuen China, mit Kriegen und so weiter verbunden. Keinesfalls konnte ich verstehen, was Großmutters Haarknoten mit der Revolution zu tun hätte. Großmutter verstand es genauso wenig.

Sie wusste wie Hunderttausende anderer Chinesen nur eines: Ich muss gehorsam sein.

Nachdem Großmutters Qipao und Haarknoten aus der Welt geschafft worden waren, entdeckte ich, dass die Bibel – das einzige Buch, das Großmutter besaß – auch verschwunden war. Großmutter hatte mir einmal erzählt, viele Leute in ihrer Heimat glaubten an Jesus. Sie beteten nicht nur zu Buddha, sondern auch zu Gott. Das liege daran, dass vor langer Zeit ein Missionar aus Übersee, der Chinesisch sprechen konnte, in ihr Dorf gekommen sei und den Dorfbewohnern von Gott und dem Paradies erzählt habe. Die Leute seien neugierig gewesen. Da sie ihn auch mochten, fingen sie an, an seine Religion zu glauben. Der Schwiegervater meiner Großmutter war ja sogar selbst ein Pfarrer gewesen. Deshalb waren mein Onkel und meine Mutter als Babys getauft worden. In der wenigen Freizeit, über die Großmutter verfügte, las sie jeden Tag mithilfe einer alten Lupe die Tageszeitung. Ich hatte sie eigentlich nie die Bibel lesen sehen. Aber dieses Buch hatte immer da gelegen, in dieser über-füllten, unordentlichen Schublade. Nun war es weg. Stattdessen war ein 10,5 Zentimeter langes, 7,5 Zentimeter breites, rotes Büchlein aufgetaucht, das den Titel trug: *Worte des Vorsitzenden Mao*. Das Nachbarschaftskomitee, das nun das »Nachbar-schaftskomitee der Revolution« hieß, hatte es an alle Familien verteilt. Außerdem erhielt jede Familie ein großes Plakat mit dem Porträt des Vorsitzenden Mao darauf, welches das traditio-nelle Neujahrsbild mit dem auf einem Fisch reitenden dicken Knaben ersetzte. Dieses Neujahrsbild hatten Großmutter und ich vor Jahren auf dem berühmten, traditionellen Tempelmarkt Changdian während des Frühlingsfestes gekauft. Ich mochte es sehr. Aber Großmutter sagte, es gehöre zu den »Vier Relikten« und wir dürften es nicht aufheben. Unter das Plakatporträt des Vorsitzenden Mao klebte Großmutter eine aus gelbem Papier geschnittene Halbkugel und darunter blaue Papierstreifen. Bei-des sollte die aus dem Meer aufgehende Sonne darstellen. Um das Plakat herum wurden außerdem rote, gedrehte Krepppa-pierstreifen angebracht, die den Sonnenstrahl symbolisierten. Das Porträt des Vorsitzenden Mao so zu dekorieren war keine Erfindung meiner Großmutter. Lilis Familie machte es genauso, Xiaohes Familie auch, Familie Zhang im westlichen Ohrzim-mer des nördlichen Hauses ebenfalls. Diese Art Wanddekora-tion hieß »Myriaden von Strahlen«, die auf einmal an der Stirn-wand eines jeden Hauses, einer jeden Wohnung und überall zu sehen war.

Frau Jiang im Vorhof hatte ihre »Myriaden von Strahlen« noch nicht fertig hergerichtet, da wurde ihr Haus schon von den Rotgardisten durchsucht. Angeblich sollte Frau Jiangs schon vor der Befreiung verstorbener Ehemann ein Gutsbesitzer gewesen sein. Und man vermutete, dass Goldbarren unter dem Boden ihres Hauses vergraben lägen. Die Rotgardisten, die eines Abends im Juli 1966 in unseren Hof eindrangen, waren eigentlich eine Schar vierzehn-, fünfzehnjähriger Mittelschüler, einige von ihnen kannte ich, sie waren Brüder oder Schwestern meiner Schulkameraden. Wer hätte gedacht, dass sie über Nacht kleine, brutale Sadisten geworden waren, nur weil sie diese rote Armbinde mit den drei Schriftzeichen »Rotgardist« trugen. Sie schnitten Frau Jiang ihren Haarknoten ab, schoren die Hälfte ihres Kopfes kahl und zwangen sie, sich auf den Boden zu knien. Frau Jiang war eine zierliche ältere Dame mit extrem kleinen Füßen (noch kleiner als die meiner Baoding-Großmutter). Ich schätzte, sie war über sechzig Jahre alt. Sie trug eine Zahnprothese, wodurch ihre Wangen ein wenig eingefallen wirkten. Aber an ihren feinen Gesichtszügen und ihrer zarten Haut konnte man erkennen, dass sie einst eine schöne Frau gewesen war. Sie war stets sehr gepflegt, trug gern Qipao aus teurem Stoff, färbte die Haare pechschwarz, und wenn sie ausging, schminkte sie sich, malte die Lippen rot, besprühte sich mit Parfüm und trug einen seidenen Sonnenschirm. So kannte ich Frau Jiang. Umso erschrockener war ich, als ich sah, wie sie mit halb geschorenem Haupt daknieté und sich von den Rotgardisten als »Stinkendes Weib des Gutsbesitzers« beschimpfen lassen musste. Die Rotgardisten durchwühlten das ganze Haus, brachen die Dielenbretter auf und gruben hie und da. In der Nacht verließen sie das Haus, ohne einen einzigen Goldbarren gefunden zu haben.

Seitdem konnte Frau Jiang nicht mehr mit erhobenem Kopf durch unsere Gasse gehen. Sie wurde von den Kindern als »Stinkende Gutsbesitzerfrau« beschimpft und mit Steinen beworfen. Deshalb ging sie nicht mehr aus dem Haus, wenn es nicht unbedingt sein musste, bis sie eines Tages für immer aus der Alte-Türvorhang-Gasse neun verschwand. Von den Erwachsenen erfuhr ich, dass sie zur Landarbeit in ihre Heimat zurückgeschickt worden war. Ich konnte mir nicht vorstellen, wie sie mit ihren kleinen Füßen auf dem Feld würde arbeiten können. Großmutter seufzte tief und murmelte immer wieder: »Arme Frau! Das Schicksal meint es nicht gut mit ihr. Arme Frau! In diesem hohen Alter noch das …« Im Hof vergaß man sie schnell. Schließlich hatte man andere Sorgen. In ihr Häuschen mit zwei Zimmern zog bald darauf eine neue Familie mit drei Kindern ein.

Unmittelbar nach Frau Jiangs Verschwinden wurden die Eheleute Zhang vom westlichen Ohrzimmer des nördlichen Hauses über Nacht zu Spionen der Kuomintang erklärt. Herrn Zhang wurde ein hoher, spitzer Papierhut aufgesetzt und ein Schild vor die Brust gehängt, auf dem geschrieben stand: »Spion der Kuomintang – Zhang Zhanhong«. Und sein Name »Zhang Zhanhong« wurde extra mit einem roten Kreuz durchgestrichen. Was der hohe Papierhut zu bedeuten hatte und warum der Name durchgekreuzt werden musste, wusste ich nicht. Aber es war so. Man sah überall Menschen mit einem solchen Hut und überall rot durchgekreuzte Namen. Eines war klar, sie waren Feinde des Volkes. Sogar der Name des Staatspräsidenten Liu Shaoqi wurde durchgekreuzt. Er war nun der Feind Nummer eins im ganzen Land. Am Anfang war der Schock groß. Aber allmählich wurde es Alltag, dass jeden Tag neue Feinde entlarvt werden konnten. Herr Zhang wurde mit anderen »Rinderteufeln und Schlangengeistern«[17] durch die Straßen getrieben und anschließend zu einer öffentlichen Kampfkritiksitzung geführt, die scharenweise Schaulustige und auch Kinder heranlockte. Seine Frau musste ihn begleiten und neben ihm auf dem Podest stehen, ebenfalls mit einem Papierhut auf dem Kopf. Auf der Kampfkritiksitzung musste Herr Zhang sein Verbrechen gestehen. Aber er sagte, er sei kein Spion und habe nichts zu gestehen. Daraufhin wurde er getreten und geschlagen, während die anderen Rotgardisten Parolen riefen wie: »Nieder mit dem Spion der Kuomintang Zhang

---

17 »Rinderteufel und Schlangengeister«, Synonym für Volksfeinde. Gemeint sind die nicht zum arbeitenden Volk gehörenden Klassenfeinde wie Kapitalisten, Grundherren, Beamte der Kuomintang, Konterrevolutionäre, Rechtsabweichler usw. In der Kulturrevolution wurde dieser Begriff extrem ausgedehnt. Viele Parteifunktionäre, die von Maos Linie abwichen, wurden als »innerparteiliche Machthaber auf dem kapitalistischen Weg« bezeichnet und somit auch zu »Rinderteufeln und Schlangengeistern« degradiert. Intellektuelle wie Professoren, Lehrer, Schriftsteller und Schauspieler fielen ebenfalls unter diese Kategorie.

Zhanhong!« Alle Teilnehmer der Kampfkritiksitzung mussten mitrufen. Herr und Frau Zhang waren bis dahin ein ruhiges, unauffälliges, kinderloses Ehepaar, das die Nachbarn höflich grüßte, wenn man sich im Hof oder auf der Straße begegnete. Herr Zhang arbeitete als Buchhalter für den berühmten Arzt und Eigentümer aller Häuser der Alte-Türvorhang-Gasse neun, Herrn Shi Jinmo. Nun wurde er auf einmal bekannt. Jedes Kind in der Gasse wusste seinen Namen. Ein Nachbarjunge, dessen Bruder ein Rotgardistenanführer war, erzählte uns beim Versteckspielen, dass Herr Zhang ein Sendegerät besitze und jede Nacht Berichte an die Kuomintang nach Taiwan sende. Dabei machte er die Geste nach, wie man per Funk Informationen schickte, welches wir aus den Antispionfilmen kannten. Er spielte es so gut, dass kein Kind an der Wahrhaftigkeit seiner Erzählung zweifelte. Seitdem schlichen Nachbarskinder nachts oft in unseren Hof, um an der Tür vom Ehepaar Zhang zu lauschen, ob verdächtige Geräusche zu vernehmen waren. Wenn sie nichts hörten, erzeugten sie selbst furchterregenden Lärm oder warfen Steine gegen Tür und Fenster der Zhangs. Aber dieses böse Spiel fand bald ein jähes Ende.

Eines Morgens hörten Großmutter und ich jemanden im Hof schreien: »Gespenster! Gespenster! Etwas Furchtbares ist passiert!« Wir zogen uns schnell an und rannten hinaus. Der Durchgang, der den Innenhof mit dem Hinterhof verband, war voller Menschen. Alle streckten ihre Hälse und versuchten, in das dunkle, östliche Ohrzimmer des nördlichen Hauses zu spähen, das der Familie Shi als Rumpelkammer diente. Diese Kammer war immer dunkel und unheimlich. Abends ging keiner gern hier vorbei. An der Mauer gegenüber der Kammer klebte eine großformatige, mit großer Sorgfalt und schöner Kalligraphie geschriebene Wandzeitung. Ganz oben standen zwei blutrote Schriftzeichen »Testament« und darunter:

»Wir sind keine Verräter und keine Spione. Wir lieben die Kommunistische Partei und das neue China. Wir sind Vorsitzendem Mao treu. Wir sind gute, ehrliche Bürger. Wir haben kein Verbrechen begangen. Wir sind unschuldig. Wir hoffen, dass die Parteiorganisation und das Komitee der Revolution uns postum rehabilitieren. Sonst werden wir selbst nach dem Tod unsere Augen nicht schließen können.

Zhang Zhanhong und Zhang Ying, geborene Dai

29. Juli 1966«

Ich spürte, wie ein eisiger Schauer über meinen Rücken nach oben bis zum Hinterkopf stieg und dann wieder nach unten bis zur Ferse hinunterfloss. Ich stand auf Zehenspitzen und versuchte, über die Schultern der Erwachsenen in die Kammer zu spähen. Aber es war darin zu dunkel, ich konnte nichts sehen, hörte lediglich Leute um mich herum leise miteinander flüstern:

»... erhängt ...«

»... beide ...«

»... wohl in der Nacht ...«

»... schon starr, nichts mehr zu machen ...«

»... grausig, grausig ...«

Ehe ich nach vorne drängeln und die Lage genauer erkunden konnte, packte mich Großmutter am Arm und zerrte mich ins Haus zurück. Sie schloss die Tür von innen ab und zog den Vorhang zu. Dann drückte sie sich mit einer Hand auf die Brust – da wusste ich, dass sie wieder Magenkrämpfe hatte –, und mit der anderen zeigte sie warnend auf mich: »Geh nicht hinaus! Man wird verhext, wenn man die Leiche von Selbstmördern zu Gesicht bekommt. Bleib schön brav zu Hause! Verstanden?«

Ich wollte eigentlich Großmutter anflehen, mich nur kurz hinausgehen zu lassen. Aber als ich sah, wie sie im Gesicht blass wurde und am ganzen Körper zitterte und dass ihr Schweißperlen auf und unter der Nase standen, ließ ich es sein. Den ganzen Tag über verließ Großmutter das Zimmer nicht mehr. Selbst ihre Geschäfte erledigte sie im Nachttopf. Mir blieb auch nichts anderes übrig, als im Zimmer zu hocken und auf die Geräusche von draußen zu horchen und meine Fantasie zu beleben. Ich hörte schwere Schritte, eilige Schritte, chaotische Schritte. Ich hörte Erwachsene mit gedämpfter Stimme reden. Ich hörte Kinder schreien oder merkwürdige Töne von sich geben. Dann sah ich vor meinem geistigen Auge, wie sich Herr Zhang und seine Frau mit einem Messer am Finger ritzten und mit eigenem Blut ihr Testament schrieben, wie sie den Kleister aus Weizenmehl kochten, wie sie in der tiefen Nacht vorsichtig die Tür öffneten und Richtung Hinterhof gingen. Dort klebten sie mit zitternden Händen ihr Testament an die Mauer. Tränenüberströmt holte Herr Zhang zwei Stricke hervor und befestigte sie am Balken der stockfinsteren Kammer – er musste diesen Ort des freiwilligen Sterbens am Tag erkundet haben. Dann half er zuerst seiner zierlichen Frau in die selbst gemachte Schlinge und steckte schließlich selbst den Kopf hinein und stieß den Hocker unter den Füßen um. Fest entschlossen und ohne ein einziges Wort kehrten sie dem Leben den Rücken. Wie verzweifelt müssen sie gewesen sein und wie mutig, als sie diese dunkle Kammer betraten? Warum haben sie den Tod gewählt? Hätte es keinen anderen Ausweg gegeben? Waren sie nun schuldig oder unschuldig? Was ist denn überhaupt ihre Schuld gewesen? Was ist die Wahrheit? Das Letzte, was an jenem Tag vor meinem inneren Auge immer wieder auftauchte, war Herrn Zhangs toter Kopf in der Schlinge mit herausquellenden Augäpfeln, heraushängender Zunge und extrem in die Länge gedehntem Hals ...

Für lange Zeit danach noch traute sich Großmutter nicht, in den Hinterhof zu gehen, um Wasser zu holen, weil man, um dorthin zu gelangen, an der dunklen Kammer vorbeigehen musste. Als das Tongefäß leer wurde, schickte sie mich mit einem Blechtopf Wasser holen, denn der große Eiseneimer war noch zu schwer für mich. Andere Kinder trauten sich auch nicht, in den Hinterhof zu gehen. Die Kinder aus der Gasse vermieden es sogar, in unseren Hof zu kommen und mit uns zu spielen. Aber ich hatte keine Angst. Von klein auf war ich menschenscheu, hatte jedoch keine Angst vor Geistern. Jedes Mal, wenn ich an der dunklen Kammer vorbeiging, blieb ich kurz stehen und schaute prüfend hinein, um festzustellen, ob sich schon wieder jemand darin erhängt hatte. Das Wandzeitungstestament war längst abgerissen worden. Entweder war man beim Abreißen nicht sorgfältig genug, oder die Wandzeitung war zu gut geklebt gewesen, jedenfalls waren noch einige Schriftzeichen zu sehen, die an den Selbstmord des Ehepaars Zhang erinnerten, wie zum Beispiel »unschuldig«, »hoffen« und »Augen nicht schließen« in dem Satz »Sonst werden wir selbst nach dem Tod unsere Augen nicht schließen können«. Erstaunlicherweise sprach keiner mehr darüber. Ihr Haus war von der Polizei versiegelt worden. Man sagte, ihre Leichen seien vom Nachbarschaftskomitee der Revolution ins Krematorium gebracht worden. Denn das Ehepaar Zhang hatte keine Kinder und keine Verwandten.

Sobald es dunkel wurde, riegelte Großmutter die Tür hermetisch ab und tat keinen Schritt mehr nach draußen. Sie war abergläubisch und meinte, in einer mondlosen Nacht kämen die Geister zurück, die Unrecht erlitten hatten, und nähmen Rache. Ich fragte mich, an wem sie sich denn rächen würden. Eines Abends hatte Großmutter vergessen, den Hühnerstall abzuriegeln, und musste mich in der Dunkelheit hinausgehen lassen. Normalerweise fingen wir beide zusammen vor dem Einbruch der Dunkelheit die Hühner ein: Ich scheuchte sie von hinten, Großmutter fing sie. An dem Abend musste ich dies alleine tun. Und das war nicht einfach. Die Hühner liefen wie verrückt gackernd durch den ganzen Hof, und ich jagte hinterher.

Am nächsten Morgen fragte mich Lili: »Hat etwa ein Wiesel gestern Abend eure Hühner geklaut?«

Ich sagte: »Nein, kein Wiesel, es war ein Geist!«

»Wirklich?«, rief Lili mit weit aufgerissenen Augen und vergaß einen Augenblick lang, Luft zu holen. Da ahnte sie noch nicht, dass ein revolutionärer Geist tatsächlich bereits über ihrer Familie schwebte.

Das erschütterndste Ereignis des Sommers 1966 trug sich im nördlichen Haus und im Hof jenseits dieses Hauses zu – bei der Familie des berühmten Arztes Shi Jinmo. Eines Tages wurden die schweren Samtvorhänge im nördlichen Haus zum allgemeinen Erstaunen der Bewohner der Alte-Türvorhang-Gasse neun entfernt. Zum ersten Mal konnte ich durch die Fensterscheiben in das Haus und durch das Haus hindurch in dessen Hof blicken und alles, was dort geschah, beobachten. Der Hof wurde von Rotgardisten besetzt. Das von unserem Hof aus gesehen nördliche Haus, das früher das Wohnzimmer der Familie Shi war, war nun die Kommandostelle der Rotgardisten geworden. In diesem aus drei Zimmern bestehenden Haus schliefen, kochten, aßen, diskutierten die Rotgardisten. Außerdem schrieben sie dort viele Wandzeitungen, führten Verhöre durch und spielten Akkordeon. Familie Shi wurde in das östliche Gemach verbannt. In der Mitte des Hofes wurde eine rote Fahne an einem Mast hochgehisst, darauf stand: »Es leben die Roten Garden!« Im Hof hingen überall Transparente wie »Es lebe Vorsitzender Mao!«, »Es lebe die Proletarische Kulturrevolution!«, »Es lebe der Geist der revolutionären Rebellion!«, »Revolution ist kein Verbrechen, Rebellion ist berechtigt!«, »Das Alte zerstören, das Neue schaffen!«. Mit Wandzeitungen, in denen die Verbrechen des Arztes Shi Jinmo entlarvt wurden, hatten sie beinahe alle Wände und Fenster zugeklebt. Am Anfang der Besetzung war die Lage sehr bedrohlich. Die Rotgardisten ließen den alten, gebrechlichen Herrn Shi stundenlang in brennender Sonne auf dem harten Steinboden des Hofes knien und schlugen ihn mit einem breiten Militärkoppel. Die verwöhnte Tochter des Herrn Shi, die in ihrem Leben noch nie einen Spatenstiel angefasst hatte, wurde gezwungen, Bäume zu pflanzen. Zwei Rotgardistinnen überwachten sie. Wenn sie der Meinung waren, ihr Opfer würde nicht richtig arbeiten, fingen sie an, es mit einem Zweig zu schlagen. Dann schrie Fräulein Shi laut auf. Es hörte sich so haarsträubend an, dass einem ein Schauer über den Rücken lief.

Dann passierte noch etwas, was mein Herz so erstarren ließ wie noch nie zuvor. Eines Tages trugen die Rotgardisten Herrn Shis Bücher in den Hof, warfen sie auf einen riesigen Haufen zusammen und zündeten sie von allen Seiten an. Durch die Fensterscheiben des nördlichen Hauses sah ich, wie die Flammen in der sommerlichen Luft zitternd hochzüngelten und tänzelnd emporstiegen, so unwahr wie ein grotesker Albtraum. Ich hatte noch nie so viele Bücher, schon gar nicht so viele brennende Bücher gesehen. Es waren dicke Bücher, dünne Bücher, alte Bücher, neue Bücher, gebundene Bücher, mit Fäden geheftete Bücher, Taschenbücher, Bücher mit grünem Umschlag, braunem Umschlag, gelbem Umschlag, hellblauem Umschlag oder auch farblosem Umschlag. Kein Mensch kam, um die Bücher zu retten. Ich traute mich auch nicht. Ich hatte Angst. Angst lähmte die Seele. »Ich bin doch noch ein Kind«, dachte ich. Mehr konnte ich nicht denken. Vor Entsetzen erstarrt, stand ich stundenlang hinter der Fensterscheibe des nördlichen Hauses, die Finger am Fenstersims festklammernd. Die Bücher drehten, rollten, wälzten sich in den Flammen, als ob Tausende von Seelen tonlos schreiend einen langen, qualvollen Tod stürben, ehe sie zu schwarzen Blättern wurden und mit dem Wind traurig und entseelt zum Himmel hinantaumelten, um später wie schwarzes Totengeld[18] wieder hinabzufallen, als trauerten sie um ihren eigenen Tod.

Tagelang roch es in unserem Hof nach verbrannten Büchern. Tagelang fiel schwarzer »Schnee« vom Himmel.

Am Abend der Bücherverbrennung gab es einen heftigen Streit zwischen Lilis Vater und Mutter. Zuvor hatte ich noch nie Lilis Eltern streiten gehört. Sie gehörten zu den Menschen, die stets höflich und leise redeten und sich in der Familie auch gegenseitig bedankten. An diesem Abend war Lilis Mutter äußerst

---

18 Totengeld, symbolisches Geld aus Papier, das bei der Beerdigung oder bei Totenfeiern verbrannt wird, damit die Toten im Himmel keine finanzielle Not leiden.

aufgebracht. Beim Abwaschen warf sie absichtlich Töpfe und Schüsseln auf den Tisch und sprach so laut, dass man im Hof alles mithören konnte:»Was ist das nur für eine Revolution?! Wie kann man Bücher verbrennen?!«

Lilis Vater versuchte sie zu besänftigen und sprach mit etwas gedämpfter Stimme:»Bist du verrückt? Weißt du, was du da sagst?«

Daraufhin wurde Lilis Mutter noch wütender:»Du Feigling! Unter diesen Büchern sind auch viele dabei, die von Generation zu Generation überlieferte geheime Familienrezepturen enthalten. Alles verbrannt! Einfach so!«

»Schrei doch nicht so! Willst du deinen Kopf riskieren?«

Der Streit ging später im Schlafzimmer weiter, nämlich in der Kammer jenseits der südlichen Wand unseres Zimmers. Lilis Mutter konnte sich nicht beruhigen, schimpfte und drohte, dass sie sich an das Zentralkomitee wenden werde, sie kenne einige hohe Parteifunktionäre. Daraufhin beschimpfte Lilis Vater sie als Idiot, Dummkopf, selbstgefällige Idealistin, sie sei lebensmüde, riskiere nicht nur ihr eigenes Leben, sondern setze auch die Sicherheit der ganzen Familie aufs Spiel. Sie solle sich da raushalten. Sie stritten in ihrem Sichuan-Dialekt, und das hörte sich für mich besonders heftig an. Da ich von klein auf mit diesem Dialekt vertraut war, konnte ich ihn zu jenem Zeitpunkt schon richtig verstehen. Auf einmal verfielen sie in Schweigen. In der Kammer herrschte plötzlich Totenstille.

Nach der Bücherverbrennung sah man Herrn Shi nicht mehr im Hof knien. Es hieß, er sei krank geworden, schwer krank. Die Rotgardisten hatten nichts Besseres zu tun, als die anderen Familienmitglieder nacheinander zu verhören. Jeden Tag stellten sie die gleichen Fragen wie zum Beispiel, ob Herr Shi vor der Befreiung Kuomintang-Offiziere behandelt habe, welche Funktionäre des Zentralkomitees seit 1949 seine Patienten seien, wie dekadent sie bis jetzt gelebt hätten, und so weiter. Darüber hinaus mussten er und seine Familie gestehen, bürgerliche Parasiten zu sein, die das arbeitende Volk ausbeuteten. Fräulein Shi hatte Angst vor Schlägen, deshalb fing sie, bevor man sie dazu aufforderte, schon an, sich sanft zu ohrfeigen und dabei auszurufen: »Ich bin ein Parasit, ich bin ein Blutsauger, ich bin schuldig, ich verdiene den Tod ...«

Den Rest der Zeit schlugen die Rotgardisten tot, indem sie unter Verwendung aller möglichen Köstlichkeiten der Familie Shi kochten und aßen oder indem sie Akkordeon spielten und revolutionäre Lieder und Tänze für die Agitationsaufführungen probten.

Lili und ich waren erstaunt, wie die Rotgardisten, also Jungen und Mädchen, die nur ein paar Jahre älter waren als wir, Tage und Nächte zusammen verbrachten. Denn bei uns in der Schule sprachen Jungs und Mädchen nie miteinander. Geriet ein Junge zufällig in die Nähe der Mädchen, wurde er ausgelacht. Einerseits hielten wir dieses Phänomen jenseits des nördlichen Hauses für unerhört, skandalös, unmoralisch; andererseits waren wir sehr neugierig.

Diese Sommerferien schienen unendlich lang zu sein. Lili und ich wussten nicht, wie wir den langen Tag verbringen sollten. Schließlich konnte man nicht den ganzen Tag das Würfelspiel mit Sprungbeinen von Schafen spielen, obwohl es gerade sehr in und bei Mädchen äußerst beliebt war. Deshalb stellten wir uns, sobald sich im nördlichen Haus etwas regte, vor das Fenster und beobachteten die Geschehnisse. Im Lauf der Zeit hatten wir viele Lieder der Rotgardisten gelernt. Meine Mutter war sehr erstaunt, als sie mich einmal beim Summen eines Rotgardistenliedes erwischte. Sie meinte, sie habe mich zuvor noch nie singen hören. Es war aber nicht so, dass ich musikalischer geworden wäre. Diese Lieder waren in Wahrheit Ohrwürmer geworden. Sie krochen einfach aus meinem Mund heraus, ohne dass ich es wollte.

Der Sommer 1966 war der schlimmste und auch langweiligste Sommer meiner Kindheit. Früher konnten wir schwimmen gehen oder Ausflüge machen. Aber in diesen Ferien verboten uns

Großmutter und Lilis Eltern auszugehen, weil sie sich vor den Rotgardisten fürchteten. Selbst nachdem eines Tages im Juli alle Zeitungen im Aufmacher mit einem großformatigen Bild berichtet hatten, unser großer Vorsitzender Mao sei mit zweiundsiebzig Jahren zum 17. Mal im Jangtse geschwommen und habe in gut einer Stunde fünfzehn Kilometer zurückgelegt, durften wir nicht schwimmen gehen. Dieses Foto zeigte den Vorsitzenden Mao in einem weißen Bademantel auf einem Boot, der den vorbei schwimmenden Massen zuwinkte. Unmittelbar danach fanden überall im ganzen Land Massenschwimmveranstaltungen statt. Von Norden bis Süden, von Osten bis Westen, wo immer es einen Fluss gab, er wurde von Massen überquert. In den Zeitungen stand dann die Schlagzeile: Die revolutionären Massen folgten dem Vorsitzenden Mao durch Wind und Wogen. Nur wir durften nicht schwimmen gehen. Wir bettelten und bettelten, aber die Erwachsenen ließen nicht locker. So blieb Lili und mir nichts anderes übrig, als vor dem Fenster des nördlichen Hauses zu stehen und weiterhin die Rotgardisten zu beobachten.

Was wir Kinder und viele, viele Erwachsene nicht wussten, war, dass Mao Zedong durch diese Aktion seine Kraft und Entschlossenheit zum Kampf demonstrieren wollte. Nur zwei Wochen später, Anfang August 1966, wurde in allen Zeitungen ein Brief von Mao Zedong an die Roten Garden des Gymnasiums der Tsinghua-Universität veröffentlicht, in dem er seine »enthusiastische Unterstützung« gegenüber den Rotgardisten aussprach und die revolutionäre Rebellion in den höchsten Tönen lobte. Wenige Tage später schrieb er auf dem 11. Plenum des Zentralkomitees selbst eine Wandzeitung mit dem Titel *Das bürgerliche Hauptquartier bombardieren*, in dem er sich direkt gegen den Staatspräsidenten Liu Shaoqi und Vizepräsidenten Deng Xiaoping wandte. Und am 18. August 1966 empfing Vorsitzender Mao zum ersten Mal auf dem Platz des Himmlischen Friedens Rotgardisten aus dem ganzen Land und ließ sich von einer

Rotgardistin eine rote Armbinde mit den Schriftzeichen »Rote Garde« feierlich an seinem Arm festmachen.

Seitdem war das Feuer der Kulturrevolution in vollem Maß entfacht und die Bewegung der Roten Garden legitimiert worden. Am Anfang sollten angeblich nur Häuser oder Wohnungen der Konterrevolutionäre und Klassenfeinde durchsucht werden. Nun wurden auch Professoren, Lehrer, Schriftsteller, prominente Schauspieler, Nonnen, Pfarrer, Mönche, Kleinbürger wie Händler zu »Rinderteufeln und Schlangengeistern« erklärt; sie wurden gefoltert, öffentlich gedemütigt und verurteilt. Unzählige Häuser wurden durchsucht, privates Eigentum und persönliche Gegenstände konfisziert; Denkmäler, wertvolle Kunstgegenstände, traditionelle Geschäfte, Kirchen und Tempel wurden zerstört; alte Straßennamen wurden durch revolutionäre Namen ersetzt. Jeden Tag hörte man, welche Parteifunktionäre wieder als »innerparteiliche Machthaber auf dem kapitalistischen Weg« niedergeschlagen und welche berühmten Schauspieler als Konterrevolutionäre entlarvt worden waren oder welche Schriftsteller oder Professoren wieder Selbstmord begangen hatten. Die Rektorin einer Mädchenschule wurde am 5. August von ihren Schülerinnen zu Tode geprügelt (heute weiß ich, dass sie, als eines der vielen Millionen Opfer der Kulturrevolution, die erste Rektorin war, die durch Gewalt der Schüler starb). Es herrschte der »Rote Terror«.

Dieser August – der August 1966 –, in dem ich gerade neun Jahre geworden war, ging als »Blutiger August« in die Geschichte ein.

Auch die normalen Bürger hatten Angst vor den Rotgardisten. Die Bewohner in der Alte-Türvorhang-Gasse waren äußerst vorsichtig und passten gut auf, kein falsches Wort zu sagen und keine falsche Tat zu begehen. Frauen und Mädchen hatten alle ihre Haare kurz geschnitten. Männer trugen keine Hosen mehr, deren Beine enger als fünf Zentimeter waren. Diejenigen Familien, deren Häuser oder Wohnungen noch nicht von den Rotgardisten durchsucht worden waren, hatten sie bereits selbst vom Dach bis unter den Boden durchsucht. Alle Gegenstände, die an alte Zeiten erinnerten, waren beseitigt worden, und Wertsachen, falls eine Familie überhaupt welche besaß, waren entweder in die Senkgrube oder in den Stadtgraben geworfen worden. Tagebücher, persönliche Briefe oder Notizen waren längst verbrannt worden. Alle lebten in großer Furcht.

Im Herbst, als die Zieräpfel im Garten des Hinterhofs reif wurden, erzählte man in unserem Wohnhof, dass Herr Shi lebensbedrohlich erkrankt sei. Alle Nachbarn waren sehr besorgt. Eines Nachts kam ein Lastwagen. Die Angehörigen der Familie Shi wurden unter Polizeischutz abgeholt und in Sicherheit gebracht. Später hörte ich Erwachsene erzählen, Premierminister Zhou Enlai sei es gewesen, der den Befehl erteilt haben soll, Shi Jinmo, einen der besten Ärzte der Traditionellen Chinesischen Medizin, und seine Familie zu retten. Lilis Mutter soll die Nachricht über Herrn Shis Lage haben durchsickern lassen.

Die Rotgardisten hielten sich nach dem Auszug der Familie Shi weiter in diesem Hof auf. Tagsüber begaben sie sich auf Aktionen: Häuser durchsuchen, Kampfkritiksitzungen organisieren, Konterrevolutionäre entlarven und bekämpfen, die »Vier Relikte« zerstören. Angeblich wurden viele alte Ehrenbögen, Tempel und namhafte traditionelle Geschäfte in der berühmten Einkaufsstraße Dashanlan von ihnen zerschlagen. Abends kamen sie zurück, schrieben Wandzeitungen und Transparente und führten hitzige Debatten. Ich war erstaunt, wie selbstständig und frei sie waren, obwohl sie gerade mal fünfzehn, sechzehn Jahre alt waren. Sie durften ohne Aufsicht der Erwachsenen alles tun und lassen, was sie wollten.

Nicht lange nach der Rettung der Familie Shi wurde auch Lilis Familie vom Roten Terror heimgesucht. Man wusste nicht genau, ob es damit zusammenhing, dass Lilis Mutter dem Gerücht zufolge bei der Rettung des Herrn Shi mitgewirkt haben soll, oder nur, weil sie eine Schülerin von Herrn Shi war. Jedenfalls wurde sie vom Krankenhaus, in dem sie arbeitete, suspendiert. Sie stand unter Hausarrest und musste Geständnisse und Selbstkritiken schreiben. Fenster und Türen von Lilis Familie wurden mit Wandzeitungen vollbeklebt, in denen Lilis Mutter als »ergebener Nachwuchs der Bourgeoisie« beschimpft und ihr dekadenter Lebensstil kritisiert wurde. Sogar, dass sie eine Wäscherin beschäftigte und ihre Familie gern Muscheln aß, wurde zum Verbrechen erklärt. Lilis Großvater war über Nacht ein »historischer Konterrevolutionär« und »Spion der Kuomintang« geworden. Als Strafe musste er jeden Morgen um vier Uhr aufstehen und die Straßen kehren. In dieser Zeit war unsere Gasse sauberer denn je, weil jeden Morgen mehrere »Rinderteufel und Schlangengeister« wie Lilis Großvater sie mit größter Sorgfalt fegten. Dabei mussten sie ein Schild vor der Brust tragen, auf dem ihr durchgekreuzter Name und ihr Verbrechen geschrieben standen.

Das Unfassbarste war, dass Lilis Vater unter Druck und Drohung der Rebellen eine von anderen Leuten verfasste, gegen seine Frau gerichtete Wandzeitung abschrieb und an die Wand im Hof klebte. Außerdem wurde er gezwungen, eine Erklärung zu schreiben, in der er schwor, eine klare Trennlinie zwischen seiner Frau und sich zu ziehen. Diese Erklärung setzte er auch in die Tat um, indem er allein in die Kammer neben unserem Zimmer einzog. Lilis Eltern lebten seitdem getrennt. Lilis Familie konnte nie wieder mit erhobenem Haupt ein und aus gehen und begrüßte die Nachbarn auch nicht mehr. Und die Nachbarn taten so, als ob sie diese Familie nie gekannt hätten. Lili, meine beste Freundin in der Kindheit, kam nur noch sehr selten zu mir.

Eines Nachts stürmte eine andere Gruppe von Rotgardisten in unseren Nachbarhof hinein und schlug sich mit den hier stationierten Rotgardisten. Ihre Waffen waren Koppel und Stöcke. Das war das erste Mal, dass ich Rotgardisten gegen Rotgardisten

kämpfen sah. Da »unsere« Rotgardisten im Schlaf überrascht
wurden, erlitten sie eine schwere Niederlage. Viele von ihnen
wurden verletzt und ins Krankenhaus gebracht. Und ihre Kommandostelle galt als zerschlagen. Die Sieger besetzten seitdem
diesen Hof und richteten ihre Kommandostelle hier ein.

Die neuen Rotgardisten schienen nicht so überheblich und
gewalttätig zu sein. Sie sangen nicht und führten keine lauten,
hitzigen Diskussionen. Sie gingen meistens nachts hinaus. Ihre
Aktionen schienen geheim zu sein. Man erkannte sie daran, dass
sie das gleiche äußere Erscheinungsbild aufwiesen: Mädchen wie
Jungen trugen grüne Militäruniformen mit einem breiten Koppel und schwarze Stoffschuhe mit Gummizügen am Fußrücken,
die sogenannten Schuhe der Faulenzer. Am linken Arm trugen
sie eine sehr breite rote Armbinde mit den drei schwarzen Schriftzeichen für »Rotgardist«. Mädchen hatten einheitlich eine »Bors-
tenfrisur«. Das hieß, sie banden die kurzen Haare mit zwei Gummiringen zu zwei wie Borsten aussehenden Bündeln hinter den
Ohren zusammen. Angeblich erkannten sich ihre Mitglieder an
diesem einheitlichen Erscheinungsbild. Später erfuhr ich, dass
diese Rotgardisten die berühmten »Liandong«-Rotgardisten
seien, die Erzfeinde der vertriebenen »Sansi«-Rotgardisten.
»Sansi« bedeutet »das dritte Kommando« und war eine im September 1966 gegründete Rotgardistenvereinigung der Hochschulen und Universitäten Pekings, deren Kampf sich gegen alle
Parteiorgane und -kader richtete. Ihre Mitglieder waren anfangs
eine rebellische Minderheit in den Schulen und Hochschulen
und kamen aus verschiedenen sozialen Schichten. Da die Zentrale Führungsgruppe der Kulturrevolution »Sansi« unterstützte,
traten immer mehr Rotgardistenorganisationen dieser Vereinigung bei. »Liandong« – die Abkürzung für das am 5. Dezember
1966 in Peking gegründete »Komitee der gemeinsamen Aktionen
der Rotgardisten der Hauptstadt« – war eine Fortführung des
im August gegründeten ersten Kommandos der Rotgardisten
Pekings. Seine Mitglieder bestanden ausschließlich aus Kindern

hoher Funktionäre und Generäle. Sie wurden »Loyalisten« genannt. Ihr Ziel war, die alten und verdienstvollen Kader zu verteidigen. Der Kampf zwischen diesen beiden Organisationen war hart.

Nachdem »Liandong« unseren Nachbarhof besetzt hatte, wurde das Leben in unserem Hof etwas ruhiger. »Sansi« hatte zweimal versucht, einen Gegenangriff zu starten. Aber es war ihnen nicht gelungen, »Liandongs« Stützpunkt zu stürmen. Die »Liandong«-Rotgardisten schienen Lili und mir reifer und stärker zu sein. Sie waren uns sogar ein bisschen sympathisch.

Bald hatten wir uns mit einem Mädchen namens Beibei angefreundet. Beibei war fünfzehn Jahre alt. Sie trug zwar wie alle anderen auch eine viel zu große grüne Militäruniform, sah aber meiner Meinung nach wie das schöne Schneewittchen aus. Sie hatte große, leuchtende Augen, schneeweiße Haut, eine hübsche Nase und rosarote Lippen. Was ich besonders an ihr mochte, war, dass sie sehr gut Akkordeon spielen konnte. Wenn sie Zeit hatte, saß sie allein in dem mittleren großen, leeren Zimmer des nördlichen Hauses und spielte auf ihrem Instrument schöne Melodien, die ich noch nie gehört hatte. Sobald ihr Akkordeon ertönte, rannten Lili und ich, ohne vorherige Absprache, gleichzeitig dorthin auf die Treppe und schauten ihr durch die Fensterscheibe zu. Manchmal spielte sie auch traurig klingende Melodien. Da schloss sie ihre Augen, presste die Lippen fest zusammen und bewegte den Kopf sanft mit dem Instrument. Einmal glaubte ich, Tränen auf ihren Wangen zu sehen. Eines Tages ließ sie die Tür öffnen, die zu unserem Hof führte (diese Tür war bis jetzt noch nie aufgemacht worden), und lud uns ins Zimmer ein. Sie unterhielt sich mit uns und zeigte uns, wie man Akkordeon spielt. Sie sagte, dieses Akkordeon sei der einzige Gegenstand, den sie vor der Hausdurchsuchung gerettet habe. Ihre Eltern, beide hohe Offiziere beim Heer, seien ins Gefängnis geworfen worden. Aber sie glaube fest daran, dass sie keine Konterrevolutionäre seien. Seitdem kamen wir oft zu Beibei und brachten ihr

Essen mit, wenn es bei uns zu Hause etwas Leckeres gab. Beibei versuchte ihrerseits, uns das Akkordeonspielen beizubringen. Wir plauderten über dieses und jenes. Aber über die Angelegenheiten der Rotgardisten sprach sie nie. Organisationsgeheimnisse, meinte sie. Wir stellten fest, dass die anderen Rotgardisten auf sie hörten, selbst die großen Jungs gehorchten ihr.

Dann passierte etwas mit Beibei, was Lili und mich zutiefst schockierte und verwirrte. An einem kalten, sonnigen Tag im Januar 1967 kam eine Gruppe bewaffneter Polizisten durch unseren Hof in das nördliche Haus und verhaftete Beibei. Sie legten ihr sogar Handschellen an. Aber Beibei war kein Hauch von Furcht oder Bestürzung anzumerken, als ob sie schon längst damit gerechnet und sich darauf vorbereitet hätte. Sie strich mit einer Hand sanft über ihr Akkordeon, als nähme sie von ihm Abschied. Dann wandte sie sich uns zu, die wir mit aufgerissenen Augen hinter dem Fenster diese Szene beobachteten, hob ihre in den Handschellen gefesselten Hände und winkte lächelnd zu uns herüber. Danach ging sie mit hoch erhobenem Kopf hinaus. Ich war fassungslos. Ich konnte mir nicht vorstellen, dass ein so schönes, liebes, kluges und junges Mädchen wie Beibei ein böser Mensch sein sollte. Die anderen Rotgardisten wurden nach Hause geschickt, und der Hof von Herrn Shi wurde geräumt. Später erfuhr ich von den Erwachsenen, dass »Liandong« eine konterrevolutionäre Organisation sei und verboten werde.

Paradoxerweise waren diese Rotgardisten, die am Anfang das Feuer der Revolution entfacht hatten, nun selbst der Revolution zum Opfer gefallen. Das waren diejenigen, die, die Parole »Ist der Vater ein Held, ist der Sohn ein ganzer Mann; ist der Vater reaktionär, ist der Sohn ein Bastard« rufend, zuschlugen, der Zentralen Führungsgruppe der Kulturrevolution als »Eiserne Faust« dienten und alle »Rinderteufel und Schlangengeister« zu vernichten versuchten. Nun wurden ihre Väter, die allesamt hohe Kader waren, als »innerparteiliche Machthaber auf dem kapitalistischen Weg« niedergeschlagen, und sie selbst wurden zu

»Bastarden« erklärt. Sie fielen sozusagen in die eigene Falle: Figuren in einem Schachspiel, die nun geopfert wurden. Eine Revolution ist in der Tat »kein Gastmahl, kein Aufsatzschreiben, kein Bildermalen oder Deckchensticken«, wie es der Vorsitzende Mao ausdrückte. Sie ist eine grausame Gewalttat. Aber zu dieser Einsicht sollte ich erst viele Jahre später kommen.

Einige Zeit später zog eine Schar Familienangehöriger von Offizieren des Heeres in diesen Hof ein. Die Tür des nördlichen Hauses wurde wieder zugesperrt, und die Fensterscheiben wurden wieder mit Vorhängen blickdicht gemacht. Seitdem hatte ich weder Zugang noch Verbindung zu diesem Hof mehr.

Was keiner von uns geahnt hatte, war, dass die Ruhe in unserem Hof dadurch noch längst nicht eingekehrt war.

Die Tage ohne Schule nahmen kein Ende. Großmutter musste jeden Tag zum Nachbarschaftskomitee gehen, um an der politischen Schulung teilzunehmen. Dies bedeutete, entweder die Leitartikel der *Volkszeitung* gemeinsam zu lesen oder sich irgendwelche neuen Mitteilungen oder Reden der Zentralen Führungsgruppe der Kulturrevolution anzuhören. Wenn mir absolut nichts einfiel, was ich allein zu Hause tun könnte, ging ich mit Großmutter zur politischen Schulung. Manchmal spielte ich mit meiner Bonbonpapiersammlung. Das war eine der selbst erfundenen Vergnügungen der Mädchen in jenen Jahren, in denen es keine Spielsachen, keine Puppen, keine Bücher außer den Werken von Marx, Engels, Lenin, Stalin und Mao Zedong gab. Während Jungen auf Zigarettenschachtelpapiere aus waren, sammelten Mädchen Bonbonpapiere. Diese bunten Bonbonverpackungen aus Zellophan legten wir in unsere nicht mehr benutzten Schulbücher, damit sie glatt wurden. Dann tauschte man sie mit Freundinnen gegen die, die man selber nicht hatte. Außerdem konnte man mit ihnen schöne Figuren falten. Was ich am besten falten konnte, war eine Art europäischer Damen des 18., 19. Jahrhunderts mit einem langen, glockenförmigen Rock. Ich weiß heute nicht mehr, woher ich diese Mode kannte. Jedenfalls sahen diese Figuren für mich so lebendig aus, als ob sie tanzten.

Manchmal, wenn ich die Langeweile nicht mehr aushielt, fasste ich Mut und ging Xiaohe besuchen, der nun zwei Köpfe größer als ich geworden war und mit mir eigentlich nichts zu tun haben wollte. Der jüngste Sohn der Jüngeren Frau Chen aus dem südlichen Haus hatte sich jetzt zum attraktiven, aber schüchternen Jungen mit hellbraunen Härchen unter der Nase gemausert. Ich himmelte ihn heimlich an und war eifersüchtig, wenn Lili ihn besuchte. Xiaohe war meistens sehr beschäftigt und selten zu Hause. Als ich an einem Tag im Winter 1967 nach Beibeis Verhaftung bei ihm klopfte, war er erstaunlicherweise da und öffnete mir die Tür. Aus der Tür drang dieser stechende, mir vertraute Geruch von brennendem Papier heraus. Ich sah einen großen Haufen Briefe, Papiere und Notizbücher auf dem runden Tisch hinter Xiaohes Rücken liegen. In der eisernen Kehrichtschaufel auf dem Boden brannten Papiere, die sich, bereits schwarz geworden, noch einmal krümmten und wellten, bevor sie zu Asche wurden. Neben der Kehrichtschaufel war ein Stein aus dem Fußboden ausgehoben worden. Xiaohe hielt in der einen Hand eine kleine Schaufel und in der anderen einen dünnen Stapel mithilfe einer Matrize bedrucktes Papier. In seinen blauen, glasklaren Augen verbarg sich eine tiefe, für ein neunjähriges Mädchen noch nicht zu verstehende Trauer. Er sagte leise, aber streng: »Was machst du hier? Es tut mir leid! Ich habe jetzt keine Zeit!« Ohne ein Wort zu sagen, drehte ich mich um und stieg die Treppe der Familie Chen wieder hinab.

Am nächsten Mittag stürmte eine Gruppe Rotgardisten in Xiaohes Alter in unseren Hof, durchsuchte das Haus der Familie Chen und stellte alles auf den Kopf. Ich stand mit pochendem Herzen hinter dem Fenster unseres Zimmers und wurde Zeugin einer Szene, die mich zutiefst verstörte.

Brutal stießen sie Xiaohe aus der Tür, befahlen ihm, sich auf die Treppe vor dem Haus zu stellen, und nahmen ihn ins Verhör. Ein Junge mit einer Rotgardisten-Armbinde wedelte mit einem Stapel Papier vor Xiaohes Gesicht und fragte mit großem Nachdruck: »Warum hast du den Artikel ›Über die soziale Herkunft‹ unter dem Fußboden versteckt?«

Xiaohe schwieg. Daraufhin ohrfeigte der Rotgardist Xiaohe zweimal und sagte: »Dieser Artikel ist reaktionär. Der hetzt die Kinder der ›Rinderteufel und Schlangengeister‹ auf, sich gegen die Partei aufzulehnen! Warum willst du ihn aufbewahren, hm?«

»Es ist ein hervorragend geschriebener, logisch und theoretisch fantastisch argumentierender Artikel. Und er befasst sich mit einem Problem, das Hunderttausende von jungen Chinesen betrifft und den schmerzlichsten Punkt unserer Gesellschaft berührt, nämlich, dass die soziale Herkunft das Leben eines Menschen bestimmt ...«

»Halt den Mund!«, herrschte der Junge Xiaohe an, »der Name des Autors steht zwar nicht darauf. Aber wir wissen, wer das ist: Yu Luoke aus unserer Schule, Abiturjahrgang 60! Stimmt's? Was für ein Verhältnis hast du zu ihm?«

»Ich kenne Yu Luoke nicht«, sagte Xiaohe mit einer ruhigen Stimme.

»Du lügst! Wo hast du dieses mit Matrize vervielfältigte Exemplar her?«

»Von der Straße. Man kriegt ihn überall, auf der Straße, in den Schulen. In unserer Schule hängt er an den Wänden. Hast du ihn nicht gesehen?«

Das stimmt! Es fiel mir ein, dass in der letzten Zeit dieser Artikel überall auftauchte, gedruckt oder handgeschrieben, sogar in den Wandzeitungen auf der Straße war er zu lesen. Außerdem gab es viele Wandzeitungen, die diesen Artikel begrüßten und den Mut des Autors anerkannten. Lilis jüngster Onkel hatte einmal bei seinem Besuch auch ein Exemplar mitgebracht und ganz aufgeregt mit Lilis Eltern darüber diskutiert. Allerdings gab es auch Wandzeitungen, die diesen Artikel kritisierten. Die Rotgardisten in unserem Hof hatten zum Beispiel Wandzeitungen und Transparente geschrieben, die sich gegen diesen Artikel richteten. Das erkannte man auf den ersten Blick. Denn sie strichen den Titel »Über die soziale Herkunft« durch oder schrieben mit übergroßen Schriftzeichen darauf: »Nieder mit dem Giftunkraut ›Über die soziale Herkunft‹!«, »Nieder mit dem Hetzer gegen die proletarische Klassenlinie!« Aber den Namen Yu Luoke hörte ich heute zum ersten Mal. Dass er dieselbe Schule wie Xiaohe besucht hatte, hatte ich natürlich auch nicht gewusst.

»Wer auch immer diesen Artikel geschrieben hat, der ist ein mutiger Mensch«, sprach Xiaohe weiter. »Der wagt es, gegen den Strom zu schwimmen. Ich finde, er ist ein Pionier im Denken, ein wahrer Held, der die Wahrheit sagt, der …«

»Halt den Mund!«, schrie der Junge wieder. »Wer diesen Artikel geschrieben hat, ist ein Konterrevolutionär. Wer ihn liest oder verteidigt, ist reaktionär! Glaubst du, wir wissen nicht, warum du ihn schätzt und aufbewahrst? Dein Vater …«

»Hast du den Artikel gelesen?«, unterbrach Xiaohe den Rotgardisten kühn und ruhig.

»Nein …« Der Junge war ein wenig irritiert.

»Dann kannst du nicht behaupten, dass er konterrevolutionär ist. Lies ihn zuerst, dann können wir darüber diskutieren!«, sagte Xiaohe und schaute seinem Gegenüber überlegen in die Augen. Der Junge fühlte sich offensichtlich bedrängt und schlug Xiaohe erneut mit seiner Faust. Xiaohe, den Kopf mit seinen Armen schützend, schlug nicht zurück, sagte lediglich: »Warum schlägst du mich? Vorsitzender Mao hat gesagt, man solle debattieren, statt Gewalt anzuwenden!«

»Wer debattiert denn schon mit dir! Dein Vater war ein Kapitalist, der Menschen ausbeutete und ihr Blut trank!«

»Mein Vater ist seit zehn Jahren tot …« Xiaohe wehrte sich mit Worten.

»Aber sein Geist ist nicht gestorben, und sein Gift lebt in deinem Blut weiter! Deswegen willst du den Artikel ›Über die soziale Herkunft‹ aufbewahren, um eines Tages eine Restauration durchzuführen und Rache zu nehmen, stimmt's?«

In diesem Augenblick zerrten zwei Rotgardistinnen die Jüngere Frau Chen aus dem Haus und zwangen sie, auf der Treppe niederzuknien. Eine dritte warf ein paar Schmuckstücke und einige Goldbarren vor sie auf den Boden. Xiaohe schrie: »Lasst meine Mutter in Ruhe! Die Sache hat mit ihr nichts zu tun. Sie ist krank!«

»Natürlich hat es mit ihr zu tun! Sie ist die Frau eines Kapitalisten. Wir müssen mit ihr abrechnen, wie viel Menschenblut sie einst gesaugt hat. Schaut her, das hier sind Beweise!«, sagte die dritte Rotgardistin, die ein rundes Gesicht hatte und wie ein Kind wirkte, und zeigte auf die Goldbarren. Inzwischen hatten sich viele Menschen im Hof versammelt, Nachbarn aus unserem Wohnhof und unserer Gasse, sogar aus anderen Gassen. »Die haben wir in den Wänden gefunden.« Dann wandte sie sich Xiaohe zu: »Außerdem wollen wir von ihr und von dir wissen, warum du zwei Mütter hast und warum deine Augenfarbe blau ist.« Sie lachte höhnisch. Andere Mädchen und Jungen mit der roten Armbinde lachten laut mit. »Ha, ha, ha …«

Bis jetzt hatte ich mir noch nie den Gedanken gemacht, warum Xiaohe zwei Mütter hatte. Wie andere Kinder im Hof nannte ich seine jüngere Mutter »Jüngere Frau Chen« und seine ältere Mutter »Ältere Frau Chen«. Ich wusste von Großmutter, dass Xiaohe und sein älterer Bruder von der Jüngeren Frau Chen geboren worden waren. Ich hatte seinen Vater nie gesehen. Angeblich war er früh gestorben. Großmutter hatte mir erzählt, er sei früher Herrn Shis Apotheker gewesen und habe selbst auch eine große Apotheke besessen. Beide Frau Chens seien seine Gattinnen gewesen. Geheiratet hätten sie vor der Befreiung 1949. Heute sei es einem Mann natürlich nicht erlaubt, zwei Frauen zu heiraten. Die Ältere Frau Chen konnte keine Kinder gebären. Sie betrachtete die beiden Kinder der Jüngeren Frau Chen wie ihre eigenen Söhne. Die Ältere Frau Chen litt unter chronischem

Bronchialasthma und hustete Tag und Nacht. Großmutter meinte, das liege daran, dass sie früher Opium geraucht habe. Manchmal konnte sie den zähflüssigen Auswurf nicht ausspucken. Die Jüngere Frau Chen musste den Schleim dann mit einem Apparat heraussaugen. Die Jüngere Frau Chen behandelte die Ältere Frau Chen wie ihre eigene Schwester und sorgte liebevoll und geduldig für sie. Die Ältere Frau Chen tat eigentlich nichts, sie saß den ganzen Tag im Zimmer, rauchte und hustete. Die Jüngere Frau Chen arbeitete in einer Apotheke, nachdem die Apotheke ihrer Familie vom Staat enteignet worden war. Vor der Befreiung sei sie nur Hausherrin gewesen und habe nicht arbeiten müssen, so Großmutter. Heute musste sie neben ihrer Berufsarbeit noch den Haushalt führen, das hieß einkaufen, kochen, nähen, waschen und so weiter, also alles, was Großmutter auch tat. Solange ich mich erinnern konnte, lebten die beiden Frauen mit ihren Söhnen harmonisch zusammen.

Darüber, warum Xiaohes Augen himmelblau waren, hatte ich mich auch nie gewundert. Blätter sind auch nicht alle grün, warum könnten manche Menschen nicht blaue Augen haben?, hatte ich mir immer gedacht.

»Sprich!«, befahl die Rotgardistin. »Sprich! Sprich! Sprich!«, schrien andere mit.

Xiaohe presste seine Lippen fest zusammen und sagte kein Wort. Ein anderer Junge schlug Xiaohe nun mit einem breiten Koppel und traf ihn mit dessen metallener Schnalle auf den Kopf. Xiaohe fiel zu Boden und blutete. Andere Rotgardisten traten ihn mit Füßen. Xiaohe wehrte sich nicht und schwieg wie ein Grab. Das machte die Rotgardisten wütend. Sie schrien ihn an, er solle den Mund aufmachen und sprechen. Xiaohe stand auf und schwieg. Sie schlugen und traten ihn weiter. Er fiel erneut zu Boden …

Vor Entsetzen starr, stand ich wie angewurzelt hinter der Fensterscheibe in unserem Zimmer und schaute zu. Tränen liefen mir über die Wangen wie zwei reißende Bäche. Ein unheimlicher Schmerz ergriff mich, als ob jeder Tritt, jeder Hieb, den sie Xiaohe versetzten, auch meinen Körper und meine Seele träfe. Ich fragte mich, wieso diese Jungen und Mädchen, die gerade fünfzehn oder sechzehn Jahre alt waren und zu Hause vielleicht noch mit Puppen spielten oder Zigarettenschachteln sammelten, so brutal sein konnten, nur weil sie diese rote Armbinde mit den gelben Schriftzeichen »Rote Garde« trugen. Ich hasste mich, dass ich so tatenlos hinter der sicheren Tür stand und heimlich zuschaute, wie der schöne Xiaohe – der heilige Engel meines Herzens – so brutal geschlagen und gedemütigt wurde. Ich spürte, wie mein rasendes Herz in meiner Brust laut schrie und weinte und sich gegen diese Unmenschlichkeit wehrte. Aber mein Körper war wie tot: starr, kalt, stumm.

Einige Rotgardistinnen schubsten grob die Jüngere Frau Chen, schlugen ihr ins Gesicht, auf den Kopf und schrien sie an, sie solle ihr Verbrechen und ihre schmutzige Vergangenheit gestehen. Die Ältere Frau Chen kam zitternd aus dem Haus und flehte die Rotgardisten an, ihren Sohn und Jüngere Frau Chen zu verschonen. Die Rotgardisten schubsten sie grob ins Haus zurück und schimpften höhnisch lachend, wieso sie noch nicht im Grab sei. Von wegen ihr Sohn, ein Bastard sei Xiaohe. Die beiden Rotgardistinnen hörten erst auf, die Jüngere Frau Chen zu schlagen, als sie sich selbst ins Gesicht schlug und wiederholt sagte, sie sei eine stinkende Kapitalistin, eine Hexe, eine Teufelin, die den Tod verdiene. Sie sei bereit, sich von Kopf bis Fuß ideologisch umziehen zu lassen, und so weiter, und so fort.

Die Brutalität nahm im Lauf der Zeit immer mehr zu. Als Xiaohe fast ohnmächtig auf dem Boden lag und nicht mehr aufstehen konnte, gossen ihm die Rotgardisten kaltes Wasser über den Kopf. Es herrschte klirrende Kälte. Das Wasser gefror sofort zu Eis. Unter den Zuschauenden wagte keiner, auch nur eine Silbe zu sagen.

Irgendwann sagte der Rotgardist, der Xiaohe mit dem Koppel geschlagen hatte: »Mir ist verdammt kalt. Kommt! Lasst uns gehen!«

»Kommt, lasst uns gehen! Meine Hände frieren mir ab«, sagten die anderen.

Daraufhin verbrannten sie den Artikel »Über die soziale Herkunft«, nahmen die Schmuckstücke und die Goldbarren und verschwanden aus unserem Hof.

In dieser Nacht wurde ich krank. Mein Körper war glühend heiß wie ein Ofen. Kälte und Hitze plagten mich abwechselnd. Wenn ich schlief, wurde ich von Albträumen heimgesucht. Wenn ich wachte, sah ich Dutzende Xiaohes, die geschlagen wurden und zu Boden fielen. Großmutter deckte mich mit zwei Bettdecken zu, sodass ich das Gefühl hatte, ich könnte nicht mehr atmen und würde ersticken.

Wenig später tauchte in Peking eine neue selbst gedruckte Zeitung auf: *Zeitung der Kulturrevolution der Mittelschulen*[19]. Seit Beginn der Kulturrevolution tauchten andauernd neue, inoffizielle Zeitungen auf. Fast jede Gruppierung, jede Einheit, jede Schule gab eine Zeitung heraus, in der sie ihre Position klarstellte und über die Kulturrevolution diskutierte. Aber diese Zeitung war eine besondere: Sie hatte auf der Titelseite ihrer ersten Ausgabe den Artikel »Über die soziale Herkunft« abgedruckt. Xiaohe hatte sich ein Dutzend Exemplare besorgt und an Nachbarn in unserer Gasse verteilt. Er erzählte im Hof, es seien Schüler der 4. Pekinger Mittelschule, die diese Zeitung auf der Straße verkauften. Er habe seine Exemplare an verschiedenen Stellen gekauft und jedes Mal in einer riesigen Schlange anstehen müssen. Die leidenschaftlichen Käufer hätten stets einen Kreis um die jungen Zeitungsverkäufer gebildet, auch um sie zu beschützen. Denn manchmal seien Rotgardisten aufgetaucht, die den Verkauf verhindern wollten.

»Die Leute scheinen sehr mitgerissen zu sein von diesem Artikel«, erzählte Xiaohe begeistert; seine Platzwunden an der Stirn

---

19 Die chinesische Mittelschule entspricht dem Gymnasium oder der Gesamtschule in Deutschland.

waren noch nicht ganz verheilt. »Als die Zeitung ausverkauft war, wollten die Leute immer noch nicht gehen. Sie wedelten mit ihren Geldscheinen in der Hand und rannten den jungen Zeitungsverkäufern hinterher. Die Schüler sagten dann: Kommt in ein paar Tagen wieder, wir werden bestimmt noch mehr Exemplare drucken und verkaufen.«

Von einem Verwandten, der Großmutter und mich besuchte, hörten wir, dass die erste Ausgabe dieser Zeitung im Handumdrehen ausverkauft war und man sie nur noch auf dem Schwarzmarkt ergattern konnte zu einem hundertfachen Preis von zwei Yuan! Ursprünglich kostete sie ja zwei Fen.

In den darauffolgenden zwei Monaten erschienen noch einige Ausgaben der *Zeitung der Kulturrevolution der Mittelschulen*. In jeder Ausgabe gab es Artikel, die das Thema »soziale Herkunft« behandelten. Der Autor war ein Pseudonym: »Pekinger Forschungsgruppe über das Thema der sozialen Herkunft«. Xiaohe kaufte jede Ausgabe dutzendfach und verteilte sie. Durch Xiaohe wussten wir Bewohner der Alte-Türvorhang-Gasse neun, wer hinter dem Pseudonym steckte: Yu Luoke.

Am 14. April 1967 wurde der Artikel »Über die soziale Herkunft« vom Vorsitzenden der Geschichtsabteilung des Magazins *Rote Fahne* und Mitglied der Zentralen Führungsgruppe der Kulturrevolution Qi Benyu für »ein großes, giftiges Unkraut« erklärt. Daraufhin wurde die *Zeitung der Kulturrevolution der Mittelschulen* verboten. Xiaohe wurde von den Rotgardisten seiner Schule mit anderen Befürwortern des Artikels zusammen in einem Raum in der Schule monatelang eingesperrt und gefoltert. Das war damals üblich, die Rotgardisten durften jeden verhaften und einsperren. Sie verhafteten sich sogar gegenseitig. Das nannte man »Zhuanzheng«, also eine Diktatur errichten. Wer stärker war, der stellte seinen schwächeren Gegner unter seine »Diktatur«. Erst im Winter durfte Xiaohe nach Hause gehen. Er blieb dann wie alle Abiturienten seines Jahrgangs 1968 zu Hause, denn sie wussten immer noch nicht, was mit ihnen geschehen sollte. Seitdem mied es Xiaohe, in seine Schule zu gehen. Er war auch nicht mehr aktiv. An der Revolution teilnehmen, das durfte er ohnehin nicht. Denn Xiaohe durfte aufgrund seiner Familienherkunft und seiner anders aussehenden Augen nicht in die Rotgardistenorganisation eintreten.

Im Januar 1968 wurde Yu Luoke verhaftet. Das erfuhren wir von einem Freund von Xiaohe, der Yu Luokes jüngeren Bruder Luowen kannte. Aber in der Öffentlichkeit hörte man nichts von ihm, auch nichts von seinem Artikel »Über die soziale Herkunft« mehr. Es war so, als ob dieser Mensch noch nie existiert hätte und die ganzen Diskussionen über die soziale Herkunft noch nie stattgefunden hätten.

Im Dezember 1968 wurde eine Anweisung des Vorsitzenden Mao bekannt gegeben: »Es ist sehr notwendig, dass Jugendliche, die eine Schulausbildung haben, aufs Land gehen und eine Umerziehung durch die armen Bauern und die unteren Mittelbauern erhalten.« Das war die Richtungsweisung für die Mittelschüler der drei Jahrgänge 66, 67, 68, die sich seit Beginn der Kulturrevolution zu Hause bzw. in den Städten aufhielten. Noch im selben Monat mussten diese Jugendlichen aufs Land gehen. Offiziell mussten sie sich »freiwillig« für den Einsatz melden. Xiaohe meldete sich mit anderen Absolventen seiner Schule zusammen »freiwillig« für Yunnan – die dreitausend Kilometer weit entfernte Provinz im Süden.

Kurz vor seiner Abreise klopfte er zu meiner Überraschung an unsere Tür. So weit ich mich erinnerte, hatte Xiaohe mich noch nie von sich aus aufgesucht. Er bat mich, zu ihm nach Hause mitzukommen. Ich folgte ihm ins Haus. Die Ältere Frau Chen schlief im hinteren Zimmer in ihrem Bett. Sonst war keiner da. Xiaohe sprach mit einer fast flüsternden Stimme und fragte, ob er mir etwas anvertrauen könne. Ich fühlte mich geehrt und nickte eifrig. Daraufhin riss er den Bezug seiner Baumwollsteppdecke auf und holte aus der Wattierung eine Zeitung heraus: *Zeitung der Kulturrevolution der Mittelschulen* stand in schöner

Kalligraphie darauf, darunter »Gründungsausgabe«. Der Titel des Leitartikels auf der ersten Seite stach mir ins Auge: »Über die soziale Herkunft«. Ach, *die* Zeitung hat er aufbewahrt! Ich erschrak und staunte im Stillen. Xiaohe fragte mich, ob ich diese Zeitung für ihn aufbewahren und verstecken könne, bis er wiederkomme. Denn sie sei für ihn sehr wertvoll. Aber im Moment sei es zu gefährlich, diesen Artikel auf seiner Reise mitzunehmen. Er habe an mich gedacht, weil meine Familie unauffällig sei und die Rotgardisten unser Haus bestimmt nicht durchsuchen würden. Ich sah seine himmelblauen Augen an – diese schönen Augen, die ich so liebte und nie genug ansehen konnte – und war glücklich, dass er ein so großes Vertrauen zu mir hatte. Ich sagte, ja, das täte ich gern für ihn. Ich würde ein gutes Versteck für die Zeitung finden und niemandem davon erzählen. Xiaohe lächelte zufrieden und fügte hinzu, ich sei noch zu klein, um die Sache zu verstehen. Aber er versichere mir, es sei kein Verbrechen, diesen Artikel aufzubewahren. Er sei fest davon überzeugt, dass dieser Artikel kein »großes, giftiges Unkraut« sei, sondern eine revolutionäre, avantgardistische Fackel, die eines Tages einen Flächenbrand im ganzen China entfachen würde. Xiaohe sprach leise, aber voller Pathos. Seine Augen leuchteten. Ich war von ihm oder von seiner Leidenschaft hingerissen und hatte das Gefühl, dass wir zwei Untergrundkämpfer waren und nun eine Mission und ein Geheimnis teilten. Zum Abschied berührte Xiaohe zärtlich meinen Kopf und sagte: »Ich danke dir, Cui!«

Ich steckte die Zeitung unter meine Bluse und rannte zurück. Zu Hause wartete ich auf einen Moment, in dem ich allein im Zimmer war, und versteckte sie zwischen der dicken Bettunterlage aus Baumwolle und dem Bettgestell aus kreuzweise bespanntem Palmstrick.

Nachdem Xiaohe fortgegangen war, dachte ich oft an ihn. Seine schönen, himmelblauen Augen erschienen immer wieder in meinen Träumen. Gleichzeitig tauchte die Frage um Xiaohes Augenfarbe, die eine der Ursachen seiner Verfolgung gewesen war, auch unentwegt leise auf und nagte an meinem Herzen. Mein Instinkt sagte mir, dass sich hinter Xiaohes Augenfarbe ein Geheimnis verbarg, möglicherweise ein schmutziges Geheimnis. Das hatten die Rotgardistinnen damals angedeutet.

Jahre später, als ich glaubte, ich hätte ein Alter erreicht, in dem man mich wie eine Erwachsene behandeln könnte, stellte ich Großmutter diese lange Zeit auf meiner Seele lastende Frage: Warum hat Xiaohe himmelblaue Augen statt schwarze wie wir alle? Großmutter erzählte mir, angeblich sei die Jüngere Frau Chen Anfang der Fünfzigerjahre von einem sowjetischen Militärexperten vergewaltigt worden. Wie die genauen Umstände gewesen seien, wisse kein Mensch. Xiaohe sei die Folge dieser schlimmen Schande und somit wie ein schweres Kreuz, das seine Mutter ihr Leben lang tragen müsse. Ich war der Ansicht, das sei eine von den böswilligen Menschen ausgedachte Geschichte. Zugleich verabscheute ich meine Neugier und bereute zutiefst, dass ich diese Frage nicht meinen schönen Fantasien überlassen hatte. Auf einmal war es mir klar geworden, dass man manche Geheimnisse lieber für immer Geheimnisse sein lassen sollte.

Als ich noch später Nathaniel Hawthornes Roman *Der scharlachrote Buchstabe* las, dachte ich wieder an Xiaohe. Im Stillen sandte ich ihm einen Wunsch: Mögen deine blauen Augen nicht wie der scharlachrote Buchstabe für Hester Prynne dein ganzes Leben lang eine Schmach für dich bedeuten.

9. KAPITEL

Wie der Platz des Himmlischen Friedens vom Meer
der Rotgardisten überflutet wurde, oder warum das Datum
meines ersten Ausreißens in die Geschichte einging

Obwohl Großmutter und ich uns über alles liebten und aufeinander angewiesen waren, kam es dennoch ab und zu vor, dass wir miteinander stritten. Großmutter pflegte zu sagen, ich sei zwar ein kleiner Mensch, hätte aber oft große Ideen. Außerdem sei ich immer unartiger, je größer ich würde. Wenn wir stritten, ging es meistens um sesamkleine Alltagsdinge wie Essen, Trinken oder Sich-Anziehen. Dabei waren wir beide jedoch oft so ernsthaft verärgert, dass Großmutter Kopfschmerzen bekam und ich Tränen vergießen musste.

Je länger die Schule ausfiel und ich zu Hause blieb, desto öfter gingen wir uns gegenseitig auf die Nerven. Einmal hatte sich ein Streit zwischen uns so verschärft, dass ich von zu Hause ausriss. Der Anlass war, dass ich an einem Morgen unbedingt meinen geblümten Lieblingsrock anziehen wollte. Aber er hing auf der Wäscheleine draußen und war noch nicht trocken. Großmutter hatte ihn erst am Abend zuvor gewaschen. Ich war ärgerlich auf Großmutter, dass sie den Rock gewaschen hatte, obwohl er meiner Meinung nach noch nicht schmutzig gewesen war. Großmutter meinte, ich könne erst die Hose anziehen und warten, bis der Rock trocken werde. Ich wollte aber nicht die Hose anziehen, sondern den Rock, auch wenn er noch feucht war. Großmutter sagte, nein, das gehe nicht, ich würde mich erkälten, zumal der Himmel bedeckt sei. So zerrten wir beide an dem nassen Rock hin und her, bis ich weinend aufgab. Großmutter war schließlich stärker als ich. Unwillig zog ich meine Hose an, wurde aber so wütend, dass ich aus dem Zimmer rannte, ohne

Großmutter zu sagen, wohin. Ich wusste es ja selbst nicht. Ich wollte einfach weg sein. Erst als ich schon unterwegs war, fiel mir ein, wohin ich gehen könnte: zum Ensemble meiner Eltern, wohin denn sonst.

Großmutter und ich wohnten im Westbezirk, das Ensemble meiner Eltern befand sich im Ostbezirk. Da meine Eltern mich am Wochenende oft zu sich ins Ensemble abholten, kannte ich den Weg dorthin bereits recht gut. Ich wusste, man musste durch zwei Straßen bis zur Chang'an-Straße laufen, von dort mit dem Omnibus Nummer 10 sechs Stationen fahren, dann in den Bus 24 umsteigen, nach vier Stationen aussteigen und der nach Osten führenden Straße entlang bis zum Ende folgen, dann wäre man da.

Dunkle Wolken hingen tief am Himmel. In der Fleischerei am Anfang der Asphaltstraße brannte sogar am Tag Licht. Es sah ziemlich nach Regen aus. Eine Sekunde dachte ich, Großmutter habe vielleicht doch recht. Ungefähr in der Mitte dieser Straße fiel mir ein, dass ich gar kein Geld hatte. Aber umkehren wollte ich auf keinen Fall. Ich fasste den Entschluss, zu Fuß zum Ensemble zu gehen.

Die Mauern in den Gassen und Straßen waren mit Wandzeitungen und Transparenten vollbeklebt. Überall stachen mir großformatige Schriftzeichen in die Augen, wie zum Beispiel »Nieder mit« irgendwem, »Es lebe der große Steuermann, Vorsitzender Mao!«, »Es lebe die große, nie da gewesene Kulturrevolution« und »Revolution ist kein Verbrechen, Rebellion ist berechtigt!« und so weiter.

Je mehr ich mich der Chang'an-Straße näherte, desto lauter wurden die Stimmen und Lieder aus den Lautsprechern. Als ich die westliche Chang'an-Straße in der Nähe des Platzes des Himmlischen Friedens erreichte, bot sich meinen Augen ein ungewöhnliches, aufregendes Bild, das mich total bestürzte: Auf beiden Seiten der breiten, langen Chang'an-Straße flatterten, so weit das Auge reichte, rote Fahnen. Aus den an Straßenlaternen angebrachten Lautsprechern ertönten ohrenbetäubende revolutionäre Lieder. Das gegenüber der Bushaltestelle liegende Gelände vor dem nördlichen Tor der Großen Halle des Volkes, zu dem normalerweise niemand Zutritt hatte, war von Rotgardisten besetzt. Sie trugen einheitlich gelbgrüne Militäruniformen und am linken Arm ihre roten Armbinden und saßen in geordneten Reihen auf ihrem militärisch zusammengeschnürten Gepäck. Unter der Leitung einer jungen Rotgardistin sangen sie das Lied *Bei der Seefahrt verlässt man sich auf den Steuermann, bei der Revolution auf die Mao-Zedong-Ideen.* Hunderttausende Rotgardisten marschierten mit ihrem Militärgepäck auf dem Rücken, rote Fahnen schwenkend, durch die achtspurige Chang'an-Straße. Auf dem Bürgersteig stand alle hundert Meter ein Dreiradkarren mit Speisen und Teekübeln. Um diese Karren herum drängten sich die jungen Revolutionäre und holten sich Brötchen und Tee – unentgeltlich. An der Bushaltestelle drängten sich ebenfalls Hunderte von Rotgardisten mit strahlenden Gesichtern. Sie unterhielten sich laut und fröhlich in verschiedenen Dialekten, deren ich nicht mächtig war. Die zum Bersten mit Rotgardisten vollgefüllten rot-weißen öffentlichen Busse, aus deren offenen Fenstern rote Fahnen geschwungen wurden, krochen wie Schnecken durch die Chang'an-Straße. An der Bushaltestelle versuchte jeder Bus anzuhalten und fuhr dann gleich weiter, weil die Türen gar nicht zu öffnen waren. Ging einmal eine Tür mit Mühe auf, versuchten sich die Wartenden hineinzuzwängen, ohne Fahrscheine kaufen zu müssen. Ich freute mich zwar über diese Tatsache, stellte jedoch bald fest, dass ich keine Chance hatte, in solch einen Bus zu steigen. Ohne lange zu zögern, entschied ich mich, meinen Weg zu Fuß fortzusetzen. Ich ging die westliche Chang'an-Straße entlang Richtung Osten und erreichte im Nu den Platz des Himmlischen Friedens.

Der Platz des Himmlischen Friedens war ein Ort, zu dem Großmutter und ich oft spazieren gingen. Besonders im Sommer, wenn die Tage lang und noch bis nach Einbruch der Dämmerung schwülheiß waren und man nicht früh zu Bett gehen wollte, schlenderten wir fast jeden Abend hierhin. Es ist ein riesengroßer, nach allen Seiten offener Platz und deshalb ein sehr beliebter Ort, an dem man die frische, kühle Abendluft genießen kann. Wir nannten ihn »unseren Platz«, weil er nur einen Katzensprung von unserer Gasse entfernt lag und weil unser Leben eng mit ihm verbunden war. Selbst meine ersten Schritte hatte ich hier, in dieser endlosen Weite, gemacht, und später war dieser Platz auch mein Spielplatz geworden, auf dem ich einen großen Teil meiner Freizeit verbrachte. Meine Freundinnen und ich kamen oft hierher, um »Hüpfen von Haus zu Haus«, »Gummihüpfen«, »Fußfederball kicken«[20], Wettrennen oder Fangen zu spielen.

Rund um den Platz waren Seidenakazien angepflanzt. Dieser Baum wird auch Schlafbaum genannt, weil sich seine kleinen Blattfiedern in der Nacht schließen. In den heißesten Sommertagen Anfang Juli, wenn man nachts kaum Schlaf fand, begann die Blütezeit der Seidenakazie. Die filigranen, zartrosa Blüten, die fast nur aus Staubblättern bestanden, glänzten in der Sonne wie kostbare Seide. Und ihr delikater und lieblicher Duft strömt einem schon von Weitem entgegen. Ich liebte diese zauberhafte Blüte von Herzen. Im Sommer lag stets unter jedem Baum eine dicke Schicht von gefallenen Blüten. Ich las sie auf, steckte eine davon ins Haar und band den Rest zu einem plüschigen Ball zusammen. Zu Hause duftete er noch tagelang. Ich mochte es, mir mit dem flaumigen Blütenball sanft über das Gesicht zu streichen. Es kitzelte und fühlte sich wie Seide an.

Dieser mir sonst so vertraute, friedliche Platz war heute zu meinem Erstaunen ein einziges Menschenmeer geworden. Das ganze riesige Areal, vom Tor des Himmlischen Friedens im

---

20 Freizeitbeschäftigungen der Mädchen in den Sechziger- und Siebzigerjahren. »Hüpfen von Haus zu Haus« ist ähnlich wie das Hüpfspiel »Himmel und Hölle« in Deutschland.

Norden bis zum Denkmal für die Helden des Volkes im Süden, von der Großen Halle des Volkes auf der westlichen Seite bis zu den Museen der Chinesischen Geschichte und der Chinesischen Revolution auf der östlichen Seite, war voller Rotgardisten. Sie saßen auf dem Boden, schwenkten das kleine rote Buch *Worte des Vorsitzenden Mao* in der Hand und sangen enthusiastisch revolutionäre Lieder. In der Pause riefen sie rhythmisch im Chor: »Wir wollen Vorsitzenden Mao sehen!« Zwischen ihnen wogte ein Wald von roten Fahnen, auf denen »Rote Garde« und deren Herkunftsorte wie Shanghai, Hunan, Sichuan, Yunnan, Jiangsu, Shandong standen. Ich hatte noch nie so viele Menschen auf unserem Platz versammelt gesehen und war hingerissen. Mein Herz schlug so schnell und heftig, als ob es aus mir herausspringen wollte. Ich war so aufgewühlt, dass ich eine Gänsehaut bekam und am ganzen Körper zitterte.

Von der »Großen Chuanlian-Kampagne«[21] hatte ich gehört, das hieß, die Rotgardisten reisten durch das ganze Land, um Kontakte zu anderen Rotgardistenorganisationen herzustellen und das Feuer der Revolution überall zu entfachen. Sie wurden in Schulen und Sportstadien untergebracht. Für die Unterkunft und Verpflegung mussten sie nicht bezahlen, die Fahrt mit der Bahn war ebenfalls unentgeltlich. Auch in meiner Schule, die ohnehin geschlossen war, wohnten Rotgardisten. Das Nachbarschaftskomitee musste jeden Tag zig Kilo Mantou für die Gäste des Vorsitzenden Mao kochen. Man sagte, Vorsitzender Mao habe die Rotgardisten in die Hauptstadt eingeladen, damit sie

---

21 Chuanlian, sinngemäß Vernetzung, eine von Mao Zedong unterstützte, vom Zentralkomitee und Staatsrat genehmigte Bewegung, die vom September 1966 bis März 1967 andauerte. Dabei reisten Schüler und Studenten kostenfrei durch das ganze Land, um das Feuer der Revolution zu entfachen, die Rebellion durchzuführen und Erfahrungen auszutauschen. In dieser Zeit, d. h. vom August bis November 1966, empfing Mao Zedong auf dem Tiananmen-Platz achtmal insgesamt mehr als 13 Millionen Rotgardisten aus ganz China. Diese Bewegung legte Lokalregierungen aller Ebenen lahm und stürzte die gesellschaftliche Ordnung und den Verkehr ins totale Chaos.

sich besser über die Kulturrevolution informieren könnten. Seit Vorsitzender Mao am 18. August 1966 eine Million Rotgardisten zum ersten Mal auf dem Platz des Himmlischen Friedens empfangen hatte, strömten immer mehr Rotgardisten aus allen Provinzen in die Hauptstadt. Aber dass sie so viele waren und wie ein Meer unseren Platz voll und ganz überfluteten, hätte ich mir nicht träumen lassen.

Neugierig ging ich weiter gen Osten, drängte mich durch die Menschenmenge, überquerte den Platz, blieb ab und zu stehen und lauschte einer Rede, die ein Rotgardist oder eine Rotgardistin mit großer Leidenschaft hielt. Keiner bemerkte mich, keiner fragte, was ich hier zu suchen hatte. Ich war völlig im Meer der Rotgardisten untergetaucht. Ich hatte das Gefühl, ich trüge eine Tarnkappe und wäre unsichtbar, während ich alles um mich herum in Ruhe beobachten konnte. So sicher fühlte ich mich, obwohl weit und breit keine anderen Kinder in meinem Alter zu sehen waren. Ich war erstaunt, dass ich keine Angst hatte, allein unter so vielen Menschen zu sein, ohne Großmutter oder meine Freundin bei mir zu haben. Eigentlich war ich noch nie allein ausgegangen, wirklich noch nie, wenn ich es mir recht überlegte.

Wie von Geisterhand gesteuert, ging ich einfach weiter und hatte den ursprünglichen Grund, weshalb ich unterwegs war, völlig vergessen. Auch die östliche Chang'an-Straße und die Bürgersteige jenseits des Platzes waren voller Rotgardisten und roter Fahnen. Alle schienen vergnügt und glücklich zu sein. Die Stimmung glich der auf dem Tempelmarkt Changdian während des Frühlingsfestes. Ich fühlte mich von dieser Stimmung angesteckt und war aufgeregt und ausgelassen wie noch nie.

Als ich Dongdan erreichte, die Einkaufsstraße des Ostbezirks, begann die Sonne durch die Wolken zu brechen. Es wurde auf einmal sehr heiß. Ich hatte Hunger und Durst. So sah ich mich gezwungen, mich im Gedränge der Rotgardisten vor einem Dreiradkarren anzustellen. Normalerweise hatte ich große Hemmungen, einkaufen zu gehen. Nur wenn es Großmutter wirklich sehr schlecht ging und sie nicht aufstehen konnte, ging ich für sie einkaufen. Sonst flehte ich sie immer an, mich nicht zum Einkaufen zu schicken. Aber an diesem Tag war ich irgendwie nicht ich selbst. Als ich dran war, gab mir die Frau ein Mantou und einen Becher Wasser, ohne irgendeine Frage zu stellen. Die Mühe, die ich mir während des Schlangestehens gemacht hatte, um mir eine Antwort auszudenken, falls ich gefragt würde, wer ich sei, hätte ich mir sparen können. Ich war fast stolz auf mich, auf meinen Mut. Mit großem Appetit biss ich in das Mantou hinein und setzte meinen Marsch fort. Überall an Gebäuden oder extra aufgestellten Gestellen auf dem Bürgersteig klebten Wandzeitungen. Vor einigen blieb ich stehen und las. Meistens ging es in den Wandzeitungen darum, die glorreichen Erfolge der Großen Proletarischen Kulturrevolution zu feiern oder jemanden zu kritisieren bzw. die Konterrevolutionäre sowie »Rinderteufel und Schlangengeister« zu verurteilen.

Auf der Höhe der Jianguomennei-Straße merkte ich, dass die Polizei anfing, die Straßen zu sperren. Plötzlich fiel mir das Ziel meines Ausflugs wieder ein. So verließ ich die ostwestlich verlaufende Hauptstraße und bog in die nach Norden führende Straße Chaoyangmen Nanxiaojie ab.

Im Ensemble angekommen, ging ich direkt in den ersten Stock des Wohnhauses, in dem sich das Zimmer meiner Eltern befand. Die Tür war verschlossen. Ich stand hilflos da und wusste nicht, was ich nun tun sollte. Seit Ferienbeginn hatte ich meine Eltern nicht mehr besucht. Sie hatten mir gesagt, wegen der Kulturrevolution keine Zeit mehr für mich zu haben. Dieser Flur war jetzt nicht mehr wiederzuerkennen: Er war der ganzen Länge nach mit mehreren Schichten Wandzeitungen vollgeklebt. Dadurch war alles stockdunkel und gespenstisch. Auch an der Tür meiner Eltern klebten Wandzeitungen. Nach einiger Zeit schien jemand vom anderen Ende des Flurs in meine Richtung zu kommen. Das dünne Papier der Wandzeitungen raschelte. In Gedanken schickte ich mich an wegzurennen. Aber meine Füße blieben wie angewurzelt am Boden haften. Plötzlich tauchte eine Tante vor mir auf. Sie bemerkte mich und fragte besorgt, was ich hier täte. Ich suchte meine Mutter, gab ich schüchtern zurück. Sie bedeutete mir, meine Mutter sei in einer Debattensitzung und sie gehe sie holen.

Als Mutter mich sah, fragte sie entgeistert, wie ich allein hierhergekommen sei. Ich druckste herum, ich hätte mich nicht in den Bus drängen können und sei deshalb zu Fuß hierhergelaufen. Sie fragte noch verwunderter, wie ich hätte durchkommen können, die Straßen seien doch gesperrt. In diesem Augenblick stürzte Vater herein und sagte, wir sollten das Radio einschalten. Aus dem kleinen Radio auf dem Schreibtisch ertönte die vertraute Stimme des Sprechers des Zentralen Volksrundfunks:

»Heute Nachmittag hat Vorsitzender Mao, unser Großer Führer und Steuermann, 500 000 Rotgardisten auf dem Platz des Himmlischen Friedens empfangen. Um 17 Uhr 40 fahren Vorsitzender Mao und andere Leiter des Zentralkomitees der Kommunistischen Partei Chinas sowie die Mitglieder der Zentralen Führungsgruppe der Kulturrevolution in fünf offenen Wagen vom östlichen Tor der Großen Halle des Volkes aus langsam um den Platz des Himmlischen Friedens und empfangen die Rotgardisten aus verschiedenen Provinzen ...«

Im Hintergrund hörten wir die Melodie von *Der Osten ist rot*. Aus Hunderttausenden Kehlen der Rotgardisten tosten wie in einer brausenden Brandung die Rufe »Es lebe Vorsitzender Mao«. Ich spürte wieder eine Gänsehaut. Mein Herz raste unsäglich. Als die Nachrichtensendung zu Ende war, schilderte ich aufgewühlt meinen Eltern mein heutiges Abenteuer. Ich bedauerte, nicht auf dem Platz geblieben zu sein. Sonst hätte ich auch Vorsitzenden Mao gesehen. Nur über den Anlass meines Ausflugs schwieg ich. Vater war nicht wenig verwundert über meinen ungewöhnlichen Mut. Mutter war froh, dass ich unversehrt angekommen war. Dann sprachen sie über die »Große Chuan-lian-Kampagne der Rotgardisten«, über das Ausmaß dieser Bewegung. Ich erfuhr, dass die Probehalle des Ensembles seit einiger Zeit auch mehrere Hundert Rotgardisten beherbergte. Neben der Begeisterung hörte ich aus ihrem Gespräch auch eine gewisse Sorge heraus. Denn sie sagten Sätze wie, wenn das so weitergehe, würden bald Pekings Getreidevorrat sowie die Staatskasse leer sein. Auch das Wort »Chaos« fiel im Gespräch. Bei der Bahn sollte totales Chaos herrschen.

Nach dem Abendessen im Zimmer – Mutter holte das Essen aus der Kantine – schickten sie mich ins Bett. Aber ich konnte nicht einschlafen. Ich schloss meine Augen, sah lauter Rotgardisten und rote Fahnen. In meinem Ohr toste die brausende Woge »Es lebe Vorsitzender Mao!« unaufhörlich. Es war so, als ob ich in diesem rot-grünen Menschenmeer von dieser Riesenwoge hin und her geworfen würde. Ich tat so, als ob ich schliefe, und hörte jedes Wort, worüber meine Eltern sprachen, obwohl sie flüsterten. Sie schienen sehr besorgt zu sein. Im Ensemble herrschte offenbar im Moment ein harter Kampf zwischen den sogenannten Rebellen und Loyalisten. Meinen Eltern wurde vorgeworfen, Loyalisten zu sein. Sie seien nicht entschlossen genug, an der Kulturrevolution teilzunehmen; nicht aktiv genug, die internen Konterrevolutionäre zu entlarven und zu verurteilen; gegenüber den neuen »Rinderteufeln und Schlangengeistern« im Ensemble zu mild. Und sie waren aufgefordert worden, zu den Vorwürfen Stellung zu nehmen.

In dieser Nacht diskutierten sie lange, was sie tun sollten. Irgendwann, es musste schon lange nach Mitternacht sein, nahm Vater Papier, Tinte und Pinsel und fing an, eine Wandzeitung zu schreiben. Die Kalligraphie meines Vaters war im ganzen Ensemble bekannt. Bisher wurde er immer gefragt, wenn Neujahrssprüche aufs rote Papier geschrieben werden sollten oder wenn jemand Hochzeit feierte und das Schriftzeichen »Doppelglück« brauchte. Nun kam seine Kalligraphiekunst zur Anwendung, um eine Selbstkritik zu schreiben. Vielleicht wäre es doch besser, diese Kunst nicht zu beherrschen, dachte ich, bevor ich, vom Rauschen der Wogen im Rotgardistenmeer eingelullt, einschlief.

Am nächsten Morgen, als wir noch am Frühstückstisch saßen, kam Großmutter mit einer Dreiradrikscha an. Sie sagte, sie habe gestern den ganzen Tag versucht, im Ensemble anzurufen, aber sie sei nicht durchgekommen. Vor lauter Sorge habe sie die ganze Nacht kein Auge zugetan. Am liebsten wäre ich auf Großmutter zugelaufen. Aber meine Füße schienen am Boden festgenagelt zu sein. Großmutter schloss mich jedoch fest in ihre Arme und sagte ihren berühmten Satz: »Diese kleine Göre hat immer große Ideen.« Von unserem gestrigen Streit verriet sie kein Wort. Mutter wies mich zurecht, ich solle in Zukunft nie wieder solche Dummheiten machen und einfach weglaufen.

Nach dem Mittagessen fuhr ich mit Großmutter in einer Dreiradriksha zurück. Zu Hause fand ich zu meiner Überraschung einen fünfzehn- oder sechzehnjährigen Jungen im Bett schlafend vor. Großmutter sagte, das sei mein Cousin Hui aus Changsha in der Provinz Hunan. Er sei anlässlich der »Großen Chuanlian-Kampagne der Rotgardisten« nach Peking gekommen und habe gestern auf dem Platz des Himmlischen Friedens Vorsitzenden Mao gesehen. Drei Tage und Nächte habe er nicht geschlafen. Wieso ich denn noch nie von diesem Cousin gehört hätte, fragte ich verwundert. Auch sie habe ihn nur einmal gesehen, sagte Großmutter, er sei der Sohn der Tochter ihres zweitältesten Bruders, also der Enkel meines zweiten Großonkels. Übrigens, mein zweiter und dritter Cousin aus Baoding seien gestern ebenfalls auf dem Platz des Himmlischen Friedens gewesen und hätten abends bei uns geschlafen. Sonst wäre sie bereits gestern Abend ins Ensemble gefahren, um mich zu suchen.

Dieser vom Himmel gefallene Cousin wachte erst am nächsten Morgen auf. Nachdem er sich das Gesicht gewaschen und fünf Mantou heruntergeschlungen hatte, stellte ich fest, dass er ein gut aussehender Junge mit großen Augen und dichten

Augenbrauen war. Schon immer hatte ich Mädchen beneidet, die Brüder hatten. Wenn sie von ihren Brüdern erzählten, strahlten sie stets mit unendlichem Stolz. Außerdem fürchteten sie sich nie vor Schikanen. Denn sobald sie sich bedroht fühlten, brauchten sie nur zu sagen: »Gebt acht! Mein Bruder wird euch eine Lehre erteilen«, schon zogen sich die frechen Jungs zurück. Deswegen war ich sehr stolz auf meinen Cousin Hui, zumal er Vorsitzenden Mao gesehen hatte. Sofort holte ich Lili und meine Schulkameradin Xiaorong zu uns und präsentierte ihnen meinen hübschen Cousin, der Vorsitzenden Mao gesehen hatte. Die Nachricht, dass mein Cousin Hui einer von den Rotgardisten war, die vor zwei Tagen vom Vorsitzenden Mao empfangen worden waren, breitete sich wie ein Lauffeuer aus. Im Nu wussten es der ganze Hof und die ganze Gasse. Alle wollten meinen Cousin Hui sehen, der Vorsitzenden Mao erlebt hatte. Hui musste immer wieder von seinem unvergesslichen Erlebnis auf dem Platz des Himmlischen Friedens erzählen. Jedes Mal riss ihn sein eigenes Erzählen so hin, dass er in Tränen ausbrach. Die Zuhörer waren genauso aufgewühlt und ergriffen, als ob sie in seinen Augen die Widerspiegelung des Vorsitzenden Mao sähen und dadurch diesen überwältigenden Moment mit ihm zusammen noch einmal erlebten.

Leider blieb Hui nur zwei Tage bei uns. Er musste mit seinen Schulkameraden weiterziehen. Wir erfuhren, dass seine Eltern seine Aktion eigentlich missbilligt hatten. Er habe einen Brief hinterlassen und sei eines Nachts heimlich gegangen. Großmutter meinte, das hätte er doch nicht tun dürfen, es sei zu gefährlich, er sei doch noch ein Kind, er solle sofort nach Hause zurückfahren. Hui wollte auf keinen Fall jetzt heimkehren. Die »Große Chuanlian-Kampagne« sei eine einmalige Gelegenheit, kostenlos durch das ganze Land zu reisen. Er wolle das ganze China sehen und die Revolution am eigenen Leib erfahren, sagte er mit großer Begeisterung.

Zum Abschied schenkte er mir sein persönliches Exemplar der

Worte des Vorsitzenden Mao, das er beim Empfang auf dem Platz des Himmlischen Friedens enthusiastisch geschwungen hatte. Das war kein gewöhnliches Exemplar, das wir alle hatten. Bevor er es mir gab, schnitt er sich in die Kuppe seines rechten Zeigefingers und schrieb mit dem Blut aus der Wunde unter den Spruch »Proletarier aller Länder, vereinigt euch!« auf der ersten Seite des Büchleins fünf Schriftzeichen: »Es lebe Vorsitzender Mao!« und darunter: »31. August 1966«. Es solle ein Andenken sein an unsere Begegnung und an den Tag, den 31. August 1966, an dem er mit diesem roten »Schatzbuch« in der Hand Vorsitzenden Mao gesehen habe, erklärte er mir.

Großmutter kaufte ihm ein Paar neue Stoffschuhe, weil er seine am Tag des Empfangs verloren hatte, und gab ihm zehn Yuan. Dann begleiteten wir ihn vor die Tür unseres Wohnhofs. Er legte seine grüne Umhängetasche über die Schulter, wickelte seinen kleinen Finger um den meinen und sagte, ich solle ihm versprechen, nach Changsha zu kommen, wenn ich groß geworden sei. Er wolle mir seine schöne Heimat zeigen. Ich nickte. »Abgemacht und auf Wiedersehen«, sagte er und ging. Vor dem Wohnhof Nummer sieben drehte er sich noch einmal um und winkte. »Geht zurück! Lebe wohl!«, rief er uns lächelnd zu. Dabei konnte ich seine leuchtenden Augen deutlich sehen, die voller Hoffnung und Träume waren und keine Furcht und keinen Zweifel kannten. Ich winkte zurück und merkte, dass ich traurig wurde, sehr traurig. Ich hätte ihn gern als meinen großen Bruder bei uns behalten. Großmutter und ich standen vor der Tür der Alte-Türvorhang-Gasse Nummer neun und schauten ihm lange nach, bis er am Ende der Gasse abbog.

Aus unserer Abmachung sollte nichts werden. Cousin Hui sah ich nie wieder. Er starb eine Woche später auf dem Weg nach Yan'an, dem ehemaligen Ziel des Langen Marsches und der Basis der Revolution. Ein Zugunglück setzte drei Tage vor seinem 15. Geburtstag seinem jungen Leben ein jähes Ende.

Sein Geschenk für mich war im besten Sinne des Wortes ein Andenken geworden, ein Andenken an ihn, meinen Cousin Hui mit den schönen Augen, der wie ein Komet am Himmel leuchtend vorbeigezogen und dann rasch verglüht war. Und zugleich ein Andenken an mein erstes Ausreißen, an meinen ersten Versuch, über mich selbst zu bestimmen. Denn das Datum jenes Tages, an dem ich zum ersten Mal von Großmutter weglief, allein zu Fuß durch die Stadt wanderte, über unseren vom Meer der Rotgardisten überfluteten Platz des Himmlischen Friedens staunte und zufällig Zeugin eines historischen Ereignisses wurde, war der 31. August 1966.

10. KAPITEL

Wie unsere Rektorin in den Kohleschuppen eingesperrt und
von Schülern mit Steinen beworfen wurde, oder warum ich
über Nacht in der ganzen Schule berühmt wurde

1967 wütete der Sturm der Kulturrevolution durchs ganze
Land. Jeden Tag las man in der *Volkszeitung* über die großen
Erfolge der Kulturrevolution. Die anfängliche Rebellion der
Rotgardisten weitete sich zu einer Revolution aus, die alle Berei-
che und Bevölkerungsschichten mit einbezog. Die Arbeiter gründeten ihre eigenen revolutionären Rebellenkommandos, die die
Leitung der Parteiorganisationen und der Fabriken übernahmen. Da Vorsitzender Mao die Revolution öffentlich unterstützte, wurden innerhalb kürzester Zeit die Regierungen der
Städte und Provinzen von den revolutionären Massen entmachtet. Verschiedene Gruppierungen und Rotgardistenorganisationen entstanden, die die »Rinderteufel und Schlangengeister« bekämpften. Und in erster Linie waren jetzt die »innerparteilichen
Machthaber auf dem kapitalistischen Weg« an der Reihe, die
bekämpft werden mussten. In der Gasse hörten wir Erwachsene
erzählen, dass die Auseinandersetzungen dieser Gruppierungen
immer gewalttätiger wurden. Um sich Waffen zu beschaffen,
sollten sogar Kasernen und Waffenarsenale gestürmt und ausge-
plündert worden sein. Immer mehr Staatsmänner wurden als
Staatsfeinde entlarvt. Ab Mai tauchten überall groteske Karikaturen des Staatspräsidenten Liu Shaoqi auf. Bald stand in der
Zeitung, dass der Staatspräsident Liu Shaoqi und der Generalsekretär der KP Chinas Deng Xiaoping eine »bourgeoise reaktionäre Linie« in der Partei verträten und nun niedergeschlagen
werden sollten. Die Bewohner meiner Gasse fielen aus allen
Wolken, wieso aus dem Staatspräsidenten über Nacht der Staats-

feind Nummer eins werden konnte. Aber keiner traute sich, auch nur eine Frage laut zu stellen. Man spürte nur Angst, nackte Angst, die das Gehirn und Gewissen lähmte.

Auch in der Alte-Türvorhang-Gasse wurde der Kampf gegen die »Reaktionäre Linie von Liu und Deng« durchgeführt. Das Nachbarschaftskomitee organisierte regelmäßig Sitzungen, auf denen die sogenannte Liu-Deng-Linie verurteilt wurde. Alle Bewohner einschließlich der Schüler, die immer noch ohne Schulunterricht zu Hause saßen, waren verpflichtet, daran teilzunehmen. Da die Hausfrauen und wir Kinder keine Ahnung hatten, was diese »Linie« verbrochen hatte, wurde auf solchen Sitzungen meistens die *Volkszeitung* vorgelesen, und zwar oft von uns Schülern, die wir unser chinesisches Vokabular auf diese Weise auffrischen konnten. Die Schule war ja bereits seit über einem Jahr geschlossen. Durch diese unendliche Zeitungslektüre wurde unser Wortschatz sogar erweitert, allerdings nur um eine bestimmte Dimension – um das Vokabular der Kulturrevolution.

Im Spätherbst 1967, nachdem die Familien unseres Wohnhofs ihren Ofen wieder ins Haus geschleppt und sich gegen die Kälte des Winters so gut wie möglich gewappnet hatten, kam eines Tages ein Mitschüler zu uns nach Hause und verkündete mir, dass wir ab morgen wieder in die Schule gehen sollten. Längst an ein schulfreies Leben gewöhnt, wusste ich nicht so recht, ob ich mich freuen sollte oder nicht. Am nächsten Morgen ging ich mit meiner Freundin Xiaorong zur Schule.

Das Schild »Wollgarn-Gasse-Grundschule« war durch ein anderes ersetzt worden. Auf dem stand jetzt: »Revolutionskomitee der Wollgarn-Gasse-Grundschule«. Ein großformatiges Transparent »Wiederaufnahme des Unterrichts und Fortführung der Revolution« überdeckte den Spruch »Lernt fleißig! Macht jeden Tag Fortschritte!« an der Abschirmungswand am Eingang. Die ganze Schule war mit Wandzeitungen und Transparenten übervoll behängt. In den Schulhöfen lagen die Trümmer zerstörter

Tische und Stühle. Fast alle Fenster waren gewaltsam zu Bruch gegangen. Wie scheuende Pferde liefen die Kinder von einem Hof in den anderen und gaben dabei merkwürdige Laute und wildes Geschrei von sich: »Wow! Wow! … Oh! Oh! … Ah! Ah! … Hü! Hü! …«

In unserem Klassenzimmer hatten sich bereits viele Kinder eingefunden. Statt wie gewöhnlich auf ihrem Platz zu sitzen und auf den Beginn des Unterrichts zu warten, standen sie in mehreren Grüppchen herum und redeten und lachten laut und hemmungslos. Einige Jungs sprangen von einem Tisch auf einen anderen, als ob sie das Spiel »Nicht den Boden berühren« spielten. Es gab kein Feuer im Ofen. Die Kälte kroch durch die kaputten Fenster, drang durch unsere Mäntel und wattierten Stoffschuhe. Wir stampften mit den Füßen auf den Boden und rieben uns die Hände. Weißer Dampf stieg aus dem Mund, wenn wir sprachen. Irgendwann kam unsere in einem dicken, dunkelblauen Mantel vermummte Lehrerin herein. Zögernd gingen wir auf unsere Plätze zurück und musterten sie mit verwirrten, fragenden und staunenden Blicken. Ohne ihre Brille mit den dicken Gläsern hätte ich sie nicht wiedererkannt. Ihre langen Zöpfe hatte sie abgeschnitten. Stattdessen lugten zwei kurze Haarbüschel hinter ihren Ohren hervor. Das machte ihr Gesicht noch runder. Ihr Körper sah durch den dicken Mantel auch wie ein Ball aus. Sie räusperte sich zweimal vernehmlich und sagte mit Nachdruck: »Willkommen in der Schule zur Wiederaufnahme des Unterrichts und zur Fortführung der Revolution! Heute findet kein Unterricht statt. Wir begeben uns gleich in Zweierreihen auf den Sportplatz zu einer Großkundgebung, verstanden?«

»V e r s t a n d e n !«, riefen wir im Chor und sprangen wieder auf und drängten durch die Tür in den Hof.

Der Sportplatz war von roten Fahnen gesäumt. Aus den Lautsprechern auf den kahlen Baumkronen dröhnten krächzend revolutionäre Lieder. Auf der Bühne hing ein Transparent: »Vereidigungs- und Mobilisierungsversammlung anlässlich der Wiederaufnahme des Unterrichts und Fortführung der Revolution«. Nach Jahrgängen geordnet, standen wir Schüler in sechs quadratischen Formationen. Die Versammlung wurde von einem jungen Lehrer mit lauter, metallischer Stimme moderiert. Zum Auftakt sangen wir das Lied *Der Osten ist rot*. Der junge Lehrer, der keinen Mantel, sondern nur ein blaues Baumwolljackett trug, schwang energisch beide Arme und dirigierte:

»Der Osten ist rot, die Sonne geht auf,
China hat Mao Zedong hervorgebracht.
Er plant das Glück für das Volk,
Hurra, er ist der große Erlöser des Volkes!«[22]

Unsere klaren kindlichen Stimmen vibrierten in der kalten Luft, flogen über die grauen Dächer und stiegen in den Himmel. Ich sah wieder das tosende Rotgardistenmeer vor Augen und zitterte plötzlich am ganzen Körper. Nach dieser Zeremonie hielt der junge Lehrer eine Rede. Er fing mit der Bedeutung der Großen Proletarischen Kulturrevolution an, sprach über die internationale und inländische politische Lage, ging auf die Bedeutung der Wiederaufnahme des Unterrichts und Fortführung der Revolution über und kam schließlich zur aktuellen Aufgabe und Situation des Klassenkampfes in unserer Schule. An dieser Stelle verkündete er zu unserer totalen Verblüffung: Unsere Rektorin Chen Mei sei eine aktive Konterrevolutionärin. Unsere Aufgabe bestehe im Augenblick darin, sie und ihre Verbrechen anzuprangern und zu verurteilen. Er appellierte an alle Lehrer und Schüler, den Federhalter als Waffe zu benutzen, um an dieser Revolution teilzunehmen. Nach seiner Rede gingen die Vertreter eines jeden Jahrgangs auf die Bühne und gelobten der Partei ihre Entschlossenheit.

---

22 Diese Übersetzung stammt aus der Wikipedia: http://wikipedia.org/wiki/Der_ Osten_ist_rot

Als unsere Füße schon anfingen, vor Kälte wehzutun, und unsere Hände steif und taub wurden, erklärte der Lehrer die Versammlung endlich für beendet. Die Formationen lösten sich allmählich auf, und alle Schüler bewegten sich auf den Ausgang des Hofs zu. Plötzlich strömte eine Schar Schüler aus den Reihen der Sechstklässler in Richtung Hinterhof. Diese »Strömung« brachte die anderen Reihen durcheinander und wurde immer größer. Ich und viele andere Zweit- und Drittklässler wurden buchstäblich mitgerissen. Ich wollte mich hinausdrängen, aber es ging nicht. Die Lehrer versuchten, ihre Schüler zu sich zu rufen. Vergeblich. Ihre Stimmen wurden von den wilden Schreien der Kinder hoffnungslos übertönt. Die »Strömung« bewegte sich in Richtung eines Schuppens im hintersten Hof, in dem die Kohle für die ganze Schule gelagert wurde. Dieser Schuppen hatte kein Fenster, lediglich an der Tür gab es eine kleine, verglaste Öffnung. Die Kinder blieben vor dem Schuppen stehen und versuchten alle auf einmal, stoßend und schiebend, hineinzuspähen. Jemand schleuderte einen Stein gegen die Tür, die Scheibe zerbrach. Schon fingen viele Kinder an, Steine gegen die Tür zu werfen, als ob sie einen Wettkampf im Steinewerfen veranstalteten. Ein frecher, kleiner Lausbub aus der fünften Klasse sprang hoch und spuckte durch die kleine Öffnung in der Tür. Andere Jungs stutzten einen Augenblick lang, dann machten sie es nach. Dabei kreischten sie wie verrückt. Ein Sechstklässler mit einer Rotgardistenarmbinde rief: »Nieder mit Chen Mei!« Andere Kinder riefen nach: »Nieder mit Chen Mei!« Dabei breitete sich auf ihren Gesichtern ein unsicheres, sonderbares Grinsen aus. Das war ein Grinsen, das die Kinder oft aufsetzten, wenn sie Unfug machten. Eine Art hysterische Schadenfreude oder Selbstspott.

War die Rektorin etwa hier drin eingesperrt? Mein Herz zog sich zusammen. Eine unsägliche Angst überkam mich. Ich versuchte mit aller Kraft, mich aus dieser Schar durchgedrehter Kinder zu befreien. Aber es war unmöglich. Ich steckte zwischen anderen kleinen Körpern fest und schwankte mit ihnen hin und her.

Für mich war unsere Rektorin wie eine sanfte, liebenswürdige Mutter. Sie ging oft in die Klassen und hörte sich den Unterricht an. In den Pausen pflegte sie durch die Höfe zu spazieren und sich mit den Kindern zu unterhalten. Ich hatte stets hohen Respekt vor ihr. Auf keinen Fall konnte ich mir vorstellen, dass unsere Rektorin eine aktive Konterrevolutionärin wäre und nun in diesem dunklen, kalten Verschlag eingesperrt war. Im Film konnte man böse Menschen immer auf den ersten Blick erkennen. Männer hatten ein widerwärtiges, hässliches Aussehen, Frauen waren meistens aufreizend, lasterhaft und hatten eine hohe Stimme. Unsere Rektorin war weder aufreizend, noch hatte sie eine hohe Stimme. Sie war eine zierliche Frau von ungefähr fünfzig Jahren, hatte ein rundliches, freundliches Gesicht, trug eine Brille und eine kurze Frisur. Ein paar weiße Haare schimmerten bereits durch. Sie lächelte immer, wenn sie sprach, und war bei den Schülern sehr beliebt. Die kleine Waage für Gut und Böse in meinem Herzen wurde noch einmal heftig geschüttelt.

Nachdem die Kinder sich ausgetobt hatten, ebbte ihre Lust allmählich ab, zumal sie feststellten, dass kein Lehrer kam und ihre Tat zu verhindern suchte. Auf einmal löste sich der Knäuel von Kindern vor der Tür des Kohleschuppens auf. Einige Jungen warfen noch lustlos ihre letzten Steine gegen die Tür und liefen weg. Plötzlich stand ich alleine da. Ich starrte auf das kleine, schwarze Loch an der Tür und traute mich nicht, auch nur einen Schritt nach vorne zu tun. Mir kam es vor, als ob das Loch sich in einen Monsterschlund verwandeln und mich verschlingen könnte, wenn ich mich ihm nähern würde. Eine Weile stand ich da und horchte. Aus dem Schuppen konnte ich nichts vernehmen. Es herrschte eine absolute Stille. War die Rektorin tot? Erfroren? Verhungert? Oder von den Steinen, die die Kinder hineingeworfen hatten, tödlich getroffen? Entsetzliche Bilder der dunklen Rumpelkammer in unserem Hinterhof und des strangulierten Ehepaars Zhang tauchten vor meinem geistigen Auge wieder auf. Wie ein verängstigtes Häschen rannte ich auf und davon.

Nach der Wiederaufnahme des Schulbetriebs fand in Wirklichkeit kein regulärer Unterricht statt. Die meiste Zeit verbrachten wir damit, an Kampfkritiksitzungen teilzunehmen, auf denen Konterrevolutionäre gebrandmarkt und verurteilt wurden; politische Schulungen abzuhalten, das hieß, gemeinsame Zeitungslektüre; und die sogenannte Erziehung in Bezug auf die aktuelle politische Lage zu praktizieren, indem die neuen Mitteilungen der Zentralen Führungsgruppe der Kulturrevolution vorgetragen wurden und die Lehrer uns über die Entwicklung der Kulturrevolution informierten.

Zu meinem Erstaunen tauchten immer mehr Konterrevolutionäre auf, je heftiger die Revolution tobte. Neben der Rektorin entpuppten sich auf einmal viele Lehrer ebenfalls als Verräter, Spione oder Konterrevolutionäre. Sogar ein Schüler in meiner Klasse wurde als »aktiver Konterrevolutionär« entlarvt und von heute auf morgen von der Schule verwiesen. Das war ein Junge vom Nachbarhof unserer Gasse. Was sein Verbrechen betraf, gab es unterschiedliche Gerüchte. Manche behaupteten, er habe konterrevolutionäre Parolen an die Wände der Schultoilette geschmiert. Andere meinten, er habe auf den Schriftzeichen »Vorsitzender Mao« drei Kreuze gemalt. Die ungeheuerlichste Variante war, dass er ein Tagebuch geführt haben soll, in dem er seinen Traum von der Restauration früherer Kuomintang-Herrschaft schilderte. Zu Gesicht bekommen hatte es aber niemand. Beim Suchen nach dem Motiv stellte das Nachbarschaftskomitee der Revolution fest, dass der verstorbene Ehemann seiner Großmutter, mit der er zusammenlebte, vor der Befreiung ein Gutsbesitzer gewesen war – dasselbe Verhängnis wie bei Frau Jiang in unserem Hof. Gutsbesitzer gehörten zu den Klassenfeinden, und auch deren Nachfahren galt nun der Hass der Kommunistischen

Partei. Deshalb wurde diese verborgene Gefahr von der Schule ohne viel Federlesens und unverzüglich beseitigt.

Ich kannte diesen Jungen von klein auf. Er war ruhig, unscheinbar, im Vergleich zu anderen Jungen ganz brav und stets ordentlich gekleidet. Noch nie war er aufgefallen, kaum einer kannte überhaupt seinen Namen. Nun wurde er über Nacht in der ganzen Schule und Umgebung bekannt und verfemt. Denn überall hingen Parolen: »Nieder mit dem kleinen Konterrevolutionär Zhou Ping!« In der Gasse war seine Geschichte eine Zeit lang die größte Sensation seit Beginn der Kulturrevolution. Sobald ihn die Kinder in der Nachbarschaft erblickten, verfolgten sie ihn in Scharen, pöbelten ihn an, beschimpften und prügelten ihn, bis er blutend eilends nach Hause flüchtete. Deshalb wagte er es nie wieder, zum Spielen nach draußen oder einkaufen zu gehen. Bald darauf war seine Familie verschwunden. Keiner wusste genau, wohin. Die Nachbarn erzählten, dass er mit seiner Großmutter zur Umerziehung durch Arbeit aufs Land in die alte Heimat verbannt worden sei.

Der kleine Junge war zwar verschwunden, aber die Kritik an ihm wurde weiterverfolgt, um alle schädlichen Folgen, die er hinterlassen habe, restlos auszumerzen, so gab die Leitung des Revolutionskomitees der Schule bekannt. Gleichzeitig sollte die Aburteilung der Rektorin verschärft werden. Deshalb diente der Chinesischunterricht dazu, Verurteilungsreden für die Kundgebung zu schreiben. Für uns Drittklässler war es sehr schwierig, eigentlich unmöglich, eine politische Rede zu verfassen, in der es darum ging, einen Konterrevolutionär zu verurteilen. Denn wir, die wir gerade zehn Jahre alt waren, wussten nicht einmal, was der Begriff »Konterrevolutionär« eigentlich bedeutete. So schlug uns unsere Lehrerin vor, unsere Eltern zu bitten, für uns einen Text zur Verurteilung der Rektorin zu schreiben.

Seit Beginn der Kulturrevolution spielte das Ensemble meiner Eltern kein Theater mehr, es musste seine eigene Revolution durchführen, das hieß: sich einer »Selbstreinigung« unterziehen.

Die Kulturrevolution innerhalb der Armee war grundsätzlich nicht direkt mit der in der Gesellschaft konfrontiert, sondern beschränkte sich in erster Linie auf den internen Kampf. Im Ensemble wurde jedes Mitglied und dessen Familienhintergrund unter die Lupe genommen. Die Herkunft meiner Eltern war nicht leicht einzustufen. Ihre Eltern waren keine ruhmwürdigen Bauern und heroischen Arbeiter, aber auch keine abgefeimten Kapitalisten oder blutrünstigen Gutsbesitzer; sie waren nicht wohlhabend, aber auch nicht bitterarm, sie waren keine Ausgebeuteten, aber auch keine Ausbeuter. Als Nachwuchs eines Kleinhändlers und eines Freiberuflers waren meine Eltern weder rot noch schwarz. Als Schauspieler waren sie der »Schwarzen Linie der Kunst« zuzuordnen; aber gleichzeitig gehörten sie der Volksbefreiungsarmee an. Soldaten bildeten mit Arbeitern und Bauern zusammen die führende Klasse im Sozialismus. Dem militärischen Dienstgrad nach waren sie Offiziere, das hieß Machthaber, die entmachtet werden sollten, aber in Wirklichkeit hatten sie keinen Posten inne, weil sie Theaterschauspieler der Armee und nicht im militärischen Dienst waren. Aus diesen Gründen gehörten meine Eltern zu Beginn der Kulturrevolution nicht zu den »Rinderteufeln und Schlangengeistern«, die durch Rotgardisten bekämpft werden mussten.

Aber der Kampf innerhalb des Ensembles war nicht weniger erbittert. Verschiedene Gruppierungen hatten sich herausgebildet, die sich gegenseitig bekämpften. Wer heute mit seiner Macht auftrumpfte, konnte morgen schon niedergeschlagen werden. Viele Schauspielerinnen und Schauspieler wurden wegen ihrer Familienherkunft als Konterrevolutionäre oder Spione verurteilt und von den eigenen Kollegen mit harter Kritik und Demütigungen überzogen. Mein Vater gehörte am Anfang zu den Rebellen, wurde später jedoch als »Loyalist« eingestuft und musste Selbstkritik üben. Meine Mutter musste zwar aufgrund ihrer zurückhaltenden Haltung im Kampf gegen die schlechten Elemente innerhalb des Ensembles auch Kritik ertragen, genoss aber wegen ihrer Funktion als »leitende Parolenruferin« eine besondere Position.

Da meine Mutter eine besonders laute, durchdringende Stimme hatte, wurde sie beauftragt, auch auf den Kampfkritiksitzungen der Luftwaffe als »leitende Parolenruferin« zu fungieren. Vor Beginn einer Kundgebung bekam sie eine Liste mit aktuellen Parolen und die Anweisung über den Einsatzbeginn. Meistens zwischen den Reden, manchmal auch während einer Rede suchte sie die passenden Parolen aus und rief sie in ein Mikrophon, die dann alle Teilnehmer im Chor wiederholten. Deswegen war ihre Stimme in dieser Zeit in allen in Peking stationierten Luftwaffeneinheiten bekannt.

Im Zuge der Revolution hatten die Ensemblemitglieder viele neue Leidenschaften entwickelt, unter anderem die, Broschen mit dem Abbild des Vorsitzenden Mao zu sammeln. Seit Beginn der Kulturrevolution war das Tragen einer Mao-Brosche so normal und selbstverständlich geworden, wie man zwei Augen im Kopf hatte. In ganz China konnte man keinen Menschen finden, der keine Mao-Brosche getragen hätte. Meine Mutter war eine leidenschaftliche und erfolgreiche Sammlerin. Da das Ensemble nicht mehr auf Tournee ging, kam Mutter manchmal auch während der Woche Großmutter und mich besuchen. Sie tauchte immer spätabends auf, knöpfte mit einem geheimnisvollen, neugierig machenden Lächeln ihre Uniformjacke auf und präsentierte uns die neuesten Broschen, die in der Innenseite der Uniform befestigt waren. Dann erzählte sie uns stolz, woher sie die neuen Broschen bekommen hatte.

Meine Mutter kannte viele Offiziere der Luftwaffe. Das lag nicht nur daran, dass die Offiziere früher ab und zu die Theateraufführungen besucht hatten, sondern vor allem auch daran, dass die jungen Schauspielerinnen des Ensembles vor der Kulturrevolution die hohen Offiziere der Luftwaffe oft beim Tanzen begleitet hatten. Da meine Mutter temperamentvoller Natur war und gern lachte, hinterließ sie meist bleibenden Eindruck. Sie wunderte sich, dass die Offiziere sich ihren Namen merken konnten, wenn sie einmal mit ihr getanzt hatten. Selbstverständlich kamen diese Bekanntschaften ihrer Sammelleidenschaft zugute. Denn von den Offizieren bekam sie Broschen, die sonst nicht leicht zu erhalten waren. Die gesammelten Broschen befestigte sie sorgfältig auf kleinen, gelben, quadratischen Schaumstofffolien. Ich fand die Broschen schön und trug bis zu drei Stück übereinander an der Jacke auf Höhe des Herzens. Die meisten Broschen waren aus Aluminium hergestellt, es gab auch welche aus weichem Kunststoff oder Plexiglas. Der Hintergrund der Brosche war meistens rot, vor dem sich dann der golden gefärbte Kopf des Vorsitzenden Mao abhob. Auf der Rückseite wurden in der Regel die Parole »Es lebe Vorsitzender Mao!« und der Name der Einheit, die die Brosche hergestellt hatte, eingeprägt. Anfangs pflegte ich die Broschen zu zählen, irgendwann, nach ein paar Hundert, gab ich das Zählen auf. Oft betrachteten meine Eltern, Großmutter und ich zusammen die Sammlung, verglichen die einzelnen Broschen miteinander, beurteilten die Qualität und Gestaltung. Dann zählte jeder seine Lieblingsbroschen auf. Die Broschen, die man doppelt oder mehrfach besaß, konnten unter Kollegen oder Bekannten getauscht werden. Aber die Raritäten gab Mutter nie aus der Hand. Ein paarmal fanden inoffizielle Ausstellungen im Ensemble statt, auf denen die Sammler ihre Schätze präsentierten. Die Sammlung meiner Mutter wurde ständig als die umfangreichste bewundert. Einmal hörte ich meine Eltern darüber sprechen, dass der Luftwaffe das Aluminium für die Herstellung von Flugzeugen ausging, weil zu viele Broschen produziert wurden. Aus ihrem Ton konnte ich nicht heraushören, ob sie darüber staunten, es bemängelten oder gut fanden.

Neben dieser allgemeinen Leidenschaft herrschte im Ensemble noch eine andere Mode, nämlich aus alten Filmstreifen Bilderrahmen für Poster des Vorsitzenden Mao herzustellen. Ich wusste nicht, wo meine Mutter und andere Tanten und Onkel diese alten Filme fanden – belichtete, unbelichtete oder durchsichtige. Die durchsichtigen Filme wurden in der Regel rot oder golden gefärbt. Man schnitt sie nach Bedarf in bestimmter Länge, legte zwei Filme übereinander und band sie zusammen, indem man farbige Kunststoffschnüre durch die Löcher der Filmstreifen führte. Zwischen diese beiden zusammengeflochtenen Filme stopfte man Papierröllchen. Vier solche ausgefüllten Filmröllchen wurden dann an den Ecken noch mal mit Kunststoffschnüren verbunden. Als Untergrund diente Pappe. Auf diese Art und Weise entstand ein schöner, plastischer und relativ robuster Bilderrahmen, den man sogar verglasen konnte, wenn man wollte. Ich hätte nie gedacht, dass meine Mutter solche handwerklichen Fähigkeiten besaß. Sie konnte in der Tat sehr schöne Bilderrahmen machen, die sie gern Verwandten, Kollegen oder Nachbarn schenkte, nachdem unser eigener Bedarf gedeckt war.

An dem besagten Wochenende, an dem uns unsere Lehrerin aufgefordert hatte, unsere Eltern um Hilfe beim Schreiben eines Kritiktextes zu bitten, bastelte meine Mutter gerade an einem neuen Bilderrahmen mit dunkelrot gefärbten Filmen.

Mein Vater schrieb für mich den Text. Ich wusste, dass er ein talentierter Schreiber war, und hatte volles Vertrauen. Er nahm diese Aufgabe sehr ernst und arbeitete fast den ganzen Tag daran. Gegen Abend war er fertig. Meine Aufgabe bestand darin, den Text abzuschreiben und fließend zu lesen, bis es so klang, als ob er aus meiner Feder stamme.

Am Abend war der Bilderrahmen fertig. Es war ein 50 x 70 Zentimeter großer Rahmen mit Glas. Mutter hatte dafür das berühmte Poster des Vorsitzenden Mao ausgesucht, das ihn in grüner Militäruniform beim ersten Rotgardistenempfang auf dem Tor des Himmlischen Friedens zeigt. Dieses Poster war über alle Maßen beliebt und hing überall. Mutter schlug vor, dieses Bild mitsamt Rahmen meiner Schule zu schenken. Der neue Rahmen gefiel mir gut, aber es war mir nicht recht, ihn der Schule zu schenken. Sie sagte, sie würde ihn persönlich in die Schule bringen. Wenn der Vorschlag von Großmutter gekommen wäre, hätte ich energisch Nein gesagt. Denn mir war immer peinlich, wenn einer aus der Familie in meine Schule ging. Bei meiner Mutter hatte ich eine gewisse Hemmung und traute mich deshalb nicht, ihr zu widersprechen.

Am Montagmorgen ging Mutter mit mir zusammen in die Schule – zum ersten Mal, seit ich eingeschult worden war. Sie trug den großen, schönen, selbst gemachten Rahmen mit dem Poster des Vorsitzenden Mao in der Hand, und ich hatte die Kritikrede in der Jackentasche. Meine Kassenlehrerin war tief gerührt, bedankte sich überschwänglich im Namen der ganzen Klasse und Schule und lobte die kunsthandwerkliche Fertigkeit meiner Mutter. Statt das Bild in der Klasse aufzuhängen, entschied sie, es dem neu gegründeten Revolutionskomitee der Schule zu überreichen.

An diesem Tag verbrachten wir die Unterrichtsstunden damit, einer nach dem anderen unsere Kritikrede vor der Klasse vorzutragen. Am Ende fand die Lehrerin meine Rede am besten und beauftragte mich, als Vertreterin der Klasse meine Rede auf der Schulkundgebung vorzutragen.

Heute weiß ich nicht mehr genau, was mein Vater geschrieben hatte. Fest steht, dass er weder meine Rektorin gekannt noch bis dahin mit meinem Schulleben je zu tun gehabt hatte. Fest steht auch, dass er in seinem Text dem Zeitgeist sehr gut entsprochen und getreu das gleiche Vokabular übernommen haben musste, das in allen Zeitungen, Wandzeitungen und Kritikreden landesweit verwendet wurde; das gleiche Vokabular, das viele Hunderttausend andere Väter und Mütter beim Schreiben ihrer Texte für ihre Kinder auch verwendet hatten. Nur, da er Theaterstücke schreiben konnte und überhaupt ein talentierter Schreiber war, hatte er offenbar einen brillanten Text geschrieben, der als besonders tief gehend, gehaltvoll und dramatisch angesehen wurde.

Zwei Tage später fand die Schulkundgebung zur Kritik und Verurteilung der Rektorin auf dem Sportplatz statt. Die Temperatur lag mehr als zehn Grad unter null. Es wehte ein eisiger Nordwestwind. Wir Schüler wurden gebeten, einen Hocker von zu Hause mitzunehmen und uns auf dem Sportplatz zu versammeln. Auf dem Transparent über dem Podium stand: »Nieder mit der Konterrevolutionärin Chen Mei!« Die beiden Schriftzeichen des Namens »Chen Mei« waren auf den Kopf gestellt und durchgestrichen worden. Nach dem gemeinsamen Singen des Liedes *Der Osten ist rot* und dem gemeinsamen Parolenrufen rezitierte der Leiter des Revolutionskomitees einen Absatz aus dem roten Büchlein *Worte des Vorsitzenden Mao:*

»Wir sind verpflichtet, das Volk zu organisieren. Was die chinesischen Reaktionäre betrifft, so sind wir verpflichtet, das Volk zu organisieren, damit es sie niederschlägt. Für alles Reaktionäre gilt, dass es nicht fällt, wenn man es nicht niederschlägt. Es ist die gleiche Regel wie beim Bodenkehren – wo der Besen nicht hinkommt, wird der Staub nicht von selbst verschwinden.«

Danach kündigte er an, die Konterrevolutionärin Chen Mei auf das Podium zu bringen. Die über tausend Kinder, die bis dahin noch nicht ganz zur Ruhe gekommen waren und vor Kälte auf ihren Höckerchen hin und her rutschten, wurden auf einmal mäuschenstill. Es war das erste Mal, dass wir unsere Rektorin als Konterrevolutionärin auftreten sahen: Ihre Hände waren auf dem Rücken gefesselt, ihre Kleidung zerrissen und schmutzig. Sie taumelte. Jeder Schritt schien ihr schwerzufallen. Mit großer Mühe stieg sie auf das Podium, da sie ihre Hände nicht zum Stützen benutzen konnte. Ein großes Pappschild hing vor ihrer Brust, auf dem »Nieder mit der Konterrevolutionärin Chen Mei!« geschrieben stand. Man hatte ihr einen überdimensionalen, spitzen Papierhut aufgesetzt, um sie zu demütigen und zu entehren. Ihr Kopf war wie bei Frau Jiang in unserem Wohnhof zur Hälfte kahl geschoren: Das nannte man »Yin-Yang-Frisur«, die jedem »Rinderteufel und Schlangengeist« verpasst wurde. Wegen dieses Hutes konnte sie ihren Kopf nicht senken und ihr Gesicht verbergen. Deswegen hielt sie ihre Augen geschlossen, als ob sie schliefe. Man konnte ihre Gesichtszüge kaum erkennen, weil ihr Gesicht besudelt und so gut wie schwarz war vor Schmutz. Zutiefst schockiert starrte ich dieses Wesen auf dem Podium an, das weder Mann noch Frau, weder Mensch noch Gespenst zu sein schien. Sie war also nicht im Kohleschuppen gestorben. Mein Herz raste und flatterte. Meine Hand krampfte sich um das Blatt Papier mit der Kritikrede in der Tasche der wattierten Jacke. Mein ganzer Körper zitterte vor Kälte und hauptsächlich vor Angst. Kein Wort von den Reden, die verschiedene Schüler und Lehrer hintereinander deklamierten, konnte ich verstehen.

Erst als plötzlich mein Name in den Lautsprechern ertönte, wachte ich aus dem Albtraum auf. Mir wurde schwarz vor Augen. Ich dachte, ich müsste bewusstlos umfallen, wie es mir ab und zu im Winter beim Morgenappell passierte, wenn ich mit leerem Magen in die Schule ging. Aber ich fiel leider nicht in Ohnmacht, sondern stand auf und ging mechanisch in Richtung Podium. Die Bodenbeschaffenheit des Sportplatzes kam mir so merkwürdig vor, dass ich das Gefühl hatte, ich wandelte über ein Moor. Endlich stand ich vor dem riesengroßen Mikrophon. Das Podium schien sich in eine Insel verwandelt zu haben. Rundum war ein schwarzes Meer. Ich war allein, hilflos, verloren. Der eisige Wind schnitt in mein Gesicht, in meine Hände, mit denen ich dieses dünne Blatt Papier festhielt. Ein Lehrer kam und senkte das Mikrophon auf meine Kopfhöhe. Ich fing an, die Rede vorzulesen, und erschrak über meine eigene Stimme, die laut und zitterig aus den Lautsprechern drang. Ich konzentrierte mich auf die Schriftzeichen auf dem Papier und versuchte, den Text so gut wie möglich vorzulesen, wie ich es zu Hause geübt hatte. In keinerlei Hinsicht brachte ich den Text, den ich vortrug, mit der gequälten Person in Verbindung, die drei Schritte von mir entfernt stand. Ich vergaß sogar, dass sie existierte. Allmählich hörten meine Hände auf zu zittern. Und der Boden des Podiums unter meinen Füßen wurde wieder fest. Zu meinem Erstaunen nahm ich wahr, dass meine Stimme auch zu zittern aufgehört hatte und hell, klar und schön klang, obwohl immer noch sehr fremd ...

Daran, wie ich das Podium verließ und mich zurück in die Reihe meiner Klasse begab und wie ich mit dem Hocker nach Hause ging und den Rest des Tages verbrachte, vermochte ich mich später nicht zu erinnern. Es war wie ein Schock, der eine Lücke in meinem Gedächtnis hinterließ. Oder ein Filmriss. Bis kurz vor dieser Szene erinnerte ich mich an alles. Ich sah mich auf jedem Einzelbild eines Filmstreifens. Dann gab es einen Schnitt, als ob jemand mit einer Schere diesen Filmstreifen durchgeschnitten hätte.

Es war die Geburtsstunde eines anderen Mädchens, das nicht mehr ich war, und ein einschneidendes Ereignis im Prozess der Gehirnwäsche, der bereits im Kindergarten begonnen hatte. Zu diesem Zeitpunkt war ich neun Jahre und vier Monate alt.

Nach dieser Kundgebung war ich über Nacht in der ganzen Schule bekannt. Alle Lehrer und viele Schüler wussten meinen Namen. Diejenigen, die meinen Namen nicht kannten, zeigten im Schulhof mit dem Finger auf mich, wenn ich vorbeiging: »Das ist doch diese Drittklässerin, die als Jüngste eine Rede auf jener Kundgebung gehalten hat.« Oder: »Das ist doch die, die der Schule einen großen Bilderrahmen geschenkt hat.«

Seitdem musste ich fast auf jeder Kundgebung der Schule als Vertreterin meines Jahrgangs eine Rede halten oder vorlesen.

Die Schule wurde der Struktur nach in militärische Einheiten verwandelt. Die ganze Schule war ein Regiment, ein Jahrgang war eine Kompanie, eine Klasse ein Zug. Die Organisation der

»Jungen Pioniere des Kommunismus« wurde aufgelöst und die der »Kleinen Rotgardisten des Vorsitzenden Mao« gegründet. Alle Kinder, deren Familienherkunft unproblematisch war, konnten Mitglieder werden. Ich wurde selbstverständlich eine der ersten Kleinen Rotgardisten meiner Schule. Außerdem wurde ich nicht nur von unserer Klassenlehrerin zur Zugführerin meiner Klasse, sondern auch von meinem Jahrgang zur Kompanieführerin ernannt.

Außer dem spärlichen regulären Unterricht und den unzähligen politischen Schulungen und Kampfkritiksitzungen fanden in der Schule regelmäßig Wettkämpfe im militärischen Paradieren statt. Bei einem solchen Wettkampf präsentierte jeder Zug und jede Kompanie das Ergebnis ihrer militärischen Übungen, die den herkömmlichen Sportunterricht ersetzt hatten. Am Ende wurden der beste Zug und die beste Kompanie mit einer Siegerurkunde ausgezeichnet. Als Kompanieführerin musste ich vor allen Schülern meines Jahrgangs stehen und lauthals Kommandos geben wie »Rührt euch«, »Stillgestanden«, »Augen rechts«, »Im Gleichschritt, marsch« und so weiter. Dabei musste ich meine Stimme bis zur Unkenntlichkeit steigern, damit mich die paar Hundert Schüler auch alle hören konnten. Ich war bis dahin ein verwöhntes, schüchternes Mädchen gewesen, das Angst vor Mäusen und Erwachsenen hatte, das so leise und still war wie ein Fisch. Unser Sportlehrer hatte mich so lange dressiert, bis ich mich traute, den Mund weit zu öffnen und den Befehl »Marsch!« aus meinen Stimmbändern zu pressen.

Ich war das einzige Mädchen, das beim militärischen Wettkampf vor der ganzen Schule Kommandos gab. Gekleidet in Mutters Uniform einschließlich eines breiten Koppels in der Taille, sah ich wie eine echte, kleine Soldatin aus. Meine Eltern und Großmutter waren erstaunt über meine Veränderung. Ich selbst war ebenfalls ein wenig verwundert, was aus mir geworden war.

Für uns zehnjährige Kinder galt es als das höchste Gebot, dem zu entsprechen, was die Erwachsenen – unsere Lehrerin, unsere

Eltern, die Leiter des Revolutionskomitees der Schule – von uns erwarteten. Ich hatte eine gute Tochter und eine Musterschülerin zu sein. Heute kann ich mich nicht mehr entsinnen, ob ich stolz auf mich war, auf meine Berühmtheit in der Schule und meine besondere Position. Aber an eines kann ich mich gut erinnern, nämlich, dass ich permanent das Gefühl hatte, das Leben sei voller Gefahr und böser Überraschungen.

Seit ich berühmt geworden war, gab es in meiner Umgebung nicht nur Bewunderer und Nachahmer, sondern auch Neider und Feinde. Die Mädchen in meiner Klasse versuchten, sich so zu kleiden wie ich, die gleiche Frisur zu haben wie ich und die gleichen Schuhe zu tragen wie ich. Schwer war das nicht, weil es kaum andere Wahlmöglichkeiten gab. Ich trug, seit ich groß genug dafür war, in allen vier Jahreszeiten ausschließlich die kleinste Größe der Militäruniform der Luftwaffe – grüne Jacke, blaue Hose –, die Mutter für mich mitbestellte. Erstens war es Mode in der Kulturrevolution, die Militäruniform zu tragen; zweitens kostete sie nichts. Die anderen Mädchen kauften sie in Bekleidungsgeschäften, in denen es neben Militärgrün ausschließlich die Farben Marineblau und Mausgrau gab. Meine langen Zöpfe waren längst abgeschnitten. Die dichten, pechschwarzen Haare band ich stets mit zwei Gummiringen zu zwei kurzen, sogenannten Borsten hinter den Ohren. Keine einzige Strähne durfte frei hängen. Kein Pony in die Stirn. Und die Ohren durften keinesfalls bedeckt sein. Denn beides würde nach der aktuellen allgemeinen Sittenbestimmung dekadent wirken. Was Schuhe betraf, gab es im Sommer Plastiksandalen, im Frühling und Herbst schwarze Stoffschuhe mit Plastiksohle und im Winter schwarze, wattierte Stoffschuhe mit Plastiksohle.

Während sich die Mädchen in meine Doppelgängerinnen verwandelten, wurden aus den frechen Jungen, mit denen ich bis dahin nichts zu tun gehabt hatte, meine »Feinde«. Sie dachten sich Spitznamen für mich aus und schikanierten mich auf dem Nachhauseweg. Insbesondere vor einer Schar Lausbuben eines

Wohnhofes am westlichen Ende unserer Gasse hatte ich große Angst. Sie lauerten hinter dem Tor ihres Hofs, und wenn ich vorbeiging, sprangen sie hervor, riefen im Chor böse Spitznamen, lachten hämisch oder bewarfen mich mit Steinen. Einmal schleuderten sie mir eine tote Ratte an den Kopf, sodass ich vor Schreck fast ohnmächtig wurde, in Tränen ausbrach und nach Hause rannte. Seitdem traute ich mich nie wieder von der westlichen Seite unserer Gasse aus nach Hause oder dorthin einkaufen zu gehen und nahm den längeren Weg der östlichen Seite in Kauf. Ich konnte mir nicht erklären, warum es ihnen Spaß machte, mich zu drangsalieren. Genauso wenig konnte ich mir erklären, warum sie Steine durch das kleine Fenster in der Tür des Kohleschuppens geworfen und die Rektorin bespuckt hatten. Weder der Lehrerin noch meiner Großmutter erzählte ich jedoch von dieser Boshaftigkeit.

Heute kann ich nicht mehr nachvollziehen, warum ich dies nicht tat. Ich vermute, dass ich mich im Wesen nicht verändert hatte, obwohl ich zur Kompanieführerin der Rotgardisten dressiert wurde. Ich war ein scheues Rehkitz geblieben, das instinktiv mit seinen Feinden, mit seiner gefährlichen Umgebung allein klarkommen musste. Zu protestieren, mich zu wehren, andere Kinder zu verraten, dies hätte mich eine Überwindung gekostet, zu der ich keinesfalls fähig gewesen war.

Im Stillen beneidete ich die unauffälligen Mädchen. Diese Mädchen mussten nicht unbedingt gute Leistungen erbringen; sie bekleideten keinen Posten und mussten kein Vorbild für die anderen sein; sie durften sogar hochnäsig oder wehleidig sein. Keiner würde zu ihnen aufsehen, keiner sie kritisieren, geschweige denn tyrannisieren. Ihr Leben schien mir so leicht, so entspannt und so friedlich zu sein, dass ich davon träumte, eins von ihnen zu sein. Am meisten beneidete ich die Mädchen, die einen älteren Bruder hatten. Um sie machten die Jungs einen großen Bogen. Ich hatte weder einen älteren Bruder, noch war ich unauffällig. So hatte ich eine Kompanieführerin zu sein, die stets den

Blicken der anderen ausgeliefert war – strengen, kritischen, urteilenden, neidischen, bewundernden Blicken – und der unaufhörlichen Bosheit meiner »Feinde«. Außerdem hatte ich eine gute Kritikredenschreiberin zu sein. Bald war ich mit dem Vokabular der Kulturrevolution so vertraut, dass ich auch selbst Kritikreden schreiben konnte. Die Verurteilungskundgebungen nahmen kein Ende.

Unsere Rektorin war unmittelbar nach jener Kundgebung verschwunden. Keiner hatte uns Schülern gesagt, wohin sie verbracht worden oder was mit ihr geschehen war. Sie war einfach weg. Bald hatten die meisten Schüler sie vergessen.

Aber mich verfolgt ihr Schicksal bis heute …

Ich würde sie so gern ausfindig machen und mich vor ihr tief verbeugen. Ich würde mich so gern im Namen aller politisch missbrauchten Kinder und Jugendlichen, auch im Namen der Kinder, die sie mit Steinen beworfen und sie bespuckt hatten, bei ihr entschuldigen – bei ihr und bei allen Rektorinnen und Rektoren, die von ihren Schülern geschlagen und beschimpft worden waren.

Wir waren unschuldige Schuldige.
Das war eine Schande der chinesischen Nation.
Wir waren die Oberfläche dieser Schande.
Wir waren der Saum eines Schandflecks der Menschheit.
Als wir zehn Jahre alt waren, wurde uns Hass gelehrt.

11. Kapitel

Wie meine Mutter immer dicker wurde und mir eines Tages eine kleine Schwester schenkte, oder warum ich eine Ersatzmutter wurde

Im Frühling 1967, vier Monate vor meinem 10. Geburtstag, wurde meine Schwester geboren. Vater lieh sich ein Fahrrad von einem Kollegen, setzte mich auf den Gepäckträger und fuhr mit mir ins Hauptkrankenhaus der Luftwaffe, das in einem westlichen Vorort Pekings lag, um Mutter und Schwester zu besuchen.

Das Zimmer war sehr groß. An beiden Wänden standen sich jeweils vier Betten gegenüber. Mutters Bett war von der Tür aus gesehen das erste auf der rechten Seite. Die anderen Frauen schliefen oder stillten ihre Babys. Ich schämte mich für die Frauen, die ihre Brüste in der Anwesenheit eines Mannes entblößen mussten, und schaute deshalb nicht hin – stellvertretend für meinen Vater. Mutter stellte Vater und mich der Frau im Nachbarbett vor. Die Frau, die unter der Decke lag und sehr müde aussah, sagte: »Du hast schon eine so große Tochter? Das hätte ich wirklich nicht gedacht.« Ein wenig verlegen stand ich am Fußende des Bettes. Vater setzte sich vorsichtig auf den Stuhl neben dem Bett. Mutter sah blass aus. Aber sie richtete sich auf und erzählte munter von der Geburt. Sie habe sieben Stunden Wehen gehabt, jedoch kein einziges Mal geschrien. Die ganze Zeit habe sie auf ein Handtuch gebissen und im Stillen den berühmten Spruch des Vorsitzenden Mao rezitiert: »Fest entschlossen sein, keine Opfer scheuen und alle Schwierigkeiten überwinden, um den Sieg zu erringen.«

Eine Krankenschwester kam herein und übergab Mutter ein kleines, weißes Stoffbündel. Mutter zeigte auf das rote Köpfchen mit schwarzen, samtenen Härchen in der Öffnung des Stoffbündels und sagte lächelnd zu mir: »Das ist dein Schwesterchen.«

Erstaunt betrachtete ich dieses kleine, fremde Lebewesen und dachte: »Ist das meine Schwester? Was habe ich damit zu tun?« Mutter wollte, dass ich ihre Härchen anfasste. Das wollte ich nicht. Aber damit ich Mutter nicht enttäuschte, streckte ich vorsichtig meinen rechten Zeigefinger und berührte sanft den kleinen Kopf. Er fühlte sich warm und weich an. Ich bekam eine Gänsehaut und erinnerte mich an das Gefühl beim Streicheln des grauen Kaninchens im Hof meiner Großmutter in Baoding. Ich konnte sehen, wie der kleine Scheitel unter den Samthärchen rhythmisch an- und abschwoll.

Mutter knöpfte das weiße Krankenhaushemd auf und wollte dem kleinen Ding die Brust geben. Es regte sich, schmiegte das Köpfchen an Mutters Brust, öffnete seinen winzigen Mund und schnappte auf einmal die Brustwarze, ohne die Augen aufzumachen. Es saugte kräftig und hielt seine winzige Hand zu einem Fäustchen geballt. Ich erinnerte mich plötzlich an Lilis Puppe, mit der ich spielen durfte, und dachte: »Das kleine Ding ist doch recht süß.« Mutter bedeutete mir, mich auf die Bettkante zu setzen, und fing an, von meiner Geburt zu erzählen: »Ich war damals so jung, selbst fast noch ein Kind, und hatte keine Ahnung. Ich hätte nicht gedacht, dass eine Geburt so wehtun würde. Die Hebammen ermunterten mich zu schreien. Als es so weit war, halfen sie, dich rauszuholen. Ich schrie vor Angst: ›Nicht ziehen! Nicht ziehen! Nicht mein Gedärm rausziehen!‹ Die haben sich totgelacht. Wer hätte gedacht, dass du im Nu fast zehn Jahre alt geworden bist!« Mir war es so peinlich, dass ich rot wurde, zumal so viele fremde Menschen im Zimmer waren und mithören konnten.

Nach dem Stillen fragte mich Mutter, ob ich das Baby auf den Arm nehmen möchte. Das wollte ich auf keinen Fall. Dann diskutierten meine Eltern, welchen Namen mein Schwesterchen erhalten sollte. Bei dieser Gelegenheit erzählte Mutter wieder die Geschichte über die Findung bzw. Erfindung meines Namens, die ich bereits kannte: »Nach deiner Geburt hat dein Vater drei

Tage lang im Wörterbuch nach einem passenden Vornamen gesucht und ist schließlich auf das Sprichwort ›chu lei ba cui‹ gekommen, also ›über alle anderen herausragen‹. Er hat dann das Schriftzeichen ›Cui‹ genommen, welches eigentlich ›Gras‹ bedeutet und im übertragenen Sinne ›versammelte Menschenmenge‹. Dein Name bedeutet zwar ›Gras‹ oder ›Menschenmenge‹, aber du weißt ja, was dahintersteckt.« Früher hatte Vater Mutters Erzählung immer bestätigt und hinzugefügt: »Du weißt also, welche Hoffnung Papa auf dich setzt.« Aber heute schwieg er.

Das Baby schlief selig in Mutters Arm. Ich konnte meinen Blick nicht von ihm wenden, so süß fand ich es, obwohl ich es immer noch nicht fassen konnte, dass es *meine Schwester* war. Einmal glaubte ich es lächeln zu sehen. »Kann ein Baby schon träumen?«, fragte ich mich im Stillen. Mit dem anderen freien Arm zeigte Mutter auf die zwei an der Wand hängenden Zitate aus den *Worten des Vorsitzenden Mao* und sagte: »Ich habe mir schon lange überlegt, wenn es ein Junge wird, sollte er ›Yong‹ wie ›mutig‹ heißen; wird es ein Mädchen, sollte es den Namen ›Qun‹ wie ›Massen‹ haben. Wie findest du das?« Vater schaute auf die Zitate und sagte: »Qun? Hm …, nicht schlecht. Eine unter den Massen, eine vom Volk. Das passt sogar zu ›Cui‹.«

Ich las die Zitate, die, in roten Schriftzeichen auf weißem Plakatpapier gedruckt, an der Wand hinter Mutters Bett hingen:

»Wir müssen unseren Kampfstil voll entfalten, d. h. mutig kämpfen, keine Opfer scheuen, keine Erschöpfung fürchten und unablässig Kämpfe führen (in einem kurzen Zeitraum ohne Ruhepause ein Gefecht nach dem anderen austragen) …«
»Die wahren Helden sind die Massen, wir selbst aber sind oft naiv bis zur Lächerlichkeit; wer das nicht begriffen hat, wird nicht einmal die minimalen Kenntnisse erwerben können.«

Ab diesem Tag trat eine kleine Schwester in mein Leben ein, die Qun wie »Massen« hieß.

Die Ankunft meiner kleinen Schwester kam für mich überraschend. Darauf war ich nicht vorbereitet. Während der ganzen Schwangerschaft meiner Mutter wurde ich im Dunkeln gelassen. Ich hatte nicht den leisesten Schimmer, dass sie ein zweites Kind und ich ein Geschwisterchen erwartete. Das Einzige, was mir auffiel, war, dass Mutter seit Beginn der Kulturrevolution immer dicker wurde. Und sie kam öfter zu uns als früher. Wenn sie bei uns war, aß und schlief sie viel. Sie schien es nicht zu bedauern, dass sie dicker geworden war, ganz im Gegenteil. Denn ich hörte sie oft sagen, wie schön es sei, bei uns zu sein. Sie habe keine Lust, immerzu zu debattieren und an Kampfkritiksitzungen teilzunehmen. Je dicker sie wurde, desto weniger musste sie daran teilnehmen und Parolen rufen. Stattdessen strickte sie Pullover für mich, was sie früher nie gemacht hatte: einen schwarzen mit orangenen Streifen und einen rosaroten. Beide gefielen mir sehr.

Als der Winter kam, trug sie eine weite Winteruniform mit vier Taschen ohne die beiden roten Kragenspiegel. Ich hatte die ganze Zeit nicht erkannt, dass es an ihrem Bauch lag, der sie so dick machte. Ich kann mich auch nicht erinnern, dass sie mich während ihrer Schwangerschaft ihren Bauch streicheln ließ. Das war auch nicht verwunderlich, weil ich, seit ich selbstständig laufen konnte, nie engen Körperkontakt mit meinen Eltern hatte.

Erst als sie sehr dick geworden war, erzählte mir Großmutter eines Tages geheimnisvoll, dass Mutter mir bald ein Brüderchen oder Schwesterchen schenken werde. Ich dürfe sie nicht ärgern und solle gut auf sie aufpassen. Außerdem, sagte Großmutter, sollten wir gut beobachten, welches Bein Mutter zuerst hochhebe, wenn sie über die Türschwelle trete. Wenn zuerst das linke Bein, dann deute es auf einen Jungen hin; wenn zuerst das rechte, dann auf ein Mädchen. Aber Mutter trat manchmal zuerst mit dem linken, manchmal zuerst mit dem rechten Bein über die Schwelle. Großmutter hatte noch einen anderen Geheimtipp, nämlich: »Sauer – ein Junge; scharf – ein Mädchen.« Das hieß, hat eine Schwangere Heißhunger auf Saures, bekommt sie einen

Jungen; hat sie Heißhunger auf Scharfes, bekommt sie ein Mädchen. Mutter mochte Saures. Deshalb meinte Großmutter, dass ich bestimmt ein Brüderchen bekäme.

Jedes Mal, wenn Mutter zu uns kam, versuchte Großmutter, etwas Gutes zu kochen. Alle Lebensmittel waren rationiert. Großmutter und ich hatten im Monat nur 300 Gramm Speiseöl und 200 Gramm Schweinefleisch. Wenig Fleisch zu haben war schon schlimm genug. Aber ohne Öl konnte man überhaupt nicht kochen. Deshalb war Speiseöl etwas sehr Kostbares. Um Öl zu sparen, spülte Großmutter die Bratpfanne nie. Wenn einer ihrer Brüder aus ihrer Heimat Miyun zu Besuch kam, pflegte er eine Flasche Sesamöl mitzubringen. Das war das beste Geschenk, das er machen konnte, und Großmutter freute sich sehr. Jedenfalls zerbrach sie sich jedes Mal den Kopf, um etwas Leckeres zuzubereiten, sodass Mutter immer dicker wurde. Außerdem ließ Großmutter Mutter keine schweren Sachen tragen oder heben oder im Haushalt helfen. Sie sollte sich immer ausruhen. In meinen Augen war sie wie eine Kranke. Deshalb traute ich mich noch weniger als sonst, sie zu berühren. Ich hatte das Gefühl, sie wäre ein Ei, das entzweigehen könnte, und sie würde das Baby verlieren, wenn ich sie stieße. Wie meine Tante, die eine Frühgeburt erlitten hatte. In Wirklichkeit wusste ich noch gar nicht, wo das Baby herauskommen sollte. Ich hatte oft versucht, kühne Vorstellungen durch meinen Kopf passieren zu lassen: durch den Bauchnabel? Durch den Po? Beide Lösungen fand ich unmöglich. Diese Frage sprengte einfach den Rahmen meiner Vorstellungskraft.

Heute verstehe ich nicht, warum ich niemandem diese Frage gestellt hatte, wie viele Kinder es tun. Vor meinen Eltern hatte ich Hemmungen. Aber ich hätte doch Großmutter danach fragen können. Kinder stellen Fragen, das ist das Natürlichste, was es gibt. Ich jedoch stellte als Kind nie Fragen. Ich begriff die Welt nicht durch Fragenstellen, sondern durch Beobachtung und Vorstellung, durch meine eigenen Erfahrungen. Es dauerte länger und war mühsamer, weil ich manchmal Umwege gehen musste.

Irgendwann kam Mutter ins Krankenhaus. Als ich sie wiedersah, war das Baby schon da. Aber was Mutters Körperumfang anging, hatte sich meines Erachtens nicht viel geändert. Ihr Gesicht sah immer noch wie ein gut aufgegangenes, weißes, rundes Mantou aus. Vater schien das nicht gut zu finden. Einmal hörte ich ihn vorwurfsvoll zu Mutter sagen: »Schau mal, wie dick du geworden bist!« Mutter erwiderte mit Fug und Recht: »Na und? Ich spiele doch sowieso kein Theater mehr.«

Schließlich war Mutter keine Ausnahme. Mit ihr zusammen waren viele Tanten im Ensemble dicker geworden und hatten im Jahr 1967 hintereinander Babys zur Welt gebracht, die Hong wie »rot«, Lixin wie »Neues schaffen«, Gefei wie »Unrecht ausmerzen«, Aidang wie »Partei lieben«, Aiguo wie »Vaterland lieben« oder Xiangyang wie »sich der Sonne zuwenden« zum Namen hatten.

Nachdem Mutter aus dem Krankenhaus entlassen worden war, kam sie mit dem Baby direkt zu uns, um ihren Mutterschaftsurlaub bei Großmutter zu verbringen. Sechsundfünfzig Tage. Das war die längste Zeit, die ich ohne Unterbrechung mit ihr zusammen verbrachte – den Urlaub nach meiner Geburt ausgenommen. In dieser Zeit begann ich es zu wagen, ihr nicht immer zu gehorchen.

Eine ältere Schwester zu sein war für mich eigentlich nicht mehr absolut neu. Vor ein paar Monaten war mein Cousin Shitou zu uns gezogen. Meiner Tante, die als Lehrerin Vollzeit arbeitete und unter zu hohem Blutdruck litt, war es zu viel geworden, sich noch um ihren kleinen Sohn zu kümmern. So hatte Großmutter Shitou aufgenommen. Glücklicherweise konnte Großmutter ihn polizeilich in Peking anmelden, sodass wir 100 Gramm Fleisch und 150 Gramm Öl mehr im Monat beziehen konnten. Er rief mich »Jiejie« (ältere Schwester). Da er bereits knapp drei Jahre alt war, war er relativ pflegeleicht. Die Veränderung für mich war, dass ich ihn morgens in den Kindergarten brachte, bevor ich zur Schule ging, und abends wieder abholte. Er ging nämlich in denselben Kindergarten, den ich zuletzt besucht hatte. Der Hof kam mir jetzt so klein vor. Ich war richtig stolz, dass ich heute keines der abzuholenden Kinder mehr war, sondern zu den Abholenden gehörte. In der Nacht nahm Shitou meinen Platz neben Großmutter im großen Bett ein. Ich hatte ein kleines Einzelbett bekommen. Das Einzige, was mich ein bisschen nervte, war, dass ich ihn immer mitnehmen musste, wenn ich mit meinen Freundinnen spielen ging.

Nun war die Situation doch etwas anders: Ich hatte eine echte Schwester bekommen, die nicht meine Cousine war.

Früher hatte Großmutter schon mal von »zuo yue zi«, wortwörtlich »im Wochenbett sitzen«, gesprochen. Nun wusste ich erst, was das wirklich bedeutete. Im ersten Monat nach der Geburt meiner Schwester verließ Mutter das Zimmer kein einziges Mal. Die meiste Zeit verbrachte sie sitzend oder liegend im Bett. Selbst das große Geschäft verrichtete sie im Zimmer im Nachttopf, den Großmutter dann zum Plumpsklo im Hof trug und sauber machte. Um ihre Stirn band Großmutter ein Kopftuch. Alle Fenster- und Türritzen wurden zugeklebt. An der Innenseite der Tür hing ein dicker, wattierter Vorhang, sodass kein bisschen Zugluft hereinwehen konnte. Schließlich war es März und in Peking noch recht kalt. Großmutter erwähnte, sie habe im Wochenbett einen Windzug bekommen, deshalb werde sie ihr Leben lang regelmäßig von Kopfschmerzen geplagt. Der kalte Wind und das kalte Wasser seien für Wöchnerinnen tödlich.

Damit Mutter mehr Milch bekam, kochte Großmutter ununterbrochen Hühner- oder Fischsuppe. Mutter trank die Brühe, und wir durften das Fleisch essen. Unsere armen Hühner wurden nach und nach alle geschlachtet.

Mein Schwesterchen wurde immer noch in weiße Tücher gewickelt und sah, in der Mitte des großen Bettes liegend, wie ein Päckchen aus. Aber die meiste Zeit schlief es auf Mutters Arm. Die Beinchen wurden mit einer Mullbinde zusammengebunden, damit es, laut Großmutter, keine O-Beine bekomme. Mutter war den ganzen Tag damit beschäftigt, das Baby zu windeln, zu stillen, auf dem Arm zu tragen und in den Schlaf zu wiegen.

Am Anfang fand ich es recht lustig, eine lebendige Puppe zu Hause zu haben, und half Großmutter freiwillig, die schmutzigen Windeln zu waschen. Allmählich stellte ich fest, dass sowohl das Weinen des Babys als auch das Windelnwaschen kein Ende nahm. Großmutter hatte von morgens bis abends beide Hände voll zu tun, sodass das Windelnwaschen meine Aufgabe wurde. Jeden Tag, wenn ich von der Schule nach Hause kam, wartete bereits eine Waschschüssel voll schmutziger Windeln auf mich. Ich trug die Schüssel in den Hinterhof und wusch die Windeln mit dem eiskalten Wasser aus dem einzigen Wasserhahn unseres Hofs. Im Nu wurden meine Hände taub und sahen aus wie eingelegte Radieschen. Bald bekam ich blutige Risse an den Fingern, und Großmutter pflegte zu sagen, dass meine Handrücken aussähen wie die Schale einer alten Rübe. Der einzige Trost war, dass mir Großmutter ein Döschen »Schneeflockencreme«, Marke »Pehchaolin« (Hundert Vöglein), kaufte. Das war damals die bekannteste, beliebteste und eigentlich auch die einzige Gesichts- und Handcreme in den Kaufhäusern. Eine schneeweiße, duftende Creme, die jedes Frauenherz schneller schlagen ließ. Normalerweise durften nur erwachsene Frauen diese Creme benutzen, weil sie so duftete und deshalb verführerisch war. In der Kulturrevolution war es verpönt, sie zu benutzen. Denn mit Duft assoziierte man Bourgeoisie und Dekadenz. Aber in jenem Winter genoss ich das Privileg, sie benutzen zu dürfen, dank meiner kleinen Schwester. Ich liebte das flache, blaue Blechdöschen mit den vier bunten Vögelchen darauf und ihren Duft und verwandte die Creme sehr sparsam. Leider konnte sie meine Hände nicht vor Rissen und Frostbeulen schützen.

Einmal kam ich nach der Schule nicht direkt nach Hause, sondern ging erst zu meiner Freundin Xiaorong, in der Hoffnung, mich vor dem Windelnwaschen drücken zu können. Als ich später am Nachmittag zu Hause erschien, schrie Mutter mich wütend an: »Wo hast du gesteckt? Wasch gefälligst schnell die Windeln! Sonst hat dein Schwesterchen keine trockenen Windeln mehr zum Wechseln!« Ich hatte gehofft, dass Mutter fragen würde, ob ich Hunger hätte. Mindestens genauso wütend erwiderte ich ihr: »Warum muss immer ich Windeln waschen? Ich will es nicht!« »Gehst du Windeln waschen, oder nicht?« »Nein!«, antwortete ich zu meinem Erstaunen laut und deutlich. Daraufhin gab mir Mutter einen Klaps auf den Po. Aufgrund meiner dicken wattierten Hose tat es nicht weh. Dennoch fühlte ich mich wie ein Luftballon, der zu platzen drohte. Tränen quollen mir aus den Augen. Ich sagte mit tränenerstickter Stimme, so laut ich konnte: »Du bist nicht mehr meine Mutter!«, und rannte aus dem Zimmer. Wegen dieses Dramas weigerte ich mich den ganzen Tag zu essen und sprach mehrere Tage nicht mehr mit ihr.

In meiner Erinnerung war es das erste Mal, dass ich meiner Mutter widersprach, und das erste Mal, dass Mutter mich anschrie. Es war meine erste Erfahrung, dass Nähe auch wehtun kann.

Als sich der Mutterschaftsurlaub dem Ende zuneigte, schickte Mutter mich zur Apotheke, um Glaubersalz zu kaufen. Das weiße Pulver füllte sie in ein selbst genähtes Mulltäschchen und legte es auf die Brust. Angeblich würde die Milch dadurch schneller zurückgehen. Das arme Baby durfte nicht mehr an ihrer Brust trinken, sondern musste sich an die Flasche gewöhnen. Es schrie, spuckte den Sauger der Milchflasche immer wieder heraus und suchte vergeblich nach Mutters Brust. Mutters Milch ging aber leider nicht zurück. Sie musste nun jeden Tag mit der Hand ihre Milch in die Flasche auspressen und damit das Baby füttern. Am Abend wurde ihre Brust ganz hart und tat weh. Großmutter bat sie, das Baby doch weiter zu stillen. Aber Mutter blieb entschlossen. Sie meinte, sie habe keine andere Wahl. Der Kampf um Mutters Milch dauerte fast zwei Wochen. Aus

Verzweiflung nahm meine kleine Schwester schließlich doch die Flasche. Aber sie weinte mehr als vorher, manchmal ohne einen erkennbaren Grund. Bis dahin durfte sie jeder tragen, der Lust hatte, und sie schien stets vergnügt, selbst auf dem Arm eines fremden Nachbarn. Nun ließ sie sich ausschließlich von Mutter beruhigen, wenn sie weinte, als ob sie spüren würde, dass Mutter sie bald verließe. Da bekam ich Mitleid mit ihr und verzieh ihr ihre unendlichen Windeln.

Bei der Diskussion, wer künftig die Betreuung meiner kleinen Schwester übernehmen sollte, vergossen Mutter und Großmutter sogar Tränen. Zunächst schlug Großmutter vor, Qun nach Baoding zu schicken. Sie meinte, Baoding-Großmutter und -Tante könnten Qun zu zweit großziehen, schließlich seien alle ihre Kinder schon groß. Sie, die sie von so vielen körperlichen Leiden geplagt sei, könne doch nicht allein drei Kinder großziehen. Als Mutter das hörte, sagte sie nichts. Aber Tränen liefen ihr still über die Wangen. Zum ersten Mal sah ich Mutter weinen und fühlte mich von ihrer Traurigkeit mitgerissen. Vater äußerte sich nicht direkt, sagte lediglich, es sei ihm beides recht, ob Qun nun von Großmutter oder von Baoding-Großmutter großgezogen werden würde. Als Großmutter Mutters Tränen sah, konnte sie ihre eigenen auch nicht mehr zurückhalten. Nach einer Weile trocknete sie sich die Augen und sagte: »Gut, dann opfere ich eben mein altes Leben auf.«

Als der sechsundfünfzigtägige Mutterschaftsurlaub zu Ende war, zog Mutter ihre grüne, weite Winteruniform an, wickelte sich einen dicken Schal um den Kopf und verließ das Wochenbett in unserem kleinen Zimmer der Alte-Türvorhang-Gasse neun.

Ab nun lastete die Aufgabe, meine kleine Schwester großzuziehen, auf den Schultern von Großmutter und mir. Auf einmal schien mir das Leben schwerer geworden zu sein. Ich war nicht mehr die Perle auf Großmutters Hand, nicht mehr Mutters Liebling, Vaters Schatz, nicht mehr das Zentrum der Aufmerksamkeit von allen. Ich war jetzt die große Schwester, die dafür verantwortlich war, meinen kleinen Bruder, der eigentlich mein Cousin war, zu erziehen und meine kleine Schwester im wahrsten Sinne des Wortes auf dem Arm durchs Leben zu tragen.

Wenn ich von der Schule nach Hause kam, musste ich Großmutter sofort helfen. Seit sie sich das Bein gebrochen hatte, litt sie unter Rückenschmerzen. Der Schmerz kam schubweise. Wenn sie sich zu sehr angestrengt hatte, wurde er akut. Dann konnte sie sich kaum bewegen. Deswegen sollte sie sich möglichst schonen. Schwere Sachen zu tragen gehörte nun zu meinen Aufgaben. So musste ich das Wasser vom Hinterhof ins Zimmer holen oder das Baby auf dem Arm in den Schlaf wiegen. Auch das Füttern des Babys wurde selbstverständlich meine Aufgabe. Denn Großmutter hatte all die anderen Dinge im Haushalt zu erledigen, denen ich noch nicht gewachsen war. Im Vergleich dazu war das Füttern des Babys wirklich leicht, beinah vergnüglich. Endlich hatte ich meine eigene Puppe, eine lebendige dazu, die ich füttern durfte. Ich setzte mich auf den Stuhl, stellte einen kleinen Schemel unter den rechten Fuß, weil der Stuhl für mich zu hoch war, legte das linke Bein angewinkelt auf den rechten Oberschenkel und hielt das Baby in meinem linken Arm, der auf dem angewinkelten Bein ruhte. Mit der rechten Hand gab ich ihm die Flasche. Großmutter sagte mit einem gewissen Stolz oder auch Staunen, ich hätte das Zeug im Blut, dem Baby die Flasche zu geben. Wenn es die Flasche leer getrunken hatte, musste ich es eine Weile senkrecht tragen und sanft auf dem Rücken klopfen, damit es Bäuerchen machte. Da hatte ich ein bisschen Angst. Denn Großmutter sagte jedes Mal, ich müsse aufpassen, dass der Kopf des Babys nicht nach hinten kippte. Es könnte sein Genick brechen. Ich sollte stets mit einer Hand seinen Nacken stützen. Und ich durfte auf gar keinen Fall die weiche, pulsierende Stelle auf seiner Schädeldecke berühren, sonst würde aus ihm ein stummes Kind. Deshalb war ich immer sehr vorsichtig, wenn ich meine kleine Schwester auf dem Arm trug, so vorsichtig, als ob ich eine kostbare Vase oder ein zerbrechliches Ei hielte.

Die Angelegenheit mit den Windeln dehnte sich aus. Ich wusch jetzt nicht nur ihre Windeln, sondern hatte auch gelernt, meiner kleinen Schwester die Windel zu wechseln, sie zu waschen und anzuziehen. Aber ihre Beine zusammenzubinden, das gelang mir noch nicht. Denn sie strampelte wie wild, sobald ich sie aus dem Stoffbündel und der Windel befreite. Das erinnerte mich an einen hilflos auf dem Rücken liegenden Käfer. Ich traute mich nicht und brachte es auch nicht übers Herz, sie wieder zuzubinden. Da musste ich Großmutter um Hilfe bitten.

Die Zeit, in der meine kleine Schwester schlief, war der glücklichste Moment für mich. Da konnte ich Hausaufgaben machen, lesen oder sogar ausgehen und mit den Kindern aus der Nachbarschaft spielen.

Abends holte ich Shitou vom Kindergarten ab. Nach dem Abendessen sorgte ich dafür, dass er sich ordentlich die Zähne putzte und Gesicht und Füße richtig sauber wusch. Im Bett erzählte ich ihm Geschichten, die ich selbst erfand, oder las ihm aus unserem einzigen Bilderbuch *Die Geschichte von Dreihaar* vor. Es handelte vom Vagabundenleben eines kleinen Waisenknaben mit drei Haaren auf dem Kopf, der sich im Shanghai der Dreißigerjahre durchschlug. Irgendwie sah ich eine große Ähnlichkeit zwischen Dreihaar und Shitou.

Shitou war ein widerspenstiger Bengel, ein richtiger Dickkopf. Das erkannte man sogar physisch. Denn er hatte einen großen, fast viereckigen Kopf wie Dreihaar. Deshalb hatte ihm seine Mutter den Kosenamen »Shitou« (Steinkopf) gegeben. Hier bei uns in der Großstadt musste er sich erst einmal anpassen. Oft klagten die Kindergärtnerinnen, dass er unartig sei, nicht freiwillig die Schuhe und Socken anziehen wolle und sich ungern die Hände wasche. Großmutter und ich mussten ihn immer wieder zurechtweisen. Dabei war Großmutter alles andere als streng mit ihm. Er wagte es, ihr zu trotzen, weil er wusste, dass er Großmutters Liebling war. Aber vor mir hatte er einen gewissen Respekt. Wenn er nicht auf mich hörte, gab ich ihm schon mal hinter Großmutters Rücken einen Klaps auf den Po. Das hätte Großmutter niemals getan. Seinen Vater, meinen Onkel, kannte ich besser als er. Er hatte ihn bis jetzt nur zweimal gesehen. Genauer gesagt, er kannte ihn überhaupt nicht. Deshalb war ich, die ich sechs Jahre älter als er war, für ihn eine Autorität.

Im Mai dieses Jahres brachte Lilis Mutter ebenfalls ein Baby zur Welt, einen Jungen. Lili hatte also einen kleinen Bruder bekommen. Der musste gezeugt worden sein, als seine Eltern noch in einem Zimmer schliefen, so tuschelten die Nachbarn miteinander. Lilis Mutter galt offiziell zwar immer noch als »ergebener Nachwuchs der Bourgeoisie«, durfte aber wieder zur Arbeit gehen, weil das Krankenhaus dringend Ärzte brauchte. So wurde Lili, die jetzt zwölf Jahre alt geworden war, auch eine »Ersatzmutter« wie ich. Wenn das Wetter schön war, trugen wir nachmittags, wenn wir von der Schule kamen, unser Brüderchen und Schwesterchen auf dem Arm in den Hof und sonnten uns. Dabei tauschten wir eifrig unsere Erfahrungen über das Babyfüttern, Babywaschen und Babywickeln aus und stöhnten, dass das »Familienspielen« mit einem echten Baby doch wesentlich anders sei als mit einer Puppe.

Als der Sommer kam, badeten wir abends zusammen unsere Babys im Hof. Großmutter besaß zwei Holzzuber, einen großen und einen kleineren. In dem kleinen wusch man die Wäsche. In dem großen wurde gebadet. Wenn man sie lange nicht benutzt hatte, waren sie undicht geworden, und das Wasser lief durch die Ritzen aus wie durch ein Sieb. Dann musste man sie mit Wasser füllen und lange draußen stehen lassen. Aber ganz dicht wurden sie nie. Deshalb benutzten wir sie immer im Freien, soweit es möglich war.

Mücken waren im Sommer der größte Feind aller Wohnhofbewohner. Obwohl jede Familie einen Bambusvorhang in die

Tür hing und die Fenster mit einem Fliegengitter versah, kamen sie trotzdem ins Zimmer und plagten uns. Deshalb ließ Großmutter an Sommerabenden kein Licht brennen, wenn es nicht sein musste. Von ihrem großen Palmfächer trennte sie sich den ganzen Sommer über nie. Damit erzeugte sie Wind und vertrieb zugleich die Mücken. Besonders abends, wenn sie draußen im Hof saß, oder vor dem Einschlafen im Bett lag, klopfte sie unaufhörlich mit dem Fächer rhythmisch auf ihren Schenkel. Großmutter schlief mit Shitou und Qun im großen Bett unter einem Moskitonetz und ich in meinem kleinen Bett daneben. Dieses rhythmische »Pada, pada«, das Großmutter durch das Klopfen mit dem Fächer erzeugte, war unser schönstes Schlaflied im Sommer. Wenn sie es einmal nicht tat, weil es zum Beispiel regnete, wurden die beiden Kinder unruhig und machten Radau, und ich konnte nicht einschlafen.

Abgesehen von den Mücken liebte ich den Sommer. Im Sommer blühten im ganzen Hof und Hinterhof bunte Blumen. Mit den Blüten des Hennastrauchs färbten Lili und ich unsere Fingernägel rot. Im Sommer durften wir Röcke tragen, Eis essen, schwimmen gehen und die ganze Zeit draußen spielen. Im Sommer konnte man draußen kochen und musste nicht von morgens bis abends die Gerüche der Kohle und Küche im Zimmer ertragen. Und im Sommer konnte man nach dem Abendessen noch einen langen Spaziergang zum Platz des Himmlischen Friedens machen und musste nicht sofort ins Bett gehen.

Seit meine kleine Schwester sitzen konnte, schoben Großmutter und ich sie und Shitou mit unserem Kinderwagen oft spazieren. Darin hatte auch ich schon gesessen. Nachdem ich groß geworden war, wurde er zum Einkaufen von Chinakohl und Reis oder Mehl benutzt. Bis auf die Räder, die ein komisches Geräusch machten, funktionierte er noch gut. Er war aus Bambus und innen mit drei beweglichen, gepolsterten Holzbrettern ausgestattet. Legte man die Bretter auf eine Höhe, konnte ein Kind darin schlafen. Legte man das mittlere Brett höher, so diente es als Tischchen, an dessen beiden Seiten zwei Kinder sich gegenübersitzen konnten.

Das häufigste Ziel unserer Spaziergänge war natürlich der Platz des Himmlischen Friedens. Im Sommer 1967 zogen dort keine Rotgardisten mehr umher. Stattdessen durfte sich dort Shitou richtig austoben. Er durfte barfuß laufen, robben, Purzelbaum schlagen, rennen, schreien. Er durfte sogar den Kinderwagen schieben. Unser Lieblingsspiel auf dem Platz war »Mit-dem-Kinderwagen-Rennen«. Das hieß, ich setzte ihn und meine kleine Schwester in den Wagen und schob sie, während ich rannte, so schnell ich konnte. Die beiden Kinder jauchzten und lachten wie von Sinnen, und die Räder quietschten grässlich.

Eis essen war ein unverzichtbarer Bestandteil unserer sommerlichen Spaziergänge. Die Eisverkäufer waren meistens alte Frauen oder Männer, die ihre kleinen, weiß lackierten Holzwagen durch die Gassen schoben und lauthals ausriefen: »Eis … Weißdornfruchteis …« Unter der Holzdecke befanden sich einige Thermoskannen, in denen unterschiedliche Sorten von Eis aufbewahrt wurden. Zur Isolierung waren die Thermoskannen mit dicken Baumwollbettdecken umwickelt. Es gab zwei Sorten von Eis, das Sahneeis mit Milch- oder Schokoladengeschmack und das Wassereis mit Weißdornfrüchten-, Adzukibohnen- oder Mungbohnengeschmack. Das Sahneeis kostete fünf Fen und das Wassereis drei Fen. Ich liebte das Weißdornfruchteis über alles, während Shitou das Sahneeis mit Milchgeschmack bevorzugte. Großmutter musste auf ein eigenes Eis verzichten, weil sie sonst Magenschmerzen bekäme, wie sie meinte. Deshalb leckte sie höchstens ein bisschen an meinem Eis.

An schönen Herbsttagen ließen viele Menschen auf dem Platz des Himmlischen Friedens selbst gebastelte Drachen steigen. Ich hätte gerne mitgemacht; da Großmutter und ich jedoch nicht in der Lage waren, Drachen zu basteln, besaß ich leider keinen. Damals gab es sie nicht zu kaufen. Jedenfalls wusste ich nicht, wo man Drachen hätte kaufen können. So musste ich mich damit begnügen, nur zuzuschauen. Ich saß auf dem riesigen Platz, warf den Kopf in den Nacken, schützte mit einer Hand die Augen vor der Sonne und betrachtete lange die verschiedenen, wunderschönen Drachen vor dem Hintergrund des azurblauen Himmels: Schmetterlinge, Libellen, Frösche, Drachen, Phönixe ... Sie stiegen höher und höher, wurden schließlich nur noch winzige Punkte und verloren sich in der Unendlichkeit des Firmaments. Oft flogen meine Gedanken mit ihnen in eine weit entfernte Welt, eine stille, unbeschreibliche, blaue, geheimnisvolle Märchenwelt ...

Shitou drehte immer durch, wenn er Drachen am Himmel sah. Er lief von einem Drachenlenker zum anderen und nervte die Leute so lange, bis einer ihm erlaubte, die Schnüre einmal in die Hand zu nehmen. Da war er höchst vergnügt. Und auch meine kleine Schwester schien sich zu freuen. Während ich ihr das Wort »Drachen« beizubringen versuchte, zeigte sie mit ihrem kleinen Finger aufgeregt auf den Himmel und jauchzte. Außer »Mama«, das sie zu mir sagte, war »Drachen« das erste Wort, das sie sprechen lernte.

Auf diesem Platz hatte ich nicht nur laufen gelernt, sondern lernte nun auch Fahrrad fahren. Wir hatten gar kein eigenes Fahrrad, aber meine Eltern liehen sich manchmal welche von Kollegen, wenn sie uns besuchen kamen. Vor allem kam Vater uns oft mit einem geliehenen 28er-Herrenrad besuchen. Sobald ich das Geräusch hörte, wie er das Fahrrad über die Schwelle des zweiten Tors trug – das war eine Zeit lang das schönste Geräusch für mich –, schoss ich aus dem Zimmer, riss das für mich gigantische Fahrrad aus seinen Händen und flehte ihn an, mich ein bisschen damit fahren zu lassen. »Fahren« wäre zu idealistisch ausgedrückt. Für mich war das Oberrohr des Herrenrads so hoch wie die Hochsprungstange beim Sportunterricht, die ich niemals hätte überwinden können. Ich war gerade zehn Jahre alt und kaum einen Kopf größer als das Rad. In Wirklichkeit glitt ich mit dem Fahrrad, indem ich mit dem linken Fuß auf das linke

Pedal trat und mich mit dem rechten vom Boden abstieß, um das Rad in Bewegung zu bringen. Sobald es rollte, nahm ich meinen rechten Fuß vom Boden und balancierte so mit einem Fuß auf dem linken Pedal, bis es an Schwung verlor und zum Stehen kam. Dann begann ich das Ganze von vorne.

Auf diese Weise konnte ich mit dem Fahrrad bis zum Platz des Himmlischen Friedens rollen, wo ich keine Angst vor Schlaglöchern oder Fußgängern zu haben brauchte, und hatte einen Riesenspaß daran. Nachdem ich das »Radrollen« gut gelernt hatte, traute ich mich, mit dem rechten Fuß unter dem Oberrohr hindurch auf das rechte Pedal zu treten und somit fast richtig Fahrrad zu fahren. Man musste dabei das Körpergewicht nach rechts verlagern. Diese Art Fahrrad fahren wurde »Tao Dang«, wortwörtlich »in den Schritt hacken«, genannt. Alle Pekinger Kinder meiner Generation lernten so Fahrrad fahren. Denn die meisten Familien waren nicht in der Lage, ihren Kindern ein eigenes Fahrrad zu kaufen. Irgendwann wagte ich mithilfe meines Vaters, das rechte Bein über das Oberrohr zu heben und auf das rechte Pedal zu treten. Aber auf dem Sattel zu sitzen war immer noch nicht möglich für mich, sodass ich auf den Pedalen stehend Fahrrad fuhr. Trotzdem war das Oberrohr zu hoch. Um in die Pedale treten zu können, musste ich mein Gewicht abwechselnd nach links und nach rechts verlagern. Und so schlängelte sich mein Fahrrad an anderen sich vorwärtsschlängelnden Fahrrädern vorbei. Ich war ja nicht das einzige Kind, das auf dem Platz des Himmlischen Friedens Fahrrad fahren lernte.

Im Frühwinter 1967 musste das Ensemble meiner Eltern für längere Zeit zum Arbeitseinsatz und zur Umerziehung aufs Land gehen. Zum ersten Mal fiel es mir schwer, von meinen Eltern Abschied zu nehmen. Nicht weil ich fürchtete, ich könnte sie vermissen. Auch nicht weil ich es bedauerte, keine Gelegenheit mehr zu haben, Fahrrad zu fahren. Sondern weil ich Angst davor hatte, dass die Last auf meinen und Großmutters Schultern zu schwer werden würde, wenn meine Eltern weg wären. Meine kleine Schwester Qun war gerade sieben Monate und mein Cousin Shitou dreieinhalb Jahre alt. Großmutter litt unter verschiedenen chronischen Krankheiten und hatte oft entweder abwechselnd oder gleichzeitig Kopf-, Magen- und Rückenschmerzen. Ich war nicht nur Ersatzmutter, große Schwester und Großmutters rechte Hand zu Hause, sondern trug auch große Verantwortung in der Schule. Ich war Zugführerin meiner Klasse, Kompanieführerin meines Jahrgangs und außerdem stellvertretende Regimentskommandeurin des Kleinen Rotgardistenregiments unserer Schule.

Morgens um sieben mussten wir zum Appell antreten und das Marschieren im Gleichschritt üben. Besonders vor einem Wettbewerb übten wir ausgiebig und liefen in Reih und Glied zum Platz des Himmlischen Friedens. Und das auch im Winter. Es war bitterkalt und noch stockdunkel. Der schneidende Nordwestwind ließ uns das Mark gefrieren. (Raue Gesichtshaut und Frostbeulen an Händen und Füßen gehörten für unser Verständnis einfach zum Winter.) Auf dem Platz angekommen, nahmen wir vor dem Porträt des Vorsitzenden Mao Aufstellung und rezitierten im Chor eines seiner Worte, bevor wir mit dem Exerzieren anfingen. Das Tageszitat suchte der kommandierende Lehrer zur aktuellen politischen Lage passend aus. Dann sagte er den ersten Satz auf, und wir fingen im Chor an, das ganze Zitat laut vorzutragen. Wir kannten viele Zitate auswendig. Falls wir eines nicht kannten, dann schlugen wir die Seite des »roten Schatzbüchleins« – der *Worte des Vorsitzenden Mao* – auf, das wir immer bei uns trugen.

An besonders kalten Wintermorgen kam meistens das folgende Zitat hinzu: »Fest entschlossen sein, keine Opfer scheuen und alle Schwierigkeiten überwinden, um den Sieg zu erringen«, das uns ermutigen sollte, uns nicht von der Kälte abschrecken zu lassen. Dennoch fielen Schüler ab und zu während der Marschübung um, wegen der Kälte und des zu niedrigen Blutzuckerspiegels. Da ich morgens nie Zeit hatte zu frühstücken, passierte mir das auch ein paarmal. Während ich vor Hunderten von Mitschülern stand und Kommandos gab, wurde mir plötzlich schwarz vor Augen, ich verlor das Bewusstsein und fiel zu Boden. Der Lehrer hatte aus Erfahrung stets eine Feldflasche mit warmem Zuckerwasser dabei, das er den ohnmächtigen Schülern einflößte.

Nach der Schule hatten wir oft politische Schulungen oder Sitzungen und mussten Wandzeitungen schreiben oder Agitationsprogramme ausdenken und einüben. Regelmäßig gingen wir auf die Straße und führten unsere Agitationsprogramme auf. Dabei sangen wir revolutionäre Lieder, meistens vertonte Zitate des Vorsitzenden Mao, und tanzten dazu. Dann gab es noch selbst verfasste, revolutionäre Gedichte bzw. sich reimende Dialoge, die Klassenfeinde und »innerparteiliche Machthaber auf dem kapitalistischen Weg« anprangerten. Agitation gehörte zu den Aufgaben der Rotgardisten (Mittelschüler) sowie Kleinen Rotgardisten (Grundschüler). Ende 1967, Anfang 1968 nahm die Gewalttätigkeit der ursprünglichen Rotgardisten ab. Aus der Rotgardistenbewegung wurde eine politische Massenjugendorganisation wie die »Jungen Pioniere« vor der Kulturrevolution. Die Anweisungen des Vorsitzenden Mao und der Partei zu befolgen, sich vorbildlich und politisch zu engagieren und dem Volk zu dienen – das war das Credo der Rotgardisten. Deshalb regelten wir manchmal auch den Straßenverkehr, halfen älteren Menschen beim Überqueren der Straße und fegten die Straßen oder gingen aufs Land, um den Bauern bei der Ernte zu helfen.

Das war unser Schulleben, unser Alltag, unsere Kindheit. Wir vermissten nichts, weil wir kein anderes Leben kannten. Das Leben, so wie es war, war für mich so selbstverständlich wie der Zierapfelbaum in unserem Hinterhof, der im Frühjahr neue Blätter bekam, Blüten trieb, im Herbst Früchte trug und im Winter die Blätter verlor.

Es war auch nicht weiter schwierig, mein Brüderchen und

Schwesterchen zu betreuen, wenn sie nicht ab und zu krank gewesen wären. Bei Kleinigkeiten wie Erkältung oder Husten brauchten wir uns keine großen Sorgen zu machen. Schließlich hatten wir zwei Ärztinnen im Hof: Lilis Mutter und Frau Sun im Hinterhof. Sie halfen uns gern und verordneten chinesische Medizin. Aber wenn Shitou und Qun etwas Ernstes bekamen, gerieten Großmutter und ich schon mal in Panik. Shitou war ein relativ robustes Kind, meine kleine Schwester hingegen bekam eine Kinderkrankheit nach der anderen. Einmal hatte sie so hohes Fieber, dass sie einen epileptischen Anfall bekam und ohnmächtig wurde. Weißer Schaum quoll aus ihrem Mund. Ich dachte, sie sei tot, und fing an, furchtbar zu weinen. Großmutter sagte: »Schnell ins Krankenhaus!« Ich wickelte sie in eine Bettdecke und rannte mit ihr auf dem Arm heulend durch die nächtlichen Gassen ins nächste Krankenhaus. Großmutter rannte hinter mir her und schrie: »Lauf! Schneller!«

Diese Momentaufnahme ist tief in meiner Erinnerung eingegraben, genau wie der Moment, als sie wieder aufwachte. Es war einer der glücklichsten Momente in meiner Kindheit, an den ich mich heute noch erinnern kann. Ich verstand mit zehn Jahren, was das Wort »Sorge« und die Angst um ein Leben bedeuteten. Deswegen konnte ich Großmutter sehr gut verstehen, wenn sie erzählte: »Im Vergleich zu dir, als du klein warst, ist deine Schwester pflegeleicht. Du warst viel kränklicher. Ich hatte sieben Tage lang in Todesangst gelebt, als du im Krankenhaus mit Lungenentzündung im Koma lagst.«

Aus diesem Grund zählte für mich, als ich zehn Jahre alt war, nur ein einziger Berufswunsch: Kinderärztin.

Die meiste Zeit zwischen Winter 1967 und Frühling 1970 – also in den ersten drei Lebensjahren meiner Schwester – hielten sich meine Eltern mit ihrem Ensemble zur Umerziehung auf dem Land in der Provinz Hebei auf. 1969 gab es eine Unterbrechung, als sich im März zwischen China und der Sowjetunion der militärische Zusammenstoß am Grenzfluss Ussuri ereignete. Das Ensemble wurde im Herbst auf Befehl des Kommandeurs der Luftwaffe zu einer Sonderaufführung auf die Flussinsel Zhenbao (die Russen nennen sie Damanski) entsandt, um den Kampftruppen Mut zu machen und Solidarität zu zeigen.

Nur anlässlich nationaler Feiertage und des Chinesischen Neujahrs kamen sie für kurze Zeit auf Urlaub nach Peking und konnten uns besuchen. Das Frühlingsfest war der schönste Moment des Jahres für die ganze Familie. Denn da kamen nicht nur meine Eltern zurück, sondern auch mein Onkel aus dem Süden und meine Tante aus Miyun. Ich kann gar nicht beschreiben, wie erleichtert und glücklich ich war, auf einmal von so vielen Erwachsenen umgeben zu sein, die die echten Eltern meiner beiden »Kinder« waren und meine Verantwortung voll und ganz übernahmen, wenn auch nur vorübergehend. Meine Eltern staunten jedes Mal, wie groß und wie erwachsen ich geworden war und wie prächtig meine Schwester gedieh. Shitou und Qun drehten völlig durch, weil vier Fremde auf einmal auftauchten, die sie Mama und Papa oder Tante und Onkel rufen sollten. Shitou brauchte lange, um zu begreifen, dass mein Onkel sein Vater war, auf dessen Schoss er klettern durfte, ohne Rücksicht nehmen zu müssen, dass dieser wie Großmutter Rückenschmerzen bekommen würde. An seine Mutter erinnerte er sich eher, weil sie uns auch in den Ferien oder an Feiertagen besuchte. Während des Frühlingsfestes war Großmutter meistens rücken-, magen- und kopfschmerzfrei und konnte sich auf ihrem Stuhl ein wenig zurücklehnen, ohne ständig auf Trab zu sein. Unser kleines Zimmer war an diesen Tagen voll erfüllt mit Stimmen, Gerüchen, Wärme, Lachen, Küchendüften und Dunst aus dem Kochtopf, in dem das Festessen Jiaozi gekocht wurde. Umso stiller und kälter schien es, wenn diese vier Erwachsenen plötzlich wieder für ein Jahr aus unserem Leben verschwanden.

Ich begriff früh, dass die Freude meist kurz ist und das Warten unendlich …

12. KAPITEL

*Warum unsere Hähne Blut spenden mussten und Großmutter
jeden Morgen einen Liter kaltes Wasser trank, und wie ich
meine erste verschleierte Aufklärung durchs Fenster der Familie
Chen erhielt*

Zwischen Großmutters Kopf-, Magen- und Rückenschmerzen bestand ein verborgener ursächlicher Zusammenhang. Wenn sie durch Anstrengungen oder Windzug Rückenschmerzen bekam, konnte sie den Haushalt nicht mehr problemlos erledigen. Dann war sie besorgt. Durch die Sorge bekam sie Kopfschmerzen, die manchmal sehr heftig werden konnten. Wenn sie aber Schmerztabletten einnahm, bekam sie Magenschmerzen, weil sie eine Magensenkung hatte und keine Medikamente vertragen konnte. Die Reihenfolge konnte manchmal auch umgekehrt sein. Sie hatte zuerst Magenschmerzen, dadurch bekam sie Kopfschmerzen, die dann Rückenschmerzen verursachten, weil sie mit einer Hand ständig auf die schmerzende Stirn drücken und alles im Haushalt mit der anderen Hand erledigen musste, auch das Herumtragen des Babys, und dadurch eine schiefe Körperhaltung einnahm. Jedenfalls war es ein Teufelskreis.

Großmutters Schmerzen waren schlimm. Ich konnte gar nicht sagen, welcher Schmerz der schlimmste war. Um Schmerztabletten zu vermeiden, versuchte sie, ihre Schmerzen mit allen möglichen Hausmitteln zu bekämpfen. Beim Kopfweh kniff sie sich so lange in die Stirnhaut, bis sie blau wurde. Ab und zu klebte sie Rettichschalen auf die Stirn, denn die sollten angeblich schmerzlindernd sein. Wenn der Schmerz zu stark wurde, zündete sie ein Röllchen aus getrockneten Beifußfasern an und legte es sich auf die Stirn. Angeblich linderten der Geruch des brennenden Beifußes und die Wärme ihren Schmerz.[23] Meistens konnte sie es sich nicht leisten, auszuruhen, und musste trotz des Leidens die notwendigen Dinge tun, zum Beispiel für drei Kinder drei Mahlzeiten zubereiten. Allein das bedeutete schon, dass sie den ganzen Tag zu tun hatte. Um Nudeln zu machen, musste sie den Teig kneten, ausrollen und schneiden. Für die Mantou musste sie jeden Tag einen Sauerteig vorbereiten. Um Reis zu kochen, musste sie vorher stundenlang Sandkörner aus dem Reis auslesen.

Großmutter hatte eine sehr anschauliche Bildsprache. Wenn sie von Kopfschmerzen geplagt wurde, pflegte sie zu sagen: »Meine Hirnmännchen schlagen schon wieder Purzelbäume.« Ich versuchte die ganze Zeit, mir vorzustellen, wie diese Männchen wohl aussahen – vergeblich. Jedes Mal, wenn wir »in Sojasoße gekochtes Huhn« aßen – das geschah nicht sehr häufig, meistens anlässlich eines Festes –, sagte Großmutter, dass das Hühnerhirn gut für das menschliche Hirn sei. Deswegen pellte ich vorsichtig die winzige Hirnmasse des Huhns aus der dünnen, knorpeligen Schale und gab sie Großmutter zu essen. Großmutter meinte, es sehe aus wie ein kleiner Buddha. Aber der »kleine Buddha« konnte Großmutters Schmerzen auch nicht lindern, geschweige denn beseitigen.

Beim Essen musste Großmutter stets aufpassen: Das Essen durfte nicht zu kalt, nicht zu üppig, nicht zu schwer und nicht zu hart sein. Dennoch kam der Schmerz immer wieder. Dann konnte sie nur ein bisschen Reisbrei oder eine Suppe mit ganz weich gekochten Nudeln essen. Manchmal war der Schmerz so stark, dass sie mit Großvaters Spazierstock gegen den Magen drückte.

---

23 Beifußrauchtherapie, in der Terminologie Moxibustion oder Moxatherapie genannt, ist eine Heilmethode der Traditionellen Chinesischen Medizin (TCM). Dabei wird u. a. eine Moxazigarre (eine in dünnes Papier gerollte Stange aus Beifußfasern) entzündet und auf bestimmte Punkte des Meridians gelegt. Aber Großmutter verwendete Beifuß eher als ein Hausmittel.

Der Rückenschmerz war besonders schlimm. Wenn Großmutter wieder mal einen Anfall erlitt, konnte sie nicht gerade
stehen, nicht sitzen und nicht flach liegen. Aber trotzdem musste
sie den Haushalt machen. Den ganzen Tag gab sie ein rhythmi-
sches Stöhnen von sich. Es klang für mich wie eine Melodie, die
ich das »Lied der Schmerzen« nannte. Es war das traurigste und
zugleich das liebevollste Lied, das meine Kindheit begleitete.
Manchmal war der Schmerz so schlimm, dass Großmutter wirklich nichts mehr tun konnte. In dem Fall kamen Nachbarn des
Wohnhofs und halfen uns.

Da Großmutter Angst vor Akupunktur hatte, bat sie Frau Sun
vom Hinterhof, eine Ärztin westlicher Medizin, sie mit Massage
und Schröpfen zu behandeln. Ich fand Schröpfen sehr interessant und hatte es schnell bei ihr abgeguckt. Damit wir nicht immer Frau Sun beanspruchen mussten, machte ich es selbst. Ich
erhitzte die Luft in den Schröpfgläsern mit einem angezündeten
Streichholz und setzte sie auf Großmutters Rücken. Im Nu entstanden darunter dunkelrote »Fleischhügelchen«. Damit assoziierte ich immer die im Menschenblut getunkten Mantou, die Lu
Xun[24] in seiner Kurzgeschichte *Die Arznei* beschrieben hatte.
Wenn ich die Schröpfgläser zwanzig Minuten später wieder abnahm, war Großmutters Rücken mit roten Kreisen übersät – ein
schrecklicher Anblick. Ich hatte Angst, dass es ihr wehtat. Aber
Großmutter sagte jedes Mal zufrieden, nein, nein, es tue ihr sehr
gut. Alle Gifte seien rausgesaugt worden. Dabei konnte sie das
Schröpfen nicht von ihren Schmerzen erlösen. Sie klagte jedoch
nie. Sie war weder wehleidig noch selbstmitleidig, sondern
kämpfte tapfer und unerbittlich gegen ihre Krankheiten an.

Damals wurden unter den Bewohnern der Pekinger Gassen
in regelmäßigen Abständen neue, wundersame, gesundheitsför-

---

24 Lu Xun (1981–1936) war einer der wichtigsten chinesischen Schriftsteller und Intellektuellen des 20. Jahrhunderts. In seiner Erzählung *Die Arznei* prangerte er u. a. den
törichten Aberglauben an, dass auch an Tuberkulose Erkrankte durch das Verzehren
eines in Menschenblut getunkten Mantou geheilt werden könnten.

dernde Methoden verbreitet. Das schien eine Art spontane Gesundheitsbewegung zu sein, die das fehlende medizinische Vorsorgesystem ergänzte, oder eine Art Ablenkung inmitten unendlicher, schreckenerregender, politischer Kampagnen. Woher diese Methoden stammten, wusste niemand. Aber die Menschen glaubten daran und setzten sie leidenschaftlich und kühn in die Praxis um. Zwei bis in unseren Wohnhof verbreitete Methoden waren die »Wassertherapie« und »Hahnenbluttherapie«.

Bei der Wassertherapie trank man am Morgen einen Liter abgekochtes Wasser auf nüchternen Magen. Angeblich ließen sich dadurch alle Krankheiten heilen. Am Abend kochte Großmutter einen Kessel Wasser und ließ es über Nacht stehen. Am Morgen nach dem Aufstehen trank sie als Erstes einen Liter davon. Dabei machte sie eine Miene, als ob sie bittere Medizin zu sich nähme. Nach einiger Zeit stellte Großmutter fest, dass ihre Verstopfung besser geworden war. Sie war begeistert von dieser effektiven Methode, die zudem nicht einmal etwas kostete, und setzte sie unbeirrbar fort, während die Ältere und Jüngere Frau Chen sowie Lilis Großvater, die mit Großmutter zusammen ebenfalls mit der Therapie angefangen hatten, bald wieder aufhörten. Es sei unerträglich, morgens kaltes Wasser trinken zu müssen, ohne durstig zu sein, meinten sie. Aber meine Großmutter machte jahrelang jeden Morgen tapfer weiter.

Im Vergleich zur Wassertherapie war die Hahnenbluttherapie weniger harmlos. Man nahm einem Hahn Blut ab und injizierte es in den Körper des Patienten. Dafür kaufte Großmutter drei Hähne. Im ganzen Hof liefen auf einmal nur noch Hähne herum. Die Hühner wurden eins nach dem anderen geschlachtet, weil der Platz im Stall begrenzt war. Frau Sun vom Hinterhof leitete dieses Experiment. Zu den freiwilligen Teilnehmern zählten außer meiner Großmutter noch beide Frau Chens, Lilis Großvater und unsere neue Nachbarin Frau Lin, die mit ihren drei Kindern und ihrem Ehemann nach Frau Jiangs Verschwinden in deren Häuschen im Vorhof eingezogen war. Frau Sun spritzte sich manchmal auch selbst das Hahnenblut.

Um den Überblick zu behalten und effektiv zu sein, schlug Frau Sun vor, die Hahnenbluttherapie für alle Teilnehmer an einem Tag durchzuführen. Das fand einmal pro Woche im Vorzimmer der Familie Chen statt, in dem Xiaohe einst geschlafen hatte. Es war jedes Mal wie eine Posse. Der erste Akt war, die Hähne fangen. Da einem Hahn jeweils nur das Blut für einen Empfänger abgenommen werden konnte, musste dieser Akt mehrfach wiederholt werden. Sobald ein Hahn gefangen worden war, hielt ihn einer fest, ein anderer rupfte die Federn unter einem seiner Flügel aus. Frau Sun wusste ganz genau, wo die kräftigste Ader lag. Sie desinfizierte die Stelle und stach mit der Kanüle zügig hinein. Das dunkelrote Blut des Hahns stieg im Nu in den Kolben der Spritze. Ich fand das ganze Schauspiel sehr aufregend und zugleich grausam. Beim Fangen lief der Hahn panisch gackernd durch den Hof. Aber wenn er auf dem Tisch lag und man ihm die Federn rupfte und Blut abnahm, war er erstaunlich ruhig. Nur aus der Kehle kam ein leises Gluckern heraus. Mit dem Auge der oben liegenden Kopfseite schielte er hilflos nach den herumstehenden Menschen, die ihm tausendfach überlegen waren. Inzwischen lag der Hahnenblutempfänger auf Xiaohes ehemaligem Bett bereit. Frau Sun wechselte schnell die Kanüle und injizierte das Blut langsam in den Gesäßmuskel des Empfängers. Angeblich tat die Hahnenblutspritze sehr weh. Aber Großmutter gab nie einen Ton von sich. Sogar das ewige leise Stöhnen, das sie von sich gab, wenn sie Rückenschmerzen hatte, stellte sie vorübergehend ein. Sie fiel erstaunlicherweise auch nicht in Ohnmacht. Andere Frauen waren genauso mutig und tapfer wie meine Großmutter. Alle waren zuversichtlich, dass das Hahnenblut Wunder wirken würde.

Jeder Hahn, der Blut gespendet hatte, wurde mit einer bestimmten Farbe am Flügel gekennzeichnet. Frau Sun führte dazu ein detailliertes Protokoll. In der Regel durfte er zwei bis drei Wochen pausieren. Unsere Hähne wurden nach der Blutabnahme immer mit einem besonders nahrhaften Futter belohnt, das Großmutter extra für sie zubereitete. Bald darauf sah man die Hähne wieder entspannt und erhobenen Hauptes im Hof spazieren, als ob nichts geschehen wäre.

Ob die Hahnenbluttherapie wirkte, konnte keiner genau sagen. Großmutter machte gleichzeitig auch die Wassertherapie, das Schröpfen und die Beifußrauchtherapie. Ihre Schmerzen kamen und gingen. Die Ältere Frau Chen hustete weiterhin Tag und Nacht. Frau Lin litt nach wie vor unter Rücken-, Knie- und Kopfschmerzen. Sie war die Erste, die sich später von dieser Therapie lossagte. Sie meinte, möge das Hahnenblut auch gut sein, es könne ihr Leid nicht heilen, weil es schließlich die Ursache nicht beheben könne, und die sei nämlich das Leben selbst, die Schufterei.

Der Winter von 1968 war ein langer, einsamer Winter. Nicht nur weil meine Eltern weit weg waren und mein Onkel wegen der Kulturrevolution auf seinen jährlichen Heimaturlaub verzichten musste. Lilis Familie war in diesem Winter aus unserem Hof der Alte-Türvorhang-Gasse Nummer neun ausgezogen. Wegen ihres kleinen Bruders sei das Haus zu klein geworden, und sie hätten unweit von hier ein größeres, besseres gefunden, erzählte mir Lili. Sie sei froh, endlich rauszukommen aus diesem teuflischen Hof mit dem höllisch stinkenden Plumpsklo. Ihr neues Haus habe ein Wasserklosett, fügte sie nicht ohne Stolz hinzu. Ich bedauerte es ohnehin, Lili, meine beste Freundin, zu verlieren, aber als ich das hörte, wurde ich richtig traurig. »Bedauert sie nicht ein bisschen, dass wir uns nicht mehr sehen werden? Wird sie sich nicht nach unserer gemeinsamen Kindheit in diesem Hof zurücksehnen?«, fragte ich mich im Stillen.

Zwei Jahre später besuchte ein Offizier der Luftwaffe in Mutters Begleitung Lilis Mutter, um von ihr wegen einer chronischen Krankheit behandelt zu werden. Da ich Lili nach ihrem Auszug aus unserem Hof nie wiedergesehen hatte, bat ich Mutter, mich mitzunehmen. Lili freute sich, mich wiederzusehen, und zeigte mir ihr neues Zuhause. Bei dieser Gelegenheit durfte ich ihr Wasserklosett bewundern. Es war das erste Mal in meinem Leben, dass ich so etwas mit eigenen Augen sah. Ich hätte nie im Traum gedacht, dass man auf einer so sauberen, weißen Schüssel sitzend sein Geschäft verrichten könnte. Nicht nur das. Lilis Familie hatte in ihrem neuen Haus einen Extraraum mit einer weißen Badewanne, den man »Badezimmer« nannte, in dem man sich waschen und baden konnte. Ich bewunderte und beneidete Lili, dass sie und ihre Familie nun in einem solchen Luxus lebten. Lili sagte, ich könne sie öfter besuchen kommen, wenn ich möchte. Für mich hatte sich Lili jetzt zu einem richtig schönen, jungen Fräulein entwickelt. Zugleich stellte ich aber fest, dass wir uns fremd geworden waren. Die Zeit, in der wir als zwei kleine Mädchen zusammen mit unseren Puppen »Familie« spielten oder in den Muscheln nach Perlen suchten, war endgültig vorbei. Ich nahm höflich ihre Einladung an. Aber dieser Besuch sollte der letzte sein. Ich sah Lili nie wieder.

Viel später erfuhr ich durchs Hörensagen, dass Lili nach der Kulturrevolution Traditionelle Chinesische Medizin studiert hatte und danach in die USA gegangen war. Ihr kleiner Bruder soll die Aufnahmeprüfung der besten Mittelschule Pekings bestanden haben. Das war auch nicht verwunderlich. Denn er hatte von Geburt an einen großen Kopf. Alle Nachbarn hatten damals gesagt, er sei ein kluger Knabe. Aus ihm werde etwas werden. Lilis Eltern sollen sich wieder miteinander versöhnt haben. Lilis Mutter arbeitete weiterhin in demselben Krankenhaus, das sie in der Kulturrevolution als »ergebener Nachwuchs der Bourgeoisie« verleumdet hatte. Der Unterschied war, dass sie nun als eine berühmte Ärztin der Traditionellen Chinesischen Medizin hoch angesehen wurde. Um in ihre Sprechstunde zu gehen, musste man einen Termin vereinbaren und lange warten. Lilis

Großvater musste nicht mehr Straßen fegen, sondern genoss in Ruhe seinen Lebensabend im Beisein von seinen Enkelkindern, seiner Tochter und seinem Schwiegersohn.

Nachdem Lilis Familie ausgezogen war, zog eine alte Frau namens Qian mit ihrer Familie in das östliche Haus unseres Hofs ein. Frau Qian war eine echte Pekingerin, schätzungsweise über siebzig Jahre alt. Sie hatte zwei große verstehende Augen, eine lange Adlernase und zwei riesige Ohren wie die Flügel eines Adlers. Ihr kurz geschnittenes, abstehendes Haar am Hinterkopf glich dem Schwanz des Adlers. Ich fand, sie sah nicht nur wie ein Adler aus. Ihr Wesen war auch ziemlich adlermäßig: akribisch, streng und autoritär. Mit ihr zusammen, genauer gesagt unter ihrer Herrschaft, lebten ihr Sohn, ihre Schwiegertochter und ihre dreijährige Enkelin. Obwohl sie von ihrem Sohn ernährt wurde, hatte sie das absolute Sagen zu Hause. Ihr Sohn war kräftig von Statur und sah aus wie der Held Li Yuhe in der revolutionären Modell-Pekingoper *Die Legende der roten Laterne*. Er war ein vorbildlich gehorsamer, ehrerbietiger Sohn im traditionellen Sinne. Seiner Mutter gehorchte er willenlos. Wenn seine Frau mit seiner Mutter in einen Streit geriet, was häufig der Fall war, stand er absolut hinter seiner Mutter. Die Schwiegertochter, eine zierliche Person, war Frau Qian weit unterlegen. Wenn ihr die Unterdrückung über die Hutschnur ging, suchte sie Streit mit ihrem Mann. Sie schien in Sachen Streit gut geübt zu sein. Niemand hätte gedacht, dass diese zarte, kleine Frau eine so laute Stimme haben könnte, wenn sie stritt. Meistens erwiderte ihr Mann ihr Gekreische nicht. Jedenfalls hörten wir Nachbarn keinen Ton von ihm. Hielt er es nicht mehr aus, schlug er sie. Dann krachte es im östlichen Haus richtig. Währenddessen saß Frau Qian in ihrem alten Hausherrinnenlehnstuhl und fluchte aus Leibeskräften. Der Inhalt ihres Fluchens war so gemein, so vulgär und so schmutzig, dass sich die Nachbarn ihretwegen schämten und nicht in den Hof zu gehen wagten. Sie fluchte, wenn ihr etwas nicht gefiel oder wenn sie sich von einem Nachbarn beleidigt fühlte. Sie fluchte immer so laut, dass der ganze Hof mithören konnte. Aber sie nannte nie die Person beim Namen, die sie beschimpfte. Sie beherrschte die Kunst, den Sack zu schlagen, obwohl sie den Esel meinte. Auf diese Art und Weise beleidigte sie einen Nachbarn nie direkt. Man begrüßte sich stets freundlich, wenn man sich im Hof begegnete. Alle Bewohner im Hof empfanden im Stillen Abscheu vor ihr und zugleich auch ein bisschen Angst, nicht Angst vor ihr, sondern eher Angst davor, ihr Fluchen hören zu müssen.

Ihre dreijährige Enkelin war ein süßes Mädchen, aber sie schien sehr scheu und ängstlich zu sein, denn sie traute sich nie, in den Hof zu gehen und mit anderen Kindern zu spielen. Wenn ihre Eltern stritten, weinte sie. Nach einem heftigen Streit oder einer Prügelei ihrer Eltern ging ihre Mutter meistens mit ihr zu ihrer anderen Großmutter, bis ihr Vater reumütig sie beide wieder zurückholte. In ihrer Abwesenheit war das östliche Haus dann so still wie ein Grab. Man hörte lediglich ab und zu Frau Qian husten.

Für mich war unser Wohnhof in der Alte-Türvorhang-Gasse Nummer neun mit Lilis Auszug ein anderer geworden. Das Ehepaar Zhang war tot, ihr Häuschen wurde nicht mehr bewohnt und verfiel. Frau Jiang war weg, Xiaohe war weg, Familie Shi im nördlichen Haus war weg, nun war Lili auch weg. Nichts war mehr wie früher.

Zwar wurden die Hahnenbluttherapie, die Wassertherapie und andere gesundheit fördernde Maßnahmen noch kollektiv weiterpraktiziert (Frau Qian nahm übrigens auch an der Hahnenbluttherapie teil, weil sie wie die Ältere Frau Chen unter chronischem Bronchialasthma litt); im Frühjahr pflanzte jede Familie nach wie vor Blumen, Kräuter und Gemüse an; im Herbst wurden die Früchte des Zierapfelbaums und der Blumenpfeffersträucher im Hinterhof weiterhin geerntet und verteilt; und an Sommerabenden saßen alle Bewohner nach wie vor im Hof und zündeten Mücken vertreibende Räucherspiralen in ihren Häusern an. Aber irgendwie war die Atmosphäre im Hof anders geworden. Trister, langweiliger, trostloser und stiller, trotz Frau Qians Fluchen, oder gerade deswegen …

Im Sommer 1969 wohnte Xiaohes Bruder Dahe längst nicht mehr in der Alte-Türvorhang-Gasse. Er arbeitete im Zoologischen Institut der Akademie der Naturwissenschaften ganz im Westen Pekings, wo er auch ein Zimmer hatte, und kam nur noch selten zu Besuch. Eines Wochenendes brachte er urplötzlich eine Freundin mit, auf dem Gepäckträger seines Fahrrads natürlich. Das war eine sehr hübsche, junge Frau mit einer hellen, lieblichen Stimme und einem süßen, südchinesischen Akzent. Sie hüpfte wie ein Häschen über die Schwelle des zweiten Tors und begrüßte lachend alle Nachbarn, die gerade im Hof waren, als ob sie uns schon seit Ewigkeiten kennen würde. Kaum wurde sie ihren beiden künftigen Schwiegermüttern vorgestellt, half sie schon der Jüngeren Frau Chen beim Gemüseputzen und Kochen. Nach dem Mittagessen kam sie sogar in den Hof und spielte mit uns »Gummiseilhüpfen« und »Sandsäckchenwerfen«. Und sie spielte sehr gut, als ob sie jeden Tag nichts anderes zu tun hätte. Sie ließ sich von uns Kindern »Tante Hong« rufen und sprach zu uns, als seien wir Erwachsene. Sie erzählte mir, dass sie von klein auf ein Waisenkind sei und ihre Eltern nie gekannt habe. Durch Dahe habe sie eine neue Familie, ein neues Zuhause gefunden. Deshalb sei sie sehr glücklich. Ich mochte sie auf Anhieb. Sie erinnerte mich an Tante Yue von Mutters Ensemble. Nur, Tante Hong war noch lebhafter. Sie war wie ein Stern, der am dunklen Nachthimmel aufleuchtete, wie ein Lichtstrahl, der plötzlich in unseren tristen Wohnhof hereinbrach.

Zu meinem größten Erstaunen küsste sie vor den beiden Frau Chens Dahe auf den Mund. Sie beide umarmten sich obendrein sogar hemmungslos. Bis dahin hatte ich noch nie im realen Leben einen Mann und eine Frau sich küssen sehen. Nicht meine

Eltern, nicht meinen Onkel und meine Tante, nicht Lilis Eltern, nicht Frau Lin und ihren Mann, nicht Frau Qians Sohn und seine Frau, meine Großeltern schon gar nicht. Ich mochte Tante Hong. Tante Hong liebte Dahe, das hatte sie mir selbst gesagt. Dann müsste das Küssen etwas Gutes sein, das zur Liebe gehörte. Dennoch hatte ich ein merkwürdiges, unbeschreibliches Gefühl, wenn ich unfreiwillig Zeugin ihrer Küsse wurde. So etwas wie Scham, dabei schlug mein Herz schneller, und ich fühlte mich wie bloßgestellt, wie ertappt beim Beobachten einer Handlung, die ich eigentlich nicht sehen durfte.

Sie küssten sich natürlich nicht im Hof, sondern in ihrem Zimmer. Da abends das Licht brannte und die Gardinen durchsichtig waren, konnte ich sie sehen. Ich konnte auch sehen, dass Tante Hong in ihrem Unterhöschen und Unterhemd im Zimmer herumlief. Dabei hüpften ihre vollen Brüste unter dem ärmellosen Unterhemd auf und ab. Ich war so verblüfft, dass ich vergaß, Wasser vom Hinterhof zu holen, worum mich Großmutter gebeten hatte. Sie trug keinen Büstenhalter! Ich hatte noch nie eine junge, erwachsene Frau ohne Büstenhalter gesehen. Mutter trug stets einen festen Büstenhalter, dessen Träger zwei tiefe Rillen auf ihrem Rücken erzeugten. Durch die Gardinen in dem gelblichen Licht sah ich ihre weiße Haut, ihre Taille, ihre langen Beine, ihren gesunden Körper. Ich sah, wie Dahe, wenn sie an ihm vorbeiging, sie fest in seine Arme schloss und sie lange, lange auf den Mund küsste. Dahe fand ich zwar nicht so schön wie Xiaohe, dennoch war er ein stattlicher, charmanter junger Mann. Sie waren ein schönes Paar, fand ich.

Frauen, die ihre nackten Arme und Beine zeigten, die ihren Geliebten im Lichtschein oder sogar bei Tageslicht küssten, waren so selten wie eine Sonnenfinsternis. Männer und Frauen trugen sommers wie winters üblicherweise den gleich aussehenden dunkelblauen, grauen oder militärgrünen Anzug, dessen Kragen bis unter das Kinn zugeknöpft war.

Ich hielt Tante Hong deshalb für eine ungewöhnliche Frau

und freute mich die ganze Woche auf das Wochenende. Denn Dahe kam seitdem fast jedes Wochenende mit Tante Hong nach Hause. Sie brachte frischen Wind in unseren Hof und Neuigkeiten. Sie spielte nicht nur mit uns, sie erzählte uns auch von ihrer Arbeit mit den Tieren und von ihren Expeditionen. Sie erklärte uns, warum die grünen Würmer an einem Faden an den Blättern unseres Surenbaums hingen, warum Singzikaden im Sommer so einen Lärm machten, warum Geckos nachts an den beleuchteten Wänden klebten, warum Regenwürmer nach dem Regen überall auf den Feldern zu finden waren, und so weiter. Sie war unsere Spielgefährtin und Lehrerin. Sie war angesehener Häuptling der Kinder der Alte-Türvorhang-Gasse Nummer neun geworden.

Aber ich hörte von Großmutter, dass beide Frau Chens sie nicht besonders mochten. Angeblich fänden sie Tante Hong zu modern, zu freizügig. Hinter ihrem Rücken sollen sie sie sogar als »Komet« bezeichnet haben. Ein »Komet« sei so schlimm wie eine Hexe, die den Männern Unglück bringe, erklärte mir Großmutter. Da Dahe sie jedoch liebte und beide Frau Chens ihren Sohn liebten, konnten sie nichts gegen ihre künftige Schwiegertochter anstellen und mussten sie akzeptieren.

Eines Tages brachten die beiden zur großen Überraschung aller Wohnhofbewohner einen Riesenfisch nach Hause. An jenem Sonntagmorgen wusch ich gerade Wäsche im Hof, als Dahe, der ein Paar bis zum Oberschenkel reichende Gummistiefel trug, einen über einen Meter langen Fisch in unseren Hof hereinschleppte. Er ging nicht ins Haus, sondern legte den Fisch mitten im Hof auf eine Steinplatte. Der Fisch war so groß wie ein fünfjähriges Kind. Seine Schuppen glänzten in der Sonne wie unzählige Spieglein. Ich war so verblüfft, dass ich dachte, ich träumte. Noch nie hatte ich einen so großen Fisch gesehen. Im Nu waren alle Nachbarn im Hof versammelt und staunten über diesen Wunderfisch. Dahe holte verschiedene Messer, Beile, eine Säge und andere Werkzeuge aus dem Haus und fing an, den Fisch zu zerlegen. Er erzählte uns, er sei mit seinen Kollegen am Shisanling-Stausee angeln gewesen. Durch Zufall hätten sie diesen Riesenfisch gefangen und seien selbst geschockt gewesen. Er glaube, der Himmel habe ihm diesen Fisch geschenkt, und er wollte ihn nun mit allen Nachbarn teilen. Die Jüngere Frau Chen redete besorgt vor sich hin: »Dass du gern angeln gehst, dagegen hätte ja keiner was. Aber wie konntest du nur so ein riesiges Ding nach Hause schleppen? Wer weiß, ob es vielleicht gegen das Gesetz verstößt?« Dahe sagte: »Mutter, mach dir keine Sorgen! Du sagst doch oft, du weißt gar nicht mehr, wie ein Fisch schmeckt. Heute kannst du dich mal richtig an Fisch satt essen.« »Wie schön wäre es, wenn dein Bruder hier wäre. Er mochte so gern Fisch.« Frau Chen murmelte noch diesen Satz und wischte sich eine Träne aus dem Augenwinkel. Dann ging sie ins Zimmer zurück.

Dahe nahm die Säge und fing an, den Fischkopf abzusägen. Ich deckte mit beiden Händen meine Augen zu und beobachtete durch eine Lücke zwischen zwei Fingern dieses für mich unsäglich grausame Unterfangen. Ich sah, wie der Fisch plötzlich das Riesenmaul öffnete, als ob er »Hilfe!« riefe. Beide Kiemen gingen auf und zu wie zwei große Fächer, als ob er atmete. Ich schloss meine Augen und dachte an das Märchen *Der Fischer und seine Frau:* Wenn ich der Fischer wäre, würde ich den Fisch zum Stausee zurückbringen und mir ein nicht stinkendes Wasserklosett und ein Haus ohne von Mäusen bewohnten Dachboden wünschen. Sollte ich noch einen Wunsch offen haben, dann würde ich mir wünschen, dass meine Eltern bei uns wohnen und nicht andauernd aufs Land gehen.

Als ich meine Augen wieder öffnete, war der Fischkopf bereits vom Fischkörper getrennt. Auch der Fischbauch war aufgeschnitten. Die Steinplatte färbte sich vom Fischblut rot. Überall lagen Innereien und Fischrogen herum. Der Fischgeruch stach mir in die Nase. Mir wurde übel. Aber ich stand wie angewurzelt dort und konnte mich nicht fortbewegen. Frau Lin sagte, Fischrogen seien sehr nahrhaft, holte einen Topf aus dem Haus und sammelte Fischrogen ein. Nachdem Dahe den Fisch ausgenommen hatte, sägte er den riesigen Körper des Fisches in Stücke. Jede Familie erhielt ein Stück. Großmutter bekam ein Stück nahe dem Schwanz. Sie meinte, es wiege bestimmt zwei, drei Kilo. Danach grub Dahe ein tiefes Loch im Garten seiner Familie und warf die Innereien und Schuppen hinein. »Gute Dünger!«, sagte er zufrieden. Zum Schluss band er einen Schlauch an den Wasserhahn im Hinterhof und spülte den ganzen Innenhof gründlich ab. Dennoch roch unser Hof noch tagelang nach Fisch.

Aus dem Stück Fleisch des Riesenfisches kochte Großmutter ein vorzügliches Gericht. Ich musste immer wieder an die Szenen des Fischzerlegens denken, und es war mir dabei sehr unwohl. Aber der in Sojasoße gedünstete Fisch roch so verlockend, dass ich mich schließlich meinem Appetit ergab.

Man wusste nicht, ob der Fischgeruch bis in die Nase der Leiterin des Nachbarschaftskomitees geweht war oder ob ein Kind aus Naivität geplaudert hatte. Jedenfalls erschien eine Woche später die Leiterin plötzlich in unserem Hof und befragte Frau Chen nach dem Fall des Riesenfischs. Die Jüngere Frau Chen sagte, sie wisse nicht, wo ihr Sohn den Riesenfisch gefangen habe. Außerdem hätten alle im Hof den Fisch gegessen. Man solle nicht nur sie zur Rede stellen. Aber die Leiterin des Nachbarschaftskomitees befahl der Jüngeren Frau Chen, einen ausführlichen Bericht über die Herkunft des Riesenfischs und die genauen Umstände zu schreiben. Darüber hinaus verlangte sie von allen Bewohnern unseres Wohnhofs, eine schriftliche Selbstkritik zu verfassen. Wir sollten uns selbst dafür kritisieren, dass wir ein staatliches Eigentum verzehrt und dadurch dem Interesse des Volkes geschadet hatten, zumal Genuss und Vergnügung zur Dekadenz der Bourgeoisie gehörten. Die Jüngere Frau Chen erlitt vor Wut und Angst einen Rückfall der Herzrhythmusstörung. Die Ältere Frau Chen hatte wegen ihrer Schwerhörigkeit nicht mitbekommen, was los war. Aber ihr Asthma verschlimmerte sich jedes Mal, wenn sie die Leiterin des Nachbarschaftskomitees sah.

Seit ich denken konnte, gab es das Nachbarschaftskomitee. Jede Straße, jede Gasse gehörte einem Nachbarschaftskomitee an. Das Nachbarschaftskomitee war ein fester Bestandteil unseres Alltagslebens. Es bestand meistens aus einigen engagierten Hausfrauen. Vor ihnen hatten die meisten Respekt und manche regelrecht Angst, wenn sie etwas zu befürchten hatten. Denn diese Frauen kontrollierten im Namen der Partei alles und jeden und wussten alles über jede Familie und jeden Wohnhof. Sie konnten jederzeit jede Familie besuchen, um nach dem Rechten zu sehen. Jede Familie hatte dem Nachbarschaftskomitee über alle ihre Angelegenheiten Bericht zu erstatten, ob Geburten, Heiraten, Todesfälle, Besucher, Ehestreitigkeiten, Konflikte zwischen Schwiegermutter und Schwiegertochter oder eben außergewöhnliche Ereignisse wie das mit dem Riesenfisch in unserem Hof. Wenn man dies selbst nicht tat, dann taten es die Nachbarn. Es hieß nicht umsonst Nachbarschaftskomitee. Denn von der Nachbarschaft wurde erwartet, dass sie sich selbst kontrollierte, damit Abweichler, schlechte Elemente und Klassenfeinde rechtzeitig entlarvt und beseitigt werden konnten. Auf den regelmäßigen Sitzungen wurden die guten Nachbarn durch Lob belohnt und die schlechten kritisiert. Das Nachbarschaftskomitee kontrollierte nicht nur das Privatleben eines jeden, sondern auch die Gedanken der Bewohner. Auf den politischen Sitzungen musste man Selbstkritik üben, das hieß über seine Gedanken sprechen, so wie es die arbeitende Bevölkerung in ihren Arbeitseinheiten tat. Insofern schloss das Nachbarschaftskomitee die Lücke im gesamten Kontrollsystem der Partei, die die Einheiten hinterließen. Es war das kleinste Bindeglied im Netzwerk der Kommunistischen Partei.

Natürlich hatte das Nachbarschaftskomitee auch die Funktion, den Bewohnern Hilfe anzubieten. Es schlichtete zum Beispiel Familienstreitigkeiten, half alten oder kranken Menschen im Haushalt und verteilte Mittel gegen Darmparasiten. Aber seine Hauptfunktion war die Kontrolle der Bewohner. Während der Kulturrevolution spielte das Nachbarschaftskomitee eine besonders wichtige Rolle, weil dadurch das Feuer der Revolution wirklich in jeder Ecke des Landes entfacht werden konnte. Frau Jiang, das Ehepaar Zhang, Lilis Großvater oder die Großmutter des als »aktiver Konterrevolutionär« gebrandmarkten kleinen Nachbarjungen in unserer Gasse waren sozusagen die »Rinderteufel und Schlangengeister«, die nur dank dieses Netzes gefangen werden konnten, denn sie gehörten keiner Einheit an.

Die beiden Frau Chens fürchteten sich besonders vor dem Nachbarschaftskomitee, weil der Hintergrund ihrer Familie alles andere als revolutionär war. Die Ältere Frau Chen ließ man weitgehend in Ruhe, weil sie fast nicht mehr laufen konnte. Die Jüngere Frau Chen musste immer wieder vor dem Nachbarschaftskomitee erklären, dass sie längst eine klare Linie zwischen ihrem verstorbenen Mann und sich selbst gezogen habe. Denn ihr Mann, wenn er nicht gestorben wäre, würde heute zu der ausbeutenden Klasse gehören. Und jetzt war etwas passiert, von dem man sich gar nicht hatte ausmalen können, dass es Probleme mit sich bringen könnte.

Schließlich schrieb Frau Lin im Namen aller Bewohner unseres Wohnhofes eine tiefgründige Selbstkritik, in der sie schwor, in Zukunft nie wieder Fische oder andere Dinge zu verzehren, deren Herkunft ungeklärt sei. Man müsse immer auf der Hut sein, um sich gegen die Zersetzung durch die bürgerliche Ideologie zu wehren und die Haltung der Bescheidenheit, Sparsamkeit und Enthaltsamkeit des Proletariats für immer aufrechtzuerhalten und zu fördern. Es lebe der Große Führer, unser Vorsitzender Mao! Diese Selbstkritikrede wurde dann auf einer Vollversammlung des Nachbarschaftskomitees unserer Gasse vorgetragen. Auf weiteren Versammlungen mussten Bewohner anderer Wohnhöfe Kritik an den Bewohnern unseres Hofs üben. Erst Wochen später glätteten sich die Wogen, die der Riesenfisch ausgelöst hatte. Es kursierte das Gerücht, dass diese Wogen sogar bis ins im nordwestlichen Haidian-Bezirk liegende Institut für Zoologie gerollt seien. Dahe soll auch kritisiert und durch körperliche Arbeit bestraft worden sein.

13. Kapitel

*Wie ich am helllichten Tag von meinem Prinzen auf dem
Schimmel träumte, und warum wir nachts in die Schule gingen
und uns über eine Choreographie den Kopf zerbrachen*

Anran lernte ich in der »Agitationsgruppe der Mao-Zedong-Ideen« kennen.

Nachdem sich die Welle der Rektorenverurteilung einigermaßen gelegt hatte, wurde in unserer Schule wie landesweit in
allen Schulen die »Agitationsgruppe der Mao-Zedong-Ideen«
gegründet. Die Mitglieder waren die aus jeder Klasse auserwählten, künstlerisch begabten und gut aussehenden Schüler. Ich war
eine von ihnen. Die Aufgabe dieser Agitationsgruppe bestand
darin, durch öffentliche Auftritte die großartigen Verdienste und
glänzenden Ideen des Vorsitzenden Mao sowie die glorreichen
Erfolge der Großen Proletarischen Kulturrevolution zu verbreiten. Darüber hinaus nahm sie im Namen der Schule an Schüler-
festspielen des Bezirks und der Stadt teil. Die Lehrerin, die die
Agitationsgruppe leitete, war eine ideenreiche, junge Musikleh-
rerin. Als Erstes brachte sie uns das Singen bei. Denn bis jetzt
hatten wir überhaupt noch keinen Musikunterricht gehabt. Anschließend trug sie Material für unser Agitationsprogramm zusammen. Den Rest der Arbeit überließ sie uns.

Aus heutiger Sicht waren wir acht- bis zwölfjährigen Kinder
äußerst kreativ. Wir schrieben selbst Texte für politisches Kaba-
rett und Dialoge für Theaterstücke, entwarfen Requisiten, Bühnenbilder und Kostüme und führten selbst Regie. Ich hatte bis
dahin noch nie gesungen, geschweige denn auf der Bühne vor
Hunderten, Tausenden von Menschen gestanden. Aber in der
Agitationsgruppe war ich selbstverständlich eine der Führungs-
kräfte, weil meine Eltern Schauspieler waren. Die Lehrerin setzte

Cuis Großmutter

Cuis Großvater

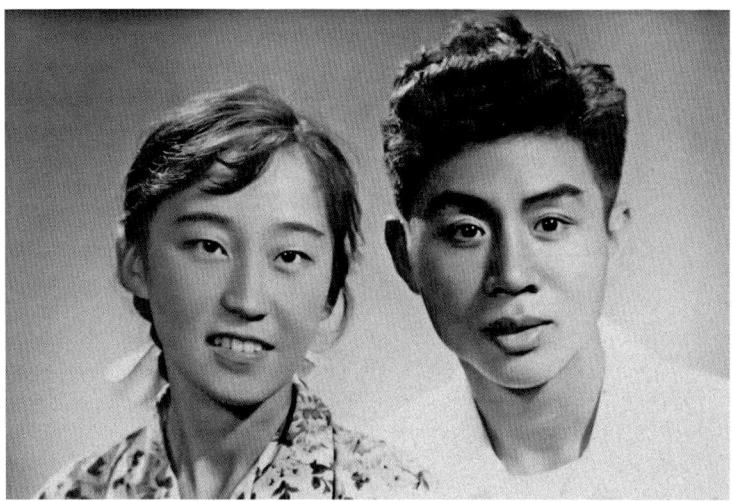

oben, vorne: Cuis Großeltern; hinten: Cuis Mutter und Onkel, etwa 1954

unten: Cuis Eltern

Großmutter und Cui, 5 Monate alt, Januar 1958

首都北海公园留影 1960 3.

Cui, 2 Jahre und 8 Monate alt, mit Großeltern im Beihai-Park in Peking, März 1960

oben: Cui, etwa 8 Jahre alt, mit Vater und Cousin Shitou auf dem Platz des Himmlischen Friedens mit einem geliehenen Fahrrad

unten: Cui, 10 Jahre alt, mit Schwesterchen und Lili mit Brüderchen im Hof der Alte-Türvorhang-Gasse 9, 1967

oben: Cui, etwa 7 oder 8 Jahre alt, mit Freundin Xiaorong vor dem Tor des Himmlischen Friedens, 1964 oder 65

unten: Cui, etwa 9 oder 10 Jahre alt, mit Cousin Shitou vor dem Tor des Himmlischen Friedens; am linken Arm trug sie das Abzeichen der Kleinen Rotgardisten, 1966 oder 67

oben: Cuis Familie: vorne v. l. n. r.: Onkel, Qun, Shitou, Großmutter; hinten v. l. n. r.: Tante, Vater, Mutter, Cui, 1969

unten: Cui mit Schwesterchen Qun und Eltern vor ihrer Wohnung im Wohnheim für pensionierte Offiziere der Luftwaffe, 1972

oben: Cui (vorne ganz links), Hong (hinten ganz links) und Freundinnen vor dem Tor des Himmlischen Friedens (mit der Armbinde der Rotgardisten), Februar 1976

unten: Cui mit Großmutter vor der Abreise nach Yan'an, März 1976

große Hoffnung auf mich. Ich war nicht nur Choreographin und Vorsängerin, sondern agierte ab und zu sogar als Dirigentin beim Chorgesang. Meine musikalische Aufklärung verdanke ich in der Tat dieser Agitationsgruppe.

Ich mochte unsere Agitationsgruppe. Denn ihr einzigartiger Kollektivgeist zog mich an. Und es gefiel mir, mit den klügsten und schönsten Schulkameraden zusammen zu sein.

In der Klasse sprachen Jungs und Mädchen nie miteinander. Jede Art von Kommunikation, wie zum Beispiel einen Bleistift leihen oder nach der Lösung einer schwierigen Matheaufgabe fragen, fand strikt unter den gleichgeschlechtlichen Kameraden statt. In der Pause bildeten Jungs und Mädchen zwei klar getrennte Gruppen, die eine bestimmte Distanz voneinander hielten. Die größte Strafe und Demütigung für ein Kind war, von der Gruppe seines Geschlechts in die des anderen Geschlechts geschubst und dabei gehänselt zu werden. Auch die außerschulischen Selbsthilfe-Lerngruppen wurden automatisch nach strikter Trennung von Jungs und Mädchen gebildet. Aus unerklärlichen Gründen betrachteten sich Jungs und Mädchen gegenseitig stets als den größten Feind. Diese Atmosphäre schwebte wie ein geruch- und farbloses Gift permanent im Klassenzimmer und versetzte Schüler wie Schülerinnen in Atemnot und auch in unaussprechliches Leid. Keiner wusste, warum es so war und wie man dieses Problem lösen könnte. Die einzige Ausnahme bei der geschlechtlichen Trennung waren politische Aktivitäten. Wenn sich zum Beispiel Rotgardistenfunktionäre oder Klassensprecher, die selbstverständlich aus Schülern beider Geschlechter bestanden, zu einer Sitzung trafen, dann sprachen sie höflich miteinander. Oder wenn wir nach der Schule Wandzeitungen schrieben oder uns zur politischen Schulung trafen, taten dies Mädchen und Jungen oft zusammen.

So herrschte auch in der Agitationsgruppe der Ausnahmezustand. Hier arbeiteten Jungen und Mädchen Hand in Hand und halfen sich gegenseitig wie Brüder und Schwestern. Hier herrschte ein starkes Wirgefühl, eine Art Synergie. Ich bewunderte die klugen Jungen und die schönen Mädchen. Das Zusammensein mit ihnen ließ mich die frechen, gefährlichen Jungs am westlichen Ende unserer Gasse vergessen und bereitete mir ein angenehmes, erhabenes Gefühl. Zwar fand ich mich hässlich im Vergleich zu den schönen Mädchen höherer Klassen. Ich fand meine Haut zu dunkel, meinen Hals zu lang, meinen Körper zu dürr und meine Finger zu dick. Aber ich war nicht neidisch auf sie, genau wie das hässliche Entlein nicht auf die weißen Schwäne neidisch war.

Außerdem waren die Aktivitäten der Agitationsgruppe manchmal aufregend und abenteuerlich. Die *Volkszeitung* brachte oft Leitartikel heraus, die Himmel und Erde über Nacht umstürzen konnten. Wann auch immer der Zentrale Volksrundfunk eine solche Nachricht oder eine neue Anweisung vom Vorsitzenden Mao im Radio übertrug – oft auch in der Nacht –, kamen die Menschen zu organisierten Kundgebungen auf die Straße, schlugen Trommel und Gong und feierten diesen neuen Sieg oder die neuesten Worte des Vorsitzenden Mao. Die Umzüge liefen meistens am Tor des Himmlischen Friedens vorbei. Die Schüler meiner Schule, die alle in der Nähe des Platzes des Himmlischen Friedens wohnten, bekamen das Getöse immer mit, auch wenn wir kein Radio hörten. Wir Mitglieder der Agitationsgruppe gingen dann noch nachts in die Schule und erarbeiteten ein neues, der Veränderung der politischen Lage entsprechendes Programm, das wir am nächsten Tag auf der Straße aufführten. In solchen Nächten waren wir besonders enthusiastisch und unsere Fantasie und Kreativität besonders lebhaft. Die Revolution machte aus uns ungewöhnliche Kinder, die nachts von zu hause weggehen, im gottverlassenen Schulhof alle Lichter anmachen und lauthals singen, tanzen, schreien und lachen durften. Keine Lehrer oder Eltern kamen und versuchten, uns zu mahnen oder daran zu hindern. Wenn es Sommer war, spielten wir Versteck, nachdem wir mit unserer Probe fertig waren. Bei dieser Gelegenheit verkleideten sich die Jungen mit allen möglichen Kostümen und erschreckten zu ihrer Freude uns Mädchen zu Tode. Im Winter machten wir den Ofen an, saßen dicht nebeneinander im Kreis und lauschten spannenden Geschichten aus den Klassikern wie *Der Traum der roten Kammer, Die Geschichte der Drei Reiche* oder *Die Räuber vom Liangshan-Moor,* die ein in der Mitte des Kreises sitzender Junge erzählte. Dieser Junge hieß Anran.

Anran war ein neuer Schüler unserer Klasse und ein neuer Nachbar in unserer Gasse. Er hatte schneeweiße Haut, große, klare Augen wie zwei Bergquellen und weiche, pechschwarze Haare, die länger und lockiger waren als die der anderen Jungen. Unter den Gleichaltrigen war er außergewöhnlich klug und belesen. Er hob sich von uns ab wie ein Kranich von einer Schar Hühner. Er hatte nicht nur viele Bücher gelesen, von denen ich nicht einmal gehört hatte. Er wusste auch viele Dinge, die ich mir überhaupt nicht vorstellen konnte. Außerdem konnte er auch malen, singen, tanzen und Akkordeon spielen. Anrans Eltern waren ebenfalls Schauspieler eines Kunstensembles der Armee. Seine musikalische Grundausbildung hatte er bereits im Mutterleib erhalten, denn seine Mutter war eine Violinistin. Angeblich war er seit seiner Geburt mit seinen Eltern von Ort zu Ort durch das ganze Land gezogen, deshalb hatte er einen so weiten Horizont, den wir nicht kannten, und verfügte über so viel Wissen, das uns bis jetzt unzugänglich war.

Anran erzählte uns nicht nur Geschichten, er klärte auch Mädchen auf. Es war ein heißer Sommernachmittag, an dem wir Mitglieder der Agitationsgruppe wieder in der Schule blieben und an unserem Programm arbeiteten. Nach der Probe bat Anran alle Mädchen, die elf Jahre alt oder älter waren, zu bleiben. Er wolle sie aufklären, sagte er. Ich hatte leider nicht die Ehre, zu ihnen zu gehören, weil ich das verlangte Alter noch nicht erreicht hatte. So stand ich in einer Ecke und beobachtete aus der Ferne, wie die »weißen Schwäne« aus den fünften und sechsten Klassen mit erröteten Wangen um Anran herumstanden, sich kichernd die Ohren zuhielten und leise und kokettierend schimpften: »Widerlich!«, »Unverschämt!« Leise ahnte ich, dass Mädchen, wenn sie ein bestimmtes Alter erreichten, ein Geheimnis haben. Aber was für eins? Ein schönes oder ein dunkles, das das Tageslicht scheuen würde? Zum ersten Mal war ich eifersüchtig auf die »weißen Schwäne«, nicht wegen ihrer Schönheit, sondern wegen ihres Alters. Offensichtlich betrachteten die Jungen wie Anran sie anders als uns jüngere Mädchen.

Einmal hatten wir eine revolutionäre Operette inszeniert, die auf dem bekannten Lied *Vergesst das Leid unserer Klasse nicht* basierte. Sie handelte von einer armen Bauerntochter, die ihre Eltern verloren hatte, aus Not und Elend an einen Gutsbesitzer verkauft und dort als Hausmädchen misshandelt und ausgebeutet wurde. Bei dieser Inszenierung spielte ich die Bauerntochter. Anran führte Regie und übernahm zugleich die Rolle eines Lakaien des Gutsbesitzers. Während der gesamten Phase der Probe spürte ich ein noch nie da gewesenes Glücksgefühl, weil ich viele Stunden in Anrans Nähe verbringen durfte. An den Tagen, an denen die Probe stattfand, freute ich mich bereits nach dem Aufwachen darauf. Nach der Probe dachte ich den ganzen Abend noch daran und ließ jedes Detail des Zusammenseins mit Anran Revue passieren. In einer Szene wurde die Bauerntochter vom Gutsbesitzer ausgepeitscht, während der Chor im Hintergrund sang:

»Wie kann ich jene Zeit vergessen? Das Elend nahm kein
   Ende.
Da es ausweglos war, ging ich Ochsen für den Guts-
   besitzer hüten.
Tief in der Nacht musste ich aufstehen und
kehrte erst nach Sonnenuntergang zurück.
Oft wurde ich vom Gutsbesitzer blutig ausgepeitscht.
Wen sollte ich, arme Kuhhirtin, um Hilfe bitten?«

Nachdem ich ohnmächtig geworden war, befahl der Gutsbesitzer seinem Lakaien, mich von der Bühne wegzuschleppen. Nun musste ich so tun, als ob ich tot wäre. Anran umschlang mich von hinten und zog mich von der Bühne. Immer wenn wir diese Szene probten, schlug mein Herz schneller. Wenn Anran mich berührte, stockte mir der Atem. Zugleich war ich verschämt, und meine Wange wurde glühend heiß. Zum Glück hielt ich meine Augen geschlossen und konnte nicht sehen, wie Anran mich anschaute. In meiner Fantasie war Anran kein Lakai, sondern ein schöner Prinz, der mich, ein armes Mädchen wie das Schneewittchen oder Dornröschen, vor dem Tod errettete.

Zwar herrschte in der Klasse nach wie vor der kalte Krieg zwischen Jungen und Mädchen. Aber zum ersten Mal sah ich unsere »Feinde« mit anderen Augen an. Wer hätte gedacht, dass es unter ihnen solche schönen, intelligenten Kreaturen wie Anran gab! Anran war wie meine Sonne. Egal wo er sich befand, ich spürte seine Strahlen. Ich spürte permanent eine Wärme, die von ihm kam. Ich traute mich nie, ihn anzusehen. Aber ich fühlte immer, wo er war. Wenn er zufällig an mir vorbeiging, zuckte ich unwillkürlich zusammen. Meine Freude, in die Schule zu gehen, war größer denn je. Das Betreten des Klassenzimmers war jedes Mal mit der Spannung verbunden, ob Anran wohl schon da war.

Eine Zeit lang waren Anrans Eltern nicht in Peking (entweder auf Tournee oder auf dem Land wie meine Eltern, ich wusste es nicht genau). Seine ältere Schwester war wie Xiaohe zum Arbeitseinsatz aufs Land verschickt worden. Auch seine Großmutter, mit der Anran normalerweise zusammenlebte, hielt sich in dieser Zeit nicht in Peking auf. Anrans Eltern baten Xiaorongs Familie, die im selben Wohnhof wohnte, sich um ihren Sohn zu kümmern. Xiaorong konnte seitdem von morgens bis abends auf eine selbstverständliche Weise mit Anran zusammen sein. Denn Anran aß und schlief bei ihrer Familie. Um Anran öfter zu sehen, schlug ich Xiaorong vor, unsere gemeinsame Lerngruppe zu ihr zu verlegen. So wurde Anran zwangsläufig ein Mitglied unserer Lerngruppe, und wir verbrachten jeden Tag auch die Nachmittagsstunden zusammen. Nur, statt Hausaufgaben zu machen, spielte er lieber mit uns. Alle Spiele, die wir Mädchen gern spielten, konnte er auch, zum Beispiel, »Fußfederball kicken«, »Gummiseilhüpfen«, Scherenschnitte machen und sogar stricken. Er brachte immer neue, originelle Ideen in die Spiele hinein, sodass sie nie langweilig wurden.

Wenn Xiaorongs Mutter nicht zu Hause war, spielten wir »Blindekuh«. Erwischte die »Blindekuh« jemanden, musste sie durch das Tasten des Gesichts erraten, wen sie gefangen hatte. Jedes Mal, wenn Anran mich berührte, spürte ich einen Strom durch meinen ganzen Körper fließen. Wenn Xiaorong oder ich dran waren, nahm Anran Xiaorongs Kopftuch oder Schal und verkleidete sich als ein Mädchen. Aber ich konnte Anran immer sofort erkennen. Wenn ich mich ihm näherte, konnte ich seinen Geruch wahrnehmen. Das war ein besonderer Geruch, ganz anders als bei einem Mädchen. Das war Anrans spezifischer Geruch, der an den Geschmack eines Sahnebonbons erinnerte. Dennoch tat ich so, als ob ich keine Ahnung hätte, wer es war, und tastete sanft sein Gesicht ab, streichelte seine zarte Haut, seine feine Nase, seine weichen Lippen und seine beiden Ohren. Ich ließ meine Finger langsam durch seine duftenden Haare streifen und genoss das wohlige Gefühl in mir. Erst dann rief ich laut aus: »Anran!«

Die Zeit mit ihm empfand ich als so interessant, dass ich mich keine Sekunde von ihm trennen wollte. Manchmal wollte Anran hinausgehen und mit den Jungs in der Nachbarschaft spielen. Xiaorong und ich ließen keinen Trick aus, um ihn zurückzuhalten. Zum Beispiel boten wir ihm an, die Hausaufgaben für ihn zu schreiben, wenn er bei uns bleiben würde.

Nachdem wir miteinander vertraut geworden waren, lud ich Anran zu uns nach Hause ein. Jedes Mal sagte Großmutter: »Das arme Kind! Wird einfach allein gelassen«, und bot ihm an, mit uns zu essen. Ich zeigte ihm meine Bonbonpapier-Figurensammlung und sagte, er könne alle haben, die ihm gefielen. Aber sie schienen ihn wenig zu interessieren. Stattdessen spielte er gern mit unserem Holzfigürchen. Es war ein wie Pinocchio aussehendes Männchen, das auf einem Döschen stand. Im Döschen befand sich eine Feder, die mit dem Figürchen verbunden war. Wenn man auf die untere Seite des Döschens drückte, fiel der Pinocchio in sich zusammen. Verringerte man den Druck, stand er – zack – wieder auf. Wenn Anran nichts zu tun hatte, drückte er ununterbrochen darauf. Manchmal dachte er sich Geschichten aus und führte mit dem Figürchen lustige Theaterstücke auf, die Shitou und Qun faszinierten und Großmutter und mich zum Lachen brachten.

Die meiste Zeit jedoch, wenn er bei uns war, saß Anran an unserem einzigen Tisch und malte. Er malte alles, was er sah: die Thermoskanne, die Reisschale, die Süßkartoffeln, den Geschirrschrank und mich. Oder er malte Bilder aus seiner Fantasie. Seine Lieblingsmotive waren die Figuren aus den Romanen, die er gelesen hatte: Lin Daiyu, Jia Baoyu, Xue Baochai aus *Der Traum der roten Kammer*; Sun Wukong und Zhu Bajie aus *Die Reise nach Westen*; Cao Cao, Zhu Geliang und Zhang Fei aus *Die Geschichte der Drei Reiche*. Mit der Zeit wurden mir diese Figuren so vertraut, dass ich das Gefühl hatte, ich hätte die Romane selbst gelesen und würde die Figuren und ihre Geschichten kennen.

In dieser Zeit wich ich fast nicht von Anrans Seite. Wenn wir nicht zusammen waren, träumte ich von ihm. In meinem Tagtraum wohnten Großmutter und ich nicht in diesem kleinen Zimmer mit dem mit Zeitungspapier beklebten, von Mäusen besetzten Dachboden und dem Ziegelsteinfußboden, sondern in einem sauberen Zimmer mit weißen Wänden und Dielen wie im Ensemblewohnheim meiner Eltern oder in einem nur von uns bewohnten Wohnhof mit mehreren Häusern wie dem der Familie Shi. Anran lebte von klein auf bei uns wie mein Cousin Shitou und wuchs mit mir zusammen auf. In meinem Tagtraum war er immer kränklich und bedurfte meiner Fürsorge.

Eine andere Variante meines Tagtraums war, dass Anran ein Prinz war wie in den Märchen, die mir Lilis Vater oder meine Tante erzählt hatten. Er ritt auf einem Schimmel daher und wollte mich in seinen Palast holen. Ich brachte es jedoch nicht übers Herz, meine Schwester, meinen Cousin und meine Großmutter zurückzulassen. So bat ich meinen Prinzen, uns alle mitzunehmen. Daraufhin ließ er einen prächtigen Palast in unserem Hof bauen, in dem wir dann alle glücklich bis ans Ende unseres Lebens zusammenlebten.

Manchmal, wenn meine kleine Schwester schlief und Shitou im Kindergarten war, saß ich allein am Tisch, wo er immer saß, wenn er bei uns war, und starrte aus dem Fenster. Dabei träumte ich von einer Szene – die dritte Variante meines Tagtraums –, die wie ein Film vor meinem geistigen Auge wiederholt ablief: Ich stieß vorsichtig eine Tür auf und sah Anran an einem Tisch sitzen und malen. Er malte zwei große Vögel im Anflug. Ich schritt zu ihm. Anran hob seinen Kopf und sah mir voller Zärtlichkeit in die Augen. Seine schönen Augen waren von kristallenen Tränen verschleiert. Ich nahm zärtlich seine Hand und sagte: »Lass uns nach draußen spielen gehen!« Anran sagte traurig: »Morgen muss ich fortgehen und werde nie wieder zurückkommen.« Als ich das hörte, fing ich an, bitterlich zu weinen.

Als wir in die sechste Klasse kamen, ging Anran tatsächlich fort, ohne sich von mir zu verabschieden.

Eines Morgens kam er nicht in die Schule.

Als ich an jenem Morgen das Klassenzimmer betrat, bemerkte ich sofort, dass meine Sonne nicht schien. Auch am nächsten Tag schien sie nicht.

Sie schien nie wieder.

Von Xiaorong erfuhr ich, dass Anran mit seinen Eltern in ein weit entferntes Gebiet namens Tibet gereist sei. Um den Aufbau der Grenzgebiete zu unterstützen, sei das Ensemble seiner Eltern nach Lhasa, der Hauptstadt von Tibet, versetzt worden.

Noch ein paar Tage vor seinem Weggang war Anran bei mir gewesen. Wir malten zusammen – inzwischen hatte er mir das Zeichnen beigebracht. Irgendwann holte er einen Fächer aus hellgrünem Papier hervor und sagte, das sei ein Geschenk für mich. Die Pflaumenblüte und die Elstern darauf habe er selbst gemalt. Er fragte mich, ob ich die Geschichte von dem Kuhhirten und der Weberin kennen würde. Großmutter hatte sie mir schon mal erzählt, aber da ich Anran so gern Geschichten erzählen hörte, bat ich ihn, sie mir noch einmal zu erzählen. Daraufhin fing Anran an, mit reichlicher Mimik und Gestik und verstellten Stimmen für die verschiedenen Figuren dieses wunderschöne Märchen zu erzählen.

Es war einmal ein junger Kuhhirte, der pflegte liebevoll ein altes, krankes Rind und machte es wieder gesund. Beide wurden beste Freunde. Eines Tages sprach das Rind zu dem Kuhhirten: »Geh zu dem Lotosteich. Dorthin werden heute Feen baden kommen. Nimm eines der roten Gewänder und verstecke es. Die Fee, der das Gewand gehört, wird dann deine Frau.« Daraufhin ging der Kuhhirte zum Lotosteich, versteckte sich im Schilf und wartete. In der Tat kamen bald einige Feen vom Himmel geflogen und badeten. Der Kuhhirte trat vor und nahm ein rotes Gewand. Erschrocken zogen sich die Feen schnell an und flogen zum Himmel hinauf. Nur die schönste Fee blieb verschämt zurück, weil sie ihr Gewand nicht fand. Sie war die jüngste Enkelin des Himmelskaisers und im Himmel die Weberin. Der Kuhhirte bat sie, seine Frau zu werden. Die Weberin willigte ein. Sie erkannte im Kuhhirten ihren geliebten Niulang Xing (Stern des Kuhhirten im Sternbild Adler) wieder, in den sie sich vor Zeiten bereits im Himmel verliebt hatte. Da die Liebe im Himmel verboten war, war Niulang Xing von der Himmelskaiserin zur Strafe in einen Kuhhirten verwandelt und auf die Erde verbannt worden und musste die Weberin ununterbrochen schöne, bunte Wolken weben. Nun trafen sich die beiden Liebenden auf der Erde wieder.

Sie heirateten und lebten glücklich zusammen. Die Weberin gebar ihrem Kuhhirten zwei Kinder.

Das Rind wurde alt und starb. Vor seinem Tod sagte es zum Kuhhirten: »Bewahre meine Haut gut auf! Eines Tages kannst du damit zum Himmel fliegen.« Der Kuhhirte vergoss bittere Tränen, beerdigte das Rind und tat wie ihm geheißen.

Als der Himmelskaiser vom Glück der Weberin und des Kuhhirten erfuhr, wurde er zornig und befahl, die Weberin zum Himmel zurückzuholen. Die Himmelskaiserin kam persönlich und flog mit der Weberin zum Himmel zurück. Fast hatten sie den Himmel erreicht, da hörte die Weberin plötzlich ihren Namen rufen. Sie drehte sich um und sah ihren Kuhhirten in einem Lederumhang, beide Kinder tragend, hinter ihr herfliegen. Voller Freude streckte sie ihre Arme aus und rief nach ihren Kindern. In diesem Augenblick zog die Himmelskaiserin mit ihrer goldenen Haarnadel eine Linie zwischen der Weberin und dem Kuhhirten. Im Nu verwandelte sich die Linie in einen Himmelsfluss, der »Milchstraße« hieß und die Familie trennte. Die Weberin und der Kuhhirte weinten bitterlich, und die Kinder schrien nach ihrer Mutter. Als die vorbeifliegenden Elstern diese traurige Szene sahen, waren sie zutiefst bewegt. Sie kamen angeflogen und bildeten eine Brücke über dem Himmelsfluss, damit sich die Familie auf der Brücke treffen konnte. Dies berührte wiederum die Himmelskaiserin, und sie erlaubte nun den beiden, sich einmal im Jahr am 7. Tag des 7. Monats des Mondkalenders zu treffen. Deshalb waren an diesem Tag kaum Elstern auf der Erde zu sehen, weil sie alle zum Himmel flogen und für die Weberin und den Kuhhirten eine Brücke des Wiedersehens bildeten.

»In meiner Familie sind wir alle wie der Kuhhirte und die Weberin«, sagte ich nachdenklich zu Anran, nachdem er mit seiner Geschichte fertig war, »Schau mal, mein Onkel und meine Tante, meine Eltern und wir Kinder, mein Onkel und meine Großmutter, mein Onkel und ich, mein Onkel und sein Sohn, und so weiter. Es sind alles Menschen, die gern zusammenleben wollten und sollten, aber leider gezwungen sind, weit voneinander getrennt leben zu müssen.« Anran sagte: »Meiner Familie ergeht es genauso. Deswegen habe ich Elstern für dich gemalt. Die Elster ist der Vogel der Hoffnung und fröhlicher Botschaft.« Als Großmutter das hörte, sagte sie: »Was du alles weißt, mein kluger Junge! Übrigens, die Elstern, die du gemalt hast, sehen sehr echt aus. Du bist wirklich ein talentierter Junge!« Großmutter mochte Anran, weil er anders war als die meisten Jungen in unserer Gasse. Er war schön, klug und höflich und machte nie Radau. Und Großmutter hatte recht. Die Elstern auf dem Fächer sahen so lebendig aus, als könnten sie gleich wegfliegen. Ich sagte zu Anran: »Der Fächer gefällt mir sehr! Ich danke dir. Aber ich möchte dir auch etwas schenken.« Daraufhin hob Anran das Holzfigürchen, das er die ganze Zeit in der Hand hielt und damit spielte: »Dann schenk mir das!« »Ja, das kannst du behalten!« Ich war froh, dass er das haben wollte. Denn sonst hatte ich nichts, was ich ihm geben konnte.

Als das Abendessen fertig war, sagte Anran, er müsse nach Hause, seine Großmutter warte bestimmt schon auf ihn, und ging. Nicht einmal Auf Wiedersehen hatten wir zueinander gesagt.

Wer hätte gedacht, dass es ein Abschied für immer war.

Ich habe nicht geweint, als ich von Xiaorong über Anrans Abreise erfuhr. Aber soweit ich mich erinnern kann, habe ich in meiner Kindheit auch nie wieder so fröhlich gelacht wie bei Anrans Theateraufführung mit dem namenlosen Holzfigürchen.

14. KAPITEL

Wie wir einen »Neuen Langen Marsch« bis zur Heimat
meiner Großmutter durchhielten, und warum ich nachts
von Atombomben träumte

Als ich elf Jahre alt war, erschrak ich eines Tages beim Toiletengang in der Schule darüber, dass ich aus dem Unterleib blutete. Das Blut war zähflüssig und dunkel, fast schwarz. Ich hatte eine leise Ahnung, um was es sich handelte, weil ich gesehen hatte, wie Mutter im Wochenbett blutiges Papier gegen frisches gewechselt hatte, als sie im Zimmer ihr Geschäft verrichtete. Außerdem waren die Unterhosen von Lili und ihrer Mutter, die mit anderer Wäsche ihrer Familie zusammen auf der Wäscheleine im Hof hingen, nie richtig sauber, sondern hatten immer dunkelbraune Flecken. Ich ahnte, dass das Bluten eine Angelegenheit von Frauen ist, konnte mir jedoch – sosehr ich mein Vorstellungsvermögen auch ausschöpfte – nicht vorstellen, wie und warum das passierte. Dass es nun urplötzlich mich betraf, hätte ich jedoch nie und nimmer im Traum gedacht, darauf war ich nicht vorbereitet.

Zu Hause berichtete ich Großmutter darüber. Sie schickte mich zum Haushaltswarengeschäft am Ende unserer Gasse und sagte, ich solle eine Binde und Hygienepapier kaufen. Dann zeigte sie mir, wie man es verwendete. Das Hygienepapier legte man auf die Stoffbinde, die wiederum schnürte man um die Hüfte. Das Hygienepapier war umständlich zu wechseln, unpraktisch, hart, verrutschte bei jeder Bewegung und scheuerte beim Gehen die zarten Innenschenkel wund. Großmutter sagte, das sei nun mal das Schicksal der Frau. Wer hätte gedacht, dass ich es jetzt schon bekommen würde. Das sollte mich von jetzt an mein ganzes Leben lang plagen. Mir ging auf einmal ein Licht auf, warum manche Mädchen beim Sportunterricht neben dem Sportplatz standen und nur zuschauten und warum einige Mädchen der Agitationsgruppe aufgeregt und geheimnisvoll diskutierten, wie sie sich bei ihren Lehrern entschuldigen könnten, um sich dem bevorstehenden militärischen »Langen Marsch« zu entziehen. Nun durfte ich mich der Gruppe der nicht am Sportunterricht teilnehmenden Mädchen anschließen. Ich verspürte ein merkwürdiges Überheblichkeitsgefühl. Gegenüber den Mädchen, die den Sportunterricht hassten, jedoch noch keinen Grund hatten, nicht daran teilzunehmen, fühlte ich mich privilegiert. Aber gegenüber den Jungen, die verstohlen nach uns schielten, empfand ich eher ein beschämendes Gefühl.

Unter uns Mädchen, die diese Phase physischer Reifung erreicht hatten, waren die Begriffe »Menstruation« oder »Regel« nicht aussprechbar. Es war so, als ob das schlimme, schmutzige Schimpfwörter wären. Zu jener Zeit wurde von allen Mädchen Pekings stattdessen ein Codewort verwendet: »Pech haben«. Später fand dieses Synonym für »Menstruation« ebenfalls bei ihren Müttern Gebrauch.

Im Vergleich zu den anderen körperlichen Anstrengungen, zu denen wir verpflichtet waren, war der Sportunterricht geradezu lächerlich – und von diesen Strapazen wurden die Mädchen, wenn sie »Pech hatten«, nicht so leicht befreit. Wir machten regelmäßig militärische Übungen, einschließlich nächtlicher Eilmärsche durch die Vororte, halfen Bauern im Umland von Peking im Frühjahr bei der Aussaat und im Herbst bei der Ernte und gruben unentwegt Luftschutzbunker. Da das politische Verhalten für die Beurteilung eines Schülers entscheidend war, wollten wir alle stets als engagiert und aktiv gelten. Vor allem die Rotgardisten, insbesondere deren Funktionäre, hatten sich immer besonders vorbildlich zu verhalten. Die meisten Mädchen nahmen auch dann an solchen Aktivitäten teil, wenn sie »Pech hatten«. Es wäre mir nicht im Traum eingefallen, mich zu entschuldigen, wenn ich meine Tage bekam. Einmal stand ich während meiner Menstruation tagelang barfuß im kalten Schlamm der Reisfelder. Es dauerte nicht lange, bis ich Menstruationsbeschwerden bekam, die behandelt werden mussten.

Gleichzeitig mit dem Einsetzen der Menstruation begannen meine Brüste zu wachsen. Wie die meisten anderen Mädchen genierte ich mich dafür. Damit man die kleine Wölbung an meiner Bluse nicht sah, lief ich immer mit krummem Rücken und eingezogener Brust. Die grüne Militärumhängetasche, die ich als Schultasche benutzte, trug ich nicht mehr schräg über der linken Schulter, sondern ließ sie von der rechten Schulter vor meinem Oberkörper herunterhängen.

Einmal kam eine Tante zu Besuch. Sie sagte zu Großmutter, ich sei ein großes Mädchen geworden. Es sei an der Zeit, dass sie mir »jenes Unterhemd« kaufe. »Jenes Unterhemd« war ein weißes, ärmelloses, modisches Unterhemd für Frauen. Der Unterschied zu den üblichen Unterhemden war, dass der Kragenschnitt am Rücken etwas tiefer und der untere Rand elastisch war. Im Sommer konnte ich sehen, dass manche Mädchen diese Art Unterhemd unter ihrer halb durchsichtigen Bluse trugen. Es war für mich ein optisches Symbol des Reifwerdens, ein Symbol der Weiblichkeit, ein Merkmal, welches ein Mädchen von einem Jungen unterschied. Bald darauf kaufte mir Großmutter tatsächlich zwei solcher Unterhemden, worüber ich mich sehr freute. Einerseits wollte ich nicht, dass andere meine körperliche Veränderung bemerkten; andererseits war ich stolz darauf, zu den Mädchen zu gehören, die sich bereits auf dem Weg befanden, erwachsen zu werden.

In dieser Zeit träumte ich oft, dass ich schwanger wurde, obwohl ich noch gar nicht wusste, wie eine Frau schwanger werden kann. Im Traum hatte ich einen dicken Bauch, wie damals meine Mutter, als sie mit meiner Schwester schwanger gewesen war. Ein schöner Junge, das war meistens Anran, ab und zu auch ein Unbekannter, kümmerte sich liebevoll um mich. Das Leben war ruhig und friedlich, ohne militärische Übungen, ohne Weizenernte, ohne das Graben von Luftschutzbunkern.

Im Jahr 1969 war der Schulbetrieb gewissermaßen zur Normalität zurückgekehrt, das hieß, ein Drittel der Schulzeit hatten wir Unterricht, ein zweites Drittel war für das Graben der Luftschutzbunker und das letzte Drittel für das »Von-Arbeitern-Bauern-und-Soldaten-Lernen« vorgesehen. Die letzte Aktivität bedeutete, dass wir regelmäßig in eine Fabrik, aufs Land oder in eine Kaserne gingen, um dort zu arbeiten oder eine militärische Ausbildung zu erhalten, damit wir nicht ausschließlich aus den Lehrbüchern, sondern auch durch die Praxis und von der führenden Klasse des Sozialismus – nämlich Arbeitern, Bauern und Soldaten – lernten.

Seit dem Grenzkonflikt zwischen China und der Sowjetunion am Ussuri im März 1969 war Vorsitzender Mao fest davon überzeugt, dass die Sowjetunion China angreifen und somit den Dritten Weltkrieg auslösen würde. Eine sehr verbreitete, überall plakatierte und oft zu hörende Losung war: »Tiefe Tunnel graben und überall Getreidevorräte anlegen.« Das war ein Appell des Vorsitzenden Mao an das chinesische Volk, sich auf den bevorstehenden Krieg vorzubereiten.

Der Geschichtsunterricht gewann auf einmal große Bedeutung. Das ewige Thema war: Krieg. Unser Geschichtslehrer, ein Mann mittleren Alters mit Brille, besaß die Fähigkeit, die Geschichte so anschaulich und lebendig zu erklären, dass wir Schüler den Eindruck bekamen, er hätte sie selbst erlebt. Er führte uns durch unzählige Kriege der Menschheit und erzählte uns, wie der jeweilige Krieg ausgebrochen war. Er offenbarte uns, dass die Aggressoren oft durch einen Überraschungsangriff einen Krieg entfesselten. Beispiele für »Blitzkrieg« wurden genannt und Begriffe wie »gerechter Krieg«, »Aggressionskrieg«, »Verteidigungskrieg«, »Bürgerkrieg«, »Koalitionskrieg«, »Atomkrieg« oder »chemische Waffen« erläutert. Uns zehn- bis zwölfjährigen Kindern, die wir von der Welt so gut wie nichts wussten, wurde ein Weltbild vermittelt, das voller Gefahren, brutal und blutig war. In dieser Welt waren die USA Chinas größter Feind und

Nixon der gemeinste Bösewicht der Welt. Aus der Sowjetunion kam akut die größte Bedrohung, und Chruschtschow und Breschnew waren sozialistische Imperialisten und gefährliche Kriegshetzer. Außer Albanien in Europa, Nordkorea in Asien und Kuba in Lateinamerika lauerten überall auf der Welt niederträchtige Feinde. Und wir waren die Generation, die am Vorabend eines Weltkriegs lebte. Deswegen mussten wir darauf vorbereitet sein.

In der Regel hatten wir vormittags Unterricht. Nachmittags gruben wir auf dem Schulhof Luftschutzbunker. Als Werkzeuge dienten Spaten und Kehrichtschaufeln, die wir von zu Hause mitbrachten. Manchmal arbeiteten wir auch in Schichten und gruben Tag und Nacht. Wir, die wir noch nicht ganz über das Alter des Spielens hinausgewachsen waren, setzten nun unsere ganze Leidenschaft und Hingabe aufs Graben von Luftschutzbunkern ein. Wie ein Haufen fleißiger Ameisen gruben wir unaufhörlich und stellten bald erstaunt fest, wie stark wir als Kollektiv waren und welche unglaublichen Fähigkeiten und Energien wir Kinder besaßen. Denn bald waren alle freien Flächen des Schulhofs in tiefe Gruben verwandelt. Wir hatten keinen Platz mehr zum Spielen und für den Sportunterricht. Unsere Schuhe, Kleidung und Haare waren für gewöhnlich voller Staub und unsere Fingernägel immer schwarz. Darüber ärgerte ich mich ein bisschen. Denn mein am Abend frisch gewaschenes Haar wurde am nächsten Tag sofort wieder schmutzig. Aber ich war wie alle anderen Kinder hundertprozentig von der Gefahr überzeugt, dass ein Krieg jederzeit ausbrechen könnte, und somit von der Notwendigkeit unserer Schufterei. Als ein Vorbild für andere Schulkameraden war ich beim Graben immer sehr eifrig, scheute keine Anstrengung und verausgabte mich völlig. Ich schaufelte, buddelte, schippte und grub bis zur Erschöpfung. Auch während der Menstruation nahm ich keinen Tag frei. Anfangs bekamen wir blutige Blasen, später bildeten sich dicke Schwielen an unseren kleinen Händen.

Auch in den Gassen und Straßen wurden Luftschutzbunker gegraben, organisiert von den Nachbarschaftskomitees der Revolution. Alle Bewohner, bis auf Alte und Kranke, mussten daran teilnehmen. Aus unserer schmalen Gasse wurde ein einziger Graben. Man konnte nicht mehr Fahrrad fahren. Gehen konnte man gerade noch an der Mauer entlang, wenn man sich seitlich und vorsichtig vorwärtsbewegte. Wenn es regnete, waren überall nur noch Schlamm und Pfützen. Man wusste nicht, wohin man treten sollte. Kinderwagen zu schieben war schon gar nicht mehr möglich. Großmutter musste jeden Tag mit Qun auf dem Arm einkaufen gehen.

Mit der Zeit wurde das Luftschutzbunkergraben zu einem integralen Bestandteil unseres Alltagslebens. An die Gruben und Erdhügel in den Gassen und im Schulhof gewöhnten wir uns Kinder allmählich. Die Jungs nutzten diese günstige, authentische Umgebung, um »Krieg« zu spielen. Dabei zählten »Überraschungsangriff« und »Blitzkrieg« zu ihren Lieblingsvokabeln.

Als ich in die Mittelschule kam, war der unvermeidbar geglaubte Krieg zum Glück immer noch nicht ausgebrochen. Aber wir gruben wie die Maulwürfe kontinuierlich weiter.

Heute wissen wir, dass damals im Zuge der Vorbereitung auf den Krieg allein in Peking über 20 000 Luftschutzbunker mit primitivsten Werkzeugen gegraben wurden, darunter die sogenannte unterirdische Stadt. Von 1969 bis 1979 wurden 300 000 Bewohner mobilisiert, in ihrer Freizeit unentgeltlich an diesem Mammutprojekt teilzunehmen. Dieser Luftschutzbunker ist über dreißig Kilometer lang, zum großen Teil zwei Meter breit und acht bis über zehn Meter tief. Er hat 2 300 Luftschächte und verfügt an 70 Stellen über Zugang zum Grundwasser. 300 000 Menschen finden darin Platz. Außerdem gibt es in dieser unterirdischen Stadt Krankenhäuser, Kinos und eine Eisenbahn, die zum Kaiserpalast führt, sowie andere Infrastruktureinrichtungen, sodass Tausende von Menschen sich gegebenenfalls über längere Zeit darin aufhalten können. Die Eingänge sind mit Doppeltoren versehen, die auch Schutz gegen Giftgas bieten. Die »unterirdische Stadt Pekings« soll bis heute die größte Luftschutzanlage der Welt sein, die ohne maschinellen Einsatz ausschließlich von Hand gebaut wurde.

Nachdem einige Hauptluftschutzbunker in der Schule und in der Gasse fertiggestellt worden waren, wurden regelmäßig Luftschutzübungen sowohl von der Schule als auch vom Nachbarschaftskomitee durchgeführt. Dabei wurde die Funktionstüchtigkeit der Alarmanlagen und der Luftschutzbunker getestet und das Verhalten bei einem Bombenangriff geschult. Manchmal ertönte während einer Mahlzeit oder mitten im Unterricht der Luftschutzalarm, und wir mussten so schnell wie möglich in den vorgesehenen Bunker rennen. Wenn der Aufhebungsalarm zu hören war, durften wir wieder hinausgehen. Am Anfang fanden wir diese Übung recht interessant und nahmen sie sehr ernst. Mit der Zeit wurde sie langweilig und lästig. Die Ältere Frau Chen und Frau Qian von unserem Hof, die normalerweise kaum noch einen Schritt ins Freie taten, weigerten sich irgendwann, mitzumachen. Sie meinten, der Krieg solle doch kommen. Sie seien sowieso lebensmüde.

Nachdem wir auch noch über die Gefahr und Folgen eines Atombombenangriffs aufgeklärt worden waren, wurde mir angst und bange. Wiederholt bekamen wir Dokumentarfilme über den Atombombenangriff der USA auf Hiroshima im Zweiten Weltkrieg und andere Propagandafilme über atomare, biologische und chemische Waffen – die sogenannten ABC-Waffen – zu sehen. Gleichzeitig wurden wir in die Selbstschutzmaßnahmen gegen einen eventuellen Angriff mit diesen Waffen eingeführt. Bei den Übungen zum Selbstschutz nach einem Atombombenangriff kam mir alles sehr authentisch und haarsträubend vor. Jedes Mal liefen Schreckensbilder wie ein Film vor meinem geistigen Auge ab. Während ich auf dem Boden lag, sah ich, wie die

Explosionsdruckwelle der Atombombe alles, was um mich herum existierte, auf einmal wegfegte wie der Wind die Asche. Unsere Schule, Häuser, Straßen, Geschäfte, Krankenhäuser versanken im Nu in Schutt und Asche. Die Welt wurde eine Ruine pur. Weit und breit war kein lebender Mensch mehr zu sehen. Nur ich stand inmitten dieser Trümmerwüste, mit meiner kleinen Schwester auf dem Arm. Diese Bilder tauchten nicht nur während jeder Übung auf, sondern auch immer wieder in meinen Träumen.

Nachdem wir ein paarmal militärische Übungen und Kurzstreckenmärsche absolviert hatten, beschloss die Schule, einen Langstreckenmarsch zu organisieren, an dem die fünften und sechsten Klassen teilnehmen sollten. Das Ziel dieses langen Marsches war Miyun – die Heimat meiner Großmutter. Der Kreis Miyun liegt nordöstlich von Peking. Die Luftlinie zwischen dem Platz des Himmlischen Friedens in Peking und unserem Ziel – dem großen Stausee in Miyun – beträgt circa fünfundsiebzig Kilometer. Aber die Strecke, die wir zu Fuß zurücklegen sollten, würde bestimmt über hundert Kilometer lang sein. Zwei Wochen wurden für diesen Marsch geplant. Ich war sehr gespannt darauf, zum ersten Mal für so lange Zeit das Zuhause zu verlassen und den Heimatort meiner Großmutter kennenzulernen.

Einige Mädchen in der Agitationsgruppe, die bereits ihre Menstruation bekamen, kündigten panisch an, auf keinen Fall an diesem Langstreckenmarsch teilzunehmen. Denn wenn sie unterwegs »Pech hätten«, sei es eine Katastrophe, behaupteten sie fast den Tränen nahe. Sie würden Frauenkrankheiten bekommen und ihr Leben lang unter den Folgen dieser Krankheiten leiden. Ich bezweifelte ihre Behauptungen als übertrieben und hielt diese Mädchen für wehleidig. Eines stand für mich fest, ich durfte mich nicht mit ihnen vergleichen. Sie waren entweder Einzelkinder oder verwöhnte Töchter aus gutem Haus. Außerdem waren sie keine Funktionäre der Rotgardisten und keine Zugführerinnen. Zu Hause war ich die große Schwester und die rechte Hand meiner von Krankheiten geplagten Großmutter. Und in der Schule war ich Zugführerin meiner Klasse und Kompanieführerin der Rotgardisten meines Jahrgangs, darüber hinaus Mitglied des ständigen Ausschusses der Rotgardisten der Schule. Alle Schulkameraden schauten auf mich. Deshalb kam ich keinen Moment lang auf die Idee, mich davor zu drücken. Außerdem war ich für Lehrerin Wu unentbehrlich.

Seit der fünften Klasse hatten wir eine neue Lehrerin namens Wu. Sie hatte zwei dünne, schulterlange Zöpfchen und eine gesund aussehende rötliche Gesichtsfarbe. Ich mochte es, sie im Chinesischunterricht Texte vorlesen zu hören. Denn sie hatte eine wohlklingende Stimme. Ihr Mann war Offizier bei der Armee und kam selten nach Hause. Sie lebte allein mit ihrem kleinen Sohn. Ich spürte eine besondere Bindung zwischen uns. Vielleicht lag es daran, dass meine Eltern auch bei der Armee waren oder dass sie mich an meine Tante erinnerte. Und ich war überzeugt, sie mochte mich auch. Im Sprachgebrauch jener Zeit hieß es: Sie schenkte mir Liebe und Fürsorge. Diese Liebe setzte sie in die Praxis um, indem sie eine Sitzung einberief, auf der alle Schülerfunktionäre meiner Klasse Kritik an mir übten. Meine Mustergültigkeit sollte auf diese Weise vervollkommnet werden.

Ich war eigentlich ein eigenwilliges Kind und gab nie nach, wenn ich mit meiner Mutter oder Großmutter in Streit geriet, zumal ich als die Älteste stets das Sagen hatte. Auf dieser Versammlung war es das erste Mal, dass ich mir anhören musste, wie gleichaltrige Kinder an mir herumkritisierten, wie ich zu sein hatte. Aber ich war nicht gekränkt, verletzt oder traurig, schon gar nicht wütend auf Lehrerin Wu. Im Gegenteil, ich war dankbar. Denn ich war fest davon überzeugt, dass die Lehrerin und die Mitschüler es nur gut mit mir meinten. Ich betrachtete dies sogar als eine besondere Ehre, dass alle mir ihre Zeit und Aufmerksamkeit schenkten, um mir zu helfen, eine gute Schülerin und ein perfektes Vorbild zu sein. In tiefer Demut hörte ich zu und schwor im Stillen, mich zu bessern. Seitdem war diese unsichtbare Verbindung zwischen Lehrerin Wu und mir noch enger. Mir wurde noch klarer, was die für mich bedeutsamen Menschen in meinem Umfeld von mir erwarteten. Und den Erwartungen der Erwachsenen zu entsprechen war für ein elfjähriges Kind sehr wichtig, dem noch nie beigebracht worden war, selbstständig zu denken.

Die am häufigsten geäußerte Kritik an mir war, dass ich unnahbar sei und nicht eng genug mit den Massen in Fühlung bliebe. Diese Kritik sollte ich im Lauf der kommenden Jahre noch oft zu hören bekommen, obwohl ich mich seitdem sehr bemühte, mich zu bessern.

Offensichtlich ist diese »Schwäche« der hartnäckigste Teil meines Wesens, den zu überwinden ich nicht in der Lage war. Er ist wohl die letzte Spur meines Selbst, die selbst durch die gründlichste Gehirnwäsche nicht zu beseitigen war.

Der Frühlingsanfang war bereits vorbei. Aber Großmutter meinte, im Gebirge auf dem Lande könne es noch sehr kalt sein, und ich solle eine dicke Bettdecke mitnehmen. Inzwischen hatten wir durch die militärischen Übungen gelernt, innerhalb von wenigen Minuten die Bettdecke so zu einem quadratischen Bündel zu schnüren, dass man es auf dem Rücken tragen konnte. In dieses Bündel packte ich auch Wäsche zum Wechseln und eine wattierte Jacke ein, die mir gleichzeitig als Kissen dienen sollte. Auf Anordnung der Schule sollten wir das Gepäck mit einer Plastikfolie wasserdicht umhüllen. Großmutter fand aber keine Plastikfolie und gab mir stattdessen ein Stück gelbes Linoleum. Schon wenig später sollte ich feststellen, dass es ein großer Fehler war, diese schwere, gelbe Zusatzlast mitzunehmen.

Am östlichen Himmel war gerade ein grauer Streifen zu sehen, und die Stadt schien noch im tiefen Schlaf zu sein, als wir uns am Montagmorgen in der Schule einfanden. Nach der Gepäckkontrolle marschierten wir hintereinander in Viererreihen los, gen Osten. Ganz vorne trugen drei große Jungen drei rote

Fahnen; die Fahne der Schule und die des Kleinen Rotgardisten-regiments, auf der dritten waren zwei goldene Schriftzeichen aufgedruckt: »La Lian« (Feldlager- und Marschtraining). Neben ihnen liefen der Regimentskommandeur, ein Sechstklässler, und der Marschkommandeur, ein junger, gut aussehender Lehrer, der die Arbeit des Kleinen Rotgardistenregiments unterstützte. Die beiden führten die ganze Kolonne. Einige Sport- und Kunstlehrer sowie der neue Rektor, der jetzt den Posten des Leiters des Revolutionskomitees der Schule bekleidete, liefen ganz hinten und kümmerten sich um die Kinder, die eventuell krank werden oder vor Erschöpfung zurückbleiben würden. Die Klassenlehrer gingen links oder rechts neben ihren Klassen her, sprachen ihren Schülern Mut zu und ermahnten sie, das Tempo mitzuhalten. Die jeweiligen Zugführer, die ebenfalls außerhalb der Reihe gingen, riefen in regelmäßigen Abständen Kommandos aus, damit die Kinder möglichst im Gleichschritt marschierten.

Als wir am Platz des Himmlischen Friedens vorbeimarschierten, rief der Regimentskommandeur durch ein Megaphon Marschkommandos, und die ganze Kolonne von über 800 Schülern marschierte im Gleichschritt und wiederholte das Kommando im Chor: »Eins! Zwei! Drei! Vier!« Unsere klaren, kindlichen Stimmen hallten hell auf dem stillen, leeren Platz nach. Dann sangen wir zusammen die kraftvolle Militärhymne der Volksbefreiungsarmee:

»Vorwärts! Vorwärts! Vorwärts!
Unsere Truppen schreiten der Sonne entgegen!
Wir marschieren auf dem Boden des Vaterlandes.
Auf uns ruht die Hoffnung der Nation.
Wir sind eine unbesiegbare Macht!«

Obwohl wir noch nicht gefrühstückt hatten, fühlten wir uns munter und voller Kraft. Für einen Augenblick spürte ich sogar mein Gepäck auf dem Rücken nicht mehr.

Über der linken Schulter trug ich die grüne Militärumhänge-tasche mit der Zahnbürste, dem Handtuch, dem Frühstück und dem roten Büchlein *Worte des Vorsitzenden Mao* darin und über der rechten die Feldflasche. Die Riemen des mit dem gelben Linoleum eingewickelten Gepäcks gruben sich tief in meine beiden Schultern ein. Das Bündel war so schwer, dass ich meinen Oberkörper weit nach vorn beugen musste, um die Last zu bewältigen und die Balance zu halten. Je länger wir marschierten, desto schwerer wurde mir mein Bündel. Ich beneidete diejenigen Mitschüler, die weniger schleppen mussten, und begann zu bereuen, dieses Stück Linoleum mitgenommen zu haben. Denn es war vielfach schwerer als die Bettdecke und der gesamte Inhalt des Gepäcks zusammen.

Als wir die Stadt hinter uns gelassen und die Straße nach Shunyi erreicht hatten, kam von vorne der Befehl, an Ort und Stelle zu rasten und zu frühstücken. Auf der Straße gab es so gut wie keinen Verkehr. Nur ab und zu trabte ein beladenes Fuhrwerk vorbei. Die Bauern auf den Feldern jenseits der Straße, die mit der Frühlingsaussaat beschäftigt waren, hörten für einige Augenblicke mit ihrer Arbeit auf und beäugten neugierig diese große Kinderschar mit ihrem vielen Gepäck auf dem Rücken. In der Ferne krähten bereits hie und da einige Hähne und verkündeten den Morgen. Wir setzten uns auf unsere Taschen und Bündel und kramten unser Frühstück aus der Umhängetasche. Es war für uns mehr als achthundert zehn- bis zwölfjährige Kinder unglaublich aufregend, frühmorgens auf einer Vorortstraße gemeinsam zu frühstücken. Wir tauschten unser Frühstück untereinander aus, quatschten und kicherten fröhlich, als ob wir uns auf einem Frühlingsausflug befänden und nicht auf einem »Langen Marsch«, der unseren Körper und Geist für die Revolution stählen sollte.

Nach dem Frühstück setzten wir unseren Marsch fort. Gegen Mittag wurden die Abstände zwischen den Reihen immer größer, die Gesänge immer leiser und die Schritte immer asynchroner. Mein Gepäck lastete wie ein Berg auf meinem Rücken und drohte mich zu erdrücken. Meine Schultern schmerzten so grauenhaft, als ob mir zwei Messer ins Fleisch schnitten. Ich versuchte, mit beiden Händen das Gepäck von unten zu stützen. Aber es half nicht viel. Der Schmerz schien mein Bewusstsein zu betäuben. Ich konnte an nichts mehr denken. Meine Füße schritten nur noch mechanisch vorwärts. Ich hatte das Gefühl, nicht mehr in meinem Körper zu sein. Das Mädchen, das da mit dieser überdimensionalen Last auf dem Rücken lief, war nicht ich, sondern ein anderes. Ich selbst war längst ohnmächtig oder tot.

Lehrerin Wu holte mich ein und sagte: »Richte die Reihen ein bisschen aus und stimme ein Lied an! Schau mal, wie unordentlich unser Zug ist!« Ich merkte, dass Tränen in mir aufstiegen. Ich hatte noch nie vor meinen Mitschülern geweint. Auch jetzt biss ich die Zähne zusammen. Ich wollte nicht weinen. Aber die blöden Tränen liefen mir einfach herunter. Ich hob eine Hand hoch und tat so, als wollte ich eine Strähne wegstreichen, um mir unbemerkt die Tränen von der Wange zu wischen. Dann holte ich tief Luft und stimmte das vertonte Mao-Zitat an: »Fest entschlossen sein, keine Opfer scheuen und alle Schwierigkeiten überwinden, um den Sieg zu erringen.« Ich hörte meine zittrige Stimme wie ein Geheul aus meiner Kehle ertönen, jedoch keine Reaktion aus den Reihen meiner Klasse. »Lauter! Hier hinten hört man dich gar nicht!«, rief Lehrerin Wu von hinten. Ich versuchte es noch einmal: »Fest entschlossen sein, keine Opfer scheuen … Eins, zwei!«, und sang aus Leibeskräften. Einige Schulkameraden sangen mit. Aber ich hatte das Gefühl, solo zu singen. Danach stimmte ich eine andere vertonte Sentenz aus den *Worten des Vorsitzenden Mao* an: »In Zeiten von Schwierigkeiten müssen unsere Genossen die Erfolge sehen, die lichte Zukunft vor Augen haben, müssen wir unseren Mut heben.« Diesmal sangen mehr Schüler aus meiner Klasse mit. Nach diesem Lied glaubte ich mich etwas besser zu fühlen. Ich kehrte in meinen Körper zurück, ging so weit wie möglich aufrecht und dachte an ein Wort: »Vorbild! Vorbild!«

Zu jener Zeit hatten wir Kinder wie Erwachsene gelernt, zu jeder Situation stets ein passendes Zitat des Vorsitzenden Mao zu finden. Und ich hatte festgestellt, dass man zu jeder Situation auch wirklich ein passendes Zitat finden konnte. Morgens vor dem Unterrichtsbeginn trugen wir oft das berühmte Zitat laut vor: »Die Welt ist euer, wie sie auch unser ist. Doch letzten Endes ist sie eure Welt. Ihr jungen Menschen, frisch und aufstrebend, seid das erblühende Leben, gleichsam die Sonne um acht oder neun Uhr morgens. Unsere Hoffnungen ruhen auf euch. … Die Welt gehört euch, Chinas Zukunft gehört euch.« Wir achteten nie auf die klein gedruckte Quelle der Zitate und wussten deshalb nicht, dass dieses Zitat aus einer Ansprache bei einer Zusammenkunft mit chinesischen Studenten und Praktikanten in Moskau am 17. September 1957 stammte, also aus dem Jahr, in dem wir geboren worden waren. Wir hatten das Gefühl, dass Vorsitzender Mao direkt zu uns sprach. Vor Beginn der wöchentlichen Sitzung für Selbstkritik pflegten wir zu rezitieren: »Wir dürfen uns nicht selbstzufrieden mit dem jeweiligen Erfolg begnügen. Wir müssen die Selbstzufriedenheit niederhalten und beständig an unseren eigenen Mängeln Kritik üben, ebenso wie wir, um immer sauber zu sein und den Staub zu entfernen, täglich unser Gesicht waschen und den Fußboden fegen.«

Das am häufigsten rezitierte Zitat war jedoch: »Fest entschlossen sein, keine Opfer scheuen und alle Schwierigkeiten überwinden, um den Sieg zu erringen.« Beim Sportunterricht trugen wir es vor, beim Graben der Luftschutzbunker, beim Arbeitseinsatz auf dem Land und beim Tauziehen. Sogar als Mutter meine kleine Schwester zur Welt gebracht hatte, hatte sie sich dieses Zitat als Zauberspruch im Stillen vorgesagt. Jetzt beim »Langen Marsch« wiederholten wir fast ununterbrochen dieses Zitat und spürten seine Wirkung. Es war wie eine Stimulanz. Immer wenn wir es kollektiv vorgetragen hatten, fühlten wir uns für ein paar

Minuten frischer, und unsere Schritte wurden rhythmischer, für eine Zeit lang jedenfalls.

Gegen Abend erreichten wir ein kleines Dorf namens Li, in dem wir übernachten sollten. Auf dem Dorfplatz stellten wir uns in ordentlichen Reihen auf und hielten eine Willkommenszeremonie ab. Als ich mein Gepäck vom Rücken abnahm, fühlte ich mich auf einmal federleicht. Einen Augenblick hatte ich das Gefühl, ich würde abheben, wenn ich mich nicht irgendwo festhielte. Auf unserem Gepäck sitzend, hörten wir die Rede des Parteisekretärs der Produktionsbrigade an. Er lobte unsere Tapferkeit und unser Durchhaltevermögen und pries uns als »Kleine Soldaten der Roten Armee«, die einen »Neuen Langen Marsch« antraten. Wir, die wir todmüde und hungrig waren, hatten nichts anderes im Sinn, als zu Abend zu essen. Denn von Weitem wehte ein verlockender Küchenduft her. Aber nach dem Parteisekretär hielt der Leiter des Revolutionskomitees der Schule noch eine lange Rede, in der er den ersten Tag des Marsches resümierte. Danach setzten sich die einzelnen Klassen zusammen, reflektierten über den Erfolg und die Mängel des ersten Tages und diskutierten, was man an den darauffolgenden Tagen verbessern könnte. Erst dann durfte jede Klasse vier Schüler auswählen, die mit vier Waschschüsseln das Abendessen von der vorübergehend im Büro der Produktionsbrigade hergerichteten Küche abholten: Hirsebrei und Baozi[25].

Kaum war das Essen verteilt, da schlangen wir es schon herunter, ohne dem Geschmack Aufmerksamkeit zu schenken. Währenddessen machte ein Gerücht die Runde – keiner wusste, wie und wo es angefangen hatte –, dass die Baozi-Füllung aus Eselsfleisch sei. Daraufhin fingen einige Jungen an, »Iah, iah« zu schreien, während sie beide Hände über dem Kopf hielten und damit wedelten. Andere taten so, als ob sie sich übergeben müss-

---

25 Baozi: runde, gedämpfte Teigtaschen mit Fleisch-Gemüse-Füllung, manchmal auch mit süßer Füllung.

ten. Das hatte zur Folge, dass einige Schüler tatsächlich die frisch genossene Speise, die ihr Magen schon lange herbeigesehnt hatte, erbrachen. Die Lehrer schalteten sich schnell ein und versuchten, diesen Schabernack zu beenden. Das sei ein Gerücht, sogar ein übles Gerücht, sagten sie energisch, fügten aber sicherheitshalber hinzu, Eselsfleisch könne man auch essen, es schmecke genauso gut wie Pferdefleisch oder Schweinefleisch, jedenfalls sehr gut, wie wir doch gerade festgestellt hätten. Außerdem sei es bekömmlich.

Dieses Dorf schien in der Organisation und Unterbringung von marschierenden Schülern besondere Erfahrung zu haben. Alles war gut vorbereitet. Nach dem Abendessen brachte der Brigadeleiter Schülerinnen und Schüler der jeweiligen Klassen entsprechend ihrer Anzahl bei verschiedenen Familien unter. Die Mädchen meiner Klasse wurden in zwei Gruppen aufgeteilt und in zwei Häusern untergebracht. Die Jungen wurden einem am Rande des Dorfs liegenden Bauernhof zugeteilt. Die Familie, bei der meine Gruppe übernachten sollte, hatte einen riesigen Kang, auf dem alle zwölf Mädchen Platz zum Schlafen fanden. Wir machten unsere Bündel auf und breiteten unsere Bettdecken dicht nebeneinander aus, nach dem Reißverschlussprinzip. Das hieß, ein Mädchen schlief mit dem Kopf zum Kang-Rand, das nächste neben ihm mit dem Kopf zum Fenster, das nächste wieder zum Rand, und so weiter. Das war eine platzsparende Methode, die wir bei unseren militärischen Übungen gelernt hatten. Außerdem sollte es das Einschlafen erleichtern, weil man nicht miteinander quatschen konnte. Anschließend kümmerten wir uns um unsere Blessuren. Alle hatten zwei dunkelrote Druckstellen an den Schultern und Blasen an den Füßen. Meine Schultern waren aufgescheuert und brannten. Vom Sanitäter holte ich ein Fläschchen Gentianaviolettlösung und betupfte die offenen Wunden. Dann nahm ich eine Nadel aus meinem Nähtäschchen und half den anderen Mädchen, die Blasen aufzustechen und mit der Gentianaviolettlösung zu behandeln. Die tapferen Mädchen bissen sich auf die Lippen und gaben keinen Ton von sich. Die wehleidigen stöhnten, und manche schrien sogar oder vergossen tatsächlich heiße Tränen.

Nachdem es dunkel geworden war, suchten Mädchen und Jungen in Gruppen die Dorftoilette auf. Zum ersten Mal in meinem Leben erlebte ich leibhaftig, was »stockdunkel« bedeutet: Wenn man seine Hand vor die Nase hielt, konnte man tatsächlich die Finger nicht sehen. Im Dorf gab es keine Straßenlaternen, und der verhangene Nachthimmel war mond- und sternenlos. Gott sei Dank hatten wir unsere Taschenlampen dabei – ein Muss auf der Liste der Utensilien, die wir mitnehmen sollten. Aber statt damit den Weg zu beleuchten, testeten einige Jungen die Helligkeit ihrer Taschenlampen, indem sie sich damit gegenseitig blendeten. Andere richteten ihre Taschenlampen nach oben zum Himmel oder auf den Horizont, um zu beobachten, wie der Strahl in der Unendlichkeit verschwand. So trafen sich unzählige Taschenlampenstrahlen kreuz und quer am dunklen Himmel, zerschnitten die Schwärze der Nacht, bildeten bizarre, irrlichternde Formen und boten ein einzigartiges, wundersames Lichtspiel, das das Dorf Li vorher noch nie gesehen hatte.

Um 22 Uhr wurde der Zapfenstreich geblasen. Wir schliefen denkbar schnell ein. Nachdem die letzten verstörten Hunde ihr Gebell eingestellt hatten, fiel das ganze Dorf in Totenstille.

Am nächsten Morgen, bevor wir aufbrachen, hielt der Marschkommandeur noch eine Mobilisierungsansprache. Er lobte alle Schüler, insbesondere diejenigen, die trotz der Blasen an den Füßen und der aufgescheuerten Schultern durchgehalten hatten. Er sagte: »Was ist das Ziel unserer Marschübung? Das Ziel ist doch gerade, unsere Idee zur roten Ideologie auszubilden, unsere Schultern und Füße zu eisernen Schultern und Füßen zu stählen, damit wir eines Tages in der Lage sind, die schweren Aufgaben der großen revolutionären Sache des Proletariats auf unsere Schultern zu nehmen und den ›Neuen Langen Marsch‹ zum Ziel des Kommunismus zu bewältigen. Seid ihr fest entschlossen, zum Ziel zu marschieren?«

»Ja …!«, kam der klare, lang gezogene und entschlossene Kampfschrei aus achthundert Kinderkehlen.

Ich spürte, wie das Blut in meinen Adern pochte. Aber ich spürte auch den Schmerz an den Schultern, am Rücken, an den Füßen, am ganzen Körper. Als ich das Gepäck erneut auf meinen Rücken lud, taten die Schultern so weh, als ob Tausende von Nadeln hineinstächen. Nach einiger Zeit wurden die Wunden jedoch taub. Nur das Gewicht machte mir zu schaffen. Ich hatte das Gefühl, als ob mir die Luft wegbliebe. Lediglich ein einziger Gedanke beherrschte mein Bewusstsein: durchhalten und ans Ziel gelangen. An diesem Tag rasteten wir mehrmals und machten am frühen Nachmittag bereits halt, weil die meisten Kinder wegen Blasen und Erschöpfung nicht mehr weiterlaufen konnten. Am Abend bemerkte ich, dass ich mein »Pech« bekam, das Schlimmste, was ein Mädchen auf dem Marsch zu befürchten hatte. Unter der Bettdecke vergoss ich heimlich ein paar Tränen und hatte plötzlich Heimweh.

Am dritten Tag regnete es. Damit der Plan eingehalten werden konnte, marschierten wir trotz des Regens. Erstaunlicherweise war unsere Kampfmoral an diesem Tag höher und stärker denn je. Der Marschkommandeur und die für die Propaganda zuständigen Funktionäre der Kleinen Rotgardisten liefen hin und her und feuerten die Schüler an. Ununterbrochen sangen wir Lieder, riefen revolutionäre Parolen und rezitierten *Worte des Vorsitzenden Mao*. Die verschiedenen Klassen sangen um die Wette. Jede Klasse wollte lauter und kraftvoller singen als die andere, sodass aus unserer Marschkolonne »laufende Chöre« wurden, die die Menschen auf der Straße und Bauern auf den Feldern zum Erstaunen brachten. Unsere eigene Stimmung erreichte an diesem Tag den Höhepunkt.

Von Kopf bis Fuß hatte ich unerträgliche Schmerzen. Im Regen schien das Gepäck noch schwerer zu werden. Unsere Kleidung und Schuhe waren durchnässt. In meinem Kopf wummerte unentwegt ein Satz, der Satz, den unsere Lehrer immer wieder zu uns sprachen: »Jeder Schritt, den wir tun, ist ein Schritt auf dem Weg des Neuen Langen Marsches.«

Von klein auf kannten wir die Geschichte des Langen Marsches der Roten Armee. In zahlreichen Filmen, Bilderbüchern, Gedichten und im Geschichtsunterricht wurde dieser großartige Heldenmythos erzählt, der unsere Kindheit prägte. Wir wussten, dass mehrere Abteilungen der Roten Armee zwischen Oktober 1934 und Oktober 1936 innerhalb von 379 Tagen 12 500 Kilometer zurückgelegt hatten. Um sich aus der Einkreisung des übermächtigen Feindes zu befreien und die eigenen Stützpunkte vom Süden nach Norden zu verlagern, marschierte die Rote Armee quer durch das halbe China (elf Provinzen). Dabei mussten sich die Soldaten durch unwegsamste Regionen kämpfen, den Luftangriffen der Kuomintang trotzen und die Belagerungen der Kuomintang-Armee durchbrechen. Wir wussten, dass sie gefährliche Sumpfgebiete passieren, schneebedeckte Berge bezwingen und reißende Flüsse durchqueren mussten. Wir wussten auch, dass sie permanent Hungersnot, Kälte und Krankheiten durchzustehen hatten. Es hieß, dass sie manchmal in ihrer Not Blätter, Baumrinden und sogar Ledergürtel hatten kochen und damit den Hunger stillen müssen. Unzählige Marschierende starben vor Erschöpfung, Hunger und Krankheit oder fielen in den Schlachten. Von den 86 000 Soldaten der Ersten Armee beim Aufbruch kamen nur knapp 8 000 am Ziel an. Im Geschichtsunterricht lernten wir: Der Lange Marsch war ein strategisch entscheidender Zug für den Sieg der Roten Armee und ein bedeutender Meilenstein in der Geschichte der Kommunistischen Partei.

Für mich war der Lange Marsch bis jetzt ein Mythos, eine Legende, ein Epos. Aber heute auf unserem »Neuen Langen Marsch« nach Miyun im strömenden Regen wurde ich von dem Gefühl durchströmt, selbst eine Figur in diesem Epos geworden zu sein.

Konnte ich da aufgeben? Konnte ich die Lehrerin um Entschuldigung bitten, weil ich meine Tage hatte? Konnte ich mein Gepäck auch auf das Dreirad am Ende der Kolonne laden lassen, wie es die kranken und erschöpften Schüler taten? Nein! Auf keinen Fall. Was wir hier erlebten, konnte man doch überhaupt nicht mit dem vergleichen, was die Soldaten der Roten Armee auf dem Langen Marsch durchgemacht hatten. Deshalb hatte ich nur einen Willen: bis zum Ziel durchzuhalten.

Am Nachmittag hörte der Regen auf. Der Sonnenschein brach durch die Wolken. Triumphierend absolvierten wir unseren Endspurt und erreichten in der Abenddämmerung unser Ziel: ein idyllisches Dorf im Kreis Miyun – Xiwengzhuang, am Miyun-Stausee gelegen und von einer Kette grünlich schimmernder Berge umgeben. Als wir den grünen, spiegelglatten Stausee erblickten, ließen wir unser Gepäck fallen, jauchzten, sprangen und hüpften vor Freude. Manche Kinder brachen in Tränen aus. Die von einem Hauch Nebel verschleierten Berge schienen zum Greifen nahe zu sein. Aber die Dorfbewohner sagten uns, dass sie noch ziemlich weit entfernt seien und der Weg dorthin für uns mindestens noch einen Tag dauern würde. Auf den Dächern im Dorf stieg überall Rauch aus den Schornsteinen, und es duftete verlockend nach leckerem Essen.

Dieses Dorf war der Sitz einer Volkskommune, die mehrere Dörfer bzw. Produktionsbrigaden umfasste. Der Parteisekretär der Kommune erschien persönlich, um uns zu begrüßen. Als Erstes verkündete er eine Nachricht, die uns sehr erfreute: Um uns Kleine Rotgardisten beim »Neuen Langen Marsch« zu unterstützen, habe die Volkskommune eigens zwei Schweine geschlachtet. Heute gebe es Schweinegulasch und Mantou aus weißem Weizenmehl zum Abendessen. Wieder brach ein unbändiger Jubel unter uns Schülern aus.

Nach dem Abendessen fand eine feierliche Veranstaltung statt, auf der wir mit den Dorfbewohnern zusammen unseren

Sieg feierten. Die Bauern und die Agitationsgruppe unserer Schule traten nacheinander auf und führten kleine Darbietungen vor. Danach gingen wir zu den jeweiligen Bauernfamilien, denen wir zuvor zugeteilt worden waren, und schliefen auf der Stelle ein.

Da wir unser Ziel erreicht hatten und wussten, dass morgen ein Ruhetag sein würde, ließen wir die oberste Regel außer Acht und schliefen tief und fest. Diese Regel lautete: »Jederzeit kampfbereit sein.« Vor Beginn des Marsches hatte die Schulleitung angekündigt, dass während des Marsches ein »Antreten zur Alarmübung« und ein Nachtmarsch stattfinden würden. Die ersten beiden Nächte hatten wir auch in hoher Wachsamkeit verbracht. Alle Kleidungsstücke und sonstigen Habseligkeiten, die zu unserem Gepäck gehörten, wurden ordentlich auf die richtigen Stellen gelegt, sodass wir auch mit geschlossenen Augen wussten, wo was lag. Die Taschenlampe etwa hatte ihren Platz stets griffbereit rechts neben dem Kopfkissen. Denn beim Antreten zur Alarmübung durfte kein Licht brennen. Aber ausgerechnet in dieser Nacht waren wir – vom Sieg berauscht – nachlässig geworden. Keiner hatte damit gerechnet, dass in dieser Nacht, nachdem wir endlich unser Ziel erreicht hatten, ein Antreten zur Alarmübung stattfinden würde. In unserem Zimmer herrschte das pure Chaos. Überall lagen Kleidungsstücke herum. Die Waschschüsseln und Schuhe waren auf dem Boden kunterbunt verstreut. Manche von uns hatten nicht einmal das benutzte Wasser weggeschüttet, die meisten ihre Zahnputzbecher und Zahnbürsten nicht wie vorgeschrieben in die eigene Schüssel gelegt. Die Gepäckgurte waren nicht ordentlich gewickelt und unterm Kopfkissen verstaut, sondern lagen wie Schlangen auf dem Boden oder hingen wie lange Nudeln an der Wäscheleine.

Als das Signalhorn ertönte, träumte ich gerade einen häufig wiederkehrenden Albtraum, in dem ich in einen bodenlosen Abgrund hinabfiel. Noch im Traum schrie ich auf: »Antreten zur Alarmübung!« Sekundenschnell kämpfte ich mich aus dem

»Abgrund« und rüttelte meine Schulkameradinnen eine nach der anderen wach. Im Nu gerieten zwanzig Mädchen in ein verzweifeltes Tohuwabohu. Viele fanden ihre Kleidung und Schuhe nicht und griffen nach irgendeiner Jacke. Einige traten in die mit Wasser gefüllten Waschschüsseln und fingen an zu heulen. Andere gerieten in einen Kampf, um ihren Gepäckgurt aus einem Riesenknäuel zu lösen. Zum Glück schlief ich an einem Ende des Kangs und konnte relativ schnell mein Gepäck zusammenbinden. Danach leuchtete ich mit meiner Taschenlampe und half den anderen Mädchen beim Anziehen und Zusammenschnüren ihrer Bündel.

Als wir rennend den Dorfplatz erreicht hatten, standen viele Klassen bereits vollzählig in Reih und Glied. Aber die Jungen unserer Klasse waren noch nicht zu sehen. Unsere Lehrerin war völlig verzweifelt. Als Zugführerin war ich zutiefst beschämt. Sekunden vergingen wie Stunden. Wir warteten, warteten …

Nachdem schließlich alle Schüler angekommen waren, hielt der Marschkommandeur eine Rede. Er schaute auf die Uhr und sagte, neun Minuten fünfunddreißig Sekunden, die schlechteste Zeit, die wir je gehabt hätten. Das bedeute, der Erfolg sei uns zu Kopf gestiegen. Im Krieg wäre es das Schlimmste, was passieren könnte. Denn der Feind würde diese Schwäche ausnutzen, uns angreifen und besiegen. Als Soldat dürfe man die Wachsamkeit in keiner Sekunde außer Acht lassen. Man müsse immer kampfbereit sein, auch und besonders nach einem großen Erfolg. Das sollten wir uns für immer zu Herzen nehmen. Anschließend lobte er die Klassen, die am schnellsten abmarschbereit waren, und kritisierte die Klassen, die am langsamsten waren. Aber unsere Jungs wollten nicht klein beigeben und meinten, die Lehrer jener schnellen Klassen hätten die Information über das Antreten zur Alarmübung bestimmt durchsickern lassen. So schnell wie sie habe man gar nicht sein können. Die hätten das Gepäck mit Sicherheit gar nicht ausgepackt.

Alsbald ging der Nachtmarsch los. Die Frühlingsnacht hier in der bergigen Region war kalt. Da es am Tag geregnet hatte, war die Luft sehr feucht. Der Lehmpfad war nass, zum Teil schlammig. Die schmale, fahle Mondsichel hing schläfrig am Himmel. Das von Dunkelheit umhüllte Gebirge lauerte wie gesichtslose Dämonen in der Ferne auf uns. Wir marschierten zu zweit nebeneinander, schnell und möglichst geräuschlos. Die Taschenlampen durften nicht angemacht werden. Befehle wurden flüsternd von vorne nach hinten durchgegeben. Denn ein Nachtmarsch war immer eine Geheimaktion.

Irgendwann verließen wir den Pfad und liefen durch ein frisch gepflügtes Feld. Abwechselnd marschierten wir im Schritt- und Lauftempo. Immer wieder fielen wir hin, weil das Feld voller Löcher und Senken war. Es dauerte nicht lange, da waren wir alle schweißgebadet.

Als wir ein freies Gelände passierten, kam von vorne das Kommando: »Vorwärtskriechen!« Rasch warfen wir uns zu Boden und robbten auf Händen und Füßen vorwärts. Der Geruch der feuchten Erde, gemischt mit frischem Dünger, stach uns in die Nase. Aufgrund des schweren Gewichts meines Gepäcks musste ich meine Finger tief in die Erde graben, um mich vorwärtsbewegen zu können. Plötzlich bemerkte ich, dass ich in etwas Hartes, Spitziges gegriffen hatte. Ich ließ es los. In der Dunkelheit konnte ich nicht sehen, was es war. Meine Handfläche fühlte sich klebrig an. Aber es tat nicht weh. Schnell verband ich die Wunde mit meinem Taschentuch und kroch weiter. Erst als wir wieder aufstanden und im Lauftempo marschierten, spürte ich den Schmerz in der Hand, einen brennenden Schmerz.

Nach dem Vorwärtskriechen führten wir noch hintereinander die Übungen »In Deckung gehen«, »Den Feind in einer Flanke umgehen«, »Angriff« und »Rückzug« durch.

Als ein heller, silberner Streif am Himmel zu schimmern begann, war unser Nachtmarsch beendet. Bewegt und voller Stolz stiegen wir auf den majestätischen Damm des Stausees.

Das Gebirge in der Ferne nahm wieder das liebliche Grün an und schien uns wie ein freundlicher Greis zuzulächeln. Ein dünner Nebel schwebte wie ein riesiges, weißes Seidentuch über der Wasseroberfläche. Das Dorf am Fuß des Berges war noch in tiefem Schlaf versunken. Nur ein Hahn krähte und kündigte den Beginn eines neuen Tages an.

Wir schauten uns gegenseitig ins Gesicht und lachten. Denn alle hatten wirres, zerzaustes Haar und schmutzige Gesichter. Viele hatten die Jacken linksrum angezogen oder falsch geknöpft. Andere hatten die Schuhe verloren. Wieder andere hatten sich wie ich Verletzungen zugezogen. Aber alle strahlten. Die Müdigkeit war verflogen. Was zurückblieb, war ein noch nie gekannter Stolz, als ob wir wirklich einen triumphalen Sieg errungen, einen starken Feind besiegt hätten und dadurch großartige Helden geworden wären. Mit lauter, bewegter Stimme fasste der Kommandeur den Verlauf des Nachtmarsches zusammen und lobte unsere Diszipliniertheit und unser Durchhaltevermögen. Er sagte: »Wir haben in der Tat einen außerordentlichen Sieg errungen. In knapp drei Stunden haben wir zehn Kilometer zurückgelegt und dazu noch viele militärische Übungen durchgeführt. Ihr könnt wahrhaftig stolz auf euch sein. Denn heute Nacht habt ihr bewiesen, dass ihr richtige Soldaten seid! Ihr seid kleine große Helden!« In der Morgendämmerung leuchteten seine Augen wie zwei helle Sterne.

Ein Streifen Morgenröte färbte den östlichen Himmel feuerrot. Langsam stieg der rote Ball der Sonne am Horizont hoch und spiegelte sich im Wasser wider. Von diesem herrlichen Anblick verzaubert und gleichzeitig siegestrunken, konnten wir einen Freudenjubel nicht zurückhalten. Achthundert Kinder in völlig verschmutzter Kleidung – die ältesten von ihnen waren in diesem Jahr gerade mal zwölf Jahre alt – beobachteten, wie die Sterne allmählich verblassten. Nur ein Stern war noch sehr hell und leuchtete wie ein Diamant am nördlichen Himmel. Das müsse einer von den sieben hellsten Sternen des Großen Bären

sein, sagte einer aus der Reihe. Auf einmal fing jemand an zu singen, und andere sangen spontan mit:

»Als ich den Kopf hob, erblickte ich den Großen Wagen am
Nordhimmel. Im Herzen sehnte ich mich nach Mao Zedong,
sehnte ich mich nach Mao Zedong …«

Plötzlich spürte ich, dass meine Augen feucht wurden …

15. Kapitel

Wie ich am 1. Oktober 1969 den Großen Vorsitzenden Mao mit eigenen Augen sah, oder warum dieser Oktober unvergesslich war

Der Oktober 1969 war ein herrlicher Oktober wie jeder Oktober Pekings. Aber für mich war es der ungewöhnlichste, aufregendste und unvergesslichste Oktober meines bisherigen Lebens. In mein Tagebuch vom 1. Oktober 1969 trug ich ein: »Heute ist der glücklichste Tag meines Lebens. Ich habe die rote Sonne unseres Herzens – unseren liebsten, großen Führer, Vorsitzenden Mao – gesehen!«

An diesem Tag bildete ich mit mehreren Hundert anderen Mitschülern meiner Schule zusammen bei der großen Parade anlässlich des 20. Gründungsjubiläums der Volksrepublik China auf dem Platz des Himmlischen Friedens mit unseren goldenen Papierblumen den runden Punkt des Ausrufezeichens hinter der gigantischen Parole »Es lebe Vorsitzender Mao!« und sah dabei das heilige Idol unseres Herzens – den großen Vorsitzenden Mao – zum ersten Mal mit eigenen Augen oder, genauer gesagt: erlebte seine Existenz und magische Kraft aus einer Entfernung von ungefähr achthundert Metern.

Mehr als 100 000 Menschen, in erster Linie Schüler aus den nahe gelegenen Bezirken, waren auf dem Platz versammelt. Ihre Aufgabe bestand darin, mit aufklappbaren Papierblumen unterschiedlicher Farben verschiedene Motive und Parolen zu bilden, während die große Parade vor dem Tor des Himmlischen Friedens abgehalten wurde.

Das »Blumenheben« war eine ehrenvolle, politische Aufgabe, an der ausschließlich politisch bewährte Schüler guter Familienherkunft teilnehmen durften. Außerdem mussten sie gesund und sportlich sein. Denn es war eine sehr strapaziöse Angelegenheit.

Achtzig Prozent der Sechstklässler meiner Schule wurden ausgewählt. Die Proben fingen bereits im Sommer an. Auf der Mobilisierungsvollversammlung betonte der Leiter des Revolutionskomitees der Schule, die Voraussetzung für die Erfüllung dieser Aufgabe seien gute Kondition und eiserne Disziplin. Deshalb mussten wir zuerst einmal exerzieren.

Jeden Nachmittag nach der Schule begaben wir, die Auserkorenen, uns auf den Platz des Himmlischen Friedens, um in geschlossener Formation zu marschieren. Pekings Hochsommer sind sehr heiß. Die Temperaturen erreichen nachmittags meistens über 30 Grad Celsius, und da der ganze Platz schattenfrei ist, verwandelt sich die aus quadratischen Betonplatten bestehende Oberfläche in eine riesige, heiße Bratpfanne. Nach stundenlangem Stehen drohte die dünne Plastiksohle unserer Sommersandalen zu schmelzen. Jedenfalls hatten wir das Gefühl, dass unsere Füße zu brennen anfangen könnten.

Gekleidet in weiße Bluse bzw. weißes Hemd und blaue Hose, liefen wir 250 Mädchen und Jungen in einer quadratischen Formation im Gleichschritt. Dabei mussten die Reihen schnurgerade sein. Nachdem wir das beherrschten, übten wir Stechschritt. Eigentlich hatten wir beides bereits bei den zahlreichen militärischen Übungen gelernt. Aber gemäß der Anweisung der Stadtregierung mussten wir das von Neuem üben, um wirklich perfekt zu sein. Denn dieses Mal handelte es sich nicht um einen gewöhnlichen Wettbewerb, sondern um die große Parade des 20. Gründungstags der Volksrepublik, an der der große Vorsitzende Mao und viele andere Parteiführer des Zentralkomitees teilnehmen würden. Es war die höchste Ehre für uns. Und wir mussten die beste Leistung erbringen.

Beim Stechschritt streckte man zuerst das linke Bein 75 Zentimeter nach vorn, dabei musste das Bein ganz gerade sein, die Fußspitze richtete sich mit Spannung nach vorn, die Fußsohle hielt einen Abstand von 25 Zentimetern parallel zum Boden. Der Oberkörper blieb aufrecht. Der rechte Ellbogen war in einem Winkel von 45 Grad gebeugt, wobei die rechte Hand ungefähr die Höhe des dritten Knopfs von unten erreichte. Der linke Arm schwang nach hinten und bildete einen Winkel von ca. 30 Grad zum Körper. Die Hände waren zu lockeren Fäusten geballt, wobei die Handflächen sich schräg zum Körper richteten und die Daumen sich am zweiten Fingerglied des Zeigefingers festhielten. Beim nächsten Schritt verfolgten das rechte Bein und der linke Ellbogen dann die gleiche Regel. Das Marschtempo betrug 110 bis 116 Schritte pro Minute. Wir übten zuerst Schritt für Schritt. Bei jedem Schritt hielten wir das Bein und den Arm so lange in der vorgeschriebenen Position, bis alle hundertprozentig synchron waren und die Beine von der Seite aus gesehen eine gerade Linie bildeten. Schweiß lief uns vom Gesicht, am Rücken und überall herunter und kitzelte. Aber wir durften ihn nicht abwischen. Erst wenn jeder Schritt perfekt war, marschierten wir nach dem Kommando des Sportlehrers in ununterbrochenem Stechschritt. Das helle, kraftvolle Kommando »Eins, zwei, drei, vier!« brach wie ein Kampfschrei aus 250 Kinderkehlen und erschütterte den größten Platz der Welt und unser eigenes Herz. Wir waren erstaunt und stolz zugleich, dass wir uns so bewegen konnten, wie von einer magischen Hand gesteuert. Die Dynamik des Kollektivs ergriff uns und stachelte unseren Ehrgeiz an. In der Pause mussten wir immer wieder über die Bedeutung dieser Aufgabe diskutieren. Uns wurde wiederholt vor Augen geführt, wie wichtig und wie ehrenvoll das Blumenheben war. Denn das, was wir am 1. Oktober vollbringen würden, würde die ganze Welt sehen. Und wir würden Vorsitzenden Mao mit eigenen Augen sehen dürfen. Deshalb waren wir alle höchst motiviert.

Der Hitze und Strapaze zum Trotz marschierten wir mit höchster Ernsthaftigkeit und Hartnäckigkeit auf dem Platz des Himmlischen Friedens auf und ab – den ganzen Sommer lang. Auch in den Sommerferien versammelten wir uns fast jeden Tag und gingen zum Training auf den Platz des Himmlischen Friedens. Jedes

Mal radelte ein für die Versorgung zuständiger Lehrer mit einem Dreirad, auf das zwei Tonnen abgekochtes Wasser aufgeladen waren, hinter uns her. Er hatte auch immer Shidishui-Tropfen dabei, eine aus Kräuteressenz bestehende Tinktur gegen Hitzschlag. Denn jedes Mal gab es ein paar Schüler, die einen Hitzschlag oder einen Kollaps erlitten.

In diesem Sommer waren wir alle so braun geworden, dass wir Mitglieder der Agitationsgruppe für den Tanz »Völker Asiens, Afrikas und Lateinamerikas, solidarisiert euch!« unser Gesicht nicht mit brauner Farbe zu schminken brauchten. Im Gegenteil, diejenigen, die das Volk Asiens darstellten, mussten sich das Gesicht heller bemalen.

Nach den Sommerferien wurden die Papierblumen verteilt, und die eigentliche Probe fing richtig an. Eine Blume bestand aus zwei- oder mehrfarbigem Papier, die jeweils durch einen Bambusstab getrennt waren. Durch das Betätigen eines Stabs wurde eine bestimmte Farbe entfaltet. Je nachdem, welche Farbe für welches Motiv verlangt wurde und wo der Halter stehen musste, öffneten wir die entsprechende Farbe in unserer Blume und hielten die Blume über den Kopf. Diese Aufgabe erforderte die höchste Konzentration. Wir mussten auf das Signal achten, auf das hin alle gleichzeitig die Blume einer bestimmten Farbe zu öffnen hatten. Die Bewegung des Öffnens und des Hochhebens musste absolut synchron sein, damit das Motiv auf einmal zum Vorschein kam. Als Signale dienten Fähnchen verschiedener Farben, die an mehreren Masten auf dem Platz gehisst wurden. Da positionsbedingt nicht alle bei einem bestimmten Fähnchen die gleichfarbige Blume zu heben hatten, mussten wir uns unsere eigene Formel merken. Zum Beispiel galt für uns: »blaues Fähnchen – gelbe Blume«. Unsere Position war die südwestliche Ecke des Platzes. Ein Teil der Schüler bildete den Hintergrund und den Rand verschiedener Motive und ein anderer Teil das Ausrufezeichen hinter der Parole »Es lebe Vorsitzender Mao!«. Die meisten Schüler meiner Schule befanden sich dort, wo der runde Punkt sein sollte, und bekamen eine rot-gelbe Blume.

Wir probten Tag und Nacht. Ab Mitte September hatten wir sogar schulfrei und konzentrierten uns ausschließlich auf die Probe. Wir probten zunächst auf der Schulebene, dann auf der Bezirksebene, schließlich probten alle zusammen, die am 1. Oktober auf dem Platz des Himmlischen Friedens die ehrenvolle Aufgabe des Blumenhebens bewerkstelligen würden. Die Generalprobe, an der auch die Massen des Umzugs teilnahmen, fand nachts ein paar Tage vor der Jubiläumsparade statt. Für uns war es unbeschreiblich spannend und aufregend, dass so viele Menschen mobilisiert wurden für eine große, gemeinsame Sache und dass wir, die wir nicht älter als zwölf Jahre alt waren, an diesem großen, bedeutenden Ereignis teilhaben durften. Die Nacht war recht kühl. Wir waren die Hitze gewöhnt, jetzt mussten wir mit der Kälte kämpfen, und mit der Müdigkeit und dem stunden-langen Warten. Aber das alles machte uns nichts aus. Das Ein-zige, worauf wir uns freuten, war, dass dieser Tag immer näher rückte – der glücklichste Tag unseres Lebens.

Am 1. Oktober 1969 mussten wir uns um vier Uhr morgens in der Schule einfinden. Um fünf Uhr erreichten wir unsere Posi-tion auf dem Platz des Himmlischen Friedens. Dann folgte ein fünfstündiges Warten. Wir durften uns hinsetzen, ausruhen und frühstücken. Zum Frühstück bekamen wir süße Brötchen und Limonade. Den Rest der Zeit verbrachten wir damit, revolutio-näre Lieder zu singen und *Worte des Vorsitzenden Mao* im Chor zu skandieren, während sich die Massen der Umzüge auf die öst-liche Chang'an-Straße zubewegten.

Ungefähr um sechs Uhr ging die Sonne auf. Allmählich wur-den unsere kleinen Körper, die Köpfe und endlich auch die Füße wieder wärmer. Es wurde ein herrlicher Tag. Jetzt konnte man richtig sehen, wie feierlich der Platz des Himmlischen Friedens geschmückt war. An der östlichen und westlichen Seite sowie im Süden des Platzes waren überdimensionale Porträts von Marx,

Engels, Lenin, Stalin und Sun Zhongshan[26] aufgestellt. Vor dem
Denkmal für die Helden des Volkes stand ein gigantisches Plakat
mit dem Slogan des Vorsitzenden Mao: »Lasst uns uns solidarisieren und nach größerem Erfolg streben!« Der ganze Platz war
voller Menschen, roter Fahnen und Transparente. Rote Laternen
und Fahnen schmückten das purpurrote Tor des Himmlischen
Friedens, seine glasierten Dachziegel glänzten im Sonnenschein
wie Gold. An der Vorderseite des Tors prangte das große Porträt
des Vorsitzenden Mao inmitten der beiden Transparente »Es lebe
die Volksrepublik China« und »Es lebe die große Solidarität der
Völker aller Länder«. Auch die Ehrentribünen links und rechts
neben dem Tor, die sich allmählich mit Menschen füllten, waren
mit riesigen Transparenten geziert wie »Es lebe der große Führer
und Vorsitzende Mao« und »Die Sache des Proletariats aller Länder sowie der unterdrückten Völker und Nationen wird siegen«.

Punkt 10 Uhr ertönte aus allen Lautsprechern um den Platz
das Lied *Der Osten ist rot*. Gleichzeitig brach eine Riesenwelle
von Jubel aus, die zu einem Tsunami anschwoll: »Es lebe Vorsitzender Mao!«, »Lang lebe Vorsitzender Mao!« Wir wussten, Vorsitzender Mao bestieg jetzt das Tor des Himmlischen Friedens.
Aber wir konnten nichts sehen. Denn in diesem Moment ent-
falteten wir unsere Papierblumen und bildeten mit mehr als
100 000 Menschen zusammen das erste Motiv auf dem Platz: »Es
lebe Vorsitzender Mao!« Ich spürte wieder das Pochen des Blutes
in meinen Adern, das mich so oft beim kollektiven Singen des
Liedes *Der Osten ist rot* oder beim kollektiven Rufen von Parolen
überkam. Nur diesmal war es viel heftiger. Mir pochte nicht nur
das Blut in den Adern, ich zitterte vor Erregung am ganzen Körper. Ich gab mir große Mühe, um nicht in Ohnmacht zu fallen,
hielt meine Blume fest in der Hand und stand kerzengrade da

---

26 Sun Zhongshan (1866–1925), im Westen als Sun Yat-sen bekannt, war chinesischer
  Revolutionsführer und Staatsmann, Gründer der Kuomintang und erster provisori-
  scher Präsident der Republik China.

auf meiner Position, unmittelbar vor dem überdimensionalen Porträt von Friedrich Engels.

Die Stimme des Oberbürgermeisters von Peking brachte die gigantische Jubelwelle allmählich zum Abebben. Er kündigte den Beginn der Veranstaltung an. Das Militärorchester spielte die Nationalhymne. Achtundzwanzig Salutschüsse wurden abgefeuert. Danach hielt der stellvertretende Vorsitzende Lin Biao eine Rede, die mir unendlich lang vorkam. Er hatte eine schrille, zittrige Stimme. Um wichtige Wörter zu betonen, zog er sie singend in die Länge und hob seinen Ton am Ende extrem in die Höhe, um ihn dann abrupt zu beenden. Am Schluss der Rede skandierte er eine Reihe von Parolen:

»Es lebe die großartige Volksrepublik China!«

»Es lebe die großartige, ruhmreiche und einzig wahre Kommunistische Partei Chinas!«

»Es lebe der Sieg der proletarischen, revolutionären Linie des Vorsitzenden Mao!«

»Es lebe der unbesiegbare Marxismus, Leninismus und Maoismus!«

»Es lebe der große Führer und Vorsitzende Mao! Hoch! Hoch! Hoch!«

Nach frenetischem Applaus und einer erneuten minutenlangen Jubelwelle begann dann die große Parade.

In der kurzen Pause zwischen dem Wechseln der Blumen versuchte ich einen Blick auf das Tor des Himmlischen Friedens zu werfen. Da wir ganz hinten auf dem Platz standen, konnten wir die Personen auf dem Tor nicht erkennen. Auch die Umzüge konnten wir nicht sehen. Marschmusik, Lieder wie *Bei der Seefahrt verlässt man sich auf den Steuermann, bei der Revolution auf die Mao-Zedong-Ideen* und unaufhörliche Parolen hallten auf dem Platz des Himmlischen Friedens nach und stiegen zum strahlend azurblauen Himmel empor. Angesichts der Parolen konnten wir vermuten, welcher Umzug gerade die Chang'an-Straße vor dem Tor des Himmlischen Friedens passierte. Mit der

Parole »Macht die Revolution! Fördert die Produktion!« marschierten bestimmt die Arbeiter vorbei. Bei »Im Interesse des Volks auf Krieg und Naturkatastrophe vorbereitet sein!« waren es die Bauern, und bei »Erhöht die Wachsamkeit und verteidigt das Vaterland!« war es die Volksbefreiungsarmee.

Zwei Stunden dauerte die große Parade. Wir standen unbewegt und kerzengerade auf dem Platz und hielten die Papierblumen hoch über den Kopf. Konzentriert achteten wir auf das Signal, um schnell und synchron die Farben zu wechseln. Ein Mädchen hinter mir aus der Parallelklasse kollabierte bereits kurz nach Beginn der Parade. Auch einige andere, die vor mir standen, erlitten einen Schwächeanfall. Sie wurden durch die Ersatzteilnehmer ausgetauscht, die ganz hinten am Rand des Platzes in Bereitschaft auf dem Boden saßen und warteten.

Heute weiß ich nicht mehr, wie viele Male wir die Farben der Blumen gewechselt und welche Motive wir mit unseren Papierblumen noch gebildet hatten, außer dem Motiv »Es lebe Vorsitzender Mao!«. Ich weiß auch nicht mehr, ob wir zwischendurch eine Pause gehabt oder die ganze Zeit die Blumen über den Kopf gehalten hatten, was ich mir aus der heutigen Sicht nicht vorstellen kann. Was sich mosaikartig in mein Gedächtnis tief eingegraben hat, sind punktuelle Elemente, Bilder oder Momente. Elemente wie die Farben der Papierblumen und deren Form, wenn wir sie auffalteten; Bilder wie die unendlichen, schnurgeraden Menschenreihen, so weit meine Augen reichten, wie auch der Wald der Papierblumenstiele, die in Menschenhänden verwurzelt waren. Ich war mittendrin in diesem Wald. Ich war einer dieser verlängerten Blumenstiele; und ich war ein winziger Tropfen des »Menschen-Tsunamis«, der am Ende der Parade ausbrach.

Als die Parade zu Ende war, ertönte wiederum das Lied *Bei der Seefahrt verlässt man sich auf den Steuermann, bei der Revolution auf die Mao-Zedong-Ideen*. Auf einmal fingen die ganzen Massen auf dem Platz des Himmlischen Friedens an, nach vorne zu laufen. »Es lebe Vorsitzender Mao!«, riefen die über 100 000

Menschen ekstatisch und strömten in Richtung der Chang'an-Straße. Wir wurden einfach von den Menschenmengen mitgerissen. Die Formation meiner Schule löste sich auf. Um mich herum waren plötzlich nur noch fremde Erwachsene und Kinder. Es wurde immer enger. Alle Menschen schienen in unsere Richtung zu strömen, das hieß auf die westliche Seite des Platzes. Im Gedränge verlor ich meine Schuhe. Aber es war unmöglich, mich zu bücken und sie wieder anzuziehen. Ich wurde von den Menschenmassen nach vorne geschoben und musste mir größte Mühe geben, um nicht hinzufallen. Bald ging es nicht mehr vorwärts. Dicht aneinandergedrängt standen alle auf Zehenspitzen und versuchten, auf das Tor des Himmlischen Friedens zu spähen. Ich stand nun ungefähr in der Mitte des westlichen Randes des Platzes und konnte die Menschen auf dem Tor immer noch nicht erkennen. Plötzlich hörte ich Leute um mich herum laut schreien: »Vorsitzender Mao! Vorsitzender Mao! Ich sehe Vorsitzenden Mao!« Da sah ich, dass eine lange Reihe Menschen an der westlichen Ecke auf dem Tor stand. Ganz vorn müsste Vorsitzender Mao sein. Ich sah seine Silhouette und erkannte ihn an seiner breiten Stirn und seiner Geste. Wie eine Statue stand er da und hielt seine rechte Hand hoch. Diese berühmte Geste mit der zum Winken hochgehobenen rechten Hand, die wir von unzähligen Plakaten kannten. Ich konnte es nicht fassen, was ich sah und dass ich es sah.

Bis jetzt war Vorsitzender Mao für mich ein unwirkliches Idol gewesen, ein Idol, das ich bisher nur als Porträt am Tor des Himmlischen Friedens gesehen hatte, wenn ich mich zum Spielen oder zu militärischen Übungen auf den Platz des Himmlischen Friedens begab. Ein Idol, das überall und permanent in meinem Leben präsent war und dennoch irreal blieb, so irreal wie die Buddhastatue im Hause von Baoding-Großmutter. Aber jetzt sah ich ihn als leibhaftigen Menschen, obwohl aus einer ziemlich großen Entfernung. Tränen liefen mir aus den Augen, was für mich unbegreiflich war. Denn ich hatte als Kind zwar viel geweint, aber noch nie aus Freude! Wie alle Menschen um mich herum schwang ich meine Papierblume und schrie aus Leibeskräften: »Es lebe Vorsitzender Mao!« und hüpfte ekstatisch auf nackten Füßen. Es war nur ein kurzer Moment, in dem ich Vorsitzenden Mao zu sehen glaubte. Im Nu waren die Menschen an der westlichen Ecke des Tors wieder nicht mehr zu sehen. Aber wir hüpften und schrien weiter, bis eine Stimme aus den Lautsprechern die Menschen aufforderte, den Platz zu verlassen und nach Hause zu gehen.

Es dauerte lange, bis ich mich aus dem Menschenmeer herauskämpfte und in die Stelen-Gasse einbog. Auf dem Weg nach Hause begegnete ich vielen anderen Schülern aus meiner Schule. Wir waren alle noch wie im Rausch, lachten, schrien und tauschten unsere Erlebnisse aus. Die erste Frage, die wir uns gegenseitig stellten, war: »Hast du Vorsitzenden Mao gesehen?« Diejenigen, die die Frage mit Ja beantworteten, waren überglücklich, als ob sie etwas Unglaubliches, Fantastisches, Außerirdisches erlebt hätten, etwas wie ein Wunder, wie ein Wirklichkeit gewordenes Märchen. Eine Schülerin weinte untröstlich, weil sie Vorsitzenden Mao nicht gesehen hatte. Sie war kurzsichtig und hatte ihre Brille verloren. Sie war nicht die einzige Teilnehmerin, die aus diesem Grund weinte.

Und ich war nicht die Einzige, die ihre Schuhe verloren hatte. Später erfuhren wir, dass die Stadtreinigung nach dieser Veranstaltung mehrere Lastwagen voller Schuhe vom Platz des Himmlischen Friedens hatte wegräumen müssen.

Zu Hause angekommen, fragte mich Großmutter, wo meine Schuhe geblieben seien. Ich antwortete nur: »Ich habe Vorsitzenden Mao gesehen!« Stolz erzählte ich Frau Lins Tochter Pingping und ihren beiden Brüdern von meinem Erlebnis auf dem Platz des Himmlischen Friedens. Sie waren noch zu klein und konnten nicht an der Blumenheben-Aktion teilnehmen. Jedem, dem ich an diesem Tag begegnete, erzählte ich höchst erregt: »Ich habe Vorsitzenden Mao gesehen!«

Unmittelbar danach sollten wir im Chinesischunterricht einen Aufsatz schreiben, mit dem Titel: »Der glücklichste Tag«. Alle Schüler, die bei dieser Aktion dabei gewesen waren, wählten – ausnahmslos – ihr Erlebnis am 1. Oktober 1969 auf dem Platz des Himmlischen Friedens als Thema dieses Aufsatzes.

Heute fällt mir außer »Massenhysterie« kein anderer Begriff ein, der dieses Phänomen, das wir miterlebt hatten, dessen Substanz wir bildeten, beschreiben und erklären könnte.

»Auf Vorsitzenden Mao hören und ein gutes Kind des Vorsitzenden Mao sein« war das oberste Gebot, das uns bereits im Kindergartenalter eingeimpft wurde. Von klein auf wurde uns wiederholt und permanent eingeflößt: Vorsitzender Mao sei der große Erlöser des chinesischen Volkes und der große Steuermann Chinas, und seine Bedeutung für die Menschheit sei unermesslich. Wir sahen überall sein Porträt; wir rezitierten jeden Tag seine Worte; wir lasen unentwegt über seine Verdienste; wir lernten seine Gedichte auswendig; wir besangen ihn; wir verglichen ihn mit der Sonne; seine Ideen waren unsere einzige geistige Nahrung; wir schworen ihm ewige Treue. Auf diese Weise verinnerlichten wir sein Bild in unserem Hirn. Diese Projektion nahm in uns eine unfassbare mentale und emotionale Dimension ein. Wir wurden bereits als Kinder von einem Virus infiziert: Personenkult. Das ist wohl die einzige Erklärung, warum wir zwölfjährige Kinder von der Existenz des Vorsitzenden Mao physisch und psychisch so überwältigt werden konnten.

Ein anderes Erlebnis, das diesen Oktober so unvergesslich machte, war, dass meine Familie nach langer Trennung wieder vereint war – für einen kurzen Augenblick – und dass wir ein Familienfoto machen ließen.

Meine Eltern kamen anlässlich des Nationalfeiertags vorübergehend vom Arbeitseinsatz auf dem Land nach Peking zurück. Sie staunten, wie sehr ich mich innerhalb eines Jahres entwickelt hatte. Mutter sagte, man dürfe mich jetzt nicht mehr als Kind betrachten. Ich sei erwachsen. Bei diesem Besuch kaufte sie den ersten Büstenhalter für mich. Sie selbst schien sich nicht viel verändert zu haben. Die Pfunde, die sie sich während der Schwangerschaft und im Wochenbett zugelegt hatte, hatte sie trotz anstrengender Arbeit und harter Lebensbedingungen auf dem Land nicht verloren. Vater war schon immer ernst gewesen. Nun war er im Umgang mit mir noch distanzierter. Wollte er mit mir sprechen, beispielsweise mich nach der Schule fragen, so pflegte er jetzt zu sagen: »Cui, komm mal, Papa möchte sich mit dir unterhalten.«

Meine kleine Schwester Qun war mittlerweile zweieinhalb Jahre alt. Sie hatte zwei dicke Bäckchen wie zwei rote Äpfel und war ein lebhaftes, goldiges Kindchen, das alle liebten. Sie weigerte sich wie ich, als ich klein war, unsere Eltern Mama und Papa zu rufen. Aber sie war sehr erfreut, mit diesen beiden plötzlich aufgetauchten Erwachsenen zu spielen.

Onkel hatte seinen diesjährigen Heimaturlaub wegen der zwanzigjährigen Jubiläumsfeier der Volksrepublik auf Oktober verlegt und kam aus dem Süden nach Peking zurück. Tante kam für diese Zeit ebenfalls zu uns, um ihren Mann und ihren Sohn wiederzusehen. So war die ganze Familie nach langer Zeit wieder vereint, in unserem kleinen Zimmer in der Alte-Türvorhang-Gasse neun.

Cousin Shitou, der jetzt fünfeinhalb Jahre alt war, hopste vor Freude wie wild hin und her, auf und ab. Das war das vierte Mal, dass er seinen Vater sah. Bei den ersten drei Besuchen meines Onkels, die sich jedes Mal auf drei Wochen beschränkt hatten, war er noch zu klein gewesen. Deshalb konnte er sich in Wirklichkeit nicht an seinen Vater erinnern. Nun fiel ihm plötzlich ein Vater vom Himmel. Und Mama war auch wieder da. Die Aufregung war so groß, dass er total aus dem Gleichgewicht geriet. Lachen und Toben gingen oft in einen Wutanfall über. Wenn irgendetwas nicht nach seinem Willen geschah, fing er zu schreien an, was er normalerweise nie tat. Der Papa durfte ihn auf gar keinen Fall tadeln, sonst hörte er nicht auf zu weinen.

Ich freute mich wie immer sehr darüber, meinen Onkel wiederzusehen. Der Unterschied zu früher war jedoch, dass ich nicht mehr hemmungslos mit ihm tobte. Denn er war jetzt nicht mehr allein *mein Onkel,* er war auch der Vater von Shitou, und er hatte noch eine kleine Nichte mehr, meine Schwester Qun, die mit Shitou zusammen um seine Aufmerksamkeit buhlte. Außerdem war er in meinen Augen auf einmal nicht mehr nur mein Onkel, sondern auch ein gut aussehender, stattlicher Mann. Manchmal wünschte ich mir im Stillen, dass er mich wie früher verwöhnen würde, dass ich so frei mit ihm toben könnte wie früher. Aber dazu war ich nicht mehr in der Lage. Nicht nur, weil ich jetzt eine große Schwester war und eine kleine Schwester und einen kleinen Bruder hatte, sondern auch, weil ich mich wegen meiner wachsenden Brüste schämte. Ich war irritiert und wusste nicht, wie ich damit umgehen sollte. Ich trug Mutters weite Sommeruniform. Den offenen Kragen pflegte ich, so gut es ging, festzuklammern. Dennoch glaubte ich, dass man die kleine Wölbung unter der Uniform sehen konnte. Deshalb lief ich weiterhin stets mit eingezogener Brust, sodass mein Rücken krumm aussah. Tante klopfte immer auf meinen Rücken, wenn sie mich so laufen sah, und sagte, ich solle meine Brust herausstrecken und aufrecht gehen. Als Antwort warf ich ihr ein verlegenes Lächeln zu. Ich hielt das Wachsen meiner Brüste für ein Geheimnis, mein Geheimnis, das verborgen bleiben musste.

Bei diesem Wiedersehen mit meinem Onkel bemerkte ich, dass auch er sich ein wenig verändert hatte. Er scherzte und lachte nicht mehr so viel wie früher. Manchmal, wenn ich ihn genau beobachtete, trübte eine gewisse Müdigkeit sein sonst so heiteres Gesicht. Wenn er nichts zu tun hatte oder in tiefer Nacht, wenn alle schliefen, saß er an unserem einzigen Tisch und schrieb mit einem Füller das ganze Buch *Worte des Vorsitzenden Mao* in ein kleines Notizbuch ab. Auf meine Frage, warum er das tat, sagte er mir, das werde ein Geschenk für seinen Sohn sein. Ich war verwundert, denn Shitou konnte ja noch nicht lesen. Aber wie immer stellte ich keine weiteren Fragen. Ein paarmal hörte ich, wie sich Onkel mit Mutter über das Problem seines Antrags zur Aufnahme in die Partei besprach. Er sagte, er bemühe sich seit seinem achtzehnten Lebensjahr unermüdlich darum, in die Partei einzutreten. Aber seine Anträge seien immer abgelehnt worden. Er wisse nicht, warum. Die Kulturrevolution sei eine große, politische Bewegung, die einen jeden auf seine Haltung und Ideologie überprüfe. Von Anfang an habe er versucht, aktiv daran teilzunehmen. Leider habe er eine falsche Linie befolgt: Er habe nicht seinen Arbeitsplatz aufgeben wollen und die Parteizelle verteidigt. Aus diesem Grund sei er als Loyalist abgestempelt und von den Rebellen bedrängt und angegriffen worden. In seiner Einheit, dem Kunming-Eisenbahnamt, sei zurzeit die Gruppierung der Rebellen an der Macht. An einen Eintritt in die Partei sei deshalb überhaupt nicht zu denken. Dabei sei er fest davon überzeugt, ein treuer, aufrichtiger Verteidiger der Ideen von Mao Zedong zu sein. Deshalb sei er sehr enttäuscht und pessimistisch in Bezug auf die politische Lage in seiner Einheit. Das berührte mich und machte mich besorgt. Ich hatte zuvor meinen Onkel noch nie so ernst über etwas reden gehört. Mutter redete auf ihn ein, er solle die Hoffnung nicht aufgeben, er solle nicht überheblich und nicht zu stur sein. Onkel sagte, seine Sturheit werde er in diesem Leben nicht mehr ändern können.

Tante sah noch genauso aus wie damals, als sie Onkel geheiratet hatte. Sie hatte ihr Haar zu zwei kurzen Zöpfen geflochten und trug eine blaue Jacke, wie damals fast alle Frauen. Auf ihrer Wange lag stets eine frische, rote Farbe, die meistens nur Frauen vom Lande hatten. In der unendlich langen Abwesenheit meiner Eltern und meines Onkels kam sie uns ab und zu besuchen und bereitete uns jedes Mal eine unerwartete Freude. Sie tauchte stets unangekündigt auf und blieb nur zwei, drei Tage. In dieser Zeit fing ich an, sie zu lieben, und fand in ihr eine Ersatzmutter.

Meine Tante konnte atemberaubend gut Geschichten erzählen. Ich freute mich am meisten auf ihren Besuch, viel mehr als ihr Sohn oder ihre Schwiegermutter, weil sie mir jedes Mal fesselnde Geschichten erzählte. Sie konnte alle Geschichten erzählen, die damals in der Bevölkerung von Mund zu Mund gingen, um sich in dieser Zeit ohne Bücher und Vergnügungen ein wenig zu unterhalten – von *Ein Paar bestickte Schuhe* und *Die Pflaumenblüte-Partei* über *Die grüne Leiche* bis hin zu *Aphasie*. Meine Tante erzählte die Geschichten so lebendig, so detailliert und facettenreich, als ob sie sie in einem Buch gelesen oder in einem Film gesehen hätte. Und sie gab sie nicht nur einfach wieder, sondern fügte auch eigene Fantasien hinzu. Wenn die beiden Kinder und Großmutter schon eingeschlafen waren, erzählte sie mir eine Geschichte oft bis tief in die Nacht und hörte dann an der spannendsten Stelle auf. Wie sehr ich sie auch anflehte, weiterzuerzählen, sie gab nicht nach. Umso größer war meine Vorfreude auf den nächsten Tag, an dem sie die Geschichte fortsetzte. Ein paarmal versuchte ich, den Nachbarskindern ihre Geschichten nachzuerzählen, und ich musste leider feststellen, dass ich ihre Erzählkunst nicht beherrschte. Ich konnte die Geschichte zwar wiedergeben, aber sie büßte dabei an Spannung ein. Die Kinder bekamen keine Gänsehaut und waren am Ende nicht überrascht, wie es mir beim Zuhören der Erzählungen meiner Tante immer passierte. Die Spannung lag also nicht nur an der Geschichte selbst, sondern auch an der Erzählerin.

Meine Tante bereicherte durch ihre Erzählkunst meine gänzlich von einer Revolution geprägte Kindheit auf eine besondere Art und Weise. Sie schenkte mir Freude und Zuwendung und erweckte nicht zuletzt meine Faszination für das Imaginäre der Literatur.

Jedes Mal, wenn sie meinen Onkel nach langer Zeit wiedersah, schien sie sich wieder in eine Braut zu verwandeln. Sie wurde ganz rot, genierte sich tagelang und redete wenig mit ihm, wenn alle anderen dabei waren. Eigentlich wünschte sie sich, dass Onkel mehr Zeit mit ihr allein verbringen könnte. Obwohl sie in der Dorfschule in Miyun mit einer Kollegin ein Zimmer teilte, hätte sie es lieber gehabt, dass Onkel sie dort besuchte. Die Kollegin würde für ein paar Tage zu Hause bei ihren Eltern wohnen, und das Zimmer könnten die beiden dann für sich allein haben. Aber Onkel zog es stets vor, länger in Peking bei Großmutter zu bleiben. Er war ein sehr ehrerbietiger Sohn. Er wusste, wie sehr Großmutter ihn brauchte und vermisste. Von den hundert Yuan seines Monatsgehalts schickte er sechzig an Großmutter. Aber das Geld ersetze nicht die Liebe und Zuwendung, und er sehe sie so selten und könne so wenig für sie tun, sagte er zu Tante, wenn sie ihm gegenüber vorsichtig ihren Wunsch äußerte. Es brach ihm jedes Mal das Herz, diese drei Wochen zwischen Mutter und Frau teilen zu müssen. Mit der Zeit fand sich Tante damit ab. Sie kam nach Peking, solange sie konnte, und teilte ihren Mann mit Großmutter, Shitou, Qun und mir. Diesmal auch. Unser kleines Zimmer wurde wieder ganz eng. Wenn meine Eltern tagsüber auch noch hinzukamen, war es dann fast unmöglich, dass sich alle gleichzeitig im Zimmer bewegten. Aber diese Enge gefiel mir. Ich fühlte mich darin richtig wohl und geborgen.

Der Tag, an dem wir das Familienfoto machen ließen, war ein herrlicher Sonntag unmittelbar nach dem 20. Nationalfeiertag. Am Vormittag kamen meine Eltern mit zwei geliehenen Fahrrädern und brachten ein halbes Kilo Hackfleisch und Fenchelkraut mit. Die ganze Familie saß am Tisch beisammen und knetete Jiaozi. Nach dem Mittagessen schlug Mutter vor, einen Spaziergang zum Platz des Himmlischen Friedens zu machen. Da wir nicht geplant hatten, uns fotografieren zu lassen, dachte keiner daran, eigens frische Kleidung anzuziehen.

Qun konnte jetzt schon ziemlich lange laufen, außerdem gab es heute vier gesunde Erwachsene, die sie abwechselnd tragen könnten, sollte sie müde werden. Deshalb wurde der Kinderwagen zu Hause gelassen. Fröhlich hopste sie zwischen Mama und

Papa, die sie links und rechts an der Hand hielten. Tante und Onkel mussten Shitou auf dem ganzen Weg »schaukeln«, indem sie ihn, an den Händen festhaltend, hochzogen und hin und her schwangen. Großmutter ging es in diesen Tagen außergewöhnlich gut, sie hatte weder Kopf- noch Rückenschmerzen. Strahlend und leichtfüßig lief sie neben mir her. Ich sprach nicht viel, hopste auch nicht, aber im Inneren freute ich mich nicht weniger als meine kleinen Geschwister. Ich spürte ein angenehmes Gefühl, als ob sich eine wohlige Wärme wie die strahlende Oktobersonne in mir ausbreitete. Ich war froh, dass ich heute nicht jede Sekunde auf der Hut sein musste, um hochzuspringen wie das Feder-Holzfigürchen, das ich Anran geschenkt hatte, wenn Shitou oder Qun plötzlich losrannten.

In meiner Erinnerung war es das erste Mal, dass meine ganze Familie zu acht gemeinsam einen Ausflug machte.

Auf dem Platz des Himmlischen Friedens angekommen, fingen die beiden Kinder an, um die Wette zu rennen. Sie flitzten zwischen den Beinen der Spaziergänger und Drachensteiger hindurch und gaben Freudenschreie von sich. Großmutter beobachtete sie mit einem seltenen beglückten Lächeln. Ich warf den Kopf in den Nacken und betrachtete die unzähligen Drachen am Himmel, die in meiner Vorstellung die Freiheit des Fliegens vorspiegelten. Die Sonne blendete stark. Ich ließ meinen Kopf sinken und sah einen großen schwarzen Punkt. Tante klopfte wieder auf meinen Rücken und sagte, ich solle meine Brust herausstrecken. Die Vorsitzender-Mao-Brosche, die ausgerechnet an der Stelle der kleinen Erhebung meiner linken Brust steckte, glitzerte im Sonnenlicht.

Qun und Shitou rannten in Richtung des Denkmals für die Helden des Volkes im Süden des Platzes. Mutter schlug spontan vor, ein Familienfoto zu machen. Es sei doch so selten, dass alle beisammen seien. Großmutter stimmte freudig zu. So spazierten die sechs Erwachsenen hinter den beiden Kindern her. Denn nur ein paar Hundert Meter südlich vom Platz des Himmlischen Friedens entfernt befand sich das Fotoatelier »Da Bei«, eins der berühmtesten Ateliers in Peking. Seit Beginn der Kulturrevolution hieß es »Das neue Da Bei«. Im Laden herrschte Hochbetrieb. Die meisten Kunden kamen aus den Provinzen. Man erkannte sie an ihrem Dialekt, ihrer dunkleren Hautfarbe und ihrem Gepäck – meistens einer großen blau-rot-weißen Plastiktasche. Sie warteten geduldig, um sich vor einem gemalten Hintergrund des Tors des Himmlischen Friedens fotografieren zu lassen. Unter den Wartenden waren auch einige junge Paare, vielleicht sogar frisch Vermählte. Ich war mir dessen nicht sicher. Denn heutzutage gab es keine Hochzeitskleider. Bräute und Bräutigame trugen den gleichen blauen Anzug wie Hunderttausend andere und die gleiche Vorsitzender-Mao-Brosche. Allein ihr glücklicher Gesichtsausdruck und ihre zärtlichen Blicke, die sie sich ab und zu gegenseitig zuwarfen, ließen mich vermuten, dass sie möglicherweise gerade geheiratet hatten.

Es verging eine Ewigkeit – Onkel war zweimal mit den beiden Kindern hinausgegangen und hatte für sie Eis gekauft –, bis wir endlich an der Reihe waren. Der Fotograf führte uns in ein Atelier und ersetzte auf unseren Wunsch hin den bemalten Hintergrund durch einen weißen. Er bat Großmutter, sich vorne auf einen Stuhl zu setzen. Onkel meinte, er sei zu groß, setzte sich deshalb auch nieder und nahm Qun auf seinen Schoß. Shitou wurde zwischen Onkel und Großmutter in die Mitte der ersten Reihe gestellt. Vater stand hinten in der Mitte, Mutter neben ihm und ich rechts neben Mutter hinter Großmutter. Tante stand auf der anderen Seite der hinteren Reihe, dicht hinter ihrem Mann. Der Fotograf steckte seinen Kopf unter das schwarze Tuch, das über dem Fotoapparat hing, streckte seinen linken Zeigefinger hervor und rief: »Herschauen! Alle herschauen! Gut! Lächeln! Eh, mehr Lächeln! Eh, gut, gut! Achtung …« Dann drückte er zweimal hintereinander auf die Gummikugel in seiner rechten Hand. Zum Schluss sagte er zufrieden: »Es wird ein fantastisches Foto sein! Das garantiere ich Ihnen! In zehn Tagen können Sie es abholen.«

Als ich das Foto abholte, hatte sich meine Familie wieder in alle Himmelsrichtungen zerstreut. Meine Eltern waren, wie bereits erwähnt, mit ihrem Ensemble auf die Zhenbao-Insel gereist, um den nach dem bewaffneten Zusammenstoß mit der Sowjetunion dort stationierten Truppen der Volksbefreiungsarmee Sonderaufführungen zu präsentieren. Onkels Urlaub war vergangen, und er war wieder schweren Herzens in den Süden zurückgefahren. Zuletzt begleiteten Shitou und ich meine Tante zum Busbahnhof und sahen zu, wie der schmutzige Fernbus sie von uns fortbrachte und in einer Staubwolke verschwand.

Ich hielt das neun mal elf Zentimeter große Schwarz-Weiß-Foto in der Hand und betrachtete es sehr lange, als wollte ich die vier nicht mehr anwesenden Erwachsenen aus dem Foto herbeisehnen. Die vier Personen in der vorderen Reihe lächelten überhaupt nicht. Großmutter trug eine dunkelblaue Bluse mit dem gerade geschnittenen Kragen. Es war die Standardbluse, die auch meine Tante sowie die meisten anderen Frauen trugen. Ihre Vorsitzender-Mao-Brosche steckte viel zu hoch, fast direkt unter dem Kragen. Ihr kurzes Haar hatte sie hinter die Ohren frisiert. Einige graue Strähnen am Mittelscheitel waren deutlich zu sehen. Ihre Augen blickten hinter den Gläsern ein wenig nach links. Ich war mir nicht sicher, ob sie den Fotografen anschaute. Ihrem Gesicht war kein bisschen Lächeln anzumerken. Hat sie sich nicht auf das Familienfoto gefreut? Vielleicht hat sie das lange Warten zu sehr ermüdet? Cousin Shitou und Schwesterchen Qun starrten apathisch nach vorn. Ihre Münder waren leicht geöffnet. Ihre Mundwinkel hingen nach unten. Wurden sie etwa von dem unter der schwarzen Decke versteckten Fotografen erschreckt oder irritiert? Jedenfalls sahen sie nicht so aus, als ob sie dieses Unterfangen lustig fänden. Meine kleine Schwester trug in der Mitte ihres Jäckchens die größte Vorsitzender-Mao-Brosche der ganzen Familie. Onkel trug den einheitlichen blauen Anzug wie alle Männer, dessen erster Knopf jedoch nicht zugeknöpft war. Über der linken Brusttasche steckte die beliebte

Brosche aus weichem Kunststoff, auf der Vorsitzender Mao in seinen jungen Jahren abgebildet war. Onkel schaute zwar nach vorne, sein Blick traf jedoch nicht auf den des Betrachters. An seinem leicht geöffneten Mund haftete ein Hauch von müdem Lächeln, das man nur wahrnehmen konnte, wenn man ihn sehr genau und sehr lange betrachtete. Wir vier Personen in der hinteren Reihe lächelten tatsächlich und hielten unsere Hände gesittet hinter dem Rücken verschränkt, wahrscheinlich nach der Anweisung des Fotografen. Zwischen Tante und Vater war eine große Lücke, in die noch eine Person hineingepasst hätte. Hat der Fotograf dieses Manko nicht bemerkt? Tante schaute in die gleiche Richtung wie Onkel. Ihr Lächeln machte einen ein bisschen gezwungenen Eindruck. Meine Eltern trugen zur Uniform ihre Mütze und auf der Brust die sternförmige Vorsitzender-Mao-Brosche und die schmale Anstecknadel mit dem Spruch »Dem Volk dienen«, die alle Armeeangehörigen einheitlich trugen. Sie beide lächelten mit leicht geöffnetem Mund und schauten direkt in die Kamera. Mutter machte die Augen wie immer weit auf, weil sie meinte, so sehe man frisch und lebendig aus. Trotz ihrer überschüssigen Pfunde sah sie auf diesem Foto recht schlank und jung aus. Vater hatte in all den Jahren überhaupt nicht zugenommen, im Gegenteil, er wurde meines Erachtens immer dünner. Ich war mit der Damen-Sommeruniform der Luftwaffe kleinster Größe bekleidet, die Mutter einmal im Jahr für mich mitbestellte. Die grüne Militäruniform war meine zweite Haut geworden, ich hatte sie jahraus, jahrein an. Das offene Revers hatte ich mit einer schwarzen Haarklammer zusammengehalten, sodass lediglich ein schmaler weißer Rand meiner Bluse aus dem Kragen herausragte. Am linken Ärmel trug ich das rautenförmige Abzeichen der Kleinen Rotgardisten aus rotem Kunststoff und an der linken Brust meine Lieblings-Vorsitzender-Mao-Brosche aus Plexiglas. Meine beiden Schultern waren leicht nach vorne gebeugt, sodass man die kleine Wölbung an der Brust überhaupt nicht bemerken konnte. Die zwei kurzen

Zöpfe hatte ich fest geflochten. Kein einziges Haar hing frei über die Stirn. Ich lächelte ein wenig gezwungen und altklug und schaute etwas nach links wie Großmutter. Meine Augen hatte ich nicht weit aufzumachen versucht, sodass sie alles andere als strahlend aussahen.

Je länger ich dieses Foto betrachtete, desto klarer wurde mir bewusst, wie schlecht der Fotograf war. Trotzdem wusste ich den Wert dieser Fotografie zu schätzen. Schließlich war es das erste und einzige Familienfoto, das wir besaßen. Ich steckte es an eine Ecke der Schiebetür unseres Schränkchens auf dem Tisch, sodass ich es sowohl beim Essen als auch beim Hausaufgabenmachen sehen konnte.

Dass es auch unser letztes Familienfoto sein sollte, hätte ich jedoch nie im Traum gedacht.

16. Kapitel

Warum ich der jüngste Stammgast der Dongfanghong-
Nudelgarküche wurde, oder wie zwei Kleine Rotgardistinnen
durch Peking vagabundierten

Nach dem Agitationsaufenthalt auf der Zhenbao-Insel reiste das Ensemble meiner Eltern im Winter 1969 wieder aufs Land in die Provinz Hebei, wo es auf unbestimmte Zeit bleiben sollte. Großmutters Gesundheitszustand verschlechterte sich. Aufgrund starker Rückenschmerzen konnte sie das Bett kaum noch verlassen. Ich begleitete sie zur Sanitätsstation des Ensembles. Ein Arzt war im Dienst, der sich um die Familienangehörigen und einige wenige wegen Krankheit zurückgebliebene Ensemblemitglieder kümmern sollte. Doktor Liu kannte ich recht gut, weil er drei Töchter hatte, mit denen ich manchmal spielte, wenn ich im Ensemble zu Besuch war. Er war ein freundlicher, sanfter Mann von kleinem Wuchs, ungefähr im gleichen Alter wie mein Vater. Er untersuchte Großmutter und schlug vor, dass sie mit meiner kleinen Schwester Qun ins Ensemble ziehen solle, damit er sich besser um sie kümmern könne. Da es Großmutter gesundheitlich sehr schlecht ging und sie mit dem Haushalt nicht mehr zurechtkam, war sie mit diesem Vorschlag einverstanden.

So blieb ich mit Shitou in unserem kleinen Zimmer in der Alte-Türvorhang-Gasse Nummer neun allein zurück. Nach der Schule versuchte ich den Ofen anzumachen, ein Unterfangen, das manchmal Stunden brauchte. Bis ich das Essen fertig hatte – ich konnte nur Reis kochen –, war es meistens schon abends. Danach holte ich Shitou vom Kindergarten ab. In der Nacht heulte der Nordwestwind wie hundert Wölfe und blies gnadenlos durch alle Löcher und Ritzen. Wie wild schüttelte er das dünne Fensterpapier und rüttelte so bedrohlich an der Holztür, dass ich das Gefühl hatte, die

Tür könnte jeden Augenblick aus der Angel springen. Auch durch den kalten Schornstein stürmte der Wind triumphierend herein. Shitou und ich rollten uns in unserem Bett zusammen und deckten uns mit sämtlichen Bettdecken zu, die wir hatten. Dennoch zitterten wir vor Kälte. Ich war noch nicht in der Lage, die glühenden Kohlen im Ofen für den Dauerbrandbetrieb abzudecken. Zu meinem Kummer erloschen sie nachts fast immer. Da ich morgens meistens keine Zeit hatte, das Feuer anzumachen, blieb der Ofen auch am Tage kalt. So wurde es im Zimmer immer eisiger.

Wir zitterten aber nicht nur vor Kälte, sondern auch vor Angst. Der Wind und die Nacht jagten mir Angst ein und beflügelten meine kindlichen, lebhaften Fantasien. Da ich nicht schlafen konnte, geisterten verschiedenste, furchterregende Vorstellungen durch meinen Kopf: die grüne, haarige, durch die Wand des Plumpsklos herausgestreckte Hand aus einer von Tantes Horrorgeschichten; Räuber und Einbrecher, die zur Tür hereinstürmten und uns töteten; Erdbeben, das die Häuser bersten ließ und uns durch einen Krater ins Erdinnere sog; Krieg und Atombomben, die die ganze Welt in Schutt und Asche legten ... Aber ich weinte nicht. Meinen kleinen Cousin fest im Arm haltend, starrte ich unentwegt auf die ächzenden Fenster und die knarrende Tür und harrte bis zum Morgengrauen aus.

Eine Woche später gab ich auf. Ich fuhr mit Shitou ins Ensemble und bat Großmutter um zwei Yuan, mit denen ich eine Schülermonatskarte für öffentliche Busse kaufte. Lieber nahm ich es in Kauf, früh aufzustehen und eine Stunde lang mit dem Bus zur Schule zu fahren, als Nacht für Nacht im kalten Zimmer in der Alte-Türvorhang-Gasse auszuharren. Hier im Ensemble hatten wir ein warmes, helles Zimmer und mussten weder den Ofen anmachen noch kochen. Das Essen holten wir uns aus der Kantine. Und das Wichtigste war, dass wir alle, Großmutter, Qun, Shitou und ich, wieder zusammen sein konnten.

Den Preis, den ich zu zahlen hatte, war, dass ich jeden Morgen um halb sechs aufstehen und meinen kleinen Cousin aus dem

Tiefschlaf wecken musste, um ihn in den Kindergarten zu bringen. Shitou, gerade fünf Jahre alt, stand immer sofort auf, zog sich noch halb benommen an und stürzte mit leerem Magen tapfer mit mir in die Dunkelheit des strengen Pekinger Wintermorgens hinaus. Wir frühstückten nie. So früh war die Kantine noch nicht auf. Außerdem hatten wir keine Zeit. Das Ensemble befand sich im östlichen Bezirk und meine Schule im westlichen. Wir mussten zweimal umsteigen. Die Busse waren immer übervoll und nie pünktlich. Wir mussten uns jeden Tag in den Bus kämpfen. Oft gab es Erwachsene, die uns in den Bus halfen. Aber den Weg hinaus mussten wir uns selbst bahnen. Im Kindergarten war natürlich noch kein Kind da. Shitou saß alleine am Tisch und spielte mit Bauklötzen. Meistens schlief er bald ein, bis es Zeit zum Frühstück war und er von anderen Kindern geweckt wurde.

Vom Kindergarten rannte ich zu meiner nicht weit entfernten Schule, um pünktlich um sieben Uhr an der Morgengymnastik bzw. militärischen Übung teilzunehmen. Es war ja die Zeit, in der uns ständig gesagt wurde, dass wir am »Vorabend eines Weltkriegs« lebten. Wegen des strengen Winters und der gefrorenen Erde musste der Bau der Luftschutzbunker vorübergehend ruhen. Aber der Frost war kein Grund für das Einstellen der morgendlichen militärischen Übungen. Es gab die Losung: »Gerade im heißesten Hochsommer und in der kältesten Winterzeit müssen wir uns stählen.« Unsere morgendliche militärische Übung bestand darin, zum Platz des Himmlischen Friedens zu laufen und dort verschiedene Marschschritte wie Gleichschritt oder Paradeschritt und in verschiedenen Formationen wie Quer- oder Kolonnenformation zu üben. Kurz vor acht kehrten wir in die Schule zurück, und der Unterricht begann. Aufgrund der Kälte, des Schlafmangels und des leeren Magens kam es in dieser Zeit oft vor, dass ich während der morgendlichen Marschübungen einen Schwächeanfall erlitt. Ein Schwächeanfall im Winter war für uns nichts Sensationelles, außer dass man sich dabei nicht wohlfühlte. Frostbeulen an Händen und Füßen waren ebenfalls so normal wie der Schnee im Winter. Das Lästige an diesen roten Dingern war lediglich, dass sie furchtbar zu jucken anfingen, sobald wir einen warmen Raum betraten.

Soweit ich mich erinnere, nahmen wir damals auch nichts zu essen oder zu trinken in die Schule mit. Ich kann mir heute nicht mehr vorstellen, wie ich es ohne Frühstück bis zum Mittag aushalten konnte.

Anfänglich ging ich mittags noch in die Alte-Türvorhang-Gasse neun, um dort Mittagessen für mich zu kochen. Entweder versuchte ich vergeblich, den Ofen anzumachen, oder der Reis brannte an. Nachdem ich ein paarmal auch ohne Mittagessen zum Nachmittagsunterricht gehen musste, erzählte ich Großmutter von meiner Not. Ich wusste, dass unser Geld sehr knapp war. Von den hundertachtzig Yuan Gehalt meiner Eltern schickte Vater immer noch jeden Monat sechzig Yuan nach Baoding, um seinen Bruder und dessen Kinder zu unterstützen. Zwar bekamen wir auch von Onkel monatlich sechzig Yuan, aber am Ende des Monats war nichts mehr da. Besonders in der Zeit, in der sich meine Eltern nicht in Peking aufhielten, hatte es Großmutter schwer. Oft musste sie von jemandem Geld leihen, um die Zeit zu überbrücken, bis das nächste Monatsgehalt meiner Eltern ausgezahlt wurde. Als Großmutter meine Geschichte hörte, blutete ihr das Herz, wie sie sagte. Seitdem gab sie mir jeden Tag zwei Jiao[27], damit ich mittags etwas zum Essen kaufen konnte.

Am östlichen Ende unserer Gasse gab es eine kleine Nudelgarküche, an der ich jeden Tag auf dem Weg zur Schule vorbeiging. Früher hatte sie den Namen »Rongli« gehabt, auf Deutsch etwa »Florierender Gewinn«. Seit der Kulturrevolution hieß sie »Dongfanghong«, also »Der Osten ist rot«.

An einem sonnigen Mittag des kalten Winters 1969 betrat ich mit knurrendem Magen diese Nudelgarküche zum ersten Mal.

---

27 Jiao: chinesische Währungseinheit, 1 Yuan (ca. 12 Cent) = 10 Jiao = 100 Fen; 1 Jiao = ca. 1,2 Cent (nach heutigem Kurs).

Die Einrichtung war sehr einfach. Sie sah ähnlich aus wie die Kantine des Ensembles: kahle Tische und Bänke aus rauem Holz. Ein kräftiger Mann mittleren Alters mit einer fleckigen Schürze um den Bauch stand hinter der Theke und machte Nudeln. Seit Großvaters Tod war ich nie mehr in einem Restaurant gewesen, geschweige denn allein. Deswegen war ich bei diesem ersten Mal sehr nervös. Mit pochendem Herzen trat ich an die Theke, ohne nach links und rechts zu schauen, kaufte zwei Baozi und verschwand ganz schnell wieder aus dem Restaurant.

Beim zweiten Mal hatte ich mehr Mut gesammelt, bestellte eine Nudelsuppe mit Rindfleisch, nahm an einem Tisch Platz und wartete darauf, dass meine Nummer ausgerufen wurde. Ich wagte es sogar, einen Blick auf die Gäste zu werfen. Die meisten von ihnen waren Männer, die schwerer körperlicher Arbeit nachzugehen schienen. Dann und wann kam eine Hausfrau herein, um Baozi zum Mitnehmen zu kaufen. Ein kleines Mädchen wie ich war hier seltener als der Schnee im Juni. Ich merkte, dass alle Gäste, über ihre Nudelschale gebeugt, verstohlen neugierige Blicke auf mich warfen. Ich gab mich möglichst ruhig und souverän und richtete meinen Blick auf den Koch hinter der Theke. Er knetete einen Riesenklumpen Teig auf dem Brett. Dann zog er den Teig in die Länge, bis seine beiden Arme ganz gerade ausgestreckt waren. Dabei schlug er den Teig auf das Brett, dass es richtig krachte. Dann nahm er beide Enden in eine Hand und zog so den Teig weiter in die Länge. Diesen Vorgang wiederholte er so lange, bis aus dem Teig lange, feine Nudeln wurden, die er in einen Riesentopf mit kochendem Wasser gab. Ich war fasziniert von dieser Nudeln-machen-Kunst und staunte, dass die Nudeln nicht zusammenklebten, obwohl der Teig so weich war. Großmutter machte auch selbst Nudeln. Aber sie musste einen ziemlich harten Teig kneten. Dann wurde der Teig ausgerollt, gefaltet und zu Bandnudeln geschnitten.

Eine junge Frau rief meine Nummer aus. Ich holte meine Nudelsuppe an der Theke. Es war eine riesige Schüssel Nudelsuppe mit ein paar Chinakohlblättern und Fleischstücken. Sie schmeckte exzellent! Ich konnte mich nicht erinnern, jemals eine so leckere Nudelsuppe gegessen zu haben. Viel besser als Großmutters Nudelsuppe. Restaurant ist doch Restaurant, ganz anders als zu Hause, dachte ich bei mir. Seitdem ging ich jeden Mittag in die Dongfanghong-Nudelgarküche und aß eine Rindfleisch-Nudelsuppe. Binnen Kurzem kannten mich der Koch, die Kellnerin und alle Stammgäste dort und begrüßten mich freundlich, wenn ich hineinkam. »Da bist du ja wieder!«, pflegte der Koch zu sagen. Und ich merkte, er tat für mich stets zwei, drei Stücke Fleisch mehr in die Suppe.

Eines Tages traf ich dort meine Mitschülerin Xia. Wir beide waren überrascht und freuten uns. Zuvor hatte ich nicht viel Kontakt zu ihr gehabt. In meinen Augen gehörte Xia zu denjenigen Schülern, die weder besonders engagiert noch sehr schlecht waren, die klug, aber nicht strebsam waren und deshalb nur mit mittelmäßigen Leistungen aufwarteten, die jedoch einer besonderen Familie entstammten. Letzteres erkannte man an ihrem selbstbewussten Auftreten. Xias Haar war nicht so schwarz und dicht wie meins. Dafür hatte sie eine schmale, feine Nase, die ich schöner fand als meine, und einen kleinen Mund, der sie meiner Meinung nach sehr niedlich aussehen ließ. Die zufällige Begegnung in der Dongfanghong-Nudelgarküche war der Beginn einer neuen, unerwarteten Freundschaft zwischen zwei kleinen Mädchen, die bis dahin nichts miteinander gemein hatten.

Xia war ein Einzelkind. Ihre Eltern waren hohe Parteifunktionäre und seit Beginn der Kulturrevolution in eine 7.-Mai-Kaderschule[28] in einer weit entfernten Provinz verbannt worden. Es sei

---

28 7.-Mai-Kaderschule, genannt nach einer Anweisung von Mao Zedong vom 7. Mai 1966, war in Wirklichkeit ein Arbeitslager, in dem sowohl zivile als auch militärische Parteifunktionäre sowie Intellektuelle und Wissenschaftler durch körperliche Arbeit und ideologische Indoktrination politisch umerzogen werden sollten. In der Kulturrevolution wurden unzählige solcher Kaderschulen landesweit errichtet. Hunderttausende von Kadern und Intellektuellen sowie ihre Familienangehörigen mussten sich dieser Maßnahme unterziehen. Erst im Februar 1979 erließ der Staatsrat eine Anordnung über die Schließung aller 7.-Mai-Kaderschulen.

eigentlich keine Schule, erzählte Xia, sondern eine Farm, auf der sie schwere körperliche Arbeit verrichten mussten. Xia wurde ihrer Tante überlassen. Ihre Tante wohnte im Norden der Stadt, mehr als eine Stunde Busfahrt von der Schule entfernt. Das Haus ihrer Eltern befand sich jedoch in der Nähe der Schule. Deshalb schlief sie manchmal auch in ihrem eigenen Zuhause, wenn sie keine Lust hatte, früh aufzustehen. So ging sie dann mittags in ein Imbissrestaurant essen. Xia sagte, sie kenne alle Restaurants und Garküchen in dieser Gegend bereits so gut wie ihre Hosentasche. Die Nudelgerichte dieser Garküche seien zwar nicht schlecht, aber wer könne es denn aushalten, jeden Tag Nudeln zu essen? Zu zweit könnten wir ab jetzt auf Entdeckungstour gehen, um neue, interessante Restaurants zu finden, meinte Xia begeistert.

Xias Onkel, der Mann ihrer Tante, war ein berühmter Revolutionär und Weggefährte des Vorsitzenden Mao, der einst am Langen Marsch der Roten Armee teilgenommen hatte. Seinen Namen hatte ich schon oft gehört oder in der Zeitung und in unserem Geschichtsbuch gelesen. Xia sagte, sie habe mehrere Cousins, die wie ihre eigenen Brüder seien, und ihre Tante sei sehr lieb zu ihr und behandele sie wie ihre leibliche Tochter. Im Haus ihrer Tante habe es vor der Kulturrevolution mehrere Bedienstete und einen Koch gegeben. Dort sei sie gut aufgehoben. Aber sie wolle lieber alleine durch die Straßen schlendern und abends alleine kochen, als von ihrer Tante behütet zu werden. Man fühle sich frei und erwachsen, und das mache mehr Spaß, beteuerte sie.

Seit dieser Begegnung gingen Xia und ich jeden Mittag zusammen essen und bummeln. Mit Xia zusammen fühlte ich mich viel sicherer und mutiger. Wir wechselten die Imbissbuden ab und dehnten den Kreis unserer Entdeckungstouren immer weiter aus. Am weitesten liefen wir sogar bis zur großen Xidan-Straße. Wenn das Essen zu teuer war und ich nicht genug Geld hatte, zahlte Xia für mich mit.

Wenn wir am Nachmittag keinen Unterricht und auch keine

Kundgebung oder politische Schulung hatten, gingen wir ins Kino. Eine Schülerkarte kostete fünf Fen, so viel wie ein Milcheis. Die konnte ich mir von dem Taschengeld abzweigen, das mir Großmutter gab. Damals liefen in den Kinos keine neuen Filme, sondern immer dieselben, die wir seit Jahren schon kannten und unzählige Male gesehen hatten, wie *Der Tunnelkrieg, Der Minenkrieg, Krieg im Norden wie im Süden* (zusammen »Drei Kriege« genannt), *Der Hühnerfedereilbrief* und *Der kleine Soldat Zhang Ga;* die sowjetischen Filme wie *Lenin im Oktober* und *Lenin im Jahr 1918;* die albanischen Filme wie *Der Achte ist eine bronzene Statue* und *Lieber sterben als sich beugen;* oder die nordkoreanischen Filme wie *Das Blumenmädchen, Die Apfelerntezeit* und *Frauen aus dem Dorf Nanjiang.* Die Handlungen und Dialoge dieser Filme kannten wir in- und auswendig. Dennoch schauten wir uns sie jedes Mal mit großer Spannung und Freude an. Es gab uns ein ganz anderes Gefühl, wenn wir das Geld aus der kleinen Klarsichthülle der Monatskarte herausnahmen, die Kinokarten bezahlten und alleine im Kino saßen, als wenn wir mit unseren Eltern oder mit der Schule ins Kino gingen. Ich kam mir vor wie eine Erwachsene, die über sich selbst bestimmen kann.

Jedes Mal, wenn wir die Straße, in der sich unsere Schule befand, hinter uns ließen, nahm Xia ihr Kleine-Rotgardisten-Abzeichen vom Arm ab und steckte es in die Schulmappe. Sie meinte, ohne das Abzeichen sehe sie älter aus und sei dadurch unauffälliger. Nach einiger Zeit machte ich es ihr nach. Sobald ich das Kleine-Rotgardisten-Abzeichen in meiner Jackentasche hatte verschwinden lassen, bekam ich das Gefühl, mich in eine andere Person verwandelt zu haben. Ich war nicht mehr die Kompanieführerin der Kleinen Rotgardisten, nicht mehr die »Gute Schülerin in fünf Kategorien«[29], nicht mehr die vorbildli-

---

29 Eine Auszeichnung für Musterschüler während der Kulturrevolution. Die fünf Kategorien – das sogenannte »fünfmal gut« – waren: gute Schulleistung, gute Ideologie, gute Gesundheit, gute politische Einstellung und gute Familienherkunft.

che Repräsentantin in Sachen des Studierens und der Umsetzung von Mao-Zedong-Ideen und auch nicht mehr die Ersatzmutter für meine Schwester, sondern ein ganz gewöhnliches zwölfjähriges Mädchen, das gern Süßigkeiten naschte, durch die Straßen bummelte, im Schaufenster sein Spiegelbild betrachtete und ins Kino ging. Am Anfang war mir ein wenig unbehaglich, und ich hatte ein leises schlechtes Gewissen. Mit der Zeit genoss ich aber diese freien Stunden immer mehr, in denen ich ein Kind sein durfte. Xia sagte, ihr größter Wunsch im Augenblick sei, die Grundschule zu beenden. Sie habe es satt, dieses Abzeichen der Kleinen Rotgardisten zu tragen. Sie sei erwachsen. Ich war verblüfft über ihre Offenheit.

Xia war in vielerlei Hinsicht anders als ich. Sie lachte gern und laut, ging stets mit herausgestreckter Brust, verwendete Slangwörter, die ich nicht kannte. Irgendwie mochte ich sie, obwohl sie so anders war. Vielleicht gerade deswegen. Vielleicht wollte ich auch gern so sein wie sie, aber ich durfte es nicht. Aber wenigstens in diesen Stunden, in denen wir zusammen waren, konnte ich dieses Anderssein ein bisschen ausprobieren.

Auch wenn wir unser Rotgardistenabzeichen abstreiften, fielen wir auf der Straße auf: zwei Mädchen, die mittags die Straßen im westlichen Bezirk durchstreiften, statt zu Hause zu sein. Ab und zu trafen wir auf Scharen von Jungs, die uns verfolgten oder uns sogar als »Ringe« oder »wilde Hühner«[30] beschimpften und drohten, uns fertigzumachen. Ich war beunruhigt und verängstigt. Aber Xia ließ sich nicht aus der Fassung bringen und bewahrte stets die Ruhe. Sie ignorierte die Jungen und versicherte mir, dass ich keine Angst zu haben brauche. Sie habe doch ein Dutzend Cousins. Nur ein Telefonat, dann wären sie auf der Stelle da und würden diese Schar eingebildeter »Enkel«[31] plattmachen.

---

30 Slang während der Kulturrevolution. Damit bezeichnete man schlechte Mädchen, die etwas mit Jungs hatten.
31 Slang für Schurken.

Einmal war Shitou krank und musste zu Hause bleiben. Xia schlug vor, dass ich zu ihr nach Hause kommen und dort übernachten sollte. Von einer öffentlichen Telefonzelle rief ich den Portier des Ensembles an und bat ihn, meiner Großmutter diese Nachricht auszurichten. An diesem Tag fiel viel Schnee. Der ganze Staub und Schmutz und die frei liegenden Erdhügel, die durch das Graben von Luftschutzbunkern entstanden waren, wurden von einer dicken, weißen Schneeschicht bedeckt. Die Stadt schien so friedlich und sauber zu sein wie nie zuvor. Xia und ich entschieden uns, am Nachmittag in den Zhongshan-Park zu gehen.

Der Zhongshan-Park liegt direkt auf der westlichen Seite des Kaiserpalastes, nördlich vom Platz des Himmlischen Friedens, sodass wir kaum zehn Minuten brauchten, um zu Fuß dorthin zu gehen. Der Schnee im Park war noch unberührt. Die Menschen hatten wahrscheinlich keine Muße, im Park spazieren zu gehen, und schon gar nicht im eiskalten Winter. Durch das hohe, einsame Zhongshan-Tor hindurch gingen wir Richtung See. Im Sommer konnte man hier Ruderboote mieten. Jetzt war der See fest zugefroren. Viele Kinder waren schon dort und spielten auf dem Eis. Die meisten besaßen keine Schlittschuhe und schlitterten auf dem Eis hin und her. Xia und ich legten unsere Schultaschen und Mäntel am Ufer ab und fingen ebenfalls an zu schlittern. Wir hatten alle die gleichen Winterschuhe: wattierte Stoffschuhe mit Plastiksohlen und schwarzem Cord als Obermaterial. Die waren sehr rutschig und funktionierten daher fantastisch als »Schlittschuhe«. Wir schlitterten nach Herzenslust und erfanden immer wieder neue Varianten, indem zum Beispiel eine in die Hocke ging und die andere sie an den Händen nahm und losrannte. Es dauerte nicht lange, da waren wir schon durchgeschwitzt und die Schuhe durchnässt. Aber das störte uns überhaupt nicht. Wir hatten so viel Spaß. Bis zur Abenddämmerung vergnügten wir uns auf dem zugefrorenen See.

Zurück nahmen wir einen anderen Weg, der zum Erntealtar

führte. Als ich klein war, waren meine Großeltern oft mit mir hierher spazieren gegangen. Jedes Mal kamen wir am Altar vorbei, um hier eine Rast zu machen.

Der im 15. Jahrhundert gebaute Zhongshan-Park gehörte ursprünglich zum Kaiserpalast. Der Erntealtar darin war die Opferstätte, auf der der Kaiser zweimal im Jahr dem Gott des Ackers und dem Gott der Feldfrüchte Opfer darbrachte. Anfang des 20. Jahrhunderts öffnete sich das Tor für das Volk. 1928 wurde der Park zu Ehren des verstorbenen Gründers der Republik China Sun Zhongshan nach dessen Namen umbenannt.

Der Erntealtar, bestehend aus einem Tor und einer dreistufigen, quadratischen Terrasse mit einem Umfang von circa achtzehn Metern, wird auch »Fünffarbige Erde« genannt, weil die oberste Plattform mit fünf verschiedenfarbigen Erden bedeckt ist: gelb in der Mitte, rot im Süden, weiß im Westen, schwarz im Norden und grün im Osten. Dies symbolisierte die Macht der Herrschaft des Kaisers über das ganze Land.

Am Anfang der Kulturrevolution diente der Erntealtar eine Zeit lang als Podium für Massentribunale, bei denen »Rinderteufel und Schlangengeister« verurteilt und gefoltert wurden. Auch deshalb ging man nicht mehr in den Park.

Heute ruhte der Altar unter einer dicken Schneedecke: still, verlassen, traurig. Auf der in der Abenddämmerung blau-weiß schimmernden Oberfläche war keine einzige Fußspur zu sehen. Schweigend gingen Xia und ich die Treppe hinauf und betraten behutsam den Altar, als hätten wir Angst, die hier wohnenden, unschuldigen Seelen zu behelligen. Aus einem unerklärlichen Drang schritten wir den Altar ab und hinterließen unzählige kleine Fußspuren auf dem jungfräulichen Schnee.

Als wir zu Xia nach Hause gingen, war es schon ganz dunkel. Und es fiel neuer Schnee. Große Schneeflocken streichelten sanft unsere Gesichter. Auf einmal spürten wir, dass unsere Magen heftig knurrten und unsere Füße in den durchnässten Schuhen eiskalt waren. Xias Wohnhof befand sich ungefähr in der

Mitte der Stelen-Gasse, die am östlichen Ende der Alte-Türvor-hang-Gasse verlief und zur westlichen Chang'an-Straße führte. Es war ein kleiner Wohnhof, den Xias Familie allein bewohnte. Xia holte ein großes Schlüsselbund heraus und schloss das große Vorhängeschloss am Tor auf. Im Hof war es sehr dunkel. Durch die Reflexion des Schnees konnte man die Konturen der Briketts erkennen, die unter der Veranda aufgestapelt waren. Xia ging auf das dem Eingang gegenüberliegende Haus zu und schloss die Tür auf. Nachdem sie das Licht angeschaltet hatte, fiel mir als Erstes ein großes, eisernes Bett mit einem eleganten Baldachin auf, das in der Mitte des Zimmers stand. So ein Bett könnte nur einer Prinzessin oder Kaiserin gehören, hatte ich mir bis jetzt vorgestellt. Unweit vom Bett stand ein Ofen, der viel größer war als unserer zu Hause in der Alte-Türvorhang-Gasse. Die Wände des Zimmers waren mit dunkelbraunem Holz vertäfelt. Davor standen vier ebenfalls dunkelbraune Bücherschränke mit Glas-türen. Ich bewunderte es im Stillen, dass Xias Familie so viele Bücher besaß, noch viel mehr als Lilis Familie.

Während ich noch die Bücher bestaunte, zog Xia ihren Man-tel aus, holte Brennholz und Briketts von draußen und zündete Feuer im Ofen an. »Lass uns schnell das Feuer anmachen und eine Nudelsuppe kochen. Ich sterbe fast vor Hunger«, sagte sie. Ich sah zu, wie sie geschickt das Papier und Holz unten in den Ofen und Briketts darauflegte und mit einem angezündeten Blatt Zeitungspapier die Briketts im Nu zum Brennen brachte. Dann setzte sie einen Topf mit Wasser auf den Ofen, und wir zogen unsere nassen Schuhe aus und legten sie zum Trocknen neben den Ofen. Als das Wasser siedete, tat Xia eine Portion ge-trocknete Nudeln in den Topf. Anschließend holte sie von drau-ßen ein Stück Schinken, schnitt ihn in Würfel und gab sie zu den Nudeln. Zum Schluss schlug sie noch zwei Eier in den Topf. Ich stand neben dem Ofen, wärmte meine Hände am Blechschorn-stein und beobachtete erstaunt, wie Xia das alles so routiniert und perfekt erledigte. Ich hatte früher immer gedacht, dass ein

Kaderkind wie Xia bestimmt ein verwöhntes Gör sein müsse, das keine Beziehung zum alltäglichen Leben habe und Mais nicht von Sorghum unterscheiden könne.

Nach der Nudelsuppe, die sehr gut schmeckte, zogen wir unsere dicken wattierten Jacken und Hosen aus und sprangen ins Bett. Ich war fast erschrocken, als ich in einem erstaunlich weichen Bett landete, in dem man richtig einsank, wenn man darauf lag. Unser Bett bestand aus einem hölzernen Rahmen mit Kreuzbespannung aus Palmstrick und das Bett meiner Eltern aus Holzbrettern. Sie waren beide sehr hart. »Kann man in einem so weichen Bett einschlafen?«, fragte ich Xia. »Warum nicht?«, fragte sie verständnislos zurück. Obwohl wir eine heiße Nudelsuppe gegessen hatten, waren unsere Füße immer noch kalt. So kuschelten wir uns in die dicke Decke, die auch anders war als unsere, viel weicher und leichter. Wir schmiegten uns eng aneinander und plauderten über dieses und jenes. Als meine Lider schon schwer wurden, zog Xia plötzlich unter dem Kopfkissen ein Fotoalbum hervor und zeigte mir Fotos von ihrer Familie. Die meisten Fotos waren von ihr. Sie war ein richtig süßes Mädchen mit zwei dicken Bäckchen wie meine Schwester, als sie ganz klein gewesen war. Auf einigen Fotos war sie mit ihren Eltern zu sehen. Außerdem waren noch die Hochzeitsfotos von ihren Eltern dabei und Fotos von ihrer Tante, ihrem Onkel und ihren Cousins und Cousinen. Xia sagte, sie schaue sich jeden Abend die Fotos an, bevor sie einschlafe. Früher hätten sie noch viel mehr Fotos gehabt, bevor die Rotgardisten ihr Haus durchsucht und viele Bücher, Fotos und andere Gegenstände mitgenommen hätten.

»Ist euer Haus auch durchsucht worden?«, fragte ich mit großer Verwunderung.

»Leider ja! Mehrmals. Ist euer Haus etwa nicht durchsucht worden? Das Haus meiner Tante wurde viel schlimmer zugerichtet. Alle wertvollen Gegenstände und wichtigen Dokumente haben diese verdammten Schurken mitgenommen. Mein Onkel wurde mehrfach von einem Massentribunal abgeurteilt und geschlagen. Jedes Mal musste meine Tante auch dabei sein, du weißt schon, mit einem spitzen Papierhut auf dem Kopf. Die haben meinen Onkel so zugerichtet, dass er fast gestorben wäre. Er liegt heute noch im Pekinger Krankenhaus.«

Xias Erzählung weckte sofort meine Erinnerung an die Geschehnisse in unserem Wohnhof, an das Schicksal von Herrn Shi, von Xiaohe, von Lilis Großvater und Mutter und vom Ehepaar Zhang, das sich erhängt hatte. Die Frage, auf die ich bis jetzt keine Antwort gefunden hatte, hämmerte erneut in meinem Hirn: »Aber was meinst du, sind deine Eltern und dein Onkel schlechte Menschen?«

»Natürlich nicht!«, fuhr mich Xia fast empört an, und ohne eine Sekunde zu zögern, sagte sie mit Nachdruck: »Mein Onkel ist ein sehr guter Mensch! Er trat 1925 in die Kommunistische Partei ein und nahm am Langen Marsch teil. Er war einer der fünf ältesten Genossen der gesamten Parteispitze in Yan'an. Wie könnte er ein schlechter Mensch sein?! Er hat sich große Verdienste für die Partei und das Volk erworben. An allem sind diese blöden, verdammten Schurkengardisten schuld. Von wegen Rebellion! Scheißrebellion! Als Waffen ausgenutzt worden von anderen sind sie. Und die hatten selber nicht mal eine Ahnung davon!« So hatte ich Xia noch nie erlebt. Sie wurde vor Wut rot im Gesicht.

»Von wem ausgenutzt?«, fragte ich verwundert.

»Angelegenheiten des Zentralkomitees, mehr darf sie mir nicht sagen, behauptet meine Tante immer, wenn ich sie danach frage.«

Auf einmal fielen wir beiden Mädchen, die noch nicht imstande waren, manche Dinge im Leben zu begreifen, in ein tiefes Schweigen. Nach einer Weile dachte ich, Xia wäre eingeschlafen, und richtete mich mit großer Mühe in diesem watteweichen Bett auf, um das Licht auszuschalten.

»Nein«, sagte Xia unvermittelt, »lass das Licht an! Ich schlafe immer mit brennendem Licht.«

Ich ließ mich ins weiche Bettpolster zurückfallen: »Hast du Angst, wenn du allein hier schläfst?«

»Im Sommer nicht, im Winter schon«, antwortete Xia.

»Merkwürdig. Ich auch.«

»Vermisst du deine Eltern?«, fragte ich nach langer Pause, als ich merkte, dass Xia immer noch nicht eingeschlafen war.

»Nein. Ich habe fast vergessen, wie sie aussehen. Tja, eigentlich bin ich bei meiner Tante aufgewachsen. Meine Eltern waren immer weg, solange ich mich zurückerinnern kann.«

»Meine Eltern auch. Aber ich vermisse sie, weil meine Großmutter so krank ist und meine Schwester so klein ... Was ist eigentlich besser, dass man eine kleine Schwester hat, um die man sich kümmern muss; oder dass man allein ist und dafür so frei? Was meinst du?«

»Ich weiß nicht ... Aber ich wünschte mir schon eine kleine Schwester«, sagte Xia leise und zögernd.

Danach redeten wir noch eine Weile über die Jungs in unserer Klasse und andere Dinge und fielen irgendwann auf einmal in den Schlaf, als ob zwei Saiten eines klingenden Instruments plötzlich gerissen wären – im blassen, grellen Licht einer nackten Glühbirne an der Decke.

Die Freundschaft zwischen Xia und mir dauerte bis zum Abschluss der Grundschule Ende 1970. Da Xias Eltern immer noch nicht nach Peking zurückgekehrt waren, zog Xia ganz zu ihrer Tante. Sie sollte dort die Mittelschule besuchen. Großmutter und Qun blieben die ganze Zeit im Wohnheim des Ensembles. Shitou und ich pendelten zwischen Ensemble und Alte-Türvorhang-Gasse, bis meine Eltern vom Einsatz auf dem Land zurückkehrten.

Im Herbst 1970 zog das Ensemble meiner Eltern ins Wohnheim für pensionierte Offiziere der Luftwaffe um.

Da Großmutter aufgrund ihrer angeschlagenen Gesundheit nicht mehr in der Lage war, sich allein um uns drei Kinder zu kümmern, bat Mutter die Ensembleleitung, beim Umzug ein Zimmer mehr an unsere Familie zu verteilen, damit wir alle zusammen ins Ensemble einziehen konnten. So mussten Großmutter und ich von unserem kleinen Zimmer im westlichen Seitenflügel des Wohnhofs in der Alte-Türvorhang-Gasse Nummer neun Abschied nehmen. Es war kein leichter Abschied. Ich hatte dort dreizehn Jahre lang und Großmutter noch länger gelebt. Vor allem fiel es ihr schwer, auf ihr eigenes Zuhause zu verzichten. Aber sie merkte, dass ihre Kraft nicht mehr reichte, um ihre Lebensaufgabe zu bewerkstelligen. Deshalb fügte sie sich in ihr Schicksal. Eine gewisse Wehmut ergriff auch mich, als ich mich unwiderruflich von der Heimat meiner Kindheit trennen musste. Die alte Ulme, die unser treuer Spielgefährte war; der Surenbaum, der uns in der schweren Zeit der Hungersnot Nahrung geboten hatte; unser Gemüsebeet, auf dem wir Sonnenblumen, Mais und Hennasträucher anpflanzten; unser Hinterhof, in dem es nach Blumenpfeffer duftete und im Sommer Hunderte von Blumen blühten; unsere Obstbäume, die uns im Herbst mit Früchten reichlich verwöhnten; unsere Hennen und Hähne, die für uns und unsere Nachbarn großzügig Eier legten und Blut spendeten; unser Wasserhahn im Hinterhof, der uns so unentbehrlich war, aber uns im Winter permanent Sorgen bereitete, weil er entweder zufror oder platzte; unsere Nachbarn, die so verschieden und gleichwohl immer hilfsbereit waren. Mit all diesen Dingen und Menschen verbanden sich meine Kindheitserinnerungen. Nun musste ich von ihnen Abschied nehmen, vermutlich für immer. Nahm ich dadurch auch Abschied von meiner Kindheit?

Auf der anderen Seite freute ich mich auf die Veränderung. Lili und Xiaohe waren ohnehin nicht mehr da. Anran war schon lange weggegangen. Zudem würde meine neue Freundin Xia auch wegziehen. Deshalb war es mir willkommen, in eine neue Umgebung zu ziehen, zumal ich doch endlich mit meinen Eltern zusammenleben würde.

Einige Jahre später traf ich Xia zufällig in der Wangfujing-Straße wieder. Sie war jetzt eine hübsche junge Frau geworden. Neben ihr ging ein junger Mann. Händchen haltend schlenderten sie durch die Straße. Als sie mich sah, war sie ein wenig verlegen. Sie schob ihren Freund beiseite und tauschte mit mir ein paar höfliche Worte. Eine sanfte Röte lag auf ihrem Gesicht und ließ sie eine bezaubernde Frische ausstrahlen. So wie ich früher ihre Kühnheit, Unbefangenheit, Schlagfertigkeit und Offenherzigkeit bewundert hatte, beneidete ich heute die Röte auf ihrem Gesicht. Denn das alles hatte ich nicht.

Nach dieser Begegnung sollte ich Xia nie wiedersehen.

17. Kapitel

Warum sich meine Tante sieben Jahre nach der Hochzeit in meinen Onkel verliebte, und wie ein Blitz aus heiterem Himmel meine Familie traf

Im April 1969 wurde auf dem 9. Parteitag der KP Chinas der glorreiche Sieg der Großen Proletarischen Kulturrevolution verkündet. Es hieß, das Revolutionskomitee habe auf allen Ebenen und im ganzen Land die Macht gewonnen. Aber es bedeutete noch lange nicht, dass die Revolution beendet worden war. Die außer Funktion gesetzten Parteiorganisationen wurden noch nicht wieder aufgebaut. Überall herrschte nach wie vor Chaos. Öffentliche Kampfkritiksitzungen in den Schulen und Nachbarschaftskomitees, auf denen Konterrevolutionäre verurteilt wurden, oder willkürliche Hausdurchsuchungen waren seltener geworden. Man hörte kaum noch, dass Rotgardisten Leute zusammenschlugen oder Tempel oder Geschäfte zerstörten. Aber politische Schulungen und der Kampf gegen die »innerparteilichen Machthaber auf dem kapitalistischen Weg« wurden Tag für Tag weitergeführt. Ab und zu wurden weiterhin Konterrevolutionäre oder schlechte Elemente entlarvt und niedergemacht. Meine Verwandten aus Baoding erzählten uns bei ihrem Besuch, dass sich dort sogar ziemlich heftige gewalttätige Auseinandersetzungen abspielten. Nachts höre man oft Schüsse. Man traue sich kaum noch auf die Straße.

Anfang 1970 hatte sich eine schwere gewalttätige Auseinandersetzung zwischen Rebellen und Loyalisten in der Einheit meines Onkels in Kunming ereignet, der Hauptstadt der Provinz Yunnan. Mein Onkel war dabei verletzt und ins Krankenhaus eingeliefert worden. Um Großmutter nicht zu beunruhigen, schrieb er nur an seine Frau und berichtete von seiner Verletzung. Ohne jemanden um Rat zu bitten, entschloss sich Tante, in den Süden zu fahren und Onkel zu besuchen. Erst nach ihrer Rückkehr kam sie bei uns vorbei und erzählte zu unserer Überraschung, dass sie Onkel in Kunming besucht hatte.

Ich hatte Tante noch nie so stark, selbstbewusst und stolz erlebt wie jetzt. Mit strahlendem Gesicht und leuchtenden Augen erzählte sie mir von ihrem abenteuerlichen Besuch in Kunming. Sie erzählte mit dergleichen Intensität und Spannung, mit der sie mir früher Horrorgeschichten erzählt hatte, nur diesmal handelte es sich um eine rührende Liebesgeschichte.

Nachdem sie den Brief von meinem Onkel erhalten hatte, bat sie ihre Schule um zwanzig Tage Urlaub (wenn mein Onkel auf den jährlichen Heimaturlaub verzichtete, hatte meine Tante das Recht, zwanzig Tage Urlaub zu nehmen, um ihren Mann zu besuchen). Kurz entschlossen lieh sie sich von ihrer Schwester, meiner dritten Tante, hundert Yuan und machte sich auf den Weg in den Süden. Ihre Schule im Kreis Miyun war über siebzig Kilometer von Peking entfernt. Zwischen Peking und Kunming liegen jedoch über dreitausend Kilometer. Man muss praktisch von Norden bis Süden das ganze China durchqueren. Tante war in ihrem Leben noch nie weiter als bis nach Peking gefahren. Auf der Fahrt erlebte sie zu ihrer größten Erschütterung bürgerkriegsähnliche Zustände. Der Eisenbahnverkehr im ganzen Land befand sich seit Beginn der Kulturrevolution in einem chaotischen Zustand. Das betraf natürlich auch die Peking-Kunming-Route. Tante hatte keine Karte für den Schlafwagen bekommen, die Sitzplätze waren ebenfalls überbelegt, sodass sie mit drei Leuten auf einer Zweierbank sitzen musste. Im Waggon herrschte Chaos, überall Gedränge, Abfälle, Gestank. Die Fahrgäste, die keinen Sitzplatz hatten, saßen und schliefen in den Gängen. Der Zug fuhr und hielt beliebig. Manchmal blieb er tagelang auf der Strecke stehen, keiner wusste, wo man sich befand und wann er weiterfahren würde. Tante sorgte sich um meinen Onkel und brannte vor Ungeduld. Sie wünschte, sie könnte sich in einen Vogel verwandeln und zu ihm fliegen. Sieben Tage und Nächte hatte sie im Zug sitzend und stehend verbracht. Kaum geschlafen, kaum etwas gegessen. Sie war nicht gläubig. Aber wenn sie sich die Hölle vorstellen sollte, dann würde sie meinen, diese Fahrt war die Hölle.

In der siebten Nacht, als die Verzweiflung den Höhepunkt erreicht hatte und ihre Nerven zu reißen drohten, kam der Zug in Kunming an. Was sie erwartete, war völlige Finsternis. Im Bahnhof brannte kein Licht, auf der Straße keine Laterne. Man sagte, es herrsche in der ganzen Stadt Stromausfall. Die von meinem Onkel hochgepriesene und landschaftlich bildschön gelegene Stadt Kunming – die Stadt des ewigen Frühlings – war nun in das tiefe Schwarz der Nacht gehüllt. Der Strom der Fahrgäste riss sie aus dem Bahnhof mit. Aber sie wusste nicht, wohin sie gehen sollte. Sie wusste lediglich, dass Onkel im Krankenhaus der Eisenbahn lag, aber nicht, wo das Krankenhaus war. In der Ferne hörte sie Schüsse. Zum ersten Mal bekam sie Angst. So schlich sie in der Dunkelheit wieder in den Bahnhof zurück. Sie blieb auf einer Bank sitzen und umklammerte ihre Tasche mit beiden Händen. So harrte sie die siebente Nacht aus.

Am nächsten Morgen fand sie mithilfe von Passanten den Weg zum Krankenhaus. Aber im Krankenhaus kannte keine Menschenseele den Namen meines Onkels. Schließlich traf sie auf der Station der Chirurgie auf eine Krankenschwester, die meinen Onkel betreut hatte. Sie berichtete, dass mein Onkel auf eigenen entschiedenen Wunsch hin frühzeitig entlassen worden war, obwohl er noch nicht hundertprozentig genesen sei.

Von Hunger und Müdigkeit zermürbt, schleppte sich Tante zur Arbeitseinheit meines Onkels im Süden der Stadt. Aber seine Abteilung sei vor Kurzem in den Norden der Stadt umgezogen, so erzählte man ihr dort. In ihrer Verzweiflung entwickelte Tante auf einmal großen Mut. Beherzt stellte sie sich in die Mitte der Straße und hielt einen Lastwagen an. Der Fahrer war zum Glück ein sehr freundlicher Mann. Er fuhr Tante zu der neuen Adresse der Einheit meines Onkels.

Es war bereits dunkel, als Tante endlich Onkels Büro fand. Sie trat ein und sah meinen Onkel hinter einem Schreibtisch mit hoch aufgestapelten Dokumenten arbeiten. Um den Kopf und den linken Arm trug er noch einen dicken Verband. Er blickte zwischen den Papierbergen auf und rief verwundert: »Guolan, was machst du denn hier? Setz dich schnell!« Dann senkte er seinen Kopf und arbeitete weiter. Einen Satz fügte er noch hinzu: »Gleich ist Feierabend. Warte bitte kurz!«

Tante fiel auf einen Stuhl. Heiße Tränen stürzten ihr aus den Augen. Die ganzen Sorgen, die Verzweiflung, die Ängste und Strapazen, die sie in den letzten sieben Tagen hatte ertragen müssen, strömten mit den Tränen aus ihr heraus, als ob ein Damm in ihr gebrochen wäre. Aber diese stürmische Regung der Gefühle bemerkte mein Onkel nicht. So war Onkel: stur, gewissenhaft, verantwortungsbewusst, ehrlich. Das kannte Tante. Dennoch war sie verletzt und zutiefst gekränkt.

Erst eine halbe Stunde später, als die Klingel draußen im Flur den Feierabend einläutete, stand Onkel vom Stuhl auf, lief zu Tante, umarmte sie mit seinem rechten Arm und sagte: »Wie hast du denn hierhergefunden? Sag mir, dass es kein Traum ist!«

Geschüttelt von einem Gemisch verschiedener Gefühle – Enttäuschung, Liebe, Gekränktheit, Freude –, verlor Tante kein Wort über die Strapaze der Reise und schmollte erst mal drei Tage mit Onkel. Währenddessen räumte sie schweigend das Zimmer auf, machte sauber, wusch die Wäsche und Bettwäsche für Onkel, kochte und wechselte ihm den Verband. Plötzlich aber war ein bisher ungekanntes Gefühl da. Sie sahen sich mit neuen Augen. Die restlichen elf Tage verbrachten sie in höchstem Glück. Tante sagte, das sei die schönste Zeit seit der Hochzeit gewesen, die sie gemeinsam verbrachten. Beide hatten das Gefühl, sie hätten sich eben erst kennengelernt und ineinander verliebt.

Tante und Onkel waren bereits seit sieben Jahren verheiratet. Gesehen hatten sie sich zusammengerechnet weniger als hundert Tage. Denn von den zwanzig Urlaubstagen im Jahr verbrachte Onkel mindestens die Hälfte in Peking mit uns – Großmutter und mir.

Tantes mutige Aktion, allein nach Kunming zu fahren, hatte Onkel tief berührt. Er fing an, Tante wirklich kennenzulernen, zu achten und zu lieben. Bis dahin war Tante in seinen Augen eine scheue, kurzsichtige, unerfahrene Frau vom Lande, die keine Ahnung von der großen Welt hatte. Jetzt wusste er zum ersten Mal ihren Wert zu schätzen. Zum ersten Mal hatten sie das Gefühl, ein Liebespaar zu sein, das sich gegenseitig gut verstand. Zum ersten Mal betrachteten sie sich nicht mehr als Cousin und Cousine, sondern als Mann und Frau. Zum ersten Mal entdeckten sie auch die körperliche Liebe. Zum ersten Mal schmiedeten sie gemeinsame Zukunftspläne. Onkel meinte, er liebe Kunming, die Stadt des ewigen Frühlings, sehr. In Zukunft könnten sie das gemeinsame Zuhause hier einrichten. Auch Großmutter würden sie zu sich holen, damit sie für immer mit ihrem geliebten Sohn zusammenleben könnte.

Die elf Tage vergingen wie im Flug. Der Abschied fiel ihnen sehr schwer. Tante sagte, sie habe Onkel noch nie weinen sehen. Aber diesmal weinte er. Er machte sich Vorwürfe, zu wenig mit Tante und Shitou zusammengewesen zu sein, und versprach ihr, anlässlich des Frühlingsfestes 1971 nach Hause zu kommen und mehr Tage mit ihr allein zu verbringen als früher.

Am Tag des Abschieds fiel in Kunming ein Nieselregen. Onkel begleitete Tante zum Bahnhof, kaufte ihr – dank seiner Beziehungen – ein Schlafwagenticket erster Klasse, drückte ihr eine große Tasche Obst in die Hand und redete wiederholte Male auf sie ein, dass sie gut auf sich aufpassen solle und dass sie öfter an ihn schreiben möge, wenn sie wieder daheim sei. Tante wischte sich Tränen von den Wangen, wieder und wieder, und brachte kein Wort heraus.

Die Dampfpfeife ertönte, ein unsichtbarer Dolch stach ihr ins Herz. Der grüne Zug fuhr langsam los. Tante lehnte sich aus dem Abteilfenster, winkte und sah, wie Onkels große Gestalt auf dem Bahnsteig zurückblieb und immer kleiner wurde, bis sie schließlich im Dunst des Regens verschwand ...

In Peking angekommen, verbrachte sie eine Nacht bei uns in der Alte-Türvorhang-Gasse, wo Großmutter und wir Kinder seit dem Februar 1970 zwischenzeitlich wieder wohnten, weil meine Eltern vom Einsatz auf dem Land zurückgekehrt waren. Tante übergab Großmutter die große Tasche mit allem Obst und fuhr am Tag darauf nach Miyun zurück. Zwei Monate später kam sie überraschend wieder. Strahlend und überglücklich erzählte sie uns, dass sie schwanger sei – ein Ergebnis ihrer um sieben Jahre verspäteten Flitterwochen. Großmutter und ich freuten uns riesig mit ihr. Zur Feier kochte Großmutter Schweinefleischgulasch in Sojasoße.

In den Sommerferien kam sie uns erneut besuchen. Diesmal konnte man ihren Bauch schon deutlich wahrnehmen. Außerdem hatte sie zugenommen. Sie klagte, dass sie oft unter Schwindel leide. Großmutter ermahnte sie, sich zu schonen, und schickte sie zur Untersuchung ins Krankenhaus. Man stellte fest, dass sie hohen Blutdruck hatte. Deshalb blieb sie die ganzen Sommerferien über bei uns und erholte sich.

In dieser Zeit erhielten wir einen Brief von Onkel, in dem es hieß, dass er nach Changsha, Provinz Hunan, versetzt worden sei. Tante war sehr verwundert: Wieso hatte er im Frühjahr, als sie bei ihm gewesen war, kein Wort davon erzählt? Im Gegenteil, er hatte doch davon gesprochen, die Familie in Kunming zu gründen und Tante und Großmutter zu sich zu holen. Sie schrieb zurück und bat ihn, unbedingt bei der Geburt dabei zu sein, weil es ihr nicht gut gehe. Sie wünsche sich sehnlichst, mit ihm zusammen zu sein. Onkel antwortete: In seiner neuen Arbeitseinheit brauche er einige Zeit, um sich anzupassen und einzuarbeiten. Er könne leider nicht früher kommen als zum Frühlingsfest. Die Arbeit habe immer den Vorrang. Es gebe doch das Krankenhaus. Außerdem habe sie ihre Mutter, Schwiegermutter und Schwägerin, die ihr helfen würden. Er würde bei der Geburt sowieso nichts tun können. Das war natürlich eine große Ernüchterung für Tante. Aber sie kannte Onkel inzwischen so gut, dass sie dies annehmen und ihm auch verzeihen konnte. Nur ihr hoher Blutdruck wollte nicht sinken. Erst nach den Sommerferien, als es kühler wurde, ging es ihr etwas besser. Und sie kehrte in ihre Schule aufs Land zurück.

Im Herbst 1970 zogen Großmutter, Shitou, Qun und ich ins Theaterensemble meiner Eltern ein, als dieses ins Wohnheim für pensionierte Offiziere der Luftwaffe verlegt wurde. Dieses Wohnheim befand sich im südöstlichen Chaoyang-Bezirk Pekings. Ein Dutzend zwei- bis dreistöckige Backsteinhäuser, zwischen denen gepflasterte Wege verliefen und Blumenbeete die Augen erfreuten, wurden durch eine hohe Mauer vor der Außenwelt geschützt. Im Vergleich zu den einfachen, niedrigen Häusern in der Umgebung war dieser Hof fast wie ein Traumland. Die pensionierten hohen Kader der Luftwaffe, die früher hier gewohnt hatten, waren im Zuge der Großen Kulturrevolution aufs Land oder in ihre Heimat verbannt worden. So zogen zwei Kunstensembles der Luftwaffe – Theaterensemble sowie Tanz- und Gesangsensemble – im Herbst 1970 hier ein. Auf einem freien Platz im Hof wurde eine Probebühne gebaut und ein Basketballkorb mit Ständer angebracht. Das Theaterensemble bezog die drei Häuser auf der Westseite und das Tanz- und Gesangsensemble die Häuser auf der Ostseite des Hofes. In den zwei »Residenzen für Generäle« in der Mitte des Hofes wurden die Ensembleleitung und die Sanitätsstation untergebracht. Die Struktur dieser feinen Backsteinhäuser war ganz anders als die des alten Ensemblewohnheims. Statt eines großen mehrstöckigen Hauses mit einem langen Flur und vielen Zimmern und gemeinsamen Waschräumen waren diese Häuser kleinere Mehrfamilienhäuser. In jedem Haus gab es vier bis sechs Wohneinheiten, je nachdem, wie viele Stockwerke es hatte. Jede Wohneinheit hatte fünf bis sechs Zimmer, ein Bad und eine Küche. Ursprünglich war eine Wohneinheit für eine Familie gedacht. Da die Ensemblemitglieder jedoch nicht den Rang eines hohen Kaders hatten, mussten sich mehrere Familien eine Wohneinheit teilen. Die alleinstehenden Mitglieder mussten sich wie gewöhnlich ein Zimmer teilen.

Meiner Familie wurden drei Zimmer in einer Wohneinheit im Haus Nummer sechs zugeteilt. Das größte Zimmer in der Wohneinheit, circa zwanzig Quadratmeter groß, war unser Wohnzimmer und zugleich das Schlafzimmer meiner Eltern und Schwester Qun. In dem mittelgroßen Zimmer schliefen Großmutter und Shitou. Und das circa neun Quadratmeter kleine Zimmer wurde mein Reich. Das vierte Zimmer teilten sich zwei junge Schauspielerinnen – Ning Yuan und Han Ju. Es war durch eine Tür von unserem Wohnzimmer bzw. dem Schlafzimmer meiner Eltern getrennt und hatte einen Balkon. Das fünfte Zimmer gegenüber der Küche durfte eine andere Schauspielerin, Tante Sheng, allein bewohnen, weil sie bald heiraten würde. So wurde unsere Wohneinheit von vier Parteien, sieben Erwachsenen (Tante Shengs Verlobter mitgezählt) und drei Kindern, bewohnt. Zu jener Zeit ahnten wir noch nicht, dass Tante Sheng zehn Monate nach der Hochzeit einen dicken, süßen Sohn bekommen sollte, der noch mehr Leben und Lärm in unsere Wohneinheit bringen würde.

Meine Freude war unbeschreiblich. Zum ersten Mal hatte ich ein eigenes Zimmer mit einem kleinen Bett und einem Schreibtisch für mich allein. Ich wusste nicht, woher Mutter diesen dunkelbraunen, hölzernen Schreibtisch mit fünf kleinen Schubladen auf der linken Seite hergezaubert hatte. Gekauft hatte sie ihn nicht, denn er war nicht neu. Er gefiel mir so gut, dass ich wie »an ihm angewachsen war«, seit wir hierher eingezogen waren, um mit Großmutters Worten zu sprechen.

Außerdem hatten wir eine Küche, in der es nicht nur einen Gasherd gab, sondern auch einen Wasserhahn, der im Winter nicht zufror. Statt des zum Himmel stinkenden Plumpsklos gab es in der Wohneinheit ein Badezimmer mit einer großen Badewanne und einem Klosett, das eine Wasserspülung hatte. Statt des mit Zeitungspapier beklebten und von Mäusen bevölkerten Dachbodens hatten wir nun weiß gestrichene Decken und Wände, statt des staubigen Ziegelsteinfußbodens einen glatten, zementierten Fußboden und statt des ewig nach Kohle riechenden Brikettofens eine saubere, gemütlich warme Zentralheizung. Ein Unterschied wie Himmel und Erde. Trat man aus der Tür, begegnete man keinen einfachen Hausfrauen, streitenden Männern oder rotznäsigen Kindern mehr, sondern jungen, attraktiven Frauen und Männern, die singend oder ihren Bühnentext lernend im Hof umherliefen. Ich hatte das Gefühl, in einer anderen Welt gelandet zu sein, in jener Welt, zu der ich eigentlich von Anfang an auch gehörte. Einerseits freute ich mich darüber, hier leben zu dürfen, andererseits fühlte ich mich ein wenig fremd. Noch immer hatte ich das Gefühl, ein Gast zu sein. Mit den Kindern im Hof, die im Ensemble aufgewachsen waren, spielte ich selten. Meistens saß ich nach der Schule in meinem Zimmer am Schreibtisch.

Mein Zimmer lag auf der schattigen Seite der Wohneinheit. Unter der Fensterbank befand sich die Zentralheizung, die im Winter magisch wie von ganz allein warm wurde. Allerdings durfte in Peking erst ab Mitte November geheizt werden. Aber bereits ab Ende Oktober, wenn der Nordwestwind durch die Stadt blies, war es frostig. Der erste Herbst der Siebzigerjahre schien mir besonders bitterkalt zu sein.

An einem solchen Abend Mitte November, an dem ein schneidender Nordwestwind durch Peking fegte und die Heizung noch nicht in Betrieb war, saß ich an meinem Schreibtisch vor dem Fenster und schrieb mit steifen, kalten Fingern Hausaufgaben, während ich dem heulenden Wind lauschte. Eine frostige Brise wehte durch die Fensterspalten herein und pustete mir ins Gesicht. Ich konnte den Geruch des aus der Wüste Gobi stammenden gelben Sandes auf der Fensterbank riechen. An windigen Tagen bildete sich immer eine dicke Schicht Sand auf meiner Fensterbank.

Gegen Mitternacht klopfte Mutter leise an die Tür und kam herein. Seit ich mein eigenes Zimmer hatte, saß ich jeden Abend lange am Schreibtisch, machte dieses oder jenes oder starrte einfach vor mich hin, als ob ich die mir gehörende freie Zeit nicht genug genießen könnte. Mutter musste mich stets mehrmals ermahnen, ins Bett zu gehen. Heute begnügte sie sich nicht mit Anklopfen oder Zuruf durch die Türspalte, sondern kam herein, schloss die Tür hinter sich zu und setzte sich auf mein Bett. Bestürzt nahm ich ihre verweinten Augen und ihren ungewöhnlichen Gesichtsausdruck wahr.

Sie sah mich eine ganze Weile an und fing dann an zu sprechen. Sie sagte: »Cui, du bist groß genug, sodass Mama dir das erzählen kann. Hör zu, du musst stark sein. Sei nicht traurig! Dein Onkel ist tot. Die Leiter seiner Einheit sind heute hier gewesen. Morgen wird Mama deine Tante in Miyun abholen und mit ihr zusammen nach Changsha fahren, um die Angelegenheiten seines Todes zu erledigen. Davon darf Großmutter aufgrund ihrer Gesundheit vorerst nichts erfahren, verstehst du?«

Ich saß unbeweglich auf dem Stuhl, wandte meinen Blick vom Gesicht meiner Mutter ab und starrte den bunten, leicht wehenden Vorhang an. Mein Kopf war leer. Ich spürte einen stechenden Schmerz im Herzen, als ob ein Dolch hineingestoßen worden wäre. Mein Hals war wie zugeschnürt, sodass ich – wie früher bei der Mandeloperation – das Gefühl hatte, nicht atmen zu können.

Mutter stand auf und fügte hinzu: »Meine gute Tochter, du bist groß und kannst es schon verstehen, nicht wahr? Deiner kleinen Schwester kann ich noch nicht davon erzählen. Aber deinen Cousin Shitou muss ich mitnehmen. Er sollte seinen Vater noch ein letztes Mal sehen, so schlimm es auch für ihn sein mag. Der Arme!« Dann ging sie aus meinem Zimmer.

Ich saß wie erstarrt da. Eine Stimme hallte in meinem Kopf wider: »Onkel ist tot! Onkel ist tot! Onkel ist tot! Onkel ist tot! Onkel ist tot! …«

»O weh! O weh! O weh!«. Der Wind heulte und rüttelte kräftig am Fenster.

Wie konnte Onkel tot sein? Er wollte zum Frühlingsfest doch zurückkommen. Wir alle freuten uns schon darauf, ihn zum ersten Mal in unserem neuen Zuhause zu begrüßen. Großmutter hatte bereits für ihn eine neue Bettdecke genäht.

Wie konnte Onkel tot sein? In zwei Monaten sollte er zum zweiten Mal Vater werden. Im Bauch meiner Tante entstand gerade ein neues Leben von ihm. Wie konnte er da tot sein? Mein geliebter Onkel, der gerade einmal 37 Jahre alt war …

Ich griff mir ans Herz und wollte den Schmerz packen. Aber es gelang mir nicht. Es tat so weh. Ich wusste mir nicht zu helfen …

Am darauffolgenden Morgen ging Mutter mit Shitou fort. Großmutter erzählte sie, sie müsse eine Dienstreise machen, um Auskünfte in personellen Fragen einzuholen. Bei dieser Gelegenheit bringe sie Shitou für ein paar Tage zu seiner Mutter, damit meine Tante ihren Sohn wiedersehe. Großmutter kam es merkwürdig vor. Aber inzwischen hatte sie sich daran gewöhnt, sich dem Schicksal zu fügen, und stellte deshalb keine weiteren Fragen. Als ich Großmutter sah, spürte ich wieder diesen stechenden Schmerz im Herzen und war den Tränen nah. Aber ich beherrschte mich, weil ich sie sehr, sehr liebte und nicht wollte, dass sie diese Trauer ertragen musste.

Die zurückgebliebenen Familienmitglieder führten einen ganz normalen Alltag. Wir beiden Eingeweihten, Vater und ich, verrieten nichts und sprachen auch nicht unter uns darüber. Meine kleine Schwester Qun besuchte bereits seit diesem Frühjahr den

Kindergarten der Politischen Abteilung der Luftwaffe. Ein Bus brachte am Montagmorgen alle Vorschulkinder des Hofs in den Kindergarten im Westen der Stadt und holte sie am Samstagnachmittag wieder ab. Meine Schwester war ganz anders als ich. Sie ging gern in den Kindergarten. Nur ganz am Anfang, als sie hörte, sie müsse die ganze Woche von zu Hause weg sein, hatte sie mit groß aufgerissenen Augen gefragt: »Wer hilft Großmutter beim Schuheanziehen, wenn ich nicht da bin?« Aber ziemlich schnell lernte sie den Kindergarten lieben, zumal alle ihre Freundinnen im Hof auch hingingen. Jeden Montagmorgen, wenn sie den Bus in den Hof fahren hörte, lief sie freudig hinaus, stieg als eine der Ersten ein und winkte mir lächelnd am Fenster zu. Am Samstagnachmittag flatterte sie wie ein kleiner Vogel ins Wohnzimmer herein und zeigte uns sofort, was sie im Kindergarten gelernt hatte. Ihre Lieblingsnummern, die sie bereits mit drei Jahren perfekt beherrschte, waren die Gesangspassage »Großmutter erzählt mir von der Revolution« von Li Tiemei aus *Die Legende der roten Laterne* und die Passage »Vor acht Jahren in einer schneestürmischen Nacht« von Xiao Changbao aus *Mit taktischem Geschick den Tigerberg erobern,* zwei der acht modernen revolutionären Modellopern.[32] Vor der Aufführung band sie sich jedes Mal einen Schal ins Haar, der den langen Zopf der Protagonistin vorstellte. Beim Singen schüttelte sie den »Zopf« vor oder hinter die Schulter oder nahm ihn in die Hand, je nachdem an welcher Stelle und wie die Schauspielerin auf der Bühne es tat. Mit anderen Worten, sie imitierte die Sängerinnen in den Modellopern haargenau, so dass wir Zuschauer immer wieder verblüfft waren.

In den zwei Wochen, in denen Mutter und Shitou weg waren,

---

32 Der Begriff »revolutionäre Modellopern« bezeichnet die in der Kulturrevolution unter der direkten Anweisung Jiang Qings entstandenen politischen Pekingopern, Ballette, Sinfonien und Klavierstücke. Maos Gattin Jiang Qing – die spätere Anführerin der Viererbande – war eines der wichtigsten Mitglieder der Zentralen Führungsgruppe der Kulturrevolution und für den Bereich Kultur zuständig.

ging meine Schwester wie gewohnt in den Kindergarten. Am Tag war Vater entweder bei der politischen Schulung oder bei der Probe. Und ich ging zur Schule. Abends verweilte ich bei Großmutter, klopfte ihr den Rücken – das erleichterte ihren Schmerz – oder zündete ein Röllchen aus getrockneten Beifußfasern an und legte es auf ihre Stirn. Der Rauch der brennenden Beifußfasern sollte ihre Kopfschmerzen lindern. Während Großmutter mit geschlossenen Augen vor sich hin döste, wiederholte sie jeden Abend den gleichen Satz: »Eine Dienstreise machen, gut und schön, aber warum musste sie Shitou mitnehmen und zu seiner Mutter bringen? Mit ihrem dicken Bauch ist seine Mutter doch gar nicht in der Lage, sich um ihn zu kümmern. Das begreife ich nicht.«

Ich schwieg und schluckte stumm meine Trauer herunter.

Ich weiß nicht, wie ich diese zwei Wochen durchgehalten habe. Eines Nachmittags kam Mutter mit Shitou und Tante endlich zurück. Tante schien in eine andere Person verwandelt zu sein. Ihr Gesicht war trüb, regungslos und voller Trauer. Ihr Bauch war so groß, dass jede Anstrengung ihr zu schaffen machte. Sie klagte über Schwindelgefühle, lag den ganzen Tag in Großmutters Bett und sprach mit niemandem.

Aus einem lebhaften Lausbuben war Shitou ein stiller, in sich gekehrter Junge geworden, der keinen Radau mehr machte und das Lachen verlernt hatte.

Großmutter fand das alles äußerst merkwürdig. Die Erklärung meiner Mutter lautete, der Zielort ihrer Dienstreise liege unweit von der Stadt Changsha, wo mein Onkel heute arbeite. Deshalb habe sie Tante und Shitou mitgenommen. Sie hätten diese Gelegenheit genutzt und meinen Onkel besucht. Denn mein Onkel habe kurzfristig den Auftrag erhalten, als Leiter einer Bautruppe, die beim Bau einer Eisenbahn in Tansania helfen sollte, für ein paar Jahre nach Afrika zu gehen. In dieser Zeit werde er nicht nach Hause zurückkommen können. Während Mutter diese vorher gut überlegte Lüge erzählte, versteckte sich

Tante mit Shitou in Großmutters Zimmer und weinte still in sich hinein. Großmutter nickte während der Erzählung unaufhörlich. Aber auf ihrem Gesicht zeigte sich kein bisschen Verständnis. Mit Tränen kämpfend, fragte sie: »Wieso kann er nicht mal kurz zu Besuch nach Hause kommen, wenn er für einige Jahre ins Ausland geht?«

Mutter sagte, der Auftrag sei überraschend und sehr dringend gewesen. Deshalb habe Onkel keine Zeit gehabt, nach Hause zu kommen. Sie fügte noch hinzu, Tante werde wegen ihres hohen Blutdrucks vor der Geburt nicht mehr nach Miyun zurückgehen. Hier sei sie medizinisch besser versorgt, weil man Ärzte im Hof habe. Daraufhin stellte sie ein Feldbett in Großmutters Zimmer auf und brachte Tante unter.

Vor Großmutter versuchte Tante sich zu beherrschen und ihre Trauer zu unterdrücken. Sie unterhielt sich mit ihr und half ihr ab und zu im Haushalt. Sobald sie allein war, zum Beispiel, wenn sie auf der Toilette war, konnte sie nicht aufhören zu weinen. Tagsüber, wenn ich in der Schule war, weinte sie heimlich in meinem Zimmer.

Großmutter ihrerseits fragte Tante immer wieder nach Onkel, sobald sie Gelegenheit dazu hatte. Schließlich hatte Tante ihn ja kürzlich gesehen, dachte Großmutter. Sie fragte sehr genau und konkret, zum Beispiel, wie habe Onkel ausgesehen? Habe er zugenommen oder abgenommen? Wie gehe es ihm? Was mache er im Ausland? Wann werde er zurückkehren? Und so weiter, und so fort. Das waren die schwersten und traurigsten Momente für meine Tante. Es brach ihr das Herz, Großmutter belügen zu müssen.

Wenn alle in der Familie eingeschlafen waren, kam Tante oft zu mir, erzählte mir von den Todesumständen und von der Trauerfeier und ließ ihrem Kummer freien Lauf. Sie konnte kein Mitleid und keinen Trost ertragen. Da ich fast noch ein Kind war und keine bemitleidenden und tröstenden Worte fand, sondern nur zuhörte, sprach sie ausschließlich mit mir. Das ausgesprochene Leid blieb zum Teil in der Luft und drang zum Teil in mein Herz. Konnte ich dadurch das Herz meiner Tante ein wenig erleichtern?

Die Zugfahrt von Peking nach Changsha erstreckt sich über 1500 Kilometer und dauerte zwei Tage. Mutter hatte es nicht übers Herz gebracht, Tante den Tod ihres Mannes mitzuteilen, sondern erzählte ihr unterwegs bloß, dass Onkel schwer krank im Krankenhaus liege und ihre Pflege brauche. Die beiden Leiter aus Onkels Einheit, die sie auf der Reise begleiteten, lobten meinen Onkel mit den besten erdenklichen Worten, erzählten ununterbrochen, was für ein hervorragender Mitarbeiter mein Onkel sei und wie ausgezeichnet seine Arbeit und wie gut seine politische Einstellung. Tante war zwar sehr besorgt, dachte jedoch im Stillen, dass sie diesmal vielleicht für längere Zeit, ja vielleicht sogar für immer bei meinem Onkel bleiben dürfe.

In Changsha angekommen, durfte Tante nicht sofort Onkel sehen. Sie brannte vor Sorge und Ungeduld und fragte, warum sie nicht zu ihm dürfe, wenn er doch so krank sei. Die Leiter vertrösteten sie mit dem Argument, dass mein Onkel unter einer Infektionskrankheit leide und das ungeborene Baby anstecken könne.

Erst am vierten Tag brachte ein Auto Tante, Mutter und Shitou zum Krankenhaus der Eisenbahn Changsha. Als Tante durch den Eingang schritt, wurde ihr Herz auf einmal kalt. Sie sah, dass alle Leute, Ärzte, Krankenschwestern und Angestellte, für einen Augenblick aufhörten zu arbeiten und sie anstarrten, als wäre sie ein Ungeheuer. Einige Krankenschwestern, die gefüllte Spritzen und Sauerstoffmasken in den Händen hielten, eilten herüber und folgten ihnen auf den Fersen. Erst jetzt erzählte ihr ein Leiter, dass mein Onkel bereits vor sieben Tagen verstorben sei. Tante glaubte ihm nicht und bestand darauf, meinen Onkel zu sehen. Unter ihrer beharrlichen Forderung willigte die Leitung der Einheit ein, meine Tante in die Leichenhalle einzulassen.

In Begleitung meiner Mutter, einiger Leiter der Einheit und Krankenschwestern betrat Tante ein kaltes, dunkles und überall mit weißen Tüchern verhangenes Zimmer. Sie weinte nicht. Sie fiel auch nicht in Ohnmacht. Nur das Herz tat ihr so weh. Die eine Hand drückte sie auf ihr stechend schmerzendes Herz, mit der anderen schützte sie ihr Baby im Bauch. Die Leiter ließen sie nicht zu nah an den Leichnam treten. Aus der Entfernung von einigen Metern betrachtete sie das marmorartige, ruhige, blasse, vom Leben verlassene und deshalb ewig gewordene Gesicht meines Onkels. Ihr Kopf war vollkommen leer. Alle Erinnerungen schienen eingefroren zu sein. Sie betrachtete nur dieses Antlitz, das ihr so edel und so vertraut vorkam. Nach einer Ewigkeit sagte sie zu Shitou, der neben ihr stand: »Shitou, knie nieder und mache vor deinem Vater Kotau!«

Shitou tat das, was seine Mutter ihm befahl, und blieb nach mehrmaligem Kotau lange auf dem Boden knien, weil ihn seine Mutter nicht zum Aufstehen aufgefordert hatte. Tante blieb ihrerseits wie angewurzelt stehen, als ob sie sich in eine steinerne Statue verwandelt hätte. Schließlich mussten die Leiter die Krankenschwestern bitten, Tante aus der Leichenhalle hinauszuführen.

Am darauffolgenden Tag wurde Onkels Leiche eingeäschert. Eine schwarze Urne und eine einmalige Witwenrente von achthundertsechzig Yuan wurden meiner Tante ausgehändigt. Aber sie konnte es immer noch nicht fassen, dass mein Onkel tot war. Vor wenigen Monaten war er doch noch so lebendig gewesen. Sie hatte ihn gesehen, berührt, gerochen, eingeatmet. Er hatte gelacht, Witze erzählt, sie geliebt. Sie hatten Zukunftspläne geschmiedet. Wie konnte er so plötzlich gestorben sein, von der Welt verschwunden, für immer und ewig?

In der Rubrik Todesursache auf dem Totenschein stand: akute Bauchspeicheldrüsenentzündung.

Nach der Erzählung eines Kollegen, der im Nebenzimmer meines Onkels wohnte, habe sich Onkel am Vorabend seines Todes ganz normal verhalten. Nach dem Abendessen habe er mit ein paar Kollegen Karten gespielt. Vor dem Zubettgehen habe er noch eine Orange gegessen. Gegen 23 Uhr sei er in sein Zimmer zurückgegangen. Ungefähr um zwei Uhr in der Nacht habe der Kollege einen fürchterlichen Schrei gehört. Er sei sofort hinüber in sein Zimmer gerannt. Mein Onkel habe auf dem Bett gelegen, bereits tot, mit aufgerissenen Augen und schmerzverzerrtem Gesicht.

Meine Tante konnte sich nicht vorstellen, wie der Tod so schnell und so plötzlich Onkel aus dem Leben hatte reißen können. Sie fand die Umstände sehr fragwürdig und dachte an die Verletzungen, die die Gruppierung der Rebellen meinem Onkel bei der letzten gewalttätigen Auseinandersetzung zugefügt hatte, und an die letzten drei Briefe, in denen er über ein körperliches Unbehagen geklagt hatte. Sie fragte sich, was eine akute Bauchspeicheldrüsenentzündung bedeutete und ob man wirklich hätte daran sterben können. Sie dachte sogar an Mord. Aber wer hätte ihn denn töten wollen? Ein so gutmütiger, aufrichtiger, sanfter Mensch wie mein Onkel konnte doch keine Feinde haben.

Der Einheit stellte meine Tante keine Frage und keine Forderung. Die Trauer hatte ihr alle Kraft geraubt. Sie fügte sich. Sie forderte weder eine Obduktion noch eine eingehende Untersuchung der Todesursache noch eine höhere Witwenrente. Meine Mutter versuchte sie zu trösten, indem sie ihr sagte, man müsse der Partei Vertrauen schenken. Die Einheit habe alles vorzüglich arrangiert, habe sie sogar von Peking abgeholt. Man solle der Einheit einfach vertrauen, statt ihr Umstände zu machen.

In den grenzenlosen Schmerz, den Tante weder ausweinen noch herunterschlucken konnte, mischte sich zusätzlich eine tiefe Reue. Nachdem sie den Brief von Onkel erhalten hatte, in dem er mitgeteilt hatte, er könne bei der Geburt nicht dabei sein, war sie enttäuscht gewesen und hatte deshalb seine letzten drei Briefe nicht beantwortet. Jetzt bereute sie es zutiefst. Sie bereute, dass sie ihrem Mann, als er sie gebraucht hatte, keinen

Trost und keine Liebe, und sei es lediglich in Form von Worten, gegeben hatte. Sie machte sich den Vorwurf, nicht bei ihm gewesen zu sein, als er sie dringend gebraucht hatte. Wenn sie bei ihm gewesen wäre, hätte sie womöglich sein Unwohlsein bemerkt und ihn rechtzeitig gedrängt, zum Arzt zu gehen. Dann wäre die Krankheit vielleicht nicht so plötzlich wie eine Explosion ausgebrochen. Sie war voller Hass. Allerdings wusste sie nicht, wen sie hassen sollte außer sich selbst.

Am Tag der Einäscherung fand eine Gedenkfeier statt, auf der die Leitung der Einheit und viele Kollegen zahlreiche gute Worte fanden und meinen Onkel wie einen Helden priesen, wobei sich meine Tante wunderte, warum sie ihn nicht in die Partei aufgenommen hatten, was er sich zeitlebens so sehnlichst wünschte, wenn er doch ein so guter Mensch gewesen war.

Am siebten Tag organisierte die Leitung der Einheit für die drei Trauernden eine Besichtigung des Geburtsortes des Vorsitzenden Mao – Shaoshan. Meine Tante fühlte sich körperlich und seelisch am Boden zerstört und hatte überhaupt kein Interesse an einer Besichtigung. Aber sie traute sich nicht, Nein zu sagen. Denn täglich pilgerten Hunderttausende von Landsleuten hierher, um diesen heiligen Ort zu besuchen. Wie hätte man sich weigern dürfen, Shaoshan zu besichtigen, wenn man schon in Changsha war? Sie fügte sich.

Shaoshan, hundertzwanzig Kilometer von Changsha entfernt, ist ein von Bäumen und grünen Bergen umgebener, wunderschöner, idyllischer Ort. Am 26. Dezember 1893 wurde Vorsitzender Mao in einer wohlhabenden Bauernfamilie in Shaoshan geboren. Man pflegte zu sagen, hier sei der Ort, an dem die Sonne aufging.

Wie eine willen- und gefühllose Marionette ließ sich meine Tante von der Reiseführerin durch die berühmten Höfe und Räume führen: das Zimmer, in dem der große Vorsitzende Mao zur Welt kam, das Haus seiner Familie, in dem alte, dunkle Holzmöbelstücke standen, und die Tenne auf der rechten Seite des Hofes. Vor einem schönen Lotosteich im Hof ließen sich

Tante samt meiner Mutter und Shitou fotografieren. Dort war ein großer, brauner Schirm aus Öltuch aufgestellt, unter dem ein dunkelhäutiger, freundlicher Mann mit einer Kamera Typ 120 stand. Er zog wie ein Magnet jeden Besucher an. Die abgelichteten Besucher hinterließen ihre Adresse auf einem Briefumschlag und zwei Jiao, Porto inbegriffen.

Irgendwann im Dezember kam das Foto tatsächlich an. Meine Mutter öffnete den von ihr selbst beschrifteten Umschlag und zeigte mir das Foto. Das Foto ließ einen vermuten, dass es dicht bewölkt gewesen war. Denn es gab keinen Schatten. Es könnte sogar genieselt haben. Auf dem Foto lächelte Mutter wie immer angemessen. Es brach mir das Herz, meine Tante zu betrachten. Trauer, Leid, Schmerz, Verzweiflung und Stumpfheit standen auf ihrem Gesicht geschrieben. Shitou stand ganz dicht an meiner Tante. Sein Gesicht war wie auf dem Familienfoto ausdrucks- und teilnahmslos. Er musste nach oben geschaut haben, denn seine Pupillen waren fast nicht zu sehen, sodass ich nur das Weiße in seinen Augen sah und seinen Blick nicht erkennen konnte. Er zeigte kein bisschen Lebendigkeit, wie sie ein sechsjähriger Junge gemeinhin an den Tag legte. Um den Hals trug er den Schal meiner Tante. Ist es dort denn so kalt gewesen? Ich dachte, im Süden wäre es immer angenehm warm.

Leise verflogen die Tage in diesem stummen Schmerz. Die Niederkunft meiner Tante rückte immer näher. Ende Dezember wurde sie ins Krankenhaus gebracht, weil sie unter hohem Blutdruck und Blutarmut litt. Meine Eltern entschieden sich, das große, sonnige Zimmer während des Wochenbettes als Schlafzimmer für Tante, Großmutter und Shitou einzurichten. Sie und Qun zogen in das kleinere, schattige Zimmer. In großer Vorfreude auf das neue Enkelkind traf Großmutter die letzten Vorbereitungen für die Geburt.

Ausgerechnet in diesem Augenblick explodierte eine »Bombe des Schicksals« – in ihrem Zimmer, in ihrem Herzen.

Bevor die Betten ins große Zimmer getragen wurden, wollte Großmutter das Gepäck und die Gegenstände, die Tante unter ihrem Bett verstaut hatte, ein wenig ordnen. Dabei entdeckte sie diese »Bombe« – den in der Innentasche der grauen Reisetasche meiner Tante versteckten Totenschein meines Onkels sowie die Urne und seinen Nachlass.

Ich stand zu diesem Zeitpunkt kurz vor dem Abschluss der Grundschule, hatte keinen Unterricht mehr und ging nur noch ab und zu in die Schule, um ein paar nötige Formalitäten zu erledigen. An diesem schrecklichen Tag hatte ich schulfrei und hielt mich in meinem Zimmer auf. Shitou und Qun waren im Kindergarten. Und meine Eltern waren bei der Probe des Theaterstücks *Die jungen roten Adler*, das früher vor der Kulturrevolution *Die jungen Adler* geheißen hatte. Ein Stück über das Leben und die Heldentaten junger Piloten der Luftwaffe.

Plötzlich hörte ich Großmutter mit einer furchterregenden Stimme meinen Namen rufen: »Cui, Cui … komm mal her!«

Ich rannte aus meinem Zimmer, riss die Tür des Nebenzimmers auf und sah Großmutter auf dem Boden sitzen. Ihr Gesicht war bleich wie das einer Toten, Schweiß stand ihr in großen Tropfen auf Stirn und Oberlippe, auf der Nase trug sie ihre Lesebrille, in der Hand hielt sie ein hauchdünnes, fast durchsichtiges Papier, sie zitterte am ganzen Körper. Vor ihr lag eine geöffnete Reisetasche.

»Lies mir vor, was da drauf steht. Ich verstehe es nicht, ich verstehe es nicht …«

Mit zitternder Stimme wiederholte Großmutter diesen Satz. Ihr Blick hinter den Brillengläsern sah so fürchterlich aus, als ob sie den Tod und böse Dämonen zusammen gesehen hätte. Ich erschrak. Zuvor hatte ich diese Reisetasche noch nie gesehen und wusste auch nichts von ihrer Existenz. Ich nahm das dünne, weiße Papier in die Hand und versuchte, die Schriftzeichen zu lesen. Sie zitterten wie wild vor meinen Augen:

TOTENSCHEIN

Name: Du Peiren Geschlecht: männlich
Alter: 37 Heimat: Hebei
Familienstand: verheiratet Familienherkunft: Freiberufler
Politischer Status: Massen Todesdatum: 13.11.1970
Todesort: Abteilung sechs des dritten Eisenbahnamtes
der Provinz Hunan in Changsha
Todesursache: Bauchspeicheldrüsenentzündung

Mutter und Tante hatten mir zwar mehrfach von ihrem Aufenthalt in Changsha und vom Tod meines Onkels erzählt, aber erst dieses federleichte, hauchdünne Papier machte mir heute gnadenlos die unerträgliche Tatsache bewusst, dass Onkel für immer von uns gegangen war. Es ließ mich schwindeln. Es nahm mir den Atem. Ein finsterer, endloser Abgrund tat sich unter meinen Füßen auf, in den Großmutter und ich tiefer und tiefer hinabfielen. Wir wollten dagegen ankämpfen, aber wir konnten es nicht.

Unbewusst ließ ich die »Botschaft des Todes« aus der Hand fallen, warf mich in die Arme meiner Großmutter und wehklagte aus Leibeskräften. Zum ersten Mal nach Onkels Tod konnte ich weinen. Dabei schrie ich: »Großmutter! Großmutter! Weine nicht! Weine nicht!«

Wehklagend wiederholte Großmutter einen Satz: »Das ist nicht wahr! Das ist nicht wahr! Das ist nicht wahr!«

Dann brach sie ohnmächtig zusammen. Meine Trauer verwandelte sich in Angst. In äußerster Panik und wie betäubt lief ich zu unseren Nachbarn und klopfte an die Tür. Keiner war da. Ich klopfte an die Tür der gegenüberliegenden Wohneinheit. Die Tür öffnete sich. Ich konnte nicht erkennen, wer es war, hörte meine Stimme sagen: »Hole bitte Doktor Liu! Meine Großmutter weiß es jetzt ...«

Doktor Liu kam schnell, leitete Rettungsmaßnahmen ein und informierte meine Eltern.

Als meine Eltern zurückkamen, war Großmutter erwacht. Sie fing erneut an zu weinen und fragte Mutter immer wieder: »Was ist passiert? Was ist passiert? Ich verstehe es nicht! Ich verstehe es nicht! …«

Verzweifelt wiederholte meine Mutter: »Mutter, sei nicht traurig! Ich erkläre dir alles …«

An den darauffolgenden Tagen lag Großmutter in einer Art Koma. Ihr Blutdruck kletterte auf 180/120, manchmal sogar auf über 200 mmHg. Ich wich ihr keinen Schritt von der Seite. Sie hielt ihre Augen geschlossen, auch wenn sie wach war. Denn sie meinte, alles drehe sich fürchterlich, wenn sie die Augen aufmache. Doktor Liu kam sie jeden Tag besuchen, fühlte ihr den Puls, maß ihr den Blutdruck und sprach ein paar tröstende Worte zu ihr. Er hatte Großmutter eine chinesische Arznei verschrieben: eine schwarze, taubeneigroße Kugel, die sie täglich tapfer einnahm.

Der Schmerz des Körpers war eine Art Betäubungsmittel für den Schmerz des Herzens. Als es Großmutter etwas besser ging, fing sie wieder zu weinen an. Heiße Tränen rannen aus ihren geschlossenen Augen, rannen und rannen, verwandelten sich in einen Fluss. Unaufhörlich erzählte sie von ihrem Sohn. Vielleicht erzählte sie es mir, vielleicht auch sich selbst. Sie erzählte von Onkels Kindheit und davon, wie verständnisvoll, fürsorglich und liebevoll er schon immer gewesen sei. Großmutter sagte, das Schicksal meine es nicht gut mit ihr. Ihr Leben lang habe sie sich um meinen kränklichen Großvater gekümmert, den kurzlebigen »Teufel«, der so früh gegangen sei. Damit habe sie sich abgefunden. Aber ihr guter, stattlicher, gesunder und so junger Sohn! Warum sei er auch so früh gegangen? Warum um Gottes willen? Sie werde damit nicht fertig. Sie werde mit diesem Schicksal nicht fertig. Sie könne sich damit nicht abfinden. Warum habe der Himmel nicht sie gehen lassen und ihren Sohn verschont? Das Leben ihres Sohnes sei doch tausendmal wertvoller als ihres, zumal er bald wieder Vater werde! Wie habe er es nur übers Herz bringen können, zwei Halbwaisen und seine Frau zurückzulassen!

Ich saß am Bettrand, hörte schweigend Großmutters Klage zu und vergoss mit ihr unendliche, stille Tränen …

Dieses Ereignis war zweifelsohne der schwerste Schlag, den meine Großmutter in ihrem ganzen Leben hinnehmen musste. Seitdem hatte sie keine rechte Lebensfreude mehr.

Am 20. Januar 1971 wurde mein zweiter Cousin im Geburtskrankenhaus des Bezirks Chaoyang in Peking geboren. Tante gab ihm den Namen »Nannan«. Nan wie Süden, als Andenken an seinen Vater, der im Süden gelebt und gearbeitet hatte; Nan wie schwer und Katastrophe, als Anspielung auf sein Schicksal.

Großmutter wurde auf einmal wieder stark und tatkräftig. Entgegen wiederholten Ermahnungen meiner Mutter und Doktor Lius stand sie auf, nahm Tabletten gegen den hohen Blutdruck und traf die letzten Vorbereitungen für Tante und das Baby. Sie vereinbarte mit meinen Eltern und mir, meiner Tante während ihres Wochenbettes nicht davon zu erzählen, dass sie vom Tod meines Onkels erfahren hatte. Sie meinte, eine Wöchnerin dürfe auf keinen Fall traurig sein und weinen. Sonst würde sie sich schlimme Krankheiten einfangen und ein Leben lang darunter leiden.

Mit der von Großmutter gekochten Hühnersuppe ging ich ins Krankenhaus, Tante besuchen. Blass und schwach lag sie im Bett. Ihre Stirn war mit einem dicken Verband verbunden. Neben ihrem Bett stand ein Infusionsständer. Die Infusionsnadel steckte in der Vene ihrer Armbeuge. Ich war erschrocken und fragte, was mit ihr los sei. Sie erzählte, sie habe nach der Geburt viel Blut verloren und sei sehr schwach gewesen. Gestern Nacht sei sie allein auf die Toilette gegangen, weil sie den Nachtschwestern keine Umstände bereiten wollte, und dabei gestürzt. In dem Augenblick habe sie wirklich sterben wollen. Das Leben sei ungerecht und für sie ohne Hoffnung und Freude, nur voller Leid und Last, habe sie gedacht. Aber als die Krankenschwester dieses kleine, schwache, hilflose Lebewesen in ihren Arm gelegt habe,

habe sie sofort gespürt, dass sie kein Recht habe, zu sterben. Sie habe die Pflicht, weiterzuleben, für dieses kleine Lebewesen, für ihren verstorbenen Mann. Denn dieses Baby sei die Frucht ihrer Liebe, die Fortsetzung seines Lebens.

Tante sprach leise und langsam, denn es fiel ihr schwer zu reden. Ich flößte ihr mit einem kleinen Löffel Hühnersuppe ein. Später brachte ihr eine Krankenschwester das Baby zum Stillen. Tante hatte aufgrund ihrer Schwächlichkeit noch keine Milch und musste Nannan mit einer Milchflasche füttern.

Zwei Wochen später holten Mutter, Shitou und ich Tante und Nannan vom Krankenhaus ab. Großmutter weinte nicht, als sie Tante und Nannan sah. Tante weinte auch nicht. Alle versuchten ihre Trauer mit höchster Sorgfalt im tiefsten Inneren ihrer Herzen zu verbergen und hießen dieses kleine Lebewesen mit Freude und Liebe willkommen.

In dem von der Wintersonne durchfluteten Zimmer schliefen Tante und Nannan auf dem Bett meiner Eltern, Großmutter und Shitou auf einem anderen. Jetzt war Großmutter dran, Theater zu spielen. Um ihre Trauer zu verbergen, war sie den ganzen Tag auf Trab. Kaufte ein, kochte, putzte, machte Hühnersuppe, bereitete Milch vor, wusch Windeln, fütterte das Baby. Tante spielte auch Theater. Aber sie spielte es nicht sehr gut. Denn als Wöchnerin durfte sie nichts tun. Wie Mutter nach der Geburt meiner kleinen Schwester lag auch sie den ganzen Tag im Bett und hing ihren Gedanken nach. Sie konnte sich durch nichts ablenken. Ihre Gedanken kreisten ewig um den Tod meines Onkels und ihre ungewisse Zukunft. Wenn Großmutter nicht im Zimmer war, vergoss sie heimlich Tränen. Sich so zu verhalten, als ob sie glücklich wäre, fiel ihr sehr schwer, ja, es war ihr schier unmöglich. Das Lachen war aus ihrem Gesicht und Herzen verschwunden.

Für meine Eltern war die Situation etwas leichter zu ertragen. Denn tagsüber gingen sie zur Probe oder politischen Schulung. Abends kamen sie oft sehr spät von den Aufführungen zurück.

Deshalb hatten sie wenig Kontakt mit meiner Tante. Zudem kam Vater nie ins große Zimmer. Einem alten Brauch zufolge durften Männer – ausgenommen der Ehemann – das Zimmer einer Wöchnerin nicht betreten.

Mitte Februar wurde Shitou in einer nahe gelegenen Grundschule eingeschult. Zu Hause war er sehr brav. Seit der Rückkehr aus Changsha war er still geworden. Aber stur war er nach wie vor. Seinen Vater erwähnte er nie. Eigentlich hatte er früher auch nicht viel von seinem Vater gesprochen. Von seiner Geburt bis zum Tod seines Vaters hatte er ihn nur fünfmal gesehen. Zusammengerechnet hatten sie nicht mehr als hundert Tage gemeinsam verbracht. Aber wenn auch die Figur und Bedeutung des Vaters in seinem Bewusstsein nur schwach und verschwommen waren, so hatte er doch dessen Tod und die Trauer seiner Mutter erlebt. Die Erwachsenen in seiner Nähe konnten sich wahrscheinlich gar nicht vorstellen, wie sehr diese leidvollen, traumatischen Erlebnisse seine kleine, junge Seele erschüttert haben mussten. Außerdem hatten Tante, Großmutter und meine Eltern keine Zeit und Kraft, sich um ihn zu kümmern, ihm mehr Zuwendung zu geben. Denn ihre Aufmerksamkeit galt in erster Linie dem neugeborenen Baby, seinem kleinen Bruder.

Nur kurze Zeit nach der Einschulung kam Shitous Klassenlehrerin – eine streng und energisch wirkende Frau – zu uns nach Hause, um sich über ihn zu beschweren. Sie meinte, Shitou falle in der Klasse unangenehm auf. Er könne sich nicht konzentrieren und störe im Unterricht, indem er mit anderen Kindern rede. Außerdem sei er widerspenstig. Je heftiger die Lehrerin ihn tadle, desto schlimmer benehme er sich. Tante und Großmutter waren sehr verwundert und sagten, dieses Kind sei zu Hause überaus artig und lieb, wie könnte es nur sein, dass es sich in der Schule so schlecht benehme? Mutter versicherte der Lehrerin, mit ihr in Bezug auf die Erziehung zu kooperieren und Shitou streng zurechtzuweisen. Aber alle drei Frauen verschwiegen der Lehrerin eine Tatsache, nämlich, dass dieser schmale, blasse Junge mit der grauen wattierten Jacke und dem blauen, von seiner großen Schwester – also von mir – mit Wolle gestrickten Halsband, der gern seinen Mund spitzte und seine Augen verdrehte, wenn er sich ärgerte, gerade seinen geliebten und zugleich fremden Vater verloren hatte. Schnell wurde Shitou in der Schule zum Störenfried und schwer erziehbaren Kind abgestempelt.

Am Ende des ersten Lebensmonats von Nannan kochte Großmutter nach altem Brauch viele Eier und färbte sie rot. Jedes Familienmitglied bekam ein Ei zu essen. Die übrigen Eier verteilte sie an die Nachbarn. Am Abend, nachdem Nannan und Shitou eingeschlafen waren, setzte sich Großmutter aufs Bett meiner Tante und sprach zu ihr: »Ich weiß längst alles, mein Kind, wenn du weinen möchtest, tue es jetzt! Du musst deine Trauer nicht mehr unterdrücken.«

Schwiegermutter und Schwiegertochter, die monatelang ihr Leid stillschweigend ertragen und ihre Trauer voreinander verborgen hatten, warfen sich nun in die Arme und ließen ihren Tränen freien Lauf.

Großmutter und Tante waren sich nie sehr nah gewesen, weil sie denselben Mann liebten. Zwischen ihnen hatte es von Anfang an so etwas wie eine unsichtbare Mauer gegeben, die den Namen Rivalität trug. Aber mit dem Tod meines Onkels hatte diese Mauer auf einmal ihre Bedeutung verloren. Mit tränenerstickter Stimme sagte Tante: »Mutter, ich danke dir für alles!«

Großmutter sagte: »Pass gut auf dich auf! Shitou und Nannan sind die Stammhalter unserer Familie.«

Mehr sprachen sie nicht. Sie saßen da und weinten still …

Nach dem Wochenbett musste Tante in ihre Schule zurückkehren. Meine Eltern hatten Aufführungen und durften sich nicht freinehmen. Deshalb bekam ich die Aufgabe, Tante und Nannan nach Miyun zu begleiten.

Der grüne Zug war mit einer dicken Schlammschicht überzogen und sah so aus, als trüge er einen Wintermantel. Die Waggons waren unbeheizt. Die Reisenden hatten sich in dicke Mäntel, Mützen und Schals vermummt. Diejenigen, die einen Sitzplatz hatten, saßen mit einem halben Po auf den kalten Bänken, als ob sie jederzeit aufspringen und aus dem Zug stürzen wollten. Tante hatte Nannan in ihren Wintermantel gewickelt und wärmte ihn mit ihrem Körper. Sie schaute schweigend durch das Abteilfenster und betrachtete die sich rasch nach hinten wegbewegenden, schwarzen Felder und kargen Bäume. Die Tränen waren versiegt. Eine gewisse Entschlossenheit war auf ihr Gesicht zurückgekehrt.

Ihre Schule war circa acht Kilometer vom Bahnhof Miyun entfernt. Tante hatte keine Kollegen oder Verwandten gebeten, sie abzuholen. Sie möge es nicht, in diesem Augenblick von irgendwelchen Menschen bemitleidet oder getröstet zu werden, auch nicht von den nächsten Verwandten, das hatte sie mir mehrfach gesagt. Miyun war eine kleine Station. Der Bahnsteig sah verlassen aus. Außer uns beiden stiegen kaum andere Reisende ein und aus. Nicht einmal eine Imbissbude gab es hier. Nachdem Tante das Baby neben dem Ofen im Warteraum gestillt und ich eine süße Baozi, die uns Großmutter als Proviant eingepackt hatte, gegessen hatte, begaben wir uns auf den Weg. Wir gingen auf einem holperigen Pfad mitten über ein Stoppelfeld, Tante mit Nannan auf dem Arm voran, ich mit der schweren Reisetasche hinterher. Zum Glück gingen wir mit dem Wind, der uns kräftig von hinten vor sich her trieb. Tantes Schritte waren groß und schnell, sodass ich ab und zu ein bisschen rennen musste, um mit ihr Schritt zu halten. So weit das Auge reichte, erstreckten sich freie Felder. Am Horizont die Silhouette der Berge. Es war sehr still. Nur gelegentlich krächzte ein Rabe in der Ferne. Die Stoppeln waren gefroren. Wenn man darauf trat, machte es ein knirschendes Geräusch, »Cha, cha, cha«, das uns wie eine Marschmusik begleitete.

Nachdem wir über einen nicht allzu hohen Berg gelaufen waren, erreichten wir ein kleines Dorf. »Hier ist mein Zuhause!«, sagte Tante mit einer leicht erregten Stimme. Kaum hatten wir einen mit Lehm ummauerten Hof betreten, stürmte aus drei einfachen, einstöckigen Häusern eine große Schar von Kindern auf uns zu: »Lehrerin Zhao! Lehrerin Zhao!« Schreiend umzingelten sie Tante, fassten sie mit ihren kleinen, schmutzigen Händen an, lachten, erzählten durcheinander und wollten gleichzeitig das Baby sehen oder auf den Arm nehmen. Zum ersten Mal nach vielen Monaten sah ich, dass das Gesicht meiner Tante jetzt endlich wieder auftaute, wie ein zugefrorener See nach einem langen Winter. Ein Lächeln breitete sich auf ihrem Gesicht aus. Sie hielt das Baby in dem einen Arm, mit der freien Hand streichelte sie die Köpfe dieser rotznäsigen Kinder. Zwei junge Lehrerinnen kamen aus einem Zimmer gerannt und hießen uns herzlich willkommen. Sie nahmen mir die Tasche aus der Hand und führten uns in ein Zimmer, das mit zwei Einzelbetten, einem Schrank und einem Schreibtisch ausgestattet war. Tante legte den Mantel ab und zeigte ihren Kolleginnen und den Kindern das Baby. Vorsichtig wurde es von Hand zu Hand gereicht, gestreichelt, liebkost und begutachtet. Eine Kollegin fing an, auf dem Ofen in der Mitte des Zimmers für uns zu kochen. Wie eine Schar zwitschernder Vögel erzählten die Kinder meiner Tante, was in dieser langen Zeit ihrer Abwesenheit in der Schule alles passiert war.

Ich war zuvor noch nie in der Schule meiner Tante gewesen. Das hier war also ihre Welt, in der sie geliebt, gebraucht, geachtet, geehrt wurde. Eine kleine Welt voller Leben, die ihrem eigenen Leben einen Sinn gab.

Meine Tante, die das Wochenbett hinter sich gelassen hatte, schien auferstanden zu sein wie ein Phönix aus der Asche. Die Lebenskraft und Willensstärke waren in sie zurückgekehrt.

Am Abend ging ihre Zimmergenossin nach Hause, um mir ihr Bett zu überlassen. Ich schlief tief und fest und bekam sogar das nächtliche Stillen nicht mit.

Am darauffolgenden Tag stieg Tante, das Baby auf den Rücken

gebunden, mit mir auf einen kleinen Berg unweit der Schule und begrub Onkels Urne unter einer Zypresse. Dann sammelte sie ein paar Steine und legte sie als Erkennungszeichen auf die Begräbnisstätte. Ich fand, dass dieser mit grünen Kiefern und Zypressen bewachsene Berg ein guter Ort der letzten Ruhe für meinen Onkel war. Wenigstens nach dem Tod konnte er in der Nähe seiner Frau sein.

Ringsum herrschte Totenstille. Nicht einmal ein Vogelzwitschern war zu vernehmen. Ich legte einige grüne Zweige auf Onkels Grab, kniete nieder und machte dreimal Kotau. Dabei spürte ich wieder diesen stechenden Schmerz im Herzen. Aber ich unterdrückte meine Tränen.

Was ich nicht begreifen konnte, war, dass Tante den ganzen Nachlass meines Onkels verbrannte, einschließlich seines Tagebuchs sowie aller Fotos und Briefe, die sie sich beide geschrieben hatten. Lediglich das kleine Notizbuch, in das Onkel die *Worte des Vorsitzenden Mao* mit der Hand abgeschrieben hatte, traute sich Tante nicht zu verbrennen. Denn sie fürchtete, sie würde dadurch ein Verbrechen begehen. Deshalb wurde dieses Notizbuch als einziger Gegenstand meines Onkels aufbewahrt. Es war die einzige Spur, die mein Onkel hinterließ; das einzige Erbstück meines Onkels für seinen Sohn. Es war ein winziger Tropfen Wasser im Fluss der Geschichte, in dem sich jene Epoche widerspiegelte.

18. Kapitel

Wie ein junger Mann namens Yu Luoke wegen eines Artikels hingerichtet wurde, und warum Tante Yue ins Gefängnis musste

Am Morgen des 5. März 1970 erhielten wir Sechstklässler die Anweisung, den Unterricht ausfallen zu lassen und an einer wichtigen Veranstaltung im Arbeiterstadion teilzunehmen. Das 100 000 Zuschauer fassende Stadion war voll besetzt, selbst der Rasen in der Mitte war voller Menschen. Über der Haupttribüne hing ein rotes Transparent mit der Aufschrift »Öffentliche Verkündung der Urteile gegen die Konterrevolutionäre«. Die Parolen, die die Menschenmenge im Chor rief, klangen wie ein heftiger Donner, der weit über das Stadion hinausrollte. Hunderttausend geschwungene rote Schatzbüchlein *Worte des Vorsitzenden Mao* bildeten ein rotes Meer. Die Schüler unseres Bezirks saßen auf der oberen Zuschauertribüne Nummer elf, schräg gegenüber der Haupttribüne. Wir waren zwar an Kundgebungen und Kampfkritiksitzungen gewöhnt, aber noch nie auf einer öffentlichen Verkündung der Urteile gewesen. Die Stimmung war ernst und bedrückt.

Begleitet von brausenden Parolen »Nieder mit den Konterrevolutionären!«, »Es lebe die Große Proletarische Kulturrevolution!« und »Es lebe Vorsitzender Mao!«, wurden neunzehn Verbrecher auf die Bahn vor der Haupttribüne geführt. Jeder Verbrecher wurde von fünf Polizisten überwacht, die seinen Kopf gewaltsam nach unten drückten. Einige ließen sich den Kopf nicht nach unten drücken. Es gab ein Gerangel, und die Polizisten schlugen sie mit dem Gewehrkolben so lange auf den Kopf, bis sie sich in ihr Schicksal ergaben. Alle trugen ein Schild vor der Brust, auf dem vermutlich ihr Name und ihre Straftaten standen, was wir aber von unserer Tribüne aus nicht erkennen konnten. Den männlichen Verurteilten wurde der Kopf kahl geschoren. Eine Frau leistete Widerstand und versuchte, eigene Parolen zu rufen. Daraufhin wurde der Strick um ihren Hals so fest zugezogen, dass sie keinen Ton mehr von sich geben konnte. Ich spürte eine beklemmende Angst, konnte jedoch meine Augen nicht von diesen neunzehn Menschen abwenden.

Nachdem die Parolenrufe abgeebbt waren, fing ein Uniformierter auf der Haupttribüne an, die Urteile zu verkünden. Immer wenn er einen Namen verlesen hatte, legte er eine Pause ein. Und die fünf Polizisten schubsten diesen Verbrecher zwei Schritte nach vorn, zogen den Strick um seinen Hals fester, damit er seinen Kopf hob und den Massen sein Gesicht zeigte. Dann drückten sie seinen Kopf wieder nach unten. Die Urteilssprüche fielen sehr knapp aus. Der meistverkündete Straftatbestand lautete: »konterrevolutionäre Aktivitäten«. In zwei Fällen handelte es sich um »konterrevolutionären Mord«. Der letzte Satz der Urteile war immer derselbe: »Dieser Verbrecher hat ein abscheuliches Verbrechen begangen und den wütendsten Zorn des Volkes auf sich gezogen. Nach dem Gesetz wird er zum Tod verurteilt. Das Urteil wird sofort vollstreckt.«

Der Jüngste von ihnen war 27 Jahre alt und hieß Yu Luoke. Als dieser Name durch den Lautsprecher in mein Ohr drang, zog sich mein Herz kräftig zusammen. Yu Luoke? Hatte ich diesen Namen nicht schon mal gehört? Warum kam mir der Name so bekannt vor? Von Weitem konnte ich sein Gesicht nicht erkennen, sah nur, dass er von zierlicher Statur war und vielleicht eine Brille trug. Ich versuchte in meinem noch sehr jungen Gedächtnis zu wühlen. Aber es gelang mir nicht. Ich konnte nicht klar denken. Denn nach jeder Verkündung eines Todesurteils dröhnte eine neue Welle der Parole »Nieder mit den Konterrevolutionären!« durch das Stadion, die meine Sinne betäubte und mein Denkvermögen gefrieren ließ. Ich hob mechanisch meine rechte Hand mit dem roten Schatzbuch hoch, konnte jedoch keinen Ton aus meiner Kehle herausbringen.

Nachdem alle Urteile verkündet worden waren, sprach der Mann auf der Haupttribüne: »Die Urteile der oben genannten Verbrecher sind vom obersten Gericht genehmigt und die Identität der Verbrecher ist überprüft worden. Jetzt werden sie zum Richtplatz abgeführt und durch Erschießen hingerichtet.« Aus 100 000 Kehlen brüllten die Massen nun wieder ihre Standardparolen. Die neunzehn Männer und Frauen wurden von den Polizisten zum Niederknien auf den Boden gestoßen und anschließend wieder hochgezogen, danach wie Schlachtvieh aus dem Stadion gezerrt. Einige schienen ohnmächtig geworden zu sein. Eine rote Staubwolke wirbelte meterhoch. Der junge Mann namens Yu Luoke wehrte sich heftig. Er weigerte sich, seinen Kopf zu senken und seine mit schweren Eisen gefesselten Füße zu bewegen. Die Polizisten hatten große Mühe, ihn vorwärtszuschleifen.

Würde er in wenigen Stunden oder Minuten – wie weit war der Richtplatz entfernt? – erschossen werden, durch einen Kopfschuss von hinten, kniend? Würden ihm wie allen Hingerichteten danach Organe zur Transplantation entnommen werden, wie die Erwachsenen behaupteten? Aber er war doch noch so jung … Was hatte er verbrochen … Mein Atem stockte, mein Blut gefror in den Adern, mein Herz wollte zu schlagen aufhören …

Auf dem Weg zurück in die Schule fragte ich meine Freundin Xia, ob sie schon mal den Namen Yu Luoke gehört habe. Sie sagte: »Das ist doch der, der ›Über die soziale Herkunft‹ geschrieben hat.« Ja, natürlich, »Über die soziale Herkunft« – und Xiaohe! Ich hatte diesen Artikel stets mit Xiaohe verbunden und völlig vergessen, dass der Autor Yu Luoke hieß. Xiaohe kehrte in mein aufgetautes Gedächtnis zurück …

Und unser Geheimnis …

Am liebsten wäre ich nach Hause geflogen. Kaum war ich in unsere Gasse eingebogen, fing ich an zu rennen. Ich rannte, so schnell mich meine Beine tragen konnten, nach Hause.

Atemlos stürzte ich in die Tür. Großmutter war erschrocken und fragte, was denn los sei. Ich sagte konfus, neunzehn Menschen seien heute erschossen worden, im Arbeiterstadion. »Was?«, schrie Großmutter. Nein, nein, nicht da drin. Neunzehn Konterrevolutionäre. Wir seien bei einer Öffentlichen Verkündung von Todesurteilen gewesen. »Furchtbar«, murmelte Großmutter. Ich wusste nicht, ob sie die Konterrevolutionäre furchtbar fand oder die Tatsache, dass sie zum Tode verurteilt worden seien. Mein Herz brannte vor Ungeduld. Ich musste auf einen Moment warten, bis Großmutter aus dem Zimmer ging. Aber das tat sie nicht. Nach dem Mittagessen legte sie sich mit meiner kleinen Schwester für ein Nickerchen ins Bett. Ich wartete. Sie schliefen mittags höchstens eine Stunde. Die Zeit schien jedoch stehen geblieben zu sein.

Die Zeitung, die Zeitung! Wie hieß sie noch mal? *Zeitung der Kulturrevolution der Mittelschulen?* Ich hatte sie völlig vergessen. Denn Xiaohe war bis heute nicht zurückgekehrt. Seitdem er gegangen war, hatte sich das Gerücht verbreitet, dass er verhaftet und ins Gefängnis geworfen worden sei. Man wusste jedoch nicht, welches Verbrechen er begangen haben sollte. Ich hatte mich nie getraut, seine Mutter oder seinen Bruder danach zu fragen. Ich stellte Erwachsenen sowieso ungern Fragen, schon gar nicht, wenn die Antwort mit einer furchtbaren Botschaft verbunden sein könnte. Dass ich Großmutter die Frage wegen Xiaohes Augenfarbe gestellt hatte, bereute ich noch heute. Das alles war über ein Jahr her. In dieser Zeit hatte ich mehr als vierhundert Nächte auf der baumwollenen Bettunterlage geschlafen, unter der die Zeitung versteckt lag.

Am Nachmittag ging Großmutter endlich mit meiner kleinen Schwester spazieren. Mit pochendem Herzen hob ich die Bettunterlage hoch und holte die dünne Zeitung heraus. Sie war etwas vergilbt und voller Abdrücke von der Palmstrick-Kreuzbespannung unseres Bettgestells. Aber ansonsten war sie unversehrt – eine originale Erstausgabe der *Zeitung der Kulturrevo-*

lution der Mittelschulen, die im Frühjahr 1967 verboten wurde, unmittelbar nachdem der Artikel »Über die soziale Herkunft« zu einem »großen giftigen Unkraut« erklärt worden war.

Ich fing an, den Artikel zu lesen, den ich zuvor noch nie gelesen hatte. Darin stellte Yu Luoke klar: Die Tatsache, dass die soziale Herkunft in jeder Hinsicht das Leben eines Menschen bestimme, sei seit geraumer Zeit zu einem ernsthaften gesellschaftlichen Problem geworden. Denn in China machten die sogenannten Fünf schwarzen Elemente – Grundherren, Großbauern, Konterrevolutionäre, schlechte Elemente und Rechtsabweichler – fünf Prozent der gesamten Bevölkerung aus. Wie groß die Anzahl ihrer Kinder sei, könne man sich gut vorstellen. Und dabei seien die Kinder aus Familien der Kapitalisten, Intellektuellen, Angestellten und Mittelbauern usw. noch gar nicht berücksichtigt. All diese Kinder und Jugendlichen würden von Anfang an benachteiligt und hätten nicht das gleiche Recht wie die Jugendlichen aus sogenannten guten – das hieß: proletarischen – Familien. Sie dürften nicht studieren, nicht in die Armee eintreten, nicht in die Partei aufgenommen werden und keine wichtigen Posten einnehmen. Und viele von ihnen würden sogar von Geburt an zu »Verbrechern« abgestempelt werden. Ihnen werde das Recht genommen, an der Revolution teilzunehmen, Rotgardisten zu werden und die Partei und Vorsitzenden Mao zu verteidigen. Deshalb sei es ein großes, ernstes Problem, das das Schicksal unseres Landes betreffe. Yu Luoke verurteilte den weitverbreiteten Spruch »Ist der Vater ein Held, ist der Sohn ein ganzer Mann; ist der Vater reaktionär, bleibt der Sohn ein Bastard« auf das Schärfste und meinte, dieser Spruch basiere auf feudalistischem Gedankengut und nicht auf den Ideen von Mao Zedong. Denn Vorsitzender Mao sage, nur die Wahrheit entspreche dem Interesse des Volkes. Und dieser Spruch sei keine Wahrheit, sondern ein gewaltiger Fehler. Er begründete seine These mit drei Argumenten:

Erstens, der gesellschaftliche Einfluss ist größer als der familiäre.

Von Geburt an sind wir sowohl von der Familie als auch von der Gesellschaft beeinflusst. Von der Schule bis zur Arbeitseinheit werden wir permanent von unseren Lehrern, Freunden, Leitern, Parteiorganisationen, von den Zeitungen, Büchern, von der Literatur, Kunst und Propaganda unserer Gesellschaft beeinflusst. Diese Einflüsse sind zum größten Teil positiv, weil unser gesellschaftliches System gut ist und unsere Partei großen Wert auf die Erziehung der Jugendlichen legt. Und diese Einflüsse sind deshalb viel stärker als die familiären.

Zweitens, es kommt auf das Verhalten an. Um einen Menschen zu beurteilen, muss man sein Augenmerk auf dessen Verhalten legen und nicht auf die familiäre Herkunft. Denn zum Ersten sind die soziale Herkunft und die Klassenzugehörigkeit zwei verschiedene Dinge. Dass die Klassenzugehörigkeit des Vaters die soziale Herkunft des Sohnes ausmacht, ist ein feudalistisches Phänomen. In unserer sozialistischen Gesellschaft gehören die Jugendlichen der Gesellschaft und stehen von Anfang an unter der Erziehung des Proletariats. Jemand aus einer nicht proletarischen Klasse kann seiner Klasse den Rücken kehren und zum proletarischen Kommunisten werden wie z. B. Friedrich Engels, der ursprünglich ein Kapitalist gewesen war. Man darf die Klassenzugehörigkeit, die man durch die eigene Entscheidung und das Verhalten gewonnen hat, nicht mit der sozialen Herkunft verwechseln. Zum Zweiten hat das Verhalten mit der sozialen Herkunft wenig zu tun. Es gibt unzählige Beispiele dafür, dass Menschen »schlechter« Herkunft ein hervorragendes, politisches Verhalten beweisen und große Beiträge für unsere Gesellschaft geleistet haben. Und umgekehrt gibt es viele Jugendliche »guter« Herkunft, die jedoch ein schlechtes Verhalten an den Tag legen. Yu Luoke erläuterte sein Argument durch ein Gleichnis: Um die Qualität eines Pferdes zu beurteilen, überprüft man nicht nur sein Äußeres, seinen Herkunftsort und seinen Preis, sondern auch, wie weit und wie schnell es rennen kann. Genauso muss man einen Menschen an seinem Verhalten messen, nicht an seiner sozialen Herkunft. Zum Dritten ist eine »gute« soziale Herkunft keine Garantie für die Zuverlässigkeit eines Menschen. Hierfür gibt Yu Luoke Beispiele schlechter Rotgardisten mit einem fantastischen familiären Hintergrund und betont, dass wir uns alle – egal woher wir stammen – einer permanenten ideologischen Umerziehung unterwerfen müssen. Man ist nicht automatisch »rot«, nur weil der Vater ein Revolutionär ist.

Drittens, die Diskriminierung. Hier legte Yu Luoke detailliert dar, wie Jugendliche mit einem problematischen familiären Hintergrund überall in der Gesellschaft diskriminiert werden. Das Tor der Universitäten bleibt ihnen verschlossen; in den Fabriken werden sie nicht be- und gefördert, sie dürfen sogar die Präzisionswerkzeugmaschinen nicht betätigen; auf dem Land werden ihre Leistungen nicht anerkannt, und im schlimmsten Fall werden sie sogar hingerichtet. In der Gesellschaft wird man bei jeder Gelegenheit nach der sozialen Herkunft gefragt. Auf jedem Formular, selbst auf dem Antrag für einen Arbeit suchenden Jugendlichen, gibt es die Rubrik »Familiäre Herkunft«. Wenn das so weitergehe, fragte sich Yu Luoke, würde sich unser System dann noch von der Unterdrückung der schwarzen Bevölkerung in Amerika, dem Kastensystem Indiens und der Unterteilung in Ober- und Unterschicht in Japan unterscheiden? Yu Luoke appellierte an die Gesellschaft, diese künstlich geschaffene, gesellschaftliche Kluft zu beseitigen. Und er appellierte an die unterdrückten Jugendlichen, sich zu vereinen und gegen diese Unterdrückung zu kämpfen: »Der Sieg gehört uns! Alle unterdrückten, revolutionären Jugendlichen, lehnt euch zum tapferen Kampf auf!«

Ich spürte, wie das Blut in mir aufwallte. Vor Erregung zitterten meine Hände. Tränen standen mir in den Augen. Zwar gehörte ich nicht zu den unterdrückten Jugendlichen, aber ich verstand seine Thesen und seine Argumentation sehr gut und gab ihm absolut recht. Denn ich dachte sofort an Xiaohe, an seine Mutter, an Herrn Shi und seine Familie, an Lilis Mutter und

Großvater, an Frau Jiang, an das Ehepaar Zhang. Sie alle waren wegen ihrer Herkunft oder ihrer Klassenzugehörigkeit zu schlechten Menschen, Konterrevolutionären oder Klassenfeinden erklärt, gedemütigt, mit Gewalt bestraft oder vertrieben worden. Keinem von ihnen konnte man ein konterrevolutionäres Verbrechen nachweisen.

Vor allem dachte ich an meine Tante. Ihr und ihrer jüngeren Schwester war das Recht verweigert worden, an der Hochschulaufnahmeprüfung teilzunehmen, obwohl sie die besten Schülerinnen in ihrer Schule gewesen waren, nur weil ihr drittältester Onkel (mein drittältester Großonkel) in seiner Jugend Mitglied der Kuomintang gewesen war. Er hatte nicht einmal in der Armee gedient und gegen die Kommunisten gekämpft, sondern war lediglich ein Beamter in der Kuomintang-Regierung gewesen. Was hatte das mit meiner Tante zu tun, der zweitältesten Tochter seines zweitältesten Bruders? Aber so wurde das Schicksal eines Menschen durch eine willkürliche, unüberwindbare Macht bestimmt.

Die Kinder und Enkelkinder meines drittältesten Großonkels traf es noch schlimmer. Mein Großonkel war zweimal verheiratet und hatte drei Töchter und zwei Söhne. Alle seine Kinder wurden von Anfang an diskriminiert und hatten keine Aufstiegschancen in ihrem Beruf. Zwei von ihnen waren 1957 als Rechtsabweichler verurteilt und ins Arbeitslager verbannt worden. Ihre Kinder, die in Xiaohes und meinem Alter waren, durften der Organisation der Rotgardisten und des Jugendverbandes nicht beitreten.

Dabei hatte mein Großonkel nie etwas Negatives über die Kommunistische Partei oder den Sozialismus geäußert, geschweige denn etwas Antikommunistisches getan. Im Gegenteil, er war von Anfang an von der neuen Gesellschaft begeistert. Nach der Befreiung hatte er freiwillig all seinen Besitz dem Staat übergeben. Er hatte der Partei seine Vergangenheit offengelegt und sie wiederholt gebeten, ihm eine Chance zu geben, ein »neuer Mensch« zu werden. Er hätte gern für die neue Regierung im

Erziehungswesen gearbeitet. Denn er verfüge über viel Erfahrung. Aber das Resultat war erschreckend: Im Zuge der »Bewegung zur Unterdrückung der Konterrevolutionäre« war er 1951 verhaftet und ohne Prozess zu einer Freiheitsstrafe von dreizehn Jahren verurteilt worden. Nach der Entlassung aus dem Gefängnis wurde er aufs Land in seine alte Heimat verbannt. Als er alt und gebrechlich wurde, zog sein jüngster Sohn, ein in Peking lebender Künstler, zu ihm. Beide lebten dann bescheiden in einem kleinen Dorf des Kreises Miyun.

Dieser Großonkel hatte ein besonders gutes Verhältnis zu Großmutter und kam uns an manchen Feiertagen besuchen. Für mich war er ein liebenswürdiger, optimistischer Mensch. Er lachte gern und laut. Nach so vielen Jahren Gefängnis und Verbannung zeigte er kein bisschen Bitterkeit. Er interessierte sich für alles und schwärmte vom ländlichen Leben und davon, wie toll es sei, körperliche Arbeit zu verrichten. Es sei gut für die Gesundheit und für den Geist, und man bleibe jung, pflegte er zu sagen, während er lachend den Kopf in den Nacken warf. Wenn man ihn nach seiner Vergangenheit fragte, sagte er jedes Mal, er habe seine Strafe verdient. Er sei der Partei dankbar. Er habe es der großzügigen Politik der Kommunistischen Partei zu verdanken, dass er noch am Leben sei. Denn er wusste, wie viele Gutsbesitzer und Kuomintang-Mitglieder nach der Befreiung hingerichtet worden waren.

All diese Menschen liebten doch die Partei und den Sozialismus. Warum wurden sie zum Klassenfeind erklärt oder diskriminiert? Auch Yu Luoke liebte den Vorsitzenden Mao und die Partei. Aber er hatte als erster Mensch den Mut gehabt, seine Meinung zu äußern und ein drängendes Problem öffentlich anzusprechen. Warum wurde er deswegen erschossen? Warum musste er wegen eines Artikels sterben? Warum? Er war so jung, noch zehn Jahre jünger als mein Onkel. ... Sosehr ich mir auch den Kopf zerbrach, ich fand keine Antwort.

Vorsichtig legte ich die Zeitung wieder zwischen die Bettunterlage und das Bettgestell. Xiaohe würde bestimmt zurückkehren und seine Zeitung wiederhaben wollen. Ich hatte ihm mein Versprechen gegeben, und so wollte ich es auch halten.

Bis zu unserem Umzug zu meinen Eltern ins Ensemblewohnheim im Herbst 1970 war Xiaohe immer noch nicht zurückgekehrt. Sein »Geheimnis« nahm ich mit und versteckte es in der obersten Schublade meines neuen alten Schreibtisches, die ich mit einem Vorhängeschloss abschloss, dessen Schlüssel ich wiederum zwischen der Bettunterlage und dem Bettgestell meines kleinen Bettes versteckte.

Nachdem wir ins Wohnheim für pensionierte Offiziere der Luftwaffe eingezogen waren, stellte ich fest, dass Tante Yue und Tante Yi nicht mehr da waren. Ich fragte Mutter nach ihnen. Sie zögerte kurz und sagte dann flüsternd, obwohl keiner außer uns beiden im Zimmer war, sie säßen beide im Gefängnis. Ich erschrak und fragte reflexartig: »Warum?«

Mutter seufzte: »Tante Yi wird vorgeworfen, eine Geheimagentin der Kuomintang zu sein. Der wahre Grund ist, dass ihr Vater ein Kuomintang-Offizier war und heute in Taiwan lebt. Aber damals, als sie mit fünfzehn Jahren in die Volksbefreiungsarmee eintrat, hat es niemanden gestört. Man hat sie sogar hoch gelobt, dass sie ihrer reaktionären Familie den Rücken gekehrt hat … Sieben Jahre Freiheitsstrafe!«

»Was ist mit ihren Kindern?« Ich wusste, dass Tante Yi zwei Söhne hatte. Der älteste Sohn war in meinem Jahrgang und hatte denselben Kindergarten besucht wie ich.

»Ihr Mann, der nun aus der Armee entlassen worden ist, hat sich von ihr scheiden lassen und ist mit den Kindern in seine Heimat Anhui gegangen. Die armen Kinder! Die dürfen nicht mal ihre Mutter im Gefängnis besuchen.«

Tante Yi stammte aus Shanghai. Sie war eine groß gewachsene Frau mit feinen Gesichtszügen, trug eine kurze, gewellte Frisur und hatte eine sehr feine, aber klare Stimme. Sie pflegte zu sagen, wenn sie mich und meine Mutter in der Kantine traf: »Du hast aber eine hübsche Tochter! So eine Tochter wünsche ich mir auch.« Dann streichelte sie mir zärtlich übers Haar und lächelte strahlend über das ganze Gesicht. Wenn sie lächelte, pflegte sie ihre Augen zusammenzukneifen. Mutter hatte mir früher erzählt, dass Tante Yi ein echtes Fräulein aus großem Hause gewesen sei, bevor sie in die Armee eingetreten war. In den Baracken an der Front im »Krieg gegen die USA und zur Unterstützung Koreas« gehörte sie zu denjenigen, die bei Bombenangriffen am häufigsten geheult hätten. Auf der Bühne verkörperte sie entweder ausländische Frauen oder Spioninnen. Wer hätte gedacht, dass sie im wahren Leben nun auch als Spionin galt! Es war unheimlich für mich, diese Nachricht zu hören. Aber ich konnte mir trotzdem nicht vorstellen, dass sie wirklich eine war.

»Und was hat Tante Yue verbrochen?«, fragte ich unwillig.

»Tante Yue, hä, hat großes Pech.« Mutter seufzte wieder. Ich wusste, dass Mutter ein sehr enges Verhältnis zu Tante Yue hatte. »Sie hat sich zu Beginn der Kulturrevolution auf die Seite der Loyalisten gestellt und in den Wandzeitungen gewisse Anführer der Rebellengruppierung kritisiert. Im Zuge der Kampagne ›Angriff auf die Konterrevolutionäre‹ Anfang dieses Jahres wurde sie von der Rebellengruppe als Konterrevolutionärin diffamiert. Offensichtlich braucht die Luftwaffe auch ein paar Sündenböcke. So wurde sie zu einer Gefängnisstrafe von drei Jahren verurteilt. In Wirklichkeit fiel sie ihrer familiären Herkunft zum Opfer. Das weiß jeder. Sie wurde nur deswegen als Sündenbock ausgesucht, weil ihr Vater vor der Befreiung ein Kapitalist gewesen war. Ausgerechnet die Person, die sie damals kritisiert hatte, hat einen roten familiären Hintergrund. Tante Yue hat wirklich großes Pech! Schade, sie ist eine sehr gute Schauspielerin.« Mutter war emotional ergriffen, beinah wütend. Dann fügte sie mit Nachdruck hinzu: »Du darfst aber keinem erzählen, was ich dir gesagt habe, verstanden?«

Ich nickte und war sprachlos.

Tante Yue und eine Konterrevolutionärin? Diese zierliche,

schöne, engelhafte Frau mit der zarten, kindlichen Stimme und den langen, weichen, pechschwarzen Haaren? Diese bewundernswerte Soldatin in der eleganten, grünen Uniform, die mit vierzehn Jahren ihre geliebten Eltern und ihre wunderschöne Heimat im Süden verlassen hatte und in die Armee eingetreten war, um an der Revolution teilzunehmen? Diese hervorragende Schauspielerin, die den kleinen russischen Jungen Petja so exzellent spielte und bei unzähligen Zuschauern einen unvergesslichen Eindruck hinterließ? Jetzt saß sie im Gefängnis? In einer kleinen, dunklen Zelle ohne Fenster? Ganz allein? Wo blieb ihr Mann? Hatte sie in der Nacht Angst?

Warum …?

Ich spürte wieder diese betäubende Ohnmacht, die ich beim Empfangen der Todesnachricht meines Onkels, beim Zuschauen der Gewalttat gegen Xiaohe, bei der öffentlichen Verkündung der Todesurteile gespürt hatte.

Gefängnisse kannte ich nur aus Filmen. Gefängnisse verband ich stets mit bösen Menschen, das hieß: mit Klassenfeinden. Oder aber mit kommunistischen Helden, die im Gefängnis der Feinde saßen.

Aber Tante Yue und Tante Yi und Gefängnis? Waren sie böse Menschen oder Helden? Kommunistische Helden im kommunistischen Gefängnis?

Ich dachte wieder an Xiaohe und Yu Luoke, die nicht mehr da waren, und fühlte eine tiefe, tiefe Traurigkeit und eine große, große Leere in mir …

Xiaohe wie Tante Yue sollte ich nie wiedersehen. Und von Xiaohe habe ich überdies nie wieder etwas gehört.

Tante Yue wurde nach dem Ende ihrer Haft aus der Armee entlassen. Ihr erster Ehemann hatte sich von ihr scheiden lassen. Nach der Kulturrevolution heiratete sie wieder und arbeitete als Fremdenführerin im staatlichen Reisebüro. Sie hat nie wieder Theater gespielt.

Yu Luoke, dessen Todesurteil nach der öffentlichen Verkündung am 5. März 1970 sofort vollstreckt worden war, wurde dank nachhaltigem Einsatz und unermüdlicher Bemühungen seiner Eltern am 21. November 1979 – drei Jahre nach Beendigung der Kulturrevolution – vom mittleren Volksgericht Peking in einem Wiederaufnahmeverfahren postum für unschuldig erklärt. Sein Todesurteil durch die Organe der Öffentlichen Sicherheit, Staatsanwaltschaften und Volksgerichte des militärischen Kontrollkomitees der Volksbefreiungsarmee Chinas mit dem Aktenzeichen »(70) Xingzi Nr. 30« wurde zurückgenommen.

Yu Luoke, am 1. Mai 1942 in Peking als ältester Sohn geboren, war zweifelsohne einer der ersten Menschenrechtskämpfer Chinas. Im Jahr 1948, kurz vor der Gründung der Volksrepublik, hatte seine Mutter mit gerade mal eintausend Yuan Startkapital – auch nur als Teilgesellschafterin – eine kleine Eisenfabrik gegründet. Nur deshalb wurde die Familie nach der damaligen Klassentheorie der KP Chinas als »Kapitalist« eingestuft. Sein Vater war Ingenieur in dem Familienunternehmen. Im Zuge der Kampagne gegen Rechtsabweichler 1957 wurden seine Eltern beide entsprechend abgestempelt und ins Arbeitslager gesteckt. Von Kindheit an spürte Yu Luoke die gesellschaftliche Diskriminierung wegen seiner sozialen Herkunft am eigenen Leib. Er durfte dem Kommunistischen Jugendverband nicht beitreten und nach dem Abitur nicht studieren, obwohl er die Hochschulaufnahmeprüfung mit besten Noten bestanden hatte. So meldete er sich 1961 freiwillig zum Arbeitseinsatz auf dem Land und wurde Bauer in einer Volkskommune im Kreis Daxing südlich von Peking. Dort erlebte er, wie die Kinder der ehemaligen Gutsbesitzer brutal misshandelt, einige gar getötet wurden. Aus gesundheitlichen Gründen kehrte er 1964 nach Peking zurück und arbeitete zeitweilig als Lehrervertreter in einer Grundschule. 1965 wurde er Lehrling in der Volksmaschinenfabrik Peking. In seiner Freizeit schrieb er Erzählungen und Essays für diverse Zeitungen, die wegen seines familiären Hintergrundes oft abgelehnt wurden.

Im November 1965 wurde eine Kritik der Pekingoper *Hai Rui wird seines Amtes enthoben* in der Shanghaier Zeitung *Wenhui* veröffentlicht. Es war keine gewöhnliche Rezension über ein Theaterstück. Denn der Autor war der Journalist Yao Wenyuan – ein Vertrauter Maos und Mitglied der späteren Viererbande unter Maos Gattin Jiang Qing. Das Stück handelt von einem Minister in der Ming-Dynastie im 16. Jahrhundert namens Hai Rui, der den Kaiser kritisiert und deshalb seines Amtes enthoben wird. Der Dramatiker dieser Pekingoper war der Historiker und stellvertretende Bürgermeister von Peking Wu Han. Mao Zedong lobte das Stück zunächst, erkannte später darin jedoch eine indirekte Kritik an der von ihm verfügten Entlassung des früheren Verteidigungsministers Peng Dehuai während einer Parteikonferenz 1959, nachdem dieser Maos Großen Sprung nach vorn in einem persönlichen Brief kritisiert hatte. Yao Wenyuan verurteilte das Stück als ein »großes, giftiges Unkraut« gegen die Partei und den Sozialismus und griff gleichzeitig die Pekinger Parteiführung um Wu Han und Peng Zhen an. Auf Maos Anweisung wurde sodann eine umfangreiche Kritik an Wu Han und dessen Pekingoper entfacht, die zur direkten Zündschnur der Kulturrevolution wurde. Wu Han wurde seines Amtes enthoben, auf grausamste Weise misshandelt und Anfang 1968 ins Gefängnis geworfen, im dem er 1969 unter bis heute ungeklärten Umständen starb.

Jeder Chinese wusste zu jener Zeit, dass hinter einem solchen Artikel keine Privatperson steckte, sondern sich eine neue politische Strömung verbarg. Aber Yu Luoke, ein einfacher Arbeiter, wagte es, unmittelbar nach der Veröffentlichung von Yaos Kritik drei Essays hintereinander zu schreiben, die dessen Thesen und Behauptungen scharf kritisierten, und an drei Zeitungen zu schicken. Einer davon konnte im Februar 1966 in der *Wenhui* in gekürzter Form veröffentlicht werden. Dadurch erwies Yu Luoke zum ersten Mal seinen unermesslichen politischen Mut. Er schrieb am 15. Februar 1966 in sein Tagebuch:

341

»Was habe ich zu verlieren? In Zukunft wird es nur Siege geben. [...] Wäre es nicht lächerlich, wenn ich Angst hätte? [...] Trotz der Kürzung sind der Kern, die These und die Schärfe meines Artikels recht deutlich zu erkennen. Ich habe einfach das gesagt, was die anderen nicht zu sagen wagen. Mein Text wird bestimmt Freunden Mut machen und lässt die Menschen wissen, dass ich nicht von der Last meines Lebens zu erdrücken bin. Wer wagt es in dieser großen, weiten Welt wie ich, Yao Wenyuan grundlegend zu widersprechen? [...] Die Wahrheit ist auf meiner Seite. Yao Wenyuan und seinesgleichen sind nichts anderes als eine Schar verachtenswerter Halunken. Sie sind diejenigen, die im Angesicht der Geschichte werden zittern müssen.«

Nach dem Ausbruch der Kulturrevolution im August 1966, als die Parole »Ist der Vater ein Held, ist der Sohn ein ganzer Mann; ist der Vater reaktionär, bleibt der Sohn ein Bastard« am lautesten gerufen wurde, begann Yu Luoke mit der Niederschrift seines Artikels »Über die soziale Herkunft«. Zugleich zweifelte er – mit Sicherheit als einer der wenigsten Menschen in ganz China – an der Kulturrevolution und prangerte den Personenkult um Mao an. Er schrieb am 3. Mai 1966 ins Tagebuch: »Xyz ruft die Massen auf, Mao grenzenlos zu verehren und an ihn zu glauben. Theorien werden mit Religion verwechselt. Alle Theorien sind begrenzt. Die sogenannte Grenzenlosigkeit ist absurd.« Und am 7. Juni 1966 notierte er mit scharfer Ironie:

»Sie (die Kulturrevolution) ist eine Prüfung für alle jungen, unerfahrenen Menschen, eine Prüfung für die ›Massenbewegung‹! Was für eine ›Massenbewegung‹! Wenn es die offiziellen Zeitungen nicht andauernd predigen würden, würde kein Mensch daran glauben, dass die Revisionisten Angst vor solchen Kundgebungen hätten! Noch lächerlicher: Unter den Parolen gibt es eine, die lautet: ›Den Vorsitzenden Mao unter

Einsatz des eigenen Lebens verteidigen!‹ Alle rufen diese Parole. Keiner stellt die Frage, wer denn den Vorsitzenden Mao umbringen will. Etwa Deng Tuo[33] mit seiner Zunge? Der hat doch nicht einmal die Qualifikation dafür! Wer denn dann? In den Zeitungen steht es jedenfalls nicht. Niemand weiß es, aber alle rufen die Parole.«

Im Oktober vervielfältigte Yu Luoke, unterstützt von seinen beiden Brüdern und seiner Schwester, mithilfe einer Matrize fünfhundert Exemplare seiner Abhandlung und klebte sie an wichtigen Kreuzungen sowie in verschiedenen Institutionen und Schulen an. Im November 1966 schrieb er »Über die soziale Herkunft« mit Pinsel auf eine großformatige Wandzeitung und befestigte sie an einer Mauer in der belebtesten Einkaufsstraße Wangfujing. Danach stellte er sich auf die Treppe der Xinhua-Buchhandlung und forderte Passanten auf, mit ihm über das Thema der sozialen Herkunft zu diskutieren.

Seine Abhandlung »Über die soziale Herkunft« rief ein großes Echo in der Gesellschaft hervor. Einige Schüler der 4. Pekinger Mittelschule lasen den Artikel zufällig auf der Straße und waren von der These überzeugt und von dem Mut des Autors tief beeindruckt. Sie suchten Yu Luokes Bruder Luowen auf und diskutierten mit ihm, wie man den Artikel »Über die soziale Herkunft« verbreiten könnte. Am 18. Januar 1967 brachten sie dann die *Zeitung der Kulturrevolution der Mittelschulen* heraus. 30 000 bis 60 000 Exemplare wurden für jede der insgesamt sechs Ausgaben gedruckt und waren jedes Mal im Handumdrehen ausver-

---

33 Deng Tuo (1912–1966), Politiker, Historiker, Dichter und Essayist, langjähriger Leiter des Parteiorgans *Volkszeitung,* war ein wichtiger Propagandist der KPCh. Er hatte in vielen Essays die Politik des Großen Sprungs nach vorn scharf kritisiert und den von Mao entmachteten Verteidigungsminister Peng Dehuai verteidigt. Deng Tuo wurde wegen dieser Essays am Vorabend der Kulturrevolution als Anführer einer antiparteilichen Clique angeprangert. Am 18. Mai 1966 beging er Selbstmord. 1979 wurde er rehabilitiert und postum als »hervorragender Kommunist und treuer Soldat der proletarischen Revolution« geehrt.

kauft. Die Reaktion in der Gesellschaft war gewaltig. Die jungen Herausgeber erhielten jeden Tag mehrere Tausend Leserbriefe, die sie selbst mit einem Dreirad von der Post abholen mussten, weil der Briefträger nicht in der Lage war, so viele Briefe auszutragen. An der Debatte beteiligten sich auch viele andere inoffizielle Zeitungen, in denen sowohl Befürworter als auch Gegner zu Wort kamen. Und die normalen Bürger taten ihre Meinung in Form von Wandzeitungen kund oder schrieben ihre Pro- oder Kontraansichten einfach an den Rand der Wandzeitungen. Aus heutiger Sicht war es ein erstaunliches Phänomen, das an ein freies, demokratisches Forum erinnert. Ein Phänomen, das dank des mutigen Vordenkers und Pioniers der Menschenrechte Yu Luoke in einem Vakuum der Anarchie entstand. Eine lodernde Fackel in der dunklen Nacht, deren Flammen jedoch sehr bald kaltblütig erstickt wurden, mitsamt demjenigen, der sie entzündet hatte.

Das von der Zentralen Führungsgruppe der Kulturrevolution am 14. April 1967 gefällte Urteil – »Über die soziale Herkunft« sei »ein großes, giftiges Unkraut« gegen die Partei – machte Yu Luoke nicht nur mundtot, sondern zerstörte sein Leben.

Am Morgen des 5. Januar 1968 ging er wie gewohnt mit seinem Mittagessen – einer Schachtel Reis und gedünstetem Chinakohl – zur Arbeit und kam nie wieder nach Hause. In seiner Fabrik angekommen, wurde er brutal zusammengeschlagen und verhaftet. Auf dem Schreibtisch in seinem Kämmerchen, das er aus einem Kohleschuppen selbst umgebaut hatte, lag seine unvollendete neue Abhandlung »Über den Lohn«.

Ein junges Leben von 27 Jahren wurde ausgelöscht, am 5. März 1970 – aufgrund seines Wesens, frei zu denken, aufgrund seines Willens, für die Gerechtigkeit zu kämpfen, aufgrund seines Mutes, nicht zu schweigen. Seine Familie weiß bis heute nicht, wo er hingerichtet wurde und was mit seiner Asche geschah.

Yu Luoke war einer der wenigen unter 700 Millionen Chinesen, die sich in der dunkelsten Zeit der Geschichte ihres Landes trauten, Nein zu sagen. Seinen Körper hatten sie vernichtet. Sein Geist erleuchtet jedoch bis heute unzähligen Menschen den Weg in die Freiheit.[34]

Jene originale erste Ausgabe der *Zeitung der Kulturrevolution der Mittelschulen* mit dem Artikel »Über die soziale Herkunft« von Yu Luoke ist mir ein ewiges Andenken geblieben, ein Andenken an Yu Luoke, an Xiaohe, an Tante Yue, an Tante Yi, an meinen Großonkel und seine Kinder und Enkelkinder, an meine Tante, an eine vergangene Epoche mit ihren Helden und Feiglingen, Gewinnern und Verlierern, Opfern und Verbrechern.

---

34 Die Aussagen, Informationen und Zitate in der obigen Passage stammen aus Yu Luokes Tagebüchern sowie den Erinnerungen seiner Schwester Yu Luojin, seines Bruders Yu Luowen und seiner Freunde im Buch *Yu Luoke. Werke und Erinnerungen,* herausgegeben von Xu Xiao, Ding Dong und Xu Youyu, Peking: Verlag der Chinesischen Vereinigung für Literatur- und Kunstschaffende 1999.

19. KAPITEL

*Wie Lehrer Huang uns ein kleines Fenster zu einer anderen Welt
öffnete, oder warum ein Lied aus der Heimat von Karl Marx
unser Herz berührte*

Unmittelbar nach dem Einzug ins Ensemblewohnheim meiner Eltern begann ein neuer Lebensabschnitt für mich: Ich wurde Schülerin der Ersten Sanlitun-Mittelschule. Eine absolut neue Umgebung für mich: Der Wohnhof war neu, die Schule war neu. In der Schule kannte ich niemanden. Ich strahlte eine Haltung aus, die für ein dreizehnjähriges Mädchen nicht eben typisch war: eine Mischung aus Trauer, Reife und Stolz. Ruhig, schweigsam und besonnen beobachtete ich die Menschen und Geschehnisse um mich herum.

Mein Klassenlehrer war ein junger Mann namens Huang, ein ehemaliger Absolvent der Fremdsprachenfakultät der Peking-Universität, Fachbereich Deutsch. Als die Kulturrevolution im Juni 1966 an seiner Universität ausbrach, befand er sich im vierten Studienjahr. Dadurch war in Wahrheit sein Studium bereits mit dem dritten Studienjahr beendet. Ab September 1965 musste sein Jahrgang für ein Jahr aufs Land gehen und an der Kampagne der »Vier Säuberungen« – der sozialistischen Erziehungsbewegung – teilnehmen. Zurück an der Uni, stellte er fest, dass das Feuer der nächsten Revolution bereits entfacht worden war. Auf dem Campus herrschte Anarchie. Aufgrund seines »schwarzen« Familienhintergrundes – sein Großvater und sein Vater waren Kapitalisten gewesen – wurde er von der Revolution der Roten Garden ausgeschlossen. Im Zuge der »Großen Chuanlian-Kampagne der Rotgardisten« begab er sich gemeinsam mit zwei Freunden auf eine hunderttägige Reise – zum Teil zu Fuß – durch ganz China. Als die Rotgardisten, das heißt alle Mittelschüler der

Jahrgänge 66, 67 und 68 Anfang 1969 aufs Land geschickt wurden, mussten Lehrer Huang und seine Kommilitonen als die letzten Studenten der »revisionistischen Erziehungslinie« die Universität verlassen und wurden zur Umerziehung in ein Landwirtschaftskombinat der Volksbefreiungsarmee in der Provinz Hebei verbannt. Fachkenntnisse wie die Fremdsprache Deutsch konnte man für die Revolution sowieso nicht gebrauchen. Zwei Jahre später, 1970, gab es allerdings plötzlich eine Anweisung, an einigen Mittelschulen in Peking experimentell Deutsch als Fremdsprache zu lehren. Meine Schule war eine davon. Lehrer Huang hatte das Glück, als Deutschlehrer an der Ersten Sanlitun-Mittelschule angestellt zu werden. Später erzählte er uns, es sei Premierminister Zhou Enlai gewesen, der ihn und seine Kommilitonen wie eine kostbare »Ausgrabung« gerettet habe. Zhou Enlai bedauere es zutiefst, die Fähigkeiten der Fremdsprachenexperten verkümmern zu lassen. Diese Experten habe das neue China in den siebzehn Jahren seit seiner Gründung mit großem Aufwand ausbilden lassen. Deshalb habe Premierminister Zhou Enlai entschieden, diese »Schätze« auszugraben, damit sie neue »Schätze« schüfen, sagte Lehrer Huang humorvoll.

Sein Blick – der Blick eines Mannes, der für mich noch fremd war – wanderte an meinem Gesicht vorbei, wanderte wieder zurück und haftete lange darauf. Am ersten Schultag bat mich Lehrer Huang, nach der Schule zurückzubleiben. Er stellte mir eine Reihe von Fragen: wie alt ich sei, was meine Eltern machten, ob ich früher als Schülerfunktionärin tätig gewesen sei usw. Ich beantwortete brav seine Fragen. Dann sagte er: »Ich wusste auf den ersten Blick, dass du eine aktive Schülerfunktionärin warst.«

»Warum?«, fragte ich erstaunt.

»Ich kann Physiognomien deuten«, antwortete er lächelnd.

Dann fragte er mich, ob ich Klassensprecherin werden wolle. Er habe noch keine Erfahrung als Lehrer, vor allem als Klassenlehrer, und hoffe, von einigen Schülerführungskräften unterstützt zu werden. Ich stellte fest, dass Lehrer Huangs Haut und

Zähne sehr weiß waren. Seine Hände waren ebenfalls sehr blass, aber leider auch fleischig und schienen sehr weich zu sein, für meine Begriffe nicht männlich. Seine Stimme klang sanft und angenehm. Er sah mir in die Augen, während er mit mir sprach.

Am zweiten Schultag verkündete Lehrer Huang in der Klasse, dass ich die neue Klassensprecherin sei, und bat mich aufzustehen. Schweigend stand ich in der letzten Reihe auf und merkte, wie sich über fünfzig Paare schwarze Augen auf einmal auf mich richteten. Mein Herz schlug schwer. Ich konnte nicht sagen, ob ich stolz, nervös oder verschämt war. Aber eines wusste ich, dass mein Gesicht nur Ruhe und Souveränität ausstrahlte.

Der erste deutsche Satz, den Lehrer Huang uns beibrachte, war: »Es lebe Vorsitzender Mao!« Da der Deutschunterricht an der Mittelschule ein Pilotprojekt war, gab es noch kein Lehrbuch. Die Lehrer mussten gemäß der politischen Lage und aufgrund ihrer eigenen Interessen und Stärken selbst Lehrmaterial schreiben und aussuchen. Mit seiner eleganten deutschen Schönschrift schrieb Lehrer Huang diesen Satz an die Tafel. Wir Schüler malten ihn in unser Vokabelheft für Englisch nach. Zehnmal hintereinander schrieben wir den Satz »Es lebe Vorsitzender Mao!« Danach sprachen wir Lehrer Huang nach, wie dieser Satz ausgesprochen werden muss.

Die Vokabeln, die wir anschließend lernten, waren: Arbeiter, Bauer, Soldat, Proletariat, Klassenkampf und Revolution.

Ich fand, dass Deutsch eine hart klingende Sprache ist. Jedes Wort, wenn man es aussprach, klang so, als ob ein Stein gegen eine Betonmauer geworfen werden würde. Aber ich schrieb es gern. Für mich waren diese fremden Buchstaben, wenn man sie miteinander verband, wie eine Welle, die zart und romantisch aussah. Im Deutschunterricht erfuhren wir, dass Karl Marx und Friedrich Engels Deutsche waren und dass *Das Manifest der Kommunistischen Partei* und *Das Kapital* in dieser Sprache geschrieben worden waren. Deshalb waren wir der Ansicht, dass diese Sprache eine revolutionäre und kämpferische Sprache ist.

Wir waren mächtig stolz darauf, diese Sprache lernen zu dürfen. Ein Lesestoff, den Lehrer Huang uns gab, hieß »Die Geschichte von Jenny und Karl Marx«. Gegenüber den Klassen, die Englisch, also die Sprache der amerikanischen Imperialisten, lernen mussten, fühlten wir uns besonders überlegen. Was allerdings unseren Stolz ein wenig einschränkte, war, dass wir im Geschichtsunterricht erzählt bekamen, in Deutschland habe es einen Schurken namens Hitler gegeben, und beide Weltkriege seien von Deutschen entfesselt worden. Ansonsten wussten wir nichts von Deutschland. Von der Welt wussten wir schon gar nichts, außer dass die Völker in den kapitalistischen und imperialistischen Ländern in Not und Elend leben sollten, wie uns unsere Zeitungen und Lehrer vermittelten. Diese fremden Buchstaben und Wörter waren wie einzelne Stücke eines Puzzles, mit denen wir jene uns unbekannte Kultur eines weit entfernten Landes zusammenzufügen versuchten.

Lehrer Huang entpuppte sich als ein musikalisch begabter, vielseitiger Mann. Er spielte Akkordeon, Geige und Trompete. Die dreijährige harte Arbeit auf dem Land und auf der Farm hatte erstaunlicherweise seine Hände nicht ruiniert. Es dauerte nicht lange, bis er eine Agitationsgruppe in der Klasse gründete, mit der er alle seine unterdrückten Begabungen nach Herzenslust entfalten konnte. Die Agitationsgruppe hieß so, weil sie überall so hieß. In Wirklichkeit war sie eine Arbeitsgruppe, in der nach der Schule Chorgesang geübt, musiziert oder Gedichte skandiert wurden. Selbstverständlich ernannte er mich wieder zur Leiterin dieser Gruppe. Später gründete er ein Schulorchester, das an Wettbewerbsveranstaltungen auf Bezirks- und Stadtebene teilnahm und oft auch die Aufgabe erhielt, bei der Willkommenszeremonie am Flughafen für wichtige Staatsgäste zu spielen. Die meisten Orchestermitglieder waren Kinder aus unserem Hof, also Kinder, deren Eltern dem Theater- oder Tanz- und Gesangsensemble der Luftwaffe angehörten. Leider gehörte ich nicht dazu, weil ich kein Musikinstrument spielen konnte.

Lehrer Huang bedauerte das und meinte, ich hätte eine schöne Stimme und solle Gesang lernen. Wie hätte er wissen können, dass ich das Singen hasste! Ich traute mich nie, allein laut zu singen. Dass ich in der Agitationsgruppe in der Grundschule mitgesungen hatte, betrachtete ich stets als meine politische Pflicht.

Außer dem etwas trockenen Inhalt des Lehrstoffs suchte Lehrer Huang ab und zu deutsche Lieder aus, die er uns beibrachte. Jedes Mal schrieb er vorher den Liedtext und die Noten mit der Hand auf eine Matrize, die er vervielfältigte. Im Unterricht erhielt jeder von uns ein nach frischem Wachs riechendes Blatt, auf dem ein in der Schönschrift fein säuberlich geschriebenes Lied in dieser so fremden Sprache stand. Eines davon hieß *Komm, lieber Mai:*

»Komm, lieber Mai, und mache die Bäume wieder grün
und lass mir an dem Bache die kleinen Veilchen blühn!
Wie möcht ich doch so gerne ein Veilchen wieder sehn,
ach, lieber Mai, wie gerne einmal spazieren gehn!
Zwar Wintertage haben wohl auch der Freuden viel:
man kann im Schnee eins traben und treibt manch
    Abendspiel,
baut Häuserchen von Karten, spielt Blindekuh und Pfand,
auch gibt's wohl Schlittenfahrten aufs liebe freie Land.
Doch wenn die Vögel singen und wir dann froh und flink
auf grünem Rasen springen, das ist ein ander Ding!
Jetzt muss mein Steckenpferdchen dort in dem Winkel
    stehn,
denn draußen in dem Gärtchen kann man vor Schmutz
    nicht gehn.
Ach, wenn's doch erst gelinder und grüner draußen wär!
Komm, lieber Mai, wir Kinder, wir bitten gar zu sehr!
O komm und bring vor allem uns viele Veilchen mit,
bring auch viele Nachtigallen und schöne Kuckucks mit.«

Während wir sangen, spielte Lehrer Huang hingebungsvoll auf seinem Akkordeon, seine Augen waren geschlossen, sein Körper bewegte sich sanft im Rhythmus, er schien gänzlich in seiner eigenen Musik versunken zu sein.

Wir, die wir an kraftvolle, revolutionäre Lieder gewöhnt waren, fanden dieses Lied zu weich. Aber dennoch fühlten wir uns von seiner schönen, sanften, träumerischen Melodie hingerissen. Es ließ uns die kahlen Bäume, die staubigen Gassen und die ganzen Gruben und Luftschutzbunker auf dem Schulhof vergessen und entführte uns in eine ferne Welt voller Blumen und Vögel. Ich beobachtete mit Erstaunen, dass die frechen Jungs das Blatt mit dem Liedtext ausnahmsweise nicht zu Papierflugzeugen falteten oder heimlich unter dem Tisch Comics lasen, sondern ernsthaft – den Mund so rund wie einen Pingpongball geformt – mitsangen. Dieses Lied ließ uns träumen. Wir rochen den Duft der Veilchen, wir fühlten die Frische des Baches, wir hörten den Kuckuck rufen, wir sahen Kinder spielen. Uns überkam ein unbeschreibliches, nie da gewesenes Gefühl, das unser Herz berührte. Ein warmes, zartes, frisches Gefühl. Vor unserem inneren Auge öffnete sich plötzlich ein kleines Fenster, durch das wir eine fremde Welt entdeckten. Eine Welt, in der es nur Sonnenschein, Vogelgesang und Blumenduft gab und keinen Klassenkampf, keine Kampfkritiksitzungen und keine militärischen Übungen. Eine Welt, die uns wie eine Fata Morgana erschien – in diesem fünfzigminütigen Deutschunterricht.

Lehrer Huang war ein Gärtner, der mit diesem Lied ein Körnchen Freiheit und Liebe in unseren jungen Herzen säte. Er befreite uns damit für fünfzig Minuten aus der Isolation, in der wir lebten. Er war ein heimlicher Held, der sich – wenn auch unbewusst – gegen die Gehirnwäsche zur Wehr setzte und uns ein Stückchen von unserem Selbst zurückgab. Diese Saat wird eines Tages keimen, sobald sie Licht und Wasser bekommt. Dafür danke ich ihm noch heute.

Um unser Interesse für den Deutschunterricht zu wecken, inszenierte Lehrer Huang mit uns auch kleine Theaterstücke, die er nach deutschen Märchen umschrieb. Die beliebtesten und gelungensten Aufführungen waren zum Beispiel *Schneewittchen* und *Rotkäppchen*. Jedes Mal spielte ich die Hauptrolle. Das hatte zur Folge, dass ich den Neid mancher Mitschülerinnen auf mich zog.

Es gab in meiner Klasse ein Mädchen, das einen fast gleich hohen Rang hatte wie ich. Sie hieß Mei Ling – ein auffallend hübsches Mädchen mit großen Augen, hoher Nase und feiner, weißer Haut. Sie war ein Einzelkind, ihre Eltern arbeiteten als Diplomaten im Ausland. Und sie lebte angeblich allein mit einer Amme, trank jeden Tag Milch (was ein Privileg war, denn Milch bekamen normalerweise nur Familien mit Kleinkindern) und schlief in einem großen, weichen Bett. Sie war die stellvertretende Klassensprecherin, stellvertretende Leiterin der Agitationsgruppe und stellvertretende Zugführerin der Rotgardisten. Jedenfalls war sie stets meine Stellvertreterin. Aber sie nahm keine Notiz von mir, arbeitete ungern mit mir zusammen und ging mir aus dem Weg. Sie wirkte wie eine hochnäsige Prinzessin. Um sich herum versammelte sie eine Schar von Mädchen, die ihr wie Dienerinnen huldigten.

Eines Tages bestellte mich Lehrer Huang nach der Schule ins Lehrerzimmer. Er sah mich lange schweigend an. Dann holte er einen sorgfältig zusammengefalteten Zettel aus einer Schublade hervor und bat mich, ihn zu lesen. Neugierig und gespannt entfaltete ich den Zettel und las:

»Sie benachteiligt die fortschrittlichen Mitschüler, sagt nicht offen ihre Meinung über die anderen, zieht ihnen den Boden unter den Füßen weg, schließt sich nicht mit der Mehrheit der Mitschüler zusammen. Aufgrund ihrer ausgeprägten kleinbürgerlichen Gedanken sieht sie auf Schüler aus ländlichen Gegenden herab. Sie ist eingebildet, obwohl sie nichts Besonderes ist. Die anderen misst sie mit der Elle des Marxismus-Leninismus, aber sie selbst hat eine schlimme liberalistische Tendenz. Sie kämpft nicht gegen ihre eigenen egoistischen Gedanken. Manchmal tut sie dies formal, verbessert sich in Wirklichkeit jedoch nicht. Sie ist nachtragend, wenn Mitschüler sie kritisieren. Sie arbeitet nicht engagiert und aktiv und versagt in der Vorbildfunktion einer Schülerfunktionärin total. Wenn es sich um Ehrungen handelt, geht sie sofort ran; wenn Schwierigkeiten vorkommen, weicht sie aus. Sie ist doppelzüngig und hochnäsig. Sie schmeichelt einem ins Gesicht, intrigiert jedoch ständig hinter dem Rücken anderer. Sie redet blumige Worte, handelt jedoch anders.«

Der Zettel hatte keine Unterschrift. Als Sprecherin des Chinesischunterrichts kannte ich jedoch die Handschriften aller Schülerinnen und Schüler meiner Klasse. Auf den ersten Blick erkannte ich, dass es sich um Mei Lings Schrift handelte.

Lehrer Huang sprach im gewohnt ruhigen und sanften Ton zu mir: »Das ist die Kritik aus der Mitschülerschaft. Sie trifft bestimmt nicht in jedem Punkt zu. Eigentlich wollte ich dir den Zettel gar nicht zeigen. Aber dann habe ich mir überlegt, eine Schülerfunktionärin muss allerlei Prüfungen bestehen können. Deshalb habe ich mich entschlossen, ihn dir zu geben. Betrachte diese Kritik als einen Spiegel, auch wenn er ein verzerrter ist.«

Ich konnte keine Silbe über die Lippen bringen. Mein Atem wurde ungleichmäßig, die Augen taten mir ein wenig weh, und in der Nase zog es. Lehrer Huang musste es bemerkt haben. Denn er versuchte mich zu trösten und sagte: »Das höchst Anerkennenswerte an einem Menschen ist es, Kritik zu ertragen. Auf Kritik anderer baut man sein eigenes Haus. Lao Tse sagte: ›Die Worte der Wahrheit sind selten angenehm. Wer die Menschen kennt, ist ein Weiser, wer sich selbst kennt, ist ein Erleuchteter.‹«

Zum Schluss betonte er, dass dieser Zettel seine Meinung über mich überhaupt nicht beeinflussen werde.

Statt diesen Zettel zu zerreißen und Mei Ling ins Gesicht zu sagen, dass es die übelsten Verleumdungen waren, die sie da niedergeschrieben hatte, faltete ich ihn wieder zusammen und legte ihn in den Umschlag meines Tagebuchs. Ich war dem Lehrer Huang dankbar, dass er mir den Zettel gezeigt hatte, sonst hätte ich nie in Erfahrung gebracht, dass es Leute wie Mei Ling gab, die mich so sahen. Ich empfand keinen Hass, fand lediglich, dass es hinterhältig von ihr war, den Zettel nicht mir persönlich, sondern Lehrer Huang gegeben zu haben. Diesem Zettel entnahm ich, wie sehr sie mich beneidete oder sogar hasste. Ich wusste, dass ich nicht perfekt war und viele Schwächen hatte. Aber ich war bestimmt nicht so ein schlechter Mensch, als den sie mich beschrieb. Ich war mir ziemlich sicher, dass ihr Motiv Neid war. Sie beneidete mich um Lehrer Huangs Vertrauen und seine Gunst mir gegenüber, auch um meine Stellung in der Klasse. Aber ich dachte nicht daran, mit ihr darüber zu sprechen. Ich war der Meinung, dass es die Sache nicht wert war. Vielleicht fehlte mir auch der Mut. Jedenfalls hob ich den Zettel stillschweigend auf, ohne zu wissen, warum.

Eigentlich fand ich, dass Mei Ling in fast jeder Hinsicht besser war als ich. Was die schulischen Leistungen betraf, war sie nicht schlechter als ich. Ihre Handschrift war schöner als meine, ihre Lebensbedingungen waren besser als meine, sie sah auch hübscher aus und hatte mehr Freundinnen als ich. Sie hatte meines Erachtens gar keinen Grund, mich zu beneiden. Um mich herum gab es nicht so viele Mitschülerinnen. Ich lud auch nie jemanden nach Hause ein. Ich hatte das Gefühl, die Mädchen in der Klasse achteten mich zwar, hielten aber stets Abstand zu mir. Außer zu einigen Schülerfunktionären hatte ich keinen Kontakt zu den Jungs. Aber auch die frechsten Jungs in der Klasse schienen Respekt vor mir zu haben. Wenn sie in der Übungsstunde ohne Lehrer zu sehr außer Rand und Band gerieten, stand ich auf und sagte ein paar Worte, und die Ruhe kehrte erstaunlicherweise wieder ein. Bei jeder Resümeesitzung oder kollektiven Beurteilung erhielt ich die Kritik, »nicht genug Kontakt zu den Massen«

zu haben. Ich war der Meinung, dass ich sehr hohe Anforderungen an mich selbst stellte. Aber nur in diesem Punkt konnte ich mich nicht ändern. Ich hatte keine Lust, mit den Mädchen über die anderen zu lästern, zu plaudern, zu stricken oder zu häkeln. Auch in den Pausen redete und lachte ich wenig. Das hatte wahrscheinlich mit der Tragödie in meiner Familie zu tun. Ich war gern allein. Es fiel mir schwer, diese Vorliebe aufzugeben.

Später ereignete sich ein Zwischenfall in der Klasse, der mein Ansehen noch mehr erhöhte. Selbstkritik gehörte zum Alltag unseres Schullebens. Jede Woche, jeden Monat und am Ende eines jeden Schuljahrs fand eine sogenannte Resümeesitzung statt, auf der jeder Schüler Selbstkritik üben und sich von seiner Gruppe kritisieren lassen musste. Zum Schluss schrieb die Gruppe eine Beurteilung über den jeweiligen Schüler, die meistens die Grundlage der Beurteilung des Lehrers war und in die persönliche Akte aufgenommen wurde. Diese Akte, die einen von der Grundschule bis zum Tod begleitete, war äußerst wichtig. Sie beeinflusste das politische, schulische und später auch das berufliche und private Leben eines jeden.

In meiner Gruppe gab es ein zu Hause recht verwöhntes Mädchen. Sie hatte ein ovales Gesicht, zwei lange geflochtene Zöpfe und ein sehr dünnes, hohes Stimmchen. Einmal hatte ich auf solch einer Sitzung ein paar kritische Punkte gegen sie geäußert. Wider meine Erwartung drehte sie völlig durch, schrie mich an und schimpfte: »Nur du bist die Tollste, nicht wahr? Du Scheinheilige! Du Eingebildete! Was ist denn besonders an dir?! Du bist doch nur eine Klassensprecherin! Ich scheiß drauf! Verdammte Klassensprecherin! Jeder weiß, dass du Lehrer Huangs Liebling bist! Na und? Stell dich verdammt noch mal nicht so dämlich an! Wehe, du schreibst es in meine Akte! Warte ab, ich lasse dich Schlampe von meinen Brüdern fertigmachen, aber total …!« Alle wussten, dass sie zwei ältere Brüder hatte.

Die ganze Klasse war vor Entsetzen erstarrt. Alle Blicke richteten sich auf uns beide. Ich hatte in meinem Leben noch nie mit jemandem gestritten und wusste nicht, wie ich reagieren sollte. Ich presste meine Lippen fest zusammen, hielt die Tränen in den Augen zurück und saß ruhig wie der Berg Tai auf meinem Stuhl. Das Mädchen, das – mir zugewandt – rittlings auf ihrem Stuhl in der Reihe vor mir saß, schimpfte weiter wütend auf mich los. Dabei streckte sie ihren Kopf immer näher in meine Richtung, sodass ihre Nase beinahe meine berührte. Da es von meiner Seite keine Reaktion gab, wusste sie auch nicht mehr ein und aus und fing an zu heulen, bis Lehrer Huang, durch irgendjemanden alarmiert, ins Klassenzimmer gerannt kam. Ein Junge – den Mund zu einem halben Lächeln verzogen – sagte: »Wow, erschütternd, aber total!« Man wusste nicht genau, ob er damit die Hysterie des Mädchens meinte oder meine Ruhe.

Fest stand, dass mir meine Klassenkameraden seitdem noch mehr Respekt und Bewunderung zollten. Von der Mittelstufe bis zur Oberstufe war ich fünf Jahre lang Klassensprecherin und Sekretärin der Jugendverbandszelle. Merkwürdigerweise veränderte dieses Mädchen seine Haltung mir gegenüber später von Grund auf. Sie wurde meine treue Anhängerin und versuchte immer wieder, sich mit mir anzufreunden. Wenn wir einen Ausflug machten oder zu einer Veranstaltung unterwegs waren, marschierte sie stets neben mir und ahmte meine Gangart nach. Sie pflegte sich auch so zu kleiden wie ich und trug in allen vier Jahreszeiten eine grüne Herrenuniform der Volksbefreiungsarmee, obwohl keiner in ihrer Familie in der Armee war.

Fünf Jahre nach Beginn der Kulturrevolution war unser Schulalltag weiterhin von der Politik und der Beschäftigung mit ideologischen und weltanschaulichen Fragen bestimmt. Freizeitvergnügungen gab es nicht. Neben den Proben der Agitationsgruppe, den unendlichen Selbstkritiksitzungen und dem ewigen Graben der Luftschutzbunker mussten wir nachmittags oft Wandzeitungen schreiben, in denen die aktuelle politische Lage erläutert wurde und aktive, gute Schüler gelobt und passive, sich schlecht benehmende Schüler kritisiert wurden. Darüber hinaus bildeten wir freiwillig Arbeitsgruppen, die sich mit den Werken von Karl Marx, Lenin und Mao Zedong befassten. Monatelang quälten wir uns zum Beispiel mit der *Kritik des Gothaer Programms* von Karl Marx in der chinesischen Übersetzung. Wir zerbrachen uns den Kopf über Begriffe wie »Arbeitsmittel«, »gerechte Verteilung des Arbeitsertrags«, »ehernes Lohngesetz«, »freiheitliche Grundlage des Staats« und »Diktatur des Proletariats«. Richtig verstehen konnten wir all dies kaum.

Ich war hungrig nach Wissen und liebte jedes Fach und bedauerte, dass der Unterricht oft durch das sogenannte Von-Arbeitern-Bauern-und-Soldaten-Lernen unterbrochen wurde. Das hieß, wir mussten regelmäßig aufs Land gehen und den Bauern bei der Ernte helfen oder ein Praktikum in einer Fabrik absolvieren oder militärische Übungen in einer Armeeeinheit oder unter der Leitung eines Unteroffiziers in der Schule machen. Die verbleibende Zeit, die wir mit Lernen verbrachten, war gering. Gegen Ende eines Schuljahrs waren die Schulbücher noch fast wie neu. Das, war wir lernten, war oft nicht zusammenhängend. Um den Lehrplan einigermaßen einzuhalten, waren die Lehrer gezwungen, lediglich Schwerpunkte herauszufiltern und zu behandeln. Die Hälfte der Zeit mussten sie auch noch für die Wiederholungen einplanen. Denn nach einer der langen Pausen hatten wir jeweils alles vergessen, was wir zuvor gelernt hatten. Das bisschen Zeit für den kostbaren Unterricht, das uns übrig blieb, wurde oft auch noch durch Störungen der frechen Jungs vergeudet. Denn es war eine Zeit, in der die sich gegen die Lehrer auflehnenden Schüler als Helden gelobt wurden, in der diejenigen, die einen leeren Prüfungsbogen abgaben, sich nicht zu schämen brauchten, in der Leistung mit Revisionismus gleichgesetzt wurde. In jeder Klasse gab es eine Schar von Schülern, die nicht lernen wollten und nur darauf ausgerichtet waren, Lehrer und Mitschüler zu schikanieren. Die Lehrer konnten mit ihnen nichts anstellen. Manche hatten sogar Angst vor ihnen. Denn man wusste nie, was für einen Schabernack sie heute wieder spielen würden.

Unsere Chemielehrerin war eine Ausnahme. Sie hatte nicht nur keine Angst vor den Störenfrieden, sie bekam sie sogar unter ihre Kontrolle. Sie überwältigte sie nicht durch Autorität und Strenge, sondern durch ihren Humor und ihre Gelassenheit. Sie war eine junge Frau mit einem markanten Gesicht und einer lauten Stimme. Sie kümmerte sich nicht um ihr Äußeres. Wenn sie ihren Arm hochhob und etwas an die Tafel schrieb, konnte man ihren roten Gürtel aus Stoff sehen. Machte sich jemand darüber lustig, gab sie laut zurück: »Du hast keine Ahnung! Der rote Gürtel schützt einen vor Unglück und Krankheit. Sage zu Hause deiner Mutter, sie solle sich auch einen besorgen, wenn sie deinen Enkel noch in den Armen tragen will.«

Sie versuchte den Unterricht stets praxisnah und lebendig zu gestalten. Oft ließ sie die faulsten, frechsten Jungs die spannenden Versuche durchführen und lobte sie, wenn ihnen ein Versuch gelang. Wenn die Störenfriede im Unterricht zu heftig Radau schlugen, nahm sie ihre Mappe und verschwand einfach aus dem Klassenzimmer. Vorher sagte sie noch: »Ob ihr den Unterricht haben wollt oder nicht, hängt von euch ab. Wenn ihr ihn nicht haben wollt, ist es für mich ja bequemer. Mein Gehalt kriege ich so oder so. Auf Wiedersehen!«

Mit der Zeit wurden die Störenfriede durch ihre Art entwaffnet. Sie gehorchten ihr. In keinem Unterricht waren sie so ruhig wie im Chemieunterricht. Und die Chemienoten unserer Klasse waren im Vergleich zu anderen Fächern die besten.

Die längste Zeit, die wir mit dem »Von-Arbeitern-Bauern-und-Soldaten-Lernen« verbrachten, war das dreimonatige Praktikum in einer Pekinger Lampenfabrik. Das war im dritten Schuljahr der Mittelstufe. Unser ganzer Jahrgang wurde in diese Lampenfabrik abkommandiert und arbeitete drei Monate lang unentgeltlich. Wir wurden auf die verschiedenen Abteilungen verteilt und arbei-

teten mit den Arbeitern zusammen in drei Schichten. Ich durch-
lief hintereinander drei Abteilungen: Glühfaden waschen, Glühfaden kontrollieren und Glühbirnen verpacken. In dieser Zeit
brachte ich zum ersten Mal in Erfahrung, was es wirklich bedeutete, eine »Schraube« wie der Mustersoldat Lei Feng[35] zu sein (bis
jetzt war es eine unserer lautesten Losungen gewesen, eine »kleine
Schraube« zu sein, die überall eingesetzt werden konnte, wo sie
die Partei brauchte): jeden Tag acht Stunden lang eine einfache,
monotone Arbeit machen. Zum Beispiel die Glühbirnen in eine
Schachtel verpacken. Ich fragte mich, was wäre, wenn die Partei
mir später solch einen Arbeitsplatz zuweisen würde. Die Antwort
war erschreckend: unvorstellbar. Ich wusste zu diesem Zeitpunkt
noch nicht, was ich werden wollte. Aber nun wusste ich, was ich
nicht werden wollte: eine Arbeiterin. Dieser Gedanke erschreckte
mich selbst. Denn die Arbeiterklasse war die führende Klasse unserer Gesellschaft, wie uns von klein auf eingehämmert wurde. In
diesen drei Monaten stellte ich zum ersten Mal einen kleinen Riss
zwischen der uns eingeflößten Weltanschauung und dem realen
Leben fest. Auch erlebte ich in diesen drei Monaten zum ersten
Mal am eigenen Leibe, wie die einzelnen Vertreter der Arbeiterklasse sein konnten: undiszipliniert, faul, ungebildet.

Als wir drei Monate später wieder im Klassenzimmer saßen,
war ich froh, immer noch eine Schülerin zu sein und weiterhin
das Wissen, nach dem ich so hungerte, einsaugen zu dürfen. Zugleich hatten wir das Gefühl, plötzlich erwachsen geworden zu
sein. Die »Gesellschaft« war für uns kein abstrakter Begriff mehr,
sondern mit konkreten, lebendigen Inhalten gefüllt. Wir wussten
jetzt, dass ein Arbeiter, der mit fünfzehn Jahren angefangen hatte,
Glühbirnen zu blasen, und in der höchsten der »Acht Lohnklas-

---

35 Lei Feng (1940–1962), ein Soldat der Volksbefreiungsarmee, bekannt für seine grenzenlose Selbstlosigkeit, Nächstenliebe, Hilfsbereitschaft und Bescheidenheit. Mit
22 Jahren starb er bei einem Unfall an seinem Arbeitsplatz. Nach seinem Tod rief
Mao Zedong das ganze Land auf: »Vom Genossen Lei Feng lernen!« Seitdem gilt Lei
Feng als Vorbild für das ganze Volk der Volksrepublik China.

sen« war, einen Grundlohn von dreiundneunzig Yuan bezog; dass ein Lehrling seinen Meister wie seinen eigenen Vater zu ehren hatte; dass die frischgebackenen Mütter unter den Arbeiterinnen in der Pause unverzüglich in den »Stillraum« rennen mussten, um ihre Babys zu wickeln und zu stillen; dass die jungen Arbeiter sich nicht permanent Gedanken machten, wie sie die Revolution und China führen sollten, sondern sich eher darum sorgten, wie sie eine Freundin finden und wann sie endlich eine Wohnung von der Fabrik zugeteilt bekommen würden; dass das Essen in der Kantine furchtbar schmeckte; dass vier Uhr morgens in der Nachtschicht der am schwersten zu ertragende Moment war. Und wir wussten jetzt auch, durch wie viele Verfahren und von wie vielen Händen eine kleine Glühbirne hergestellt wurde. Zweifellos hatten wir viel gelernt, was wir in der Schule nie hätten lernen können. Das Einzige, was mich sehr beunruhigte und mir unbegreiflich schien, war, dass ich nicht klar sagen konnte, was ich von den Arbeitern gelernt hatte. Und das war doch das ursprüngliche Ziel unseres Praktikums gewesen.

Außer der Lektüre von Marx, Lenin und Mao Zedong, den Praktika und der immer wieder anfallenden Aufgabe, Luftschutzbunker zu graben, gehörte auch der Gedichtwettbewerb zu unserem schulischen Leben. Er war eine populäre, kulturelle Veranstaltungsform nicht nur in den Schulen. Zu jedem Anlass, zum Beispiel zum 1. Mai oder zum Gründungstag der Volksrepublik China oder der Partei, fanden landesweit und in jeder Branche Gedichtwettbewerbe statt. Dank meiner Mutter, die uns tatkräftig bei der Auswahl der Gedichte und bei der Probe unterstützte, gewann meine Schule mehrfach den ersten Platz beim Wettbewerb der Mittelschulen der ganzen Stadt. Die Art des Skandierens war wie ein Chorgesang. Mehrere Dutzend Schüler standen in mehreren Reihen auf der Bühne und trugen ein Gedicht vor. Dabei gab es einen Vorrezitator oder zwei Vorrezitatoren, meistens einen Jungen und ein Mädchen.

Ein Gedicht, für das wir den ersten Preis unter allen Schulen der Stadt gewonnen hatten, kann ich nie vergessen. Es trug den Titel *Du bist ein Tropfen in der Gischt:*

»Hier möchte ich einen Menschen besingen.
Er ist kein General,
hat aber unzählige Verdienste erworben;
er ist kein Dichterfürst,
hat aber unvergängliche Gedichte geschrieben;
er ist so gewöhnlich,
er ist so jung,
er ist wie ein kleiner Regentropfen des Frühlings,
versickerte aber ins Herz von Hunderttausenden
    Menschen!
Warum rufen eine Milliarde Menschen
in ihrem Herzen nach diesem Namen,
dem Namen eines zweiundzwanzigjährigen Soldaten?

Er ist ein Tropfen Wasser,
kann aber die Sonne widerspiegeln!
Er ist ein soeben flügge gewordener Vogel,
fliegt aber auf die Partei zu!
Er ist eine soeben angezündete Laterne,
hat aber keine Sekunde sein Licht verschwendet!
Er ist eine soeben gerührte Trommel,
kann aber jeden Schlag in einen Donner verwandeln.

Ah, Lei Feng!
Du schreibst kein Lied für dich selbst;
du webst keine seidene Kleidung für dich selbst;
du kämmst nicht deine eigenen Federn;
du vergießt keine Träne für dich selbst.

Ah, Lei Feng!
Du bist eine Note in der ›Internationale‹;
du bist eine Faser in der roten Fahne;
du bist eine rote Blüte im Meer von Blumen;
du bist ein Tropfen in der Gischt!

Jung!
Unsterblich!
Großartig!
Seht, der einfache Soldat Lei Feng!
Für jeden Schritt ein Echo,
für jeden Schritt ein Lied,
Er hallt bis in die Ewigkeit!«

Lei Feng, dessen Namen wir seit dem Kindergartenalter kannten, prägte unsere Jugend, unsere Sprache, unser Leben. Er war
das Synonym für Güte, Hilfsbereitschaft und Selbstlosigkeit. Er
war unser Vorbild, unser Idol. Er war eine Legende.

Jedes Mal, wenn wir auf der Bühne dieses Gedicht vortrugen,
hatte ich Tränen in den Augen und aufwallendes Blut in den
Adern. Ich glaube heute, dass es nicht nur die Legende Lei Feng
war, die mich bewegte, sondern auch das Gedicht an sich – seine
glänzende Sprache, seine wunderbaren Metaphern, seine kraftvollen Verse, getragen von unseren klaren, dynamischen, syn-
chronen Stimmen. Ich skandierte als Vorrezitatorin die Strophe
»Ah, Lei Feng! Du schreibst kein Lied für dich selbst«, und der
Vorrezitator, ein Junge aus der Parallelklasse mit einer sehr schönen Stimme, trug die nächste Strophe »Ah, Lei Feng! Du bist
eine Note in der ›Internationale‹« vor. Dann alle im Chor die
letzte Strophe: »Jung! Unsterblich! Großartig! …« Das Gedicht
erreichte seinen Höhenpunkt. Unsere Stimmen waren wie eine
gewaltige Brandung, die auf Felsen prallte und in der großen
Aula widerhallte. Und es gab keinen unter dem Publikum, dem
nicht Tränen in den Augen standen. Am Gedichtwettbewerb

teilzunehmen war oberflächlich gesehen eine politische Aufgabe. Aber im Kern war es eine künstlerische Tätigkeit für uns, eine künstlerische Aktion in einer Zeit, in der Revolution, Kampf, Kritik, Selbstkritik, Kundgebungen das Alltagsleben beherrschten, in der es außer den »Acht Modellopern« keine Kunst, außer Wandzeitungen kein Gedicht, außer den *Worten des Vorsitzenden Mao* keine Literatur gab. Es war ein künstlerischer Genuss, genauso wie das Singen eines deutschen Volksliedes im Deutschunterricht ein Genuss für uns war. Ein Körnchen geistiger Nahrung für unser hungriges Hirn. Ein Tropfen Wasser in der Wüste.

Zwei andere Körnchen geistiger Nahrung fand ich in unserem Hof, eines im Sommer, eines im Winter.

Auf dem Platz in unserm Hof, auf dem ein Basketballkorb stand, wurden im Sommer regelmäßig Filme vorgeführt. Jedes Mal war es ein großes, fröhliches Ereignis. Viele Kinder und Omas und Opas stellten vor dem Abendessen schon ihren Hocker dorthin, um Plätze für die ganze Familie zu besetzen. Noch ehe es dunkel wurde, war der Platz voll. Überall – vor der Leinwand, hinter der Leinwand, auf dem Boden, im Blumenbeet, auf den Tischtennistischen – saßen, standen und hockten Menschen. Einige Jungs kletterten sogar auf den Basketballkorb. Die Bewohner aus den benachbarten Gassen, die unseren Hof eigentlich nicht betreten durften, gelangten über die Mauer herein. Der Pförtner drückte an solchen Abenden ein Auge zu. Die Filme, die gezeigt wurden, waren immer dieselben. Die meisten davon hatte ich mit meiner Freundin Xia während unseres »Vagabundenlebens« in der sechsten Klasse bereits zum zigsten Mal gesehen. Trotzdem war jede Filmvorführung für uns alle ein Genuss, eine große Freude und eine Abwechslung von unserem politisierten Alltagsleben. Die Kinder kannten die Dialoge vieler Filme in- und auswendig. Wenn die Protagonisten in einer entscheidenden Szene den maßgeblichen Satz sprachen, pflegten sie den nächsten mitzusprechen. Manchmal griffen sie sogar artikulierend und Grimassen schneidend den Protagonisten vor, sodass, während der Film auf der Leinwand gezeigt wurde, noch eine »Theateraufführung« unter der Leinwand stattfand. So sah ich, auf einem Hocker sitzend und im Duft des Flieders – in unserem Hof wuchsen viele Fliederbäume –, zum ich weiß nicht mehr wievielten Mal *Lenin im Oktober, Lenin im Jahr 1918* und die sogenannten Drei Kriege: *Der Tunnelkrieg, Der Minenkrieg* und *Krieg im Norden wie im Süden*. Außerdem sahen wir oft die Verfilmung der »Acht Modellopern«, also etwa die Pekingopern *Die Legende der roten Laterne, Shajiabang, Mit taktischem Geschick den Tigerberg erobern, Am Hafen* und die Ballettstücke *Das weißhaarige Mädchen* und *Das Rote Frauenbataillon*.

An den Winterabenden, wenn Großmutter und Shitou schon im Bett lagen und ich die Hausaufgaben gemacht hatte, saß ich an meinem Schreibtisch und starrte vor mich hin. Eines Abends griff ich wahrscheinlich aus purer Langeweile nach einem Bleistift und fing an zu zeichnen. Ich zeichnete alles, was ich sah: das selbst gebastelte Transistorradio, das Tintenfass, den Tisch, den Stuhl, die Teetasse, die auf dem Fensterbrett liegenden Kakipflaumen. In der Grundschule hatte ich eine Zeit lang mit Anran zusammen gezeichnet. Nun entdeckte ich meine Lust zum Malen wieder. Ich sah die Dinge plötzlich mit einem neuen Blick an, einem neugierigeren Blick, der die Formen, die Farben, die Beschaffenheit der Gegenstände und deren Schatten bewusster wahrzunehmen versuchte. Ich stellte fest, dass diese Beschäftigung, ganz gewöhnliche, nicht unbedingt schöne Dinge auf dem Papier wiederzugeben, eine aufregende Angelegenheit war, die mich unheimlich faszinierte. Einen Gegenstand zu zeichnen war jedes Mal wie ein Abenteuer, eine Herausforderung für mich. Ähnelte ein Bild seinem Original, war es für mich gelungen. Andernfalls war es eine Niederlage. Jeder Erfolg freute mich zutiefst.

Irgendwann zeigte Mutter meine Bilder einem Bühnenbildner, den ich Onkel Zhong nannte. Das war ein kleinwüchsiger, leicht hinkender Mann mittleren Alters, der die Aussprache von Wörtern mit den Konsonanten »zhi« und »chi« nicht unterscheiden konnte. Er hatte zwei Söhne, die zwei oder drei Jahre jünger waren als ich. Beide lernten bei ihm malen. Onkel Zhong hatte für viele Theaterstücke die Bühnenbilder entworfen, die ich für sehr lebensecht hielt. Er lieh mir ein von einem Ausländer geschriebenes Lehrbuch für Stillleben und schlug mir vor, mit dem Zeichnen von Kugeln anzufangen. Er erklärte mir, dass ich meine Augen so trainieren sollte, alle Dinge als eine Kugel zu betrachten. Zum Beispiel den Menschen. Die Augen, die Nase, das Kinn, die Ohren und der Kopf und so weiter, all diese Körperteile hätten eine runde Form. Die Länge von acht übereinandergestapelten Köpfen sei die Länge des Körpers. Auf einmal fiel mir auf, dass seine Nase tatsächlich ziemlich rund aussah und sein Körper ebenfalls.

Durch seine Inspiration zeichnete ich seitdem fleißig Kugeln. Außerdem malte ich die Abbildungen der Gipsmodelle und Porträts in diesem Stillleben-Lehrbuch nach, unter anderem das Porträt eines alten Mannes mit einer Glatze, einer hohen Nase und sehr tiefen Augenhöhlen. Zu meinem eigenen Erstaunen fand ich dieses Porträt sehr gelungen und zeigte es Onkel Zhong. Er betrachtete das Bild und nickte: »Nicht schlecht! Nicht schlecht!« Dann rief er seine beiden Söhne herbei und sagte: »Ihr beide müsst fleißiger sein. Guckt mal, Cui malt besser als ihr, obwohl sie gerade erst angefangen hat.«

Seitdem verbrachte ich Abend für Abend mit Zeichnen und Malen und war von dieser Kunstform des bildlichen Wiedergebens der Dinge fasziniert. Diese neu entdeckte Fähigkeit verwendete ich bald für die Gestaltung unserer Wandzeitungen in der Schule. Unsere Wandzeitungen hatten mit denen der Kulturrevolution nichts zu tun. Sie wurden entweder auf einer Extratafel gemalt und geschrieben oder auf Papierbögen gestaltet, die dann an der Wand angebracht wurden. Die künstlerische Dekoration nahm dabei viel Platz ein und spielte eine wichtige

Rolle. Onkel Zhong hatte mir ein paarmal auch bei der Gestaltung einer Wandzeitung geholfen. Einmal hatte er ein bildschönes Mädchen mit perlenähnlicher Hautfarbe gemalt. Der für die Agitationsarbeit der Rotgardistenkompanie zuständige Lehrer war der Meinung, dass das Bild dieses Mädchens mit einer revolutionären Rotgardistin wenig gemein hatte und deshalb nicht verwendet werden sollte. So bewahrte ich dieses aus der Fantasie, mit Aquarellfarben gemalte Porträt für mich auf. Wer hätte gedacht, dass es Onkel Zhongs letztes Kunstwerk werden würde.

Onkel Zhong starb eines Morgens an einem Herzinfarkt. Man sagte, er sei im Sessel sitzend und beim Essen eines Apfels gestorben. Er hinterließ kein Testament. Wie hätte er auch denken können, dass der Tod ihn so urplötzlich holen würde. Seine beiden Söhne, die zu sagen pflegten, ihr Vater sei zu Karl Marx gegangen, wenn sie in der Schule nach den Todesumständen ihres Vaters gefragt wurden, malten seitdem nie wieder. Sein für mich gemaltes Bild und das Stillleben-Lehrbuch wurden seitdem ein unvergängliches Andenken an ihn.

Onkel Zhongs Tod erschütterte mich erneut und ließ mich noch einmal fühlen, wie grausam und unberechenbar der Tod ist. Er ist manchmal wie ein Dämon, der dem Leben einen bösen Streich spielt.

Das, was Onkel Zhong mir gegeben hatte, war wenig, aber umso kostbarer. Wie Lehrer Huang hatte mir auch Onkel Zhong ein kleines Fenster zu einer anderen Welt geöffnet, zur Welt der schönen Künste.

20. Kapitel

Wie der Vorsitzende Mao dazu kam, den größten »Klassenfeind«
und »Imperialisten« Nixon zu empfangen, oder warum Pingpong
unser Nationalsport war und ich beinahe eine Schwimmerin
geworden wäre

Tischtennis war in meiner Kindheit und Jugend die beliebteste Sportart. Ich kannte kein Kind in der Gasse und im Hof des Ensembles, das nicht Pingpong spielen konnte. Das hieß nicht, dass wir auf einer professionellen Tischtennisplatte aus Holz mit einem richtigen Netz in der Mitte spielten, erst recht nicht, dass wir in einer Sporthalle oder gar in einem Verein spielten. Wir spielten überall. In jedem Schulhof, auf jedem größeren Platz, in jeder Arbeitseinheit oder deren Wohnheimen standen ein paar aus Ziegelsteinen gemauerte und betonierte Tischtennistische, die aber nie frei waren. Wenn zwei Kinder spielten, standen mindestens zwei Dutzend andere daneben und warteten. Deswegen wurden die einzelnen Sätze meistens gekürzt, oder man spielte zu viert. Wenn das Warten zu viel wurde, malte man einfach mit Kreide ein Rechteck auf den Boden und spielte darauf. Wir spielten auch gegen die Betonmauer mit uns selbst oder auf zwei zusammengelegten, kaputten Türplatten oder, wenn es regnete, zu Hause auf dem Tisch.

In der Halle der Probebühne des Theaterensembles meiner Eltern stand eine echte Tischtennisplatte mit einem echten Netz. Wenn keine Probe stattfand oder nach Feierabend durften wir Kinder dort Pingpong spielen. Was für ein großartiges Gefühl, auf einer richtigen Tischtennisplatte zu spielen, auf der kein Sand und keine Steine lagen und der Ball nicht urplötzlich in eine völlig ungewollte Richtung flog! Da es im Hof viel zu viele Kinder gab, hatten die kleineren keine Chance mitzuspielen. Sie

gaben sich zufrieden zuzuschauen oder daneben auf dem Beton-
boden die großen nachzuahmen.

Im China der Sechziger- und Siebzigerjahre war Tischtennis
der Nationalsport. Das lag offensichtlich daran, dass diese Sportart die erste und einzige war, die China in den internationalen
Weltmeisterschaften seit 1959 immer wieder zu großer Ehre verhalf. 1959 gewann Rong Guotuan zum ersten Mal die Goldmedaille im Herreneinzel. 1961, 1963 und 1965 war Zhuang Zedong
dreimal in Folge Weltmeister im Einzel. 1965 siegte er außerdem
im Doppel mit Xu Yinsheng. Bei allen drei Weltmeisterschaften
und dann wieder 1971 wurde China Mannschaftsweltmeister.
Der Name Zhuang Zedong war neben Lei Feng zu dieser Zeit
der bekannteste im ganzen Land. Und das nicht nur, weil er ein
exzellenter Pingpongspieler war, sondern auch weil er durch einen Zufall mit seinem kleinen Pingpongball die Weltgeschichte
bewegte.

Am 22. Februar 1972 stand eine sensationelle Schlagzeile in
der *Volkszeitung:* »Der Vorsitzende Mao empfing den amerikanischen Präsidenten Richard Nixon«. Dazu drei Fotos: Vorsitzender Mao schüttelt Nixon die Hand, Vorsitzender Mao empfängt
Nixon in seiner Bibliothek (Premierminister Zhou Enlai und
Henry Kissinger sind auch dabei), auf dem Flugplatz schüttelt
Zhou Enlai Nixon die Hand. In dem Fernseher des Ensembles,
der in der Kantine stand, sahen wir am Abend die Willkommenszeremonie mit militärischen Ehren auf dem Pekinger Flughafen und den Staatsempfang für Nixon in der Großen Halle des
Volkes, bei dem die chinesische und amerikanische Nationalflagge nebeneinander an der Wand hingen und vom Orchester
der Volksbefreiungsarmee amerikanische Volkslieder gespielt
wurden. Wir – Erwachsene wie Kinder – fielen aus allen Wolken. Seit zweiundzwanzig Jahren waren die USA der größte
Feind Chinas und war Nixon der »reaktionäre Imperialist Nummer eins«. Auch heute klebten überall auf den Straßen riesige
Plakate oder Transparente mit Losungen wie »Nieder mit den

amerikanischen Imperialisten und ihren Handlangern!«. Nixon
kannten wir bis jetzt nur auf Karikaturen, die ihn als einen häss-
lichen Schurken mit einer überdimensionalen Nase zeigten. In
den vormilitärischen Übungen in der Schule lernten Kinder mit
der Lanze auf Strohpuppen zu stechen, auf die unter anderem
auch die Schriftzeichen »Yankee« oder Nixons Kopf gemalt waren. Mit größtem Erstaunen stellten wir fest, dass Nixon gar
nicht so schrecklich grimmig aussah wie auf den Karikaturen,
sondern wie ein ganz normaler Mensch. Er war sogar eine statt-
liche Erscheinung. Und seine Frau war eine elegante, attraktive
Frau in einem feuerroten Mantel, so rot wie die chinesische Nationalflagge. Auch auf dem Staatsbankett trug sie ein rotes Kos-
tüm. Premierminister Zhou sprach von einem neuen Anfang in
der Beziehung der beiden Länder.

In den Zeitungen war von der »Pingpongdiplomatie« die
Rede. Mir fiel ein, dass die amerikanische Tischtennismannschaft im Frühjahr 1971 China besucht hatte. In der Gesellschaft
verbreitete sich die Legende, dass es der junge chinesische Weltmeister Zhuang Zedong gewesen sei, der das Tor Chinas für
seine amerikanischen Pingpongfreunde geöffnet habe. Er habe
mit seinem kleinen Ball den großen Ball, also den Globus, ange-
stoßen. Ich hatte diese Geschichte von einem Jungen in unserem
Hof gehört, der ein Mitglied der Tischtennisgruppe der Freizeit-
sportschule im Palast für Kinder war. Sein Trainer kannte Zhuang Zedong persönlich, der sein Training einst auch in dieser
Schule erhalten hatte.

Vom März bis April 1971 richtete Japan in Nagoya die 31.
Tischtennisweltmeisterschaft aus. Wegen der Kulturrevolution
hatte China nicht an den letzten beiden Weltmeisterschaften
teilgenommen. Diesmal war China endlich wieder dabei. Eines
Tages stieg ein achtzehnjähriger amerikanischer Spieler namens
Glenn Cowan irrtümlicherweise in den Bus der chinesischen
Mannschaft. Er war überrascht und wollte wieder aussteigen.
Aber die Tür ging zu, und der Bus fuhr los. Genauso überrascht

waren auch die Insassen. Alle chinesischen Sportler und die anderen Delegationsmitglieder sahen die Buchstaben »USA« auf der Rückseite seines T-Shirts und erkannten in ihm den extravaganten Hippie Cowan. Denn Cowan trug lange Haare und eine bunte Schlaghose. Nach einem kurzen Moment drehte Cowan sich um und fragte nach einem Dolmetscher. Dann sprach er locker und freundlich: »Ich weiß, mein Haar, mein Schlapphut und meine Kleidung sehen komisch aus. Ihr lacht bestimmt im Stillen über mich. Aber auf der Welt gibt es viele Menschen, die so aussehen wie ich, die so denken wie ich …«

Keiner rührte sich oder gab einen Ton von sich. Peinliches Schweigen. Zwar hatten die Spieler die Anweisung erhalten, sich mit Sportlern anderer Länder anzufreunden, aber nicht mit Amerikanern, die die feindliche Kuomintang-Regierung Taiwans unterstützten. Die Fahrt sollte fünfzehn Minuten dauern. Zehn Minuten vergingen. Plötzlich stand Zhuang Zedong auf, der in der hintersten Reihe saß, und ging auf Cowan zu. Er fragte Cowan nach seinem Namen und sagte: »Zwar ist die amerikanische Regierung nicht freundlich zu China. Die Völker unserer beiden Länder sind jedoch von jeher Freunde. Du bist bei uns willkommen. Ich möchte dir etwas schenken.«

Dann reichte Zhuang Zedong ihm eine Seidenstickerei mit dem Berg Huang darauf. Als die beiden aus dem Bus stiegen, stießen sie zufällig auf einen japanischen Fotoreporter. Dieser machte einen Schnappschuss von den beiden, der am nächsten Tag in die Schlagzeilen der japanischen Presse kam: »Nähern sich China und die USA an?«

Am Tag darauf schenkte Cowan seinerseits Zhuang Zedong ein T-Shirt mit einem Friedenssymbol und dem Spruch »Let it be« und umarmte ihn. Als ein Journalist den Amerikaner fragte, ob er gern nach China reisen würde, antwortete er, er wolle jedes Land besuchen, das er noch nicht kenne, zum Beispiel Argentinien, Australien und China. Der Journalist hakte nach, wolle er wirklich nach China reisen? Cowan sagte, ja, natürlich.

Unmittelbar danach suchte der Delegationsleiter der amerikanischen Mannschaft den chinesischen Delegationsleiter auf und fragte, ob China die amerikanische Mannschaft einladen würde. Dieser leitete die Anfrage nach Peking weiter und erhielt von dort am 6. April – dem letzten Tag der Veranstaltung – eine positive Antwort. Der Vorsitzende Mao soll persönlich die Einladung ausgesprochen haben.

Am 10. April 1971 traf die amerikanische Pingpongmannschaft auf dem Pekinger Flughafen ein – als die ersten offiziellen Amerikaner seit 1949. Diesen Tag kann ich nicht vergessen, weil das Orchester meiner Schule dort bei der Willkommenszeremonie gespielt hatte. Das war eine wichtige, ruhmvolle politische Aufgabe für meine Schule.

Die amerikanische Pingpongmannschaft war eine Woche lang in China. Außer Peking besuchten die Sportler auch Shanghai und Kanton. Für uns Chinesen, und ich glaubte, auch für den Rest der Welt, war es eine Sensation ohnegleichen. Jeden Abend versammelte sich das gesamte Ensemble vor dem kleinen Schwarz-Weiß-Fernseher in der Kantine und verfolgte die Aktivitäten dieser »Außerirdischen«. Brennpunkt der Sensation war natürlich Glenn Cowan. Wir hatten bis dahin noch nie einen Mann mit langen Haaren gesehen, schon gar nicht einen auch noch mit einer langen Nase und bunter Kleidung. Wir sahen uns auch die Fernsehübertragung der Freundschaftsspiele beider Mannschaften in der »Sporthalle der Hauptstadt« an.

Nicht nur die amerikanische, sondern bald darauf auch die australische, englische, kanadische, kolumbianische und nigerianische Tischtennismannschaft besuchten China. Das löste eine riesige Pingpongwelle im ganzen Land aus. Die Beliebtheit des Pingpongs unter Kindern und Jugendlichen erreichte einen noch nicht gekannten Höhepunkt. Die Jungs in unserem Hof ahmten Glenn Cowan nach und pusteten vor dem Aufschlag erst ein paarmal auf den Ball. Oder sie machten plötzlich immer Kreisbewegungen mit dem Schläger in der Hand, wenn sie auf den Ball warteten. Zum unbestrittenen Vorbild für die jungen Pingpongliebhaber wurde Zhuang Zedong. Der Traum eines jeden Jungen, der Tischtennis spielte, war es, ein »kleiner Zhuang Zedong« zu werden.

Am 11. April 1972, zwei Monate nach Nixons China-Besuch, flog die chinesische Pingpongmannschaft auf Gegeneinladung der US-Regierung nach Amerika und wurde dort von der Bevölkerung freundlich willkommen geheißen. Nixon empfing die Mannschaft sogar persönlich im Rosengarten des Weißen Hauses. Das Eis, das seit über zwanzig Jahren in der Beziehung zwischen China und den USA herrschte, war gebrochen.

Schon ein halbes Jahr zuvor, im Oktober 1971, war die Volksrepublik Mitglied der UNO geworden. Bis Ende 1979 nahmen hundertzwanzig Länder diplomatische Beziehungen zu China auf. Als Westdeutschland und China 1972 miteinander Botschafter austauschten und Helmut Schmidt als erster Bundeskanzler 1975 China besuchte und vom Vorsitzenden Mao empfangen wurde, waren wir Deutschklassen besonders stolz.

Und diese durch den kleinen Pingpongball ausgelöste Erschütterung erlebten wir auch leibhaftig mit. 1971, 1972 und 1973 richtete Peking hintereinander das Asien-Afrika-Tischtennis-Freundschaftsturnier, die Tischtennis-Asienmeisterschaft und das Asien-Afrika-Lateinamerika-Tischtennis-Freundschaftsturnier aus. Darüber hinaus kamen auch internationale Fußball-, Basketball- und andere Sportmannschaften nach Peking und trugen freundschaftliche Wettkämpfe aus. Da meine Schule in unmittelbarer Nähe des Arbeiterstadions und der Arbeitersporthalle lag – beides waren neben der »Sporthalle der Hauptstadt« die wichtigsten Orte für Sportveranstaltungen –, wurde uns eine neuartige Freizeitbeschäftigung ans Herz gelegt: Wir wurden unentgeltliche Kartenabreißer, Platzanweiser und Ordnungshüter. Immer wenn ein Spiel oder ein Wettkampf im Arbeiterstadion oder in der Arbeitersporthalle stattfand, versammelten wir uns nach dem Abendessen dort vor dem Tor und gingen begeistert unserer Pflicht nach. Danach durften wir das Spiel ansehen. Als Ordnungshüter beim Fußballspiel saßen wir in bestimmten Abständen in einer senkrechten Reihe im Stadion, das hieß von der obersten bis zur untersten Reihe der Tribüne. In dieser Zeit sah ich zum ersten Mal im Leben ein Fußballspiel in einem Stadion. Und ich versichere, dass ich in dieser Zeit alle Live-Fußballspiele meines Lebens sah. Denn danach habe ich mir nie wieder ein Fußballspiel in einem Stadion angesehen.

Und unser Schulorchester hatte in dieser Zeit besonders häufig Gelegenheit, sein künstlerisches Können zur Geltung zu bringen. Denn jede ausländische Delegation, ob eine sportliche, kulturelle oder politische, wurde am Flughafen mit dem Spiel eines Schulorchesters willkommen geheißen.

Womit keiner gerechnet hatte – am wenigsten Zhuang Zedong selbst –, war, dass er nach der Zerschlagung der Viererbande 1976 für immer von seinem Ruhm und seiner Karriere Abschied nehmen musste. Ihm wurde vorgeworfen, der Linie der Viererbande gefolgt zu sein. Der Ursprung dieses Schicksalsschlags war auf einen verhängnisvollen Satz des Vorsitzenden Mao zurückzuführen. Dieser soll gesagt haben, Zhuang Zedong spiele nicht nur gut Tischtennis, er habe auch ein politisches Gespür. Nach der 31. Tischtennis-Weltmeisterschaft 1971 war Zhuang Zedong zum Präsidenten der Nationalen Sportkommission Chinas befördert und somit ins Zentralkomitee der KP Chinas berufen worden. Dieser Posten entsprach dem Rang eines Ministers. Es war mitten in der Kulturrevolution gewesen. Alle Staatsorgane und Institutionen hatten unter der Kontrolle der Führungsgruppe der Kulturrevolution gestanden, in der Jiang Qing, Maos Gattin, die allerwichtigste Rolle spielte. Zhuang Zedong soll später in mehreren Interviews erzählt haben, er hätte damals nicht einmal im Traum gedacht, dass die nächsten Vertrauten des Vorsitzenden Mao eine falsche Linie hätten vertreten können. Offensichtlich hatte er eben doch kein gutes Gespür für

Politik gehabt. Nun wurde er aller Ämter enthoben und musste eine Untersuchung über sich ergehen lassen. Nach einem misslungenen Selbstmordversuch wurde er in der Garnison der Schutztruppe Pekings eingesperrt – zum Schutz seiner Person, hieß es offiziell. Dort blieb er vier Jahre lang. All der Ruhm, all die Verdienste, die er dem Vaterland erwiesen hatte, wurden über Nacht zunichtegemacht. Aus einem Helden wurde ein schändlicher Gefangener. Als Kissinger bei einem seiner späteren Besuche nach Zhuang Zedong fragte, wurde ihm gesagt, er sei auf einer Dienstreise.

Zu Anfang der Kulturrevolution waren Zhuang Zedong, sein Trainer Fu Qifang und sein Kollege Rong Guotuan, der die erste Goldmedaille für China gewonnen hatte, drei Monate lang von den Rebellen kritisiert, misshandelt und gedemütigt worden. Sein Trainer und sein Kollege hatten beide Selbstmord begangen. Zhuang Zedong hatte die Demütigung nur überlebt, weil seine Frau zu dem Zeitpunkt schwanger gewesen war und ihn gebeten hatte, an das ungeborene Kind zu denken und durchzuhalten. Aber seine Ehe überlebte diese Demütigung nicht.

Dieser achtfache Tischtennisweltmeister, der einst spontan und intuitiv gehandelt hatte, der entgegen der Anordnung der Obrigkeit offen und mutig auf Glenn Cowan zugegangen war – eine bemerkenswerte Handlung in jener Zeit – und somit China und den Weltfrieden positiv beeinflusst hatte, arbeitete nach seiner Entlassung aus der Gefangenschaft 1980 als Tischtennistrainer für Kinder und lebte von seinem bescheidenen Gehalt plus dreißig Yuan als zusätzliche Entlohnung für die drei Goldmedaillen (pro Goldmedaille zehn Yuan). Nach seiner Scheidung 1985 verliebte sich eine Japanerin namens Atsuko Sasaki in ihn und wollte ihn heiraten. Beide kannten sich bereits seit sechzehn Jahren. Aber ihr Antrag auf Eheschließung wurde von den Behörden abgelehnt. Atsuko Sasakis Visum wurde nicht verlängert, und sie musste nach Japan zurückkehren. Zhuang Zedong durfte seinerseits nicht ausreisen. Beide gaben jedoch nicht auf. Zhuang Zedong wandte sich an Li Ruihuan, den liberalen Bürgermeister der Hafenstadt Tianjin, und Atsuko Sasaki schrieb Briefe an die chinesische Botschaft und an Deng Xiaoping[36]. Erst nach der persönlichen Genehmigung Deng Xiaopings und des Politbüros durften die beiden 1987 heiraten, allerdings nur unter der Voraussetzung, dass Atsuko Sasaki zugunsten der chinesischen auf ihre japanische Staatsbürgerschaft verzichtete und Zhuang Zedong versicherte, nicht ins Ausland zu reisen. Durch den Verlust der japanischen Staatsbürgerschaft verlor Atsuko Sasaki ihre Stelle bei einer in Peking niedergelassenen japanischen Firma und wurde Hausfrau. Beide leben bis heute bescheiden und glücklich in Peking.

Zhuang Zedong pflegte später sein Schicksal mit der chinesischen Parabel *Sai Weng Shi Ma* (»Dem an der Grenze lebenden Alten lief sein Pferd davon«) in Verbindung zu bringen: Einem anständigen alten Mann, der nahe der Grenze lebte, entlief eines Tages ein gutes Pferd. Die Nachbarn kamen und trösteten ihn. Er sagte: »Wer weiß, ob das nicht Glück bringt?« Ein paar Tage später kam das Pferd mit einer Herde Pferde der Barbaren zurück. Die Nachbarn kamen und beglückwünschten ihn. Er sagte: »Wer weiß, ob das nicht Unglück bringt?« Sein Sohn freute sich über die vielen edlen Pferde und ritt auf einem Barbarenpferd. Dabei fiel er vom Pferd und brach sich ein Bein. Die Nachbarn kamen wieder und bedauerten ihn. Der Alte sagte aber: »Wer weiß, ob das nicht Glück bringt?« Ein Jahr später fielen die Barbaren über die Grenze ein. Alle gesunden Männer zogen in den Krieg. Die meisten von ihnen kamen im Kampf um. Sein Sohn überlebte wegen seines gebrochenen Beines.

2008 wurde bei Zhuang Zedong ein Darmkrebs mit Metastasen in anderen Organen diagnostiziert. Die Ärzte rieten seiner Frau, sich umgehend auf die Bestattung vorzubereiten. Aber er kämpft tapfer gegen die Krankheit – bis heute.

---

36 Deng Xiaoping (1904–1997), großer Staatsmann und Reformer Chinas, von 1978 bis 1992 der tatsächliche Lenker Chinas.

Ich schreibe diese Nachgeschichte von Zhuang Zedong nieder, weil sie mich zutiefst erschütterte. Auf dem politischen Schachbrett Chinas war Zhuang Zedong ein Bauer, der wie so viele andere geopfert wurde, nachdem er seinen Beitrag geleistet hatte.

Neben Tischtennis war Schwimmen ein anderer beliebter Massensport im China der Sechziger- und Siebzigerjahre. Ich kann nicht sagen, welche der beiden Sportarten mich mehr begeisterte.

Als ich noch ein kleines Mädchen war und in der Alte-Türvorhang-Gasse wohnte, war das Schwimmen für uns Kinder das größte Sommervergnügen. Das Taoranting-Schwimmbad im Süden des Westbezirks war für uns das nächstgelegene Freibad. Von einem Hallenbad, in dem man auch im Winter schwimmen kann, hatten wir damals noch nie gehört. Meistens gingen wir in Scharen. Lili und ich verabredeten uns mit anderen Mädchen aus der Gasse. Ab zehn Personen gab es den Gruppenpreis, und der Eintritt kostete dann nur fünf Fen pro Person (weniger als ein Cent). Das Schwimmbad war immer brechend voll, und eigentlich konnte vom Schwimmen nie und nimmer die Rede sein. Wir beschrieben unsere Planscherei im Taoranting-Schwimmbad als das »Jiaozi-Kochen«, das hieß, Maultäschchen in einem Kochtopf kochen. Wir Kinder standen dicht an dicht im lauwarmen Wasser des flachen Nichtschwimmerbeckens. Viele steckten zu allem Überfluss auch noch in einem Schwimmring, sodass man sich kaum bewegen konnte. Trotzdem hatten wir einen Riesenspaß daran. Wir planschten, bespritzten uns gegenseitig, tauchten unter und kreischten laut auf. Im Schwimmbad herrschte stets ein derartiges Getöse, dass mir noch Stunden danach der Kopf brummte. In diesem »Maultäschchen-Kochtopf« hätte ich nie schwimmen lernen können. Dass ich als das einzige Mädchen aus unserer Gasse das Schwimmen beherrschte, verdankte ich dem Theaterensemble meiner Eltern.

Im ersten Hof, in den das Ensemble nach dem Umzug aus Nanking eingezogen war, gab es ein circa fünfundzwanzig Meter langes, ovales Schwimmbecken. Im Winter lag es trocken. Im Sommer, wenn die Sonne schien, schimmerte ein grünes Wasser darin, und es wurde der Mittelpunkt des ganzen Ensemblelebens. Die eine Seite war flach, aber auf der anderen Seite konnten nicht einmal die Erwachsenen auf dem Boden stehen. In diesem Schwimmbecken brachte Vater mir das Schwimmen bei. Wenn meine Eltern den Sommer über in Peking waren, holten sie mich jedes Wochenende zu sich ins Ensemble.

Das erste Mal war für mich ein so schreckliches Erlebnis, dass ich es nie vergessen werde. Ich hatte keinen Schwimmring. Vater stand mit mir am Beckenrand und sagte, mit einem Schwimmring könne man nie schwimmen lernen. Er habe als Knabe in einem Fluss in Baoding schwimmen gelernt, und Schwimmringe habe es damals überhaupt noch nicht gegeben. Als Erstes müsse ich das Wasser kennenlernen. Man könne nie im Wasser untergehen, denn es besitze eine natürliche Auftriebskraft. Ich solle einfach meine Augen zudrücken und die Luft anhalten. Sollte ich nicht auftauchen, werde Mutter, die im Wasser stand, mich rausholen. Dann warf er mich hinein. Das Wasser war so kalt, dass ich einen Riesenschock bekam und den Mund aufmachte, um Luft zu holen. Dabei verschluckte ich mich natürlich heftig und hustete mich fast zu Tode. Mich am Beckenrand festhaltend, heulte ich jämmerlich und herzzerreißend, stellte jedoch fest, dass ich wirklich von selbst aufgetaucht war. Nachdem ich mich wieder beruhigt hatte, zeigte mir Vater, wie ich die Arme und Beine bewegen sollte. Ich brauche keine Angst zu haben, er halte mich unter dem Bauch fest, meinte er. Ich befolgte seine Anweisung. Weil fast alle Kinder im Ensemble schon schwimmen konnten, wollte ich es ihnen unbedingt gleichtun. Irgendwann ließ Vater mich los. Vor Schreck fing ich wieder zu heulen an und schluckte abermals Wasser. Aber mir blieb nichts anderes übrig, als verzweifelt weiterzupaddeln, denn ich, vielleicht gerade einmal fünf Jahre alt, konnte auf keinen Fall mit den Füßen den Beckenboden erreichen. Nach kurzer Zeit merkte ich, dass ich mich wirklich wie ein Frosch im Wasser vorwärtsbewegte und nicht untertauchte. Das Erstaunen und die Freude waren überwältigend. Seitdem war ich nicht mehr aus dem Wasser zu kriegen. Die tiefere Hälfte des Beckens mit dem dunkelgrünen Wasser jagte mir jetzt keine Angst mehr ein. Ich wurde, um mich mit Großmutters Worten auszudrücken, eine Wasserratte, nicht unbedingt eine schnelle, aber eine mit Ausdauer.

Oft organisierte das Ensemble Schwimmwettbewerbe. Ich gewann in meiner Altersgruppe ab und zu den ersten Platz über 400 Meter Brust. Der ewige Sieger über 100 Meter Brust und Freistil war ein Junge namens Erbao (»Zweiter Schatz«), was deshalb bemerkenswert war, weil er als Kleinkind eine Kinderlähmung durchgemacht hatte und auch heute noch beim Gehen ein Bein nachzog. Sein krankes Bein war so dünn wie ein Stöckchen. Aber im Wasser war er so schnell wie ein Delfin. Außerdem hatte er auch einen schnellen Kopf und gewann fast jedes Mal den Mathematikwettbewerb in der Schule.

Außer den Theateraufführungen übte in meiner Kindheit dieses Schwimmbecken die zweitgrößte Anziehungskraft aus, die mich zu meinen Eltern lockte.

Am 16. Juli eines jeden Jahres wurden zur Erinnerung an das Schwimmen des Vorsitzenden Mao im Jangtse 1966 landesweit feierliche Schwimmveranstaltungen organisiert. Davor wurde der Sportunterricht zum Schwimmkurs umgewandelt, um die besten Schwimmer auszuwählen, die an diesem besagten Tag mit Vertretern anderer Schulen zusammen in einem Fluss oder See eine Schwimmparade abhielten. Dank der Früherziehung durch meinen Vater hatte ich jedes Mal die Ehre, daran teilzunehmen.

Auch das Theaterensemble meiner Eltern organisierte um dieses Datum herum jeweils einen Schwimmausflug. Einmal fuhren wir in einem Bus und auf einem Lastwagen (weil angesichts der großen Teilnehmerzahl ein Bus nicht reichte) zu einem riesigen

See im Westen Pekings. Das Wasser war kühl und sauber; rund um den See wuchs Schilfrohr; auf der Oberfläche des grünlich schimmernden Wassers tänzelten bunte Libellen. Es war herrlich. Eine Gruppe guter Schwimmer unter den Erwachsenen beschloss, eine Runde das Ufer entlangzuschwimmen. Nur wenige Kinder durften mitschwimmen. Ich war zu diesem Zeitpunkt längst zu einer »Dauerschwimmerin« geworden und gehörte zu den »Amphibien« unter den Ensemblekindern, wie uns manche Onkel scherzhaft nannten. Das hieß, ich konnte unendlich lange schwimmen, bis es mir vielleicht zu langweilig wurde. Wir nahmen uns vor, den See in einer Stunde und fünf Minuten zu umrunden, in der gleichen Zeitspanne, in der Vorsitzender Mao einst im Jangtse geschwommen war.

Allerdings hatten wir nicht damit gerechnet, dass der See voller Wasserpflanzen war. Man verheddert sich andauernd mit den Füßen darin und musste sich mit Mühe befreien oder sogar fremde Hilfe in Anspruch nehmen. Einmal hatte sich meine Mutter so in irgendwelchen Schlingpflanzen verfangen, dass sie in Panik geriet und um Hilfe rief. Drei Onkel eilten ihr zu Hilfe. Die Aktion abzubrechen war nicht möglich, denn es gab nur eine Stelle mit Zugang zum Ufer. Dort hielten sich die anderen Angehörigen des Ensembles auf. Allein zurückzukehren wäre noch gefährlicher gewesen, weil keiner einem helfen konnte, falls man sich im Wassergras verfangen sollte. So schwammen wir tapfer weiter, in Begleitung unzähliger Fische, vor denen ich mehr Angst hatte als vor den Wasserpflanzen. Als wir wieder an Land gingen, applaudierten uns die Leute jubelnd und sagten, sie hätten schon befürchtet, dass wir von Seeungeheuern gefressen worden seien. Das gewünschte Zeitlimit hatten wir natürlich weit überschritten. Wir erzählten ihnen von unserem Kampf gegen die bösen Wasserpflanzen und behaupteten, ohne sie hätten wir bestimmt einen Rekord aufgestellt. Einige Kinder, die nicht mitschwimmen durften, lachten sich kaputt und sagten schadenfroh, wir hätten Glück gehabt, dass wir keiner fleischfressenden

Pflanze begegnet seien, sonst hätten sie jetzt um uns trauern müssen.

Im Winter genossen das Ensemble und dessen Familienangehörige das Privileg, ab und zu in einer der wenigen Schwimmhallen Pekings schwimmen zu dürfen. Und das dank des Zufalls, dass wir gegenüber dem Arbeiterstadion wohnten. Dort befand sich eine Schwimmhalle, die nicht für die Öffentlichkeit zugänglich war, sondern in erster Linie der Ausbildung von Nachwuchsschwimmern diente. Einmal begegnete ich darin einer Gruppe Jugendlicher in meinem Alter, die von einem streng wirkenden Trainer unterrichtet wurde. Als wir schon nach Hause gehen wollten, fragte der Trainer ein anderes Mädchen und mich, ob wir uns dieser Gruppe anschließen wollten. Normalerweise müsse man einen Test bestehen, aber er habe uns beobachtet und würde uns einfach so aufnehmen. Das würde bedeuten, dass wir jeden Tag hierher schwimmen kommen dürften. Wir sagten sofort Ja.

Den ganzen Winter lang kamen wir mindestens dreimal in der Woche zum Training. Jedes Mal liefen wir erst zwanzig Runden um das Fünfzig-Meter-Becken und schwammen dann zwanzig bis dreißig Bahnen Brust. Danach übten wir Kopfsprung, Freistil- und Rückenschwimmen. Aus dem Spaß wurde ein harter Drill. Ziemlich bald stellte ich fest, dass ich nicht schnell genug war. Außerdem hasste ich den Kopfsprung. Der Trainer stand neben dem Sockel und hielt einen Bambusstock in der Luft, über den wir ins Wasser springen und dabei die richtige Haltung beibehalten sollten. Dieser Stock schien mir unüberwindbar. Ich wünschte, ich hätte mich in einen Delfin verwandeln können.

Als der Sommer kam, trainierten wir draußen im Freibad des Arbeiterstadions. Das Training wurde noch härter. Außer dem Langlauf mussten wir nun auch jedes Mal tausend Meter Froschhüpfen absolvieren. Spätestens jetzt wusste ich, dass ich keine professionelle Schwimmerin werden wollte. Außerdem nahmen

meine politischen Verpflichtungen in der Schule und die Hausaufgaben immer mehr Zeit in Anspruch, sodass ich nicht jeden
Tag zum Training kommen konnte.

Nach den Sommerferien verließ ich die Schwimmgruppe.
Der Trainer bedauerte meine Entscheidung. Eigentlich könne
ich eine gute, vielleicht sogar eine professionelle Schwimmerin
werden, wenn ich nur nicht so viel mit dem Kopf arbeiten, sondern dem Körper vertrauen würde, ließ er mich zum Schluss
noch wissen. Ich sagte, ich hätte durch das Training viel gelernt,
aber ich wolle doch lieber eine Freizeitschwimmerin bleiben – ja,
eine freie Schwimmerin.

21. KAPITEL

Wie ich als Vierzehnjährige zum ersten Mal mit scharfer
Munition schoss, während Lin Biaos Flugzeug in der
mongolischen Steppe zerschellte, oder warum die schönsten
Schauspielerinnen in den Kunstensembles der Luftwaffe
auf einmal um ihren Ruf bangen mussten

Als uns im Spätherbst 1971 die Nachricht erreichte, Maos Stellvertreter Lin Biao, seine Frau und sein Sohn seien auf der Flucht mit einer Trident[37] in die Sowjetunion über Öndörchaan in der Mongolei abgestürzt, hielt sich meine Klasse gerade in einer Kaserne bei Peking auf, um ein militärisches Trainingsprogramm unter der Leitung von Soldaten durchzuführen. An dem Tag, an dem uns die wichtigen Dokumente des Zentralkomitees in Bezug auf den sogenannten Zwischenfall vom 13. September bekannt gemacht wurden, hatten wir gerade unsere erste Schießübung mit scharfer Munition hinter uns gebracht.

In diesem Jahr waren die Schüler meiner Klasse zwischen vierzehn und fünfzehn Jahre alt. Und es war das erste Mal für uns alle, ein echtes Gewehr in die Hand zu nehmen. Mit dem Alter fünfzehn assoziierte ich die junge Kommunistin Liu Hulan[38], die in der Revolutionszeit mit fünfzehn Jahren unter einem Strohschneider der Kuomintang gestorben war. Vorsitzender Mao

---

37 Diese Trident, ein Verkehrsflugzeug, war eine von dreien, die Pakistan einst von England gekauft hatte und China Anfang der Siebzigerjahre als Teil einer Kreditrückzahlung überließ. (Quelle: http://zh.wikipedia.org/wiki/%E4%B9%9D%E4%B8%80%E4%B8%89%E4%BA%8B%E4%BB%B6).

38 Liu Hulan (1932–1947), eine junge Kommunistin aus der Provinz Shanxi. Mit 15 Jahren wurde sie von einer Kuomintang-Truppe, die ihr Dorf überfiel, auf dem Dorfplatz ermordet. Sie zeigte sich heldenhaft und unbeugsam und rief vor dem Tod aus: »Solange ich lebe, kämpfe ich für das Volk!«

ehrte sie mit der Widmung: »Ein großes Leben! Ein ruhmvoller Tod!« Ich hatte mich schon mal im Stillen gefragt, ob ich mich genau so verhalten würde wie sie, nämlich mich, ohne mit der Wimper zu zucken, unter den Strohschneider der Feinde zu legen, wenn ich in ihre Zeit hineingeboren worden wäre. Ich hätte gern mit Ja geantwortet. Aber ich wusste ganz genau, wie hohl, wie bedeutungslos diese Antwort wäre. Dafür musste ich keinen Preis zahlen. Ich bewunderte Liu Hulan und wollte auch so tapfer sein wie sie – theoretisch.

Bevor wir mit scharfer Munition schossen, hatten wir zwei Wochen lang jeden Tag mehrere Stunden auf dem Boden im Liegen das Zielen geübt. Um die Kaserne herum breiteten sich Stoppelfelder aus. In einer langen Reihe lagen wir nebeneinander am Ende eines Feldes, jeder in einer Furche. Am anderen Ende des Feldes standen die Zielscheiben. Mehrere Soldaten begleiteten uns und gaben uns Anweisungen. Einem nach dem anderen zeigten sie uns, wie man mit dem Gewehr umgehen und wie man zielen sollte. Stundenlang lagen wir da und versuchten mit einem Auge über Kimme und Korn auf die Mitte der Zielscheibe zu zielen, bis das Auge tränte und die Finger steif wurden. Mitte Oktober war es manchmal schon recht kalt. Wir alle hatten dicke, wattierte Wintersachen an, sonst hätten wir die Kälte auf der Erde nicht ausgehalten. Die Jungs wurden schnell ungeduldig und versuchten zu mogeln, sobald sie Gelegenheit dazu hatten. Sie waren der Meinung, was den Umgang mit Waffen beträfe, seien sie den Mädchen gegenüber absolut überlegen, weil sie doch mit Spielzeugpistolen aufgewachsen waren.

Zwischendurch übten wir unter der Leitung der Soldaten Marschieren, Querfeldeinlaufen, Eilmarsch und Exerzieren mit Gewehr und so weiter. Marschieren in der Dunkelheit oder nächtliches Antreten zur Alarmübung hatten wir auch mehrmals gemacht. Bis auf das Exerzieren mit Gewehr waren die meisten Programme Routine für uns, weil wir sie bereits aus früheren militärischen Übungen kannten, also wie die Fahrt mit einem leichten Wagen durch eine bekannte Straße. Alle warteten gespannt auf das Schießen mit scharfer Munition.

Der Schießplatz befand sich auf einem Hügel unweit der Kaserne. Das Wetter war nicht gut. Ein kalter Nordwest mit Windstärke 5 oder 6 fegte über die offene Ebene des Schießplatzes, wirbelte den gelben Sand meterhoch auf und ließ ihn in unser Gesicht prasseln. Wir standen in einer quadratischen Formation auf dem Platz. Der Bataillonskommandeur stand vor uns und hielt mit einer kraftvollen Stimme eine emphatische Rede: »Die mit den Mao-Zedong-Ideen bewaffneten Soldaten fürchten sich vor nichts! Die Schießübung unter dieser schlechten Wetterbedingung durchzuführen ist gerade eine gute Prüfung für euch. In einem echten Krieg kann man sich das Wetter nicht aussuchen. Die Feinde greifen also auch bei Wind und Regen an. Junge Soldaten, ihr müsst in jeder Zielscheibe einen Feind sehen! Jedes Mal, wenn ihr euer Ziel getroffen habt, habt ihr einen Sieg errungen!«

Jeder von uns bekam zehn Patronen. Da wir so viele waren und das Wetter schlecht war, dauerte die Schießübung den ganzen Tag an.

Eigentlich war ich mir ziemlich sicher, ein gutes Ergebnis zu erzielen. Denn ich hatte auf beiden Augen die Sehschärfe 1,5 und bei den Übungen mein Bestes gegeben. Aber wer hätte gedacht, dass das Schießen mit scharfer Munition ganz anders ist als das bei einer simulierten Übung. In dem Moment, in dem ich mein linkes Auge schloss, mit meinem rechten Auge durch das Korn auf den Punkt in der Mitte der Zielscheibe zielte, meinen Atem anhielt und mit dem rechten Zeigefinger den Abzug vorsichtig abdrückte, wusste ich: Es ist vorbei, aus, Sense. Ich hatte nicht damit gerechnet, dass die Wucht des Rückstoßes so stark war. Die Rückseite des Gewehrkolbens stieß gewaltig gegen meine Wange, so dass mir schwarz vor Augen wurde und ich eine Weile die Zielscheibe nicht mehr wiederfinden konnte. Gleichzeitig gab der Gewehrlauf einen derartigen Knall von sich, der mein

Gehirn, meinen Körper und meine Ohren so heftig vibrieren ließ, dass sie taub wurden. Nachdem ich wieder zu mir gekommen war, versuchte ich dennoch, den Rest der Patronen, so gut ich konnte, eine nach der anderen abzufeuern. Mit jedem Schuss wurde meine Resignation größer, und ich konnte mir nicht vorstellen, dass dieses längliche, spitzige Metallstückchen aus meinem Gewehrlauf die Mitte der Zielscheibe bzw. das Herz des Feindes treffen könnte. Als ich vom gelberdigen Boden des Schießplatzes aufstand, wusste ich, dass ich auf einem echten Schlachtfeld mit Sicherheit längst gefallen wäre.

Bei der Verkündung der Schießergebnisse erfuhr ich, dass ich nur 48 Ringe erzielt hatte. Drei Schüsse waren völlig daneben. Das hieß, mindestens drei Feinde hätte ich laufen lassen. Die anderen wären wahrscheinlich nur leicht verletzt gewesen. Ich war zutiefst deprimiert und schämte mich. Vielen Mädchen ging es genauso wie mir. Einige weinten sogar. Aber es gab auch einige, die sehr gute Ergebnisse erzielten. Zum Beispiel hatte ein schwächliches Mädchen mit Brille 85 Ringe erzielt. Keiner hätte je damit gerechnet. Eine echt unerwartete Siegerin.

Nach dem Abendessen waren eigentlich freie Aktivitäten geplant. Aber plötzlich ertönte das Horn zum sofortigen Antreten für eine Alarmübung. Nachdem wir uns auf dem Exerzierplatz in Reih und Glied aufgestellt hatten, führte man uns in die unbeheizte Halle der Kaserne. Wir, in dicke Mäntel und Schals eingehüllt, saßen auf den kalten Bänken, hauchten in unsere froststarren Hände und warteten.

Anders als sonst stimmte kein Soldat mit uns ein Lied an. Vor der Halle standen bewaffnete Soldaten Wache. Der Wind hatte nicht nachgelassen und fauchte draußen schonungslos durch die Gegend. Die Atmosphäre war angespannt.

Wenig später betrat ein hoher Offizier – begleitet von einer Reihe anderer Offiziere und Wachsoldaten – die Halle und verkündete uns diese wie ein Blitzschlag aus heiterem Himmel wirkenden Dokumente: »Dokument (1971) Nummer 57 des Zentralkomitees der KP Chinas«, »Dokument (1971) Nummer 65 des Zentralkomitees der KP Chinas« und »Dokument (1971) Nummer 67 des Zentralkomitees der KP Chinas«.

Jener blasse, zierliche, kränklich wirkende Mann in grüner Uniform, der stets, das rote Schatzbüchlein schwingend, hinter Vorsitzendem Mao stand, der vom Vorsitzenden Mao persönlich zum Nachfolger ernannt worden war, soll sich als ein großer »Karrierist, Verschwörer, Verräter und Landesverräter« entpuppt haben. Um seinen Hass und seine Verachtung zu betonen, las der Offizier diese vier Betitelungen mit großem Nachdruck und zog jede Silbe übertrieben in die Länge. Lin Biao soll versucht haben, ein anderes Zentralkomitee zu gründen, einen konterrevolutionären Putsch zu planen und den großen Führer, unseren Vorsitzenden Mao, zu ermorden! Er habe die Macht an sich reißen, die Diktatur des Proletariats umstürzen und den Kapitalismus restaurieren wollen. Nachdem seine Verschwörung aufgedeckt worden war, habe er mit seinem Sohn Lin Liguo, seiner Frau Ye Qun und einigen anderen Anhängern in der Nacht vom 12. auf 13. September 1971 mit einer Trident in die Sowjetunion flüchten wollen und sei in der Nähe von Öndörchaan in der Mongolischen Volksrepublik abgestürzt. Alle Insassen sollen dabei ums Leben gekommen sein. In einem der Trident folgenden Hubschrauber, der von einer in Peking stationierten Luftwaffentruppe noch über chinesischem Boden zur Notlandung gezwungen worden sei, sollen sich eine Unmenge von Geheimdokumenten und -filmen, Audiokassetten sowie ausländischen Devisen befunden haben. Zhou Yuchi und Yu Xinye, zwei »bis in den Tod treu ergebene Anhänger« Lin Biaos, sollen den Piloten und dann sich selbst erschossen haben. Die restlichen Insassen des Hubschraubers seien gefasst worden. Die Dokumente gaben kund, dass das Ziel ihrer Flucht die Sowjetunion gewesen sei. Dies bedeute »eine Kapitulation vor den sowjetischen Sozialimperialisten«. Sie hätten Hals über Kopf zum Feind überlaufen und die Partei und das Vaterland verraten wollen – und dadurch selbst ihren eigenen Untergang herbeigeführt. Deshalb seien sie Landesverräter, die selbst durch den Tod ihre Schuld nicht hätten sühnen können.

In den Dokumenten wurde dieses Ereignis als »Zwischenfall vom 13. September« bezeichnet und der Kampf zwischen der parteifeindlichen Clique um Lin Biao und dem Zentralkomitee der KP Chinas als der »10. innerparteiliche Linienkampf«. Es hieß weiter:

> »Wenn die partei- und landesverräterische Clique um Lin Biao ihr Ziel erreicht hätte, wäre China eine Kolonie des sowjetischen Sozialimperialismus geworden. Die Grundherren, Großbauern, Konterrevolutionäre, schlechte Elemente und Rechtsabweichler hätten gemeinsam die Macht an sich gerissen und eine faschistische Diktatur der Grundherren und Kompradorenbourgeoisie errichtet. Revolutionäre Mitglieder der KP Chinas, das Proletariat, arme Bauern und untere Mittelbauern, Soldaten und Kommandanten der Volksbefreiungsarmee sowie revolutionäre Kader und Jugend wären grausam ermordet worden. Hunderttausende würden erneut Not und Elend leiden.«[39]

---

39 In Wahrheit ging Lin Biaos Fluchtversuch ein Zerwürfnis mit Mao voraus, das bereits ein Jahr zuvor auf der 2. Plenarsitzung des Zentralkomitees im August 1970 in Lushan begonnen hatte. Auf dieser Sitzung schlug Lin Biao gegen Maos Willen die Wiedereinführung des Präsidentenamtes vor, das seit der Entmachtung des ehemaligen Staatspräsidenten Liu Shaoqi unbesetzt war. Lin wollte dieses Amt Mao übertragen, in der Hoffnung, selbst Vizepräsident zu werden. Dann wäre er der reguläre Führer Nummer zwei geworden. Mao fühlte sich von Lins Machtfülle (Lin war Vizevorsitzender der KP Chinas und der Zentralen Militärkommission und Verteidigungsminister) bedroht, wollte sie schwächen und verlangte von ihm eine Selbstbezichtigung. Lin lehnte ab. Im Sommer 1971 entschied Mao, ihn zu beseitigen. Lin Biao war klar, dass dies seinen Untergang bedeuten würde. Nach einem gescheiterten Attentatsversuch auf Mao durch seinen Sohn Lin Liguo und dessen Anhänger wählte Familie Lin (bis auf Tochter Liheng) den Weg der Flucht, die ursprünglich in die britische Kolonie Hongkong führen sollte, dann aber in der Nacht auf den 13. September wegen der Dringlichkeit die näher liegende Sowjetunion zum Ziel hatte.

Zitternd saß ich auf der Bank und versuchte, das Gehörte zu verstehen. Aber es gelang mir nicht. Meine Denkfähigkeit war wie ein zugefrorener Fluss im Winter. Einzelne Worte wie »Lin Biao«, »Landesverräter«, »der Vizevorsitzende«, »abgestürzt«, »Putsch«, »Verschwörer« kullerten wie Steine rumpelnd über die Eisfläche …

Zurück im Schlafsaal, war es für uns unmöglich zu schlafen, obwohl der Zapfenstreich bereits geblasen worden war. Verstört in einem Gefühlswirrwarr – Angst, Erregung, Erstaunen, Hass oder Traurigkeit? –, saßen wir Mädchen in der Dunkelheit dicht nebeneinander im Kreis auf dem langen Kang und diskutierten mit gedämpfter Stimme über das, was wir gerade angehört hatten. Wir versuchten den Tathergang zu rekonstruieren, als ob wir die verwobenen Fäden eines atemberaubenden Thrillers entwirren wollten. Der Unterschied war, dass dieser politische Thriller real war und sich in unserer nächsten Nähe abgespielt hatte. Schon vor mehr als einem Monat war dieses Flugzeug mit Lin Biao abgestürzt, dem auserwählten, in der Satzung der KP Chinas festgelegten Nachfolger des Vorsitzenden Mao, dem Vizevorsitzenden der KP Chinas, dem Verteidigungsminister der VR China, dem ersten Vizevorsitzenden des Militärkomitees der ZK der KP Chinas. Nichts war bis jetzt durch die Medien durchgesickert. Heute erst erfuhren wir es in der kalten Halle einer Kaserne. Das Sensationellste und Unfassbare bei der Sache war, dass er Vorsitzenden Mao umbringen wollte. Dass es in der chinesischen Geschichte immer wieder Kaiser gegeben hatte, die durch Attentate ihrer nächsten Vertrauten oder Verwandten umgebracht wurden, wussten wir aus den Geschichtsbüchern. Aber dass so etwas in unserem Zeitalter und um Vorsitzenden Mao geschah, der doch von allen Chinesen wie ein Gott verehrt und geliebt wurde, kam uns zutiefst überraschend und unbegreiflich vor. Wir konnten nicht begreifen, was Lin Biao gewollt hätte, er war doch als Nachfolger auserwählt worden. Wir konnten nicht begreifen, warum der ungezügelte politische Ehrgeiz einen

Menschen in den Wahnsinn treiben konnte und warum der Kampf innerhalb der Partei auch in Friedenszeiten stets auf Leben und Tod ausgefochten wurde.

Seit Beginn der Kulturrevolution kam es immer wieder vor, dass hohe Parteifunktionäre von heute auf morgen als Konterrevolutionäre entlarvt wurden. Am Anfang war der Schock jedes Mal groß gewesen, zum Beispiel als sich der Staatspräsident Liu Shaoqi eines Tages als »ein großer Renegat, versteckter Kollaborateur, Arbeiterverräter und innerparteilicher Machthaber auf dem kapitalistischen Weg« entpuppt hatte. Mit der Zeit gewöhnte man sich an die nicht enden wollenden Enthüllungen und war müde geworden, immer wieder geschockt zu sein. Und nun das. Zweifelsohne war das der größte Schock, den man seit Beginn der Kulturrevolution, vielleicht sogar seit Gründung der Volksrepublik China je erlebt hatte. Denn bis jetzt hatte man noch nie gehört, dass jemand ein Attentat auf Vorsitzenden Mao geplant hatte. Gott sei Dank war Lin Biao tot. Aber wir hatten das Gefühl, dass Vorsitzender Mao dennoch permanent von Gefahren bedroht war und dass um uns herum ebenfalls lauter Gefahren lauerten. In dieser Nacht trauten wir Mädchen uns nicht allein auf die Toilette nach draußen zu gehen, sondern gingen in Scharen.

Aufgrund der Bekanntmachung des »Zwischenfalls vom 13. September« endeten unsere militärischen Trainingswochen vorzeitig. Nach der Rückkehr in die Schule fielen fast sämtliche Unterrichtsstunden aus. Jeden Tag bekamen wir neue Dokumente des Zentralkomitees zu studieren: »Abriss von Projekt 571«, »Kampf gegen die parteifeindliche Clique um Lin Biao und Zerschlagung des konterrevolutionären Putsches« (davon gab es hintereinander drei Dokumente), »Einige Aspekte in Bezug auf die Kritik an Lin Biaos kapitalistischer Militärlinie« (davon gab es zwei Dokumente), »Kritik an Lin Biaos sechs Taktikprinzipien« und so weiter, und so fort. Manchmal las unser Klassenlehrer die Dokumente vor, manchmal wurden sie zum Selbstlesen an uns verteilt.

Es stellte sich heraus, dass Lin Biao schon immer ein Bösewicht und Gegner des Vorsitzenden Mao gewesen war und eine »kapitalistische Militärlinie« betrieben hatte. Im Dokument »Abriss von Projekt 571«[40] ging es um den gesamten Putschplan mit Kopien und Fotos des unendlich vielfältigen Beweismaterials. Lin Biaos Sohn, der sechsundzwanzigjährige Lin Liguo, Spitzname »Laohu« (»Tiger«), soll sich den Titel des Projektes ausgedacht haben: 571, auf Chinesisch *wu qi yi*, was genauso klingt wie »bewaffneter Aufstand«. Gepackt vom Entsetzen und auch von einer gewissen Sensationsgier, erfuhren wir, dass sie ihre konterrevolutionäre Clique die »Flottille« nannten, Vorsitzendem Mao den Tarnnamen »B-52«[41] gaben, ihn als den »grausamsten feudalistischen Tyrann der chinesischen Geschichte« und unseren Staatsapparat als einen »Fleischwolf« bezeichneten und dass sie mit Vorsitzendem Mao einen »Kampf auf Leben und Tod« führen wollten. Wir waren höchst schockiert, was sie in diesem »Projekt 571« notiert hatten:

»Seit mehr als zehn Jahren stagniert unsere Volkswirtschaft. [...] Der Diktator verliert immer mehr Vertrauen des Volkes. [...] Im langjährigen innerparteilichen Kampf und in der Kulturrevolution waren ranghohe Funktionäre zwar wütend, wagten aber nicht, den Mund aufzumachen; den Bauern fehlen Lebensmittel und Kleider; dass die Jugendlichen mit Schulbildung aufs Land verschickt werden, ist der Zwangsarbeit gleich; die Roten Garden wurden am Anfang getäuscht und als Kanonenfutter benutzt und später unterdrückt und

---

40 Verfasst von Lin Liguo und wahrscheinlich zweien seiner Anhänger am 22., 23. und 24. März 1971. Das originale Dokument ist dokumentiert unter http://www.360doc.com/content/07/0830/00/39427_703700.shtml

41 B-52, Boeing B-52, ein achtstrahliger Langstreckenbomber der US-Luftwaffe. Lin Liguo meinte, Mao sei wie eine B-52, sein Kopf stecke voller böser Ideen, die Bomben glichen. Explodiere eine, stürbe eine große Menge Menschen. (Quelle: *Mao: The Unknown Story,* by Jung Chang und Jon Halliday [chinesische Ausgabe], Open Books: Hongkong 2006).

als Sündenböcke geopfert; die Kader in den Institutionen wurden entlassen und in die 7.-Mai-Kaderschule gesteckt: versteckte Arbeitslose. Die Löhne der (vor allem jungen) Arbeiter wurden eingefroren: versteckte Ausbeutung.«

Außerdem hieß es in den Dokumenten des Zentralkomitees, dass Lin Biao und seine Familie bzw. Anhänger eine »Lin-Dynastie« gründen wollten. Mithilfe eines neuartigen Gerätes, einer sogenannten Videokamera, soll sein Sohn Lin Liguo zudem landesweit nach Konkubinen gesucht haben.[42] Mit diesem Gerät konnte man die schönen Frauen in bewegten Bildern festhalten und sie später auf einem Monitor betrachten wie in einem Film. Je mehr Details wir erfuhren, desto anschaulicher, spannender und realistischer kam uns dieser »Thriller« vor, desto heftiger, komplizierter, bestürzender, unberechenbarer und unvorhersehbarer erschien uns der innerparteiliche Klassenkampf während der Phase des Sozialismus.

Bald darauf begann die landesweite »Kampagne zur Kritik an Lin Biao und zur Verbesserung des Arbeitsstils«, die bis 1974 andauern sollte und in die nächste »Kampagne zur Kritik an Lin Biao und Konfuzius« überging.

Währenddessen kursierten in den Ensembles der Luftwaffe und in der Gesellschaft die wildesten Gerüchte und Verschwörungstheorien bezüglich des »Zwischenfalls vom 13. September«. Lin Biaos Sohn Lin Liguo, der eigentliche Initiator des Putschplans, war vor seinem Tod Vizechef der Operationsabteilung des Generalstabs und stellvertretender Büroleiter des Kommandos der Luftwaffe gewesen. Deshalb glaubten die Angehörigen der beiden Ensembles in unserem Hof, über die meisten »echten« Hintergrundinformationen und Details zu verfügen. Manche

---

42 Diese Aktion wurde von Lin Biaos Frau Ye Qun organisiert. Sie versuchte auch, einen Ehekandidaten für ihre Tochter Liheng zu suchen, die sich heftig – sogar mit einem Selbstmordversuch – dagegen wehrte.

behaupteten, Lin Biaos Flugzeug sei dabei abgestürzt, als fünf Maschinen der Luftwaffe die Trident zur Notlandung zwingen wollten. Andere meinten, sie hätten Hals über Kopf die Flucht ergreifen wollen und keine Zeit zum Tanken gehabt. Während des Flugs sei der Kraftstoff ausgegangen, und die Maschine sei deshalb abgestürzt. Wieder andere waren sich sicher, die Familie Lin sei überhaupt nicht tot, sondern in die Sowjetunion geflohen und habe dort um politisches Asyl gebeten. Nur in einem Punkt war man sich einig und stimmte mit der offiziellen Aussage überein: Lin Biaos Tochter Lin Liheng, Kosename »Doudou« (»Böhnchen«), sei nicht auf der Flucht gewesen, habe Premierminister Zhou Enlai rechtzeitig über die Flucht informiert und sich deshalb ein großes Verdienst erworben.[43]

Nach dem »Zwischenfall vom 13. September« rafften sich die Menschen wieder auf, die von den bisherigen unzähligen politischen Bewegungen ziemlich erschöpft waren, und begannen mit der »Kampagne zur Kritik an Lin Biao und zur Verbesserung des Arbeitsstils«. Innerhalb der Luftwaffe war die Atmosphäre sehr angespannt, weil die meisten »bis in den Tod treu ergebenen Anhänger« der Lin-Biao-Clique in der Luftwaffe vermutet wurden. Von oben bis unten wurden die Einheiten der Luftwaffe gründ-

---

43 In Wirklichkeit war Lin Liheng (geb. 1944; zu jener Zeit stellvertretende Chefredakteurin der *Zeitung der Luftwaffe*) nicht in den geplanten Staatsstreich eingeweiht. Als sie in der Nacht vom 12. auf den 13. September von dem Fluchtplan ihrer Familie erfuhr (aus Sorge wollte Liguo seine Schwester mitnehmen), informierte sie das Zentrale Sicherheitsregiment Unit 8341 und bat dieses um Personenschutz für ihren gesundheitlich angeschlagenen Vater. Unit 8341 erstattete Premierminister Zhou Enlai sofort Bericht. Deswegen musste Familie Lin früher als geplant mit einer nicht vollgetankten Trident aufbrechen. Nach dem »Zwischenfall vom 13. September« musste Lin Liheng eine Untersuchung über sich ergehen lassen. Dabei versuchte sie, sich das Leben zu nehmen. Später wagte sie, einen Brief an Mao Zedong zu schreiben. Dieser gab im Juli 1974 die Anweisung, Lin Liheng aus der Gefangenschaft zu entlassen und ihr den Kontakt zu ihrem Verlobten Zhang Qinglin zu gewähren. Beide heirateten und wurden auf eine Farm in der Provinz Henan verbannt. 1987 durfte Lin Liheng nach Peking zurückkehren. Bis zu ihrer Pensionierung 2002 arbeitete sie in der chinesischen Akademie der Sozialwissenschaften. Heute lebt sie mit ihrem Mann zurückgezogen in Peking.

lich durchkämmt und wurde nach Lin Biaos Anhängern gesucht. Man hörte im Hof oft, wer schon wieder als Lin Biaos Anhänger entlarvt worden sei oder wer ein enges Verhältnis zur Familie Lin gehabt haben solle. Der füllige Oberbefehlshaber der Luftwaffe Wu Faxian, der früher häufig die Theateraufführungen des Ensembles meiner Eltern besucht hatte, wurde beispielsweise über Nacht Lin Biaos »bis in den Tod treu ergebener Anhänger« Nummer eins. Wir hörten Leute im Ensemble erzählen, er sei wie der dicke »Strohkopf« Hu Chuankui in der Modell-Pekingoper *Shajiabang,* benutze sein eigenes Hirn nicht und sei ausgenutzt worden.

Die ganze Luftwaffe hatte auf einmal eine Heidenangst. Die Ensemblemitglieder waren auch sehr nervös, insbesondere die schönen Schauspielerinnen. Sie bangten entsetzlich um ihren Ruf, egal ob sie wirklich von Lin Liguos Leuten mit der Videokamera gefilmt worden waren oder nicht. Es fiel ihnen schwer, erhobenen Hauptes im Hof herumzulaufen, weil sie insgeheim fürchteten, dass die anderen von ihnen glaubten, sie wären unter den Kandidatinnen der »Konkubinen« gewesen. Die Kinder im Ensemble tuschelten hinter vorgehaltener Hand, welche Tänzerin oder welche Sängerin einst als Lin Liguos »Konkubine« gemustert worden sei und heute in übelstem Ruf stehe. Eigentlich seien sie nur gemustert und nicht auserwählt worden. Aber dennoch seien sie von Lin Liguo betrachtet worden, wenn auch nur auf dem Bildschirm, deswegen seien sie zumindest am Rande darin verwickelt gewesen.

Seit dem »Zwischenfall vom 13. September« beschäftigte sich das Ensemble ausschließlich mit der Lektüre der unzähligen Dokumente und der »Kampagne zur Kritik an Lin Biao und zur Verbesserung des Arbeitsstils«. Eigentlich sollte es allmählich mit den Proben neuer Stücke anfangen. Aber keiner war in der Lage, neue, zeitgemäße Stücke zu schaffen. Deshalb übernahm das Ensemble einzelne Episoden aus den Modellopern oder bearbeitete alte Stücke neu. Vater gehörte in dieser Zeit der Stückeschreibergruppe an, deren Aufgabe darin bestand, Theaterstücke zu bearbeiten bzw. Filme in Theaterstücke umzuschreiben.

Mutter machte jeden Morgen mit den anderen Schauspielern zusammen Stimmübungen und leitete das für meine Augen fast akrobatische Körpertraining. In manchen Stücken trat sie auch selbst auf. Nach der Geburt meiner kleinen Schwester hatte sie ihre jugendliche, traumhafte Figur nicht wieder erlangt. Stets trug sie ein selbst genähtes Miederhöschen. Trotzdem war ihr Bäuchlein zu sehen. Ich bedauerte sie ein bisschen, wenn ich sah, dass sie sich noch jeden Tag dem harten Körpertraining unterziehen musste. Aber ihre körperliche Fertigkeit hatte kein bisschen nachgelassen. Sie konnte ihre Beine genauso hoch schwingen wie früher. In dem von einer der Modellopern adaptierten Stück *Jiang Shuiying* spielte sie die Hauptrolle – Parteisekretärin Jiang Shuiying. Dabei trug sie eine helle, geblümte Bluse. Die jungen Onkel im Ensemble nannten sie scherzhaft »Jiang Wassereimer« (denn der Vorname Shuiying bedeutet in etwa »Wasserblüte«). Aber Mutter nahm es gelassen hin. Egal welche Rollen sie spielte, sie nahm sie immer sehr ernst, spielte gewissenhaft und gab ihr Bestes. Obwohl sie erst Mitte dreißig war, gehörte sie schon zur älteren Generation des Ensembles. Sie wusste, wie groß die Konkurrenz der jungen Schauspielerinnen war. Die Kolleginnen in ihrem Alter bekamen nur noch Omarollen zu spielen. Aber ihre Stimme und ihr Temperament passten nicht zu älteren Frauen. Deshalb musste sie mit jungen Schauspielerinnen konkurrieren. Beim Schminken pflegte sie die Haut der Stirn und der Wange straff zu ziehen und am Rand mit Pflastern in den Haaransatz zu kleben, damit die Haut glatter und das Gesicht schmaler aussahen.

Mutter war nostalgisch geworden. Ab und zu holte sie alte Bühnenfotos heraus und betrachtete sie lange. Eine Aufnahme zeigte sie mir besonders gern. Das war ein Bühnenfoto von dem Theaterstück *Die junge Generation*, in dem sie einen sechzehnjährigen Schüler gespielt hatte. Sie sah auf dem Foto so jung und so schlank aus. Ich liebte Mutters Bühnenfotos auch sehr und konnte sie nicht oft genug ansehen. Denn sie spiegelten nicht nur ihren ganzen Stolz wider. Sie waren auch mein Stolz und ein Teil meiner Kindheitserinnerungen. Leider waren viele dieser Fotos im Lauf der Kulturrevolution durch immer neue Scherenschnitte und Kritzeleien dermaßen ruiniert worden, dass es einem richtig wehtat. Denn auf vielen Fotos waren ursprünglich hohe Kader des Zentralkomitees oder der Luftwaffe zu sehen, die einst eine der Aufführungen besucht hatten und sich mit den Schauspielern zusammen hatten fotografieren lassen. Immer wenn ein Kader niedergeschlagen worden, also in Ungnade gefallen war, musste er aus dem Foto ausgeschnitten werden. Zumindest musste sein Kopf durchgekreuzt werden. Nach dem »Zwischenfall vom 13. September« war erneut eine ganze Reihe von Kommandeuren der Luftwaffe niedergeschlagen worden. Mutter musste deshalb die Fotos erneut überprüfen und Köpfe entlarvter Lin-Biao-Anhänger ausschneiden oder durchkreuzen.

Mein gesamter Eindruck über das Ensembleleben nach dem »Zwischenfall vom 13. September« war, dass die meisten Schauspieler nichts zu tun hatten. Sie schlugen sich die Zeit mit allen möglichen Spielen und Privatbeschäftigungen tot. In dieser Zeit strickte meine Mutter einen Pullover nach dem anderen. Sie strickte sie nach verschiedensten Mustern und in verschiedensten Varianten und tauschte mit anderen Tanten ihre Erfahrungen aus. Diese Beschäftigung kam uns Kindern zugute. Shitou, Qun und ich bekamen jeweils einen neuen Pullover.

Im Ensemble gab es einen nicht sehr großen, aber attraktiven, charmanten Onkel namens Wei, einen begabten jungen Mann mit vielseitigen Interessen. Er gehörte wie auch mein Vater der Stückeschreibergruppe an und gab mir ein paarmal Tipps für meine Aufsätze. Onkel Wei besaß einen Fotovergrößerungsapparat und konnte selbst Fotos entwickeln und vergrößern. Nach jedem Ausflug kamen viele Leute zu ihm und baten ihn, ihre Fotos zu vergrößern. Mutter schien ein gutes Verhältnis zu ihm zu haben. Sie wurde jedes Mal bevorzugt, wenn sie ihn bat, Fotos für uns zu vergrößern.

Auf einem der seltenen Familienausflüge im Frühjahr 1973 in den Zhongshan-Park nahm Mutter unsere alte sowjetische Kamera Typ 135 mit. Vor einem herrlich blühenden Winterkirschbaum fotografierten wir uns gegenseitig. Mit den entwickelten Negativen gingen Mutter und ich zu Onkel Wei und schauten zu, wie er unsere Fotos vergrößerte. Als ein Porträt von mir im Entwickler allmählich zum Vorschein kam, rief Onkel Wei erstaunt zu meiner Mutter: »Sieh mal, eure Cui wird immer hübscher!« Als ob er meine Person ganz neu entdeckt hätte, wandte er sich mir zu und versuchte unter dem schwachen Licht der roten Lampe mein reales Gesicht mit dem auf dem Foto zu vergleichen. Verschämt lächelnd richtete ich meinen Blick auf das immer deutlicher werdende Foto im Entwickler und stellte fest, dass das Mädchen auf dem Papier im Wasser tatsächlich nicht schlecht aussah. Nur konnte ich es nicht direkt mit mir in Verbindung setzen. Die Winterkirschblüten im Hintergrund waren weiß und standen in voller Pracht. Das Mädchen schaute verträumt in einem etwa 45 Grad schrägen Winkel nach links; die Haare waren akribisch zu zwei schulterlangen Zöpfen geflochten; die breite, flache Stirn glänzte unbedeckt im Sonnenschein; es lächelte mild; die Linien der Nase, der Wange und des Kinns zeichneten sich sanft auf einem jungen, anmutigen Gesicht ab; das war ein unschuldiges, schamhaftes Lächeln. Zum ersten Mal im Leben nahm ich mein Gesicht wahr und fand es angenehm anzusehen. Mutter sagte, ich sei fotogen. Im wirklichen Leben sah ich mich selten lächeln.

Das Foto von meinem Vater sah ein wenig gekünstelt aus. Ich weiß nicht mehr, ob er sich auf Mutters Aufforderung hin hatte fotografieren lassen oder aus eigenem Antrieb. Er trug die dicke Winteruniform; sein Gesicht war den Winterkirschblüten zugewandt; sein Blick richtete sich jedoch nicht auf die Blüten, sondern verlor sich in der Ferne; seine vollen Lippen waren leicht

geöffnet, sahen aber nicht nach einem Lächeln aus; eine tiefe
Stirnfalte zeichnete sich unter der Militärmütze ab; die zwei vom
Nasenflügel bis zum Mundwinkel verlaufenden Falten ließen
ihn müde erscheinen. Er sah eher aus, als ob er in Gedanken versunken wäre, statt die Winterkirschblüten zu betrachten. In diesem Jahr war Vater dreiundvierzig Jahre alt.

Das Ensemble hatte sich irgendwann einen Schwarz-Weiß-Fern-
sehapparat angeschafft. Im Winter stand er in der Kantine, im
Sommer vor der Kantine auf einem freien Plätzchen. Jeden
Abend nach dem Abendessen schaltete ein dafür zuständiger
Onkel den Apparat an. Der Bildschirm war zwar viel kleiner als
die Leinwand, aber dafür konnte man jeden Abend Filme ansehen, wenn man wollte. So versammelte man sich – Alt und Jung,
Mann und Frau, vor allem aber Kinder – Sommer wie Winter
allabendlich vor dem kleinen Apparat und schaute sich von den
Nachrichten bis zum »Auf Wiedersehen« alle Sendungen an. Es
liefen außer täglichen Nachrichten meistens die acht Modellopern. Jeder, ob Kinder oder Erwachsene, konnte einige Passagen aus den Modell-Pekingopern singen.

Das Fernsehen im Sommer glich einer Art kollektivem Die-
Kühle-Abendluft-Genießen im Freien. Man zündete überall
Räucherspiralen gegen Stechmücken an, knabberte Sonnenblumenkerne oder aß Obst und unterhielt sich lebhaft. Ich gesellte
mich meistens nicht zu diesem Kollektiv, weil ich meine Ruhe
haben wollte, und litt den ganzen Sommer über unter dem
Lärm, der sich unmittelbar vor meinem Fenster abspielte. Unser
Haus lag in der letzten Reihe des Blocks und leider genau gegenüber der Kantine.

Im Winter passierte beim kollektiven Fernsehen oft etwas,
was eigentlich nicht passieren durfte. Alle paar Tage hörte man,
welcher Junge immer neben welchem Mädchen sitze oder welcher Onkel welchem Mädchen an den Schenkel gefasst habe.
Das war dann ein Skandal. Der besagte Junge und das besagte

Mädchen bekamen zu Hause eine Tracht Prügel, und der betreffende Onkel hatte dann einen »Sittenfehler« begangen. Trotz harter Strafe passierten solche Skandale immer wieder. Noch entsetzlicher war, dass viele früher ganz brave, anständige Jungen unseres Hofs mittlerweile verschiedenen Schurkenbanden da draußen in der Gesellschaft angehörten und sich immer wieder auf Massenschlägereien einließen und Diebstähle verübten. Und einige hübsche Mädchen aus unserem Hof waren sogar zu verruchten »Ringen« und »Wilden Hühnern« verkommen. Die Eltern dieser Jungen und Mädchen waren hilflos und verzweifelt, sahen sich als Versager und seufzten aus tiefster Seele: »Nach einer starken Generation kommt eine schwache. Was soll man machen?« Und sie beneideten meine Eltern darum, dass sie sich keine Sorgen machen mussten, was meine Erziehung anging. Denn ich sei eine ausgezeichnete Schülerin in der Schule und eine perfekte Tochter zu Hause, meinten sie.

Meine Familie genoss im Hof ohnehin ein hohes Ansehen. Meine Mutter war dank ihrer Geradlinigkeit, Offenheit, Heiterkeit und Hilfsbereitschaft sehr beliebt. Mein Vater war zwar seinem Wesen nach etwas introvertiert und ernst, aber begabt und kompetent und wurde deshalb geachtet. Hinzu kam, dass beide sich nicht nur rührend um ihre Eltern und Schwiegereltern, sondern auch um die Kinder ihrer Brüder kümmerten. Ich hielt meine Familie für eine perfekte Familie und war sehr stolz darauf. Mich selbst sah ich als ein gutes Mädchen, so rein und so unschuldig wie ein unbeschriebenes weißes Blatt oder eine Schneeflocke, die noch nicht auf den Boden gefallen war.

Der Sturm, der sich bald darauf erheben sollte, war deshalb umso überraschender und heftiger. Er zerstörte alles in mir, was schön war. Nein, es war nicht einmal ein Sturm; es war ein Blitz, der aus einem heiteren, stillen Himmel plötzlich in den friedlichen, üppigen, grünen Baum meiner Familie einschlug, sodass er von der Krone bis zum Stamm ausbrannte.

22. Kapitel

Warum mein Vater wie ein Grashalm niedergetrampelt wurde,
und warum ich einen unsichtbaren »scharlachroten
Buchstaben« trug

Ich war der letzte Mensch im ganzen Hof, der von dem Fehltritt meines Vaters erfuhr. Und meine kleine Schwester sollte nie davon erfahren.

Im Sommer 1973, unmittelbar nach meinem sechzehnten Geburtstag, war mein Vater plötzlich, wie vom Erdboden verschluckt, spurlos verschwunden. Ich fragte Mutter nach ihm. Sie sagte, Vater habe sich mit den anderen Onkeln der Stückeschreibergruppe zusammen an einen unbekannten Ort zurückgezogen, um ein neues Theaterstück zu schreiben. Mit der Zeit deuteten allerdings immer mehr Anzeichen darauf hin, dass Mutter nicht die Wahrheit gesagt hatte. Einige gleichaltrige Mädchen aus dem Hof mieden neuerdings den Kontakt mit mir. Traf ich sie zufällig, reagierten sie verlegen und grüßten mich förmlich, um sich dann schnell zu entfernen. Beim abendlichen Spaziergang im Hof bemerkte ich, wie die Leute mich mit einem sonderbaren Blick anstarrten, als ob ich nackt oder ein Ungeheuer wäre. Meine kleine Schwester Qun und Cousin Shitou wurden im Hof von den frechen Jungs gejagt und mit Kieselsteinen beworfen. Einige ältere Jungen schimpften sie »Grille« oder »Grillenbastard«. Auf ihren kindlichen Gesichtern lagen die Heimtücke, Überheblichkeit und Schadenfreude eines Wissenden. Eine Schar kleinerer Jungen schimpfte mit, ohne zu wissen, warum, und hatte Spaß daran, einem hilflosen kleinen Mädchen Angst einzujagen. Qun rannte oft weinend nach Hause und erzählte Mutter von diesen Bosheiten. Mutter nahm sie in den Arm und tröstete sie, sie brauche keine Angst vor diesen frechen Jungen zu haben; sie seien böse und würden ihre Strafe bekommen.

Eine böse Vorahnung und die Ungewissheit bedrückten mich so sehr, dass ich es nicht mehr aushielt und Mutter erneut nach Vater fragte. Mit unverhohlener Verachtung und offensichtlichem Widerwillen schilderte sie knapp, dass Vater einen Fehltritt begangen habe, das heiße einen schwerwiegenden Sittenfehler mit Ning Yuan; er halte sich aufgrund der Ermittlungen isoliert an einem unbekannten Ort auf, und Ning Yuan sei versetzt worden. Dann sprach sie mit einem milderen, aber sehr entschiedenen Ton: »Merke, das sollte dich und deine Schwester aber keineswegs beeinträchtigen. Ihr seid gute Kinder!«

Für mich war es ein harter Schlag mitten auf den Kopf. Vater und Sittenstrolch? Mit Ning Yuan? Mit der Ning Yuan, die nur zwei Jahre älter war als ich? Wie war das möglich? Jetzt erst fiel es mir ein, dass ich Ning Yuan seit einiger Zeit nicht mehr gesehen hatte. Ich hatte gedacht, sie sei in Heimaturlaub gefahren.

Ning Yuan und Han Ju, die zusammen ein Zimmer in unserer Wohneinheit teilten, waren zwei Nachwuchsschauspielerinnen, die in einem Auswahlverfahren aus den Provinzen rekrutiert worden waren. Han Ju, etwas älter als Ning Yuan, stammte aus dem Nordosten. Ihr Merkmal waren für mich ihre roten Backen; vielleicht weil es in ihrer Heimat zu kalt sei, dachte ich immer. Sie war eine ruhige, reife und selbstbewusste junge Frau. Ning Yuan war im Gegenteil noch wie ein Kind. Sie war immer fröhlich, sang und lachte gern, hatte ein ebenmäßiges Gesicht und eine schöne Stimme, war groß von Wuchs. Aber als eine Schönheit konnte man sie nicht bezeichnen. Was die Schauspielerei betraf, sei sie zu dumm, meinte sie immer; und sie bat meine Mutter oft, ihr zu helfen. Da wir in derselben Wohneinheit wohnten, kam sie ab und zu in mein Zimmer, um mit mir zu plaudern. Ich hatte auch ein paarmal zugeschaut, wie Vater die beiden in ihrem Zimmer beim Einstudieren ihrer Rollen beraten hatte. Bei den Ausflügen, die das Ensemble organisierte, pflegte sich Ning Yuan zu uns Mädchen, also den Töchtern ihrer Kolleginnen, zu gesellen, während Han Ju stets einen gebührenden Abstand zu uns und anderen Familienangehörigen der Ensemblemitglieder wahrte. Ein paarmal kam Vater dazu, als Ning Yuan mich in meinem Zimmer besuchte. Es war ja die Zeit, in der die Leute des Ensembles nicht viel zu tun hatten. Das war alles.

Ich hatte nichts Auffallendes oder Verdächtiges bemerkt. Vater war bekannt für seine Ernsthaftigkeit, Zurückhaltung und sein Traditionsbewusstsein. Und Mutter galt als jung aussehend und schön für ihr Alter. Wie hätte er einen Sittenfehler begehen können? Vom Hörensagen wusste ich, dass mit dem »Sittenfehler« etwas Schmutziges zwischen einem Mann und einer Frau gemeint war. Aber davon, was genau das Schmutzige war, hatte ich keinen blassen Schimmer. Deshalb konnte ich mir nicht vorstellen, was Vater und Ning Yuan getan hatten.

Durch die Beschimpfungen und Andeutungen der Kinder im Hof kam ich später annähernd darauf, dass die Sache mit dem Gemüsekeller hinter der Kantine zu tun haben musste. Hinter der am nördlichen Rand des Hofs liegenden Kantine hatte es einen brachliegenden Acker gegeben. Nach seinem Einzug fing das Ensemble an, den Acker zu bestellen und Gemüse anzubauen, und hatte dazu einen Gemüsekeller angelegt. Der Eingang war eine aus Brettern zusammengezimmerte Tür mit einem eisernen Riegel. Im Sommer pflegten die Kinder gern dort Versteck zu spielen oder Grillen zu fangen. Aus den Informationsfetzen, die sich mir durch die Andeutungen ergaben, konnte ich nur ein verschwommenes Bild malen: Xiao Sen, ein zwölfjähriger Junge im Hof, sei eines Abends aufs Gemüsefeld gegangen, um Grillen zu fangen, und habe zufällig meinen Vater und Ning Yuan entdeckt. Eine etwas andere Variante lautete: Xiao Sen habe bemerkt, dass jemand im Gemüsekeller sei, und habe aus hoher revolutionärer Wachsamkeit gefragt, wer sich darin befinde. Mein Vater soll ein Zeichen von sich gegeben haben. Xiao Sen habe daraufhin gefragt, was er dort tue. Grillen fangen, soll er geantwortet haben.

Das war also der Grund, weshalb die Kinder meine Schwester »Grillenbastard« schimpften. Wem Xiao Sen von dieser Begegnung zuerst erzählt hatte – seinen Eltern oder den Leitern des Ensembles –, das wusste man nicht genau. Auf jeden Fall war er offenbar der einzige Zeuge des Fehltritts meines Vaters.

Für ein sechzehnjähriges Mädchen wie mich, das noch nicht aufgeklärt worden war, galt »die Sache« zwischen einem Mann und einer Frau als die schmutzigste, die es gab, ja sogar als ein Synonym für Schurkerei. Deswegen war der Sittenfehler für mich der schändlichste und unverzeihlichste Fehler. Als ich erfuhr, mein Vater habe einen Sittenfehler begangen, wünschte ich mir, er hätte sich nicht dieses, sondern irgendeines anderen Fehlers schuldig gemacht. Selbst ein politisches Fehlverhalten hätte ich lieber in Kauf genommen. Wäre er zum Beispiel als Konterrevolutionär oder Rechtsabweichler enttarnt worden, dann könnte ich mich gegen ihn stellen und eine klare Linie zwischen ihm und mir ziehen; ich wäre sogar bereit, ihn zu verurteilen. Aber Vater hatte ausgerechnet einen Sittenfehler begangen und war ausgerechnet von dem blöden Xiao Sen ertappt worden, dem Sohn eines hochnäsigen Mitglieds der Rebellengruppe, das seit Beginn der Kulturrevolution ein Gegner meines Vaters war und inzwischen eine bedeutende Position im Ensemble errungen hatte. Das war eine unermesslich schmutzige, hässliche Angelegenheit, die auch meine Unschuld, meine Reinheit, meine Ehre über Nacht besudelte. Was konnte die Tochter eines Sittenstrolchs in jener Zeit schon sein, in der die Parole »Ist der Vater ein Held, ist der Sohn ein ganzer Mann; ist der Vater reaktionär, bleibt der Sohn ein Bastard« als Wahrheit galt? Ja, selber ein Sittenstrolch.

Mehr als vier Wochen später tauchte Vater an einem Spätabend im Wohnzimmer auf, so plötzlich, wie er verschwunden war. Qun, Shitou und Großmutter schliefen schon. Er schlich wie ein Geist geräuschlos herein und erschreckte mich dermaßen, dass ich zusammenzuckte. Von seinem Gesicht war nur noch ein dunkler, schmaler Streifen geblieben; seine Wangenknochen ragten hervor, seine Augen waren blutunterlaufen und tief in die Augenhöhlen gefallen, seine Stirnfalte schien sich noch tiefer in die Haut eingegraben zu haben; seine schmutzige, fettig gewordene Uniform hing so locker an seinem Körper wie ein Waschlappen. Einen Augenblick lang empfand ich eine Art Traurigkeit und Mitleid, welches sich aber schnell in Abscheu verwandelte. Sein Blick huschte ein paarmal durch das Zimmer, als ob er das Zuhause nicht mehr wiedererkennen würde. Als sein Blick sich mit meinem traf, erkannte ich darin ein erbärmliches Flehen, das mich anekelte. Ich senkte meinen Kopf und verließ ohne ein einziges Wort das Zimmer.

Am Tag darauf hätte ich eigentlich Mutters Mitteilung erwartet, wann sie sich von meinem Vater scheiden lassen würde. Aber sie erzählte mir mit einem gewissen Mitgefühl und einer unterdrückten Wut, Vater sei die ganze Zeit im Keller des Hauses der Ensembleleitung eingesperrt gewesen. Die Rebellengruppe, die jetzt die Leitung des Ensembles innehatte, sei hocherfreut über Vaters Fehltritt; denn Vater sei schon immer ein Gegner dieser Gruppe gewesen. Sie hätten ihn gefoltert und Tag und Nacht abwechselnd verhört, um ihn zum Geständnis zu zwingen; er habe unzählige Selbstkritiken schreiben und detailliert über seinen Fehler berichten müssen; unbeschreibliche Demütigungen habe er über sich ergehen lassen müssen.

Eigentlich wollte ich wissen, was Vater und Ning Yuan wirklich getan hatten. Die Praktiken in der Kulturrevolution, Menschen zu foltern und Geständnisse zu erpressen, waren mir bekannt. Ich wusste, wie viele Menschen aufgrund des hohen politischen Drucks ihre engsten Freunde und nächsten Verwandten, sogar ihre Ehepartner sowie ihr eigenes Gewissen und ihre Ehre verrieten, um zu überleben. Vielleicht hatten die beiden nur mehr Kontakt gehabt, als sie haben durften? Vielleicht hatten sie sich nur gemocht? Vielleicht hatten sie sich im Gemüsekeller nur unterhalten? Vielleicht waren sie auch gar nicht dort gewesen, die Leute hatten sich das nur ausgedacht, um ihn auszuschalten? Angeblich gab es doch nur diesen einen Zeugen: den zwölfjährigen Xiao Sen. Aber ich war nicht imstande, den Mund aufzumachen und Mutter oder Vater selbst nach der Wahrheit zu fragen. Ich war noch nie ein Kind gewesen, das Erwachsenen gern Fragen stellte, und konnte es jetzt erst recht nicht, da eine solche Frage die Ehre meines Vaters betraf. So hatte ich diese verschwommene, vom Hörensagen stammende Tatsache einfach zu akzeptieren, dass mein Vater tatsächlich einen Sittenfehler begangen hatte. Denn warum wehrte er sich nicht, wenn es nicht wahr gewesen wäre? Warum wehrte sich meine Mutter nicht? Warum ließ er sich – als ein ganzer Kerl – in einem finsteren Keller über einen Monat lang einsperren und foltern und erpressen, anstatt auszubrechen? Das bedeutete also, dass alles wahr war, was man ihm vorwarf.

Mutter sagte zum Schluss, die Ensembleleitung habe sie mehrmals gedrängt, sich zugunsten ihrer eigenen Karriere von Vater scheiden zu lassen. Aber wegen meiner kleinen Schwester und der Familie, auch meinetwegen und überdies auch, um Vater eine Chance zum Weiterleben zu geben, habe sie sich nach langer Überlegung entschlossen, sich nicht von ihm scheiden zu lassen. Vater sei schließlich ein alter Genosse, der seit mehr als zwanzig Jahren im Dienst der Partei stehe, zumal er zum ersten Mal einen Fehler dieser Art begangen habe. Man müsse ihm eine Chance geben, sich zu bessern. Sie fügte noch nachdrücklich hinzu, diese Leute seien böse; wenn sie nicht zu ihm stehe, würden sie Vater richtig erledigen.

Ich wurde auf einmal konfus. Sollte ich auch zu ihm stehen – oder ihn doch eher verachten? Gefühlsmäßig verachtete ich ihn. Ich verabscheute die Hässlichkeit der Tat meines Vaters. Ich hasste die Großherzigkeit meiner Mutter. Ich verachtete sie beide.

Das war das Gefühl eines sechzehnjährigen pubertierenden Mädchens, das mit ihren physischen und psychischen Umständen völlig allein dastand und sich dessen nicht einmal bewusst war.

Nachdem Vater zurückgekommen war, schien die Normalität des Alltagslebens in der Familie wieder eingekehrt zu sein. Großmutter und Schwester wussten von nichts. Shitou wurde draußen im Hof weiter drangsaliert, sagte aber zu Hause nichts. Die ganze Familie aß nach wie vor zusammen an einem Tisch; nur das Lachen war weniger geworden.

Bald darauf hörte ich, dass das Ensemble Disziplinarmaßnahmen gegen Vater beschlossen hatte: Berufsverbot wegen des schweren Verstoßes gegen das Militärgesetz und Versetzung in den zweijährigen Bewährungsstand in der Partei. Vater durfte keine Theaterstücke mehr schreiben und auch nicht auf der Bühne auftreten, sondern nur noch körperliche Gelegenheitsarbeiten verrichten, wie zum Beispiel beim Bühnenaufbau helfen oder schwere Requisiten tragen. Ich konnte deutlich sehen, wie bedrückt und traurig er war. Vater war wie ein Schilfrohr im Herbst, das immer trockener und hohler wurde und bei jeder winzigen Brise zu brechen drohte. Zu Hause saß er immerzu mit gerunzelter Stirn da, rauchte, nörgelte über alles und wurde immer jähzorniger. Draußen im Hof benahm er sich wie eine über den Weg rennende Ratte. Er gab keinen Ton von sich, wenn Kinder ihn beschimpften, und nahm es hin, dass gewisse Ensemblemitglieder seine Würde von ehedem einfach so mit Füßen traten.

Oberflächlich gesehen verhielt sich Mutter Vater gegenüber wie früher. Sie kümmerte sich fürsorglich um ihn, kochte zur Stärkung seiner Gesundheit nahrhaftes Essen, erledigte die Dinge für ihn, die den Kontakt zu Kollegen oder zur Leitung des Ensembles erforderten. Abends ermutigte sie ihn manchmal zu einem Spaziergang und begleitete ihn. Denn wenn es nicht sein musste, tat Vater keinen Schritt mehr nach draußen und mied alle Kontakte. Aber wenn sie beide in einen Streit gerieten, wühlte Mutter gnadenlos in seiner Wunde, sodass es ihm jedesmal die Sprache verschlug und er sich geschlagen gab. Wenn er sich zu sehr in die Ecke gedrängt fühlte, schrie er auch schon mal ganz laut: »Ich alter Kerl habe verdammt noch mal auch zwanzig Jahre der Revolution gedient! Bloß einen winzigen Fehler gemacht, na und? Kein Mensch ist perfekt! Der Partei gegenüber habe ich keine Gewissensbisse!«

In dieser bedrückenden Zeit konnten Mutter und einige ihrer guten Freunde im Ensemble westliche Klassiker besorgen, die sie heimlich lasen und untereinander austauschten. Die Lieferantin war eine in der Verwaltung tätige Tante, die an den Schlüssel der Bibliothek kommen konnte. Die Bibliothek des Ensembles war seit Beginn der Kulturrevolution verschlossen. Die Bücher, darunter viele vor der Kulturrevolution veröffentlichte Werke der Weltliteratur, hielten in den verstaubten Regalen ihren »Winterschlaf«. Eines Tages gelangte diese Tante durch Zufall in diesen Raum und entdeckte die verborgenen Schätze. Seitdem war eine »heimliche Schleuse« geöffnet worden, durch die diese frühzeitig aus dem Winterschlaf geweckten Bücher in die Hände ihrer Liebhaber gelangten.

All diese Bücher fielen auch in meine Hände; denn Mutter liebte Literatur und unterstützte mich, Bücher zu lesen: *Die Elenden* und *Der Glöckner von Notre Dame* von Victor Hugo, *Anna Karenina*, *Krieg und Frieden* und *Auferstehung* von Tolstoi, *Die toten Seelen*« von Gogol, *Der stille Don* von Scholochow, *Die Stechfliege* von Ethel Lilian Voynich, *Rot und Schwarz* von Stendhal, *Madame Bovary* von Flaubert, *Tess* von Thomas Hardy, *Jean-Christophe* von Romain Rolland, *Jane Eyre* von Charlotte Brontë und *Der scharlachrote Buchstabe* von Nathaniel Hawthorne. Das letzte Buch erschütterte mich besonders, weil ich seit Vaters Fehltritt das Gefühl hatte, dass überall auf meinem Körper die beiden Schriftzeichen für »Schande« so eingebrannt seien wie der scharlachrote Buchstabe auf Hesters Brust. Ich war selbst die Personifikation der Schuld geworden, weil ich tagaus, tagein mit der Quelle der Schuld zusammenlebte. Das Blut der Schuld floss in meinen Adern. Jeden Blick, den mir die anderen zuwarfen, empfand ich als einen Peitschenhieb, der meinen Körper und meine Seele verwundete. Nur war mein scharlachroter Buchstabe unsichtbar.

Wie ein durstiges und hungriges Kind, das endlich Nahrung fand, verschlang ich gierig ein Buch nach dem anderen. Ganz gleichgültig, ob ich sie verstehen konnte oder nicht, ich saugte wie ein Schwamm den Geist dieser Lektüre in mich auf. Diese Bücher wurden das beste Betäubungsmittel für meine schmerzende Seele. Das Lesen ließ mich alles vergessen. Ich vergaß die Schule und die politische Schulung; ich vergaß, dass ich ein Mitglied des Kommunistischen Jugendverbandes im China der Siebzigerjahre war; ich vergaß meinen Vater, und ich vergaß vor allem, dass ich die Tochter meines Vaters war. Ich wanderte durch andere Welten und andere Zeiten; ich versank in anderen Kulturen. Und auf dieser Wanderung näherte ich mich ganz allmählich – wie durch einen dichten Nebel hindurch – einem anderen Mädchen, das mir fremd war, aber zugleich doch vertraut vorkam, das vielleicht schon in mir wohnte und welches *Das andere Ich* hieß.

An jenen Winterabenden, wenn ich die Beifußfaserröllchen angezündet und auf Großmutters schmerzende Stirn gelegt hatte, kauerte ich mit einem Buch neben der Heizung und las bis tief in die Nacht. Hester Prynne, die dem gesellschaftlichen Druck und der unermesslichen Demütigung zum Trotz den Namen des Vaters ihres unehelichen Kindes nicht verriet; Fantine, die, um ihre Tochter zu ernähren, sogar ihren Körper verkaufte; die unschuldige Tess, die an der Moral zerbrach und für die Liebe mordete; Anna Karenina, die für die Liebe Ehebruch beging und schließlich aus Verzweiflung sich selbst tötete. Für all diese Romanheldinnen empfand ich starkes Mitgefühl und Sympathie. Sehr vage gewann ich den Eindruck, dass die Liebe, die häufig mit gesellschaftlichen Konventionen und Moralvorstellungen in Konflikt gerät, eine unbezähmbar starke Kraft besitzt. Aber was diese Kraft bedeutet und warum sie so stark ist, konnte ich mir nicht erklären. Ich spürte nur, dass dort, wo die Liebe ist, ein helles Licht hineinfällt, ein warmes, schönes Licht.

Ich dachte an meinen Vater. Hatte sein Sittenfehler etwa mit Liebe zu tun? Nein, das konnte nicht sein! Könnte die Liebe denn so hässlich sein? Könnte die Liebe von der Gesellschaft so verabscheut und geächtet werden? Hester Prynne wird ja wegen ihrer verbotenen Liebe von der Gesellschaft geächtet. Aber sie ist natürlich nicht mit meinem Vater gleichzusetzen. Mein Vater ist ein Mitglied der Volksbefreiungsarmee Chinas und ein Mitglied der Kommunistischen Partei. Was ist in Wahrheit hässlich? Die Liebe? Die anderen? Oder mein Vater?

Als der Roman *Jane Eyre* in meine Hände fiel, las ich ihn innerhalb von zwei Nächten und einem Tag durch. Jene zierliche, nicht umwerfend schöne, im England des 19. Jahrhunderts lebende junge Frau Jane rief ein gewaltiges Echo in mir hervor. Ich bewunderte ihre Stärke, ihre Intelligenz, ihren Mut und ihren starken Willen zur Unabhängigkeit und zur Wahrung der Würde. Ihre Liebe zu Rochester berührte mich zutiefst und ließ mich unendlich viele Tränen vergießen. Während ich, neben der Heizung kauernd, auf die räuchernde Beifußwolle auf Großmutters Stirn aufpasste, sah ich Jane vor meinem geistigen Auge, wie sie, um ihre Würde zu wahren, ihren Koffer packte und mit aller Entschiedenheit ihren heiß geliebten Mr. Rochester verließ und sich tapfer auf den Weg in die Ungewissheit begab. Halb erfroren, halb verhungert wanderte sie durch eine trostlose, unwegsame Moorlandschaft … Wie gern ich ihr gefolgt wäre! Ich spürte, wie ich in sie hineinschlüpfte und mit ihr fortging. Jane war keine Heldin wie Liu Hulan oder Soja[44]. Sie opferte ihr Leben nicht für eine großartige Sache. Sie kämpfte nur für sich, für ihre Würde, ihren Selbstwert, ihre Liebe. Dennoch war sie eine Heldin für mich. Sie wurde mein heimliches Idol, das ich liebte

---

44 Soja Anatoljewna Kosmodemjanskaja (1923–1941): eine sowjetische Partisanin im Zweiten Weltkrieg, als Heldin verehrt. Ihre angeblich letzten Worte, bevor sie von deutschen Soldaten öffentlich gehängt wurde: »Ich fürchte mich nicht zu sterben, Genossen! Es ist ein Glück, für sein Volk zu sterben! Lebt wohl, Genossen! Kämpft, fürchtet euch nicht!«

und verehrte, das mir Kraft gab. In dieser Nacht schwor ich, eine Frau zu werden wie Jane Eyre: klug, unabhängig, eigenständig, stolz, besonnen. In dieser Nacht träumte ich davon, Herrin meiner selbst zu sein. In dieser Nacht träumte ich davon, mich von allen vulgären, niederträchtigen Gefühlen, von den Blicken der anderen, von aller Hässlichkeit der Welt zu befreien.

Ich ertappte mich dabei, dass ich diese Lektüre der Literatur den Werken von Mao Zedong, Karl Marx, Engels und Lenin vorzog, dass ich statt einer »nie rostenden Schraube« der Partei lieber eine Frau wie Jane Eyre sein wollte, und vor allem, dass ich, statt permanent an die Revolution und die Verwirklichung des Kommunismus zu denken, von der Liebe träumte, von einer Liebe, die ein edles Gefühl in mir hervorrief, einer Liebe, für die ich mich selbst opfern und sogar sterben würde, wie Hester Prynne oder Anna Karenina. Die Beschreibung der Liebesszenen in den Büchern hatte eine besonders starke Anziehungskraft für mich. Oft las ich diese Passagen mehrmals. Manchmal blätterte ich sogar auf der Suche nach solchen Beschreibungen ein Buch gierig durch, bevor ich ordentlich von vorne mit dem Lesen anfing.

Ich verstand mich nicht mehr. Bis jetzt war ich davon überzeugt, ein perfekter Nachwuchs der revolutionären Sache des Proletariats zu sein. Plötzlich entdeckte ich, dass noch ein anderes Mädchen in mir wohnte. Das eine Mädchen wollte Liu Hulan und Soja sein, das andere Jane Eyre; das eine Mädchen erklärte die Verwirklichung des Kommunismus zu seinem Ideal und daran mitzuarbeiten zum einzigen Ziel im Leben, das andere wollte ein freier Mensch sein und sich der Kunst und Literatur widmen; das eine Mädchen war sich bewusst, dass es als Individuum bedeutungslos war und dass das Kollektiv über allem stand, das andere Mädchen wollte sich über die anderen erheben und anders sein; das eine Mädchen verurteilte das Liebesgefühl als »niedrige, kleinbürgerliche Sentimentalität«, wie es die Partei gelehrt hatte, das andere sehnte sich genau danach; das eine Mädchen wollte ein perfektes Vorbild für andere sein, das andere wollte sich verkriechen. Beide Mädchen war ich! Ich hütete die Existenz des anderen Mädchens als ein großes Geheimnis. Manchmal tat es weh, zwei Mädchen zu sein. Doch sollte ich ein Mädchen töten, um mich von diesem Schmerz zu befreien? Ich hätte nicht gewusst, wie. Ich stellte mir vor, dass der physische Schmerz, den die kleine Meerjungfrau erlitt, als sie ihren Fischschwanz durch einen Zaubertrank der Meerhexe in zwei Beine verwandeln ließ, meinem seelischen glich, den ich zu ertragen hatte, den Schmerz, gespalten zu sein. Der Unterschied war, die kleine Meerjungfrau ertrug ihn freiwillig, für ihre Liebe; und ich hingegen gezwungenermaßen – ja, gezwungen, aber von wem? Und warum?

Mein Vater war eigentlich ein gebildeter Mensch. Er hatte in seiner Kindheit Sishu – die private Schule im alten China – besucht und die »Vier Bücher« und die »Fünf Kanonischen Klassiker«[45] der konfuzianischen Lehre gelesen. Später hatte er auch eine staatliche Schule besucht. Er schätzte Bildung und Wissen. Aber die Bücher, die ich las, hielt er für »Gelbe Bücher«[46] und »giftiges Unkraut«, die mich verderben und korrumpieren würden. Er war strikt dagegen, dass ich sie las, und stritt oft deswegen mit Mutter, weil sie sie mir besorgte. Mehrfach drohte er, die Bücher zu verbrennen, sollte Mutter es wagen, sie weiterhin nach Hause zu »schleppen«. Ich hatte aber kein bisschen Angst vor ihm. Für mich hatte Vater seine Autorität längst verloren. Ich ignorierte seine Mahnungen, versteckte die Bücher unter

---

45 Die Vier Bücher – *Gespräche des Konfuzius, Menzius, Die Große Lehre* und *Die Lehre der Mitte* – und die Fünf Klassiker – *Das Buch der Wandlungen, Das Buch der Urkunden, Das Buch der Lieder, Das Buch der Riten* und *Die Frühlings- und Herbstannalen* – sind die wichtigsten Werke der konfuzianischen Lehre. Der Neokonfuzianer Zhu Xi (1130–1200) stellte sie in der Zeit der Song-Dynastie (960–1279) zusammen.
46 Der Begriff »Gelbe Bücher« ist in China das Synonym für pornographische Bücher.

dem Bett und dachte im Stillen: »Hast du etwa noch das Recht, mich zu erziehen?«

Aus heutiger Sicht kann ich sein Verhalten nur damit erklären, dass er wie Hunderttausende andere gebildete Menschen einer Gehirnwäsche unterzogen worden war. Er bekannte sich nur zu einer Farbe: der Farbe Rot.

Mit der Zeit wurde sein Unmut immer größer. Mein Schweigen und meine Geringschätzung ihm gegenüber verbitterten ihn auch immer mehr. Eines Tages gerieten wir sogar in einen heftigen Streit. An jenem Tag klopfte Vater – wie lange nicht mehr – an meine Tür und sagte, er wolle sich mit mir unterhalten. Weder gab ich einen Ton von mir, noch sah ich ihn an, sondern las einfach weiter. Vater geriet plötzlich in Wut und schrie mich an: »Wie benimmst du dich eigentlich?! Du undankbares Ding! Haben wir dich umsonst großgezogen? Bist du des Rufs überhaupt würdig, ein Mitglied des Jugendverbandes zu sein? Bist du deines Postens als Sekretärin der Jugendverbandszelle würdig? Tagein, tagaus vergräbst du dich in diesen bürgerlichen, dekadenten Büchern! Die haben deine Vitalität und Lebenskraft gänzlich geraubt! Sieh zu, dass ich sie nicht alle verbrenne!«

Soweit ich mich erinnern konnte, hatte Vater mich noch nie in diesem Ton gemaßregelt. Entsetzen, Wut und Kränkung explodierten auf einmal in mir. Ich starrte auf das Buch in meiner Hand und schrie zurück: »Was geht dich das an?!« Dabei erschrak ich über meine eigene Stimme, so fremd klang sie in meinen Ohren.

»Wieso mich das nichts angeht?«

»Du hast kein Recht, mich zu maßregeln!«

»Warum habe ich kein Recht?«

»Wer bist du eigentlich?!«

Vater verlor nun ganz die Fassung: »Wer ich bin?! Wer ich bin?! Ich bin dein Alter! Ich bin seit über zwanzig Jahren bei der Revolution! Was bildest du dir ein? Du denkst, ich habe einen Fehler begangen, nicht wahr? Na und? Ich bin trotzdem dein

Vater! Ich habe natürlich das Recht, dich zu maßregeln! Glaubst du, du bist die Größte? Ich verbiete dir, in Zukunft diese Bücher zu lesen!«

»Und ob ich sie lese!«

»Was bist du für eine …!«

»Was bist *du* für einer …!«

»Gib mir das Buch!«

»Nein!«

»Gib mir das Buch!«

»Nein!«

»Gibst du mir das Buch oder nicht?«

»Nein! Ich geb's dir nicht! Das geht dich nichts an!«

Ich brach in Tränen aus. Wenn ich schrie, wurde meine Stimme ganz hoch, sodass es mir vorkam, als stammte sie gar nicht aus meiner Kehle. Vater riss endlich das Buch aus meiner Hand, riss eine Seite heraus und zerknüllte sie. Ich fing an, aus Leibeskräften zu weinen, und dabei schoss ein seit geraumer Zeit unterdrückter Satz aus mir heraus: »Du bist nicht mehr mein Vater! Verschwinde!«

Durch einen dicken Tränenschleier sah ich Vater zitternd vor mir stehen. Sein Gesicht war vor Wut verzerrt. Seine Hände waren zu Fäusten geballt. Er schrie: »Gut! Ab heute bist du nicht mehr meine Tochter!« Dann warf er das Buch auf den Boden, schlug die Tür hinter sich zu und war fort.

Ich zitterte am ganzen Körper, warf mich kraftlos auf die Bambusliege, die seit Sommer in meinem Zimmer stand, und wehklagte herzzerreißend. Zum ersten Mal weinte ich, ohne Rücksicht darauf zu nehmen, dass Nachbarn und Passanten mich hören könnten. Ich weinte hemmungslos und ließ die seit Monaten unterdrückten Frustrationen, Schmerzen, Demütigungen, Kränkungen und Hassgefühle herausquellen. Ich heulte Rotz und Wasser, bis meine Augenlider so angeschwollen waren, dass ich nichts mehr sehen konnte, bis mein Körper taub wurde und ich die harte Liege unter meinem Körper nicht mehr spürte. Ich hatte das Gefühl, ich könnte vor Weinen sterben. Erstaunlicherweise stellte sich dabei ein Gefühl der Erleichterung ein. Später ging das Wehklagen in ein Schluchzen über, das noch einige Zeit andauerte. Ich dachte, Mutter würde in mein Zimmer kommen und mich zu trösten versuchen. Natürlich würde ich sie abweisen und aus meinem Zimmer vertreiben oder sie einfach ignorieren. In Wirklichkeit blieb Mutter die ganze Zeit im großen Zimmer und kam mich nicht trösten.

Am Abend weigerte ich mich, zum Essen hinauszugehen, und blieb so lange in meinem Zimmer, bis alle in der Familie und in der Nachbarschaft eingeschlafen waren. Erst dann schlich ich leise ins Badezimmer und wusch mich. Dabei vermied ich, mich im Spiegel anzusehen. In dieser Nacht fühlte ich mich vollkommen leer; im Herzen, im Gehirn, im Magen – nicht einmal ein Traum war da …

In der Schule galt ich weiterhin als ein ausgezeichnetes Mitglied des Kommunistischen Jugendverbandes, eine vorbildliche Schülerin, eine angesehene Sekretärin der Jugendverbandszelle und eine verantwortungsbewusste Klassensprecherin. Ich spielte meine Rolle sorgfältig und exakt und war guten Glaubens, dass keiner die Veränderung in mir bemerkte, bis eines Tages ein Schüler aus meiner Klasse mir eine unliebsame Wahrheit ins Gesicht sagte. Da wurde ich auf einmal wachgerüttelt und stellte fest, dass ich auch hier vollkommen »nackt« war.

Es war nach einer Aufnahmezeremonie für neue Mitglieder des Jugendverbandes. Der Antrag eines langjährigen Kandidaten namens Liang Junliu war wieder mal abgelehnt worden. In der Pause sagte er mir, er würde gern nach der Schule mit mir sprechen.

Seit wir auf diese Mittelschule gekommen waren, wollte Liang Junliu Mitglied des Jugendverbandes werden. Er schrieb einen Antrag nach dem anderen. Bis jetzt war sein Wunsch nicht in Erfüllung gegangen. Als Hauptgrund galt seine nicht gerade positive Herkunft. Sein Vater war ein sogenannter Rechtsabweichler. Obendrein hatte seine Mutter angeblich einen Sittenfehler begangen. Ein Kandidat mit solch einem familiären Hintergrund hatte es sehr schwer, es sei denn, er wäre in jedem Gebiet herausragend. Aber Liang Junliu war nur mittelmäßig: in seinen schulischen Leistungen, in seinem politischen Verhalten, in seinem Verhalten bei den außerschulischen Aktivitäten wie »Von-Arbeitern-Bauern-und-Soldaten-Lernen«, in seiner Hilfsbereitschaft und seinem Engagement. Lediglich beim Sport war er herausragend. Er war groß und kräftig, spielte gut Basketball und war Klassensprecher für den Sportunterricht. Jedes Mal, wenn die Jugendverbandszelle über die Aufnahme neuer Mitglieder diskutierte, war er ein Thema. Zwar gehörte er zu den heißesten Kandidaten, aber sein Antrag konnte bis jetzt nicht einstimmig genehmigt werden.

Wir beide saßen uns allein im Klassenraum gegenüber. Er sah nicht nach links oder rechts, sondern mir direkt in die Augen; er fummelte nicht an seiner Kleidung und kritzelte auch nicht auf dem Tisch. Er saß aufrecht und souverän auf seinem Stuhl – im Vergleich zu seinen Klassenkameraden ein eher ruhiger, reifer Junge. Die milde Sonne des Spätherbstes warf ihre Strahlen durch die Fensterscheibe auf sein Gesicht. Trotz der uns trennenden Tischreihen konnte ich die hellbraunen Härchen auf seiner Oberlippe und seine dunklen Pupillen sehen, die mich fixierten. Liang Junliu kam direkt auf den Punkt und sprach mit seiner Baritonstimme – er hatte den Stimmbruch schon hinter sich: »Warum wurde mein Antrag auf die Mitgliedschaft des Jugendverbandes wieder abgelehnt? Ich finde, ich bin nicht schlechter als die neu aufgenommenen Mitglieder. Kannst du mir offen die Gründe nennen, weshalb ich nicht in den Jugendverband eintreten darf, damit ich weiß, wie ich mich noch verbessern kann.«

»Wir alle von der Jugendverbandszelle erkennen deine Fortschritte und Bemühungen an. Aber die Organisation hat sich trotzdem entschieden, dich noch einmal auf die Probe zu stellen.«

»Ihr stellt mich seit drei Jahren auf die Probe. Wie lange soll das noch dauern? Hat die Probe nicht irgendwann ein Ende?« In seinen Ton mischte sich ein Hauch Spott und Klage.

Ich zögerte einen kurzen Moment und sagte dann: »Ich glaube, es hat vielleicht in gewissem Maße mit deinem familiären Hintergrund zu tun …«

Liang Junliu hielt einige Sekunden inne und sprach dann weiter mit dem anfänglichen ruhigen Ton: »Was hat mein familiärer Hintergrund mit meiner Person zu tun? Dein Vater hat doch auch einen Fehler begangen. Warum bist du trotzdem Sekretärin der Jugendverbandszelle?«

Ich zuckte innerlich zusammen, und es rutschte mir unbewusst heraus: »Woher weißt du das?« Blitzschnell korrigierte ich mich und sagte: »Ich weiß nicht, was du meinst.«

Liang Junliu blickte aufrichtig und ein wenig verlegen zu mir und sagte: »Es tut mir leid! Ich wollte dich nicht verletzen. Ich wollte nur sagen, jetzt weißt du auch, wie schwer der familiäre Hintergrund auf einem lasten kann. Deswegen wollte ich mit dir sprechen, mit dir ein persönliches Gespräch führen. Denn ich glaube, du könntest mich verstehen …«

Vor Scham wäre ich am liebsten im Erdboden versunken. Ich fühlte mich wie der nackte Kaiser, der vor Eitelkeit und vor Angst, für dumm gehalten zu werden, glaubte, er trüge ein neues, schönes Gewand, bis ein Kind die Wahrheit sagte: »Der Kaiser hat ja nichts an!« Ich fühlte, wie meine Wangen vor Scham glühten. Wutentbrannt stand ich auf, log Liang Junliu ins Gesicht: »Ich verstehe überhaupt nicht, was du da sagst!«, und verließ mit großen Schritten den Klassenraum.

Ich rannte aus der Schule, ging aber nicht nach Hause, sondern schlenderte ziellos durch die Straßen. Ich war völlig verunsichert. Tausend Gedanken schossen mir durch den Kopf. Wenn Liang Junliu über Vaters Skandal Bescheid wusste, dann wussten es auch alle anderen Schulkameraden, auch die Lehrer und der

Jugendverband, praktisch wusste es die ganze Welt. Und ich, so naiv ich war, hatte nicht daran gedacht. Ich glaubte die ganze Zeit, wenn ich den Schmerz in meinem tiefsten Inneren vergraben hätte, dann könnte keiner dahinterkommen, worunter ich litt. Ich bliebe weiterhin ich – die Unangreifbare. Nicht im Traum hätte ich gedacht, dass ich in den Augen meiner Mitschüler längst der »nackte Kaiser« geworden war, der ahnungslos und stolz an den Massen vorbeiflanierte. Ich war Liang Junliu sehr dankbar, ich dankte ihm für seine Ehrlichkeit und Aufrichtigkeit. Und ich hasste mich, ich hasste mich für meine Feigheit, meine Verlogenheit. Warum hatte ich nicht den Mut gehabt, Liang Junliu die Wahrheit zu sagen, und das begonnene ehrliche Gespräch zu Ende geführt? Ich bereute es jetzt zutiefst. Er war bis jetzt der erste Mensch, der mit mir über meinen Vater sprach. Möglicherweise war er der erste Mensch, der mich als ein normales Mädchen sah und nicht nur als die »Musterschülerin«. Vielleicht war er sogar der erste Mensch, der sich in mich hineinzufühlen versuchte und sich um mich, um meine Gefühle kümmerte. Hatte er nicht gesagt, er wolle ein persönliches Gespräch mit mir führen? Wie sehr ich in Wahrheit jemanden brauchte, der mit mir darüber sprach und mir half, diesen Schmerz zu verarbeiten! Niemand, einschließlich meiner Mutter, hatte bis jetzt den Mut gehabt, mit mir über dieses Thema zu sprechen. Aber ich hatte Hals über Kopf die Flucht ergriffen! Zum ersten Mal musste ich zugeben, wie eitel, wie feige und wie verlogen ich war.

Am Morgen des darauffolgenden Tags überreichte ich meinem neuen Klassenlehrer, Herrn Guo, mein Rücktrittsgesuch:

»Da ich die Tochter eines Menschen bin, der einen schweren Fehler begangen hat, bin ich der Ansicht, des Amtes der Klassensprecherin und Sekretärin der Jugendverbandszelle nicht mehr würdig zu sein. Ich will die Reinheit des Jugendverbandes nicht beschmutzen und bitte deshalb die Organisation des Jugendverbandes und das Klassenkomitee, mein aufrichtiges

Ersuchen anzunehmen und mich von allen meinen Ämtern zu entbinden. Ich habe mich entschlossen, ein ehrlicher Mensch zu sein, und hoffe, mich dadurch von der seelischen Zerrissenheit zu befreien. Ich bin bereit, das Urteil der Organisation anzunehmen.«

Lehrer Huang leitete jetzt das Schulorchester und war nicht mehr unser Klassenlehrer. Unser neuer Klassenlehrer Guo lehrte seit über zwanzig Jahren Chinesisch. Er hatte einen ausgesprochen dunklen Teint und grau melierte Schläfen und war ein freundlicher, gebildeter und Respekt einflößender Herr. An diesem Tag, an dem er mich ins Lehrerzimmer zitierte, sah er nicht gut aus. Seine Gesichtsfarbe schien noch dunkler als sonst zu sein, in das Dunkelbraun mischte sich ein besorgniserregendes Gelbgrün. Seine Blicke waren voller Ernst, Güte und Mitgefühl. Er saß leicht gebeugt auf seinem Stuhl, eine Hand presste er kräftig auf den Bauch. Zu diesem Zeitpunkt wusste ich noch nicht, dass Lehrer Guo an Leberzirrhose erkrankt war und dass Besorgnis, Anstrengung, Ärger oder Wut ihm Leberschmerzen verursachten. Er sprach mit einer sehr leisen Stimme zu mir, so leise, dass ich mich anstrengen musste, um ihn zu verstehen. Er sagte, die Organisation verstehe mich und habe nach wie vor volles Vertrauen zu mir. Der Fehler meines Vaters habe mit mir nichts zu tun, ich sei weiterhin ein guter junger Mensch, ein gutes Mitglied des Jugendverbandes. Ich solle mich nicht davon beeinflussen lassen und dürfe den Mut und das Selbstvertrauen nicht verlieren. Die Organisation wünsche, dass ich weiterhin in meinen Ämtern bleibe, meine Arbeit gut mache und die Erwartung der Partei, der Organisation des Jugendverbandes und der Mitschüler nicht enttäusche.

Dieses Gespräch war in gewisser Hinsicht eine Erleichterung für mich. Meine Zugehörigkeit und mein Platz waren erneut definiert und gefestigt worden. Aber gleichzeitig stürzte ich in eine noch tiefere Verzweiflung und Zerrissenheit. Es war jetzt für mich Gewissheit, dass alle, einschließlich der Verkäuferinnen im Lebensmittelladen, vom Skandal meiner Familie wussten. Ich fühlte mich hilflos, ausgeliefert, bloßgestellt. Mit einem Blick könnte man mich verwunden. Aber ich musste so tun, als ob nichts wäre, als ob ich ein maßgeschneidertes, exzellentes Gewand trüge und nicht splitternackt wäre. Ich musste nach außen hin weiter die vorbildliche Schülerin bleiben und innerlich mit meinen Selbstzweifeln und meiner Selbstverachtung kämpfen. Ich hatte in dieser Zerrissenheit weiterzuleben. Ich hatte keine andere Wahl. Oder doch?

Nachdem mein Rücktrittsgesuch abgelehnt worden war, war ich von der Idee besessen, doch besser die Schule zu wechseln. Ich sehnte mich nach einer neuen Umgebung, in der niemand wusste, wer ich war; in der ich das andere Mädchen von mir sein könnte, dem ich auf meiner Wanderung durch die Literatur begegnet war; einer Umgebung, in der ich am besten unsichtbar bleiben könnte. Ja, ich träumte davon, unter einer Tarnkappe, welche ich aus den Märchen kannte, zu verschwinden.

In der Schule widmete ich meine ganze Energie und Zeit dem Lernen und meinen Aufgaben. Ich hielt mich jeden Tag nach dem Unterricht lange in der Schule auf, organisierte Sitzungen, gestaltete Wandzeitungen, sprach mit Schulkameraden über ihre Probleme und ihren Kummer oder half den Leistungsschwächeren bei ihren Hausaufgaben. Meine Bemühungen wurden von meinen Mitschülern anerkannt, und ich genoss weiterhin hohes Ansehen in der Klasse. Zugleich schloss ich mein inneres Leben akribisch weg. Ich pflegte keine Freundschaften, die über die Schulkameradschaft hinausgingen, und nahm an keinen vergnüglichen Freizeitaktivitäten teil. Zu Hause wurde ich schweigsamer denn je und baute eine dicke Mauer zwischen meinen Eltern und mir auf.

Ich hielt mich auch deshalb so lange wie möglich in der Schule auf, um nicht zu Hause sein zu müssen. Eine Zeit lang ging ich auch dann nicht heim, wenn alle Aufgaben in der Schule erledigt waren, sondern schlenderte durch die Straßen. Anfangs durchstreifte ich die Straßen unseres Bezirks und ging in jede Schule hinein, die ich zufällig sah, suchte die Lehrabteilung auf und fragte, ob ich in diese Schule wechseln könne. Später lief ich viel weiter bis in die umliegenden Bezirke hinein, suchte wildfremde Schulen auf und stellte die gleiche Frage. Die Antwort lautete einheitlich: Der Besuch der Schule im Einzugsgebiet sei Pflicht. Ohne besondere Gründe sei ein Schulwechsel unmöglich, erst recht ein Wechsel in eine Schule eines anderen Bezirks. Mein »besonderer Grund« war jedoch ein Geheimnis, dessen Kundtun den Schulwechsel sinnlos machen würde.

Die Pekinger Straßen des Winters 1973 schienen besonders trist, kalt, einsam zu sein. Der schneidende Nordwestwind rüttelte an den kahlen Bäumen, wirbelte Staub und Schmutz hoch in die Luft und drang durch meinen Mantel bis ins Mark. Grauer Himmel, graue Mauer, graue Asphaltstraßen, graue Gestalten … Der schwere Geruch brennender Kohle stach einem in die Lunge. Die Radfahrer traten – dem Wind trotzend – mühevoll in die Pedale. Aber sie hatten ein Ziel. Ich hingegen hatte kein Ziel. Im Inneren war ich ein heimatloses Kind geworden – ja eine seelisch Obdachlose. Manchmal träumte ich davon, an einer schweren Krankheit jung zu sterben, wie Fantine oder Lin Daiyu.[47] Oder ich stellte mir vor, dass in diesen grauen Straßen Pekings Straßenkämpfe wie die in der Französischen Revolution stattfänden, an denen ich teilnähme und wie Éponine aus den *Elenden* in den Armen eines geliebten Menschen stürbe.

In dieser Zeit hatten wir nur spärlich Unterricht. Wie die gesamte Bevölkerung Chinas führten wir die »Kampagne zur Kritik an Lin Biao und Konfuzius« durch und beschäftigten uns mit der Theorie der Weiterführung der Revolution unter der

---

47 Fantine, eine Figur aus Victor Hugos *Die Elenden;* Lin Daiyu, eine melancholische Protagonistin aus dem Roman *Der Traum der Roten Kammer,* einem der vier klassischen Romane aus dem China des 18. Jahrhunderts.

Diktatur des Proletariats. Aber das Studium der *Kritik des Gothaer Programms* von Karl Marx konnte in keiner Weise meine
Fragen über das Leben beantworten und mir schon gar nicht
eine Richtung weisen, die ich einschlagen könnte. Manchmal
ging ich eine dieser grauen Straßen bis zum Ende, drehte mich
um und ging auf der anderen Seite der Straße wieder zurück,
weil ich nicht wusste, in welche Richtung ich meinen Streifzug
sonst fortführen sollte.

Mein bester Freund in dieser Zeit war mein Tagebuch – ein vorsichtig in der kleinen Schublade meines Schreibtisches verschlos-
senes Notizbuch mit einem roten Plastikumschlag. Jede Nacht,
wenn alle zu Bett gegangen waren und die Ruhe in unserer Wohneinheit einkehrte, nahm ich es voller Ungeduld aus der Schublade, als ob ich den ganzen Tag darauf gewartet hätte, mich in der
Dunkelheit mit ihm zu treffen. Jeden Abend schüttete ich ihm
mein Herz aus: meine Verzweiflung, meinen Schmerz, meinen
Zweifel an mir, an der Welt, mein anderes Ich, meine Träume.
Danach legte ich es zurück und schloss die Schublade wieder ab.

Eines Nachts vergaß ich – vielleicht war ich zu müde –, das
Vorhängeschloss abzuschließen. Am nächsten Morgen dachte
ich auch nicht daran. In der Schule überfiel mich plötzlich ein
ungutes Gefühl: Hatte ich vergessen, die Schublade abzuschließen? Würde Mutter mein Tagebuch lesen? Sie hatte ja mehrmals
gefragt, was ich jeden Abend schriebe, ob sie mein Tagebuch lesen dürfe, weil sie mich verstehen wolle.

Nach der Schule lief ich voller Unruhe nach Hause und sah,
die Schublade war tatsächlich nicht abgeschlossen, das Tagebuch
lag auf dem Tisch. Von Mutter erfuhr ich die furchtbare Gewissheit: Sie hatte mein Tagebuch gelesen. Augenblicklich ergriff
mich das Gefühl, von einem schrecklichen Unheil heimgesucht
worden zu sein. Ohne ein Wort zu sagen, lief ich in mein Zimmer zurück, warf die Tür mit voller Wucht hinter mir zu und
schloss sie von innen ab. Mutter klopfte verzweifelt an und sagte,

sie wolle doch nur ihre eigene Tochter verstehen, was sei daran
falsch? Ich kümmerte mich nicht um sie, sondern starrte auf das
Tagebuch auf dem Tisch. Es schien in meinen Augen jener scharlachrote Buchstabe geworden zu sein, der meine ganze Gefühls-
welt, mein ganzes Geheimnis in sich barg. Es war zwar das Symbol der Schmach, aber es war meines, es gehörte mir, mir allein,
ich besaß es, ertrug es, ich stand zu ihm, es war mein Geliebter,
möglicherweise war es ich selbst: das von mir versteckte, wahre
Ich. Nun war es auf einmal bloßgestellt worden – versehentlich,
durch eine winzige, jedoch unverzeihliche Nachlässigkeit. Es lag
hilflos und nackt da. Und die Person, die das Zuknöpfen der
Kleider vergessen und damit ihre Schutzpflicht vernachlässigt
hatte, war ich selbst. Ich spürte einen noch nie da gewesenen
Zorn mir selbst gegenüber. Auf einmal hatte das Tagebuch seinen ganzen Sinn verloren. Mit einem groben Griff nahm ich es
in die Hand, holte eine Schachtel Streichhölzer aus der Küche
und rannte aus der Wohneinheit, in die Richtung der am westlichen Rand des Hofes liegenden Müllkippe.

Draußen war es bereits dunkel geworden. Aus der Kantine
wehte der verlockende Duft des Abendessens. Auf der Müllkippe
gab es eine mit roten Backsteinen ummauerte Stelle, die zur Ver-
brennung von benutztem Toilettenpapier diente. Die Innenseite
der Backsteine war total verrußt. Ich zündete das Tagebuch an,
warf es hinein und beobachtete, wie es brannte. Es dauerte nicht
lange, bis das Papier zu Asche wurde. Als auch der rote Plastikumschlag brannte, stank es fürchterlich.

Nach diesem Vorfall versuchte Mutter mehrmals mit mir zu
sprechen. Jedes Mal schwamm ich wie ein Fisch stumm davon.
Einmal sagte Mutter fast wütend zu mir: »Die Sache mit deinem
Vater hat mit dir doch nichts zu tun. Du bist immer noch du!
Du musst nicht darunter leiden und brauchst auch nicht so pes-
simistisch zu sein!«

Ich, die ich sechzehn war, konnte meine Mutter nicht verstehen und wollte auch nicht von ihr verstanden werden. Ich konnte

ihr zwar nicht verzeihen, aber mit der Zeit vergaß oder verdrängte ich diesen Zwischenfall. Oberflächlich gesehen war alles wie früher. Ich erzählte ihr nichts von meinen Gefühlen oder Gedanken, brauchte im Alltagsleben manchmal jedoch ihren Rat. Vor allem brauchte ich oft ihre Hilfe für unsere Gedichtwettbewerbe und andere Aufführungen in der Schule. Und Mutter war jedes Mal voller Elan dabei und verhalf uns zu großem Erfolg. Das war das Band, das uns – Mutter und Tochter – verband. Ich konnte beobachten, dass es Vater eifersüchtig machte. Aber er ertrug es stets stillschweigend.

Die einzige Veränderung war, dass ich seit diesem Vorfall bis zum Zeitpunkt meines Fortgangs von zu Hause nie wieder Tagebuch geschrieben hatte.

Nachdem ich Vater aus meinem Herzen verbannt hatte, dachte ich oft an Onkel, der vor drei Jahren aus der Welt verschwunden war. In der Familie sprach keiner mehr von ihm. Er hatte keine Spur hinterlassen, nichts, was an ihn hätte erinnern können. Er war ja auch nie in unserem neuen Zuhause gewesen. Es war fast so, als ob er gar nicht existiert hätte.

Zum Totenfest Anfang April 1974 fuhr ich mit Shitou nach Miyun, um Onkels Grab zu besuchen. Zusammen mit Tante und Nannan stiegen wir auf den Berg, auf dem wir einst Onkels Asche begraben hatten. Wir suchten jenes mit Steinen bedeckte Grab und konnten die Stelle nicht mehr mit Sicherheit orten. Tante sagte, sie sei in den drei Jahren nie mehr hier gewesen. Zu seinen Lebzeiten habe sie mit ihm nicht zusammen sein können, wozu dann nach seinem Tod seine Nähe suchen? Nachdem wir mehrere Runden auf dem Berg herumgelaufen waren, fanden wir eine kleine, sonderbare, aus Steinen verschiedener Größe gebildete Erhebung, die nicht aussah, als ob die Natur sie so geschaffen hätte. Die Witterung hatte die Steine zusammenwachsen lassen. Aus den Spalten ragten üppige Wildgräser hervor und bedeckten den ganzen Steinhaufen, sodass man auf den ersten

Blick seine ursprüngliche Form nicht erkennen konnte. Ich entfernte die hohen Wildgräser und stellte fest, dass das Onkels Grab sein musste. Tante und Shitou pflückten wilde Blumen in der Nähe und legten sie auf das Grab.

Es war gerade die Jahreszeit, in der die Natur nach dem Winterschlaf erwachte. Der ganze Berg war voller Leben. Grün und üppig waren Kiefern und Zypressen; Narzissen und Winterjasmin blühten herrlich im Sonnenschein; Vögel zwitscherten in den Zweigen, die neue Blätter trieben; frischer Duft erfüllte die Luft und verführte einen, in Freudentaumel zu versinken. Shitou und Nannan hüpften ausgelassen zwischen den zartgrünen Büschen herum und lachten und kreischten vergnügt. Nannan war jetzt ein kleiner, rotbackiger, goldiger Junge geworden, der barfuß umherlief. Seinetwegen hatte sich Tante in die Schule ihres Heimatdorfes versetzen lassen, damit ihre Mutter auf ihn aufpassen konnte. Nannan wuchs zusammen mit seinen Cousins und einer Schar Bauernkinder aus dem Dorf auf den Feldern auf. Er war wie ein kleines, zähes Wildgras, das überall zu leben und zu wachsen imstande war, selbst in einer kleinen Spalte zwischen den Steinen. Tante sagte, er sehe meinem Onkel, als er ein kleiner Junge gewesen war, sehr ähnlich.

Nachdem die Normalität in meiner Familie scheinbar wieder eingekehrt war, mein Vater den psychischen und physischen »Totschlag« einigermaßen überwunden zu haben schien und die Kinder im Hof die Lust verloren hatten, meine kleine Schwester »Grille« zu schimpfen, entschied die Leitung des Theaterensembles der Luftwaffe im Sommer 1975, den Fall meines Vaters neu aufzurollen. Das Ergebnis war äußerst erschreckend: Ausschluss aus der Partei und Verbannung ins 2000 Kilometer westlich von Peking gelegene Lanzhou, Provinz Gansu. Dort sollte er auf einem Stützpunkt der Luftwaffe arbeiten. Dass er nicht aus der Armee entlassen wurde, sollte als gnadenvolle Geste gelten. Ein Befehl ist ein Befehl. Er rief keinen Sturm hervor. Ich sah keinen

Widerstand und keine Wut bei meinem Vater, ich sah keine Tränen und keine Verzweiflung bei meiner Mutter. Mein Vater glich einem winzigen Grashalm am Wegrand, der zuerst niedergetrampelt und nun auch noch aus der Erde gezogen und weggeworfen wurde.

Nur Großmutter stieß einen tiefen, sorgenvollen Seufzer aus. Inzwischen hatte sie von Vaters Sittenfehler erfahren. Großmutter hatte ihren Schwiegersohn zwar nie richtig von Herzen geliebt, aber dennoch war sie ihm gegenüber voller Mitgefühl und Fürsorge. »Ach, man kann doch nicht einen nicht mehr ganz jungen Mann, der auch noch Frau und Kinder hat, ans Ende der Welt verbannen. Wie soll man dieses Leben weiterleben, hm?«, seufzte sie immer wieder. Kummer und Sorgen trieben ihren Blutdruck wieder in die Höhe. Wenn man von Hilflosigkeit sprach, dann war Großmutter die Hilflosigkeit in Person. Sie sah die Dinge im Leben nach bestimmten, für sie unverständlichen Regeln ihre Bahn ziehen, die sie nicht im Geringsten beeinflussen konnte. Das Einzige, was sie tun konnte, war, sich zu sorgen.

Mutter half Vater beim Kofferpacken. Dann ging er – wortlos, teilnahmslos, erstarrt. Es gab keinen Abschied.

Mein Vater sollte sieben Jahre in der Verbannung leben. Das bedeutete, dass meine Mutter im Alter zwischen vierzig und siebenundvierzig Jahren eine alleinerziehende Mutter von drei Kindern und eine alleinfürsorgende Tochter für ihre kranke Mutter war, dass meine kleine Schwester im Alter zwischen acht und fünfzehn Jahren keinen Vater mehr hatte und dass Shitou mit elf Jahren nach dem Tod seines Vaters nun auch noch die einzige männliche Bezugsperson verlor. Und mein Vater verlor in seinen besten Jahren seinen Beruf und – am fatalsten – seine Würde.

Aber ich wusste immer noch nicht, was er wirklich verbrochen hatte.

23. KAPITEL

Wie ein Phönix aus der Asche emporstieg, oder warum ich eine Möwe werden wollte, die über den Wogen der Revolution ihre Flügel ausbreitete

Während Vater drauf und dran war, in die Verbannung geschickt zu werden, traf ich eine Entscheidung, die mein ganzes Leben beeinflussen sollte: meine Wurzeln in Yan'an zu schlagen.

1975 war das letzte Jahr der Oberstufe, der Abschluss der Mittelschule[48] stand bevor. Die Frage, was ich später werden wollte, war mir bisher noch nie durch den Kopf gegangen. Ich mochte Literatur, Malerei und Schwimmen, aber nie war ich auf die Idee gekommen, Schriftstellerin, Künstlerin oder Schwimmerin zu werden. Von klein auf kannte ich nur ein Denkmodell: eine »Lei Feng'sche Schraube« zu sein, die überall dort ihren Glanz und ihre Energie zur Entfaltung bringt, wo die Partei sie einsetzt. Die Frage meiner Berufswahl stand mir als Individuum gar nicht zu. Nur die Partei hatte zu entscheiden, wo ich eingesetzt werden sollte.

Wissen zu erwerben, das war mein heimlicher Wunsch. Meines Erachtens war es kein Widerspruch zum Ideal des Kommunismus. Aber Studieren glich für uns einem Traum, und die Universität war so unerreichbar wie der Planet Mars. Einige Universitäten hatten zwar ihren Betrieb wieder aufgenommen, aber Studenten wurden landesweit nur aus Arbeitern, Bauern und Soldaten nach politischen Kriterien ausgewählt.

---

48 Die chinesische Mittelschule (Zhong Xue) entspricht dem Gymnasium oder der Gesamtschule in Deutschland. Die Absolventen der Oberstufe erreichen zwar die Hochschulreife, müssen aber nach dem Abitur noch eine Hochschulaufnahmeprüfung bestehen, um studieren zu können. In der Kulturrevolution brach jedoch das gesamte Bildungssystem zusammen.

Die einzige richtungsweisende Orientierung für uns war eine im Dezember 1968 bekannt gegebene Anweisung des Vorsitzenden Mao: »Es ist sehr notwendig, dass Jugendliche, die eine Schulausbildung haben, aufs Land gehen und eine Umerziehung durch die armen Bauern und die unteren Mittelbauern erhalten.« Der Vorsitzende Mao hatte zwar schon immer die Jugend aufgefordert, sich mit Arbeitern und Bauern zu verbinden. Aber seit der Veröffentlichung dieser Anweisung war das »Aufs-Land-Gehen« eine landesweite Massenbewegung geworden. Alle Mittelschulabsolventen hatten nach dem Abschluss nur einen Weg zu gehen, nämlich aufs Land, außer einigen wenigen, die von der Armee rekrutiert wurden oder aus besonderen familiären Gründen in der Stadt bleiben durften. Ein Teil der Jugendlichen bildete in verschiedenen Provinzen wie der Inneren Mongolei, Lanzhou, Jiangsu, Anhui, Yunnan, Zhejiang, Shandong und Hubei die sogenannten paramilitärischen Produktions- und Aufbaukorps, die neben dem landwirtschaftlichen Zweck auch dem Ziel der Kriegsvorbereitung dienten. Zwei meiner Cousins aus Baoding waren zum Beispiel 1969 mit anderen Schülern ihres Jahrgangs in zwei dieser Korps in der Inneren Mongolei bzw. in Shandong verschickt worden.

Während der ganzen Zeit der Mittelschule setzten wir uns mit der Bedeutung dieser Anweisung auseinander: Durch die Umerziehung durch die Bauern sollten die Jugendlichen zum zuverlässigen revolutionären Nachwuchs ausgebildet werden. Denn die Bauernschaft bildete mit den Arbeitern zusammen die Basis der demokratischen Diktatur des Volkes; somit gehörte sie zur führenden Klasse. Nach der Ansicht des Vorsitzenden Mao war die Ausbildung des revolutionären Nachwuchses die wichtigste Aufgabe der Partei und für unser sozialistisches Land von entscheidender Bedeutung. Deshalb sollte sie »hundert, tausend, zehntausend Jahre« andauern. Nur so konnte China vor dem Revisionismus bewahrt werden. Zugleich trug diese Bewegung zur Beseitigung der »Drei Großen Klüfte« zwischen Stadt und Land, Industrie und Landwirtschaft sowie geistiger und körperlicher Arbeit bei – einer der wichtigen Schritte auf dem Weg zum Kommunismus.

Aus heutiger Sicht war diese größte landesweite Umsiedlungsaktion seit der Gründung der Volksrepublik nichts anderes als ein ideologisch getarntes politisches Kalkül. Die Kulturrevolution hatte das ganze Land ins Chaos gestürzt. Die Fabriken produzierten nicht mehr, die Wirtschaft stagnierte, und das Bildungssystem befand sich im Zustand einer totalen Zerstörung. Die gesamten Mittelschüler der Jahrgänge 66, 67 und 68 hielten sich damals in den Städten auf, ohne Schule, ohne Ausbildung, ohne Arbeit. Diese verordnete Landverschickung war eine Notlösung. Zudem musste die Ordnung wiederhergestellt werden, nachdem Mao Zedong seine Rivalen durch die Rotgardisten hatte beseitigen lassen. So wurden Anfang 1969 drei Millionen schulentlassene Schüler gezwungen, »freiwillig« in die dünn besiedelten Provinzen im Westen und Norden und auch in die südlichen Grenzgebiete zu gehen. Bis 1976 wurden insgesamt über sechzehn Millionen Jugendliche mit Schulbildung – ein Zehntel der städtischen Bevölkerung – aufs Land verschickt. Diese Jugendlichen bezeichneten sich später als eine »verlorene Generation«, weil sie keine Chance auf eine höhere Bildung oder Ausbildung gehabt hatten und nach der Kulturrevolution und vor allem seit der Wirtschaftsreform Anfang der Achtzigerjahre zu den Verlierern der Gesellschaft zählen. Diese in der chinesischen Geschichte einmalige Bevölkerungsumsiedlung ist eine der schlimmen Folgen der Kulturrevolution, die schwerwiegende und langwierige soziale und wirtschaftliche Probleme mit sich brachte.

Aber damals waren wir mit Leib und Seele davon überzeugt, dass die »Aufs-Land-gehen-Bewegung« eine notwendige Maßnahme zur Bekämpfung des Revisionismus und zur Ausbildung des revolutionären Nachwuchses war. Die Abiturienten meines Jahrgangs 1975 sollten ebenfalls zum Arbeitseinsatz aufs Land gehen. Von Anfang an wurden wir ideologisch und praktisch darauf vorbereitet. Im letzten Schuljahr verbrachten wir viele Monate auf dem Land, um uns landwirtschaftliches Grundwissen anzueignen und an die körperliche Arbeit zu gewöhnen. Durch die Medien erfuhren wir immer wieder, dass sich unzählige Jugendliche freiwillig meldeten, um aufs Land zu gehen. Die Zeitungen berichteten regelmäßig – vor dem Abschluss eines jeden Jahrgangs besonders intensiv – über die herausragenden Jugendlichen, die ihre Wurzeln auf dem Land schlugen und große Erfolge durch die Umerziehung erzielten. Sie wurden wie Helden gepriesen, deren Vorbild wir nacheifern sollten.

Sechs Jahre nach Beginn der Bewegung gab es nun in der Politik einige Sonderregelungen, die die Landverschickung der Schulabsolventen differenzierter regulierten. Eine davon lautete: »Der/die Erstgeborene, dessen/deren Geschwister jünger als zwölf Jahre sind, darf in Peking bleiben.« Demzufolge hätte ich stillschweigend in Peking bleiben können, ohne meine Ehre und mein Image als Vorbild zu schädigen. Ich wäre vielleicht von einer Fabrik angeworben und eine ruhmvolle Arbeiterin geworden. Aber das kam für mich nicht infrage. Ich war fest davon überzeugt, dass ich dem Aufruf des Vorsitzenden Mao zu folgen und aufs Land zu gehen hatte. »Ein bewusster Soldat des Kommunismus werden und freiwillig in die härteste und ärmste Gegend gehen«, war ein unter den Abiturienten weit verbreitetes Credo. Im letzten Schuljahr der Oberstufe wussten wir bereits, dass unser Jahrgang zum Arbeitseinsatz in die Volkskommunen der zu Peking gehörenden Kreise gehen würde. Zugleich hörten wir, dass sich manche Absolventen freiwillig zum Einsatz in die ärmeren Regionen anderer Provinzen wie Shanxi, Shaanxi und Innere Mongolei meldeten. Fasziniert von dieser Idee, setzte ich mich mit diesen Abiturienten verschiedener Mittelschulen Pekings in Verbindung. Wir trafen uns, tauschten unsere Gedanken aus, diskutierten über unsere Motivation und ermutigten uns gegenseitig. Die gemeinsame Überzeugung und das gemeinsame Ziel ließen uns in kurzer Zeit Weggefährten und Freunde werden.

In der Gesellschaft bildeten sich zwei Meinungen über diese Absolventen. Ein Teil der Bevölkerung unterstützte sie; der andere zeigte offen Unverständnis oder Skepsis und hielt sie für naiv, fanatisch und opportunistisch. Denn bereits seit Anfang der Siebzigerjahre versuchten viele aufs Land verschickte Jugendliche mit allen Mitteln in die Stadt zurückzukehren. Ich ließ mich jedoch nicht davon beirren. Ich war von meiner Idee besessen. Zum ersten Mal hatte ich das Gefühl, ein Ziel gefunden zu haben, ein helles, glänzendes, ruhmreiches Ziel. Obwohl ich noch nicht genau wusste, was dieses Ziel beinhaltete, fühlte ich mich von seinem Glanz angezogen. In meinem tiefsten Inneren reifte ein wilder Impuls heran: fortgehen!

Dass ich meinen Entschluss fasste, nach Yan'an zu gehen – ausgerechnet nach Yan'an, dem Ziel des Langen Marsches –, geschah nach der Begegnung mit Chunyi. Bei einem Treffen gab mir ein Absolvent der vierten Mittelschule Pekings eine Adresse und sagte, da sei jemand gerade aus Yan'an zurückgekommen und könne mir viele Informationen geben.

An einem Nachmittag des Spätherbstes 1975 fuhr ich mit Mutters Fahrrad zu der angegebenen Adresse im Norden der Stadt und fand ein graues Wohnhaus, das allen anderen in dieser Gegend glich. Als ich an die Tür klopfte, schlug mir mein Herz vor Nervosität bis zum Hals. Ein charmanter, junger Mann öffnete mir die Tür. Sein Gesicht war offensichtlich von der Sonne des Gelben Plateaus braun gebrannt. Nachdem ich mich vorgestellt und den Grund meines Besuchs kurz geschildert hatte, machte er eine elegante Handbewegung und bat mich in die Wohnung. Durch einen schmalen, dunklen Flur führte er mich in ein nach Süden gerichtetes, nicht sehr großes Zimmer, in dem ein heilloses Chaos herrschte. Die Bettdecke auf dem Einzelbett war nicht zusammengelegt; der Schreibtisch, dessen sämtliche Schubladen aufgezogen waren, war völlig mit Büchern, Heften, Reagenzgläsern, Bauelementen eines Transistorradios, Elektronenröhren, Batterien und einem Lötgerät bedeckt. Dazwischen ragte keck eine Stechpalme heraus. Auf dem Boden lagen schmutzige Wäsche, Zeitungen, Illustrierte und ein geöffneter Koffer, in dem sich bei genauerem Hinsehen saubere Wäsche befand. Dieser junge Mann bat mich, auf dem einzigen Stuhl vor dem Schreibtisch Platz zu nehmen. Er setzte sich auf das Bett. Er sagte, sein Name sei Chunyi, Chun wie Chuntian (Frühling), Yi wie Yiran (glücklich, frohen Mutes), und fragte mich, ob ich Wasser trinken wollte. Ich lehnte dankend ab. Er ging trotzdem hinaus und holte ein Glas abgekochtes Wasser und eine Schachtel in schönem, buntem Zellophan verpackte Bonbons. Ich erzählte ihm, so schnell und knapp ich konnte, von meinem Vorhaben und noch einmal vom Grund meines Besuchs. Chunyi, der sich mit beiden Armen auf dem Bett abstützte und mein Gesicht betrachtete, hörte mir konzentriert zu. Als ich fertig war, stellte er mir eine Reihe von Fragen, zum Beispiel, was meine Eltern von Beruf seien, wie viele Geschwister und welche Hobbys ich hätte, welche Ämter ich in der Schule bekleide und so weiter.

Dann sagte er: »Ich bin nicht der Held, den du suchst«, und stieß einen Lacher aus.

»Ich bin doch nicht auf der Suche nach einem … Helden …«

»Willst du wirklich wissen, wer ich bin?«

»Ja …«, antwortete ich zögernd.

»Vor einem Jahr bin ich meiner Freundin nach Yan'an gefolgt. In einem kleinen Bergdorf habe ich zehn Monate lang mit einer Gruppe von sieben Gleichgesinnten aus meiner Schule zusammengelebt. Es war eine unvergessliche Zeit. Als ich mich zwischen Liebe und Zukunft entscheiden musste, habe ich mich jedoch für die Zukunft entschieden. Deshalb bin ich heute wieder in Peking. Es ist auch nur möglich, weil ich damals illegal gegangen war, das heißt, ich habe mich hier polizeilich nicht abgemeldet und deshalb meine Wohnberechtigung für Peking behalten können.«

»Und deine Freundin?«

»Sie ist dort geblieben. Weißt du, der Unterschied zwischen meiner Freundin und mir liegt darin, dass sie diesen Weg aus politischer Überzeugung gewählt hat und meine Motivation die Liebe war. Zumindest denke ich heute so. In den Augen meiner Kameraden bin ich ein Verlierer, ein Deserteur.« Er beendete seine Erzählung wieder mit einem selbstironischen Lacher.

Ich war sehr erstaunt über seine Offenheit und sagte, mich entschuldigend, noch einmal: »Ich suche wirklich keinen Helden, ich möchte nur möglichst viel von Yan'an erfahren.«

Chunyi betrachtete mich einen kurzen Moment und sagte dann: »Es nützt nicht viel, sich über Yan'an zu informieren. Entweder ist deine Überzeugung unerschütterlich, dann wirst du hingehen; oder deine Überzeugung ist von Anfang an nicht felsenfest, dann wirst du schließlich nicht hingehen. Informationen sammeln, das wird dir nichts bringen, das ist nicht entscheidend. Denn egal wie viel ich dir von Yan'an erzähle, du wirst dir die Realität dort trotzdem nicht vorstellen können.«

Dann stand Chunyi auf und holte aus einer Schublade einen Stapel selbst entwickelter Schwarz-Weiß-Fotos heraus, die er während seiner zehn Monate in Yan'an aufgenommen hatte. Er trat neben mich und erklärte mir jedes Foto, wie es entstanden war, wer darauf zu sehen war und mit welchem Ereignis er es verband. Auf den meisten Fotos waren seine Kameraden zu sehen, auf manchen auch diese mit Dorfbewohnern zusammen. Die Fotos zeigten sie bei der Arbeit auf dem Feld, vor ihren in den Berghang eingegrabenen Wohnhöhlen, beim Wassertragen, beim Schafehüten auf dem Berg und als Barfußärzte bei der Behandlung der Bauern. Viele Fotos zeigten sie beim Bau eines Damms. Die Jungen waren alle barfuß und mit nacktem Oberkörper, ihre braun gebrannten Gesichter strahlten selbstbewusst und lächelnd in die Sonne. Die Mädchen auf den Fotos konnte ich nicht von den Bäuerinnen unterscheiden. Einige von ihnen waren gleichfalls barfuß, ihre Haare waren zerzaust und ihre Körper stämmig und kräftig. Ein Porträt zeigte ein kindlich wirkendes Mädchen mit zwei kurzen Zöpfen, es lachte herzlich in die Kamera und zeigte makellose weiße Zähne. Wegen der grellen Sonne kniff es seine Augen fast zu einem Schlitz zusammen.

»Das ist meine Freundin. Wie du siehst, die Hirse in Yan'an ist besonders nahrhaft für Frauen, deshalb sind aus allen Mädchen in kürzester Zeit ›Luftballons‹ geworden, während die Jungs zu ›Bohnenstangen‹ mutiert sind«, sagte Chunyi und lachte laut auf.

In diesem Augenblick ging mir auf, was seine besondere Ausstrahlung ausmachte: Das waren seine Augen. Er hatte zwei leuchtende, sprechende Augen. Während er redete, erzählten seine Augen mit und verliehen dem Gesagten einen starken, lebendigen Ausdruck.

Mit großer Begeisterung erinnerte sich Chunyi an die vergangenen zehn Monate zurück und erzählte mir von dem Dorf, in dem er gelebt hatte, von den harten Lebensbedingungen, von der Feldarbeit und vom Dammbau. Ich hörte aufmerksam zu und war von seiner Leidenschaft bewegt. Das, was er erzählte, erschreckte mich nicht. Im Gegenteil, es hörte sich für mich an wie ein heroisches Epos, das mich faszinierte. Als ob Chunyi meine Gedanken gelesen hätte, sagte er: »Es hört sich vielleicht heroisch an. Aber eines will ich dir sagen: Das Leben dort ist sehr, sehr hart ... Das kannst du dir nicht vorstellen ... Wie soll ich es dir erklären ...« Chunyi brach ab und starrte auf die Stechpalme.

»Möchtest du wirklich nach Yan'an gehen?«, fragte er nach einer Weile und musterte mich mit einem prüfenden Blick. »Ich möchte dir raten, dir das noch mal genau zu überlegen. Weißt du, dass du nie wieder nach Peking zurückkehren kannst, wenn du deine Wohnberechtigung aufgibst?«

»Ja, das weiß ich.«

»Und du willst trotzdem fort?«

»Ja«, sagte ich noch mal eilends. »Diese Frage haben wir auf unseren Diskussionen bereits tausendmal durchgekaut. Die Antwort ist klar. Wir wollen ja in die härteste und ärmste Gegend gehen und verzichten freiwillig auf die Wohnberechtigung für Peking.«

Chunyi stand auf, holte aus einer anderen Schublade ein paar mit einem Tacker zusammengeheftete und mit ordentlichen Schriftzeichen beschriebene Bögen und ließ mich wissen: »Hier ist eine handgeschriebene Kopie von einem Vortrag und einer Rede des Premierministers Zhou Enlai über Yan'an. Den Vortrag hielt er 1970 auf einer Konferenz über den Arbeitseinsatz der Jugendlichen im Bezirk Yan'an und die Rede anlässlich eines Besuchs mit ausländischen Gästen in Yan'an im Jahr 1973. Wenn du möchtest, kann ich sie dir leihen, aber du musst sie mir unbedingt zurückgeben. Denn das ist das einzige Exemplar, das ich besitze.«

Vorsichtig nahm ich die Bögen entgegen, die bereits durch unzählige Hände gewandert zu sein schienen, und bedankte mich.

Im Abendlicht wurde es dämmerig in Chunyis Zimmer. Ich wollte ihn darum bitten, das Licht anzuschalten, fürchtete jedoch, unhöflich zu sein. Deshalb saßen wir im Halbdunkel und plauderten weiter. Wir sprangen von einem Thema zum anderen und vergaßen die Zeit. Das Wasser und die Bonbons wurden nicht angerührt. Wenn Chunyi sprach, sprühte er vor Selbstbewusstsein und Humor. Er konnte immer neue Themen finden, sodass unser Gespräch stets im Fluss blieb und wir nie in ein peinliches Schweigen verfielen. Ich fand es sehr interessant, mich mit ihm zu unterhalten. Gleichzeitig war ich ein wenig nervös und fürchtete seine direkten Fragen. Chunyi war für mich wie ein völlig neuer Kontinent. Er war ganz anders als die Jungs in meiner Schule. Das waren entweder raue, unreife Lausbuben oder schüchterne Jünglinge, die sich vor Mädchen schamhaft aufführten wie frisch vermählte Bräute. Chunyi wirkte viel reifer, obwohl er nur ein Jahr älter war als ich. Er war intelligent, schlagfertig, charmant. »Der neue Kontinent« weckte im Nu meine Neugier. Ich stellte fest, dass ich mich bis jetzt noch nie so lange mit einem Jungen meines Alters unterhalten hatte.

Als sich Chunyis Augen immer mehr in zwei Glühbirnen zu verwandeln schienen, ging die Tür plötzlich auf. Eine kleine Gestalt trat ins Zimmer und drückte auf den Lichtschalter neben dem Türrahmen. Im sanften, gelblichen Lichtschein, der das Zimmer auf einmal erhellte, stand eine zierliche, ausgesprochen schöne junge Frau, die mich von Kopf bis Fuß mit einem eindringlichen Blick musterte. Chunyi stellte sie mir als seine Schwester Chunchao vor. Sie trug ein hellbraunes, geblümtes Kopftuch, das die Konturen ihres schönen, ovalen Gesichts noch mehr betonte. Ein freundliches Lächeln huschte über ihr Gesicht, sie sagte, das Abendessen sei fertig, ich könne mit ihnen zu Abend essen. Ein wenig verlegen lehnte ich dankend ab, ich müsse nach Hause gehen. Chunchao versuchte nicht, mich zum Bleiben zu überreden, fügte aber hinzu, ich sei jederzeit willkommen. Oh, wie peinlich!, dachte ich bei mir, wie kann ich nur beim ersten Besuch so lange bleiben, ich hätte doch schon längst gehen müssen.

Chunyi ging mit mir zur Tür und bestand darauf, mich noch ein Stück auf der Straße zu begleiten. Ich fragte ihn, warum seine Schwester auch zu Hause ein Kopftuch trage. Er lachte laut auf: »Sind denn alle Mädchen so neugierig?«

Ich lächelte verlegen.

»Chunchao hat als ›Jugendliche mit Schulbildung‹ fünf Jahre lang in einem Produktions- und Aufbaukorps in der Inneren Mongolei gelebt. Erst vor Kurzem ist sie dank der neuen Regelungen nach Peking zurückgekehrt. Sie meint, ihr Haar sei von der extremen Sonnenstrahlung geschädigt. Um die Qualität ihres Haars von Grund auf zu verbessern, hat sie sich ihren Kopf kahl rasieren lassen. Deshalb trägt sie ein Kopftuch, wenn Besuch kommt oder wenn sie ausgeht. Ist die Neugier gestillt?«
Chunyi lachte wieder.

»Deine Schwester sieht sehr schön aus«, sagte ich.

»Apropos, Chunchao liebt Theater und Kunst und würde gern Schauspielerin werden. Kannst du deine Mutter fragen, ob sie ihr vielleicht Schauspielunterricht geben könnte?«

»Ja, natürlich, ich werde meine Mutter fragen. Das tut sie bestimmt gern.«

Als wir das Ende des Wohnblocks erreichten und ich in eine andere Straße einbiegen musste, fragte ich Chunyi, was er denn in Zukunft gern machen würde.

Nach einem Zögern sagte er leise: »Ehrlich gesagt, weiß ich es nicht. Meine Zukunft liegt leider nicht in meiner Hand. Studieren wäre ein Traum …«

Zum ersten Mal bemerkte ich einen Hauch Wehmut auf seinem Gesicht, allerdings nur für einen kurzen Augenblick. Dann erhob er seine Stimme und sagte: »Wie du vielleicht bemerkt hast, lerne ich selbst Physik und beschäftige mich mit chemischen Experimenten … Und ich bin die Abteilung ›Rückwärtige Dienste‹ für meine Kameraden in Yan'an!« Chunyi lachte heiter auf.

Sein Optimismus und seine Heiterkeit waren wirklich bemerkenswert, stellte ich fest. Sein Lachen und sein Humor gefielen mir. Ich kannte in meiner Umgebung niemanden, der diesen Charme besaß.

Zum Schluss drückte er mir fest die Hand und bat mich wiederzukommen. Überrascht und leicht irritiert sagte ich zu und schwang mich aufs Fahrrad. Noch nie hatte jemand mir bis jetzt die Hand geschüttelt, schon gar nicht ein junger Mann. Ein unbekanntes Gefühl berührte mich. War ich jetzt eine Kameradin von ihm geworden? In der Dunkelheit spürte ich in meinem Rücken Chunyis Blick, der mich lange begleitete …

Von Chunyi fuhr ich nicht nach Hause, sondern, den Hunger ignorierend, direkt zu Hong. Hong war eine Schulkameradin von mir, ein körperlich eher schwächliches, aber charakterlich sehr eigensinniges Mädchen. Irgendwann, ich weiß nicht mehr, wann genau, waren wir uns allmählich nähergekommen, vielleicht weil wir beide Deutsch mochten, vielleicht weil wir jeweils etwas bei der anderen suchten, was wir selber nicht hatten. Hong stammte aus einer Arbeiterfamilie und hatte sechs Geschwister. Sie hatte etwas Schlichtes, Ehrliches in ihrem Wesen, das ich mochte. Und Hong betrachtete mich wahrscheinlich als ihr Vorbild. Vor Kurzem hatte sich Hong gegen den Willen ihrer Familie entschlossen, mit mir zusammen zum freiwilligen Arbeitseinsatz in eine andere Provinz zu gehen. Seitdem waren wir auch Weggefährtinnen.

An diesem Abend lasen wir die beiden Reden vom Premierminister Zhou Enlai, schrieben sie dann säuberlich in ein Notizbuch ab und legten unser Ziel fest: Yan'an.

Natürlich waren wir mit dieser Idee nicht die Einzigen. Viele unserer Gleichgesinnten hatten sich bereits für Yan'an entschieden. Yan'an, wo der Vorsitzende Mao und seine Weggefährten dreizehn Jahre gelebt hatten, war schon immer ein heiliger Ort der Revolution gewesen. In den Dreißigerjahren hatte er Hunderttausende heißblütige junge Menschen angezogen, die sich danach sehnten, ihr Leben der Sache des Kommunismus zu widmen und gegen die japanischen Aggressoren zu kämpfen. Die Rede des Premierministers Zhou Enlai von 1973, in der er sein tiefes Mitgefühl gegenüber Yan'an und dessen Bevölkerung zeigte und die Kader Yan'ans sowie alle jungen Menschen zum Kampf gegen Rückständigkeit und Armut aufrief, war ein starker zusätzlicher Ansporn für uns. Und Chunyi war zudem ein ungewollter Herausforderer geworden, der mich vor die Frage stellte: »Ist meine Überzeugung unerschütterlich?« Die Antwort lautete selbstverständlich Ja.

Unmittelbar danach überreichten Hong und ich der Parteizelle der Schule unser Bittgesuch für den freiwilligen Arbeitseinsatz in Yan'an. Wir schrieben darin:

»Wir sind uns dessen bewusst, dass die Kraft einer einzelnen Person sehr gering ist. Aber wir wissen auch, die Sache, für die wir uns einsetzen, ist die Sache einer ganzen Klasse; die Menschen, mit denen wir zusammen kämpfen, sind Repräsentanten einer ganzen Generation. Wir sind bereit, zwei winzige ›Schrauben‹ zu sein. Wir haben kein persönliches Ideal und kein privates Ziel. Das Ideal des Proletariats ist unser Ideal; das Ziel der Menschen Yan'ans ist unser Ziel!«

Am Ende des Bittgesuchs zitierten wir eine im Moment unter den Absolventen sehr beliebte Sentenz, die angeblich von Karl Marx stammte:

»Mit Karl Marx sagen wir: Wenn wir den Beruf gewählt haben, der am geeignetsten zum Glück der Menschheit beitragen kann, sollen wir nicht von seiner Last niedergedrückt werden. Denn unser Opfer ist ein Opfer für die ganze Menschheit. Was wir dann genießen, ist keine ärmliche egoistische Freude. Unser Glück gehört Hunderttausenden; unsere Sache ist vielleicht nicht glorreich, aber sie wird für immer bestehen!«

Unser Bittgesuch schlug Riesenwellen in der Schule. Die Parteizelle druckte es hundertfach und verteilte es an alle Absolventen und andere Mitschüler. Über Nacht wurden Hong und ich in der ganzen Schule berühmt und galten als Vorbilder für alle Schüler.

Zwei Wochen nach der Überreichung des Bittgesuchs, am Morgen des 9. Januar 1976, ertönte aus allen Radios in den Wohnhäusern und aus allen Lautsprechern auf den Straßen, in Fabriken, Schulen, Geschäften, Krankenhäusern, Kasernen und Volkskommunen eine bedrückende Trauermusik, die unter dem trüben Himmel Pekings schwebte und die Luft gefrieren ließ. Die traurige Stimme des Radiosprechers drang den Pekingern in die Ohren: »Am 8. Januar 1976, um 9 Uhr 57, ist Premierminister Zhou Enlai von uns gegangen …«

Die ganze Stadt weinte. Straßenhändler, Lehrer, Schüler, Busfahrer, Arbeiter, Verkäufer, Postboten, die Schauspieler des Theaterensembles und Hausfrauen, alle Menschen wehklagten, als ob einer ihrer Familienangehörigen gestorben wäre.

Premierminister Zhou war ein Staatsmann mit Charisma, ein großer Revolutionär von edlem Charakter, vorbildlicher Bescheidenheit und großer Menschlichkeit. Es war allgemein bekannt, dass er stets voller Selbstaufopferung hart gearbeitet hatte, ohne Rücksicht auf seine Gesundheit. Er und seine Frau sollen keine eigenen Kinder gehabt und dafür viele Kinder gefallener Weggefährten adoptiert haben. Ihm sei zu verdanken, dass viele verdienstvolle Generäle, Genossen und Intellektuelle nicht in der Feuersbrunst der Kulturrevolution umgekommen waren, so erzählte man sich in der Gesellschaft. Deshalb war er allgemein sehr beliebt und genoss den Ruf, ein »Premierminister des Volkes« zu sein.

Um seiner zu gedenken und die Trauer zum Ausdruck zu bringen, wurden überall im ganzen Land, von Nachbarschaftskomitees bis Fabriken, von Volkskommunen bis Kasernen, von Kindergärten bis Akademien, Kränze hergestellt. In unserer Schule bastelte jede Klasse ihren eigenen Kranz. In den Parks oder auf der Straße, wo Tannenbäume zu finden waren, holten wir Tannenzweige – in diesen Tagen war deren Abschneiden erlaubt. In den Schreibwarengeschäften war weißes Papier im Nu ausverkauft. Auch schwarzer Stoff für die Trauerarmbinden war nirgends mehr zu finden. Die Luft im Klassenzimmer schien gefroren zu sein. Nur das Papierrascheln war zu hören. Wir arbeiteten still und einträchtig zusammen. Die üblichen Störenfriede waren in diesem Augenblick wie zahme Kaninchen. Man hatte sie noch nie so konzentriert bei einer Sache gesehen wie jetzt beim Basteln ihres weißen Blümchens. Außer dem Kranz aus Tannenzweigen und Papierblumen machten wir traditionsgemäß jeder für sich eine kleine Ansteckblume aus weißem Krepppapier und trugen sie an der Brust.

Am Tag darauf marschierten wir – die gesamte Lehrer- und

Schülerschaft – zum Platz des Himmlischen Friedens und legten unsere Kränze am Denkmal für die Helden des Volkes nieder. Anschließend wurde eine Gedenkzeremonie abgehalten, auf der wir mit Tränen in den Augen unseren Schwur ablegten: »Sehr verehrter Premierminister Zhou, mögen Sie in Frieden ruhen! Wir werden Ihre unerfüllt gebliebenen Wünsche Wirklichkeit werden lassen und Ihre revolutionäre Sache fortführen. Wir werden für die Verwirklichung des Kommunismus bis zum Tod kämpfen!«

Der Platz des Himmlischen Friedens war überfüllt von trauernden Menschen und Kränzen. Viele kamen aus weit entfernten Provinzen, um des Premierministers zu gedenken.

Am 11. Januar wurde der Leichnam von Zhou Enlai zur Einäscherung in den Babaoshan-Friedhof für Revolutionäre übergeführt. Lehrer und Schüler meiner Schule kamen wie unzählige Pekinger zur Chang'an-Straße, um ein letztes Mal Abschied vom Premierminister zu nehmen. Keiner wusste, wann der Leichenwagen vorbeifahren würde. Vom Krankenhaus Peking im Zentrum der Stadt bis zum dreizehn Kilometer westlich im Jingshan-Bezirk liegenden Friedhof standen Millionen von Menschen seit dem frühen Morgen an beiden Seiten der Straßen und harrten in der bitteren Kälte aus. Dunkle Wolken hingen tief am Himmel und drückten auf die Herzen der Millionen Trauernden. Erst gegen Abend kam der Leichenwagen, angekündigt von herzergreifender Trauermusik. Die meisten Menschen fingen an zu weinen. Männer wie Frauen schluchzten hemmungslos. Manche fielen, überwältigt von Trauer, in Ohnmacht. Laut wehklagend riefen viele Trauernde: »Premierminister Zhou, Sie dürfen nicht gehen! Wir brauchen Sie …!« Zutiefst erschüttert von diesem nie erlebten Bild der Trauer, starrte ich auf den langsam vorbeirollenden schwarzen Leichenwagen und konnte meine Tränen auch nicht mehr zurückhalten. Ich weinte – zum ersten Mal in der Öffentlichkeit …

Einen Tag nach der offiziellen Trauerfeier, am 15. Januar,

wurde die Asche des Premierministers getreu seinem Testament an vier Orten verstreut: über der Stadt Peking, in den Stausee Miyun, in den Haihe-Fluss in Tianjin und in die Mündung des Gelben Flusses in der Provinz Shandong.

Zhous beide Reden, die Hong und ich handschriftlich kopiert hatten, waren nun ein wertvolles Andenken. Und seine Anweisung in Bezug auf den Aufbau Yan'ans war sein Vermächtnis geworden. Jetzt fühlte ich mich stärker denn je der Erfüllung dieses Vermächtnisses verpflichtet.

Nach der Trauerfeier des Premierministers wurde unser Bittgesuch an das »Pekinger Büro für Zuweisung der Jugendlichen mit Schulbildung« weitergeleitet und unmittelbar danach genehmigt. Mit uns zusammen meldeten sich knapp hundert Leute von den insgesamt über 30 000 Absolventen unseres Jahrgangs zum freiwilligen Arbeitseinsatz nach Yan'an. Unsere Aktion rief ein starkes Echo in der ganzen Gesellschaft hervor. Zeitungen berichteten über unsere Geschichte; Radio Peking lud uns zum Interview ins Studio; andere Schulen baten uns, dort Vorträge zu halten.

Im Hof staunten mich alle mit groß aufgesperrten Augen an und waren einheitlich der Meinung, dass ich diesen Weg nur deshalb gewählt hätte, um vor meiner Familie zu fliehen. Denn unter den Kindern der beiden Ensembles im Hof war ich ein Unikat. Kein zweites Kind sei so entschieden revolutionär wie ich, das könne doch nicht normal sein, meinten die Leute. Dass meine Mutter mich auch noch voll und ganz unterstützte, wollte schon gar keiner mehr verstehen. Einige befreundete Kolleginnen und Kollegen versuchten auf sie einzureden: »Durch diese Sache dir Geltung zu verschaffen, damit ist wirklich nicht zu spaßen. Wenn du die Wohnberechtigung deiner Tochter für Peking annullieren lässt, kann sie nie wieder in die Stadt zurückkommen!«

Das wussten Mutter und ich. Aber diese Warnung schreckte

Mutter nicht. Sie war eine optimistische, standhafte Frau, im Kern vielleicht auch romantisch und in gewissem Maß naiv. Sie dachte nicht über Konsequenzen oder die Zukunft nach, sondern ließ sich einfach von meiner Begeisterung mitreißen. Ich hatte das Gefühl, Mutter und ich, wir wurden uns auf einmal ganz nah. Auf der Abschiedsfeier für uns Freiwillige, die die Pekinger Stadtregierung organisierte, hielt Mutter als Vertreterin der Eltern der Freiwilligen eine bewegende Rede. Mit ihrer ausdrucksstarken Sprache und ihrer klangvollen Stimme erklärte sie, als ob sie ein rührendes Gedicht skandierte: »Lasst eure Kinder keine Spatzen werden, die nur um ihr eigenes Nest kreisen! Lasst sie Möwen werden, die über den Wogen der Revolution ihre Flügel ausbreiten!«

Auf die Mutmaßungen und Unterstellungen der Leute über mein Motiv ging ich nicht ein. Ich hielt es nicht für notwendig, mich zu verteidigen. Denn ich war innerlich ganz sicher, dass ich diesen Weg aus Überzeugung gewählt hatte.

Seit ich diese Entscheidung getroffen hatte, waren meine Traurigkeit, Verzweiflung, Selbstverachtung und Zerrissenheit verflogen. Ich hatte meinen Platz wiedergefunden und meinen Wert erkannt. Meine Zugehörigkeit zur Elite der revolutionären Jugend hatte mich von meiner Schmach gereinigt. Ich war wieder rein, meine Seele war wieder rein. Ich fühlte mich auferstanden wie ein Phönix, der aus der Asche emporstieg. Die Blicke, die sich jetzt auf mich richteten, wenn ich durch den Hof ging, beschämten mich nicht mehr. Mein innerer Stolz machte mich stark und unverwundbar und verlieh mir einen schützenden Glanz, der alle Blicke – sowohl skeptische als auch bewundernde – oder Schmähungen abprallen ließ. Ich konnte es kaum noch erwarten zu gehen. Ich ließ die Vergangenheit hinter mir und blickte erhobenen Hauptes nach vorn. Die Ungewissheit der Zukunft machte mir keine Angst, im Gegenteil, sie inspirierte meine Fantasie. Ich träumte von einem aufregenden, abenteuerlichen Leben mit gleichgesinnten jungen Leuten.

In der Zeit vor meiner Abreise ereigneten sich einige ungewöhnliche Dinge, die mich sehr überraschten. Zum Beispiel kam eines Tages einer der schlimmsten Störenfriede meiner Klasse, der die Lehrer jeden Tag zur Verzweiflung brachte und dessen vulgäre Witze uns Mädchen am häufigsten erröten ließen, zu mir nach Hause und schenkte mir zum Abschied ein Notizbuch. Er stotterte verschämt, er bewundere mich und möchte sich für mein unermüdliches Zureden und meine Hilfe bedanken. (Ich hatte unzählige Male Einzelgespräche mit ihm geführt, um auf ihn einzureden, ein guter Schüler zu werden.) Er schwor, sich in Zukunft vom Bösen zum Guten zu wenden und ein neuer Mensch zu werden. Vor Verwunderung konnte ich meinen Augen und Ohren kaum trauen.

Und eines Abends klopfte ein gleichaltriger Junge aus unserem Hof, mit dem ich bis jetzt noch nie etwas zu tun gehabt hatte, leise an meine Tür. Das war das erste Mal seit Vaters Skandal, dass ein Jugendlicher aus unserem Hof mich besuchte. Dass es sich um einen Jungen handelte, war erst recht ein präzedenzloses Ereignis. Er trug eine neue Uniform ohne Kragenspiegel und stand wegen seiner übermäßigen Körpergröße ein wenig krumm da. Er starrte – sein Gesicht war vor Verlegenheit rot gelaufen – auf den nackten Betonfußboden und brachte kaum einen zusammenhängenden Satz über die Lippen. Stotternd sagte er, er habe sich erlaubt, hierherzukommen, um Abschied von mir zu nehmen. Ich möge ihm bitte seine Unhöflichkeit verzeihen. Ich bat ihn, sich auf mein Bett zu setzen. Er gab mir ein durch das lange Halten in seiner Hand warm gewordenes Notizbuch mit einem hellblauen Plastikumschlag in die Hand (von solchen Notizbüchern hatte ich übrigens bereits ein Dutzend bekommen, alles Abschiedsgeschenke von Schulkameraden und Lehrern). Auf der ersten Seite des Notizbuchs standen in kraftvoller Handschrift zwei große Schriftzeichen: »Ehre erwerben«.

Mit Tränen in den Augen und zitternder Stimme sagte er: »Ich bewundere dich von ganzem Herzen. Aber ich habe nicht den

Mut, den du hast. Du gehörst zu den Herausragendsten unserer Generation.«

Dann erzählte er mir, er sei in die Armee eingetreten und werde das südliche Tor des Vaterlandes verteidigen. Er werde an mich denken und ein guter Soldat werden.

Nachdem der große Junge gegangen war, schlug ich das Notizbuch auf und betrachtete lange die zwei Schriftzeichen. Dann blätterte ich es durch und sah mir die eingeschobenen Illustrationen an, die allesamt heldenhafte junge Männer und Frauen darstellten. Dabei entdeckte ich zufällig einen kleinen Zettel, auf den er die Adresse seiner künftigen Armeeeinheit geschrieben hatte. Unter der Adresse stand eine in kleinen, anmutigen Schriftzeichen geschriebene Zeile: »Ich hoffe, dass wir künftig in Kontakt bleiben.«

Ein paar Tage später kam der Junge wieder, an einem sehr späten Abend. Diesmal standen ihm keine Tränen in den Augen, sondern sie liefen ihm gleich über die Wangen, noch ehe er zu sprechen anfing. Er wollte seinen Zettel zurückhaben und bat mich, ihm seinen unerhörten Wagemut zu verzeihen. Er sagte, seine Mutter verbiete ihm jeden Kontakt mit mir, seinetwegen habe sie sogar bei ihren Herzrhythmusstörungen einen Rückfall erlitten. Dieses Mal wollte er sich nicht einmal hinsetzen, nahm den Zettel und verließ eilends mein Zimmer. Auf einmal glaubte ich zu verstehen, was er mit »Ehre erwerben« meinte. Ich war weder enttäuscht noch gekränkt, ich hatte lediglich Mitleid mit ihm.

Nachdem ich meinen Entschluss gefasst hatte, traf ich mich noch ein paarmal mit Chunyi. Jeder Besuch bei ihm war eine Freude für mich. Ich stellte fest, dass es mich geistig befriedigte und eine ganz neue Empfindung war, vor seinem Schreibtisch zu sitzen und mich mit ihm zu unterhalten. Außerdem fühlte ich eine mir völlig unbekannte, körperliche Regung. In Chunyis Pupillen hatte ich mich entdeckt – wenn auch nur ein winzig kleines Ich. Ein schwaches, klares Lichtchen entzündete sich in der anderen finsteren, kalten Hälfte meines Herzens. Ein Vertreter des anderen Geschlechts zog mich an – zum ersten Mal, nachdem der Prinz meiner Kindheit auf seinem Schimmel verschwunden war.

Chunchao lernte ich allmählich auch kennen und mögen. Ihr Haar war ein bisschen gewachsen. Manchmal legte sie ihr Kopftuch ab und sah dann aus wie ein hübscher, süßer Junge. Leider war ihr Haar nicht schwärzer und dichter geworden, wie sie es sich erhofft hatte. Ich brachte sie zu uns nach Hause mit und stellte sie meiner Mutter vor. Mutter gab ihr ein paarmal Unterricht und brachte ihr das Skandieren von Gedichten bei. Schließlich meinte Mutter aber, Chunchao sehe zwar sehr gut aus, sei jedoch ein bisschen zu klein, und ihre Stimme habe nicht genug Volumen und keinen metallischen Klang. Deshalb riet sie ihr ab, bei Theaterensembles vorzusprechen.

Chunyi und Chunchao gehörten zu den sogenannten auf die Arbeit wartenden Jugendlichen. Ich wusste inzwischen, dass ihre Eltern hohe Kader waren. Ihr Vater hatte es früher bis zum Vizeminister gebracht. Zu Anfang der Kulturrevolution waren sie »niedergeschlagen« und ins Arbeitslager geschickt worden. Erst vor Kurzem waren sie rehabilitiert worden und durften nach Peking zurückkehren. Nun war die Familie wieder vereint und wartete auf einen neuen Anfang. Chunyi und Chunchao widmeten ihre ganze Zeit der Lektüre von Artikeln und Büchern aller möglichen Fachrichtungen. Chunyi glaubte fest daran, dass dieses Wissen eines Tages von Nutzen sein würde.

In den wenigen verbleibenden Tagen vor meiner Abreise kam Chunyi gelegentlich zu mir. Jedes Mal blieb er nur kurz. Manchmal brachte er mir ein Buch vorbei, manchmal fragte er nach dem Stand meiner Vorbereitungen, manchmal saß er auch nur still da. Einmal sagte er, der Machtkampf in der Partei sei sehr hart, Chinas Lage sei nicht »überall nur der Gesang der Pirole und der Tanz der Schwalben«, wie es Mao Zedong in einem

Gedicht beschrieben habe, und er habe die große Befürchtung, dass wir »die letzten Opfer« sein könnten. Das erschütterte mich. Aber ich hatte nicht die geringste Ahnung, was er damit meinte. Ich spürte nur, dass etwas ihn bedrückte, aber was das war, vermochte er nicht auszudrücken.

Kurz vor meiner Abreise nahm ich auch Abschied von Lehrer Huang. Als mein erster Klassenlehrer in der Mittelschule hatte er einen bedeutenden Einfluss auf mich ausgeübt, mein Interesse für Deutsch geweckt und bei mir einen tiefen Eindruck hinterlassen. Ich bewunderte seine vielfältigen Talente. Zwar war er schon lange nicht mehr mein Lehrer, aber wir hatten noch Kontakt. Ich ging ihn gern besuchen. Das war auch nicht schwer, denn ich kam jeden Tag an seiner Tür vorbei. Er wohnte nämlich neuerdings mit seiner Frau im Pförtnerhaus der Schule.

Seine siebenköpfige Familie hatte vor der Befreiung, also vor der Gründung der Volksrepublik, ein großes Haus bewohnt. In den Fünfzigerjahren wurde sie aus ihrem privaten Wohnhof vertrieben, musste mehrmals umziehen und landete schließlich in einer Dreizimmerwohnung. Selbst nach der Heirat mussten die Kinder noch bei den Eltern wohnen, da ihre Einheiten ihnen keine Wohnung zuteilen konnten. Lehrer Huang und seine Frau waren beide Lehrer. Das Bildungsamt des Bezirks verfügte über keinerlei Mittel, um für die Lehrer Wohnungen zu bauen. Und die Schule schon gar nicht. Deshalb zog er mit seiner Frau kurzerhand ins Instrumentenzimmer der Schule ein. Tagsüber probte er hier mit seinem Orchester; nachts breiteten seine Frau und er die Bettunterlage auf den zusammengerückten Tischen aus und schliefen darauf. Die Schulleitung kannte die Schwierigkeiten bezüglich der Wohnsituation ihrer Lehrer und drückte ein Auge zu. Schließlich erlaubte ihnen die Schule, vorübergehend in das leer stehende Pförtnerhaus der Schule einzuziehen.

Es war ein circa zwanzig Quadratmeter großes Häuschen aus dünnen Betonplatten mit zwei durch eine Holzplatte getrennten

Zimmerchen. In dem hinteren Zimmer, in das gerade ein Doppelbett hineinpasste, schliefen sie. Das vordere Zimmer diente als Wohn- und Arbeitszimmer und auch Küche. Das Häuschen, das einsam und allein am Eingang der Schule stand, hatte eine Höhe von maximal 2,30 Metern. Große Menschen mussten den Kopf einziehen, wenn sie es betraten. Im Sommer war es darin so heiß wie im Dampfkochtopf und im Winter so kalt wie im Iglu. Selbstredend gab es keine Zentralheizung. Sie heizten im Winter mit einem kleinen Brikettofen. Das Schlimmste für die beiden war, dass über tausend Schüler und über hundert Lehrer jeden Tag mehrfach an diesem Häuschen vorbeigingen. Ihr ganzes Privatleben fand sozusagen vor den Augen der gesamten Schüler- und Lehrerschaft statt. So musste man sich nicht wundern, warum Lehrer Huang der bekannteste und am leichtesten zu findende Lehrer der ganzen Schule war.

In diesem »Dampfkochtopf-Iglu« sollte Lehrer Huang noch weitere zwei Jahre wohnen, nachdem ich die Erste Sanlitun-Mittelschule verlassen hatte.

Als ich Lehrer Huang jetzt, im tiefsten Winter 1975, in diesem »Iglu« besuchte, war er wie immer sehr erfreut. Wir saßen dicht am kleinen Ofen und unterhielten uns. Lehrer Huang gehörte von Anfang an zu den Mahnern, die mir von meinem freiwilligen Einsatz abrieten, vielleicht weil er selbst schon auf dem Land gelebt hatte und zu einer gewissen Ernüchterung gekommen war. Auch an diesem Abend fragte er mich, wie ich es mir vorstellte, eine Bäuerin zu werden. Meine Haut würde ganz dunkel werden, meine Figur stämmig und meine Hände rau. Das wertvolle Wissen, das ich mir in der beschränkten Schulzeit angeeignet hatte, werde mein Gehirn wahrscheinlich bald verlassen, und die deutschen Vokabeln, die er mir mit großer Freude »geschenkt« habe, gäbe ich ihm möglicherweise in kürzester Zeit alle wieder zurück, sprach Lehrer Huang in seiner bedächtigen, humorvollen Art. Ich versprach ihm, auch auf dem Land das Lernen nicht zu vernachlässigen. Außerdem wolle ich weder

Arbeiterin noch Soldatin werden, so bleibe mir nichts anderes übrig, als eine Bäuerin zu werden, sagte ich halb scherzhaft, halb ernst und lachte laut auf. Lehrer Huang wusste in der Tat auch, dass wir keine Alternative hatten, wenn wir heimlich den Traum hegten, eines Tages doch studieren zu wollen. Denn Studenten wurden ja ausschließlich aus Arbeitern, Bauern und Soldaten ausgewählt. Zum Abschied drückte er mir fest die Hand und sagte: »Hoffentlich sehen wir uns bald wieder. Ich bin dann, so hoffe ich, nicht mehr Schullehrer im Pförtnerhaus, und du bist keine Bäuerin mehr, sondern eine Studentin!«

In dieser Zeit erhielt ich unzählige Briefe von völlig fremden Mittelschülern. Sie schrieben, sie nähmen mich zum Vorbild und seien fest entschlossen, nach dem Abschluss der Schule die Zuweisung der Organisation zu befolgen und mit Freude zum Arbeitseinsatz aufs Land zu gehen. Einige Absolventen meines Jahrgangs schrieben, meine Aktion habe sie angespornt und inspiriert, sie hätten sich entschlossen, genau wie ich auf das ihnen zustehende Privileg, in Peking zu bleiben, zu verzichten und in eine sehr arme Gegend zu gehen, weil dort junge Menschen am meisten gebraucht würden. Diese Briefe berührten und beunruhigten mich gleichermaßen. Denn es war nicht meine Absicht, mit meiner Entscheidung andere Menschen anzuspornen. Noch weniger hatte ich je vor, die Schicksale anderer zu beeinflussen.

Aber durch einen dramatischen und vielleicht schicksalhaften Zufall sollte ich das Leben eines anderen tatsächlich beeinflussen und für immer verändern.

24. Kapitel

Wie ich meinen verlorenen Prinzen wiederfand, und warum ich ihn zum zweiten Mal verlor

Dieser Zufall ereignete sich im Februar 1976, einen Monat vor meiner Abreise. An diesem Tag fand in der 12 000 Zuschauer fassenden Arbeitersporthalle eine Vollversammlung der Mittelschulabsolventen der ganzen Stadt statt, auf der die Freiwilligen, die in die Provinzen zum Arbeitseinsatz gingen, feierlich verabschiedet wurden.

Am Abend zuvor gab es bei uns zu Hause eine Art »Lesewettbewerb«. Denn wir drei – Mutter, Schwester und ich – sollten auf dieser Versammlung eine Rede halten: Mutter als Vertreterin der Eltern, meine mittlerweile achtjährige Schwester als Vertreterin der Grundschüler und ich als die Vertreterin der Freiwilligen. Qun hatte diese ehrenhafte Aufgabe erhalten, weil sie in ihrer Schule dafür bekannt war, dass ihre ältere Schwester freiwillig nach Yan'an gehen würde. Außerdem war sie ein aufgewecktes Mädchen mit außerordentlich schöner Stimme. Ein für die Propaganda zuständiger Lehrer ihrer Schule hatte für sie die Rede geschrieben. Sie musste nur den Text gut einüben und fehlerfrei vortragen, so wie ich einst meine von Vater geschriebene Kritikrede auf der Kampfkritiksitzung der Schule, auf der unsere Rektorin verurteilt worden war, fabelhaft vorgetragen hatte. Da sie viele Schriftzeichen im Text noch nicht kannte, schrieb sie mit meiner Hilfe die Pinyin-Umschrift darüber. Angst würde sie nicht bekommen, das wussten Mutter und ich. Mit drei Jahren hatte sie schon oft im Kindergarten oder auf Tanz- und Gesangsfestivals der Kinder auf der Bühne vor großem Publikum getanzt oder Modell-Pekingoper gesungen. Dass Mutter als Rednerin der Eltern ausgewählt wurde, war ebenfalls selbstverständlich. Denn als Schauspielerin war sie im Skandieren und Auftreten sowieso geübt. Lampenfieber kannte sie nicht. Außerdem war sie dafür bekannt, dass sie mich entschieden unterstützte, obwohl sie sich auf die neue Regelung für die Zuweisung der Abiturienten hätte beziehen und mich in Peking behalten können. Ich war nervös, aber Angst würde ich auch nicht bekommen. Angesichts unzähliger militärischer Übungen und meiner auf zahllosen Kampfkritiksitzungen unaufhörlich gehaltenen Kritikreden sowie langjähriger Bühnenerfahrung als Mitglied der Agitationsgruppe war ich so abgehärtet, dass ich heute vor keinem Publikum und keiner Situation mehr zurückschrecken würde.

So bewerkstelligten wir drei unsere Aufgaben hervorragend und ernteten viel Applaus.

Als die Vollversammlung zu Ende war und ich die Treppe der Tribüne herunterging, hörte ich plötzlich jemanden meinen Namen rufen. Ich drehte mich um und sah Anran vor mir stehen – Anran, den Prinzen meiner kindlichen Fantasie, in den ich mich als zehnjähriges Mädchen verliebt hatte. So plötzlich, wie er vor sieben Jahren verschwunden war, so plötzlich war er wieder da. Ich erkannte ihn zwar auf den ersten Blick wieder, aber in Wirklichkeit traute ich meinen Augen kaum. Anran war jetzt mehr als einen Kopf größer als ich; sein Gesicht sah hager und blass aus, nicht mehr so rundlich, zart und rosarot wie damals; seine Haare waren wie ein lange nicht mehr gepflegter Rasen, zu lang und trocken, nicht mehr so dicht, schwarz und glänzend wie einst, als er noch ein süßer, kleiner Junge war; auf seinen Lippen hatten sich wegen der Kälte und Trockenheit kleine Risse gebildet. Lediglich seine Augen waren noch genauso schön wie früher, nur statt der einstigen Lebendigkeit und Unbeschwertheit verrieten sie heute eine leise Melancholie und eine Art Zügellosigkeit; seine Nase sah noch genauso edel und anmutig aus, allerdings waren unter ihr nun feine, weiche Härchen gewachsen …

Ja, das war Anran. Aber mein »Prinz« schien im verwunschenen Schloss zurückgeblieben zu sein.

Vor Überraschung war ich wie erstarrt. Sekundenlang standen wir uns mit aufgerissenen Augen gegenüber, wie ein Standbild im Film. In unserem Alter waren wir noch nicht gewohnt, uns bei der Begrüßung die Hände zu schütteln, wie die Erwachsenen es taten, kannten aber auch keine andere Begrüßungsform. Nur Chunyi hatte mir die Hand geschüttelt. Nur bei ihm fühlte ich mich erwachsen. Deswegen standen wir einfach da und tauschten in diesen Sekunden lediglich mit Blicken die gesamten Gefühle im Augenblick des Wiedersehens aus. Danach gingen wir hinaus und spazierten um die Arbeitersporthalle, Runde für Runde, dem kalten Wind zum Trotz, und erzählten uns unsere Geschichte der letzten sieben Jahre, in denen wir getrennte Wege gegangen waren.

Vor sieben Jahren war Anran mit dem Kunstensemble seiner Eltern nach Lhasa gegangen. Das Ensemble hatte mit seinem Repertoire viele Orte Tibets bereist. Anran hatte sich die ganze Zeit nicht an das Klima Tibets gewöhnen können und unter verschiedenen seltsamen Krankheiten gelitten, unter anderem unter Haarausfall. Um ihre zerrüttete Ehe zu retten, hatte seine Mutter ein drittes Kind in Lhasa zur Welt gebracht – seine kleine Schwester. Als Anran mit dreizehn Jahren auf die Mittelschule gehen sollte, hatten ihn seine Eltern nach Peking zurückgeschickt. Seitdem wohnte er wieder in der Alte-Türvorhang-Gasse bei seiner Großmutter und besuchte die Mittelschule in der benachbarten Straße. Ich war zu dem Zeitpunkt bereits umgezogen. Das Ensemble seiner Eltern war vor einem Jahr nach Peking zurückgekehrt. Aber die Ehe seiner Eltern war leider nicht mehr zu kitten. Sie hatten sich scheiden lassen. Seine Mutter, die die kleine Schwester mitgenommen und inzwischen wieder geheiratet hatte, pflegte keinen Kontakt mit ihm. Sein Vater konnte sich auch nicht um ihn kümmern, weil er aufgrund seiner Verpflichtungen als Leiter des Ensembles dazu nicht in der Lage war und außerdem am anderen Ende der Stadt wohnte. Es kränkte ihn am meisten, dass seine Mutter ihn abweisend behandelte. Nachdem seine Großmutter vor einem halben Jahr gestorben war, war er völlig auf sich allein gestellt. Die meiste Zeit verbrachte er bei Freunden oder auf der Straße, weil er nicht allein sein wollte. Er führte ein absolut freies, zwangloses Leben, was auf den ersten Blick vielleicht sogar romantisch schien, in Wirklichkeit aber fühlte er sich einsam und verlassen. In der Schule war er bekannt für seinen »Ungehorsam« und seine »Dekadenz«. Er trug lange Haare, nicht weil er »dekadent« war, sondern weil er wegen des Haarausfalls die nachgewachsenen Haare nicht schneiden wollte. Aber die Schulleitung und die Lehrer wollten ihn nicht verstehen. Auch deswegen weigerte sich der Kommunistische Jugendverband bis heute, ihn aufzunehmen. Er sei wie ein von der Schnur abgetrennter, herrenloser Drachen, der frei am Himmel schwebe, wohin ihn der Wind treibe, so beschrieb er sein Lebensgefühl.

Ich wollte Anran trösten, fand jedoch keine passenden Worte, weil ich an die Tragödie meiner Familie dachte und an mich, die ich meiner Mutter vorgeworfen hatte, dass sie sich nicht von meinem Vater hatte scheiden lassen. Anran war unglücklich wegen der Scheidung seiner Eltern und ich wegen des genauen Gegenteils. Ich war in einem Gedankenwirrwarr verfangen und konnte mich deshalb zu seiner Geschichte nicht äußern. Stattdessen erzählte ich Anran auf seinen Wunsch hin, was in diesen Jahren in meiner Familie passiert war, unter Auslassung dessen, was meinen Vater anbetraf. Seit zwei Jahren erwähnte ich meinen Vater nicht mehr, wenn ich jemandem von meiner Familie erzählen musste. Ich tat zum Beispiel beim Kennenlernen neuer Freunde so, als ob ich noch nie einen Vater gehabt hätte.

Später erinnerten wir uns an manch lustige Ereignisse und gemeinsame Spielkameraden aus unserer Kindheit, und die Stimmung wurde heiterer.

Es war ganz dunkel geworden, ohne dass ich es bemerkt hatte. Immer wenn wir an einer Laterne vorbeigingen, wandte sich Anran mir zu und betrachtete mein Gesicht. Als wir wahrscheinlich zum fünften Mal am Haupteingang vorbeigingen, blieb Anran stehen, sah mir in die Augen und sagte: »Ich habe nicht gedacht, dich jemals wiederzusehen, und erst recht nicht gedacht, eine Heldin des Frauenreichs anzutreffen.«

»Ich bin keine Heldin des Frauenreichs«, winkte ich ab.

»Wie wahr, dass sich ein Mädchen im Leben achtzehnmal verwandelt! Du hast dich sehr verändert, wirklich, bist eine strahlende Schönheit geworden!«

Ich lachte laut auf, wie ich es lange nicht mehr getan hatte, und widersprach: »Ich bin doch keine strahlende Schönheit!«

»Ich meine es ernst. Du bist viel hübscher geworden.«

Ich hatte noch nie einen gleichaltrigen Jungen mich so direkt rühmen hören und fühlte mich verschämt und irritiert. Typisch Anran, er war schon immer sehr geradeheraus gewesen. Zugleich durchfuhr mich ein wohliges Gefühl, als ob ein klares Bächlein mein Herz durchströmte.

Nach einem kurzen Schweigen wechselte ich das Thema und fragte Anran, was er nach dem Abschluss machen werde. Anran sagte, er wisse es nicht. Bis heute Nachmittag sei ihm diese Frage gleichgültig gewesen. Er sei ein Sandkorn im Meer; wohin es gespült werde, spiele doch keine Rolle, das Wasser des Meeres sei überall salzig. Aber als er vorhin in der Sporthalle plötzlich meine Stimme im Lautsprecher gehört habe, sei er von einer unbeschreiblichen Erschütterung übermannt worden. Er sagte, er habe weit oben gesessen und das Gesicht der Redner nicht sehen können. Er habe die ganze Zeit auch nicht zugehört. Plötzlich sei ihm eine bekannte Stimme in die Ohren gedrungen. Er habe sofort gewusst, dass es ich sei.

Anran wandte sich wieder mir zu, fixierte einige lange Sekunden mein Gesicht und fragte dann: »Warum willst du nach Yan'an gehen?«

Ich spürte, dass sein Blick in mein Herz eindrang und mir wehtat. »Wie soll ich es dir erklären …«, erwiderte ich.

Alle meine Argumentationen, all die kraftvollen, großartigen

Worte schienen in diesem Augenblick so sinnlos zu sein. Zum ersten Mal fand ich auf diese mir zum hundertsten Mal gestellte Frage keine Antwort. Anran schien nicht auf eine Antwort zu warten. Er wandte sich ab und sagte bedeutungsvoll: »Dass wir uns heute begegnet sind, ist eine Schicksalsfügung, weißt du das?«

Ich wusste und wusste es auch nicht. Ich schwieg und merkte, dass wir beide vor Kälte zitterten. Ich schlug vor, zu mir nach Hause zu gehen. Ich wohnte ja hier in der Nähe. Wirklich? Eine sichtliche Freude huschte über Anrans Gesicht.

Ich führte Anran durch zwei nördlich gegenüber dem Haupteingang der Arbeitersporthalle liegende Straßen und das überwachte Tor unseres Hofes und betrat mit ihm die frühlingshaft warme Wohneinheit meiner Familie, aus der uns der verlockende Duft des Abendessens entgegenwehte. Mutter und Großmutter erinnerten sich natürlich noch an Anran. Er sei nur dünner geworden, und ein richtig großer Junge sei er jetzt, meinten sie. Großmutter freute sich offensichtlich über Anrans Besuch. Als sie hörte, dass er immer noch in der Alte-Türvorhang-Gasse wohnte, fragte sie ihn nach den alten Nachbarn und nach seiner Familie aus. Wie traurig, dass seine Großmutter so früh gegangen sei! Wie schade, dass seine Eltern auseinandergegangen seien! Als das Essen fertig war, luden ihn Mutter und Großmutter ein, mit uns zu essen. Erfreut zog Anran seine wattierte Jacke aus. Zum Vorschein kam sein abgewetzter Pullover, dessen beide Ärmel kaputt waren. Er setzte sich an den Tisch und aß mit sehr gutem Appetit. Mutter fürchtete, dass der Reis nicht reichen könnte, und holte sicherheitshalber noch ein paar Mantou aus der Kantine. Nach dem Essen bat Mutter Anran, seinen Pullover auszuziehen. Sie wollte ihn ein bisschen stopfen.

Ich ging mit Anran in mein Zimmer. Er ließ sich auf meinen einzigen Stuhl nieder, und ich setzte mich aufs Bett. Anran bewunderte mein »behagliches Nestchen«, wie er es ausdrückte, und es erschien ihm als umso unverständlicher, dass ich unbedingt nach Yan'an gehen wollte. Ich nahm mich zusammen und erzählte ihm von Chunyi, von Yan'an, von den beiden Reden des Premierministers Zhou, von meiner Überzeugung und von meiner Sehnsucht nach Freiheit. Anran hörte mir aufmerksam zu. Als ich fertig war, sagte er halb scherzhaft, halb ernst: »Cui, darf ich dir etwas verraten: Ich bin das Aschenputtel, du bist der Prinz. Durch einen Zufall rettest du mich aus meinem Elend.«

Ich erschrak, dachte im Stillen: »Weißt du eigentlich, Anran, dass du einst mein Prinz warst?«, und sagte jedoch allen Ernstes: »Jeder muss seinen eigenen Weg wählen. Was ich sagen wollte, ist, dass man sich nicht seinem Schicksal fügen muss.«

Mit aufgerissenen Augen sah Anran mich an und sprach wie zu sich selbst: »Wow, ich bewundere dich zutiefst!«, was sich in meinen Ohren wie Spott anhörte. Aber seine Augen waren voller Ernst.

Nachdem Mutter seinen Pullover fertig gestopft hatte, verabschiedete sich Anran von ihr und Großmutter. Ich begleitete ihn hinaus. Vor dem Tor unseres Hofes, bevor er sich in der Dunkelheit entfernte, wiederholte Anran noch einmal, dass unser Wiedersehen eine Schicksalsfügung sei und dass er sich darüber richtig freue. Zum Schluss fragte er, ob er wiederkommen dürfe. Ich sagte, selbstverständlich.

Zwei Tage später kam Anran wieder. Er sah erschöpft aus, auf seinem Gesicht lag Staub, aber seine Augen strahlten. Sichtlich erregt sagte er, er habe eine große Entscheidung getroffen: Er gehe mit mir nach Yan'an. Er habe seine Entscheidung bereits der Schulleitung mitgeteilt.

Wenn irgendeine andere Person diese Worte gesagt hätte, wäre ich vor Freude hochgesprungen, denn wir freuten uns über jeden neu dazugekommenen Kameraden, der mit uns gehen wollte. Aber in Anrans Augen sah ich etwas, was ich bis jetzt nicht kannte, etwas, das mich irritierte und beunruhigte. Statt ihm zu gratulieren, versuchte ich auf ihn einzureden, er müsse sich das noch einmal gut überlegen, diese Entscheidung würde bedeuten,

Peking für immer zu verlassen und ein Bauer im abgelegenen Norden der Provinz Shaanxi zu werden. Anran sah mir offen in die Augen und offenbarte mir, seit Langem lebe er in einer chaotischen, kalten Welt – ziellos, hoffnungslos, emotional verwahrlost. Nachdem er mich vor zwei Tagen wiedergetroffen habe, sehe er plötzlich einen Lichtstrahl am Horizont. Dieses Licht strahle direkt in sein Herz und spende ihm Wärme, gebe ihm Hoffnung und einen Sinn im Leben. Wenn er mit mir zusammen sein könne, sei es ihm vollkommen gleichgültig, wohin er gehe. Anrans Worte berührten mich zutiefst. Zugleich merkte ich, dass ich auf einmal in einen vorher noch nie empfundenen Wirrwarr der Gefühle geriet. Ich dachte an Chunyi, der aus Liebe seiner Freundin gefolgt und nun zurückgekehrt war. Deshalb fing ich an, Anran von Glauben und Überzeugungen zu erzählen, in der Art, wie ich in der Schule einen Vortrag über die Grundsätze des Kommunistischen Jugendverbandes halten würde.

Anran erwiderte nicht ohne Ironie: »Überzeugung? Glaube? Was ist das? Die Überzeugung besteht doch bloß aus rationalen Begriffen, die sich die Menschen ausgedacht haben, um sich selbst zu belügen. Wenn ich will, kann ich sie auch haben. Du hast gesagt, man könne seinen Weg wählen, nicht wahr? Ab heute wähle ich die gleiche Überzeugung wie du.«

Ich war sprachlos. Anrans Scharfzüngigkeit verblüffte mich immer wieder. Ich wollte noch sagen, die Überzeugung könne man nicht wählen, die habe man oder habe man nicht, wie Chunyi gesagt hatte. Aber es kam mir so lächerlich vor. Deswegen schwieg ich. Anran fing an, mit mir über die Philosophie zu diskutieren, über die Vernunft, über den Sinn des Lebens, über das Glück, über den Geist. Ich hörte ihm zu wie damals in der Grundschule, als wir, eine Schar Kinder, um den Ofen im Klassenzimmer gesessen und seinen Geschichten aus den Klassikern gelauscht hatten. Ich hörte ihm gern zu. In der geistigen Entwicklung war Anran mir immer noch meilenweit voraus. Er wusste so viel. Wenn er sprach, sprühte er vor Intelligenz,

Scharfsinn, Redegewandtheit und Urteilsvermögen. Als wir das Thema wechselten und auf die Literatur zu sprechen kamen, konnte ich mitreden. Fast alle Romane, die ich gelesen hatte, hatte Anran auch gelesen. Im Ensemble seines Vaters kam er an die Bücher heran. Ich merkte, auch auf diesem Gebiet war er mir eindeutig überlegen. Manche Bücher hatte ich verschlungen, ohne sie wirklich verstanden zu haben. Anran hingegen lieferte für jedes Buch eine eigene Kritik und erklärte mir die kulturellen und gesellschaftlichen Zusammenhänge.

An diesem Abend saßen wir lange in meinem kleinen Zimmer und schwammen vergnügt im Meer des Wissens, das wir trotz unserer eingeschränkten Schulzeit erkunden konnten, und vergaßen, dass uns in wenigen Wochen ein völlig neues Leben erwartete, in dem wir dieses Meer vielleicht nie wieder erblicken würden.

Seitdem kam mich Anran fast jeden Tag besuchen. Wenn ich nicht da war, unterhielt er sich mit Großmutter und wartete, bis ich abends zurückkehrte. Außer der Freude, die ich in Anrans Anwesenheit spürte, empfand ich auch eine leise, unerklärliche Traurigkeit. Ich hatte das Gefühl, er war wie ein schutzloses Kind, das meine Liebe und Fürsorge brauchte. Ich genoss das Zusammensein mit ihm, wusste aber nicht, was das bedeutete. Ich war ziemlich durcheinander. Nur ein Punkt wurde mir immer klarer: Anran war nicht mehr jener Prinz meiner Kindheit. Er war nicht mehr der unschuldige, vollkommene, kleine Engel auf einer weißen Wolke, sondern ein verletzter, zerrissener, am stürmischen Himmel frei schwebender Drachen, dessen Schnur abgerissen war. Er wollte mir die abgerissene Schnur überlassen. Ich war jedoch nicht in der Lage, diese Schnur festzuhalten. Ich hatte noch nie gelernt, Drachen steigen zu lassen.

Nachdem Anran seinen Entschluss in der Schule bekannt gegeben hatte, wurde er über Nacht berühmt. Er wurde als ein Beispiel dafür gefeiert, dass durch die Erziehung der Partei aus einem schlechten ein guter Schüler werden konnte. Er wurde vom Jugendverband ohne Bewährungszeit aufgenommen. Lob und Anerkennungen, von denen er früher nie zu träumen gewagt hätte, regneten auf ihn herab. »Sie benutzen mich doch nur als ein Werkzeug, um die anderen aufs Land zu treiben«, sagte Anran voller Verachtung, als er mir davon berichtete.

Anrans Entschluss schien festzustehen. Er fing sogar an, sich mit der chinesischen Medizin zu beschäftigen. Denn ich hatte ihm erzählt, dass jeder Jugendliche auch als Barfußarzt in Yan'an gebraucht würde.

Jeden Abend, wenn sich Anran von meiner Mutter verabschiedete, ermunterte sie ihn höflich wiederzukommen. Aber in Wirklichkeit wurde ihr Missmut immer größer. Als ich ihr erzählte, Anran habe sich entschieden, nach Yan'an zu gehen, und zwar mit mir zusammen, sagte sie entschieden und bestimmt: »Das geht gar nicht. Du bist noch so jung und hast mit der Revolution noch gar nicht angefangen. Du darfst dir doch keinen Klotz ans Bein binden!«

Ich wusste ungefähr, was Mutter mit dem »Klotz« meinte. Ich merkte, wie sehr Anran an mir hing. Bedeutete das aber Liebe? Anran hatte mich bis jetzt noch mit keinem einzigen Wort wissen lassen, ob er sich wirklich in mich verliebt hatte. Konnte es nicht eine revolutionäre Freundschaft sein, die uns verband? Waren wir etwa nicht gleichgesinnte Kameraden? Sollte es zwischen Anran und mir doch Liebe sein, welchen Platz durfte sie in der revolutionären Sache, der wir uns widmen wollten, einnehmen?

Zu diesem Zeitpunkt war es uns schon bekannt, dass wir gruppenweise nach Schulbezirken auf verschiedene Dörfer aufgeteilt werden würden. Anrans Schule befand sich im West- und meine im Chaoyang-Bezirk. Wenn wir zusammen sein wollten, müssten wir das für die Angelegenheiten der Abiturienten verantwortliche »Büro für Zuweisung der Jugendlichen mit Schulbildung« um Erlaubnis bitten. Wäre es ein Versprechen für Anran, wenn ich dies täte? Was würden andere Kameraden von uns denken?

Als eine Achtzehnjährige, in deren Gehirn von klein auf kommunistische Ideologie eingeimpft wurde, war ich nicht imstande, diese verknoteten Fäden der Gefühle zu entwirren. Und das Schicksal gab mir keine Zeit, durch Erfahrungen im Leben eine Lösung zu finden. Ich musste heute und jetzt eine Entscheidung treffen. Nachdem Mutter ihr Gewicht auf die schwankende Waagschale meiner Gefühle gelegt hatte, begann diese, auf die Seite der Vernunft zu kippen.

Um Mutter nicht zu verärgern, ließ ich Anran nicht mehr zu lange bei uns verweilen. So begleitete ich ihn jedes Mal gleich nach dem Abendessen bis zum Eingang des Arbeiterstadions und ging mit ihm dort spazieren, bevor er nach Hause fuhr.

Am letzten Abend, an dem wir entlang der Straße vor dem Arbeiterstadion spazieren gingen, waren kein Mond und keine Sterne zu sehen. Der eiskalte Nordwestwind aus Sibirien blies uns durch Mark und Bein. In dicke Mäntel eingemummt, gingen wir schweigend nebeneinander her. Unsere Schultern berührten sich wie zufällig ab und zu. Der Wind heulte wild, als ob er uns von der Erde wegfegen wollte. Anran streckte einen Arm aus und umschlang fest meine Schultern. Ich drohte in Tränen auszubrechen. Ich sagte: »Komm, lass uns nach Hause gehen. Es ist verdammt kalt!«

Als wir an der Bushaltestelle auf Anrans Bus warteten, sagte ich Anran in einem Ton, als ob ich ihm die Entscheidung einer anderen Person mitteilte, ich könne das »Büro für Zuweisung der Jugendlichen mit Schulbildung« nicht bitten, uns beide ausnahmsweise derselben Gruppe zuzuteilen. Anran solle seinen eigenen Weg gehen, das heiße, er solle sich den Kameraden seines Bezirks anschließen und mit ihnen dorthin gehen, wo sie eingesetzt würden.

Im Licht der Straßenlaterne sah Anran sehr blass aus. Seine Haare wehten im Wind. Mit vor Staunen aufgerissenen Augen fragte er: »Warum?«

Ich sagte: »Das macht keinen guten Eindruck«, und traute mich nicht, Anran in die Augen zu sehen.

Anran schwieg einen Augenblick, sagte schließlich leise: »Warum bist du so heilig? Wie die heilige Maria …«

In diesem Moment kam der Bus. Ich hatte noch nicht mit seiner Ankunft gerechnet und hoffte im Stillen, Anran würde auf den nächsten warten. Ich hatte das Gefühl, wir hätten noch nicht zu Ende geredet, ich müsste Anran noch etwas erklären …

Aber Anran drehte sich um und stieg – ohne zu zögern – in den Bus ein. Ein Zipfel seines Mantels wurde von der Bustür eingeklemmt. Aber dieser lange, rote Bus fuhr einfach unbekümmert los und ließ mich allein zurück. Wie festgewurzelt stand ich an der menschenleeren Bushaltestelle. Wir hatten uns nicht einmal die Hände gegeben. Wir hatten uns bis jetzt noch nie die Hände gegeben.

»Anran! …«, rief ich lautlos dem entschwindenden Bus nach, während mir Tränen über die Wangen kullerten wie die Perlen einer gerissenen Kette …

Die letzten Tage vor der Abreise vergingen wie im Fluge. Anran kam nicht wieder. Ein paarmal versuchte ich, ihn bei sich zu Hause anzutreffen, aber er war nie da. Im Stillen hoffte ich, Anran hätte seine Idee aufgegeben und die Entscheidung zurückgezogen. Dann würde er in sein gewohntes Leben zurückkehren. Wir würden weiter unsere getrennten Wege gehen. Es ist vielleicht doch ganz gut, den Traum der Kindheit an einem einsamen, stillen, reinen Ort im tiefsten Herzen wegzuschließen.

Anran wäre der 101. von 33 733 Pekinger Abiturienten des Jahrgangs 1975 gewesen, der sich freiwillig zum Arbeitseinsatz nach Yan'an gemeldet hätte, und vielleicht der einzige, der diesen Entschluss aus Liebe und nicht aus Überzeugung fasste.

25. KAPITEL

»Die Flügel des Nestlings sind stark geworden,
so muss er wegfliegen«

Kurz nach dem Frühlingsfest 1976 lernte ich die anderen Mitglieder meiner zukünftigen neuen »Familie« kennen. Das
»Büro für Zuweisung der Jugendlichen mit Schulbildung« unseres Bezirks organisierte ein Vorbereitungsseminar für uns Freiwillige, die zum Arbeitseinsatz nach Yan'an gehen würden. Auf
diesem Seminar sollten wir die Anweisungen des Vorsitzenden
Mao und etliche Zeitungsartikel bezüglich der Bewegung »Jugendliche mit Schulbildung sollen aufs Land gehen« sowie andere aktuelle Dokumente des Zentralkomitees studieren und
über die weitreichende Bedeutung dieser Bewegung diskutieren – eine Unternehmung, die wir schon hundertmal durchgeführt hatten und die uns ziemlich langweilte. Das einzig Interessante und Spannende an diesem Seminar war, dass wir uns
gegenseitig kennenlernten.

Unter allen Mittelschulabsolventen unseres Bezirks hatten
sich insgesamt acht Leute für Yan'an entschieden, fünf Jungen
und drei Mädchen aus drei Schulen. Auf den bisherigen, selbst-
initiierten Treffen hatte ich viele Gleichgesinnte aus anderen Bezirken kennengelernt. Aber diese sechs jungen Leute hatte ich
noch nie gesehen. Drei Jungen, Yang, Zhen und Tong, kamen
aus derselben Schule, ihre Eltern waren alle Diplomaten, weil
sich das Wohnheim des Außenministeriums in der Nähe dieser
Schule befand. Das dritte Mädchen außer Hong und mir war
auch aus dieser Schule. Es hieß Feng und stammte wie Hong aus
einer Arbeiterfamilie. Die anderen beiden Jungen, Huai und
Jiayu, kamen aus einer benachbarten Schule unweit meiner eigenen. Im Gegensatz zu Hong und mir hatten sie alle unabhängig

voneinander ihre Entscheidung getroffen. Sie hatten sich vorher nicht einmal gut gekannt. Aufgrund des gleichen Ziels und der gleichen Überzeugung kamen wir zusammen und würden eine Gemeinschaft bilden und zusammenleben.

Jiayu stach durch seine besondere Ausstrahlung und seinen Charme unter den anderen Jungen hervor. Er hatte ein sehr jugendliches und hübsches Gesicht mit großen Augen und klaren Konturen und sprühte vor Lebendigkeit und Humor. Ich spürte vom ersten Tag an die unerklärliche Anziehungskraft seiner Aura und betrat den Seminarraum jedes Mal mit einer stillen Freude.

Anders als bei früheren Treffen, bei denen wir über Ziele, Motivation und Überzeugung diskutiert hatten, ging es jetzt um praktische Fragen. Es ging um das Klima und die Lebensgewohnheiten dort, um Schuhe, Kleidung, Koffergröße und andere Dinge, auf die wir uns noch vorbereiten sollten.

Nachdem wir die letzten Abschlussklausuren geschrieben hatten, fingen Hong und ich an, uns selbst Grundwissen der Traditionellen Chinesischen Medizin wie Akupunktur und landwirtschaftliche Basiskenntnisse anzueignen. Großmutter nähte mir eine neue Bettdecke. Mutter besorgte mir die wärmste Winterkleidung von der Armee, die man nur bekommen konnte: eine wattierte Jacke, einen Lammfellmantel und ein Paar Lammfellstiefel. Da Hong nicht genügend warme Kleider hatte, schenkte Mutter ihr ein Paar Militärwinterstiefel, eine wattierte Militärmütze und eine Bettdecke. Ihre Eltern hatten inzwischen angesichts Hongs unerschütterlicher Entschlossenheit nachgegeben und zu mir gesagt: »Ab jetzt überlassen wir dir unsere Tochter.«

Alle Vorbereitungen für die Reise waren abgeschlossen. Mein großer Holzkoffer, den ich mehrere Tage lang gepackt hatte, war endlich zugeschlossen und vom »Büro für Zuweisung der Jugendlichen mit Schulbildung« mit einem Lastwagen abgeholt worden. Die Abfahrt nach Yan'an stand nun unmittelbar bevor.

Am Abend vor der Abreise kam Chunyi mich ein letztes Mal

besuchen. Er schenkte mir zwei Fotos. Das eine zeigte Premierminister Zhou Enlai und den ehemaligen Außenminister Chen Yi[49] mit ihren Gattinnen in einem Pavillon sitzend, sie lachten alle herzlich in die Kamera. Das sei sein Lieblingsfoto, sagte er mit einem etwas melancholischen Lächeln. Auf dem anderen war Chunyi selbst zu sehen. Er stand mit nacktem Oberkörper auf dem unvollendeten Damm seines Dorfs. Auf der Rückseite stand geschrieben: »Freundin Cui gewidmet, für ein gemeinsames Ziel! Chunyi«.

Beim Abschied vor dem Tor unseres Hofs drückte Chunyi mir ganz fest die Hände und sagte, morgen werde er nicht zum Bahnhof kommen und nehme deshalb jetzt Abschied von mir, ich solle gut auf mich aufpassen und ihm schreiben, wenn ich etwas brauchte, er stehe zum »Etappendienst hinter der Front«, und stieß dabei einen verlegenen Lacher aus. Ich versprach ihm, Briefe zu schreiben. Dann wandte er sich ab und ging in die Dunkelheit hinein. Seine Schritte schienen ein wenig zögernd, ein wenig schwankend, ein wenig unsicher … Als er schon ziemlich weit gegangen war, drehte er sich noch einmal um und winkte mir kurz zu. Ich winkte zurück, war mir aber nicht sicher, ob er mich gesehen hatte, denn er drehte sich wieder schnell zurück und ging in großen Schritten fort.

Am Tag meiner Abreise begleiteten mich Mutter und Schwester zum Bahnhof. Shitou war für ein Jahr nach Miyun zurückgeschickt worden, weil er in der Schule große Schwierigkeiten hatte. Zwei Wochen zuvor war ich nach Miyun gefahren und hatte mich von Tante, Shitou und Nannan verabschiedet.

Bevor ich aus der Tür ging, nahm ich Abschied von Großmutter. Ich sagte laut – Großmutter hörte inzwischen nicht mehr so gut: »Großmutter, ich gehe!«

---

49 Chen Yi (1901–1972), einer der zehn großen Generäle, von 1949 bis 1958 der erste Bürgermeister von Shanghai, von 1958 bis 1972 Außenminister Chinas. Er fiel in der Kulturrevolution in Ungnade.

Das war das erste Mal seit achtzehn Jahren, dass ich Großmutter verließ. Tränen standen ihr in den Augen. Mit zitternder Stimme sagte sie: »Die Flügel des Nestlings sind stark geworden, so muss er wegfliegen.«

Die Augen taten mir furchtbar weh, ich merkte, dass Tränen in mir aufstiegen, aber ich unterdrückte sie und trat mit entschiedenen Schritten aus der Tür. Großmutter folgte mir mit ihrem Krückstock bis zum Tor. Ich drehte mich immer wieder um und rief ihr zu: »Geh bitte zurück, Großmutter!« Aber Großmutter ging nicht zurück. Sie sagte auch nichts mehr. Sie stand auf einer kleinen Anhöhe vor dem Tor, stützte sich mit beiden Händen auf den Krückstock, machte ihren krummen Rücken möglichst gerade und sah mir lange, lange nach. Der strahlende morgendliche Sonnenschein umhüllte ihren fast ganz grau gewordenen Kopf und ihren Körper. Von Weitem sah Großmutter wie eine Skulptur aus, wie ein Denkmal, ja, ein Denkmal meiner Kindheit.

Auf dem Bahnsteig des Pekinger Hauptbahnhofs herrschte Chaos pur. Die Freiwilligen, die nach Yan'an und Shanxi gingen, nahmen denselben Zug, weil sie alle in die gleiche Richtung fuhren. Es waren circa hundertvierzig junge Leute, hinzu kamen die Familien, die sich von ihnen verabschieden wollten. Das »Büro für Zuweisung der Jugendlichen mit Schulbildung« hatte Hunderte von Grundschülern hierher beordert, um uns feierlich zu verabschieden. Diese Kinder schwenkten bunte Fähnchen und Papierblumen, tanzten, sangen oder riefen im Chor »Auf Wiedersehen!«, während gleichzeitig Trommel- und Gongschläge zum Himmel dröhnten und aus den Lautsprechern ununterbrochen das Lied *Bei der Seefahrt verlässt man sich auf den Steuermann, bei der Revolution auf die Mao-Zedong-Ideen* ertönte. Das machte es den Abreisenden und ihren Familien schwer, voneinander Abschied zu nehmen. Man schrie einander »Lebewohl« zu, Eltern nahmen ihre Kinder noch einmal fest in die Arme, junge Leute wischten sich tapfer Tränen aus den Augen. Viele

Eltern konnten ihre Kinder nicht finden und riefen verzweifelt nach ihnen.

Mutter schrie mir ins Ohr, ich solle zuerst das Gepäck ins Abteil bringen und meinen Platz finden, dann noch mal rauskommen, um mich von ihr zu verabschieden. Ich folgte ihrem Vorschlag. Im Zug herrschte ebenfalls Chaos. Ich konnte weder meinen Platz finden, noch gelang es mir, wieder aus dem Zug auszusteigen. Mit großer Mühe drängte ich mich bis zu einem offenen Fenster und lehnte mich hinaus, sah nur ein Menschenmeer, aber nicht Mutter und Schwester. Auf einmal entdeckte ich Hong neben einer Säule, die sich weinend von ihrer Familie verabschiedete. Ich rief ihren Namen und winkte ihr zu, zwecklos. Meine Stimme ging in diesem Lärm völlig unter. Ich bereute, mich nicht vorhin von Mutter und Schwester verabschiedet zu haben. In diesem Augenblick spürte ich einen kräftigen Klaps auf der Schulter. Ich drehte mich um und traute meinen Augen nicht: Bing stand vor mir, mit meiner kleinen Schwester auf den Schultern. Bing war ein Schulkamerad aus der Grundschule und einer der lausbübischen Nachbarjungen aus der Alte-Türvorhang-Gasse, die mich auf dem Schulweg schikaniert und mir oft Angst eingejagt hatten. Ich hatte ihn seit dem Abschluss der Grundschule nicht mehr gesehen. Jetzt war er ein groß gewachsener junger Mann mit einem athletischen Körper und markanten Gesicht geworden.

Ich schrie vor Überraschung: »Bing! Was machst du denn hier?«

Bing sagte, er habe Anran hierher begleitet und meine Mutter und Schwester auf dem Bahnsteig getroffen. »Anran? Wo ist Anran?«, fragte ich verwirrt und spürte eine starke Rührung im Herzen, die zu deuten ich in diesem Augenblick nicht imstande war. Er habe ihn aus den Augen verloren, als sie den Bahnsteig betreten hätten, erwiderte Bing und fluchte auf das »Büro für Zuweisung der Jugendlichen mit Schulbildung«. Ich erinnerte mich, Anran und Bing waren in der Grundschule gute Freunde gewesen. Hätten sie etwa heute noch Kontakt? Natürlich, sie hätten dieselbe Mittelschule besucht, sagte Bing. Er solle bitte meine Schwester herunterlassen, sie sei doch zu schwer für ihn, sie sei bereits bis zum zweiten Knopf meiner Jacke gewachsen, sagte ich und reichte Qun meine Hand. Wenn er sie herunterlasse, würde man sie doch nicht mehr wiederfinden, sagte Bing. So stellte ich mich auf die Zehenspitzen und gab meiner kleinen Schwester einen Kuss auf die Wange. Ich mahnte Bing, schnell auszusteigen, wenn er nicht mit nach Yan'an fahren wolle, und sagte Qun, sie möchte Mutter sagen, dass ich sofort schreiben würde, sobald ich angekommen sei. Mutter und Großmutter müssten sich keine Sorgen um mich machen. Sie nickte stumm und schien durch dieses Chaos ziemlich verstört zu sein. Bing sagte, ich brauchte mir in Yan'an keine Sorgen zu machen, alle schweren körperlichen Arbeiten meiner Familie werde er in Zukunft übernehmen, er gehöre nämlich zu denjenigen Absolventen, die der neuen Regelung zufolge nicht aufs Land gehen müssen, er werde in Peking bleiben und eine Ausbildung in einer Fabrik machen, er werde sozusagen ein »Großbruder«[50] für uns. Bing lachte laut auf und zeigte seine glänzenden, schneeweißen Zähne.

Aus den Lautsprechern ertönte jetzt eine weibliche Stimme, die die Familienangehörigen aufforderte, den Zug zu verlassen und vom Bahnsteig zurückzutreten; der Zug werde in wenigen Minuten abfahren. Bing sagte, er könne jetzt nur noch durch das Fenster aussteigen, und reichte Qun durch das Fenster einem fremden Mann auf dem Bahnsteig. Meine kleine Schwester fing an zu weinen und rief nach mir. Im letzten Moment kletterte Bing aus dem Fenster und setzte Qun wieder auf seine Schultern.

Begleitet vom Lied *Bei der Seefahrt verlässt man sich auf den Steuermann, bei der Revolution auf die Mao-Zedong-Ideen,* setzte sich der Zug in Bewegung. Einige Kameraden und ich, die wir

---

50 Arbeiter wurden zu jener Zeit als »Großbruder« bezeichnet.

dicht am Fenster standen, lehnten uns hinaus und winkten wie wild den Menschen auf dem Bahnsteig zu. Bing und meine Schwester blieben zurück, das Menschenmeer auf dem Bahnsteig verschwamm. Ich konnte meine kleine Schwester nicht mehr sehen und ihre Rufe nicht mehr hören. Mutter war nicht wieder aufgetaucht.

»Auf Wiedersehen, Peking!«

Die Lokomotive gab einen lauten Pfiff von sich, der in den noch recht kühlen Frühlingshimmel des Jahres 1976 emporstieg. Der dunkelgrüne Zug ließ den Pekinger Hauptbahnhof hinter sich und fuhr Richtung Südwesten. In diesem Zug befanden sich hundertvierzig heißblütige junge Menschen, die diese Reise antraten, um ihre revolutionäre Mission zu erfüllen. Voller Enthusiasmus blickten sie in die Zukunft. Sie waren bereit, ihre Jugend, ihr ganzes Leben einem hohen Ideal zu widmen. Sie waren stolz, mutig, furchtlos. Sie berührten die Herzen unzähliger Menschen. Sie waren die Repräsentanten ihrer Generation ...

Buch zwei

Das Sterben des Phönix

1. Kapitel

Wie wir im Kleinen Tal ankamen und das Leben lernten,
und warum wir »den Schwanz des Kapitalismus« doch nicht
abschnitten

Als wir die Pagode erblickten, brach ein riesiger Freudenschrei im Bus aus, der das Dach des Busses zu sprengen drohte. Wir schrien, jubelten, sprangen hoch, fielen uns gegenseitig in die Arme, weinten und lachten. Einige fingen an, die *Internationale* zu singen. Einer trug spontan einen Gedichtvers laut vor: »Ah, Yan'an, liebe Mutter, wir sind endlich in deinem Schoß angekommen ...« Diese »Schatzpagode von Yan'an« war das Wahrzeichen des heiligen Ortes der Revolution. Unzählige junge Menschen aus ganz China hatten sich einst hierherbegeben, um sich der Revolution anzuschließen. In diesem Augenblick war unser Traum wahr geworden: Wir traten in die Fußstapfen unserer revolutionären Vorfahren und würden ab jetzt eine große Sache beginnen, der wir unsere Jugend zu widmen bereit waren.

Im Zentrum der Stadt waren Tausende von Menschen versammelt, die uns willkommen hießen. Sie standen an beiden Straßenseiten, schwenkten Fahnen und rote Bände, tanzten den hier sehr populären Volkstanz Yangge, klatschten in die Hände und riefen »Herzlich willkommen«, wie sie vor vierzig Jahren die Soldaten der Roten Armee, die nach dem Langen Marsch in Yan'an angekommen waren, willkommen geheißen hatten. Das rührte uns immer wieder zu Tränen.

Nach der Willkommenszeremonie wurden wir im Gästehaus – dem einzigen mehrstöckigen Haus in Yan'an – untergebracht. Viele der sogenannten alten und neuen Jugendlichen aus Peking waren auch gekommen, um uns zu begrüßen. Die »Alten« waren die ersten Schüler, die zu Beginn der Bewegung

»Jugendliche mit Schulbildung sollen aufs Land gehen« 1969 hierhergeschickt worden waren. Die »Neuen« waren diejenigen Mittelschulabsolventen, die 1974 und 1975 freiwillig zum Arbeitseinsatz nach Yan'an in die umliegenden Dörfer und Kreise gekommen waren. So lernten wir am Abend auch die Gruppe aus dem Dorf Yujiagou der Volkskommune Hezhuangping kennen. Es stellte sich heraus, dass es sich um die Gruppe handelte, der Chunyi angehört hatte. Als ich ihnen erzählte, dass ich Chunyi kannte, wurden wir innerhalb von wenigen Minuten »alte Freunde« und unterhielten uns bis tief in die Nacht hinein.

Auch Beiyan lernten wir kennen. Sie kam aus dem Dorf »Kleines Tal«, das zur selben der Stadt Yan'an benachbarten Volkskommune Hezhuangping gehörte wie das Dorf Yujiagou. Sie war eine der insgesamt 26 993 sechzehn- bis achtzehnjährigen Schüler, die im Januar 1969 als die ersten Pekinger Jugendlichen in Yan'an angekommen waren. Die zwölf anderen Kameraden, die einst mit ihr zusammen im Kleinen Tal gelebt hatten, waren inzwischen entweder von den Bauern zum Studieren ausgewählt worden[51] oder, einer Anwerbung folgend, in die Bezirkshauptstadt Yan'an oder in die Provinzhauptstadt Xi'an gegangen oder sogar, wenn sie Glück hatten, nach Peking zurückgekehrt. Sie war jetzt die einzige Pekinger Jugendliche in ihrem Dorf. Beiyan war groß gewachsen, hatte schmale Augen und trug kurze bis zum Ohrläppchen reichende Haare. Auf ihrem rotbackigen Gesicht hatten diese sieben Jahre deutliche Spuren hinterlassen. Vom Aussehen war sie kaum mehr von den Bäuerinnen zu unterscheiden. Im Vergleich zu den anderen »Alten«, die uns Neuankömmlingen viel zu erzählen hatten, war sie eher zurückhaltend und bedächtig. Sie sei gekommen, um die neuen Kameraden

---

[51] In der Kulturrevolution wurden Studienwillige ausschließlich unter Arbeitern, Bauern und Soldaten von ihren jeweiligen Einheiten (d. h. Fabriken, Dörfern und Armeeeinheiten) empfohlen.

in Empfang zu nehmen, erzählte sie uns, und sie habe gehört, dass acht Leute ins Kleine Tal kommen sollten.

Am nächsten Morgen wurde die Zuteilung der Gruppen bekannt gegeben. Unsere Gruppe wurde Beiyans Dorf, dem circa dreizehn Kilometer nördlich von der Stadt Yan'an entfernten »Kleinen Tal« der Volkskommune Hezhuangping, zugeteilt. Anran und seine Gruppe kamen ins Dorf Dazhuanghe des Kreises Ganquan, das ungefähr 32 Kilometer südwestlich von Yan'an lag.

Nach dem Abendessen suchte ich Anran auf, um mich von ihm zu verabschieden. Morgen früh würden wir getrennte Wege gehen.

Als ich ihm im Zug Peking – Xi'an wieder begegnet war, konnte ich nicht genau sagen, ob ich erfreut oder traurig war. Ich wusste nur, dass sein Anblick mein Herz stark berührte. Anran verhielt sich so, als ob zwischen uns nichts geschehen wäre. Er war freundlich zu mir, vermied es jedoch offensichtlich, allein mit mir zu sein. Er schien gut in seine Gruppe integriert zu sein, nach meiner Beobachtung war er sogar der Mittelpunkt. Er sang, spielte Akkordeon, erzählte Witze, lachte und war bester Laune. Und er sah in der Militäruniform seines Vaters aus olivgrüner Wolle sehr schick aus. Einige Kameradinnen himmelten ihn offenkundig an und wichen nicht von seiner Seite. Auf einmal spürte ich ein tiefes Bedauern, dass ich nicht versucht hatte, Anran für meine Gruppe zu gewinnen. Er war doch so ein großer Schatz: lebendig, geistreich, talentiert und charmant. Er hätte zu uns, zu mir gehören können, wenn ich es gewollt hätte. Jetzt war es zu spät. Unser schon einmal unterbrochener gemeinsamer Weg endete wohl hier endgültig. Er war zwar unter uns. Aber ich konnte ihn nur noch aus der Ferne betrachten. Plötzlich war sein Glanz leuchtender denn je. Die Nähe, die Vertrautheit, die ich durch seine Anwesenheit in meinem kleinen Zimmer erfahren hatte, als er mich vor nicht einmal zwei Monaten jeden Tag besucht und mit meiner Familie zu Abend gegessen hatte, schien eine Ewigkeit zurückzuliegen.

Jetzt musste ich Mut fassen, um mit ihm zu sprechen. Ich wollte eigentlich mit ihm einen Spaziergang machen und ein bisschen reden. Ich wollte ihm erklären, wie dumm es von mir gewesen sei, ihn abzuweisen, und ich wollte ihn um Verzeihung bitten und ihm sagen, dass wir gute Freunde bleiben mögen. Aber Anran ließ sich nicht auf ein Gespräch ein. So blieben wir unter einer Straßenlaterne vor dem Gästehaus stehen. Er sagte lediglich, ich solle gut auf mich aufpassen, und wollte schon zurückgehen. Ich bat ihn, mich zu besuchen, wenn er in die Stadt Yan'an kommen sollte, denn mein Dorf liege ja nicht weit von hier entfernt. Nachdem er ein paar Schritte Richtung Gästehaus gegangen war, kam er noch einmal zurück und drückte mir einen Zettel in die Hand. Dann ging er, ohne noch ein Wort zu sagen oder mich anzusehen.

Unter dem schwachen Licht der Straßenlaterne faltete ich den Zettel auf. Mein Herz flatterte. Meine Hände zitterten. Es war ein dünnes Briefpapier, auf dem einige Zeilen schwungvoller Schriftzeichen standen:

»Cui,
war es Schicksalsfügung oder Zufall, dass sich zwei Freunde aus der Kindheit wieder begegneten? Meine Freude war grenzenlos. Erstaunt stand ich auf einmal vor einer ›Heldin des Frauenreichs‹. Unwiderstehlich zogst du mich in deinen Bann. Du brachtest eine Saite in meinem Herzen zum Klingen. Seitdem wich ich nicht mehr von deiner Seite und vergaß oft die Zeit des Heimkehrens. Deine Gedankenwelt faszinierte mich, deine hohen Ideale inspirierten mich. Ich wollte dir folgen und mit dir zusammen die gleiche Richtung einschlagen. Aber eines Tages schlug das Wetter um. Ein Gewitter fegte durch meine Welt. Regen und Wind wechselten sich ab mit dem Sonnenschein …

Es ist Zeit, Lebewohl zu sagen. In meinem Herzen tost ein unruhiges Meer. Unter der roten Flagge schütteln sich zwei

Gefährten das letzte Mal die Hände. Hohe Berge und tiefe Flüsse werden sie ab jetzt trennen. Würden sie sich im Traum wieder begegnen? Sonne und Mond gehen auf und unter. Mögen wir ein Herz und eine Seele sein, möge unsere Freundschaft ewig blühen!

Wird eine Lotoswurzel durchgeschnitten, hängen ihre Fasern noch zusammen. Könnte der zerbrochene Spiegel eines Tages wieder gekittet werden???!!!

Anran,
am 2. April 1976«

Auf einmal stiegen Tränen in mir hoch. Ich las den Brief immer wieder und immer wieder ... Eine unsägliche Freude und Wehmut übermannten mich zugleich. Er wollte mit mir »ein Herz und eine Seele« sein! War das etwa eine Liebeserklärung? Ein warmes, schönes Gefühl durchströmte mich, zugleich aber auch eine Traurigkeit und Ratlosigkeit, die mich daran hinderte, irgendetwas zu unternehmen. Ich stand unter dieser düsteren Straßenlaterne im Yan'an des kalten Aprilanfangs 1976 mit dem dünnen Briefpapier in der Hand einfach da. Ich besaß die Entschlossenheit, einen revolutionären Weg einzuschlagen, war jedoch nicht in der Lage, mit einer Liebeserklärung fertigzuwerden.

Irgendwann faltete ich den Brief wieder zusammen und ging ins Gästehaus zurück. Sorgfältig legte ich ihn in den roten Plastikumschlag meines neuen Tagebuchs. In der Nacht, nachdem alle meine Zimmergenossinnen eingeschlafen waren, schlug ich im Licht der Taschenlampe das Tagebuch auf und schrieb hinein: »Morgen beginnt nicht nur ein neuer Tag, morgen beginnt für uns ein neues Leben – ein ungekanntes, aufregendes Leben, dem wir unsere ganze Kraft und Energie widmen werden. Voller Elan sehen wir diesem Leben entgegen. Nichts darf uns von unserem kämpferischen Ziel ablenken!«

Dieses siebenunddreißig Jahre alte, leicht vergilbte, dünne Blatt Briefpapier mit zwei bunten Schmetterlingen am linken unteren

Rand befindet sich heute noch in meinem Besitz. Es ist der erste Liebesbrief, den ich in meinem Leben erhalten habe; möglicherweise auch der schönste, in dem das Wort »Liebe« nicht geschrieben stand ...

Obwohl es bereits Anfang April war, war der Morgen auf dem Lößplateau im Norden der Provinz Shaanxi noch recht kalt. In der Nacht hatte es geschneit. Die Berge, die uns gestern mit einem zartgrünen Anblick bezaubert hatten, hatten nun ein weißes Gewand angelegt. Auf dem Yan-Fluss hatte sich eine dünne Eisschicht gebildet, unter der der Strom zwischen den Steinen fröhlich dahingluckerte.

Der Lastwagen unserer Volkskommune Hezhuangping, der uns aus Yan'an abholen und ins Dorf bringen sollte, fuhr nach circa vierzig Minuten überraschend von der Straße ab, bog nach rechts und bewegte sich direkt auf das Ufer zu. Der Yan-Fluss war an dieser Stelle ungefähr fünfzig Meter breit. Der Wasserstand war dem Augenschein nach ziemlich niedrig, das Flussbett – bestehend aus Sand und Kieselsteinen – lag zum Teil trocken. Große Steine ragten hie und da aus dem Wasser hervor. Der Fahrer brachte den Wagen vor dem flachen Ufer zum Stehen, sprang herunter und begutachtete die Strömung. Dann sagte er: »Kein Problem! Wir fahren rüber.« Wir waren misstrauisch, sprangen herunter und sagten, wir gingen lieber zu Fuß, damit der Wagen nicht zu schwer sei. Er startete sein Gefährt erneut und fuhr es ins Wasser hinein. Der Wagen rüttelte und schüttelte, der Motor heulte. Unser Gepäck – acht große Holztruhen – und die Riesenstücke der Steinkohle, die wir in der Stadt gekauft hatten, rutschten auf der Ladefläche hin und her, stießen zusammen oder gegen die Planke. An der tiefsten Stelle verschwanden die Räder völlig im Wasser. Ein paarmal blieb der Wagen stehen. Der Fahrer gab Gas, das rechte Hinterrad drehte sich wie ein Wasserrad und spritzte das Wasser meterhoch. Er schien in Sachen Flussüberquerung sehr erfahren zu sein. Denn schließlich erreichte der

Lastwagen tatsächlich das andere Ufer. Und unsere Holztruhen waren trocken geblieben. Wir überquerten den Fluss zu Fuß, indem wir von einem Stein auf den anderen hüpften.

Am anderen Ufer warteten bereits vier Männer mit vier zweirädrigen Eselskarren auf uns. Einer von ihnen rief mit lauter Stimme: »Willkommen! Willkommen! Ihr Peking-Kinder seid zu Hause angekommen!« Beiyan stellte ihn uns als Parteisekretär Cheng vor. Er trug eine ursprünglich schwarze, wattierte und mit Flicken übersäte Jacke und eine abgewetzte Hose, deren Farbe nicht mehr zu erkennen war. Die Jacke hatte keine Knöpfe und wurde von einem Stück Hanfseil um den Bauch gehalten. Sein Gesicht hatte die gleiche Farbe wie die des Berges hinter ihm: dunkelbraun. Gemäß der Tradition des nördlichen Shaanxi trug er ein weißes Handtuch auf dem Kopf, das jedoch grauschwarz geworden war. Unter seiner Anweisung luden wir unser Gepäck und die Kohle auf die Karren um. Dann ging es los ins Tal. Und der Lastwagen pflügte sich auf demselben Weg durch den Fluss wieder zurück.

Das Tal, das zum Dorf Kleines Tal führte, war in der Tat nicht groß. An der breitesten Stelle war die Talsohle höchstens zwanzig Meter breit und wurde als Ackerfläche genutzt. Auf der einen Seite ragten schräge, rot-braune Felsen empor. Davor schlängelte sich ein holpriger Trampelpfad voller Schlaglöcher talaufwärts. Auf der anderen Seite waren karge Berge. Am Anfang war der Anstieg noch recht flach, dann wurde es aber immer schmaler und immer steiler. Auf der Talsohle lagen nun riesige, moosbedeckte Felsen, die wie zufällig übereinandergefallene Meteoriten aussahen. Zwischen ihnen flossen kleine Bäche plätschernd hindurch. Die vier dürren Esel zogen die schwere Last mühsam talaufwärts. Die Männer schwangen ununterbrochen ihre Peitsche und trieben die armen Tiere lauthals an. Wenn es zu steil wurde, halfen wir die Karren schieben.

Nach ungefähr zwei Stunden ließen wir eine letzte Anhöhe und Biegung hinter uns und erreichten einen Damm aus Lehm, der gerade im Entstehen begriffen war. Das Tal weitete sich auf einmal. Unseren Augen bot sich ein Bild, das uns wie eine andere Welt vorkam: In die sonnigen nördlichen Berghänge waren etliche Wohnhöhlen eingelassen und durch kleine Pfade miteinander verbunden, die wie zahlreiche Augen auf uns herabblickten. Hühner, Schweine und Ochsen liefen auf der Talsohle frei herum. Frauen wuschen ihre Wäsche an einem kleinen Bach. Schafe klebten wie weiße Perlen auf dem südlichen Berghang und grasten. Parteisekretär Cheng rief uns frohgelaunt zu: »Da sind wir!« Dann stieß er ein langes, melodisches »O« aus, das im Tal widerhallte. Im Nu kamen Scharen von Frauen und Kindern aus allen Himmelsrichtungen angerannt. Sie lachten, sprachen uns gestikulierend in einem schwer zu verstehenden Dialekt an, nahmen uns an den Händen und führten uns ins Dorf hinein.

Auf der Terrasse eines Berghangs erzeugten vier Dorfjungen mit einem Gong, zwei Becken und einer Tommel großen Lärm. Dazu tanzten einige junge Frauen mit einem um die Hüfte gebundenen roten Seidentuch den berühmten volkstümlichen Tanz Yangge. Feierlich verkündete Parteisekretär Cheng vor der auf der Terrasse versammelten Menschenmenge: »Das sind die Kinder aus Peking. Ab heute gehören sie zum Kleinen Tal. Wir müssen sie gut behandeln!«

Frauen griffen unsere Hände und brachten uns den Yangge-Tanz bei. Jiayu, der Junge aus meiner Nachbarschule mit der besonderen Ausstrahlung, bekam die Trommelschlegel in die Hand gedrückt und durfte sich als Trommler austoben. Das ganze Dorf – Jung und Alt, Mann und Frau – war versammelt, lachte und jubelte. Das Getöse hallte im Tal wider wie eine herrliche Symphonie.

Nach dieser Willkommenszeremonie führte uns Parteisekretär Cheng in eine Wohnhöhle, aus der es herausdampfte. In einem riesigen gusseisernen Topf, der in einen Lehmherd eingepasst war, siedete Wasser. Auf dem Herd stand ein seltsames Gerät aus Holz. Ein geschäftiger Mann legte gerade einen Klumpen braunen

Teig in das Loch des Gerätes hinein und drückte mit voller Kraft einen Hebel herunter. Kurze, runde Nudeln kamen aus dem Loch heraus und fielen ins kochende Wasser. Eine Frau hockte davor und füllte den Herd mit Reisig. Als wir eintraten, stand sie auf und begrüßte uns. Beiyan stellte sie uns als Haolan vor, die Leiterin der Frauenbrigade. Sie war von relativ kleinem Wuchs, schätzungsweise Mitte vierzig, schäbig gekleidet wie alle Dorfbewohner, hatte ein ebenmäßiges Gesicht. Sie lachte, betrachtete uns alle von Kopf bis Fuß. Dann hielt sie meine Hand in ihrer und sprach in ihrem süßen Dialekt: »Oh, ihr Kinder aus Peking seid alle so hellhäutig und hübsch. Wir haben leider kein gutes Essen anzubieten. Kostet unsere Helao aus Buchweizenmehl!« (Die Dorfbewohner nannten uns wirklich »Kinder aus Peking«. Dabei verwendeten sie das Wort »Wa« – eine liebevolle Bezeichnung für Kinder, so wie sie ihre eigenen Kinder riefen.)

Beiyan erklärte uns, die Buchweizen-Helao sei eine Spezialität aus der Gegend, die zu feierlichen Anlässen gegessen werde. Als die Nudeln fertig waren, gab Haolan jedem von uns eine Riesenschüssel, die mindestens dreimal so groß war wie die gewöhnliche Reisschüssel in Peking. Als Soße diente eine rote Flüssigkeit aus Chili, Blumenpfeffer, Salz und Wasser. Sie war so scharf, dass man bereits beim Riechen Tränen bekam und husten musste. Tapfer schüttete ich die Nudelsuppe laut schlürfend und mit tränenden Augen und triefender Nase in mich hinein. Hong und Feng folgten meinem Beispiel.

Nach dem Essen brachte Beiyan uns drei Mädchen in unsere Wohnhöhle, und Parteisekretär Cheng zeigte den Jungen die ihre.

Unsere Wohnhöhle befand sich im hinteren Teil des Tals, fast ganz am Ende des Dorfs. Sie lag an einer Terrasse, von der aus insgesamt drei Höhlen zugänglich waren. Die linke gehörte der Familie Li und die rechte der Familie Xu. In der mittleren wohnte Beiyan seit mehr als sieben Jahren. Beiyan öffnete uns die hölzerne Tür. Die Höhle war ungefähr drei Meter breit und acht

Meter tief. Der aus Steinen und Lehm gemauerte Kang nahm das hintere Drittel der Höhle ein. Rechts vor dem Kang befand sich der Herd mit dem gleichen Riesentopf wie bei Haolans Familie und direkt neben dem Herd die Holztruhe von Beiyan. An der linken Wand standen ein alter Schreibtisch und davor eine Holzbank. Ein paar Werkzeuge lehnten hinter der Tür, daneben standen ein großer Wasserkrug und zwei riesige hölzerne Eimer. Auf der oberen Hälfte der Tür und am Fensterrahmen klebte weißes Reispapier, durch das Licht hereinschimmerte. Unsere drei Holztruhen waren bereits hierher transportiert worden und standen nun in einer Reihe neben dem Schreibtisch. Ab heute würden wir mit Beiyan diese Wohnhöhle teilen. Das war sozusagen unser neues Zuhause.

Es war kalt in der Höhle. Beiyan goss drei Schöpflöffel Wasser in den Topf, holte von draußen ein Bündel getrocknete Sorghumstängel und zündete den Herd an. Wir sollten inzwischen unsere Bettunterlagen und -decken aus den Truhen holen und auf dem Kang ausbreiten. Langsam wurde es warm in der Höhle und auf dem Kang. Wir packten unsere Waschschüsseln aus und wuschen uns. Als wir danach das Wasser wegschütten wollten, sagte Beiyan: »Das Wasser hier ist so wertvoll wie Gold. Hebt es lieber fürs Wäschewaschen auf!«

Nachdem wir mit dem Auspacken und Aufräumen fertig waren, gingen wir ins vordere Tal, um uns die Wohnhöhle der Jungen anzusehen.

Auf der Terrasse, die offensichtlich die größte im Tal war und als Dorfplatz diente, befand sich eine ganze Reihe von Höhlen: die Wohnhöhle unserer Jungs, unsere Küche, das Büro der Produktionsbrigade, der Speicher, die Mühle und die Dorfschule. Sie waren nicht wie die meisten Höhlen einfach in den Berghang eingegraben, sondern auch mit Steinen ausgemauert und zum Teil mit Kalk gestrichen und sahen relativ neu aus. Die Wohnhöhle am östlichen Ende der Terrasse, lediglich mit einem Kang und einem Herd eingerichtet, war der Schlafraum unserer Jungs.

Die Wohnhöhle nebenan war unsere gemeinsame Küche, ausgestattet mit einem Lehmherd und einem großen Wasserkrug. Darin waren die Kohlenstücke inzwischen ordentlich gestapelt worden und konnten als Sitzgelegenheiten benutzt werden.

Zu Abend aßen wir bei einer anderen Familie. Es gab Huotang, eine Art Nudelsuppe mit Chinakohl.

Als wir wieder ins Freie traten, war es stockdunkel geworden. Der in den Berghang gehauene Pfad, der sich durch das ganze Dorf schlängelte und die Wohnhöhlen miteinander verband, war nur schulterbreit. Rechts davon ging es zehn bis zwanzig Meter in die Tiefe. Nur mit Beiyans Hilfe konnten wir uns am steilen Hang entlangtastend vorwärtsbewegen. Man musste sehr aufpassen, um nicht hinunterzustürzen.

Nachdem wir den Dorfplatz passiert hatten, entdeckten wir in der Ferne einen roten Punkt, der mal heller, mal dunkler glomm. Erst als wir uns ihm näherten, sahen wir, dass es Parteisekretär Cheng war, der am Rand einer kleinen Terrasse hockte und seine Pfeife rauchte. Als er uns sah, stand er auf und lud uns zu sich nach Hause ein. Beiyan wollte zurück und entschuldigte sich. Bewegt von unserem Elan, sofort alles über das Kleine Tal zu erfahren, folgten wir drei Mädchen ihm in seine Wohnhöhle.

Das war eine alte Höhle ohne Fenster. Eine nackte Glühbirne hing von der dunklen Decke herab. »Meine Zwillinge«, zeigte Cheng auf zwei auf dem Kang tobende, halb nackte Knaben mit Rotznasen. Die ungestrichenen Wände waren total verrußt. Außer einem kleinen Tisch und einer zerfetzten, schmutzigen Bettdecke auf dem Kang sowie zwei Krügen besaß die Familie nichts. Seine Frau sah noch relativ jung aus. Ihre Kleidung war noch schäbiger und schmutziger als die von Haolan. Ihr Haar war verfilzt. Sie lächelte verlegen, hob den Topfdeckel hoch und bot uns die übrig gebliebene Suppe an. Wir mussten dreimal beteuern, dass wir gegessen hatten. Erst dann deckte sie den Topf wieder zu. Wir nahmen auf dem Kang Platz.

Cheng setzte sich auf die Herdkante, klopfte an seiner Sohle die Asche aus der Pfeife heraus, nahm eine Prise neuen Tabak aus seiner Jackentasche, drückte sie in den Pfeifenkopf. Dann holte er ein sichelförmiges, an seinem Gürtel hängendes Metallstück hervor und schlug mit einem Stein mehrmals dagegen, bis ein Funke eine Schnur, die er in der linken Hand bereithielt, entzündete. Die brennende Schnur drückte er auf den Pfeifenkopf, während er kräftig an der Pfeife saugte. Im Nu stieg der Rauch wieder aus seinem Mund, und der Tabak im Pfeifenkopf blinkte wie ein Lichtsignal in einer dunklen Nacht. Wir drei Mädchen waren starr vor Erstaunen. Cheng bemerkte unsere groß aufgerissenen Augen und Münder, sagte lächelnd: »Ihr Kinder aus Peking habt so etwas noch nie gesehen, nicht wahr?«, und zeigte auf das Metallstück und den Stein: »Das ist ein Feuerstahl, und das hier ein Feuerstein. Diese Schnur nennt man Zunder. Streichhölzer zu kaufen ist zu teuer für uns …«

Ich wollte eigentlich viele Fragen stellen, die ich bereits in meinem Tagebuch notiert hatte, wie zum Beispiel, wie viele Gutsbesitzer es im Dorf gegeben hatte und wie viele arme Bauern und untere Mittelbauern. Aber in diesem Augenblick, in dieser dunklen, mittelalterlichen Höhle fühlte ich mich plötzlich so bedrückt, dass ich keine Worte fand. Vom harten Leben in Yan'an hatte ich viel gehört. Aber dass die Menschen hier so bitterarm waren, übertraf alle meine Vorstellungen.

Auf unserer viertägigen Reise über Xi'an, Tongchuan, Luochuan und Yan'an waren wir über hundert Jugendliche aus Peking überall mit herzlichen Empfängen begrüßt und als Helden gefeiert worden. Wir hatten bewegende Reden gehalten, Vorträge gehört, fast jeden Abend Filme angesehen, Sehenswürdigkeiten wie die Wildganspagode, den Trommel- und Glockenturm sowie den berühmten Stelenwald von Xi'an besichtigt und einen Ausflug zum über 1 200 Meter hohen, majestätischen Berg Li gemacht. Es hatte so viel Ruhm, Blumen, rote Fahnen, rührende Worte und so viele Erlebnisse und Eindrücke gegeben …

Es war mir vorgekommen, als wären wir Touristen oder Protagonisten in einem aufregenden Film.

In diesem Augenblick, in der Wohnhöhle von Parteisekretär Cheng, stellte ich nüchtern fest, dass das reale neue Leben erst heute begonnen hatte, in diesem kleinen, ruhigen, über 1000 Kilometer von Peking entfernten Dorf mit 53 Familien und 258 Einwohnern. Es war eine völlig fremde Welt für mich!

In dieser Nacht blieb ich lange wach …

Am darauf folgenden Tag gingen wir mit einem zweirädrigen Handkarren über den Talweg diesseits des Yan-Flusses in die Stadt Yan'an einkaufen. Im ersten Jahr bekamen wir pro Kopf unentgeltlich vom Staat monatlich 18,5 Kilo Getreide und circa 150 Gramm Speiseöl sowie etwas Soda für die Teigbearbeitung und Salz. Für jede Gruppe gab es ein Heftchen, in das die Rationen eingetragen wurden. Dazu gab es eine einmalige Unterstützung von 100 Yuan für die Einrichtung der Wohnhöhle. Da die Produktionsbrigade uns zwei Wohnhöhlen zur Verfügung gestellt hatte, konnten wir mit diesem Geld die nötigen Utensilien für den Haushalt kaufen. So besorgten wir uns außer Getreide und Öl noch Schüsseln, Schalen, Essstäbchen, Sojasoße, Salz, Zucker und Chinakohl. Ebenfalls dank dieser staatlichen Unterstützung konnten wir uns auch Kohle leisten. Die Bauern verwendeten Reisig und getrocknete Getreidestängel zum Kochen und Heizen. Kohle war zu teuer für sie.

Am Nachmittag zeigte uns Beiyan, wie man Wasser aus der Quelle holte. Im Dorf gab es zwei Quellen. Eine befand sich im vorderen Teil des Tals. Ein aus Steinen und Lehm gemauertes Häuschen schützte sie vor Staub und Regen. Wenn das Wasser den höchsten Stand erreichte, konnte man mit dem Eimer direkt aus der Quelle Wasser schöpfen. Befand sich wenig Wasser darin, musste man es mit einer Kelle herausschöpfen und portionsweise in den Eimer gießen. Am Ende blieb nur noch eine dicke braune Sandbrühe übrig. Die andere Quelle im hinteren

Teil der Talsohle war eigentlich nur eine kleine Wasserpfütze. Der Inhalt reichte gerade für einen Eimer. Dann musste man eine halbe Stunde warten, bis sich wieder genügend Wasser angesammelt hatte. Beiyan sagte, wir hätten es gut getroffen mit dem Wasser, weil unser Dorf im Tal liege. Die Dörfer auf den Bergen (hier nannte man sie »Yuan«, das bedeutete hohe, flache Ebene) hätten überhaupt kein Wasser. Man müsse mehrere Dutzend Kilometer weit ins Tal laufen, um Wasser aus einem Fluss oder einer Quelle zu holen.

Allein die beiden leeren Eimer, die an den Enden einer Tragestange hingen, lasteten schon so schwer auf meiner Schulter, dass ich kaum gerade stehen konnte. Wenn sie mit Wasser gefüllt waren, bekam ich sie keinen Zentimeter vom Boden. Beiyan sagte, wir sollten es am Anfang mit nur halb vollen Eimern versuchen. Die besondere Schwierigkeit lag darin, dass sich die Quellen unten in der Talsenke befanden und die Wohnhöhlen alle am Berghang. Ich beobachtete, wie die Bauern Wasser trugen. Sie gingen sehr langsam und ließen dabei die Eimer in einem bestimmten, dem Gang angepassten Rhythmus hin und her schwingen, ohne jedoch einen Tropfen Wasser zu verlieren. Ab und zu wechselten sie ihre Last auf die andere Schulter, indem sie die Tragestange zuerst auf den Rücken verlagerten und dann mit einer geschickten Drehung des Körpers auf der anderen Schulter landen ließen. Selbst auf dem schmalsten Pfad konnten sie dieses Kunststück problemlos meistern.

Ich wollte mich nicht geschlagen geben. Unter den Blicken einer Schar kichernder Kinder beugte ich mich unter die Tragestange, hielt den Atem an, stieß ein lautes »A« aus und stand auf einmal mit zwei halb vollen Eimern da. Das Blut hämmerte in beiden Schläfen, die Knochen knackten, das Gedärm drohte zu platzen, Sterne tanzten vor meinen Augen. Ich sagte mir: »Du musst es schaffen!«, und tat den ersten Schritt und dann den zweiten und dann den dritten … Ich bewegte mich schwankend den schmalen, steilen Pfad aufwärts in Richtung unserer Wohnhöhle und hatte keine Möglichkeit für einen Rückzug mehr: Weder konnte ich die Eimer abstellen, noch konnte ich mich umdrehen und zurückgehen. Entweder schaffte ich es, oder ich würde mit den Eimern den Hang hinunterfallen. Aus reinem Überlebenswillen trug ich das Wasser ans Ziel! Das war mein erster Sieg, obwohl am Ende nicht mehr viel Wasser in den Eimern übrig geblieben war.

Die nächste große Herausforderung war, den Herd anzumachen, um kochen zu können. Bis zum dritten Tag gelang uns das nicht. Sosehr wir auch an dem Blasebalg zogen oder an der Herdöffnung pusteten, es rußte und rauchte. Kein Schimmer von Flammen war zu sehen. Erst nachdem Parteisekretär Cheng einen Bauern geschickt hatte, der Herd und Schornstein reparierte, ging es besser.

Wir acht Neuankömmlinge bildeten mit Beiyan zusammen einen gemeinsamen Haushalt. Den Küchendienst wollten wir abwechselnd machen. Das hieß, jeder musste mit dem Herd umgehen und für neun Leute kochen können. Die meisten von uns hatten bis jetzt noch nie gekocht, und schon gar nicht mit Steinkohle auf einem offenen Herdfeuer. So lernten wir als Erstes den Herd anmachen und mit dem spärlichen Speiseöl und Gemüse und den vorhandenen Getreidesorten umgehen. Hirse, Mais, Sorghum, Buchweizen und Kartoffeln galten hier im nördlichen Shaanxi als Hauptsättigungsnahrung. Da wir ja im ersten Jahr unsere Getreideration vom Staat bezogen, konnten wir etwas Weizenmehl kaufen, das wir mit Maismehl mischten. Das einzige Gemüse, das man in dieser Jahreszeit bekommen konnte, war Chinakohl.

Wer Küchendienst hatte, musste bereits um vier Uhr aufstehen, den Herd anmachen und das Frühstück kochen, weil die Arbeit sehr früh losging. Er musste im Laufe des Tages noch zwei weitere Mahlzeiten zubereiten, Wasser für die Küche holen, Schweine füttern, Kohle klein spalten, Brennholz sammeln, sich um das uns zugeteilte Gemüsebeet kümmern und später auch Getreide mahlen und aus Leinsamen Öl gewinnen. Es war zwar weniger anstrengend als die Arbeit auf dem Feld, aber die Verantwortung war groß. Wenn die Kohle zu feucht war und das Feuer nicht brennen wollte oder wenn der Teig nicht aufging, konnte man vor Verzweiflung fast den Verstand verlieren. Es war wahrhaftig eine hohe Kunst, den Teig nicht zu weich und nicht zu hart und das Feuer nicht zu stark und nicht zu schwach zu machen, damit die Mantou gar und gerade richtig locker wurden. Es gab nichts Schlimmeres auf der Welt, als neun harte, dunkle, kleine Klümpchen im Dampfkorb vorzufinden, wenn man den Deckel aufmachte. Als ich die ersten beiden Male Küchendienst hatte, waren meine Mantou zunächst zu klein und hart und dann nicht gar. Keiner machte mir einen Vorwurf. Trotzdem weinte ich bitterlich. Erst am dritten Tag gelang es mir endlich, neun schöne Mantou aus dem Mischteig von Weizen und Mais hervorzuzaubern.

Zum Frühstück gab es meistens Hirsebrei und Mantou. Wenn das Mittagessen zu Hause eingenommen wurde, gab es Hirse oder Rispenhirse, dazu Chinakohl oder eingelegtes Salzgemüse. Sollte es aufs Feld gebracht werden, machte ich Huotang – Nudelsuppe aus einem dunklen Teig. Am Abend aßen wir meistens wieder Nudelsuppe. Außerdem hatte ich von den Bäuerinnen gelernt, geraspelte Kartoffeln zu machen. Man raspelte Kartoffeln, mischte zwei Handvoll Mais- oder Buchweizenmehl dazu, salzte ein wenig und ließ das ganze Gemisch im Korb dämpfen. Danach schnitt man es in Stücke. Das schmeckte gar nicht schlecht.

Damit wir uns langsam an die körperliche Arbeit gewöhnen konnten, führte uns Parteisekretär Cheng am dritten Tag zum Dammbau. Er meinte, das sei eine leichte Arbeit im Vergleich zur Feldarbeit in den Bergen.

Es war eine neuartige Maßnahme in den Bergdörfern rings um Yan'an, im Tal einen Damm zu bauen, um Ackerland zu gewinnen. In dieser Region herrschte schon immer starke Erosion. Mit dem Regen und Hochwasser wurde Erde vom Berg heruntergespült und lief im Bach das Tal entlang. Der Schwemmsand sollte vom Damm aufgefangen und das Wasser durch eine Grube neben dem Damm talabwärts geleitet werden. Nach ein paar Jahren würde ein neues, fruchtbares Feld entstehen. Davon hatte ich bereits von Chunyi gehört. Cheng erzählte uns, dass dieser Versuch in manchen Dörfern bereits gelungen sei. Der Damm, den wir bauten, sei der erste im Kleinen Tal.

Unsere Arbeit bestand darin, die Erde vom Berg abzutragen und in die Mitte des Tals zu transportieren und dann mit einem Stampfer aus Holz festzustampfen. Im Moment arbeiteten nur wir acht »Kinder aus Peking« und Parteisekretär Cheng dort. Die Bauern waren alle bei der Frühlingsaussaat in den Bergen. Als Werkzeuge dienten Spaten, Hacken und Karren. Am ersten Tag kam mir bereits die alte Parabel *Yu Gong versetzt Berge* in den Sinn. Yu Gong wollte zwei große Berge vor seiner Haustür mit bloßen Händen abtragen. Seine Entschlossenheit rührte den Himmelskaiser so sehr, dass er zwei seiner Götter auf die Erde schickte, die beide Berge auf dem Rücken davontrugen. Wir konnten nicht auf Götter hoffen und mussten uns im wahrsten Sinne des Wortes auf unsere eigene Kraft stützen.

Alle packten mit großem Elan an. Die schwerste Arbeit war, die Erde am Berg mit der Hacke loszuschlagen. Manche Stellen waren sehr hart, und manche bestanden aus Lehm. Wenn man mit voller Kraft darauf einschlug, taten die Arme so weh, als würden sie vom Rumpf abgerissen. Es fielen jedoch nur ein paar Krümel herunter, oder die Hacke blieb im Lehm stecken. Cheng zeigte uns, wie man geschickt den Rand eines Lehmstücks bearbeitete und dann mit einem Hebel das ganze Stück auf einmal herunterbrechen konnte. Jedes Mal, wenn wir ein solches Stück »abgebissen« hatten, brach ein großer Jubel aus.

Die zweitschwerste Arbeit war, die zweirädrige Schubkarre auf der noch sehr weichen Oberfläche des Dammes entlangzuschieben. Alle rissen sich um diese beiden Arbeiten. Wir Mädchen sollten nur schaufeln. Aber ich wollte unbedingt auch Karren schieben. Keiner konnte mich zurückhalten. Die anderen Kameraden hörten auf zu schaufeln, wenn meine Karre halb voll war. Nur Jiayu schaufelte weiter, bis es nicht mehr ging. Ich wusste, er wollte mich auf seine Art zur Aufgabe zwingen. Ich meinerseits dachte nicht daran aufzugeben. Tapfer nahm ich die Herausforderung an, biss die Zähne zusammen, drückte mit dem Bauch gegen die Stange, streckte die Beine so aus wie ein sich reckendes Kaninchen. Schritt für Schritt bewegte ich die Karre vorwärts, deren Räder sich tief in die Erde eingruben. Oft blieb die Karre stecken. Dann eilte meistens Parteisekretär Cheng herüber und half mir aus der Misere. Einmal rutschte ich samt der Karre den Hang hinunter. Zwei Leute mussten kommen, um mich und die Karre wieder hochzuziehen. Aber mit der Zeit wurde ich geschickter. Erreichte ich die Abladestelle, ließ ich die Karre mit einem Schwung los, sodass sie von selbst nach vorn kippte. Dann trat ich mit einem Fuß von hinten gegen die Ladefläche, und der ganze Inhalt wurde sauber entladen.

Nach drei Tagen hatten wir uns schon alle kleine Verletzungen zugezogen. Die Blasen an den Händen waren aufgegangen und entzündet. Es brannte und tat höllisch weh, wenn wir nur irgendeinen Werkzeugstiel berührten. Die Gelenke waren geschwollen und schmerzten. Zhen hatte sich den Fuß verstaucht. Abends waren wir so müde und abgekämpft, dass wir nichts mehr lesen konnten. Eigentlich hatten wir uns vorgenommen, jeden Abend die Werke von Mao Zedong und Karl Marx zu studieren. Nach dem Essen fielen wir jedoch auf den Kang und waren wie erschlagen.

Nach circa zwei Wochen durften wir zum ersten Mal aufs Feld. Die Frühlingsaussaat drängte. Alle Arbeitskräfte mussten dafür eingesetzt werden. In der Morgendämmerung brachen wir zusammen mit den männlichen Arbeitskräften auf. Nach einem halbstündigen Eilmarsch erreichten wir einen Berghang, an dem Flachs ausgesät werden sollte. Wir, ungefähr dreißig Leute, standen in einer Reihe und fingen von unten an, mit der Breithacke die sehr trockene Erde aufzuhacken. Diese Arbeit nannte man hier »Taodi«, wortwörtlich: »in die Erde graben oder hacken«. Diese Menschenschlange, eingehüllt in eine Staubwolke, bewegte sich schräg den Berg aufwärts, zuerst in eine Richtung bis zum Rand, dann zurück in die andere Richtung, und zwar in einem ziemlich schnellen Tempo. Man wurde von den anderen gehetzt und durfte nicht langsamer werden, um keine Lücke entstehen zu lassen. Die Personen an beiden Enden waren wichtig. Sie bestimmten die Richtung und das Tempo. Der Berg war so steil, dass man manchmal das Knie gegen den Boden drücken musste, um das Gleichgewicht nicht zu verlieren. So ging das stundenlang. Ab und zu stießen Parteisekretär Cheng oder Brigadeleiter Gao das uns inzwischen vertraute, lautstarke und melodische »O« aus, um die Leute anzutreiben.

Ich geriet bereits nach ein paar Minuten außer Atem. Der Staub verstopfte die Lunge. Das Hemd klebte mir am Rücken. Die Schuhe waren voller Erde.

Wenn der Gipfel erreicht wurde, stießen alle Dorfjungen wie auf Knopfdruck aus Leibeskräften das berühmte, wilde »O« aus, das lange im Tal als Echo zurückkam – den Ruf der Freude. Dann gingen wir zu einem anderen Berg, und alles fing von vorne an.

Nach zwei oder drei Stunden, wir wussten es nicht genau, denn keiner von uns trug eine Uhr, ertönte endlich von Weitem das erste Rufen der Frühstücksboten. Das war eine unnachahmbare Melodie, die sich senkte und hob, vibrierte und minutenlang im Tal widerhallte. Dann folgte das zweite, das dritte … Einige Bauern blieben stehen, drehten sich um und hielten nach den Frühstücksboten Ausschau. Parteisekretär Cheng rief noch einmal »O« aus. Das war ein Signal für den Endspurt. Erst als die drei Frühstücksboten den Berg erklommen und ihre Trage-

stangen niedergelegt hatten, gab Brigadeleiter Gao den Befehl:
»Pause!«

Das Frühstück, meistens eine Suppe, wurde von den Frauen
zu Hause zubereitet und in einen kleinen Krug gefüllt. Die Frühstücksboten gingen durchs Dorf und sammelten die Krüge ein,
die sie mit einer Hanfschnur an beiden Enden der hölzernen
Tragestange befestigten.

Dank der staatlichen Getreideration im ersten Jahr konnten
wir uns außer der Suppe ein Fladenbrot aus Maismehl oder
Mais-Weizen-Mehl leisten, welches von den Bauern verstohlen
beäugt wurde und uns ein schlechtes Gewissen machte, wenn
wir mit ihnen zusammen aßen.

Während des Frühstücks versuchte ich, die Saaten zu finden.
Denn ich hatte noch nie Flachssamen gesehen. Außerdem wollte
ich den Sinn unserer Arbeit begreifen. Aber außer dieser staubar-
tigen, unfruchtbaren Erde, auf der wir saßen, konnte ich nichts
finden. Ich stocherte um mich herum und entdeckte plötzlich
unter einem Erdklumpen ein schwarzes, erbsengroßes Kügelchen.
Ich hob es auf und fragte Parteisekretär Cheng, ob es ein Flachssamen sei. Ehe er antwortete, fingen einige junge Bauern an zu
kichern. Am lautesten lachte Jiayu, der neben mir saß. »Wow, was
für ein Flachssamen! Das muss der Urahne aller Saaten sein«,
sagte er spöttisch. Daraufhin brachen die Dorfjungen in ein Gelächter aus. Meine Wangen glühten vor Scham und Wut. Parteisekretär Cheng erklärte mir, was ich gefunden habe, sei Ziegenkot. Die Flachssamen seien sehr klein. Jemand habe sie vorher
aufs Feld gestreut. Durch das Hacken würden sie zugedeckt, und
nach dem ersten Regen würden sie keimen. Wenn wir nachher zu
einem anderen Feld gingen, werde er mir die Saaten zeigen.

Nach dem Frühstück kamen die Frauen. Wir fingen wieder an
zu hacken. Eine Hacke nach der anderen. Immer wieder von
links nach rechts und zurück. Die Zeit schien stehen zu bleiben.
Mein Kopf war vollkommen leer.

Als die Sonne ganz hoch am Himmel stand, gingen die Frauen

zurück, um das Mittagessen zu kochen. Die Männer und wir Pekinger Jugendliche machten eine kurze Pause und arbeiteten dann weiter. Die Zeit bis zum Mittagessen war kaum zu ertragen. Man wurde müde und hungrig. Die Arbeitsmoral sank fast auf den Nullpunkt. Sosehr Parteisekretär Cheng auch versuchte, die Leute anzutreiben, die Schlange bewegte sich nur noch mühsam voran. Die Breithacke in der Hand kam einem jetzt so schwer vor, dass man sie kaum noch heben konnte. Ich hatte das Gefühl, unzählige Augen und Ohren wären auf dem Rücken gewachsen, die sehnsüchtig nach den Mittagessenboten Ausschau hielten und gespannt auf deren Rufen warteten.

Nach dem rettenden Mittagessen legten wir unsere Jacken auf den Boden und schliefen sofort ein, bis die Frauen wiederkamen und uns durch ihr Kichern und Quasseln aufweckten. Dann ging es erneut los, Hacke für Hacke, den ganzen Nachmittag, bis die Sonne hinter den Bergen versunken und der letzte scharlachrote Streifen vom Himmel gewichen war.

Die zweite Arbeit, die ich lernte, war »Zhuafen«, Mist streuen. Sie fiel in die Zeit der Aussaat und war angeblich eine leichte Arbeit für Frauen. Deshalb wurde sie uns drei Mädchen zugeteilt. Wir trugen einen mit Mistdünger und Saaten gefüllten Korb um den Hals, liefen dem vom Ochsen gezogenen Pflug hinterher und streuten mit bloßen Händen das Mist-Saaten-Gemisch in die Furche. Gleichzeitig traten wir die Erde in die Furche und stampften sie mit den Füßen fest. Eine sehr praktische und effektive Methode, fand ich. Die Herausforderung dabei war, den Gestank zu ertragen. Aber der war gar nicht so schlimm, wie man sich das vorstellte. Die Frische der Erde und der Luft duftete genau so intensiv. Man gewöhnte sich schnell daran. Als das Frühstück kam, versuchte ich meine Hände mit der Erde sauber zu machen. Die Bäuerinnen und Bauern griffen jedoch nach ihrem Essen, ohne eine Sekunde zu zögern. »In jeder Kleinigkeit erkennen wir den Unterschied zwischen den Bauern und uns.

Wir müssen bewusst und ständig gegen unsere kleinbürgerliche Ideologie kämpfen und von den Bauern lernen«, trug ich am ersten Abend nach dieser Arbeit in mein Tagebuch ein.

Ich hatte es damals wirklich als beschämend empfunden, dass ich nicht mit meinen mit Mist beschmierten Händen das Mantou gegriffen hatte, und darin die Notwendigkeit gesehen, uns von den Bauern umerziehen zu lassen. So weit ging die Ideologisierung unseres Bewusstseins.

»Jiedi«, das Feld pflügen, war in unseren Augen eine hohe Kunst. Diese Arbeit machten fast ausschließlich die Männer. Mit der rechten Hand hielt man den Pflug fest, mit der linken schwang man die Peitsche und trieb den Ochsen an. Dabei gaben die Bauern merkwürdige Laute von sich: eine Art »Ochsensprache«, auf die die Ochsen brav und artig reagierten. Der Pflug musste eine bestimmte Tiefe erreichen und der Ochse in eine bestimmte Richtung und mit mäßigem Tempo laufen, damit die Furchen gleichmäßig wurden. Selbst auf einem flachen Acker wäre es ungemein schwer zu bewerkstelligen, geschweige denn auf einem steilen Berg. Nachdem ich den ganzen Tag hinter dem Pflug gelaufen war und Mist gestreut hatte, bat ich aus Neugier den jungen Bauern Jiaoqir, mich das Pflügen probieren zu lassen. Er lächelte freundlich und gab mir den Pflug in die Hand. Ich erschrak. Denn ich hatte nicht damit gerechnet, dass der Pflug so schwer war. Mit beiden Händen konnte ich ihn kaum festhalten, und die Spitze des Pfluges berührte nur die Oberfläche der Erde und hinterließ eine geschlängelte Linie. Als der Ochse merkte, dass hinter ihm etwas nicht stimmte, blieb er stehen. Ich rief laut »Tjü, tjü«, wie ich von den Bauern gelernt hatte, und trieb den Ochsen an. Auf einmal lief er los, und zwar bergab und zog den Pflug und mich hinterher. Jiaoqir lachte und eilte mir zu Hilfe. Zum ersten Mal gab ich mich geschlagen. Vor Ochsen hatte ich ohnehin großen Respekt. Mein Ehrgeiz, eine gute Bäuerin zu werden, war dennoch ungebrochen. Das sei ja schließlich eine Männerarbeit, tröstete ich mich.

Tong hatte ein kleines Radio mitgebracht. Als die Dorfbewohner es zum ersten Mal sahen, waren sie verwundert, wieso das Kästchen singen und sprechen konnte. Drei Tage lang standen sie – Alt und Jung, Mann und Frau – nach Feierabend geduldig vor der Wohnhöhle unserer Jungs Schlange, um dieses »Wunderkästchen« anzufassen. Und es erstaunte mich immer wieder, wie rückständig das Leben hier war.

Die *Volkszeitung,* von jeder Produktionsbrigade als Pflichtlektüre abonniert, kam frühestens eine Woche nach dem Erscheinungsdatum. Deshalb war dieses kleine Radio das einzige Medium, das uns mit der Außenwelt verband. Tong nahm es oft in die Küche mit, sodass wir beim Abendessen die Nachrichten hören konnten, genauer gesagt einen Teil der Nachrichten, denn trotz der Antenne war der Empfang miserabel.

Aus diesem Kästchen hörten wir am 7. April, dass sich während des Totenfestes am 5. April ein »konterrevolutionärer Zwischenfall« auf dem Platz des Himmlischen Friedens ereignet haben sollte. Eine Handvoll »schlechter Elemente« sollte sich unter dem Vorwand, des im Januar verstorbenen Premierministers Zhou Enlai zu gedenken, gegen die Parteiführung aufgelehnt haben. Das Zentralkomitee gab zwei Beschlüsse bekannt: Deng Xiaoping wurde zum zweiten Mal aller seiner Ämter enthoben. Sein Nachfolger Hua Guofeng wurde zum ersten stellvertretenden Vorsitzenden der Partei und zum Premierminister ernannt. Das war für uns genauso unbegreiflich wie unvorstellbar. Wir waren so weit von Peking entfernt, dass wir – selbst wenn der Himmel über der Hauptstadt einstürzte – es nicht mitbekommen würden. Wir alle waren von dieser Nachricht sehr bedrückt und hofften brennend auf ausführlichere Nachrichten aus Peking.

Eine Woche später erhielt ich einen Brief von Chunyi, der auf den 5. April datiert war. Darin berichtete er über die von den Massen selbst organisierten Protestaktionen auf dem Platz des Himmlischen Friedens, über das Meer von Blumen und Kränzen, die die Bevölkerung anlässlich des Totenfestes zum Gedenken an Zhou Enlai dorthin gebracht hatte, und über die Reden und Gedichte, in denen die Verdienste des Premierministers gepriesen und einige Personen im Zentralkomitee (die Namen nannte er nicht) entlarvt wurden, die versucht haben sollen, Zhou Enlai zu diffamieren. Ein Gedicht zitierte er mir im Brief:

»Während wir trauern, schreien die Teufel;
Während wir weinen, lachen die Wölfe.
Mit Tränen in den Augen gedenken wir unseres Helden;
Mit Entschlossenheit ziehen wir das Schwert aus
    der Scheide.«

Dem Brief hatte er ein Foto beigefügt, auf dem der mit Kränzen über und über bedeckte Platz des Himmlischen Friedens zu sehen war.

Aufgeregt und voller Fragen ging ich in die Küche. Dort hörte ich, dass einige andere Kameraden auch ähnliche Briefe erhalten hatten, die alle vor dem 7. April abgeschickt worden waren. Wir diskutierten, warfen Fragen in den Raum und versuchten, eine Schlussfolgerung zu ziehen. Aber es gelang uns nicht. Huai war der Meinung, wer gegen den Willen des Volks handle, könne nicht auf der revolutionären Linie sein. Zhen meinte, es herrsche offensichtlich ein harter Machtkampf im Zentralkomitee. Eines stand für uns fest: Wer das Andenken Zhous mit Füßen trat, war ein Konterrevolutionär.[52]

Das politische Leben in Peking und auf der ganzen Welt war

---

52 Damals konnten wir nicht wissen, dass es sich bei dieser spontanen Kundgebung, »5.-Mai-Bewegung« oder »Tian'anmen-Zwischenfall« genannt, mit ihren etwa 100 000 Teilnehmern um die größte Protestaktion seit der Gründung der Volksrepublik handelte. Sie richtete sich direkt gegen die ultralinke Viererbande und unterstützte den liberalen Deng Xiaoping. 1978 wurde diese von der Viererbande niedergeschlagene und verurteilte Bewegung rehabilitiert. Das hier zitierte Gedicht war das berühmteste und repräsentativste auf dieser Kundgebung.

unendlich weit von unserem Leben entfernt. Wir hatten das Gefühl, von der Außenwelt abgekapselt zu sein, und hatten lediglich mit unserem alltäglichen Leben und Überleben zu kämpfen.

In relativ kurzer Zeit hatten wir uns im Kleinen Tal eingelebt. Die Dorfbewohner behandelten uns wie ihre eigenen Kinder. Sie halfen uns, wo sie konnten, beim Kochen, bei der Arbeit auf den Feldern, beim Schweinefüttern und beim Gemüseanbau. Sie brachten uns praktisch das Leben auf dem Lande bei.

Das Einzige, woran ich mich nicht gewöhnen konnte, war der Toilettengang. Es gab im ganzen Dorf eine einzige Toilette – wenn man sie überhaupt als Toilette bezeichnen konnte –, die sich neben der Dorfschule befand. Es handelte sich eigentlich um einige Löcher im Boden, die aber wenigstens ummauert waren. Ansonsten hatte jede Familie ihre »Senkgrube«, die – wie man sich vorstellen konnte – stets mit Kot und Maden übersät war. Hier wurden sowohl die tierischen als auch die menschlichen Exkremente als Dünger benutzt. Diese so gut wie frei liegenden Senkgruben befanden sich in der Nähe – meistens unterhalb – der jeweiligen Wohnhöhle. Die Senkgrube, die wir drei Mädchen benutzten, gehörte der Familie Li. Sie lag etwas tiefer als unsere Terrasse, die mit dem durch das Dorf führenden Pfad verbunden war. Da sie kein Dach hatte, fühlte man sich nie sicher, wenn man gerade sein Geschäft verrichtete. Jederzeit konnte jemand vorbeigehen. Der Klogang war deshalb immer eine kleine Qual.

Unsere Gruppe war wie eine kleine bunte »Gesellschaft«. Wir hatten das gleiche Ziel, aber sehr unterschiedliche Charaktere, die auch ziemlich bald zutage traten.

Beiyan war sehr ruhig und zurückhaltend. Sie hatte im Dorf viele Ämter inne: Elektrikerin, Barfußärztin, Hebamme und Mitglied der Parteizelle der Produktionsbrigade. Früher hatte sie auch die Frauenbrigade geleitet. Beiyan aß zwar mit uns, beteiligte sich aber selten an unseren Sitzungen oder Diskussionen.

Sie war meistens auch nach Feierabend noch viel unterwegs, um irgendetwas zu erledigen oder ihrer Tätigkeit als Barfußärztin nachzugehen.

Jiayu beeindruckte uns durch seine Schlagfertigkeit, seinen Humor und seinen Charme. Sein Vater war ein Kader beim Staatsrat, seine Mutter Redakteurin beim Verlag der Volksliteratur. Wie drei andere Jungen unserer Gruppe, Yang, Tong und Zhen, war auch er mit seiner Mutter in einer 7.-Mai-Kaderschule in der Provinz Henan gewesen. Das kollektive Leben war ihm nicht fremd. Er war sehr geschickt und flink, lernte alles schnell und war deswegen bei den Dorfbewohnern besonders beliebt. Sie pflegten ihn »den schlauen Buben« zu nennen.

Yang, von uns wegen seiner Körpergröße von mindestens zwei Metern »der Himmelsstemmer« genannt, war ein sehr ruhiger Typ, der, statt zu reden, lieber handelte. Er sprach zwar nicht viel, aber wenn er den Mund aufmachte, kam meistens eine perfekte Idee heraus, der alle zustimmten. Wir hatten ihn zu unserem Gruppenleiter gewählt.

Zhen, zwei Jahre älter als wir, war sehr belesen. Er interessierte sich für Geschichte, Philosophie, Buddhismus und Medizin und verfügte über ein hohes Allgemeinwissen. Er pflegte auf eine bescheidene Art aufzulachen, wenn er eine These dargelegt hatte. In seinem Koffer befand sich ein Schädel, den wir alle bereits bestaunen durften. Wir nannten ihn den »Philosophen«.

Tong, der zweitgrößte mit langen, feinen Fingern, war »der exzentrische Wissenschaftler«. In den naturwissenschaftlichen Fächern war er der Schulbeste gewesen. Er würde gern Physiker werden, hatte er uns anvertraut. Wenn wir technische Fragen hatten, wandten wir uns an ihn. Im Gegensatz zu Jiayu war er schweigsam und ernst. Und er tat und sagte nicht das Gleiche wie die anderen, sondern hatte immer eine eigene Meinung. Man konnte meinen, er sei ein großer Individualist. In seinem Koffer ruhte eine Geige. Aber bis jetzt hielt er sein musikalisches Talent noch verborgen.

Huai, der einzige Brillenträger und von mittlerer Körpergröße, war unser »Rhetoriker«. Er diskutierte gern – mit jedem, zu jeder Uhrzeit und bei jedem Anlass. Ständig war er auf der Suche nach der Wahrheit. Man könnte ihn auch als einen »Wahrheitssucher« bezeichnen. Er ging den Dingen gern auf den Grund.

Feng war ein lebhaftes Mädchen mit großen Augen und lockigem Haar, das gern und laut lachte. Sie war offen und warmherzig und konnte gut mit praktischen Dingen umgehen. Deshalb hatten wir sie zu unserer »Ministerin für Finanzen und Versorgung« ernannt.

Meine Schulkameradin Hong war bescheiden und lerneifrig. Sie meinte, sie sei unwissend und müsse viel lernen. Wo und wie es nur ging, hatte sie ein Buch in der Hand. Sie hatte sich vorgenommen, alle fünf Bände der *Ausgewählten Werke Mao Zedongs* durchzulesen und danach nach Möglichkeit auch die ausgewählten Werke von Marx, Engels und Lenin. Außerdem versuchte sie sich selbst Akupunktur beizubringen und übte tapfer und unentwegt mit den Nadeln am eigenen Körper.

Ich wurde vermutlich deswegen zur »Kultur- und Propagandaministerin« ernannt, weil meine Eltern Schauspieler waren. Es war mir aber schier unmöglich, diese Aufgabe zu erfüllen, denn Kultur, Freizeit oder Unterhaltung gab es im Grunde nicht. Die Frage, wie man hier im Kleinen Tal, in dem es in erster Linie um die primitivsten Bedürfnisse wie das Sattessen ging, Propaganda betreiben sollte, blieb vorerst jedenfalls unbeantwortet. Außerdem war ich für die Organisation des Jugendverbandes im Dorf zuständig.

Ende April kam endlich der Frühling. Die Sonne schien herrlich. Die Aprikosen- und Apfelbäume auf dem Berg gegenüber unserer Wohnhöhle trieben zarte rosarote Blüten aus. Es war ein wunderschöner Anblick, der ein romantisches Gefühl in mir erweckte und mich die schwere Arbeit für einen Moment vergessen ließ.

Aber das Wetter hier war so wechselhaft wie das Gesicht eines Kindes und überraschte uns immer wieder aufs Neue. Eines Morgens, als ich die Tür unserer Wohnhöhle aufstieß, fand ich das ganze Tal unter einer weißen Decke vor. Es hatte in der Nacht geschneit! Gott sei Dank kam im Lauf des Tages die Sonne durch, und der Schnee schmolz wieder. Sonst wären die Blüten erfroren und die Ernte vernichtet worden.

Die Produktionsbrigade hatte uns zwei kleine Privatparzellen zugeteilt, auf denen wir Gemüse für unsere Küche anbauen sollten. Beim Abendessen diskutierten wir darüber, ob wir dieses Angebot annehmen durften oder nicht. In der Schule hatten wir gelernt, die Privatparzelle sei ein »Schwanz des Kapitalismus«. Wer hätte gedacht, dass im heiligen Ort der Revolution dieser »Schwanz« noch existierte! Die Mehrheit meinte, das dürften wir auf keinen Fall unterstützen. Tong und Jiayu waren der Ansicht, wenn das Gemüse lediglich zur eigenen Nutzung dienen sollte, habe es mit der kapitalistischen Wirtschaft nichts zu tun. In Peking pflanze man ja auch Blumen und Tomaten im Garten, sofern man einen habe. »Schwanz« hin, »Schwanz« her, wir kamen zu keinem Entschluss.

Beiyan schwieg die ganze Zeit. Als Jiayu vorschlug, geheim abzustimmen, sagte sie leise: »Wenn wir jetzt die Felder nicht bestellen, haben wir bald kein Gemüse mehr zu essen.«

Damit war es allen klar. Wir wollten auf Beiyan hören, schließlich lebte sie seit sieben Jahren hier und genoss den Ruf, eine »herausragende Repräsentantin der Jugendlichen aus Peking« zu sein. Wenn sie es für richtig hielt, konnte es nicht falsch sein. So fassten wir einheitlich den Entschluss, diesen »Schwanz des Kapitalismus« doch anzunehmen.

Für einen Nachmittag machten wir uns dann frei, um unsere Privatparzellen zu bestellen. Das eine Feld befand sich in einem Winkel auf der hinteren Talsohle. Wir behandelten es wie ein kostbares Juwel: tief gegraben, Erdklumpen gründlich geklopft, Furchen sorgfältig gezogen, ordentlich gedüngt und gegossen.

Als die Sonne tief über dem westlichen Berg hing, hatten wir Wachskürbis, Chinakohl, grüne Bohnen, Gurken, Tomaten, Kürbis und Weißkohl ausgesät.

Das andere Stück war der Zipfel eines für Ochsen unpassierbaren Buchweizenfeldes an einem sehr steilen Berghang, auf dem man kaum stehen konnte. Hier hatten wir vor dem Einbruch der Dunkelheit den Mais ausgesät, den ich von meinem selbst initiierten Besuch des Musterdorfs Dazhai[53] kurz vor unserer Abreise mitgebracht hatte. Diese Sorte Mais sollte sehr dürreresistent sein. Yang hatte es sogar geschafft, zwei Eimer Wasser hinaufzutragen, um unsere »Schatzparzelle« zu gießen. Wir hofften, dass der Dazhai-Erfolg auch bei uns im Kleinen Tal Früchte tragen würde.

Bald darauf sollte sich dieser Entschluss als eine großartige, fast lebensrettende Maßnahme erweisen.

---

53 Dazhai, heute eine Gemeinde im Kreis Xiyang der Provinz Shanxi, 200 Kilometer südwestlich von Peking gelegen, war in den Fünfziger- und Sechzigerjahren dafür bekannt, dass sich die Bewohner auf ihre eigene Kraft stützten, unter der Leitung des Parteisekretärs Chen Yonggui tapfer und entschlossen gegen die extrem harten klimatischen, geographischen Produktionsbedingungen kämpften und große Erfolge erzielten. 1964 rief Mao Zedong das ganze Land auf: »In der Landwirtschaft von Dazhai lernen!«

2. KAPITEL

Wie eine Liebe zu keimen begann, und warum wir beinahe Drachen geworden wären

Als ich im Mai wieder Küchendienst hatte, stellte ich fest, dass der Wasserkrug jeden Morgen voll war, wenn ich in die Küche kam. Um dieses Geheimnis zu lüften, kam ich eines Morgens extra früher. Bevor ich um die letzte Kurve bog, sah ich jemanden mit zwei Eimern Wasser an der Tragestange den kleinen Pfad hochsteigen, der zum Dorfplatz führte. In der Dämmerung erkannte ich, dass es Jiayu war. Ich war tief gerührt. Die ganze Wut auf ihn – weil er mir beim Dammbau immer die Karre vollgeschaufelt und mich auf dem Feld wegen der Geschichte mit dem Ziegenkot ausgelacht hatte – verflog auf einmal. Ich blieb hinter der Mauer stehen, bis er die Küche verlassen hatte und in seine Wohnhöhle zurückgegangen war.

In der Küche entdeckte ich, nicht nur der Wasserkrug war voll, es lag auch ein Haufen klein gehackter Steinkohle auf dem Boden, die für einen Tag reichte. Es fiel mir immer noch sehr schwer, Wasser zu tragen und die riesigen Steinkohlebrocken klein zu hacken. Ein warmes Gefühl breitete sich in meinem ganzen Körper aus.

Jiayu war – ich wusste nicht, seit wann – für mich wie ein Magnet geworden. Wenn er in meiner Nähe war, spürte ich seine Anziehungskraft. Egal wo wir waren, ob in der Küche, auf dem Feld, bei der Sitzung oder politischen Schulung, wenn er dabei war, spürte ich Schmetterlinge im Bauch. War er nicht anwesend, dann hatte ich das Gefühl, mir fehlte etwas – im wahrsten Sinne des Wortes. Das bereitete mir eine gewisse Unruhe. Ich dachte an Anran und an Mutters Mahnung. Aber ich konnte meine Gefühle nicht steuern.

Gleichzeitig hatte ich den Eindruck, dass er auch gern in meiner Nähe war. Wenn ich Küchendienst hatte, blieb er nach dem Essen oft länger in der Küche und half mir beim Abwasch. Auch bei der Filmvorführung saßen wir wie selbstverständlich nebeneinander.

Das war das größte Ereignis seit unserer Ankunft. Der Filmvorführer kam bereits am Mittag an und wurde von der Brigade gastfreundlich bewirtet. Das ganze Dorf freute sich so, als wäre es ein Festtag. Brigadeleiter Gao ließ alle ziemlich früh nach Hause gehen. Die Frauen kochten schnell das Abendessen. Noch bevor die Sonne unterging, kamen die Kinder mit ihren Hockern zum Dorfplatz und warteten. Obwohl wir alle diesen sowjetischen Film *Lenin im Jahr 1918* bereits unzählige Male gesehen hatten, wollten wir dieses seltene kulturelle Ereignis nicht verpassen. So hüllten wir uns trotz des Frühlings in dicke Mäntel ein, zogen Mützen und die Winterstiefel an – denn der Temperaturunterschied zwischen Tag und Nacht war hier sehr groß – und mischten uns unter die Dorfbewohner. Als es endlich dunkel wurde, warf der Filmprojektor auf einmal einen weißen Lichtstrahl auf die zwischen zwei Bäumen befestigte Leinwand. Die Kinder jubelten, sprangen hoch, streckten ihre Arme in die Lichtsäule und beobachteten aufgeregt die Schatten auf der Leinwand.

Jiayu saß neben mir. Ich wusste nicht, wie es dazu kam. Ich fühlte mich richtig wohl. Was für ein Genuss, nach einem Tag harter Arbeit in seiner unmittelbaren Nähe auf einem Hocker zu sitzen und einen Film anzuschauen!

Als Wassily, der Kommandeur der Leibgarde Lenins, den berühmten Satz zu seiner Frau sagte: »Brot werden wir haben, Milch werden wir auch haben«, wurden meine Augen wieder feucht wie jedes Mal, wenn ich diesen Film ansah.

Ende Juni begann die Winterweizenernte. Am Abend zuvor zeigten uns Changfu und Parteisekretär Cheng, wie man eine Sichel schleift. Changfu, vielleicht ein paar Jahre älter als wir, war der stellvertretende Parteisekretär der Produktionsbrigade. Er hatte die Schule bis zur sechsten Klasse besucht, in der Armee gedient und galt als ein gebildeter Mann im Dorf (Parteisekretär Cheng war wie viele ältere Bauern ein Analphabet). Er war außerordentlich klein, maximal ein Meter fünfzig, hatte einen langsamen Gang und sprach bedächtig. Oft kam er in unsere Wohnhöhle und besuchte Beiyan. Beiyan war für eine Frau außergewöhnlich groß, mindestens ein Meter fünfundsiebzig. Die Dorfbewohner, vor allem die Frauen, machten gern auf eine liebenswürdige Art und Weise Scherze über die Beziehung zwischen Beiyan und Changfu. Daraus folgerten wir, dass zwischen ihnen etwas laufen könnte. Die beiden gaben jedoch nie einen Kommentar dazu.

Noch vor der Morgendämmerung schallte die Glocke vom Dorfplatz durch das ganze Tal. Entweder Parteisekretär Cheng oder Brigadeleiter Gao läuteten sie jeden Morgen. Im Halbschlaf sprangen wir vom Kang auf, nahmen die Sichel und ein Seil und brachen auf. Es dauerte fast eine Stunde, bis wir das erste Feld erreichten. Es lag auf dem Yunpan-Berg, dem höchsten Berg des Kleinen Tals (der Name besagte schon die Höhe: »der von Wolken umwundene Berg«). Da alle vom Bergauflaufen bereits erschöpft waren, machten wir erst eine Pause, bevor wir zu arbeiten anfingen. Der erste silberne Streifen erschien nun am Horizont. Die Männer rauchten schweigend ihre Tabakspfeifen. Wir »Kinder aus Peking« legten unsere wattierten Jacken auf den Boden und schliefen eine Runde. Seit wir hier waren, wurde unser Schlafbedürfnis immer unersättlicher. Es war so groß, dass es lästig wurde. Wir konnten überall und jederzeit einschlafen. Für uns war Schlafen die schönste Sache auf der Welt geworden.

Ich träumte wieder vom Toilettensuchen. Bei der Feldarbeit mussten Frauen um einen halben Berghang laufen, um ihr Geschäft ungestört verrichten zu können. Aber das war mir tausendmal lieber, als auf die nach allen Seiten offene, von Kot und Maden übersäte »Senkgrube« im Dorf zu gehen. Mitten in diesem wiederkehrenden Traum hörte ich das bekannte »O«-Rufen des Parteisekretärs und sprang hoch. Es ging los.

Das Weizenfeld bot einen traurigen Anblick. Die Halme reichten kaum bis zum Knie. Viele Ähren waren leer. Manchmal mussten wir auf die Sichel verzichten und die zu kurz geratenen Weizenhalme mit bloßen Händen aus der Erde ziehen. Man lief viele Schritte, bis man eine Handvoll Halme zusammenkriegte. Die Bauern klagten resigniert, hier erntet man kaum 700 Kilo auf einem Hektar.

Parteisekretär Cheng und Brigadeleiter Gao zeigten uns, wie man die Halme zu einem Bündel band und die Bündel dann auf einen Haufen legte. Gegen Mittag waren wir mit diesem Berg und dem benachbarten Berg im Liangshui-Tal fertig. Damit man nicht noch einmal so weit laufen musste und die Ernte nicht bei einem eventuellen Regen nass wurde, beschloss Brigadeleiter Gao, den geernteten Weizen gleich ins Dorf zu tragen.

Man legte das mitgenommene Seil auf den Boden und stapelte so viel Weizenbündel darauf, dass die Länge des Seils gerade zum Binden reichte. Die Bauern zeigten uns den Trick, wie man das Seil um das Bündel herumschlingen musste, damit es unterwegs nicht aufging. Dann setzte man sich auf den Boden, nahm den Haufen auf den Rücken und versuchte aufzustehen.

Diese Arbeit – das geerntete Getreide nach Hause tragen – wurde hier »Bei Beizi« (Lasttragen) genannt. Wohl sehr zutreffend. Was auf dem Rücken starker Männer lastete, wog mindestens siebzig bis achtzig Kilo. Die dürren Körper bogen sich um neunzig Grad. Von Weitem sah es so aus, als ob unter den Weizenhaufen Beine gewachsen wären, die sich selbstständig in Bewegung setzten.

Trotz der günstigen Hanglage schaffte ich es nicht, mich aufzurichten. Parteisekretär Cheng rief uns laut zu, wir sollten nicht zu viel tragen. Keiner von uns wollte jedoch weniger tragen als die anderen. So half ich Hong und Feng aufzustehen. Und Jiayu half mir.

Die Mittagssonne brannte wie ein Feuerball. Der Schweiß floss aus allen Poren und tropfte auf die trockene Erde. Bei jedem Schritt rutschten meine Füße in den Militärgummischuhen, denn ich hatte keine Socken an. Der Berg war steil und der Pfad sehr schmal. Meine Beine zitterten. Vor mir sah ich, wie sich viele Getreidehaufen bergab bewegten. Ich stellte mir zwanghaft vor, wie ich mit dem Haufen auf dem Rücken den Hang hinunterrollte. Dann wurden mir die Beine ganz weich. Auf einmal kam mir ein Satz vom Vorsitzenden Mao in den Sinn: »Gegenwärtig lasten ebenfalls zwei große Berge schwer auf dem chinesischen Volk. Der eine heißt Imperialismus, der andere Feudalismus.« Vorsitzender Mao benutzte oft eine anschauliche Bildsprache, wie ich fand. Auf meinen Schultern trug ich das Ergebnis der Arbeit – unsere Ernte. Darauf war ich stolz. Aber irgendwie konnte ich mir das Wort »Berg« nicht aus dem Kopf schlagen. Ich glaubte sogar, mir vorstellen zu können, wie das wäre, einen Berg auf dem Rücken zu tragen. Das Seil grub sich tief ins Fleisch meiner Schultern. Anfangs tat es weh, später wurden die Schultern taub. Was das »Lasttragen« anging, war ich eigentlich bereits als Zwölfjährige auf dem Weg des »Neuen Langen Marsches« nach Miyun aufs Äußerste abgehärtet worden. Aber das, was wir hier taten, fiel ganz und gar unter eine andere Kategorie.

Und Durst! Ich hatte einen solchen Durst, dass ich sogar bereit gewesen wäre, meinen Schlaf gegen einen Schluck Wasser zu tauschen. Ab und zu sah ich Sterne vor meinen Augen tanzen. Ich versuchte, mich eines anderen Spruchs vom Vorsitzenden Mao – des Zauberspruchs aller Zeiten – zu entsinnen: »Fest entschlossen sein, keine Opfer scheuen und alle Schwierigkeiten überwinden, um den Sieg zu erringen.« Das half tatsächlich! Ich konzentrierte mich auf diesen Satz und glaubte, seine Wirkung zu spüren. Zur Abwechslung dachte ich an unseren Wasserkrug, der in der Küche auf uns wartete. Ich sagte mir: »Du musst es schaffen. Du musst nach Hause gehen. Vorher gibt es kein Wasser.«

Unten im Tal angelangt, machte ich eine Pause, indem ich die Last auf meinem Rücken gegen einen Felsen drückte und mich aufrichtete. Ich wusste, wenn ich mich hinsetzen würde, könnte ich nicht wieder aufstehen. Kurz darauf kamen auch Hong und Feng an. Wir ermutigten uns gegenseitig und gingen dann weiter.

Als wir endlich den Dreschplatz erblickten, schossen mir Tränen aus den Augen. Das war ein komisches Gefühl, als ginge eine Schleuse plötzlich auf, ohne dass jemand sie betätigt hatte. Dort auf dem Dreschplatz lag bereits ein ganzer Berg von Weizenbündeln. Wir drei warfen uns mit dem Weizenhaufen auf dem Rücken darauf, stießen einen ohrenbetäubenden Schrei aus, ließen unseren Tränen freien Lauf und lachten dabei wie drei verrückt Gewordene.

Als wir die Küche betraten, sahen wir, dass Yang vor dem Wasserkrug stand und direkt aus der großen eisernen Schöpfkelle trank. Er trank, ohne Luft zu holen. Dann trank er noch eine Kelle. Alle Thermoskannen waren leer. Das hieß, es gab kein abgekochtes Wasser mehr. So stellten wir uns an und tranken direkt aus dem Wasserkrug, ohne Rücksicht darauf zu nehmen, dass das ungekochte Wasser voller Bakterien war und auf dem Boden des Krugs eine dicke Schicht Schlick lag. Während ich trank – oh, was für ein Genuss! –, kam mir ein Märchen in den Sinn, das mir meine Großmutter erzählt hatte, als ich ein kleines Mädchen gewesen war: Es war einmal ein Bauer. Eines Tages verschluckte er aus Versehen eine Wunderperle, die er in einem Fluss gefunden hatte. Danach bekam er einen solchen Durst, dass er nicht mehr aufhören konnte zu trinken. So trank er alle Flüsse seiner Heimat aus und verwandelte sich in einen Drachen.

»Stellt euch vor, aus uns acht werden acht Drachen!«, platzte ich in meinem Tagtraum heraus. »Was?«, schrie Hong. »Hmmh«, sagte Yang. Jiayu trank seinen letzten Schluck und wischte sich das aus dem Mundwinkel laufende Wasser vom Kinn: »Ich kenne die Geschichte. Das wäre gut für das Kleine Tal. Dann würden wir das Wasser auf die Felder ausspucken, und das Kleine Tal müsste nie wieder unter der Dürre leiden.« »Ihr seid heute aber lustig!«, lachte Feng laut auf. Auf ihren Wangen glitzerten immer noch Tränen. Es hätte aber auch Wasser sein können.

3. Kapitel

Warum uns die Erde als Bett und der Himmel als Decke dienten und wir die Saaten der Produktionsbrigade aufaßen, und wie Zhen vom Selbstheiler zum Barfußarzt wurde und wir eine medizinische Station gründeten

Mindestens einmal in der Woche mussten wir eine politische Schulung abhalten. Der 1. Juli 1976 – der 55. Geburtstag der Kommunistischen Partei Chinas – war ein besonderer Anlass für uns, an diesem Tag eine Sonderschulung zu veranstalten. Nach dem Abendessen hörten wir Parteisekretär Cheng draußen im Tal rufen: »Politische Schulung! Kommt alle in die Bürohöhle!« Hong, Feng und ich wuschen uns noch schnell das Gesicht und die Füße, ehe wir uns auf den Weg machten.

In der Bürohöhle saß Cheng einsam und allein auf dem Kang und rauchte Pfeife. Erst nachdem es ganz dunkel geworden war, fanden sich allmählich immer mehr Dorfbewohner hier ein und nahmen auf den Bänken und auf dem Boden Platz. Es kamen vor allem Männer, die unaufhörlich an ihren Tabakspfeifen zogen, was den Raum in eine unerträglich stickige Räucherhöhle verwandelte. Einige junge, unverheiratete Frauen waren auch dabei.

Ein Dokument des Zentralkomitees und ein paar Zeitungsartikel älteren Datums sollten vorgelesen werden. Cheng konnte zwar die Schriftzeichen für seinen Namen erkennen, jedoch nicht lesen. So übernahmen wir selbstverständlich diese Aufgabe.

Feng meldete sich als Erste zum Vorlesen. Binnen weniger als zehn Minuten wurde ihre Stimme von einem Schnarchkonzert übertönt. Die Männer schnarchten, während ihre Pfeifen vor sich hin glommen, so herzlich und melodienreich, dass Hong und ich laut lachen mussten. Wenn ihre Köpfe bis zu einem bestimmen Grad vor die Brust gesunken oder gegen die Schulter des Nachbarn gestoßen waren, fuhren sie hoch und saugten mit gutem Willen weiter an ihren Pfeifen oder schlugen mit ihrem Feuerstein auf den Feuerstahl, dass es nur so krachte, wie eine musikalische Begleitung für die Zeitungslektüre. Die Frauen, die ihre Stoffeinlegesohlen mit bunten Fäden bestickten, stachen sich mit den Nadeln in die Finger, wenn sie einnickten, und schrien auf. Wir versuchten unsere Augen so lange wie möglich aufzusperren. Aber bald gelang uns das auch nicht mehr. Die rhythmische Stimme und das düstere Licht im Raum schienen die besten Schlafmittel zu sein, die unsere ohnehin sehr große Müdigkeit noch mehr begünstigten.

Als Feng von Hong abgelöst wurde, die – um das Schnarchkonzert zu übertönen – mit erhöhter Stimme das Vorlesen fortsetzte, warf ich einen Blick auf unsere Jungs. Sie waren alle hoffnungslos eingeschlafen und sahen wie eingefrorene Figuren eines Standbildes aus: Yang mit weit geöffnetem Mund, Tong mit einem aufgeschlagenen Buch, Zhen mit einer halb fertiggedrehten Zigarette in der Hand, Jiayu mit dem Notizbuch unserer Buchhaltung auf dem Schoß, in das er gerade etwas einzutragen versucht hatte. Huai hielt in der einen Hand seine Brille und in der anderen sein Taschentuch, mit dem er offensichtlich gerade die Brille putzen wollte.

Als Hong mit dem Artikel über die glorreiche Geschichte der Kommunistischen Partei Chinas fertig war, rief Parteisekretär Cheng plötzlich – bestimmt aus einem Traum aufgeschreckt – mit viel zu lauter Stimme für den kleinen Raum: »Wacht auf! Wacht auf! Bei der politischen Schulung darf man doch nicht einschlafen!« Ein alter Bauer mit schlaftrunkenen Augen murmelte in der Ecke: »Verdammt müde! Man hält es nicht mehr aus.«

Schlafdefizit hatten alle, Männer, Frauen, Parteimitglieder, Nichtparteimitglieder und wir »Kinder aus Peking«, gerade im Sommer, in dem der Tag lang und die Nacht kurz war, denn die

Arbeitszeit hing von der Länge des Tages ab. Hier zählte nicht die Uhr, sondern die Sonne. Sobald es hell wurde, brach man zum Feld auf und kehrte erst zurück, wenn die Sonne untergegangen war. Inzwischen hatten wir das Zeitgefühl verloren. Auch die Wochentage wussten wir nicht mehr, weil es keinen Ruhetag gab. Nur Regentage waren unsere Sonntage, an denen wir unsere Wäsche wuschen, zerrissene Kleidungsstücke flicken oder ausschlafen konnten. Aber dafür hatten wir ein »Sonnengefühl« gewonnen. Wir konnten anhand der Position der Sonne genau einschätzen, wann die Pause beginnen würde, wann die Frühstücksbringer eintreffen würden und wann Brigadeleiter Gao rufen würde: »Feierabend!« – fast auf die Minute genau.

Nach dem Abendessen gingen die Bauern gewöhnlich sofort ins Bett, sofern es keine politische Schulung gab, und das nicht nur der quälenden Müdigkeit wegen. Sie hatten uns den anderen Grund verraten: Im Schlaf merke man den Hunger nicht.

Anfangs versuchten wir, am Abend einzelne Passagen aus den *Ausgewählten Werken* des Vorsitzenden Mao zu studieren, Gruppensitzungen abzuhalten oder uns zu unterhalten, um Erfahrungen und Gedanken auszutauschen. Aber jetzt schafften wir das alles nicht mehr und gingen meistens gleichfalls früh schlafen. Auf dem Feld nutzten wir jede Pause, um ein Nickerchen zu machen. Wir konnten wie auf Knopfdruck sofort einschlafen und waren froh, dass Sommer war. Man konnte sich überall hinlegen, die Erde war warm, wenn nicht gar zu heiß. Wir schliefen nicht nur im Liegen, wir schliefen auch im Gehen, im Sitzen, beim Essen, beim Lesen, beim Schreiben. Wir konnten buchstäblich in jeder Lage schlafen. Wenn wir morgens im Gänsemarsch aufs Feld wanderten, hielt ich mich an Hongs Seil fest, das sie um ihre Hüfte gebunden hatte, und Hong sich an Fengs Seil. So konnten wir mit halb geschlossenen Augen laufen und schlummern, ohne vom Bergpfad hinunterzufallen. Jiayu war einmal beim Essen eingeschlafen und hatte sich die ganze Schale Suppe auf seinen Schoß gekippt. Ich schlief oft beim Tagebuchschreiben ein. Manchmal schrieb ich im Halbschlaf weiter, sodass ich am nächsten Morgen nicht nachvollziehen konnte, was ich aufs Papier gekritzelt hatte. Hong erzählte mir, ihr ergehe es genauso. Auf einer abendlichen politischen Schulung wurde Hong von lauten Rufen erschreckter Frauen aus ihrem Schlaf gerissen, weil ihre wattierte Jacke brannte. Sie saß zu dicht am Herd. Da es so warm und gemütlich war, schlief sie bald ein und bemerkte nicht, dass die Rückseite ihrer Jacke angefangen hatte zu schmoren. Seitdem trug sie das »ganze China« auf dem Rücken. Denn sie meinte, das Muster, das sich durch die dunkelbraune Brandspur und die zutage tretende Watte gebildet hatte, sehe wie die Landkarte Chinas aus. Auf die Jacke verzichten wollte sie auf gar keinen Fall. Das konnte sie auch nicht, denn wir hatten jeder nur eine wattierte Winterjacke.

Eine zum Ohrwurm gewordene Strophe aus der Ouvertüre der revolutionären Oper *Das weißhaarige Mädchen*[54] schoss mir jedes Mal durch den Kopf, wenn ich mich wo auch immer hinlegte, ob auf dem Berg, auf dem Dreschplatz oder unter einem Baum: »Ah, wir armen Leute, die Erde ist unser Bett, der Himmel unsere Bettdecke; unsere unversiegbaren Tränen verwandeln sich in einen riesigen Regenguss …« Oder wenn ich an die Metapher dachte: »Die Erde ist der Schoß der Mutter«, dann war ich immer gerührt. Wie zutreffend! Ich war so glücklich, wenn ich nichts anderes tun musste, als für einen Moment meine Augen zu schließen, auf der Erde zu liegen, ihre Frische einzuatmen und ihre Wärme zu spüren. Schlafen war für uns der höchste Genuss geworden.

Vermutlich, weil er im Gehen eingeschlafen war, stürzte Zhen am dritten Tag der Weizenernte mit dem Getreidehaufen auf dem Rücken vom Bergpfad zwanzig Meter in die Tiefe. Wie

---

54 *Das weißhaarige Mädchen* (Bai Mao Nü), eine 1945 von der Lu Xun-Kunstakademie in Yan'an kollektiv geschaffene, auf einer Volkssage bzw. einer authentischen Geschichte basierende Oper, die später als Grundlage für etliche Filme, Pekingopern, Ballette sowie neue Opern diente.

durch ein Wunder blieb er bis auf einen verstauchten Fuß unverletzt. Die Bauern sagten, die Weizenbündel seien wie ein Stoß-
dämpfer gewesen. Insofern hatte er großes Glück gehabt. Es war
Zhen schon vorher nicht gut gegangen. Er hatte Gräser- und Pol-
lenallergie und litt unter Asthma. Die Arbeit machte ihm zu
schaffen. Nachts konnte er nicht schlafen. Wir alle rieten ihm, in
seiner Höhle zu bleiben und sich auszuruhen. Aber er hörte nicht
auf uns. Hartnäckig rappelte er sich jeden Morgen vom Kang
hoch und ging aufs Feld. Er sammelte Heilkräuter und -wurzeln
auf den Bergen, kochte sich damit einen bitteren Tee und trank
ihn tapfer. Aber der Tee zeigte leider keine eindeutige Wirkung.
Zhen verfügte zwar über großes medizinisches Wissen, insbesondere über Kenntnisse der Traditionellen Chinesischen Medizin,
aber seine eigene Krankheit konnte er nicht heilen.

Nach der Weizenernte fingen wir an, auf den Kartoffeläckern
und Hirsefeldern Unkraut zu jäten. Da die Berge, auf denen
Kartoffeln und Hirse angebaut wurden, sehr weit vom Dorf entfernt waren, blieben wir den ganzen Tag dort. Das Frühstück
und Mittagessen wurden aufs Feld gebracht. Ich fragte Parteisekretär Cheng, warum man das Getreide so weit entfernt anbaue.
Er erklärte mir, die Felder verlören nach zwei, drei Jahren ihre
Fruchtbarkeit und müssten ein paar Jahre brachliegen. So müsse
man jedes Jahr unbebaute Berge durch Brandrodung urbar machen. Deshalb werde das Getreide auf immer weiter abliegenden
Bergen angebaut.
  Jeden Morgen brachen wir vor der Dämmerung auf und kehrten erst nach dem Einbruch der Dunkelheit zurück. Auf den
Bergen gab es keinen Schatten, es war unerträglich heiß und trocken. Sechzehn Stunden oder noch länger arbeiteten wir unter
glühender Sonne. Trotz des Strohhutes hatten mein Gesicht und
meine Arme längst die Farbe der Erde angenommen. Die Jungs
verloren eine Schicht Haut nach der anderen, weil sie mit nacktem Oberkörper arbeiteten. Diese Arbeit war zwar leichter als

das Getreidetragen, aber die Strapaze und die Eintönigkeit waren eine nicht weniger harte Herausforderung für uns.

Das Feldhacken oder Unkrautjäten schien auf den ersten Blick eine einfache Arbeit zu sein, war in Wirklichkeit jedoch durchaus mit hoher Technik und Geschicklichkeit verbunden. Zunächst musste man das Unkraut von den Keimlingen unterscheiden können. Während man das Unkraut und die schwächeren Keimlinge entfernte, um genügende Abstände herzustellen, musste die Erde gelockert und um die Keimlinge gehäufelt werden. Ich brauchte ziemlich lange, um diese Technik zu beherrschen. Am Anfang hatte ich oft gute Keimlinge aus Versehen weggehackt. Das konnte leicht passieren, wenn man einen Augenblick unkonzentriert war, und tat einem dann so weh, als ob man seine eigenen gesunden Organe entfernt hätte.

Auf den Bergen herrschte eine absolute Stille, die nur ab und zu durch ein lautes, melodisches, lange im Tal widerhallendes »O«-Rufen eines jungen Bauern unterbrochen wurde. Man glaubte, dadurch den Wind herbeirufen zu können. Jiayu und Huai versuchten immer wieder, das Windrufen nachzumachen. Aber den richtigen Klang fanden sie nicht heraus. Jedes Mal lösten sie bloß ein Gelächter aus.

Wir erlebten jeden Tag den Sonnenaufgang und Sonnenuntergang auf dem Berg. Das waren die schönsten Momente. Obwohl der Sonnenaufgang sehr aufregend war, liebte ich den majestätischen Sonnenuntergang doch mehr. Wie ein Feuerball versank die Sonne langsam hinter den Bergen und verwandelte den Himmel in ein rotes Meer. Sofort wurde die Luft etwas kühler. Und dann dauerte es auch nicht mehr lange, bis wir endlich nach Hause gehen konnten.

Zhens Zustand wurde immer schlechter. Er war bis auf die Knochen abgemagert, konnte vor lauter Husten nur im Sitzen schlafen. Manchmal litt er regelrecht unter Atemnot. Wir alle machten uns große Sorgen um ihn. Die Brigadeleitung riet ihm sogar, nach Peking zurückzukehren. Denn laut einer Regelung durften die aufs Land geschickten Jugendlichen aus gesundheitlichen Gründen in die Stadt zurückkehren. Aber Zhen sagte: »Können die Bauern in die Stadt ziehen, wenn sie Asthma haben? Mein Platz ist hier!« Schließlich hatte Parteisekretär Cheng eine rettende Idee: Er teilte Zhen die Aufgabe des Barfußarztes zu. Bis jetzt war Beiyan Barfußärztin und Hebamme im Dorf. Die Fähigkeit für diese Aufgabe hatte sie sich im Lauf der Zeit autodidaktisch angeeignet. Ab jetzt sollte Zhen ihre Arbeit unterstützen. In Absprache mit der Brigadeleitung fassten wir den Entschluss, eine kleine medizinische Station zu gründen. Der Tischler des Dorfes zimmerte einen kleinen Arzneischrank aus Zweigen und Brettern zusammen, der in die Wohnhöhle unserer Jungs gestellt wurde. Innerhalb von wenigen Tagen wurden achtunddreißig Heilkräuter gesammelt. Alle halfen mit, die Frauen waren besonders aktiv. Sie brachten jeden Tag nach der Arbeit eine Handvoll Kräuter mit, die ihrer Erfahrung nach eine Heilwirkung haben sollten. Zhen begutachtete sie, warf die unnützen weg und sortierte die nützlichen nach ihren Funktionen. Später stellte uns die Brigade einen kleinen Feldstreifen auf der Talsohle zur Verfügung, auf dem wir Heilpflanzen wie Perilla, Rhabarber, Färberdistel und Echte Katzenminze anbauten.

Die Dorfbewohner waren sehr erfreut über diese Neuigkeit und ließen sich voller Vertrauen von Zhen behandeln, wenn sie krank waren oder sich unwohl fühlten. Manchmal kamen sie auch, um Zhen zu besuchen. Bald hatte Zhen beide Hände voll zu tun und ging weniger aufs Feld. Er behandelte die Bauern mit Akupunktur und Heilkräutern. Westliche Medikamente wurden ausschließlich bei Notfällen eingesetzt. Denn sie waren teuer, und die Produktionsbrigade konnte nur eine bestimmte Menge kaufen. Zhen behandelte sich selbst auch. Die Medizin linderte ein wenig die Symptome, aber seine Krankheit war leider nicht zu heilen.

Im Sommer, als die Vorräte der letzten Ernte fast aufgebraucht waren und die neue Ernte noch bevorstand, wurde der Hunger immer größer. So kam es schon mal vor, dass noch nicht reife Maiskolben vom Feld gestohlen wurden. Im Liangshui-Tal, das ganz weit im hintersten Teil des Kleinen Tals lag, passierte das immer wieder. Ein Dorfbewohner hatte zuletzt im Vorbeigehen gemerkt, dass wieder ein paar Maiskolben fehlten, und dem Brigadeleiter berichtet. Am Abend wurde eine Versammlung einberufen. Der Täter oder die Täterin sollte die Schandtat gestehen. Das tat natürlich keiner. Es könnten auch Kinder gewesen sein, sagten die einen, oder Schweine, behaupteten die anderen. Man kam wie jedes Mal zu keinem Ergebnis. Parteisekretär Cheng versuchte zu erklären, wie schlecht diese Tat sei. »Die Maiskolben sind ja Eigentum des Kollektivs. Wer sie entwendet, schadet dem Kollektiv, das heißt uns allen, nicht wahr?«, sprach er ernst und mit Nachdruck. Wir versuchten auch, die Tat zu analysieren und zu kritisieren und schlugen vor, neben den Feldern Wache zu halten. Brigadeleiter Gao gab zu bedenken, die Felder lägen weit auseinander verstreut, wie solle man sie alle überwachen? Man könne nur an das Gewissen appellieren. »Es kommt alles an den Tag, was unterm Schnee verborgen liegt. Lasst uns unsere Aufmerksamkeit erhöhen!«, forderte Parteisekretär Cheng zum Schluss alle Dorfbewohner auf. Das hat er bestimmt von den Zeitungsartikeln gelernt, die wir gestern Abend vorgelesen haben, dachte ich bei mir.

Im Kleinen Tal herrschte zwar kein Klassenkampf, aber absolute Windstille offenbar auch nicht. Auf der anderen Seite konnten wir diese »Schandtat« irgendwie auch verstehen. Der Hunger drückte nicht nur auf den Magen, er zwang auch die Moral in die Knie. Und auch wir spürten ihn jetzt ständig. Nicht nur unser Schlafbedürfnis wurde immer unersättlicher, unser Appetit auch. Jeweils Mitte des Monats war unsere Getreideration bereits verbraucht, sodass wir uns immer zusätzliche Rationen von der Produktionsbrigade leihen mussten. Im August hatte die Produktionsbrigade jedoch keine Vorräte mehr. Als Notlösung entschied Parteisekretär Cheng, uns zwei Dou[55] Mais von dem Saatgut zu leihen. Daraufhin legte Feng ihr Amt als »Versorgungsministerin« nieder. Sie fühlte sich überfordert. Jiayu übernahm freiwillig das Amt.

Wir mussten unseren Verbrauch besser rationieren. Jiayu schlug vor, Spreu ins Mehl zu mischen. Tong meinte, wir sollten die zwei Ferkel, die wir unmittelbar nach unserer Ankunft Familie Gao abgekauft hatten, zurückgeben, um sie nicht länger mit unseren Vorräten füttern zu müssen. Jiayu war aber strikt dagegen. Er sagte, wir müssten an die Zukunft denken. Nächstes Jahr bekämen wir keine Unterstützung mehr vom Staat und würden so leben wie die Bauern. Wenn wir kein Schwein hätten, wie sollten wir uns dann jemals Fleisch leisten können? Die Mehrheit fand Jiayus Meinung richtig. So durften die beiden Ferkel weiter bei uns bleiben. Aber ehrlich gesagt, wir hatten wirklich nichts, womit wir sie füttern konnten. Die Bauern fütterten ihre Schweine mit Essensresten, gemischt mit alten Kohlblättern. Bei uns blieb jedoch nie etwas vom Essen übrig. Deshalb sammelten wir Unkraut von den Feldern, zerhackten und kochten es mit Spreu. Dennoch hatten wir das Gefühl, dass die armen Ferkel nicht wuchsen und immer dünner wurden. Haolan, die Leiterin der Frauenbrigade, die unweit von unserer Küche wohnte, hatte Mitleid mit den Ferkeln und gab ihnen manchmal etwas vom Schweinefutter ihrer Familie ab.

Wir hatten die ganze Zeit nagenden Hunger. Zum Frühstück gab es kein festes Essen mehr, sondern nur Hirsebrei. Mittags gab es entweder einen gedämpften Maismehlkuchen oder geraspelte Kartoffeln. Zum Glück gab es unser Gemüsefeld, sodass wir fast jeden Tag ein bisschen Gemüse hatten. Wir konnten es nur in Wasser dünsten, weil das Speiseöl längst verbraucht war.

---

55 Dou: chinesisches Hohlmaß. Ein Dou entspricht zehn Litern und ist zugleich ein viereckiger, hölzerner Behälter von einem Dou Fassungsvermögen.

Jetzt waren wir richtig froh darüber, »den Schwanz des Kapitalismus« nicht abgeschnitten zu haben. Von Fleisch konnten wir nur träumen. Abends aßen wir ausnahmslos Huotang – die Nudelsuppe aus einem Buchweizenteig, dem immer mehr Spreu beigemischt wurde. Die Jungs aßen vier, fünf Schalen. Nichts wurde im Topf übrig gelassen. Man wurde eher von der Flüssigkeit satt als von den Nudeln. Wenn keine politische Schulung stattfand, gingen wir bald nach dem Essen schlafen, bevor der Hunger wieder einsetzte. Das hatten wir von den Bauern gelernt. Keiner sprach offen über diese Veränderung. Aber aus heutiger Sicht war es offensichtlich das erste – ungewollte – Ergebnis der Umerziehung durch die Bauern.

4. Kapitel

*Wie mein Vater vom Himmel fiel, oder warum er in einer Nacht
zum Vater von acht großen »Peking-Kindern« wurde*

Im August erhielt ich zum ersten Mal einen Brief von meiner
kleinen Schwester. Mit großen quadratischen, ordentlichen
Schriftzeichen hatte sie eine Seite vollgeschrieben. Sie schrieb:
»Mama ist wieder auf Tournee gegangen, zu Hause bleiben nur
Großmutter, Shitou und ich zurück. Übrigens, Shitou ist in den
Sommerferien aus Miyun zurückgekommen. Ich gehe oft für
Großmutter Gemüse kaufen und helfe ihr im Haushalt, weil
Großmutter doch so krank ist. Ich vermisse Mama und Papa,
und noch mehr vermisse ich dich, meine liebe große Schwester.
Jeden Tag, wenn ich Eis esse, schaue ich dein Foto an und frage:
›Schwester, gibt es bei euch auch Eis?‹«

Als ich diese Stelle las, stürzten mir Tränen aus den Augen. Bis
jetzt hatte ich kein Heimweh gehabt, als ich jedoch dieses Brief-
chen in der Hand hielt, spürte ich zum ersten Mal eine kleine
Wehmut. Aber ich ließ diese Wehmut nicht länger zu. Denn
schon am Abend schrieb ich eine Selbstmahnung ins Tagebuch:
»Wir müssen uns unser Ziel ständig vor Augen halten. Unser
Platz ist hier. Wir haben diesen langen, schwierigen Weg gewählt. Wir müssen ihn zu Ende gehen. Denke stets an unser
Motto: Unser Opfer ist ein Opfer für die ganze Menschheit. Was
wir genießen, ist keine ärmliche egoistische Freude. Unser Glück
gehört Hunderttausenden.«

Nach der Phase des Unkrautjätens gingen wir wieder zum
Dammbau über. Seit Tagen regnete es. Graue Wolken hingen
tief über dem Tal. Wir arbeiteten trotzdem auf dem Damm. Dicke Lehmbrocken blieben an den Sohlen kleben, sodass man

kaum die Beine heben konnte. Noch schwieriger war es mit dem Hacken und Schaufeln. Die Erde war klebrig und wurde zu einer Schlammmasse. Das brachte uns auf die Idee, die »Eingießmethode« zu probieren, die das Dorf Yujiagou bereits praktiziert hatte.

Yang und Jiayu gingen zum circa sechs Kilometer entfernten Rathaus der Kommune und brachten einen Motor und eine Pumpe mit. Dann ging es los: Wir gruben zuerst einen abschüssigen Graben, der vom Berghang bis zum Damm führte, pumpten das Wasser aus dem bereits entstandenen Teich und bespritzten mit einem Schlauch den Berghang. Durch die Kraft des Wasserstrahls wurde der Schlamm heruntergespült und durch den Graben zum Damm befördert. Einer von uns hielt den Schlauch, die anderen standen am Graben und versuchten mit ihren Spaten und Schaufeln, den zähflüssigen Schlamm in Bewegung zu halten. Es funktionierte gut. Wir waren begeistert und stolz auf den Erfolg. Jiayu scherzte, er hole hier im Kleinen Tal seine Kindheit nach, denn als Kind habe er nie Gelegenheit gehabt, so nach Herzenslust mit Schlamm zu spielen. Alle brachen in Gelächter aus. Es herrschte auf dem Damm eine noch nie da gewesene Hochstimmung. Nach der Arbeit sahen wir alle wie lebendige Lehmfiguren aus. Die Jungs sprangen in den Teich und badeten vergnügt. Am Tag darauf sprangen wir Mädchen auch hinterher, ohne die Schafe zu beachten, die auf der anderen Seite des Teichs gerade gebadet wurden.

Die Arbeit auf dem Damm bot uns eine interessante Abwechslung, die wir sonst nirgends haben konnten, nämlich die, vorbeigehende Leute zu beobachten. Alle Menschen (bis auf diejenigen, die den Weg über die Berge wählten) mussten am Damm vorbei, wenn sie ins Dorf kamen oder aus dem Dorf gingen. Besonders wenn die Frauen dabei waren, wurde jeder ausführlich ausgefragt, der hier vorbeiging. So waren wir stets bestens informiert, wer an welchem Tag wohin ging und warum, wer an welchem

Tag Besuch bekam und wer der Besucher oder die Besucherin war, und auch, woher die Besucher kamen. Die Dorfbewohner, die ihr privates Obst in die Stadt zum Verkaufen brachten, pflegten jedem von uns ein Stück davon zu geben. An das Vorbild der Volksbefreiungsarmee denkend, die keine einzige Nadel und keinen einzigen Faden von der Zivilbevölkerung nehmen durfte, lehnten wir das Angebot anfangs immer höflich ab. Die lieben Bauern ließen jedoch nicht locker. Nach einigem Hin und Her nahmen wir das Obst gewöhnlich doch an und verschlangen es mit drei Bissen.

Den Besucher aber, der am 25. August 1976 in Begleitung des Brigadeleiters Gao über den Damm ins Dorf kam, werde ich nie vergessen. Dieser unerwartete Gast war weder der Cousin der Familie Chang noch der Onkel der Familie Wang – er war mein Vater.

Mein Vater hatte sich zwar auf den Weg gemacht, um mich zu besuchen, aber es war reiner Zufall, dass er in Yan'an-Stadt den Brigadeleiter Gao traf, der gerade Fäkalien für den Dünger ins Dorf transportierte, und dass er ausgerechnet ihn nach dem Weg fragte. Beide kamen ins Gespräch. Daraufhin verstaute Gao sein Gepäck auf dem Fäkalienwagen und führte ihn ins Kleine Tal.

Von Weitem sahen wir einen in Luftwaffenuniform – grüne Jacke und blaue Hose – gekleideten Mann hinter dem Fäkalienwagen herlaufen. Wir dachten zunächst, es sei Gaos ältester Sohn, der zurzeit bei der Luftwaffe in Lanzhou diente. Alle auf dem Damm hörten auf zu arbeiten und starrten mit aufgerissenen Augen diesen seltenen Besucher an, der sich dem Damm näherte. Schließlich kam nicht jeden Tag ein Militär ins Dorf. Dann stellten wir fest, dass es nicht Gaos Sohn sein konnte. Dieser Mann war älter. Ich stand, die Hände auf den Spatenstiel gestützt, auf dem Damm und erkannte auf einmal meinen Vater. Ich traute meinen Augen nicht und glaubte, ich hätte eine Halluzination. Plötzlich hörte ich ihn rufen: »Cui, ich bin's, dein Vater! Ich komme euch besuchen!«

Alle Leute auf dem Damm waren dermaßen verblüfft, dass ihnen der Mund offen stand. Mir verschlug es die Sprache. Der stolz grinsende Gao sagte: »Das ist doch dein Vater! Was stehst du noch so dumm da?!«

Erst jetzt kam ich wieder zu mir und sagte: »Vater! Wieso bist du hier!?«

»Ich habe meinen Heimaturlaub und fahre über Xi'an nach Peking. Ich dachte, ich mache einen Abstecher, weil ich euch unbedingt besuchen wollte.« Dann fügte er noch hinzu: »Papa hätte dich beinah nicht erkannt.«

Wir waren gerade wieder dabei gewesen, den Schlamm herunterzuspülen, und sahen natürlich ziemlich wild aus. Vaters Gesicht war eingefallen, seine Uniform staubig. Die Strapaze der Reise war ihm anzusehen. Aber er strahlte.

Aus dem Überraschungsschock erwacht, stellte ich meinem Vater alle Leute auf dem Damm vor. Mein Vater schüttelte jedem die Hand. Gao grinste die ganze Zeit und konnte seinen Stolz, meinen Vater in der Stadt aufgelesen und hierhergeführt zu haben, nicht verbergen. Parteisekretär Cheng wollte wissen, woher mein Vater denn komme. »Aus Lanzhou«, sagte er. Cheng wusste nicht, wo Lanzhou ist. »Ungefähr tausend Kilometer nordwestlich von hier, am Oberlauf des Gelben Flusses«, erklärte ihm mein Vater. Cheng hieß mich mit meinem Vater zurückgehen. Ich bestand darauf, bis zum Feierabend auf dem Damm zu bleiben. So stritten wir uns hin und her. Schließlich schrien alle, ich solle mit meinem Vater zurück ins Dorf gehen. Mir wurde es richtig peinlich. Ich gab nach und ging neben meinem Vater hinter dem Fäkalienwagen ins Dorf. Früher, wenn mein Vater urplötzlich in der Schule aufgetaucht wäre, hätte ich mich zu Tode geschämt. Soweit ich mich erinnern konnte, war er auch nie in meiner Schule gewesen. Aber heute, in diesem tausend Kilometer von zu Hause entfernten kleinen Dorf, freute ich mich riesig über seinen überraschenden Besuch.

Ich brachte meinen Vater in der Wohnhöhle der Jungs unter

und zeigte ihm anschließend das Kleine Tal und die Wohnhöhle, in der ich wohnte.

Wie ein Lauffeuer verbreitete sich die Neuigkeit. Im Nu wusste das ganze Dorf, dass mein Vater gekommen war. Eine ganze Schar Kinder lief hinter uns her. Frauen und Ältere, die nicht auf den Feldern arbeiteten, traten aus ihren Wohnhöhlen hervor, standen auf ihren Terrassen und sperrten die Augen auf.

Mein Vater hatte nicht nur schönes Wetter mitgebracht, es schien wieder herrlich die Sonne, sondern auch Reis – zehn Kilogramm feinen, schneeweißen Reis! Außerdem noch getrocknetes Fleisch, Zucker, Erdnüsse, Sonnenblumenkerne und Bonbons. Nach Feierabend fingen wir alle an – in der Küche dicht gedrängt – gemeinsam zu kochen, während wir uns aufgeregt mit meinem Vater unterhielten. Es kam uns wie das Frühlingsfest vor! Von unserem Gemüsebeet ernteten wir ein Körbchen grüne Bohnen und einen Wachskürbis und machten daraus – unter sparsamer Verwendung von dem getrockneten Fleisch – zwei leckere Gerichte. Dazu gab es Reis! Unauffällig holten wir Cheng und Gao in unsere Küche. So leid es uns auch tat, wir konnten nicht das ganze Dorf einladen. In der Region des trockenen Lößplateaus wuchs kein Reis. Die Bauern, die sich den teuren Reis aus anderen Regionen nicht leisten konnten, bekamen nie Reis zu essen. Und wir hatten seit fünf Monaten keinen Reis mehr gesehen. Deswegen konnten wir alle die Gier beim Reisessen nur schwer verbergen. Die Jungs gruben ihr Gesicht in die Schale und verputzten den Inhalt so, wie der Herbstwind das Laub wegfegt. Dann noch eine Schale, noch eine Schale ... Im Nu war der Topf leer. Ich hob eine Schale auf und bestand darauf, dass Cheng sie für seine Zwillinge mit nach Hause nahm.

Nach dem Essen verteilte ich Bonbons, Sonnenblumenkerne und Erdnüsse. Wir blieben alle noch lange in der Küche, saßen im Kreis um meinen Vater herum und unterhielten uns, Sonnenblumenkerne knabbernd, mit ihm, als sei er der Vater von uns allen. Und aus uns, dem hart kämpfenden Nachwuchs der

Revolution, wurden wieder Kinder, die sich beim Papa ein bisschen über die schweren Lebensbedingungen beklagten und von ihm Lob, Bewunderung und Ermutigung ernteten. Noch nie war ich so stolz auf meinen Vater gewesen wie an diesem Abend. Als es spät wurde, gingen alle schlafen. Vater und ich blieben allein in der Küche zurück. Da es wieder einen Stromausfall gab, zündete ich eine Petroleumlampe an. Damit wir uns besser sahen, ließ ich Vater auf der einzigen, schmalen Holzbank sitzen, nahm selber ein Dou und setzte mich direkt neben ihn. Das spärliche Licht der kleinen Lampe, deren Ruß scharf in die Nase drang, warf unsere langen Schatten an die Wand der Höhle.

Vater hatte sich nicht von mir verabschieden können, als ich im März Peking verlassen hatte. Er war im Sommer 1975 in die Verbannung nach Lanzhou geschickt worden. Seit mehr als einem Jahr hatten wir uns nicht mehr gesehen. Als ich noch zu Hause gewesen war, hatte ich manchmal seine Briefe gelesen, die er an Mutter geschrieben hatte, und wusste ungefähr, dass er dort in der Versorgungsabteilung der Truppe als Assistent arbeitete. Selber an ihn geschrieben hatte ich nie. Denn den Begriff Vater hatte ich längst aus meinem Herzen gelöscht. An diesem Abend redete ich jedoch wie ein Wasserfall. Ich erzählte ihm von mir, über das Leben im Kleinen Tal, über die Kameraden, über meine Gedanken und Erfahrungen, ohne dabei ein einziges Wort über die Vergangenheit zu verlieren, als ob die Schande vor vier Jahren nie geschehen wäre und die Familie nie darunter gelitten hätte. Er erwähnte sie ebenfalls nicht, sondern sagte immer wieder, wie stolz er auf uns sei und wie sehr er uns bewundere. Das Leben hier sei viel härter, als er es sich vorgestellt habe. Er bereue es zutiefst, nicht noch mehr Reis mitgebracht zu haben.

Soweit ich mich zurückerinnern konnte, waren Vater und ich einander noch nie so nah gewesen wie an diesem Abend – räumlich und im Gefühl. Mein Vater, den ich verdrängt und vergessen hatte, war zurückgekehrt, aber so plötzlich, als wäre er vom Himmel gefallen.

Als das Petroleum alle war, gingen wir nach draußen. Wir standen auf der Terrasse, atmeten die nächtliche frische Luft des Kleinen Tals tief ein und betrachteten lange schweigend den aufgestiegenen Vollmond. Plötzlich sagte er: »Mir geht es dort oben in Lanzhou ganz gut, ja, wirklich. Nur … manchmal vermisse ich euch sehr …«

Vater war ein sehr ernster Mensch. Er hatte noch nie Gefühle ausdrücken können, geschweige denn die Vaterliebe durch körperliche Nähe zu zeigen vermocht. Eine solche Szene in einem Film, in der eine Tochter sich auf dem Schoß des Vaters wie ein verwöhntes Kind aufführte, kam mir stets unrealistisch und aufgesetzt vor. Ich war an eine emotionale Liebeserklärung – ganz gleich ob vom Vater oder von der Mutter – auch nicht gewöhnt. Ich wusste nicht, ob es an meinen Eltern lag, die beide von ihrer Jugend an in der Armee waren, oder lediglich an der Zeit. Jedenfalls zeigten wir alle ungern Emotionen und mieden körperliche Berührungen. Deshalb war ich irritiert und ein wenig verlegen, als er sagte: »Manchmal vermisse ich euch sehr.« »Vermisse ich dich sehr« hätte er wohl nie über die Lippen bringen können.

Ohne abzuwarten, was Vater noch hinzufügen wollte, sagte ich zu ihm: »Die Reise ist bestimmt sehr anstrengend gewesen. Du bist sicherlich müde. Geh schlafen!«

Daraufhin er: »Ja, du bist bestimmt auch müde.«

Ich begleitete ihn zur Tür der Wohnhöhle der Jungs und ging dann alleine in meine Wohnhöhle zurück. Hong, Feng und Beiyan schliefen bereits. Deshalb schlüpfte ich unter die Decke, ohne mich zu waschen, und knipste meine Taschenlampe an. Ich war nicht müde. Eine unbeschreibliche Freude erfüllte mein Herz. »Ich habe meinen verlorenen Vater wiedergefunden«, schrieb ich ins Tagebuch.

Am Tag darauf gab mir Parteisekretär Cheng einen Tag frei, damit ich meinen Vater in die Stadt begleiten und ihm die Gedenkstätten zeigen konnte.

Nach dem Frühstück brachen wir auf. Ich fragte ihn, ob er gut geschlafen habe, und fügte hinzu, es sei bestimmt ungewöhnlich für ihn, mit fünf stinkenden, schnarchenden jungen Männern auf einem Kang zu schlafen. Er sagte, es sei in Ordnung, er habe sich gut erholt.

Vor dem ersten Krämerladen im Dorf Jingjiawan, an dem wir vorbeigingen, fragte mich Vater, ob ich etwas brauchte. Ich bat ihn, mir ein Pfund Kekse zu kaufen, weil ich vom Hirsebrei nicht satt geworden sei. Ich tat die Kekse in meine grüne Stofftasche und aß einen nach dem anderen, während wir weitergingen.

Auf dem ganzen Weg in die Stadt Yan'an erzählte ich pausenlos. Es gab auch viel zu erzählen, was in einem ganzen Jahr passiert war. Ich war mir ziemlich sicher, so viel und so lange wie seit gestern hatte ich in meinem bisherigen Leben noch nicht mit Vater gesprochen. Kekse naschend, neben meinem Vater laufend und wie ein Radio plappernd, so hatte ich mich wirklich noch nie erlebt! Ich hatte das Gefühl, ich holte meine Kindheit nach.

Unterwegs besuchten wir die zweieinhalb Kilometer nordwestlich von Yan'an entfernte Gedenkstätte Yangjialing. Vom November 1938 bis März 1947 war hier der Wohnsitz vieler Mitglieder des Zentralkomitees der KP Chinas gewesen, unter anderem der von Mao Zedong, Zhu De, Zhou Enlai und Liu Shaoqi. Hier hatte der historisch bedeutende 7. Parteitag stattgefunden, auf dem die Mao-Zedong-Ideen zur parteipolitischen Leitlinie erhoben worden waren. An einem niedrigen Steintisch im Hof machten wir Rast. An diesem Tisch hatte Mao Zedong im August 1946 die amerikanische Korrespondentin Anna Louise Strong empfangen und den berühmten Satz »Alle Reaktionäre sind Papiertiger« gesagt.

Vater war sichtlich gerührt. Er sprach mit beinah theatralischem Pathos: »Seit siebenundzwanzig Jahren ist dein Vater bei der Revolution. Aber an diesem heiligen Ort der Revolution bin ich noch nie gewesen. Erst durch meine Tochter habe ich den Weg hierher gefunden ... Papa ist davon überzeugt, dass er die

Prüfung durch die Partei bestehen und wieder in die Partei aufgenommen werden wird. Verlass dich auf Papa!« Vater pflegte in dritter Person zu sprechen, wenn er etwas Bewegendes aussagen oder etwas Wichtiges betonen wollte.

Als wir die Große Yan'an-Brücke erreichten, an der sich alle Besucher vor dem Motiv der berühmten Pagode zu fotografieren pflegten, waren die Kekse alle. Vater und ich ließen uns ebenfalls von dem Fotografen mit einem altmodischen Fotoapparat fotografieren, vor der Brücke neben einer Trauerweide. Das Foto sollte ich in zehn Tagen hier bei ihm abholen.

Dann besuchten wir die »Gedenkhalle der Revolution«, die Gedenkstätte Wangjiaping und die Gedenkstätte am Phönixberg, wo einst Mao Zedong, Zhu De, Zhou Enlai und andere revolutionäre Vorfahren ebenfalls gewohnt hatten. Anschließend stiegen wir auf den Berg der Pagode und sahen uns das Bauwerk aus der Nähe an.

Zum Schluss gingen wir in ein Restaurant. Ich bestellte ein Pfund Baozi mit Fleischfüllung und verputzte sie in einem Zuge bis auf den letzten Krümel. Vater guckte mich die ganze Zeit ungläubig an, sagte aber nur, ich solle langsamer essen, damit ich mich nicht verschlucke.

Ich konnte mir gut vorstellen, wie verwundert er sein musste. Als ich klein gewesen war, hatte man immer betteln müssen, damit ich etwas aß. Später, nachdem ich eine kleine Schwester bekommen hatte, aus der bald ein pummeliges Mädchen mit Apfelbäckchen wurde, machten die Nachbarn jedes Mal die Bemerkung, wenn sie uns beide zusammen sahen, ich sei das Aschenputtel und meine Schwester die Prinzessin. Stets sah ich unterernährt aus. Heute konnte ich es gar nicht mehr nachvollziehen, warum ich früher Möhren, Spinat und Mantou nicht gemocht hatte.

Meinem Vater erzählte ich nicht, dass wir manchmal hungern mussten. Meinen ungewöhnlichen Appetit begründete ich so, dass die körperliche Arbeit sehr schwer sei und wir deshalb zur gierigen »Raupe Nimmersatt« geworden seien.

Zur Krönung dieses schönen Tages gingen wir am Nachmittag ins Kino. Im Moment lief *Das Geheimnis des A'xia-Flusses*. Obwohl es ein Kinderfilm war, wollte ich ihn unbedingt sehen. Vater schlief dabei ein. Ich jedoch verfolgte gespannt die Handlung. Ich merkte, wie hungrig ich geworden war, nicht nur nach Baozi, sondern auch nach allem, was auch nur mit einem Hauch Kultur zu tun hatte.

Am dritten Tag wollte Vater seine Heimreise fortsetzen. Brigadeleiter Gao entschied, meinen Vater mit einem Eselskarren in die Stadt Yan'an zu bringen. Und er kam persönlich mit. Damit man sich von meinem Vater verabschieden konnte, ließ Parteisekretär Cheng alle Leute zum Frühstück zurück ins Dorf kommen. Vater schüttelte zum Abschied wieder allen die Hände, Männern, Frauen, Kindern und meinen Kameraden, die auf dem Dorfplatz versammelt waren, als wäre er ein hoher Kader aus dem Zentralkomitee. Dabei war er doch nur ein Verbannter! Einige Familien hatten zusammen ein Säckchen Hirse gesammelt, das mein Vater unbedingt mit nach Peking nehmen sollte. Vater versuchte zu erklären, er könne es nicht annehmen, weil jedes Korn hier kostbar sei. Die Frauen dieser Familien sagten stolz, sie hätten alles in Hülle und Fülle. Dann sagte Vater, in Peking gebe es auch Hirse zu kaufen. Daraufhin die Frauen: »Aber das hier ist doch etwas anderes. Das ist die Hirse aus dem Kleinen Tal.« So landete das Säckchen auf seinem Gepäck im Eselskarren. Ich sah Tränen in seinen Augen glitzern. Soweit ich mich erinnern konnte, hatte ich ihn noch nie weinen sehen.

Dann ging es los. Gao trieb vorne den Esel an, Vater und ich folgten dem Karren. So gingen wir den schmalen Pfad hinunter, der von der Terrasse zum Weg in der Talsohle führte. Die Leute standen am Rand der Terrasse und schauten und winkten uns nach, bis wir den Damm erreichten und um die Kurve bogen.

Unterwegs plauderte Gao mit meinem Vater. Er wollte wissen, ob mein Vater seinen Sohn Gao Qiming kennen würde. Er sei auch in Lanzhou bei der Luftwaffe. Vater musste ihn enttäuschen und erklärte ihm, dass Lanzhou eine große Stadt sei und dass es im Militärbezirk Lanzhou viele Truppen gebe. Gao sagte, er werde herausfinden, in welcher Truppe sein Sohn diene, ob mein Vater die Vorgesetzten seines Sohnes darum bitten könnte, ihn in der Armee zu behalten. Das Leben hier auf dem Land sei zu hart, und man habe keine Zukunft. Vater wollte ihn nicht noch einmal enttäuschen und sagte, er werde es versuchen.

Im Sommer war der Wasserstand des Yan-Flusses höher als im Winter. Deshalb konnten wir nicht den Fluss überqueren und die Asphaltstraße nehmen, sondern mussten die Berge entlang den schlechten Sandweg laufen.

In der Stadt angekommen, brachten wir Vater zum Busbahnhof.

Als er nach Lanzhou geschickt worden war, hatte ich ihn nicht zum Bahnhof begleitet und ihm nicht Lebewohl gesagt. An einem Montagmorgen war er geräuschlos gegangen und spurlos aus meinem Leben verschwunden. In Yan'an hatte ich ihn wiedergefunden. Es war so, als hätte ich überhaupt einen neuen Vater bekommen, von dem ich heute jedoch wieder Abschied nehmen musste.

Wir halfen ihm sein Gepäck in den Bus bringen. Er drückte Gao lange die Hände.

Ich sagte: »Auf Wiedersehen! Grüß alle zu Hause! Gute Reise!«

Er antwortete: »Pass gut auf dich auf! Schreib Papa, wenn du Zeit hast! Ach ja, vergiss nicht, das Foto an Papa zu schicken!«

Dann stieg er in den staubbedeckten Bus ein. Wir hatten uns nicht die Hände geschüttelt. Das wäre mir komisch vorgekommen.

Wenn der Bus unterwegs keine Panne hätte, würde Vater heute Abend in Tongchuan übernachten und morgen Xi'an erreichen. So würde er überübermorgen früh in Peking ankommen. Ein Telegramm hatte er gestern nach Hause geschickt. Vielleicht würde er von Mutter abgeholt werden, falls sie unterdessen von der Tournee zurückgekommen sein sollte.

Der Motor heulte gewaltig auf. Rüttelnd und rußend startete der Bus. Gao und ich winkten ihm lange nach, bis der Bus – eingehüllt in eine riesige Staubwolke – in der Ferne verschwand. Irgendetwas, das ein bisschen schmerzte, spürte ich im Inneren. Vielleicht eine Art Heimweh? Oder die erwachte Sehnsucht nach meinem Vater, der mir doch gefehlt hatte?

5. KAPITEL

*Warum das Ideal eines Bauernjungen an meinem Ideal rüttelte,
und wie wir das politische Bewusstsein der Bauern zu erhöhen
versuchten und ich dabei in Trance fiel*

Es gehörte zu meinen Aufgaben, die Jugendarbeit im Dorf zu organisieren und neue Mitglieder in den Jugendverband aufzunehmen. Nanhuo war einer der drei Kandidaten unter den Jugendlichen im Dorf, die wir für geeignet hielten. Als Voraussetzung für die Aufnahme musste ich ein Einzelgespräch mit ihm führen.

Nanhuo, achtzehn Jahre alt, hatte leider nur drei Jahre die Schule besucht, weil sein Vater gestorben und seine Mutter krank war und die Familie seine Arbeitskraft brauchte. Er war ein lebhafter, neugieriger Junge, kam oft in unsere Küche, schaute zu, was wir so machten, oder stellte uns Fragen, wie zum Beispiel, ob wir in Peking jeden Tag Vorsitzendem Mao begegneten. Er war noch nicht weiter gekommen als bis in die Stadt Yan'an und konnte sich nicht vorstellen, wie groß Peking ist. Bei der kollektiven Arbeit zeigte er sich beispielhaft, war einer der besten Arbeitskräfte im Dorf und erschien jedes Mal pünktlich zur politischen Schulung. Wir waren der Meinung, dass es nichts gab, was gegen seine Aufnahme in den Jugendverband sprechen würde.

Nachdem ich ihm die Geschichte, die Grundsätze und die Funktion des Jugendverbandes erklärt hatte, fragte ich ihn, was sein Ideal sei – eine der Standardfragen, die man jedem Kandidaten stellen musste. Er wusste nicht, was das Wort »Ideal« bedeutete. Ich überlegte kurz und sagte, das sei die Sache, die man am meisten liebe, für die man alles hergeben würde. Er sagte, darüber müsse er mal nachdenken. Er rieb seine rechte Hand an seinem Knie hin und her und schwieg, während sein Gesicht immer röter wurde. Ich sagte: »Trau dich! Sag einfach, was du denkst! Hauptsache, du sagst die Wahrheit.«

Die Röte verbreitete sich bis zum Hals, Schweißtropfen liefen ihm die Stirn herunter. Ich versuchte, ihn noch mehr zu ermutigen, und wiederholte beharrlich: »Hab keine Angst! Sag, was du denkst! Man soll der Organisation alles erzählen.«

Schließlich stotterte er, ohne mich anzuschauen: »Am meisten wünsche ich mir, … dass ich Guilian heiraten kann, ohne das Brautgeld an ihre Familie zahlen zu müssen. … Und außerdem wünsche ich mir, dass ich in die Stadt gehe und … Metzger werde.«

Es verschlug mir sekundenlang die Sprache. Nanhuo merkte, dass er nicht das gesagt hatte, was ich erwartet hatte. Er wurde noch röter und murmelte verlegen: »Du hast gesagt, ich soll die Wahrheit sagen.«

Ich sagte freundlich: »Ja, das ist richtig. Aber … warum Metzger?«

»Dann hätten meine Mutter und ich unser Leben lang Fleisch zu essen.«

Eine bittere Traurigkeit ergriff mich augenblicklich, und ich wusste nicht, was ich ihm sagen sollte. All die Begriffe, die wir in der Schule tausendfach gehört, gesagt und zu Papier gebracht hatten, wie »Verwirklichung des Kommunismus«, »Befreiung aller unterdrückten Völker auf der Welt«, »Aufbau des Sozialismus« usw., die die richtigen Antworten gewesen wären, kamen mir auf einmal so banal, sinnlos und irreal vor im Vergleich zu Nanhuos »Ideal«, das vielleicht für immer nur sein »Ideal«, ja sein Traum, bleiben würde.

Guilian war ein sechzehnjähriges Mädchen aus unserem Dorf. Ich hatte schon gemerkt, dass die beiden bei der politischen Schulung gern nebeneinandersaßen. Manchmal machten andere Jungs und Mädchen harmlose Scherze über die beiden. Aber ich wusste nicht, dass Nanhuo in der Tat in Guilian verliebt war.

528

Denn alle wussten, Guilian war seit zwei Jahren mit jemandem aus dem hundertsechzig Kilometer entfernten Kreis Yichuan verlobt. Hier war es üblich, dass Mädchen mit fünfzehn oder sechzehn Jahren durch die Eltern verlobt oder verheiratet wurden. Manchmal wurden sie verheiratet, weil ihre Familien das Brautgeld brauchten, damit sie wiederum Bräute für ihre Söhne finden konnten. Nanhuos Familie war sehr arm. Er war ein Einzelkind. Vor ihm hatte es drei Geschwister gegeben, die alle nicht das dritte Lebensjahr überlebt hatten. Seine kranke Mutter und er würden sich wahrscheinlich nie das benötigte Brautgeld zusammensparen können.

Ich war nicht in der Lage, irgendeinen Kommentar zu seinem »Ideal« abzugeben oder ihm zu erklären, was mit dem Ideal des Kommunistischen Jugendverbandes gemeint war. Aber irgendwie musste ich das Gespräch beenden, denn Nanhuo wartete gespannt auf eine Reaktion von mir bezüglich seiner Antwort. Schließlich sagte ich leise zu ihm: »Ich danke dir, dass du mir deine Wünsche anvertraut hast. Ich hoffe sehr für dich, dass sie in Erfüllung gehen.«

Ein zufriedenes, ein wenig verschämtes Lächeln breitete sich auf seinem vorhin so angespannten Gesicht aus.

Von der Grundschule an wurde uns eingeimpft, dass unser höchstes Ideal die »Verwirklichung des Kommunismus« sei. Im Kommunismus würden alle Menschen gleich sein, würden die Güter in Hülle und Fülle jedem zur Verfügung stehen, würde jeder nach seinen Fähigkeiten arbeiten, würde jeder nach seiner Leistung und seinen Bedürfnissen belohnt werden. Aber den wirklichen Sinn beziehungsweise die Bedeutung dieses Ideals hatte ich nie hinterfragt. Ich hatte es nie infrage gestellt und auch nie darüber nachgedacht, wie man es anpacken sollte, um dieses Ideal Wirklichkeit werden zu lassen. In diesem Augenblick fragte ich mich zum ersten Mal: »Warum hat ein junger Bauer siebenundzwanzig Jahre nach der Gründung der sozialistischen Volksrepublik, die doch der Übergang zum Kommunismus sein soll, noch nicht genug zu essen? Warum ist er nicht einmal in der Lage, die Frau zu heiraten, die er liebt?«

Auch unsere Mission schien mir plötzlich fraglich zu sein, wenn ich mir die Realität vor Augen hielt. Was konnten wir für die Bekämpfung der Armut wirklich tun? Bis jetzt hatten wir mehr vom Kleinen Tal genommen, als wir ihm geben konnten. Wir verbrauchten die knappen Wasserressourcen zusätzlich und rissen den Bauern ihr mit Blut und Schweiß gewonnenes, von der Natur gnädig überlassenes bisschen Getreide aus dem Mund, wir aßen sogar ihr Saatgut auf! Waren wir wirklich »Kieselsteine«, die die tiefe Kluft zwischen den Städten und den ländlichen Regionen einebneten, wie unsere Losung behauptete? Der Weg zum Kommunismus schien ein unendlich langer Weg zu sein. Ich vermochte keine Antwort auf all die Fragen zu finden und wollte auch nicht weiter nachdenken. Ich spürte nur eine leise Traurigkeit und Verwirrtheit.

Nach dem Abendessen wurde eine Sitzung der Jugendverbandszelle einberufen. Ich berichtete über dieses Gespräch, damit wir uns eine Meinung bilden konnten, ob Nanhuo den Kriterien für eine Mitgliedschaft des Jugendverbandes entsprach.

Als ich Nanhuos »Ideal« wiedergab, lachte unser »Philosoph« Zhen laut auf und sagte: »Was für eine weise Antwort! Konfuzius hat gesagt, Essen und Trieb seien die beiden wichtigsten Angelegenheiten im Leben eines Menschen. Ein achtzehnjähriger Bauer denkt wie der Urvater der chinesischen Philosophie!«

»Sei mal ernst! Ich halte ihn für einen sehr fortschrittlichen Jugendlichen. Aber er hat kein politisches Bewusstsein«, wandte Huai ein.

»Das wird er dann lernen können, wenn er im Jugendverband ist«, meinte Jiayu.

Unsere Meinungen gingen auseinander. Die knappe Mehrheit war gegen seine Aufnahme. Am Ende schlug Yang vor, dass ich noch einmal mit ihm sprechen sollte.

Bei dieser Gelegenheit brachte ich zur Sprache, wie wir das politische Bewusstsein der Bauern erhöhen könnten. Die wöchentliche politische Schulung reichte offensichtlich nicht aus. Wir führten eine heftige Debatte. Einige meinten, wir seien gekommen, um von den Bauern umerzogen zu werden, und nicht, um die Bauern zu erziehen. Andere glaubten wiederum, das politische Bewusstsein der Bauern sei die Voraussetzung für den Fortschritt, für den Aufbau Yan'ans und für die Bekämpfung der Armut. Schließlich kamen wir einstimmig zum Entschluss, eine Rundfunkstation zu gründen.

Im ganzen Dorf hingen Lautsprecher an den Leitungsmasten. In der Höhle des Brigadebüros befand sich das dazugehörige Mikrophon. Bis jetzt wurde es nur für die Durchsage wichtiger Mitteilungen benutzt, wie zum Beispiel, welche Feldarbeit am nächsten Tag anfallen würde, wann das Getreide oder die Kartoffeln verteilt würden. Auch wenn eine Versammlung beziehungsweise politische Schulung stattfinden sollte, trommelte Parteisekretär Cheng die Dorfbewohner durch das Mikrophon zusammen.

Gleich nach der Sitzung ging ich zum Parteisekretär Cheng und erzählte ihm von unserer Idee. Er fand den Vorschlag gut und stellte uns das Brigadebüro zur Verfügung.

Jiayu und ich waren die Hauptverantwortlichen für die Rundfunkstation – schließlich gehörte die Propagandaarbeit zu meinen Aufgaben. Alle anderen Kameraden, einschließlich einiger Jugendlicher im Dorf, die ein paar Jahre die Grundschule besucht hatten, schrieben für uns Berichte, Gedichte oder andere Beiträge. In den Berichten wurden hauptsächlich diejenigen Dorfbewohner gelobt, die sich bei der kollektiven Arbeit besonders große Mühe gaben und vorbildliche Leistungen erbrachten. Wenn keine Berichte vorlagen, lasen wir einfach die wichtigsten Artikel aus der *Volkszeitung* vor.

Ich freute mich, endlich eine Aufgabe gefunden zu haben und meine Fähigkeit für das Kleine Tal nutzbar machen zu können, und packte voller Elan an. Durch diese Arbeit war ich jeden Tag eine halbe Stunde mit Jiayu allein zusammen. Meistens gingen wir nach Feierabend ins Brigadebüro, während die anderen bereits mit dem Essen anfingen. Die Müdigkeit und der Hunger machten mir auf einmal nichts mehr aus. Ich empfand außer dem Arbeitselan noch ein schwer beschreibbares Gefühl, wenn ich neben Jiayu saß: ein Gefühl, das mir Wärme gab, mich aber gleichzeitig buchstäblich »entkräftete«. Ich wurde ganz weich, meine Hände schwitzten, ich wusste nicht, was ich vorlas, und manchmal drohten mir sogar die Sinne zu schwinden. Man kann sagen, ich fiel in dieser halben Stunde regelrecht in Trance. Wenn wir danach gemeinsam in die Küche gingen, schwebte ich wie auf Wolken. Ich konnte nicht mehr leugnen, dass zwischen Jiayu und mir eine besondere Beziehung entstanden war, die über die Kameradschaft hinausging, obwohl wir nie darüber gesprochen hatten. Das beunruhigte mich zutiefst, weil ich diese Beziehung als einen Widerspruch zu unserem Ziel ansah. Ich war fest davon überzeugt, dass wir uns mitten in einem harten Kampf befanden, in dem Privates keinen Platz hatte. Eine unserer Losungen lautete: »Auf das Glück verzichten und bewusst die Härten auf sich nehmen«. Hatte ich Anrans Bitte, mit mir zusammen zu sein, nicht deswegen abgelehnt, weil ich die Liebe für ein sentimentales, kleinbürgerliches Gefühl hielt? Wie konnte ich jetzt selbst diesem Gefühl verfallen? Ich ärgerte mich über meine Schwäche. Aber gegenüber dem, was ich empfand, war ich machtlos. Verzweifelt mahnte ich mich im Tagebuch: »Gib acht vor der Schlange! Das Interesse der Revolution steht über allem! Bewahre stets den Verstand! Überwinde die kleinbürgerliche Sentimentalität! Von unserem Ziel sind wir noch unendlich weit entfernt.«

Die Jugendverbandszelle hatte endlich mehrheitlich zugestimmt, Nanhuo und auch die beiden anderen Kandidaten in den Verband aufzunehmen. Zuvor hatte ich noch zwei weitere Gesprä-

che mit ihm geführt. Ehrlich gesagt, es fiel mir schwer, seine alltägliche Feldarbeit mit dem Ziel der Weltrevolution und mit der
Verwirklichung des Kommunismus zu verbinden.

Schließlich erklärte ich ihm: »Als Mitglied des Jugendverbandes muss man immer Vorbild sein für die anderen, das heißt besser sein als die anderen, hast du verstanden?«

Lächelnd nickte er: »Verstanden!«

Die Aufnahmezeremonie fand an einem sonnigen Herbst-
nachmittag auf dem Dorfplatz statt. Außer allen Mitgliedern des
Jugendverbands waren auch viele andere Jugendliche aus dem
Dorf anwesend. Neugierige Kinder bildeten einen Kreis um uns.
Parteisekretär Cheng war es nicht gelungen, sie zu vertreiben.
Unter der roten Fahne des Jugendverbandes leisteten Nanhuo,
Changying und Xiaomei den Eid des Beitritts zum Jugendver-
band. Danach sangen wir zusammen die *Internationale*. Alle wa-
ren sehr bewegt. Als Sekretärin der Jugendverbandszelle hatte ich
in der Schule viele neue Mitglieder aufgenommen. Aber diese
Aufnahmezeremonie würde wohl für immer in meinem Ge-
dächtnis eingebrannt bleiben.

Seit dem ersten Gespräch mit Nanhuo beschäftigte mich sein
Ideal. »Guilian – Metzger« war ein Ohrwurm geworden und
schwoll in meinem Kopf zu einem Dröhnen an.

Er wusste zu diesem Zeitpunkt vielleicht besser, was das Ideal
des Nachwuchses der Revolution beinhaltete. Aber würde sein
Wunsch jemals in Erfüllung gehen?

6. Kapitel

Wie wir den Fall des Riesensterns erlebten, und warum Jiayu sich eine Woche lang stumm stellte

Was für ein schwarzes Datum – der 9. September 1976! An diesem Morgen brachen Jiayu und ich mit einem Eselskarren auf, um in der Stadt Yan'an unsere monatliche Getreideration zu holen.

Der Himmel war bedeckt. Dicke Wolken hingen über den Bergen. Keiner von uns wollte auf dem Karren sitzen. So liefen wir neben dem Karren her und unterhielten uns. Jiayu erzählte mir von seinem Leben in der 7.-Mai-Kaderschule, in der die Familien aufgelöst wurden und alle Leute wie bei der Armee, nach Geschlechtern getrennt, zusammenlebten. Seine Mutter war 1969 mit anderen Mitarbeitern ihres Verlags und vielen Schriftstellern zusammen dorthin verschickt worden und hatte ihn mitgenommen, während sein Vater in eine andere 7.-Mai-Kaderschule gehen musste. Er sprach auch von seinem siebenjährigen kleinen Bruder, der von Geburt an einen Tumor im Kopf hatte. Jiayu gehörte, genau wie ich, zu denjenigen Abiturienten, die laut der Regelungen nach dem Abitur eigentlich in Peking hätten bleiben dürfen. Aber er habe sich für Yan'an entschieden, aus Idealismus, Abenteuerlust und einer besonderen Leidenschaft für das Kollektivleben, vertraute mir Jiayu an.

Als wir das Dorf Yangjialing erreichten, hörten wir plötzlich dumpfe Trauermusik aus den Lautsprechern erklingen. Wir waren entsetzt: Welcher revolutionärer Führer war denn nun gestorben? In diesem Jahr waren bereits zwei von uns gegangen: am 8. Januar Premierminister Zhou Enlai und am 6. Juli der Marschall Zhu De. Dann hörten wir die langsame, traurige Stimme des Sprechers des Zentralen Volksrundfunks Peking im Tal widerhallen:

»Am 9. September 1976, um 0 Uhr 10, ist der Vorsitzende des Zentralkomitees der Kommunistischen Partei Chinas, der Vorsitzende der Militärkommission beim Zentralkomitee der Kommunistischen Partei Chinas und der Ehrenvorsitzende der Politischen Konsultativkonferenz des Chinesischen Volkes Mao Zedong von uns gegangen. Er wurde 83 Jahre alt … Vorsitzender Mao Zedong war der größte Marxist der Gegenwart. Seit mehr als einem halben Jahrhundert befolgte er das Prinzip, die allgemeine Wahrheit des Marxismus und Leninismus mit der Praxis der Revolution zu verbinden, und hat im Kampf gegen inner- und außerparteiliche Klassenfeinde im In- und Ausland den Marxismus und Leninismus weitergeführt und entwickelt …«

Der Sprecher las weiter, aber ich konnte seinem Text nicht mehr folgen. Unsere Schritte wurden immer langsamer, bis wir schließlich stehen blieben. Ich spürte, wie meine Beine kraftlos wurden und zitterten. Tränen liefen mir über die Wangen. Dann wurde mir schwindlig. Schließlich konnte ich nicht mehr stehen. Ich ging am Wegrand in die Hocke. Jiayu wartete. Als er sah, dass ich nicht mehr aufstand, kam er zu mir und sagte, ich solle mich auf den Karren setzen. Wir sahen uns nicht an, trotzdem merkte ich, dass auch er weinte.

Der Weg war sehr schlecht. Überall lauerten Steine und Schlaglöcher. Der Esel trappelte vor sich hin. Jiayu trieb ihn nicht an und ging schweigend neben dem Karren her. Es war unmöglich, ruhig auf dem Karren zu sitzen, denn er wackelte, schaukelte und rüttelte. Mir wurde immer schlechter.

»Vorsitzender Mao ist tot«, ging immer wieder durch meinen Kopf.

Vorsitzenden Mao hatte ich nie wirklich gesehen, nur einmal aus der Ferne. Aber er hatte mein bisheriges Leben zutiefst geprägt. Er war jederzeit und überall präsent gewesen, gesellschaftlich wie privat – ja, eine »nie untergehende Sonne«, als die er in unzähligen Liedern besungen wurde. Man kann sagen, ich wuchs in seinem »Sonnenschein« auf. Deswegen war die Traurigkeit, die ich in diesem Augenblick empfand, so stark, als ob ein naher Verwandter gestorben wäre. Ich hatte das Gefühl, der Himmel war eingestürzt. Das Land hatte keinen Führer mehr und das Schiff keinen Steuermann. Wir waren auf einmal Waisen geworden. Was würde aus uns? Was würde aus China?

In Yan'an aßen wir in einem kleinen Lokal Nudeln. Die Trauermusik erfüllte die Bezirkshauptstadt. Aus allen Lautsprechern ertönte ununterbrochen die Stimme des Sprechers. Die Nationalflagge vor dem Bezirksrevolutionskomitee hing auf halbmast. Überall sah man weinende Menschen. Wir verweilten nicht und begaben uns nach dem Einkaufen gleich auf den Rückweg.

Es ging mir zwar etwas besser, trotzdem saß ich auf dem Karren zwischen den Säcken von Weizen- und Maismehl und Chinakohl. Als wir Lijiawa erreichten, setzte Regen ein. Wir gingen ins Dorf, stellten den Karren unter und besuchten Gang. Gang war Soldat gewesen, hatte aber auf eine Karriere in der Armee verzichtet und war unmittelbar vor unserer Ankunft von Peking nach Yan'an gekommen. Er hatte sich aus eigener Initiative in Lijiawa niedergelassen, weil sein Großvater, einer der ersten Kommunisten Chinas und Kampfgefährte Mao Zedongs, auf dem Heldenfriedhof hier im Dorf ruhte. Gang fühlte sich verpflichtet, das revolutionäre Erbe seines Großvaters fortzuführen. Im Gegensatz zu den meisten arroganten »Kaderkindern« war er bescheiden, freundlich und humorvoll. Er konnte unendlich viele Anekdoten erzählen und sprühte vor Witz. Gang hatte ein rundes Gesicht und sehr schmale Augen, aber dafür zwei Ohren wie die des Buddhas. Und er war mit einem Mädchen aus dem Dorf befreundet – vielleicht sogar verlobt, behaupteten manche. Wir mochten ihn sehr und schauten oft bei ihm vorbei, wenn wir in die Stadt gingen.

Heute war er schweigsam. Er brühte uns einen Tee und rauchte ununterbrochen seine selbst gedrehten Zigaretten. Als ich fragte, warum wir nie erfahren hätten, dass Vorsitzender Mao krank gewesen sei, antwortete er, doch, er habe es gewusst. Er habe aus seinem Familienkreis gehört, dass Vorsitzender Mao seit Längerem krank gewesen und von einigen Personen im Zentralkomitee als eine Galionsfigur benutzt worden sei, in Wirklichkeit aber die Kontrolle über die politische Lage verloren habe. Die Namen nannte er nicht. Dann schaute er zum von dunklen Wolken bedeckten Himmel hoch und sagte bedeutungsvoll: »Ein heftiger Sturm steht bevor.« Mehr wollte er nicht dazu äußern.

Am 18. September fand die von der Bezirksparteizelle organisierte Trauerfeier in der Gedenkstätte Zaoyuan statt. In der Morgendämmerung brachen wir Jugendliche aus Peking und einige Vertreter der Dorfbewohner mit unserem Papierblumenkranz auf. Zaoyuan liegt acht Kilometer nordwestlich von der Bezirkshauptstadt Yan'an entfernt in einem breiten, ebenen Tal.

Dort angekommen, erfuhren wir, dass die Trauerfeier erst am Nachmittag um drei Uhr stattfinden würde, zum gleichen Zeitpunkt wie die große Trauerfeier auf dem Platz des Himmlischen Friedens in Peking. So nutzten wir die Gelegenheit, die Gedenkstätte in Zaoyuan zu besichtigen.

Der Name Zaoyuan – Dattelgarten – kam von daher, weil in dieser Gegend viele Dattelbäume wuchsen. Nach der Ankunft der Roten Armee in Yan'an befand sich die Abteilung für Soziales des Zentralkomitees der Kommunistischen Partei Chinas in Zaoyuan. 1944 zog das Sekretariat des Zentralkomitees von Yangjialing hierher. Mao Zedong, Liu Shaoqi, Zhou Enlai, Zhu De und der Großvater von Gang hatten auch hier ihre Wohnsitze gehabt. Die Wohnhöhle des Vorsitzenden Mao war mit einem Bett, zwei Sesseln und einem Schreibtisch eingerichtet, an dem er viele wichtige Werke geschrieben hatte, darunter *Über die Neue Demokratie*. Die Holzfensterrahmen waren mit weißem Reispapier beklebt. In der Wohnhöhle von Premierminister

Zhou Enlai war ein Webstuhl zu sehen, auf dem er selber gewebt haben soll. Damals hatten sich alle Soldaten und Kader an der Produktion beteiligt, um sich mit Nahrungsmitteln und Kleidung zu versorgen.

Vertreter aus allen Volkskommunen und Produktionsbrigaden waren gekommen, darunter viele unserer Kameraden aus Peking. Unter einem der zahlreichen Dattelbäume im Hof der Gedenkstätte traf ich auf Anran. Er hatte abgenommen. Seine Haare waren lang und zerzaust. Seine Kleidung war schmutzig, ein Hosenbein zerrissen. Wir freuten uns über unser Wiedersehen. Ich hatte gehört, dass das Leben in den abgelegenen Regionen viel härter sei als in den Dörfern, die um die Bezirkshauptstadt Yan'an lagen. Deshalb wollte ich wissen, wie das Leben in seinem Dorf Dazhanghe sei. Anran bestätigte meine Befürchtung und erzählte mir, die Bauern in seinem Dorf seien bitterarm und hätten nicht genug zu essen. Man müsse dem Getreide nicht nur Spreu und Kleie beimischen, sondern auch Wildkräuter, Aprikosenbaumblätter und Blätter von Süßkartoffeln als Sättigungsmittel zu sich nehmen, weil die Ernte einfach zu schlecht sei und weit unter dem eigenen Bedarf liege. Es gebe keinen Strom, keine Kohle und kein Wasser. Die Region sei unfruchtbar und äußerst trocken. Man müsse Dutzende von Kilometern laufen, um Wasser aus einem Bach oder einem Fluss zu holen. Es sei eine fast unerfüllbare Aufgabe des alltäglichen Lebens, Brennholz zu finden, weil es dort so gut wie keine Bäume gebe.

Ich betrachtete sein hageres Gesicht und seine noch größer scheinenden Augen und konnte meine Tränen kaum zurückhalten …

Vor dem großen Porträt des Vorsitzenden Mao, das im Hof des Dattelgartens aufgehängt worden war, legten alle Produktionsbrigaden hintereinander ihre Kränze nieder. Dann stellten wir uns in geordneten Reihen auf und warteten.

Es war das Standardporträt, das am Tor des Himmlischen Friedens, bei uns zu Hause, früher in meinem Klassenzimmer in der Schule und jetzt in unserer Wohnhöhle hing. Ein Gesicht, das dem Gesicht Buddhas ähnelte, meinten viele; die sanft und friedlich wirkenden Augen richteten sich über den Kopf des Betrachters hinweg in die Ferne; ein Lächeln um die Mundwinkel, das kaum wahrnehmbar war; die charakteristische Warze am Kinn; große Ohren, die auf ein langes Leben deuteten; glatte Haut; ausgeprägt breite Stirn. Wenn ich es mir genauer überlegte, kam mir dieses Bildnis eigentlich nicht realistisch vor. Ich hatte es nie mit einer realen Person verbinden können, weil ich den Vorsitzenden Mao nie als lebendigen Menschen erlebt hatte. Es erschien mir als genauso unrealistisch wie das Bildnis des Herdgottes, das im Haus meiner Großmutter in Baoding hing. In dieser Hinsicht stellte Mao Zedongs Tod für mich keine Veränderung dar. Ein Gott stirbt nicht. Deshalb verstand ich es nicht, warum mein Körper an dem Tag dennoch so heftig reagiert hatte. Lediglich mein Verstand sagte mir, dass der Mensch Mao Zedong jenseits der Mauer des Hofes am Mittel-Süd-See in der Nähe der Verbotenen Stadt gelebt hatte und jetzt tot war – tot wie jeder Sterbliche. Der von neunhundert Millionen Chinesen jahrzehntelang skandierte Ruf »Vorsitzender Mao möge ewig leben!« hatte nichts genützt. Was weiterleben würde, waren seine Ideen, die einmal in diesem Kopf entstanden waren. Mein Verstand sagte mir weiter, dass Mao Zedongs Tod eine Veränderung für China bedeuten könnte. Aber was für eine, vermochte ich mir nicht im Geringsten vorzustellen. Wer könnte den Vorsitzenden Mao ersetzen? Wohin würde Chinas Weg führen?

Zum ersten Mal wurde mir bewusst, dass ich eigentlich nichts von der Politik verstand. Was Gang am 9. September gesagt hatte, konnte ich in keiner Weise deuten. Alle Leute hielten uns, die wir freiwillig nach Yan'an gekommen waren, für den überzeugten Nachwuchs der großen Sache der Revolution mit hohem politischen Bewusstsein. War ich wirklich die Person, für die man mich hielt? Würden die Imperialisten China angreifen, weil wir keinen Führer mehr hatten? Hatte uns Vorsitzender

Mao nicht seit Jahren vor der Gefahr eines neuen Weltkriegs gewarnt? Was würde aus uns werden? Was sollten wir tun, wenn ein Krieg ausbrechen würde? Viele Fragen gingen durch meinen Kopf, während ich im Dattelgarten stand und auf Mao Zedongs Porträt starrte.

Nicht nur mich beschäftigten diese schwierigen Fragen. Seit die Todesnachricht uns erreicht hatte, diskutierte meine Gruppe oft in der Küche, was in China geschehen würde. Manche befürchteten sogar, dass ein Bürgerkrieg ausbrechen könnte. Zhen sagte, im Fall eines Kriegs hätten wir den Vorteil, hier in den Bergen zu sein, denn die Berge eigneten sich bestens für einen Partisanenkampf.

Punkt fünfzehn Uhr ertönte die Trauermusik aus den Lautsprechern. Irgendwo fingen Leute an zu schluchzen. Wie eine Welle breitete sich die Trauer aus. Im Nu wurden die Massen von einer kollektiven Wehklage erschüttert. Viele weinten hemmungslos. Auch ich konnte meine Tränen nicht mehr unterdrücken.

Die vom Rundfunk direkt übertragene Trauerfeier in Peking wurde von Wang Hongwen, dem stellvertretenden Vorsitzenden des Zentralkomitees[56], zelebriert. Nach drei Salutschüssen und drei Schweigeminuten hielt Hua Guofeng[57] die Trauerrede. Obwohl wir so weit von Peking entfernt waren, fühlten wir uns in diesem Augenblick mit Peking eng verbunden.

Nach der Übertragung der Trauerfeier hielt der Bezirksparteisekretär der KP Chinas eine Rede, in der er alle Menschen Yan'ans aufforderte, die Trauer in Kraft zu verwandeln, um das

---

56 Wang Hongwen (1936–1992), nach dem »Zwischenfall vom 13. September« eine Zeit lang von Mao Zedong als eventueller Nachfolger gefördert, wurde im Oktober 1976 als Mitglied der Viererbande verhaftet und 1981 zu lebenslänglicher Haft verurteilt.

57 Hua Guofeng (1921–2008), zu jener Zeit der 1. Vizevorsitzende des Zentralkomitees der KPCh und Premierminister, wurde von Mao Zedong vor seinem Tod als dessen Nachfolger bestimmt. Allerdings konnte er sich nur kurze Zeit an der Machtspitze halten. 1981 wurde er auf Betreiben von Deng Xiaoping als Parteivorsitzender abgelöst, blieb aber noch bis in die Neunzigerjahre ZK-Mitglied.

Vermächtnis unserer revolutionären Vorfahren zu erfüllen und Yan'an – den heiligen Ort der Revolution – aufzubauen. Danach bat er einen alten Bauern auf die Bühne, der Mao Zedong damals in Yan'an persönlich kennengelernt hatte. Dieser erinnerte sich an die Begegnung mit Vorsitzendem Mao. Dabei brach er in Tränen aus und musste seine Rede unterbrechen. Die Menschen fingen erneut an zu weinen. Auch ich vergoss wieder Tränen. Die Trauer war ansteckend.

Nach der Trauerfeier kam Anran auf meine Einladung hin mit uns in unser Dorf und blieb eine Woche als Gast im Kleinen Tal. In dieser Woche schnitt ich als Erstes seine Haare; dann kochte und wusch ich seine mit Läusen übersäte Kleidung und flickte seine zerrissene Hose. Tagsüber ging er mit uns aufs Feld. Nachts schlief er bei den Jungs. Es gefiel Anran sehr gut, bei uns zu sein. Er beteuerte immer wieder, wie komfortabel es in unserem Dorf sei, weil wir Strom hatten und sich die Wasserquelle direkt vor unserer Nase befand. Zudem staunte er, wie reich das Kleine Tal doch sei, weil es hier eine elektrische Mühle und einen Handtraktor gab. In seinem Dorf müsse man das Getreide noch mit Steinmühlen mahlen, und zwar oft mit Menschenkraft, weil die paar wenigen Esel in erster Linie für den Transport eingesetzt würden, erzählte Anran. Außerdem fand er unsere Gruppe sehr gut. Seine Gruppe sei hingegen nicht so geschlossen und harmonisch, meinte er. Er fühle sich oft einsam. Ich bot ihm an, noch länger zu bleiben. Aber er sagte, er dürfe doch nicht noch mehr von unserem Getreide wegessen. Da hatte er wirklich recht. Unsere Ration war immer sehr knapp. Deshalb hielt ich ihn nicht zurück, als er gehen wollte, damit ich nicht noch mehr Missfallen in der Gruppe hervorrief.

Ich hatte nämlich schnell gemerkt, dass Jiayu kein Wort mit mir redete, seit Anran hier war. Er gönnte mir nicht einmal mehr einen Blick, als ob ich Luft wäre. Normalerweise war er derjenige, der in der Küche für gute Stimmung sorgte. Aber in dieser

Woche verhielt er sich wie ein Taubstummer. Als Anran eines Abends bei guter Laune in der Küche ein paar alte Filmlieder sang und von allen beklatscht wurde, verließ Jiayu sogar mit gesenktem Blick den Raum. Ich ärgerte mich, dass er so engherzig war. Dabei wusste ich nicht einmal genau, weshalb er so sauer war. War er eifersüchtig, weil Anran mein Freund war, oder war er missmutig, weil Anran etwas von unserem Getreide aß? Schließlich war Jiayu jetzt für unseren Haushalt verantwortlich und musste dafür sorgen, dass das Getreide bis Ende des Monats reichte.

Anrans Besuch, vor allem seine Bewunderung für unser Dorf, erinnerte mich wieder an unsere gemeinsamen Stunden im Winter 1975 und an jenen bitterkalten, stürmischen Abend, an dem unser Schicksal nur durch ein Wort von mir – vielleicht lediglich durch die Verwirrung eines Augenblicks – eine Wendung genommen hatte. Hätte ich seine Bitte nicht zurückgewiesen, wäre er heute mit mir zusammen im Kleinen Tal und würde es auch so gut haben wie ich. Hätte ich auf der Absolventenversammlung keine Rede gehalten, wären wir uns überhaupt nicht wieder begegnet. Dann würde Anran jetzt in Peking leben und als Lehrling in irgendeiner Fabrik arbeiten. Jetzt waren wir beide in Yan'an und dennoch weit voneinander entfernt. In dieser Woche sprachen wir nicht von der Vergangenheit, auch nicht von dem Brief, den er mir zum Abschied vor dem Gästehaus Yan'ans gegeben hatte. Aber wir freuten uns beide, uns wiederzusehen. Zugleich bedrückte mich meine Hilflosigkeit, dass ich das Geschehene nicht mehr rückgängig zu machen vermochte.

Ich begleitete Anran bis zum Ufer des Yan-Flusses. Der Wasserstand war ziemlich hoch. Aber er wollte den Fluss überqueren und per Anhalter in die Stadt fahren. Anran sah mir in die Augen und sagte: »Danke für alles, was du für mich getan hast. Hoffentlich sehen wir uns bald wieder.« Mehr sagte er nicht. Ich stand stumm und dumm da und nickte. Dann zog er seine Schuhe aus, krempelte seine Hosenbeine hoch und watete durch den Fluss. Ich wartete, bis er das andere Ufer erreichte, und winkte ihm nach. Auf einmal taten meine Augen weh. Ich merkte in diesem Augenblick, wie gern ich ihn hier bei uns im Kleinen Tal behalten hätte. Ich wollte ihn rufen, brachte aber keinen Ton heraus. Er winkte einmal zurück und ging dann auf die Straße zu. Im Gegenlicht der herbstlichen Sonne verschwammen seine Konturen ...

»Pass gut auf dich auf, Anran ...«, rief ich im Herzen.

7. Kapitel

Warum wir das bessere Transportmittel als die Esel waren,
und wie ein Bettler und ein Menschenhändler erneut an meinem
Ideal rüttelten

Anfang Oktober begann die Herbsternte. Jeden Tag gingen wir mit der Sichel in die Berge und kehrten erst zurück, wenn wir nichts mehr sehen konnten. Hirse, Sorghum, Sojabohnen, Leinsamen, Mais, Buchweizen und Kartoffeln auf insgesamt dreiundfünfzig Hektar warteten darauf, geerntet zu werden. Zwölf Stunden bücken. Danach konnte man nicht mehr gerade stehen. Es war anstrengend, bereitete uns aber große Freude. Denn auch wir hatten schon bei der Aussaat unseren Schweiß auf diesen Bergen vergossen. Jetzt sahen wir die Früchte.

Der Herbst war eine schöne Jahreszeit. Die Berge leuchteten in der goldenen Sonne grün, gelb und rot. Äpfel und Birnen hingen verlockend an den Zweigen. Am Feldrand wuchsen unzählige wilde Blumen und Beeren, die meine Leidenschaft und Liebe zur Natur erweckten, mich immer wieder zu romantischen Gefühlsausbrüchen verführten und von der Erschöpfung durch die mühselige Arbeit ablenkten. In der Pause fragte ich die Bauern, wie die Blumen hießen und ob man die Beeren verzehren durfte. Eine säuerliche wilde Dattel wuchs überall und schmeckte nicht schlecht. Sie wurde unser Lieblingsnaschobjekt in den Pausen. Eine wild wachsende Blume gefiel mir am meisten. Das war eine kleine, zarte, rote Blume, die auch auf dem kargsten Boden wachsen konnte, zum Beispiel in einer Felsenspalte. Sie hieß »Shandandan« – die Korallenlilie.

Wenn das Getreide geschnitten worden war, begann die schwerste Aufgabe, nämlich, die ganze Ernte auf dem Rücken ins Dorf zu tragen. Als Erstes kam die Hirse dran. Mit dem ersten Hahnenschrei brachen wir auf. Es war noch sehr dunkel. Der kalte Wind schnitt uns durch die Knochen. Aber spätestens wenn wir mit der ersten Ladung auf dem Rücken heimkehrten, waren wir schweißgebadet.

Viermal mussten wir am Vormittag zum Berg Zouchengmao laufen, um Hirse zurückzutragen. Am Nachmittag erledigten wir die Berge Lingou und Qianwan. Achtmal legten wir den Weg zurück, mit dem »Getreideberg« auf dem Rücken: unserer mit Blut und Schweiß erkämpften Ernte! Wir wussten nicht, wie viele Kilometer wir am Tag zurücklegten, aber abgesehen von der Mittagspause waren wir bestimmt fünfzehn Stunden auf den Beinen.

Nicht nur die Entfernung und das Gewicht der Last machten uns zu schaffen, sondern auch die Unwegsamkeit der Berge. Da das Getreide oft auf frisch urbar gemachten Bergen angebaut wurde, gab es eigentlich keine begehbaren Wege. Es blieb jedem selbst überlassen, wie er mit der Last auf dem Rücken den Berg herunterkam. Meistens folgten wir den Bauern. Denn sie wussten besser, wo es am leichtesten ging. Gab es einen Weg, dann war er auch nichts anderes als ein »Yangchang Xiaodao«, also ein schmales, gewundenes Pfädchen wie ein Ziegendarm. Wenn ein Berg zu steil war, mussten wir uns schon mal auf alle viere stützen, um hinauf- oder herunterzusteigen. Regnete es, verwandelte sich der Lößboden der Berge in eine einzige Rutschbahn. Da konnte man nichts anderes mehr tun, als den Berg hinunterzurutschen. Das wäre in der Erntezeit ein Horror. Gott sei Dank gab es im Herbst selten Regen.

Manchmal wurden auch die drei Esel zum Einbringen der Ernte eingesetzt. Aber einige Berge waren zu steil für die Vierbeiner. Das Kunststück, auf einem Ziegendarmpfad zu balancieren oder auf allen vieren zu rutschen, beherrschten die Viecher offensichtlich nicht. Da mussten doch wir Zweibeiner ran. Außerdem waren die Esel zu kostbar. Neben dem einzigen Handtraktor waren sie das wichtigste Transportmittel des Kleinen Tals. Sie wurden als Zugtiere für alles Mögliche sowie für den Betrieb der Steinmühle benutzt. Die Bauern fürchteten, die Esel könnten beim Klettern in den Bergen stürzen und sich verletzen.

Beim Einbringen der Ernte kam es mir stets vor, als ob wir Ameisen wären, die ihre überdimensionalen Vorräte Zentimeter um Zentimeter in ihre Höhlen schleppten, ohne sich auch nur eine Sekunde vor der schweren Aufgabe und dem scheinbar unüberwindlichen Weg zu scheuen.

Das Getreidetragen war eigentlich Männerarbeit. Die kräftigen Frauen, zu denen auch Beiyan gehörte, machten zwar auch mit, aber sie mussten nicht so viel und vor allem nicht so viele Male am Tag tragen. Aber wir drei Mädchen wollten uns stählen und uns jeder Herausforderung stellen. Deshalb luden wir uns so viel wie möglich auf und liefen genauso viele Male hin und her wie die Männer. Meine Schultern waren bereits nach einem Tag aufgescheuert, und mein ganzer Körper schmerzte fürchterlich, besonders morgens beim Aufstehen. Aber im Vergleich zum Kartoffeltragen war das Hirsetragen fast eine angenehme Arbeit. Mehrere Bündel Hirse wogen zwar genauso viel wie ein Sack Kartoffeln, aber Hirse war wenigstens weich. Kartoffeln waren hart und lasteten wie ein felsiger Berg auf dem Rücken. Seit ich vor Kurzem gestürzt und mit dem Hintern auf einen Stein aufgeschlagen war, hatte ich Schmerzen am Steißbein. Wenn ein Sack Kartoffeln darauf drückte, wurden diese Schmerzen höllisch. Ich legte eine Jacke unter, aber es nützte nicht viel. Jeder Schritt war eine Zumutung und Herausforderung, jeder durchgestandene Tag ein Triumph. Ich war richtig froh, als das Kartoffeltragen vorbei war und nur noch Hirse und Bohnen auf den Bergen auf uns warteten.

Die Anstrengung der Arbeit oder das körperliche Leid war nie ein Thema in der Küche, wenn wir dort versammelt waren, bis auf Beiyans Schmerzen und Zhens Asthma.

Beiyan hatte starke Schmerzen im Knie. Ihre Gelenke waren dick geschwollen. Wenn das Wetter umschlug, konnte sie die

Schmerzen kaum ertragen. Wahrscheinlich hatte sie Rheuma. Aber sie kümmerte sich nicht darum, biss die Zähne zusammen und humpelte jeden Tag zur Arbeit. Keiner konnte sie davon abhalten, nicht einmal Parteisekretär Cheng. Wir hörten sie nie klagen. Nur an ihrer Mimik und Bewegung sahen wir, wie sehr sie leiden musste.

Zhens Asthma wurde immer dramatischer. Zur Erntezeit lag er auf dem Kang. Selbst seiner Pflicht als Barfußarzt konnte er nicht mehr nachkommen. Wir versuchten ihn zu überreden, zur Behandlung nach Peking zu fahren. Aber er lehnte es hartnäckig ab. Wir wussten ihm nicht zu helfen und litten mit ihm.

Als ich mich eines Tages während der Herbsternte zum Mittagessen in die Küche begab, sah ich einen fremden, sehr schäbig gekleideten Mann und zwei Kinder, die nicht aus unserem Dorf stammten, vor der Bürohöhle hocken. Vor ihnen lagen zwei halb volle Säcke. Eine Frau aus dem vorderen Tal war gerade dabei, Maiskörner in einen der Säcke zu füllen. In der Küche fragte ich, wer diese Leute seien. Feng hatte Küchendienst und das Geschehnis auf dem Dorfplatz von Anfang an mitbekommen. Sie erzählte uns, das seien Bettler aus dem hundertsechzig Kilometer westlich von Yan'an gelegenen Kreis Wuqi. Der Mann habe sogar eine Empfehlung seiner Volkskommune für das Betteln dabei.

Ich konnte es nicht fassen. »Unser Land ist ein sozialistisches Land, wie kann es da legalisiertes Betteln geben?!«, sagte ich, ging zu dem Mann und fragte ihn, warum er betteln gehe, statt die Felder zu bestellen. Er erzählte, der starke Frost im Frühjahr und die Trockenheit habe in seinem Dorf die ganze Ernte vernichtet. Auf den Feldern habe man nicht einmal genügend Körner ernten können, um Saatgut für das nächste Jahr zu haben. »Gibt es denn keine Unterstützung vom Staat?«, wollte ich wissen. Das Getreide vom Staat müsse man kaufen. Er habe aber kein Geld. So bleibe ihm nichts anderes übrig, als betteln zu gehen. Seine Frau sei so schwach, dass sie nicht mitkommen könne.

Vielleicht liege sie zu Hause im Sterben. Als er das sagte, fingen die Kinder an zu weinen. Ich ging in die Küche zurück und holte einen Maismehlkuchen – mein Mittagessen. Den teilte ich in zwei Stücke und gab sie den beiden Kindern. Ich konnte nicht schätzen, wie alt sie waren. Die Kinder hier waren alle sehr klein. Die beiden Mädchen sahen höchstens wie Sieben- oder Achtjährige aus. Als ich sie danach fragte, antworteten sie schüchtern, sie seien elf und dreizehn. Ihre Kleidung war so alt und verdreckt, dass man die ursprüngliche Farbe nicht mehr erkennen konnte. Ihre kleinen Gesichter und Hände waren von einer dicken, verkrusteten Schmutzschicht bedeckt, sodass sie fast richtig schwarz aussahen. Ihre Zehen lugten aus den kaputten Schuhen heraus – sie waren so gut wie barfuß. Ich fand keine Worte, um meine Empfindung zu beschreiben …

Als alle in der Küche versammelt waren, beschlossen wir, dem Bettler ebenfalls etwas zu geben. Aber wie viel? Jiayu sagte, zwei Dou. Beiyan meinte, ein Dou reiche, es würden vielleicht noch mehr Bettler kommen. Sie erzählte uns, meistens kämen sie während der Erntezeit in die Dörfer, die im Tal und nicht sehr weit von der Straße entfernt lägen. Denn denen gehe es, wie allgemein bekannt, etwas besser als den abgelegenen Bergdörfern.

Den ganzen Nachmittag und Abend fühlte ich mich bedrückt, musste immer wieder an die beiden Mädchen denken. In der Stadt Yan'an sahen wir manchmal auch Bettler. Aber einen von der Volkskommune legalisierten Bettler hatte ich noch nie erlebt. Ich war zutiefst erschüttert. Siebenundzwanzig Jahre Sozialismus! Warum waren Hungersnot und Betteln in Yan'an, dem heiligen Ort der Revolution, noch Alltag? Wir hörten manchmal ältere Bauern klagen, früher, als die Rote Armee hier gewesen sei, habe man es besser gehabt, man habe vor allem genug zu essen gehabt. Warum? Diese quälende Frage ließ mich nicht mehr los.

Unmittelbar nach diesem Ereignis geschah im Kleinen Tal wieder etwas, was mich noch mehr aus der Fassung brachte. Es war an einem Nachmittag nach der Hirseernte. Ich hatte Küchendienst und war zu Hause. Als ich Wasser aus der Quelle holte, sah ich einen fremden Mann mit zwei jungen Frauen vorbeigehen, geführt von Qinglian, einer Bäuerin aus unserem Dorf. Ich fragte sie, wer der Mann sei. Sie flüsterte mir ins Ohr: »Menschenhändler. Vielleicht hat unser alter Junggeselle Zhisheng diesmal Glück!« Dann kicherte sie und drückte bedeutungsvoll ein Auge zu.

»Menschenhändler?«, fuhr ich erschrocken zusammen. Menschenhandel war doch verboten. Ich wollte sofort Parteisekretär Cheng Bericht erstatten. Aber alle Arbeitskräfte waren auf den Feldern. Ich wusste nicht, auf welchem Berg Cheng arbeitete. So entschloss ich mich kurzerhand, zum Rathaus der Kommune zu gehen. Ich bat Chengs Frau, die zu Hause Öl presste, für uns Abendessen zu kochen, falls ich zu spät zurückkommen würde, und begab mich auf den Weg. Vom Kleinen Tal bis zum Rathaus der Kommune waren es mehr als sechs Kilometer. Ich rannte fast. Zum Glück konnte ich unterwegs einen Traktor anhalten, der mich mitnahm. In der Kommune angekommen, erzählte ich dem stellvertretenden Parteisekretär aufgeregt, was in unserem Dorf vor sich ging. Er hörte aufmerksam zu, sagte dann nur: »Die Jugendlichen aus Peking haben in der Tat ein hohes politisches Bewusstsein, was den Klassenkampf anbelangt. Wir werden diesen Fall genau untersuchen. Geh ins Dorf zurück, bevor es dunkel wird!«, und schickte mich nach Hause. Ich war sehr enttäuscht und dachte: »Kein Wunder, dass die Bauern kein politisches Bewusstsein haben. Selbst die Kader haben keins.«

Ich hastete die sechs Kilometer wieder zurück und suchte sofort Qinglian auf. Ich fragte sie, was geschehen sei.

»Nichts«, sagte sie. »Als der Menschenhändler hörte, dass du in die Kommune geeilt bist, hat er Angst bekommen und ist schnell mit den Mädchen verschwunden. Zhisheng hat es aber bedauert. Er hat seit Jahren gespart, um eine Frau zu finden.«

»Aber was ist mit den beiden jungen Frauen? Woher kommen sie? Sie wollen doch nicht verkauft werden?«, fragte ich.

»Ach, du kennst die Situation bei uns nicht. Diese Mädchen stammen aus noch ärmeren Gegenden, viele sogar aus anderen Provinzen. Meistens ist es so, dass ihre Familien sie nicht mehr ernähren können und sie für ein paar Yuan an einen Menschenhändler verkaufen. Gours Frau ist so ein Mädchen aus Sichuan. Die Junggesellen bekommen eine Frau und die Mädchen einen Happen zu fressen, das ist doch eine gute Sache.«

Menschenhandel, ein Phänomen der alten Gesellschaft unter der Herrschaft der Kuomintang, kannte ich bis jetzt nur aus Filmen oder Romanen. Nicht im Traum hätte ich gedacht, dass er in Yan'an – dem heiligen Ort der Revolution – immer noch Realität war! Ich war vollkommen verwirrt und entsetzt. Zum ersten Mal konnte ich Gut und Böse nicht mehr unterscheiden: War der Menschenhändler gut oder böse? Wenn er böse war, wieso wurde er nicht bekämpft? Warum drückte der Leiter der Volkskommune auch ein Auge zu? Oder war Menschenhandel ebenso stillschweigend legalisiert wie Betteln?

Offensichtlich hatte ich eine große Dummheit begangen. Zhisheng musste deswegen weiterhin ein Junggeselle bleiben. Er war der älteste Junggeselle im Dorf. Ich wusste nicht genau, wie alt er war. Dem Aussehen nach konnte er fünfzig sein. Aber die Dorfbewohner sahen wegen des harten Lebens immer älter aus, als sie es wahrhaftig waren. Er litt unter der Großknochenkrankheit[58], einem in dieser Region verbreiteten Leiden. Seine Gelenke waren verdickt und entzündet und seine Beine deformiert (er hatte ausgeprägte O-Beine). Sehr gescheit wirkte er auch nicht. Er lächelte fast immer und sprach undeutlich. Aber wie alle Menschen in dieser Gegend war er nett, friedfertig und hilfsbereit.

Seitdem hoffte ich insgeheim, dass bald wieder ein Menschenhändler den Weg ins Kleine Tal finden würde.

---

58 Die medizinische Bezeichnung für die Großknochenkrankheit ist Kaschin-Beck-Krankheit oder auch nutritive Gelenkknorpeldegeneration. Sie tritt endemisch u. a. in Nordchina auf und führt zu Hemmungen des Skelettwachstums.

8. KAPITEL

Wie sich das Echo des »letzten Knalls« der Kulturrevolution bis in die tiefsten Täler Yan'ans ausbreitete, und warum die Bauern den Gürtel noch enger schnallen und abends länger wach bleiben mussten

Am 22. Oktober 1976 wurden wir Jugendliche aus Peking in die Stadt Yan'an beordert. Es hieß, die Viererbande sei zerschlagen worden. Wir wussten zunächst nicht, was dies zu bedeuten hatte. Aber da wir uns über jede Gelegenheit freuten, in die Stadt zu gehen, was für uns eine große Abwechselung zu der anstrengenden körperlichen Arbeit war, machten wir uns hocherfreut auf den Weg. Nach zwei, drei Stunden Fußmarsch über die Berge erreichten wir gegen Mittag das Stadtzentrum. Dort herrschte eine ungewöhnlich feierliche Stimmung. Überall hingen Transparente und rote Fahnen. Aus den Lautsprechern ertönten abwechselnd revolutionäre Lieder und die fröhliche Stimme des Sprechers des Zentralen Volksrundfunks, die den »großen Sieg der Kulturrevolution« verkündete. Die Menschen schlugen voller Begeisterung Gongs und Trommeln und tanzten den volkstümlichen Yangge-Tanz wie am Tag unserer Ankunft.

In unserem Lieblingsnudelrestaurant trafen wir auf viele andere Kameraden aus verschiedenen Dörfern, unter anderem die Gruppen aus Yujiagou, also aus unserer Volkskommune und aus Dazhuanghe – Anrans Dorf. Gang aus Lijiawa war auch da. Er und der »Veteran« Ming aus Yujiagou warfen sich in die Arme und leerten in einem Zug eine Flasche Sorghumschnaps. Wir stießen mit an, ohne den Grund der großen Freude wirklich zu kennen. Denn allein das Treffen so vieler Kameraden auf einmal war ein großes Fest und ein Grund zum Feiern. Wir redeten, lachten und tauschten Neuigkeiten und Erfahrungen aus. Mich freute besonders, nach so kurzer Zeit Anran wiederzusehen.

Am Nachmittag fand im Theatersaal eine Veranstaltung statt, auf der der Sekretär der Parteizelle von Yan'an die Dokumente Nummer 15 und 16 des Zentralkomitees vorlas. Denen zufolge seien die Witwe des Vorsitzenden Mao und Politbüromitglied Jiang Qing, Politbüromitglied Yao Wenyuan, Mitglied des Ständigen Ausschusses des Politbüros, Vizeministerpräsident Zhang Chunqiao und Vizevorsitzender der KP Chinas Wang Hongwen am 6. Oktober verhaftet und unter Arrest gestellt worden. Hua Guofeng sei jetzt der Vorsitzende des Zentralkomitees und der Militärkommission. Die Viererbande unter der Führung von Jiang Qing soll bereits vor dem Tod des Vorsitzenden Mao eine parteifeindliche Clique in Shanghai gebildet und nach Mao Zedongs Tod einen Militärputsch geplant haben, um an die Macht zu kommen. Vorsitzender Mao habe sie seit 1974 erkannt und kritisiert und Hua Guofeng zu seinem Nachfolger ernannt. In einem Gespräch mit Hua habe Vorsitzender Mao gesagt: »Hast du die Sache in der Hand, ist mir leicht ums Herz.« Die ultralinke Viererbande soll für all die Verbrechen an unzähligen alten revolutionären Kadern der Partei verantwortlich gewesen sein. Sie sei es auch gewesen, die gegen Premierminister Zhou Enlai intrigiert, die von der Bevölkerung selbst organisierte Trauerfeier am Tag des Totenfestes im April auf dem Platz des Himmlischen Friedens verboten und dieses Ereignis zu einem »konterrevolutionären Zwischenfall« erklärt hatte. Mit der Zerschlagung der Viererbande könne das chinesische Volk nun den größten Triumph der Kulturrevolution feiern.

Jiang Qing, die letzte Gattin des Vorsitzenden Mao, soll die Anführerin der Viererbande gewesen sein? Sie sollte die Macht an sich reißen und Herrscherin von China werden wollen? Diese zierliche, blasse, bebrillte Frau, die einst Schauspielerin in Shanghai gewesen war? Nach dem gescheiterten Putsch und Flugzeugabsturz von Lin Biao hatte ich gedacht, es könne keinen größeren

Schock mehr geben. Die Überraschung von heute warf mich noch einmal total aus der Bahn. Ming und Gang sagten, sie hätten schon lange auf diesen Tag gewartet. Zhen und Anran behaupteten, China befinde sich an einem Wendepunkt der Geschichte. Bestürzt stand ich noch einmal vor der Tatsache, wie unwissend und politisch naiv ich doch war und wie kompliziert und gefährlich der Kampf innerhalb der Partei sein musste.

Die meisten Bauern unter den Zuhörern rauchten unbeeindruckt ihre Tabakspfeife; einige tuschelten, wie »diese bösen Kerle« auf solche hohen Posten des Zentralkomitees der Partei kommen konnten; wieder andere wunderten sich, »dass die Leute es wagten, das Weib des Vorsitzenden Mao« zu verhaften.

Nach der Verkündung der Dokumente präsentierte das Kunstensemble von Yan'an eine bunte Aufführung mit traditionellen volkstümlichen Liedern und Tänzen. Anschließend gingen wir zusammen mit Ming und seiner Gruppe in ihr Dorf Yujiagou, um die Feier des Tags ausklingen zu lassen. Obwohl das Kleine Tal und Yujiagou derselben Volkskommune angehörten, lagen zwischen beiden Dörfern mehr als drei Stunden Fußweg. Von der Stadt aus waren es bis nach Yujiagou mindestens vier Stunden Fußmarsch. Aber die Entfernung machte uns überhaupt nichts aus. Wir plauderten und lachten. Im Nu waren wir da.

Aus Anlass unseres Besuchs kochten die Kameraden des Dorfes Yujiagou extra Nudeln aus feinem Weizenmehl. Danach tranken wir zur Feier der Zerschlagung der Viererbande Reiswein und warfen anstatt Feuerwerk Flaschen in die Luft. Ein paar junge Bauern aus dem Dorf zündeten selbst gebastelte Knaller an, dass es im dunklen Tal nur so krachte. Ming erzählte uns, seine Eltern und Verwandten hatten in den Dreißiger- und Vierzigerjahren zehn Jahre lang auf dem Stützpunkt Yan'an neben Mao Zedong und anderen revolutionären Vorfahren gelebt und gekämpft. Alle waren der Kulturrevolution zum Opfer gefallen. Seine Eltern blieben zwar vom Tod verschont, waren aber viele Jahre kaltgestellt und verbannt gewesen. Unzählige Menschen starben, weil Jiang Qing ihre persönlichen Feinde oder die ihr nicht genehmen Personen beseitigen wollte. All die Jahre habe er gehofft, dass die Gerechtigkeit eines Tages wiederhergestellt werden würde. Nach der dunkelsten Nacht werde ein heller, hoffnungsvoller Tag beginnen, sagte Ming zutiefst bewegt und pathetisch. Darauf stieß er mit uns an. Nach drei Schalen Schnaps fing Ming an, Xintianyou[59] zu singen. Seine klangvolle Stimme hallte im Tal wider, seine Augen leuchteten im Kerzenlicht. Wir Mädchen waren alle von seinem Charme hingerissen.

Ming gehörte zu Beiyans Generation, die Anfang 1969 in Yan'an ihr neues Zuhause gefunden hatte. Und er war der letzte Zurückgebliebene seiner ehemaligen Gruppe. Von ihm hatte Chunyi mir einst schon viel erzählt. Wie Gang fühlte er sich verpflichtet, in die Fußstapfen seiner Vorfahren zu treten und seine Jugend dem Aufbau Yan'ans zu widmen. Deshalb hatte er auf alle bisherigen Chancen der Rückkehr in die Stadt verzichtet und engagierte sich seit sieben Jahren unermüdlich für die Armutsbekämpfung seines Dorfes. Die neue Gruppe wurde vor einem Jahr gebildet, als sieben freiwillige Abiturienten des Jahrgangs 74 aus Peking seinem Dorf zugeteilt wurden – also die Gruppe, der sich Chunyi angeschlossen hatte. Äußerlich war Ming von den Einheimischen kaum zu unterscheiden. Wie die Bauern trug er eine knopflose schwarze, wattierte Jacke, die er mit einem Seil um den Bauch zuknotete, und auf dem Kopf ein weißes Handtuch. Seine Haut war braun gebrannt. Er beherrschte sogar den hiesigen Dialekt perfekt. Für uns war er ein Vorbild der totalen Verschmelzung mit den Bauern. Ming war in seinem Dorf sehr beliebt. Ihm war es zu verdanken, dass der Damm seines Dorfes in diesem Sommer fertiggestellt werden konnte. Anlässlich der Fertigstellungsfeier hatten wir den Damm besichtigt und waren auch in dem bereits entstandenen Stausee geschwommen. Viele Dorfbewohner waren am Anfang skeptisch gewesen.

---

59 Xintianyou: eine bestimmte Melodie der Volkslieder aus der Region.

Ming war es gelungen, sie zu überzeugen, dass der Dammbau ein wichtiger Fortschritt war, der die Produktionsbedingungen verbessern und die Erträge erhöhen würde. Mit den Dorfbewohnern zusammen hatte er viele Methoden entwickelt, durch die die vorhandenen Ressourcen besser ausgeschöpft und der Bau effektiver vorangetrieben werden konnte. Seine Erfahrungen kamen nun vielen anderen Dörfern zugute. Als Repräsentant herausragender Jugendlicher war Ming mehrfach nach Peking zu einer der von der Partei organisierten Vollversammlungen eingeladen worden, auf denen Erfahrungen im Aufbau ländlicher Regionen ausgetauscht und erfolgreiche Jugendliche ausgezeichnet wurden. Heute bekleidete er viele Ämter im Dorf und war auch für die Produktion mitverantwortlich. Die Bauern trauten ihm wie einem der Ihren, obwohl er erst vierundzwanzig Jahre alt war. Er strahlte stets Lebensfreude und Kraft aus und zog die Menschen um ihn in seinen Bann. Wir Jüngere bewunderten ihn und betrachteten ihn als einen Großbruder und ein Vorbild.

Während der Reisweinvorrat allmählich zur Neige ging, erreichte die Stimmung den Höhepunkt. Leider mussten wir die Feier abbrechen, denn am nächsten Morgen ging die Herbsternte weiter. Um Mitternacht begaben wir uns auf den Rückweg. Wir nahmen den kürzeren Weg über die Berge. Keiner von uns hatte eine Taschenlampe mitgenommen. Zum Glück schien der zunehmende Mond. Im Rausch der Hochstimmung und des Reisweins merkten wir die nächtliche Kälte nicht. Als wir im Kleinen Tal ankamen, fingen bereits die ersten Hähne zu krähen an.

Dass der Tag des 6. Oktober 1976 das Ende der Kulturrevolution markieren und die Wende unseres Schicksals einläuten sollte, ahnte in dieser Nacht noch keiner von uns.

Am nächsten Tag ging das Leben im Kleinen Tal unverändert weiter. In der Morgendämmerung marschierten wir mit den Bauern zusammen los, um die Ernte von den Bergen ins Dorf zu tragen. Nur, wir hatten in der Pause ein neues Gesprächsthema:

die Viererbande. Wir mussten die Bauern aufklären, wer die Viererbande war und was sie getan hatte.

Bald darauf wurde eine landesweite Kampagne entfacht: »Die Viererbande gründlich verurteilen«. Eine »Arbeitsgruppe für Linienerziehung« wurde von der Provinzregierung in die lokalen Volkskommunen und Produktionsbrigaden entsandt. Ihre Aufgabe bestand darin, die politische Erziehungsarbeit in der Basis zu verstärken und die Kampagne zu vertiefen. Drei Kader aus Xi'an landeten im Kleinen Tal: Lao Wang – der Gruppenleiter, Lao Chen und Xiao Zhang – der Jüngste von den dreien. Sie quartierten sich in der Wohnhöhle des Brigadebüros ein und nahmen jede Mahlzeit bei einer anderen Familie ein. Zwar zahlten sie für die Bewirtung bar, aber das Geld nutzte ja nichts, wenn es nicht genügend Getreide gab. Da die Getreidevorräte so knapp waren, bedeuteten diese zusätzlichen Dauergäste eine enorme Belastung für das Kleine Tal. Die Brigadeleitung suchte für diese Aufgabe Familien aus, die noch etwas zu bieten hatten und nicht selbst schon am Hungertuch nagten. Notfalls musste man Getreide von der Brigade leihen oder sich welches in der Stadt Yan'an dazukaufen, denn schließlich wollte man den Kadern aus der Provinzhauptstadt etwas Besseres anbieten als nur Sorghum mit Spreu. Die Frau der jeweiligen Familie, die die Mahlzeit für die Kader zubereitete, blieb an dem Tag zu Hause und erhielt dafür fünf Arbeitspunkte. Dadurch verlor die Brigade praktisch jeden Tag eine Arbeitskraft und Getreide für drei Männer. Und das war nicht wenig.

Aber keiner der Dorfbewohner beklagte sich. Alle verhielten sich gegenüber den drei Kadern freundlich und, was ihre Arbeit anbelangte, nachsichtig. Das hieß, außer dass die Bewohner des Kleinen Tals den Gürtel noch enger schnallen mussten, hatten sie abends auch noch länger wach zu bleiben. Denn seit die Arbeitsgruppe hier war, fanden noch mehr politische Schulungen und Versammlungen statt, auf denen die Verbrechen der Viererbande verurteilt werden sollten. Die Bauern stellten keine Fragen, gingen jeden Tag brav zur Versammlung und schliefen nach zehn Minuten kollektiv ein. Das konnten sie beim besten Willen leider nicht ändern. »Die verdammten Äuglein fielen einfach zu!«, pflegten sie sich zu entschuldigen, wenn sie von einem der Kader oder Parteisekretär Cheng geweckt wurden. Tagsüber gingen die Kader manchmal mit den Bauern zusammen aufs Feld und versuchten, bei der Arbeit mit anzupacken. Aber sie waren die schwere körperliche Arbeit überhaupt nicht gewohnt, zumal Lao Wang und Lao Chen nicht mehr zu den Jüngsten zählten. Deswegen bereiteten sie der Brigadeleitung und den Dorfbewohnern mehr Sorgen, als dass sie ihnen helfen konnten.

Wir Jugendliche aus Peking sollten die Arbeitsgruppe unterstützen. Einige von uns hielten jedoch nicht viel von deren Methode und gerieten bei manchen Grundsatzdiskussionen schon mal mit den drei Kadern in Streit. Wir waren der Meinung, dass die politische Schulung das Letzte war, wodurch man das politische Bewusstsein der Bauern erhöhen könnte. Man sollte die Aufklärungsarbeit lebendiger gestalten. So schrieben wir Wandzeitungen mit einfachen Sätzen, malten Karikaturen an die Tafel gegenüber der Dorfschule und eröffneten sogar eine Ausstellung, für die meine Zeichenkunst zum Einsatz kam. Um die Verbrechen der Viererbande für die Bauern anschaulich zu machen, malte ich anhand der Informationen aus den Dokumenten des Zentralkomitees und den Zeitungsartikeln eine Bildserie, die die Personen der Viererbande und ihre Gräueltaten darstellte, und hing sie in der Dorfschule auf. Die Ausstellung fanden die Dorfbewohner interessant, aber was ein Linienkampf bedeutete, ging trotzdem über ihren Horizont. Sie wunderten sich lediglich, warum Vorsitzender Mao, der doch so mächtig gewesen sei, sein Weib zu seinen Lebzeiten nicht kleingekriegt habe. Schließlich hätten doch die Männer das Sagen.

Man hatte das Gefühl, die Kader taten sich mit ihrer Aufgabe auch sehr schwer. Man sah kein fassbares Ergebnis. Die Bauern blieben Bauern, das Kleine Tal blieb arm. Hier existierte weder

Klassen- noch Linienkampf. Hier ging es um ganz praktische Dinge wie das Leben und vor allem das Überleben. Wie sollte man den Bauern beibringen, einen Linienkampf zu erkennen? Selbst wir konnten ihn nicht begreifen.

Als wir noch in der Schule waren, galt es als der schwerste Brocken für jede Klausur im Unterrichtsfach Geschichte der KP Chinas, die zehn innerparteilichen Linienkämpfe auswendig zu lernen. In den Lehrbüchern stand geschrieben, dass die ganze Geschichte der KP Chinas, also von der Gründung 1921 bis heute, vom Kampf zwischen der korrekten Linie des Vorsitzenden Mao und immer anderen falschen Linien seiner Parteigenossen geprägt sei. Für jede falsche Linie gab es eine Bezeichnung und eine Person, die sie vertrat. Wir mussten den Hintergrund und Hergang sowie das Ergebnis des jeweiligen Kampfes und natürlich dessen Datum kennen, die Bezeichnung mit den richtigen Personen verbinden und zwischen »Linksopportunismus« und »Links-Abenteurertum-Opportunismus« bzw. »Linksputschismus« sowie »Rechtsopportunismus« und »Rechtsseparatismus« unterscheiden können. Im fünften Linienkampf in den Dreißigerjahren sei Wang Ming zuerst »linksopportunistisch« und dann »rechtsopportunistisch« gewesen. Der neunte Linienkampf sei zwischen dem Vorsitzenden Mao und dem Staatspräsidenten Liu Shaoqi entbrannt, der ein »kapitalistisches Kommando« geführt haben soll. Lin Biao, der Mao Zedongs Nachfolger hätte werden sollen, sei der Vertreter des zehnten Linienkampfs gewesen. Er habe eine »konterrevolutionäre Clique« gebildet und den Vorsitzenden Mao ermorden wollen. Das war offenbar der Höhepunkt aller Linienkämpfe gewesen. Nun war die Viererbande aufgeflogen, die ebenfalls eine »konterrevolutionäre Clique« und der Gegner des elften Linienkampfs gewesen sei. Man konnte schwer sagen, welcher der letzten beiden Kämpfe schlimmer war. In dem einen war der Nachfolger des Vorsitzenden Mao sein Feind, in dem anderen seine eigene Frau.

Wie sollten die einfachen Bauern diese verwirrenden, komplizierten Kämpfe innerhalb der Partei – der einzigen ruhmreichen, korrekten, großartigen Partei Chinas – verstehen? Wir hielten die Arbeitsgruppe insgeheim für überflüssig, eigentlich für noch mehr als überflüssig. Sie belastete sogar das Leben des Kleinen Tals.

Als die Arbeitsgruppe kurz vor dem Frühlingsfest vorübergehend nach Xi'an zurückberufen wurde, waren sowohl die Dorfbewohner als auch die Kader erleichtert. Die Kader freuten sich, ihre Familien wiedersehen und sich – wenn auch nur vorübergehend – von den Läusen befreien zu können; und die Bauern und wir Jugendliche aus Peking atmeten tief auf, nicht mehr jeden Abend in der stickigen Höhle des Brigadebüros mit der unerträglichen Müdigkeit kämpfen zu müssen.

Vor ihrer Abreise wurde noch ein letztes Mal eine Vollversammlung aller Dorfbewohner einberufen. Lao Wang hielt zum Abschied eine Rede. Nachdem er dreißig Minuten lang über die aktuelle politische Lage Chinas und die großen Errungenschaften der Kulturrevolution referiert hatte, sagte er, die Arbeit der Arbeitsgruppe für Linienerziehung sei noch längst nicht beendet, und die Kampagne »Die Viererbande gründlich verurteilen« habe erst angefangen. Im neuen Jahr würden sie zurückkehren und mit den Bewohnern des Kleinen Tals zusammen diese revolutionäre Bewegung fortführen, um die üblen Nachwirkungen der Viererbande auszumerzen. Begleitet von einem vielstimmigen Schnarchchor, bedankte sich Parteisekretär Cheng im Namen aller Bewohner des Kleinen Tals bei den Kadern für ihre überragende Arbeit und ihre Bemühung, das politische Bewusstsein der einfachen Bauern zu erhöhen. Er wolle sie jetzt schon willkommen heißen. Ja, sie seien jederzeit im Kleinen Tal herzlich willkommen.

Als ihm nichts mehr einfiel, was er noch sagen sollte, rief er verzweifelt in den verrauchten, stillen, lauten Raum: »Wacht auf! Wacht auf! Wacht alle auf! Wo bleibt euer politisches Bewusstsein? Hm?«

9. Kapitel

Wie unser Gehirn in der Kälte einzufrieren drohte, und warum
wir nach neun Monaten harter Arbeit Schulden machten

Anfang Dezember fiel der erste Schnee. Der Wind fegte gnadenlos durch die Täler. Das ganze Dorf hatte sich in eine weiße Märchenwelt verwandelt. Alle Feld- und Baumfrüchte waren geerntet, und die Ernte war eingebracht worden. Die kargen Berge, die den Bauern ihr Bestes gegeben hatten, ruhten nun unter einer weißen, weichen Decke und machten ihren Winterschlaf.

Die Frauen und wir Jugendliche aus Peking gingen wieder jeden Tag zum Damm und stampften ihn Zentimeter um Zentimeter in die Höhe. Im Winter war es sehr schwer, mit der Hacke zu arbeiten. Die gefrorene Erde war hart wie Felsen. Wenn man mit der Hacke voller Kraft daraufhieb, fielen einem beinah die Finger ab. Nach fünf Minuten platzte die Haut und fing an zu bluten. Aber abgesehen davon war der Dammbau eine relativ leichte Arbeit. Man hatte immer die Möglichkeit, kurze Pausen einzulegen: die Schaufelnden, wenn die Karren weg waren, und die Karrenschieber, wenn geschaufelt wurde. Überdies musste man morgens keinen weiten Weg zurücklegen, wenn man zur Arbeit ging, denn der Damm war praktisch der Eingang des Dorfs, und man konnte deshalb etwas länger schlafen. In der regulären Pause setzte man sich bequem in die Sonne, wenn es nicht sehr windig war oder schneite. Die Frauen nähten ihre bunten Einlegesohlen oder knackten Läuse, während sie uns nach unseren Familien ausfragten.

Zhen war endlich einverstanden, nach Peking zurückzukehren, um sein Asthma behandeln zu lassen. Yang begleitete ihn in die Stadt. Es gab noch keine Eisenbahn, die bis nach Yan'an führte, aber es gab schon seit 1936 einen kleinen Flugplatz, den sich die Parteispitze um Mao Zedong nach dem Ende des Langen Marsches zunutze gemacht hatte. Wegen starken Schneefalls saßen Zhen und Yang drei Tage fest, ehe das Flugzeug am vierten Tag endlich starten konnte.

Wegen Zhens Abwesenheit brauchte unsere medizinische Station dringend Verstärkung. Deshalb war die Brigadeleitung einverstanden, als Hong ihr Interesse an einer Ausbildung zur Barfußärztin äußerte. So machte sich Hong unmittelbar nach Zhens Abreise in den Kreis Yanchuan auf, um sich von dem berühmten jungen »Wunderarzt« Sun Lizhe – einem Kameraden von uns aus Peking – ausbilden zu lassen.

Deshalb hatten wir im Moment zwei Münder weniger. Aber das half nicht viel. Selbst das von der Produktionsbrigade geliehene Getreide reichte nicht mehr aus, um das Ende des Monats zu überbrücken. Wir aßen jetzt nur noch Suppen, selten etwas Festes. Gemüse gab es auch nicht mehr, geschweige denn Speiseöl. Vor allem weil es so kalt war, litten wir permanent unter einem starken Hungergefühl. Wir gingen früh schlafen, bevor der Hunger wieder einsetzte. Manchmal hielten wir den Hunger nicht mehr aus und rösteten abends nach dem Essen eine Handvoll Maiskörner in dem noch warmen Topf.

Der Kang war der angenehmste Platz in der Höhle, weil er mit dem Lehmherd verbunden war. Wenn wir auf dem Herd Wasser kochten, wurde der Kang warm. Da wir nur Reisig benutzten (Kohle wurde ausschließlich in der Gemeinschaftsküche verwendet), verflog die Wärme jedoch schnell, sobald das Feuer erloschen war. Über Nacht wurde aus der Wohnhöhle eine Eishöhle. Die Zahnbürsten froren im Becher fest, und die nassen Handtücher auf der Wäscheleine erstarrten zu Eisplatten. Am schlimmsten war es, wenn man nachts aufs Klo musste. Zum einen wurde man durch die Kälte so hellwach, dass man danach nicht mehr einschlafen konnte; zum anderen fror der Urin im

Nachttopf so fest, dass man ihn am nächsten Tag nicht mehr herausbekam. Deshalb tranken wir abends so gut wie nichts, mussten aber dennoch der dünnflüssigen Suppe Rechnung tragen. Das Aufstehen am Morgen kostete große Überwindung. Der einzige Vorteil im Winter war wohl: Zeit sparen. Denn wir gingen morgens ohne Zähneputzen und Gesichtwaschen zur Arbeit.

In gewisser Hinsicht waren wir froh, nicht die Zähne putzen zu müssen. Normalerweise benutzten wir in den wärmeren Jahreszeiten für das Zähneputzen den Rest des Wassers, das wir am Vorabend beim Heizen in den großen Topf getan hatten. Eines Abends lagen wir bereits im Bett. Das Wasser im Topf war verdunstet, der Herd aber noch heiß und der Wasserkrug leer. Notgedrungen schüttete Hong das Wasser aus der Waschschüssel, in der sie sich zuvor die Füße gewaschen hatte, in den Topf. Denn solange das Feuer noch brannte oder der Herd noch warm war, durfte der Topf nicht leer stehen, sonst könnte er zerspringen. Am nächsten Morgen hatte sie es vergessen. Wir drei Mädchen putzten uns mit diesem Wasser die Zähne (was Beiyan morgens schon lange nicht mehr tat). Erst auf dem Feld fiel ihr dies wieder ein. Sie spuckte wie verrückt auf den Boden und beichtete uns ihr »Vergehen« von gestern Abend. Feng und ich lachten uns kaputt und lobten sie für ihren Einfallsreichtum. Seitdem fragten wir uns morgens sicherheitshalber gegenseitig, ob das Wasser im Topf in Ordnung sei. Oder wir verzichteten auf das Zähneputzen.

Wir hatten das Gefühl, dass auch unser Gehirn in der Kälte einzufrieren drohte. Oder war es der Hunger, der unseren Geist auffraß? Ein gewisser Stumpfsinn übermannte uns. In der Küche wurde es immer stiller. Wir aßen stumm unsere Suppe und gingen danach schlafen. Keiner war noch in der Lage, die ausgewählten Werke von Mao Zedong oder Karl Marx, Engels und Lenin zu studieren. Unser anfänglicher Elan, richtig anzupacken, um etwas zu bewegen, war erheblich gedämpft. Wir diskutierten nicht mehr über unser Ziel. Keiner sprach noch davon, »dem Kleinen Tal einen neuen Himmel zu bauen«. Auf diesen Slogan am Felsen neben dem Damm warf ich ungern einen Blick. Wenn ich es zufällig tat, weil ich dort arbeitete oder vorbeiging, dachte ich nicht mehr über seine Bedeutung nach. Mit anderen Worten: Ich nahm ihn kaum noch wahr. Wir reflektierten auch nicht mehr über das Ergebnis der Umerziehung durch die Bauern, wie wir es am Anfang regelmäßig getan hatten. Über die Zukunft dachten wir genauso wenig nach. Wir hatten ausschließlich mit unseren primitivsten Bedürfnissen zu kämpfen. Wir kämpften gegen den Hunger, gegen die Müdigkeit, gegen die Kälte.

Mit den Theorien, die wir in der Schule gelernt hatten, konnten wir hier nichts anfangen. Klassenfeinde gab es im Kleinen Tal nicht. Gleich nach unserer Ankunft hatten wir Parteisekretär Cheng gefragt, wer im Dorf der Gutsbesitzer sei. Es gebe keinen Gutsbesitzer und habe auch nie einen gegeben, hatte er geantwortet. Wir waren sehr verblüfft gewesen. Wo es Menschen gibt, gibt es Klassen und somit auch Klassenkampf. Sogar innerhalb der Partei könnten Klassenfeinde entstehen, die »innerparteilichen Machthaber auf dem kapitalistischen Weg«, so wurde uns immer gelehrt. Wieso stimmte die Theorie mit der Praxis nicht überein? Vom Ackerbau hatten wir keine Ahnung. Wie sollten wir bei der Produktion mitwirken? Was sollten wir tun, um die Erträge zu erhöhen und die Lebensbedingungen zu verbessern und somit die Armut zu bekämpfen? Das waren Fragen, die wir uns oft stellten, aber nicht beantworten konnten. Das einzig Nützliche, was wir außer unserem körperlichen Einsatz für das Kleine Tal taten, war der Betrieb der kleinen Rundfunkstation und der medizinischen Station. So glaubten wir jedenfalls.

Darüber hinaus konnten wir einen kleinen Beitrag zur Bildung der Kinder im Dorf leisten. Feng war seit Kurzem Dorflehrerin geworden. Sie ging von Familie zu Familie, um die Eltern zu überzeugen, ihre Kinder, vor allem ihre Töchter, in die Schule zu schicken. Eine Wohnhöhle neben der Mühle diente als Dorfschule. Circa zwanzig Kinder zwischen sieben und sechzehn Jahren fanden darin Platz. Als Lehrerin ging Feng nicht mehr aufs

Feld und bekam sechs Arbeitspunkte am Tag. Ich bekam auch sechs Arbeitspunkte pro Tag (am Anfang hatte ich nur vier bekommen). Die Jungs und Beiyan bekamen acht bis neun. Nur Yang – unser Größter und Kräftigster – bekam zehn Arbeitspunkte wie die stärksten männlichen Arbeitskräfte im Dorf. Er war neuerlich zum stellvertretenden Leiter der Produktionsbrigade gewählt worden.

Am letzten Tag des Jahres fand die Gewinnteilung statt. Alle Dorfbewohner waren auf dem Dorfplatz versammelt. Der Buchhalter trug die Bilanz vor. Das hieß, er zählte alle Arbeitspunkte für jede Arbeitskraft zusammen. Aufgrund der unterschiedlichen ökonomischen Situation, die nicht zuletzt stark von der geographischen Lage abhing, war der Wert eines Arbeitspunktes von Dorf zu Dorf unterschiedlich. Das hieß, jedes Dorf legte seinen Arbeitspunktewert selbst fest. In unserem Dorf entsprach ein Arbeitspunkt einem Jiao. Das hieß, die stärkste männliche Arbeitskraft verdiente circa einen Yuan pro Arbeitstag. Dann verrechnete er den Wert der Arbeitspunkte mit der Summe des von der Produktionsbrigade im Lauf des ganzen Jahres verteilten Getreides einschließlich der Kartoffeln und Äpfel. Auch das Geld für den Kauf der Kohle, das die Bauern eventuell von der Brigade geliehen hatten, wurde von den Arbeitspunkten abgezogen. Daraus ergab sich der Gewinn oder Verlust, den jeder nach einem Jahr Arbeit für die Gemeinschaft gemacht hatte. Die besten männlichen Arbeitskräfte erhielten etwas mehr als hundert Yuan Gewinn. Wir Jugendliche aus Peking, außer Yang, hatten nicht nur keinen Fen Gewinn, sondern sogar Schulden. Ich hatte sechsundvierzig Yuan Schulden gemacht! Parteisekretär Cheng erklärte uns, das liege daran, dass wir erst im April angefangen und viel Getreide von der Produktionsbrigade geliehen hätten. »Nächstes Jahr wird es bestimmt besser«, tröstete er uns. Und die Schulden mussten wir nicht bar zurückzahlen, sie würden im nächsten Jahr mit neuen Arbeitspunkten verrechnet.

Angesichts der Tatsache, dass wir drei Mädchen wesentlich höhere Schulden hatten, obwohl wir genauso hart gearbeitet hatten wie die Jungs, machte Jiayu nach der Gewinnteilung einen Vorschlag: Ab dem neuen Jahr sollten wir die Arbeitspunkte von allen Kameraden zusammentragen und den Gewinn am Ende des Jahres gleich verteilen. Eine Art Kommunismus. Sollten wir dieses System einführen, würden wir Mädchen uns vorwiegend dem Haushalt widmen, während sich die Jungs auf die Feldarbeit konzentrieren sollten. Denn fehlte ein Junge wegen des Küchendienstes bei der Arbeit, würden acht bis zehn Arbeitspunkte wegfallen, während wir Mädchen pro Tag nur fünf bis sechs Punkte verdienten. Dank dieses Systems würde keiner von uns Verlust, aber alle würden gleich viel Gewinn machen, fasste Jiayu sein Argument zusammen. Leider wurde dieser Vorschlag von Huai und Tong energisch abgelehnt. Sie seien gegen die Gleichmacherei, meinten sie. Als Jiayu sagte, das sei keine Gleichmacherei, sondern Gerechtigkeit, wir teilten ja auch unsere Getreideration, obwohl die Mädchen viel weniger äßen als die Jungs, verstiegen sie sich sogar zu dem Vorschlag, unseren gemeinschaftlichen Haushalt aufzulösen und in zwei Haushalte zu teilen, einen Jungs- und einen Mädchenhaushalt. Oder noch radikaler: Jeder sorge für sich. Das wurde jedoch von der Mehrheit mit Entschiedenheit abgelehnt. So blieb doch alles beim Alten.

Anfang Februar erhielten wir einen Brief von Zhen. Er berichtete, es gehe ihm besser, er würde bald zurückkommen. Unter den diesjährigen Abiturienten gebe es kaum noch jemanden, der freiwillig zum Arbeitseinsatz aufs Land gehe.

Eine ehemalige Schulkameradin schrieb mir auch, sie habe gehört, man werde dieses Jahr nicht mehr »in großem Umfang« propagieren, zum Arbeitseinsatz aufs Land zu gehen. Sonst bestünde die Gefahr, dass nur noch die Arbeit auf dem Land als ruhmreich gelte und alles andere als schmachvoll. Das würde jedoch der Entwicklung der Industrie und Wissenschaft schaden.

Eine Frage ging zum ersten Mal leise, aber bohrend durch meinen Kopf: War unsere Aktion etwa der Epilog eines Revolutionsdramas? Oder waren wir sogar »die letzten Opfer«, wie Chunyi einst angedeutet hatte?

Zugleich versuchte ich, gegen meinen Zweifel anzukämpfen. Ich klammerte mich daran, der Mensch sein zu wollen, der ich sein sollte. Und so schrieb ich ganz im Sinne der Gehirnwäsche, der wir von klein auf kontinuierlich unterzogen worden waren: »Wir haben aus unserer eigenen Überzeugung diesen revolutionären Weg eingeschlagen. Wir müssen diesen Weg zu Ende gehen, so lang und so schwierig er auch sein mag. Nichts und niemand kann uns daran hindern. Unsere Entschlossenheit ist unerschütterlich.«

10. KAPITEL

Wie Sun Lizhe eine Tote zum Leben erweckte, oder warum er als »Wunderarzt« besungen wurde

Am Neujahrstag 1977 bat ich Parteisekretär Cheng um drei Tage Urlaub und machte mich auf den Weg nach Guanjiazhuang im Kreis Yanchuan, um Hong zu besuchen. In Wirklichkeit wollte ich den legendären »Wunderarzt« Sun Lizhe kennen lernen, der nicht nur von den Bauern, sondern auch von uns Jugendlichen aus Peking bewundert und verehrt wurde.

Ich brach noch vor Tagesanbruch auf und nahm in der Stadt Yan'an den Linienbus bis zur siebzig Kilometer nördlich von Yan'an entfernten Gemeinde Yongping. Dort erfuhr ich, dass der kürzeste Weg ins Dorf Guanjiazhuang über die Berge führte. Er betrug etwa fünfzehn Kilometer. Nach fünf Stunden Fußmarsch kam ich in der Abenddämmerung dort an.

Das Dorf Guanjiazhuang liegt in einem breiten Tal, das ein kleiner Fluss namens Qingping (»klar und flach«) durchfließt. Nach ihm wird das Tal benannt. Jetzt war der Fluss zugefroren, und eine dünne Schneeschicht bedeckte das Eis.

Als ich am Abend erschöpft und hungrig in der Küche der Gruppe der Pekinger Jugendlichen auftauchte, waren die Anwesenden entgegen meiner Vorstellung gar nicht sonderlich überrascht. Sie meinten, täglich kämen fremde Leute, um sich von Sun Lizhe behandeln zu lassen. In Yan'an niedergelassene Pekinger Jugendliche pilgerten hierher, um Sun Lizhe zu bewundern oder von ihm zu lernen. Die einzige Person, die sichtlich überrascht war, war meine Freundin Hong. Sie sprang hoch und rief: »Cui, wo kommst du denn her?!«

Ich erzählte ihr in kurzer Form von meiner Reise und sagte dann: »Ich will Sun Lizhe mit eigenen Augen sehen.«

Da hörte ich jemanden in einer Ecke laut lachen: »Hier bin ich. Wer will mich sehen?«

Es war in der Höhle sehr dunkel. Da sich recht viele Menschen darin befanden, hatte ich noch keinen Überblick. Hong stellte mir einen jungen Mann, der auf einem Hocker saß und seine Nudelsuppe schlürfte, als Sun Lizhe vor. Ich konnte es nicht fassen, dass ich wirklich vor Sun Lizhe stand. Zu meinem Erstaunen war er ein attraktiver Mann mit strahlenden Augen und besonders dichtem, schwarzem Haar. Verlegen stand ich da und wusste nicht, was ich sagen sollte. Sun Lizhe lachte wieder, bat mich, mich hinzusetzen, und fragte das Mädchen, welches gerade Küchendienst hatte, ob es noch genug Nudelsuppe für mich gebe. Ich ließ mich auf einem Brocken Steinkohle nieder und verschlang zwei große Schalen Nudelsuppe. Währenddessen erzählte Sun Lizhe Anekdoten. Alle lachten gut gelaunt und redeten kreuz und quer durcheinander. Ich hatte mir Sun Lizhe als einen kleinen, bebrillten, ernsten Gelehrten vorgestellt. Nie im Traum hätte ich geglaubt, dass er ein so lebhafter, humorvoller und zugänglicher Mensch war!

Nach dem Essen wurde Sun Lizhe von einem Bauern geholt, angeblich wegen eines Notfalls. Die gute Laune dauerte noch eine Weile an, dann zogen sich die meisten zurück. Einige blieben in der Küche zurück und erzählten mir und einem anderen ebenfalls heute angereisten Pekinger Jugendlichen aus dem Kreis Zichang die Geschichte von Sun Lizhe.

Sun Lizhe war wie Beiyan und Ming Anfang 1969 mit siebzehn Jahren nach Yan'an gekommen. Als er und seine Schulkameraden in Guanjiazhuang eintrafen, breitete sich in seinem Dorf gerade das Fleckfieber aus. Die Hälfte der Arbeitskräfte lag flach. Zusammen mit seinen Kameraden versuchte er, mit den von zu Hause mitgebrachten Medikamenten die Kranken zu behandeln. Seitdem wurde er als Arzt angesehen.

In seinem Dorf gab es wie in allen Dörfern Yan'ans keine medizinische Versorgung. Guanjiazhuang ist sehr abgelegen. Viele Kranke starben, weil sie es bei akuten Krankheiten oder nach einem Unfall nicht rechtzeitig ins Krankenhaus schafften oder kein Geld hatten, um sich dort behandeln zu lassen. Deshalb entschied sich Sun Lizhe, den Bauern als Barfußarzt zu dienen. Tagsüber ging er aufs Feld und arbeitete mit den Bauern zusammen. Abends las er unter einer kleinen Öllampe in dem Büchlein *Handbuch der Medizin auf dem Land*. Das war anfangs seine Bibel, die er stets bei sich trug. Drei Exemplare soll er im Lauf der Zeit verbraucht haben, weil sie durch das Blättern zerfielen. Von einem Kameraden lernte er Akupunktur. Was er lernte, setzte er sofort in die Praxis um. Gleichzeitig lernte er aus der Praxis. Durch das Sezieren von Schafen, Hühnern und Schweinen brachte er sich selbst chirurgische Grundkenntnisse bei. Sun Lizhe pflegte zu sagen, er sei regelrecht gezwungen worden, Operationen durchzuführen. Als ein Kamerad krank wurde und er ihn nach Peking begleitete, machte er ein Praktikum in der chirurgischen Abteilung eines Pekinger Krankenhauses und lernte auch das Handwerk der Anästhesie. Von dieser Reise brachte er chirurgische Instrumente und medizinische Fachbücher mit. Zurück im Dorf, gründete er mit Unterstützung der Brigadeleitung eine Dorfklinik mit eigener Apotheke. Er und einige seiner Kameraden bildeten auch Dorfbewohner als Sanitäter aus. Sie bauten Heilkräuter an und stellten selbst chinesische Arzneien her. Mit eisernem Willen und Disziplin führte Sun Lizhe das Selbststudium durch und las unzählige medizinische Fachbücher und Zeitschriften. Er lernte auch autodidaktisch Englisch, Deutsch, Russisch und Japanisch, um ausländische Fachzeitschriften zu lesen. In einer primitiven Höhle führte er alle möglichen Operationen durch: von Blinddarm über Magenperforation und Darmverschluss bis hin zu Tumoren und Gebärmutterkrebs. Als Beleuchtung dienten am Anfang Taschenlampen. Später schaffte sich die Brigade einen Generator an.

Die erste große Operation führte Sun Lizhe bei der Frau des Brigade-Parteisekretärs durch. Die Patientin war lebensbedrohlich an einer akuten Bauchfellentzündung erkrankt, verursacht durch einen Magendurchbruch. Sollte der Parteisekretär seine Frau wirklich einem Neunzehnjährigen anvertrauen oder sie nicht doch besser ins Krankenhaus bringen? Er stand vor einer schwerwiegenden Entscheidung. Die Dorfbewohner waren skeptisch und seine Schwiegereltern energisch gegen eine Operation durch Sun Lizhe, denn es handelte sich schließlich um ihre einzige Tochter. Die Skepsis rührte nicht nur daher, dass Sun Lizhe keine Ausbildung hatte. Es gab nicht einmal Strom, geschweige denn richtige chirurgische Apparate und Instrumente. Der Parteisekretär dachte an seine beiden Brüder, die auf dem Weg ins Krankenhaus gestorben waren, und entschied sich für Sun Lizhe. Es war eine unglaubliche Sensation im Dorf. Während der ganzen Operation versammelten sich viele Dorfbewohner vor der Tür der OP-Höhle und spähten durch die Spalten. Die Operation war erfolgreich. Und die Patientin war nach nur einer Woche wieder genesen.

»Und warum nennt man ihn jetzt Wunderarzt?«, fragte ich ungeduldig. Zwei Kameraden stritten sich, wer diese Geschichte erzählen durfte. Schließlich taten sie es beide, indem sie sich wechselseitig ergänzten.

Eines Nachts wurde Sun Lizhe vom lauten Rufen seines Namens geweckt und sah eine Schar aufgeregter Bauern mit Fackeln in den Händen vor seiner Wohnhöhle stehen. »Schnell, schnell«, schrien sie, eine junge Frau habe sich nach einem Streit mit ihrer Schwiegermutter erhängt. Als Sun Lizhe dort ankam, sah er die Tote auf einer Bahre liegen. Einige Männer hockten auf dem Boden und berieten schon über die Beerdigung. Der Ehemann der Toten flehte Sun Lizhe an, seine Frau zu retten. Sun Lizhe hatte bis dahin noch nie einen Toten gesehen und war ziemlich geschockt. Aber irgendetwas musste er ja machen. Er dachte, er habe sowieso nichts zu verlieren, und stach mit einer

Akupunkturnadel in den Renzhong-Punkt unter der Nase. Keine Reaktion. Dann stach er mit einer langen Nadel in die Fußsohle der toten Frau, also in den Punkt Yongquan. Zuerst in den linken Fuß, das Bein zuckte, dann in den rechten, und das rechte Bein zuckte auch. Er stimulierte die Punkte stark. Plötzlich kam ein Glucksen aus ihrer Kehle. Sun Lizhe erschrak, führte jedoch geistesgegenwärtig sofort die Mund-zu-Mund-Beatmung durch. Die Tote wachte auf. Es war offensichtlich ein Scheintod. Sun Lizhe soll später gesagt haben, dieses Ereignis habe dazu geführt, dass er sich auf einen unumkehrbaren Weg begab. Seitdem wurde er als »Wunderarzt« bezeichnet. »Dieser Junge kann Tote zum Leben erwecken«, erzählten sich die Bauern. Seine Kameraden flunkerten, Sun Lizhes »Heilkunst« sei in seiner Familie von Generation zu Generation überliefert. Und die Bauern nahmen es ernst. In Wirklichkeit war sein Vater ein Professor für Elektromechanik an der renommierten Tsinghua-Universität in Peking.

Die Legende vom Wunderarzt verbreitete sich weit über das Gebiet Yan'an hinaus. Die Patienten kamen von überall her, sogar aus der Inneren Mongolei. Das ganze Dorf wurde ein Krankenhaus. Jede Familie beherbergte zeitweise sieben, acht Patienten. Sun Lizhe und seine Helfer arbeiteten rund um die Uhr. Manchmal wurden in der kleinen Klinik bis zu mehrere Hundert Menschen pro Tag behandelt. In der Tat glichen viele Fälle, die er erfolgreich behandelt hatte, einem Wunder.

Einmal wurde Sun Lizhe von einer Familie aus einem anderen Dorf geholt. Ein Kleinkind lag wegen starker Austrocknung im Koma. Sun Lizhe wusste, eine Infusion wäre die rettende Lösung. Aber er hatte keinen Infusionsapparat dabei. So spritzte er dreißig Stunden lang – aufgrund der ungünstigen Verhältnisse vor Ort auf dem Boden kniend – Glukose und Flüssigkeit in den Körper des Kindes, Spritze für Spritze. Sein Daumen wurde durch das Drücken der Spritze taub. Als das Kind schließlich aus dem Koma erwachte, fiel Sun Lizhe übermüdet um. Aus Dankbarkeit fiel der Kindsvater auf die Knie und ließ seinen Sohn den Retter »Vater« rufen. Da war Sun Lizhe gerade achtzehn Jahre alt.

Im Sommer 1972 klagte eine Frau nach dem Wassertragen über heftige Bauchschmerzen und blutete stark aus dem Unterleib. Als sie in die OP-Höhle getragen wurde, war ihr Blutdruck nicht mehr messbar, und ihr Herz schlug nur noch schwach. Aus Erfahrung und nach einer Punktion diagnostizierte Sun Lizhe eine Bauchhöhlenschwangerschaft. Eine sofortige Notoperation war unumgänglich. Da die kleine Klinik weder über Blutkonserven noch einen Blutgruppenschnelltest verfügte, entschied Sun Lizhe, ihr eigenes Blut für die Bluttransfusion zu verwenden. Sorgfältig bereitete er die Transfusion vor, ließ zwei Assistentinnen die Bauchdecke mit zwei Klammern festhalten und arbeitete sich dann vorsichtig Schicht für Schicht mit kleinen Schnitten bis zur Bauchhöhle vor. Die Bauchhöhle war voller Blut. Mit der größten Spritze, die er hatte, entnahm Sun Lizhe Blut aus der Bauchhöhle und spritzte es in die Transfusionsflasche, in die vorher Mulltücher zum Filtern eingelegt worden waren. 2000 Milliliter auf diese Art gewonnenes und mit dem Blutgerinnungshemmer Natriumcitrat präpariertes Eigenblut wurde der Patientin transfundiert. Danach öffnete Sun Lizhe die Bauchdecke, fand die geplatzte Ader des Eierstocks und nähte sie zu. Der Blutdruck stieg langsam wieder an. Nach einer Stunde Kampf kehrte allmählich das Leben in den Körper der jungen Frau zurück.

Solche Wunder gebe es unendlich viele, sagte einer der Erzähler, zum Beispiel, dieses siebzehnjährige Mädchen … Nein, schrie eine anwesende Pekingerin, sie wolle die Geschichte nicht mehr hören. Da werde sie wieder Bauchschmerzen bekommen. Wir beide Zuhörer baten den jungen Kameraden inständig, die Erzählung fortzusetzen.

Eines Abends trugen einige Männer eine junge Frau in die OP-Höhle. Als Sun Lizhe die Patientin sah, erschrak er zu Tode: Ein Spaten ragte aus dem Po und dessen Stiel aus dem Bauch. Es stellte sich heraus, dass das Mädchen nach Feierabend an der

Dammbaustelle von einem hohen Hang heruntergesprungen war und dabei unglücklicherweise von diesem Spatenstiel regelrecht aufgespießt worden war. Sun Lizhe entschied intuitiv, den Spatenstiel herauszuziehen. Drei Männer hielten das Mädchen fest und zogen den Stiel aus dem Körper. Danach stillte Sun Lizhe das Blut und nähte die Wunden. Die junge Frau überlebte. Sie brachte später sogar drei Kinder zur Welt.

Oft bleibe Sun Lizhe keine Wahl, komplizierte Operationen durchzuführen, erzählten sie uns. Zum Beispiel, eine Kopfoperation hätte er von sich aus niemals gewagt. Aber hier auf dem Lande passierten oft undenkbare Unfälle. Einmal wurde ein junger Bauer durch eine Steinsprengung bei einem Bauprojekt am Kopf schwer verletzt. Ohne eine sofortige Operation wäre er gestorben. So blieb Sun Lizhe nichts anderes übrig, als ihn am Kopf zu operieren. Und er rettete ihm das Leben.

Sun Lizhe wurde berühmt und als Held gefeiert. Die Bauern liebten und verehrten ihn von ganzem Herzen. Es gab sogar ein Lied über ihn – *Zehnmal Sun Lizhe besingen*. Sein Ruhm gelangte bis nach Peking.

1973 kam eine Expertengruppe – bestehend aus Ärzten und Professoren aus zwei renommierten Pekinger Krankenhäusern – nach Guanjiazhuang, um Sun Lizhe und seine Dorfklinik zu begutachten. Sie testeten ihn und seine Assistenten und beobachteten ihn bei seinen Operationen. Das Ergebnis war sensationell: Sun Lizhes medizinische Qualifikation entsprach der eines Facharztes mit zwei bis drei Jahren klinischer Erfahrung. Die Legende Sun Lizhe war nun offiziell beglaubigt. Viele Zeitungen berichteten über seine ungewöhnlichen Erfolge. Der Vorsitzende Mao zeichnete ihn persönlich als einen der herausragendsten Jugendlichen aus. Seine Geschichte wurde sogar in Schulbücher aufgenommen und verfilmt. Ihm wurden mehrere leitende Funktionen im Dorf und im Gesundheitsamt des Kreises, sogar im Gesundheitsministerium in Peking übertragen.

Viele Wissenschaftler und Mediziner betrachteten das Phänomen Sun Lizhe dennoch mit großer Skepsis. So kam 1975 der Präsident der Akademie der Medizin, der berühmteste Herzchirurg Chinas, Professor Huang Jiasi, mit einer zweiten Expertengruppe nach Guanjiazhuang, um Sun Lizhe zu begutachten. Der einst in Amerika ausgebildete Professor Huang wohnte und aß mit den Barfußärzten zusammen, begleitete sie bei ihren Hausbesuchen und hielt für Sun Lizhe die Taschenlampe bei seinen Operationen. Er führte auch mit ihm zusammen eine schwierige Operation durch. Am Ende war der Professor von Sun Lizhes Fähigkeiten und selbstlosem Arbeitsgeist zutiefst beeindruckt. Er bat den jungen Mann um reguläre Mitarbeit in der Redaktion der von ihm herausgegebenen Zeitschrift *Chirurgie*. Der neunundsechzigjährige Professor und der vierundzwanzigjährige Barfußarzt wurden fortan enge Freunde.

Ich wunderte mich, dass Sun Lizhe trotz seiner verschiedenen amtlichen Posten noch im Dorf wohnte. Seine Kameraden sagten, Sun Lizhe sei viel unterwegs. Aber sobald es ihm möglich sei, bleibe er hier in der Dorfklinik und gehe seiner Pflicht als Barfußarzt nach. Seine ehemaligen Weggefährten hatten nach und nach Guanjiazhuang verlassen. Er war jetzt der einzige seiner ursprünglichen Gruppe. Die Mitglieder der neuen Gruppe waren Abiturienten der Jahrgänge 1974 und 1975. Einige von ihnen waren sogar vor dem Abitur heimlich, das hieß ohne Einverständnis der Schule und Eltern hierhergekommen, um an seiner Seite zu leben und zu arbeiten.

Wir blieben noch lange in der Küche sitzen und ließen uns von den Geschichten über die außergewöhnlichen Fähigkeiten Sun Lizhes hinreißen, bis das Reisig ausging und das Feuer im Herd erlosch.

Die Nacht verbrachte ich in einer der Wohnhöhlen der Mädchen mit Hong zusammen unter einer Bettdecke. Am nächsten Morgen gingen wir zur Dorfklinik. Wenn es etwas zu tun gebe, helfe sie in der Klinik, und sie dürfe auch Sun Lizhe bei der Arbeit über die Schulter schauen, erklärte Hong mir, ansonsten gehe sie mit den anderen Kameraden zusammen aufs Feld arbeiten. Heute sollte sie Plazenten präparieren, die für die Herstellung chinesischer Medizin verwendet wurden.

Die Klinik bestand aus acht relativ neuen Lehmhöhlen. Davor lag ein geräumiger, ummauerter Hof. Hong erklärte mir, die erste Höhle rechts sei der Operationsraum, die zweite der Vorbereitungsraum, in dem manchmal auch operiert werde, die dritte das Labor, die vierte der Röntgenraum, die fünfte die Apotheke. Die anderen drei Höhlen dienten als Krankenzimmer für Patienten. »Wow, das ist ja wirklich wie ein Krankenhaus!«, staunte ich. Aber Hong sagte, die Einrichtungen seien sehr primitiv. Ich spähte durch das Fenster der Operationshöhle. In dem dunklen Raum standen eine Pritsche – offensichtlich der OP-Tisch –, ein Tisch mit ein paar weißen Töpfen und Behältern sowie Instrumenten und noch ein Tisch mit einem Tonkrug darauf, an dem ein kleiner Wasserhahn angebracht war.

»Stehen etwa neue Gutachterinnen vor der Tür?«, hörte ich plötzlich eine Stimme hinter mir. Ich drehte mich um. Sun Lizhe stand mit einer Arzttasche im Hof und lächelte. Er habe uns erschreckt, sagte ich. Ob er gefrühstückt habe, fragte Hong. Nein, er habe zwei Stunden »Visite« gemacht und die Patienten im Dorf behandelt. Er fragte mich, aus welchem Dorf ich käme. Aus dem Kleinen Tal? Eine seiner ersten Patienten sei eine ältere Frau aus dem Kleinen Tal gewesen. Sie habe eine solche Geschwulst gehabt, Sun Lizhe machte eine kreisende Handbewegung am Hals, über sechs Kilo schwer, Wahnsinn! Die Operation habe sechs Stunden gedauert. Wirklich? Ich hätte gar nicht davon gehört. Hong sagte, sie wisse, wer es sei. Heiße sie nicht Ma? Ja, Frau Ma, richtig, sagte Sun Lizhe. Übrigens, die Operation hätten sie mithilfe der Akupunkturanästhesie durchgeführt, fügte er hinzu. Unglaublich, staunten Hong und ich. Ob die Patienten ihn für die Behandlungen bezahlten, wollte ich wissen. Bezahlen? Womit hätten sie ihn bezahlen sollen? Der Frau Ma habe er sogar das Geld für die Rückfahrkarte gegeben, weil sie keinen Fen dabeigehabt habe. Aber oft wollten sie ihm Geschenke geben, meistens das beste Essen von zu Hause wie zum Beispiel Mantou aus feinem Weizenmehl. Aber das nehme er möglichst nicht an. Ich konnte nicht aufhören, zu wiederholen, wie sehr ich ihn bewunderte. Er sei ein Genie! Ein ungewöhnlicher Mensch, wirklich! Wie habe er bei seinem Arbeitspensum auch noch Fremdsprachen lernen können? Ein Genie? Ein großer Stotterer sei er, lachte er laut auf. Englisch habe er gelernt, weil er mit seiner ersten Freundin, die gut Englisch beherrschte, Liebesbriefe immer in Englisch ausgetauscht habe, damit keiner sie habe lesen können. Er habe sich damals vorgenommen, jeden Tag hundertfünfzig englische Vokabeln zu lernen. Mit der Zeit hätten sie sich so angesammelt. Dann erzählte er uns die Geschichte, wie er das Stottern überwunden hatte:

»1971 kam jemand aus dem Kreis ins Dorf. ›Bist du Sun Lizhe?‹, fragte er mich. Ich solle als Mitglied einer Delegation nach Peking fahren, um über meinen Erfolg als Barfußarzt zu berichten. Nach Peking? Das war wie ein gefülltes Fladenbrot, das vom Himmel fiel. Damals war ich neunzehn Jahre alt. Ich folgte ihm also in die Stadt Yan'an. Dort sollte ich einen Vortrag darüber schreiben, wie ich bei meiner Arbeit als Barfußarzt die Werke des Vorsitzenden Mao studiert und in die Praxis umgesetzt habe. ›Meine Güte! Erledigt! Sense!‹, dachte ich. Ich habe die Werke des Vorsitzenden Mao nie studiert, weil ich dafür doch keine Zeit hatte. ›Das kann ich nicht‹, sagte ich. Dann setzte sich eine Gruppe von Schreibern aus Peking ans Werk und schüttelte einige schlaflose Nächte später einen Vortrag für mich aus dem Ärmel. Ich sollte Probe lesen, vor siebzig, achtzig Leuten in einem Saal. Kaum habe ich drei Zeilen gelesen, fing ich zu stottern an. Ich trank drei Kannen Wasser und brachte keine Silbe mehr über die Lippen. Darin stand zum Beispiel, als ich bei meiner ersten Operation den Bauch der armen Bäuerin aufgeschnitten hätte, seien die Worte des Vorsitzenden Mao in meinem Ohr ertönt: Wir sollten Tote retten, Kranke heilen und den revolutionären Humanismus betreiben. Ich hätte sofort Kraft und Mut bekommen, die geplatzte Stelle des Magens gefunden und sie zugenäht. Die gelungene Operation sei ein großer Sieg der Mao-Zedong-Ideen, und die Parolenrufe ›Es lebe der Vorsitzende Mao!‹ seien dann in den Himmel emporgestiegen und so weiter. Alles Märchen natürlich! Wisst ihr, von klein auf hatte ich eine Macke, ich stotterte, vor allem wenn ich psychisch gehemmt war. Der moderierende Kader war schwer verzweifelt: ›Was machen wir mit diesem Musterjungen, der nicht reden kann? In Peking hat man ja gesagt, dieser Sun Lizhe sei das lebendigste Beispiel für das erfolgreiche Studieren und Umsetzen der Mao-Zedong-Ideen. Kein anderer kann ihn ersetzen.‹ So führte er ein ernstes Gespräch mit mir. Ich sollte an die Worte des Vorsitzenden Mao denken und fleißig den Vortrag einüben. Tagelang stand ich vor einem Baum und lernte den Vortrag auswendig. Dadurch habe ich mir das Stottern abgewöhnt. Als ich in Peking vor Hunderttausenden Menschen den Vortrag hielt, habe ich dann das Manuskript beiseitegelegt und frei geredet. Wenn ich wahre Geschichten erzähle, stottere ich nicht.«

Hong und ich lachten herzlich über seine Geschichte und unterhielten uns noch eine Weile mit ihm vor der Operationshöhle. Dann musste Sun Lizhe eine Operation vorbereiten und Hong an die Arbeit gehen. Ich verabschiedete mich von den beiden und lud Sun Lizhe ein, das Kleine Tal zu besuchen, sollte er mal nach Yan'an kommen.

Das sollte jedoch meine einzige Begegnung mit Sun Lizhe bleiben.

Bald darauf hörten wir zu unserem Entsetzen, dass gegen ihn ermittelt wurde. Er soll ein Handlanger der Viererbande im Gesundheitswesen gewesen sein. Letztes Jahr hatte er einen Brief an den Vorsitzenden Mao geschrieben und darin über die Rückständigkeit der medizinischen Versorgung auf dem Lande berichtet, und weil er diesen Brief über Jiang Qing hatte übermitteln lassen, galt der nun als ein Beweisstück für seine Verbindung zur Viererbande. In Wahrheit war Sun Lizhe in der Kulturrevolution von den Ultralinken gegen die Bildung instrumentalisiert worden, weil sie ihn als Beispiel dafür hinstellten, dass man auch ohne Ausbildung ein erfolgreicher Barfußarzt werden und dem Volk dienen kann.

Genau wie der berühmte Tischtennisspieler Zhuang Zedong wurde Sun Lizhe nun auch als ein kleiner Bauer im politischen Schachspiel geopfert. Monatelang sperrte man ihn in eine Höhle der Kreisregierung ein. Er musste wie die »Rinderteufel und Schlangengeister« in der Kulturrevolution jeden Tag den Hof kehren und Verleumdungen und heftige Kritik über sich ergehen lassen. Sun Lizhe konnte diese ungeheuerliche Ungerechtigkeit nicht verkraften und trank eines Nachts zwei Flaschen hochprozentigen Schnaps und eine Flasche minderwertigen Wein. Mit einer akuten Lebervergiftung wurde er ins Krankenhaus eingeliefert. Dem jungen Wunderarzt, der einst Zigtausenden Menschen das Leben gerettet hatte, drohte nun der Tod. Hoch dosiertes Kortison rettete ihm das Leben, ruinierte aber seine Gesundheit und seine Schönheit. Durch sein aufgedunsenes Gesicht wurde er völlig entstellt. Die Therapie mit hoch dosiertem Kortison bescherte ihm Diabetes.

Während er im Krankenhaus lag, liefen die Ermittlungen weiter, stießen jedoch auf gewaltigen Widerstand. Welche Bauern die Ermittler auch antrafen, sie hörten sie wie aus einem Munde protestieren: Wir wissen nicht, was politische Fehler heißen sollen. Wir wissen aber eines: Sun Lizhe ist ein guter Junge. Er hat unzähligen Menschen das Leben gerettet. Für die Behandlungen nahm er weder Geld noch Geschenke an. Was hat er falsch gemacht?

Jahre später sollte ich von einer »Bittschrift mit 10 000 Unterschriften« erfahren: Ein Pekinger Jugendlicher des Abiturjahrgangs 1974 aus seinem Dorf schrieb einen Brief an das Zentralkomitee der KP Chinas, in dem er die Ungerechtigkeit schilderte, die Sun Lizhe widerfahren war, und die Partei um Sun Lizhes Rehabilitierung bat. Mit diesem Brief ging er von Familie zu

Familie, von Dorf zu Dorf, und sammelte Unterschriften. Die Bauern, die ihren Namen nicht schreiben konnten, gaben ihm ihren Fingerabdruck. Diese aus zig zusammengeklebten Blättern bestehende und mit unzähligen Fingerabdrücken übersäte Bittschrift wurde durch Beziehungen einem hohen Funktionär in der Provinzregierung überreicht. Schließlich landete sie in den Händen des KP-Generalsekretärs Hu Yaobang.

Sun Lizhe wurde rehabilitiert. 1979 ging sein Traum in Erfüllung: Er wurde ohne Bachelor direkt zum Masterstudium an der Zweiten Medizinischen Universität Peking zugelassen. Bei der Aufnahmeprüfung hatte er unter allen Teilnehmern landesweit die beste Note.

Sun Lizhe hat zehn Jahre im Dorf Guanjiazhuang, Kreis Yanchuan, Gebiet Yan'an, Provinz Shaanxi, gelebt. Als die Kulturrevolution 1966 ausbrach, die die Schulen sowie das ganze Land ins Chaos stürzte, besuchte er gerade die 8. Klasse. In den folgenden zehn Jahren hat er über 3 000 Operationen in einer primitiven Lehmhöhle unter äußerst primitiven Bedingungen durchgeführt und etwa 28 000 kranke Bauern behandelt. Somit hat er ein einzigartiges Kapitel in der Geschichte der Medizin geschrieben und zugleich ein Epos der Menschlichkeit.

11. KAPITEL

Wie wir das erste Frühlingsfest im Kleinen Tal feierten, und
warum die Heldin Ying ein Geheimnis hütete und auch Anran
an meinem Ideal rüttelte

Anfang Februar lief die Vorbereitung auf das Frühlingsfest auf Hochtouren. Der alte Junggeselle Zhisheng ging von Haus zu Haus und schlachtete Schweine. Als Entlohnung bekam er ein paar Pfund Fleisch. Denn er selbst hielt sich kein Schwein.

Wenn ich Zhisheng sah, bekam ich immer wieder ein schlechtes Gewissen und bereute meine Dummheit. Bis heute hatte sich kein weiterer Menschenhändler hierher verirrt. Und Zhisheng blieb weiterhin ein Junggeselle.

Als er zu uns kam, hatte ausgerechnet ich Küchendienst. Er betrachtete unsere beide Ferkel und entschied sich für Luohu, das etwas größer war als Anjia. Ich flüchtete in meine Wohnhöhle, obwohl ich Zhisheng eigentlich dabei helfen sollte. Aber das furchtbare Gequieke, das durchs ganze Tal scholl, war nicht zu überhören. Gegen Mittag wurde es still. Ich ging in die Küche und sah Luohu in mehreren Stücken zerlegt auf dem Boden liegen. Der Platz vor der Küche war voller Blut. Ich schüttete Asche darauf. Dann ging ich zum Stall und fütterte Anjia. Das arme Schweinchen lief verstört im Stall hin und her und weigerte sich zu fressen. Eigentlich freuten wir uns alle wahnsinnig darauf, nach fast einem Jahr Entbehrung endlich richtiges Fleisch zwischen die Zähne zu bekommen. Aber wenn man sah, woher das Fleisch kam, dann verging einem doch ziemlich schnell der Appetit.

Fünf Pfund Fleisch gab ich Zhisheng und den Kopf dazu. Er bedankte sich und grinste breit.

Hong war rechtzeitig zurückgekommen, bevor der vom Wetterbericht vorausgesagte große Schneesturm einsetzte. Sie war erschöpft, sah aber gut aus. Voller Elan probierte sie sofort aus, was sie bei Sun Lizhe gelernt hatte, und verpasste Jiayu zwanzig Nadeln Akupunktur, weil er wieder starke Magenschmerzen hatte.

Am 17. Februar war es endlich so weit! Wir feierten Silvester des Chinesischen Neujahrs.

Zum Mittagessen wurden wir einzeln jeweils von einer Familie eingeladen. Es war unglaublich, was die Dorfbewohner mit dem, was sie hatten, herbeizaubern konnten. Dreizehn Gerichte standen auf dem kleinen Tisch der Familie Ji, bei der ich zu Gast war. Alles hatte Frau Ji eigenhändig zubereitet: Schweinebauch mit breiten Glasnudeln, in Sojasoße gekochte Schweinerippchen, Rispenhirsedampfnudeln, frittierte Kringel, Salat mit Gelee aus Sojabohnenmehl, Pfannkuchen aus Weizenmehl, Buchweizennudelsuppe, Wildkrautsalat, gebratenes Fleisch mit Weißkohl, Kuchen aus geraspelten Kartoffeln und so weiter, und so fort. Und dazu Rispenhirsewein. Die vier Kinder machten sich über das Essen her wie kleine Raubtiere, sodass Frau Ji immer wieder mit ihnen schimpfen musste. Ich konnte mich nicht daran erinnern, wann ich zuletzt etwas so Köstliches gegessen hatte!

Am Abend waren alle auf dem Dorfplatz versammelt, der von den Lichtern aus dem Büro der Produktionsbrigade, unserer Küche, der Dorfschule und der Wohnhöhle unserer Jungs beleuchtet wurde. Zehn Dorfjungen führten den traditionellen Hüfttrommeltanz auf, der ursprünglich ein Kulttanz zum Gebet für gute Ernte war.

Danach tanzten zwei Mädchen und drei Jungen aus dem Dorf und ich zusammen den Landboottanz, den wir vorher lange geprobt hatten. Das Gerüst der Boote bestand aus Holzlatten und Sorghumstängeln. Bunte Stoffe dienten als Rumpf. Mit einem Seil wurde das Gerüst an der Hüfte der Tänzerin befestigt, die im Boot stand. Durch die Bewegung der Tänzerin sah es dann so aus, als fahre das Boot auf dem Wasser. Der Tänzer vor oder hinter dem Boot stellte den Bootsmann dar. Der Tanz wurde durch das Volkslied *Landboot fahren* begleitet.

Zum Schluss tanzten alle Leute zusammen den Yangge-Tanz. Das ist ein sehr beliebter Volkstanz aus der Region, der ursprünglich am Erntedankfest und mittlerweile bei jedem feierlichen Anlass getanzt wurde. Man band sich ein rotes Seidentuch um die Hüfte, hielt beide Enden in den Händen und bewegte sich mit einem bestimmten Kreuzschritt vorwärts. Dabei standen die Tänzer hintereinander in einer Reihe; ganz vorne führte der Vortänzer, und er bestimmte, in welcher Form sich die Reihe bewegte. Alle Dorfbewohner tanzten mit, Alt und Jung, Groß und Klein, Mann und Frau. Lachen, Freudenrufe und Gesänge, begleitet von einer großen Trommel, hallten lange im schneebedeckten Tal wider.

Kurz vor Mitternacht gingen alle in ihre Wohnhöhlen zurück und bereiteten Jiaozi zu. Parteisekretär Cheng wollte unbedingt, dass wir alle zu ihm gingen und die Jiaozi seiner Familie probierten. Wir wussten, dass seine Familie sehr arm war und keinesfalls uns acht Leute bewirten konnte (Beiyan wurde von Changfus Familie eingeladen). Seine Zwillinge waren noch klein, seine Frau war krank und er körperlich auch nicht der Stärkste im Dorf. Aber aus Höflichkeit nahmen wir seine Einladung an.

In seiner Wohnhöhle roch es nach Rauch. Das Wasser auf dem Herd siedete. Die Zwillinge spielten auf dem Kang. Wir halfen beim Jiaozi-Kneten mit. Anders als in Peking rollte man hier den Teig nicht mit einem Nudelholz aus, sondern drückte ihn mit der Hand flach. Cheng erklärte uns, da es selten feines Weizenmehl zu essen gebe, wolle man bei diesem Festmahl etwas zum Beißen haben. Deshalb solle der Teig dick sein. Als die ersten Jiaozi fertig waren, kostete jeder von uns zwei, drei Stücke, damit der Gastgeber zufrieden war.

Danach gingen wir in unsere Küche zurück, machten unsere eigenen Jiaozi und bereiteten gemeinsam unser Festessen vor. Zur Überraschung aller entpuppte sich der große schweigsame

Yang als ein guter Koch für das Festmahl. So wurde er zum Chefkoch auserkoren. Wir anderen halfen mit. Aus Luohus kostbarem Fleisch bereiteten wir achtzehn Gerichte zu. Der Rest wurde mariniert oder eingefroren. Der Speck wurde zu Schmalz ausgelassen, das noch Monate zum Kochen reichen würde. Es war uns sogar gelungen, mit Haolans Hilfe unseren eigenen Rispenhirsewein herzustellen. Das Einzige, was wir bedauerten, war, dass Zhen noch nicht zurückgekehrt war.

Die ganze Nacht feierten wir durch. Lange hatten wir nicht so gute Laune gehabt. Freute sich der Magen, freute sich offensichtlich auch der Geist. Huai fing an zu dichten, und Tong holte zum ersten Mal, seit wir im Kleinen Tal angekommen waren, seine Geige hervor. Er sagte, seine Finger seien steif geworden. Trotzdem waren wir alle zutiefst gerührt. Die Musik lockte zunächst Kinder an und dann auch Erwachsene. Gegen Morgen war fast das ganze Dorf bei uns versammelt. So eine merkwürdige Erhu hätten sie noch nie gesehen, sagten sie und schauten mit weit aufgerissenen Augen drein.

Zum Frühstück luden wir stellvertretend die vier oder fünf Leiter der Produktionsbrigade ein, um uns für die Unterstützung und Fürsorge zu bedanken. Unser Essen schmeckte ihnen sehr gut. Äußerst begeistert rief Parteisekretär Cheng aus: »Alles hat mit Wissen zu tun. Guckt mal, die Peking-Kinder sind gebildet, deshalb kochen sie auch besser als wir.«

Am zweiten Feiertag des Frühlingsfestes gingen Beiyan, Huai, Jiayu und ich in die Stadt, um uns zu amüsieren und vielleicht einen Film anzusehen, weil wir ein paar Tage freihatten. Vor der Gedenkhalle der Revolution trafen wir auf einige Pekinger Jugendliche aus anderen Dörfern. Sie erzählten uns, die berühmte Ying aus Dazhuanghe sei krank und liege im Krankenhaus. Wir gingen sie sofort besuchen. Ein anderes Mädchen aus ihrem Dorf war bei ihr. Sie lag im Bett, bis auf die Knochen abgemagert, wirkte sehr schwach. Ihr Gesicht war bleich wie weißes

Papier. Aber sie lächelte uns zu, als wir das Zimmer betraten. Sehr traurig stellte ich fest, dass ihr Glanz erloschen war, nach kaum einem Jahr.

Ich sah das Bild noch vor Augen, wie sie in einem Lesesaal der Tsinghua-Universität einen bewegenden Vortrag hielt und wir, eine Gruppe heißblütiger Jugendlicher, mit rasendem Herzen ihrer schönen Stimme lauschten. Es war kurz vor dem Oberschulabschluss gewesen. Wir, die wir entschlossen waren, freiwillig zum Arbeitseinsatz aufs Land, in die ärmsten Orte zu gehen, trafen bei dieser Angelegenheit zusammen.

Ying stammte aus einer Intellektuellenfamilie und diente damals in der Armee. Aber anstatt einer militärischen Karriere und eines bequemen Lebens in der Stadt wollte sie unbedingt nach Yan'an gehen und eine Bäuerin werden. Sie war ein beispielloser Fall. In den Medien wurde sie als ein Vorbild für Jugendliche und eine Heldin gepriesen. Da sie auch schön und anmutig war, wurde sie zum Star, zum Idol vieler junger Menschen.

Sie trug eine grüne Uniform. Ihr volles schwarzes Haar hatte sie zu zwei Zöpfen geflochten. Ihre schönen Augen strahlten vor Optimismus. Sie war klein und zierlich. Umso kraftvoller und großartiger klangen ihre Worte: »Nur im Sturm können die Sturmvögel ihre Flügel abhärten. Eisen kann nur im Feuer zu Stahl geschmiedet werden. Die Revolution braucht willensstarken Nachwuchs. Werdet Sturmvögel! Werdet Kieselsteine, die die ›Drei Großen Klüfte‹ füllen!«

Unsere Tränen flossen. Unser Blut kochte in den Adern. Meine Entscheidung für Yan'an wurde an diesem Abend noch einmal gefestigt. Zum Schluss ließen wir uns mit ihr zusammen fotografieren. Dieses Foto klebte heute noch in meinem Tagebuch.

Ein paar Monate früher als wir war Ying nach Yan'an gekommen und hatte sich in einem entlegenen Dorf niedergelassen, in dem nur noch ein Jungendlicher aus Peking lebte. Auch dieser Lin Wutong war uns allen bekannt. Denn viele der in Yan'an gebliebenen Jugendlichen hatten außergewöhnliche Beiträge geleistet und wurden von der Partei als »herausragende Jugendliche« ausgezeichnet. Zufälligerweise war es das Dorf, dem Anran und seiner Gruppe später zugeteilt wurde. Das »Büro für Angelegenheiten der Jugendlichen aus Peking«[60] siedelte Neuankömmlinge bewusst in den Dörfern an, in denen nur noch einzelne Pekinger Jugendliche lebten.

Wir fragten Ying besorgt, an welcher Krankheit sie leide. Nichts Schlimmes, antwortete sie. Sie sei nur zu erschöpft und müsse wahrscheinlich für einige Zeit zur Erholung nach Peking gehen, aber sie komme bestimmt wieder zurück.

Am Spätnachmittag gingen wir in ein kleines Lokal, um Nudeln zu essen. Yan'an war damals ein winziges Städtchen, in dem man sich immer wieder über den Weg lief. Daher waren wir nicht sonderlich überrascht, in diesem Lokal Anran anzutreffen. Sie hätten wegen des Frühlingsfestes zwei Tage frei, und er bummle in der Stadt herum und habe sich den Film angesehen, der gerade im Kino lief – *Die rote Blume auf dem Berg des Himmels*. Nachdem wir uns gegenseitig über unser Leben seit unserer letzten Begegnung berichtet hatten, fragte ich ihn nach Ying, seiner Kameradin aus Dazhuanghe. Anran zögerte. Als er sah, dass wir alle sehr besorgt waren, sagte er, Ying sei nicht krank, sondern schwanger, und zwar von Lin Wutong. Ich war schockiert und wollte ihm nicht glauben. Dann erzählte Anran uns die Geschichte von Ying.

Ying hatte Lin Wutong vor drei Jahren auf einer der regelmäßig stattfindenden »Versammlungen herausragender Jugendlicher« in Peking kennengelernt und sich in ihn verliebt. Seinetwegen verließ sie die Armee und kam nach Yan'an. Um ihr Image

---

60 Das war eine offizielle, für die Angelegenheiten der aufs Land gegangenen Jugendlichen zuständige Stelle. Dieses Büro gab es damals auf allen Verwaltungsebenen jeder Provinz, in die städtische Jugendliche verschickt wurden. In den Bezirk Yan'an wurden in erster Linie Schüler bzw. Abiturienten aus Peking übersiedelt, deshalb hieß es »Büro für Angelegenheiten der Jugendlichen aus Peking«.

als Heldin und Vorbild aufrechtzuerhalten, versuchte sie ihre Liebe zu verheimlichen. Aber alle hatten es bemerkt. Es war ein offenes Geheimnis im Dorf. Nach außen hin taten die beiden so, als wäre nichts zwischen ihnen, und trafen sich stets heimlich oder erfanden irgendwelche Märchen für ihr häufiges Zusammensein. Hätten sie zusammengelebt oder geheiratet, hätten sich alle Kameraden und Dorfbewohner für sie gefreut und ihnen gratuliert, meinte Anran. Das taten sie leider nicht. Dann wurde Ying schwanger und litt unter starken Schwangerschaftsbeschwerden. Die Parteizelle der Produktionsbrigade verbreitete im Dorf die Nachricht, Ying habe Hepatitis und müsse zur Behandlung nach Peking zurückgehen.

Ich war von Yings Tragödie sehr betroffen und dachte an meine eigene Geschichte. Manche, in erster Linie die Leute im Ensemble meiner Eltern, hatten damals behauptet, meine revolutionären Ziele seien bloß eine Tarnung, in Wirklichkeit wolle ich vor der Familie flüchten. Ich meinerseits hatte keinerlei Zweifel daran gehabt, dass ich nur meiner Überzeugung folgte. Deshalb sagte ich zu Anran: »Mag sein, dass sie verliebt war, aber das ist doch kein Grund, an ihrem Motiv zu zweifeln. Dass sie großen Mut erwiesen und ihr revolutionäres Ziel auch in die Tat umgesetzt hatte, ist nicht zu leugnen. Was hinterher passiert ist, kann ich gut verstehen.« Anran hingegen fand sie feige und unehrlich. Beiyan schwieg. Huai meinte, sie sei ein Opfer der anderen. Sie sei zur Heldin gemacht worden. Vielleicht hätte sie gar keine werden wollen. Jiayu sagte, eine Heldin sei auch ein Mensch. Daraufhin Anran: »Das bestreitet ja auch keiner. Du musst aber selbst dazu stehen, dass du ein Mensch bist.«

Jiayu schlug vor, das Frühlingsfest ein bisschen nachzufeiern, und bestellte drei Flaschen Sorghumschnaps Erguotou. Wir stießen auf das neue Jahr an. Jiayu bekam sofort einen roten Kopf. Er griff eine Flasche, gab Anran eine andere und forderte ihn auf, mitzutrinken. Anran nahm seine Herausforderung höflich an. Anran konnte viel Alkohol vertragen, Jiayu aber nicht. So wurde

Anran immer blasser und Jiayu immer röter. Nachdem Jiayu seine Flasche halb leergetrunken hatte, fing er an, wirres Zeug zu reden. Vom Ideal getarnter Helden, vom Traum, aus einem Bergdorf des Lößplateaus ein Fischerdorf mit Reisduft zu machen, vom Dritten Weltkrieg, in dem wir in den Bergen der Lößhochebene einen Partisanenkampf führen würden, und davon, dass Anran zu uns ziehen solle, dann wäre er nicht mehr allein und einsam. Jiayu war total betrunken. Huai versuchte, ihm die Flasche aus der Hand zu nehmen. Daraufhin leerte er die Flasche in einem Zug aus. Schließlich erbrach er die kostbaren Nudeln aus feinem Weizenmehl auf den Boden.

Wir wussten, dass wir mit Jiayu in diesem Zustand nicht zurückgehen konnten, und quartierten uns im Zweiten Gästehaus der Stadtregierung ein. Dort kannte man Beiyan, und wir mussten nicht für die Unterkunft bezahlen. Auf dem Weg dorthin brach Jiayu zusammen und wurde von Anran und Huai getragen.

Am Abend ging ich mit Anran spazieren. Er fragte mich, was zwischen Jiayu und mir sei. Ich sagte, was solle denn sein? Wir seien Kameraden wie alle anderen. Er lächelte ironisch: »Werde nicht Ying Nummer zwei. Ich sehe es doch in seinen Augen. Hast du nicht gesehen, wie er mich angeguckt hat?«

»Wie hat er dich denn angeguckt?«

»Voller Eifersucht.«

»Wieso? Warum soll er eifersüchtig sein!«, log ich weiter.

Anran war taktvoll und bohrte nicht weiter. Er schaute mich lange an und sagte: »Ich möchte keine Tragödie von dir hören.«

Ich wusste, was er meinte. Laut einer offiziellen Bestimmung sollen die hier verheirateten Jugendlichen – egal ob mit ihresgleichen oder mit den Einheimischen – keine Chance mehr haben, nach Peking zurückzugehen. Ich war auf einmal verwirrt. Wäre es denn eine Tragödie, für immer hierzubleiben? Es war doch unsere Losung, »unsere Wurzeln in Yan'an zu schlagen«? Auf der anderen Seite war ich doch nicht verliebt, und keinesfalls wollte ich heiraten. Deshalb erwiderte ich Anran mit Nachdruck: »Ich weiß nicht, was du meinst. Ich habe nur eines im Sinn, hier in Yan'an etwas zu bewegen.«

Anran lächelte zum zweiten Mal ironisch: »Wirklich? Bist du immer noch nicht zu der Erkenntnis gelangt, dass wir keine Er-retter der armen Bauern sind? Glaubst du wirklich, dass wir hier etwas verändern können? Ich meine nicht, dass wir einen Fehler gemacht haben, nach Yan'an zu kommen. Hier habe ich das Le-ben kennengelernt und vor allem mich selbst. Das wird ein prä-gendes Erlebnis in meinem Werdegang sein. Aber das Bewusst-sein der Bauern können wir nicht verändern, die Natur ebenfalls nicht. Die Bauern leben seit Jahrhunderten so, und sie werden auch weiter so leben, unabhängig von den politischen Einflüs-sen. Natürlich, wenn das politische Klima günstiger ist, wird es ihnen etwas besser gehen. Wir sind bloß eine vorüberwehende frische Brise für sie. Jahrzehnte später werden sie ihrem Nach-wuchs von der Legende der Pekinger Jugendlichen erzählen – und wir unserem Nachwuchs davon, wie es damals war in Yan'an.«

Vor Erstaunen blieb ich stehen und starrte ihn an.

Anran sprach immer aufgeregter: »Ich habe das Heldentum und das ganze Getue satt. Yan'an kann nicht durch uns hundert heißblütige Jugendliche aus Peking gerettet werden, nein, nicht durch uns! Was Yan'an braucht, ist Geld und Freiheit. Haben die Bauern in eurem Dorf euch nicht erzählt, dass es ihnen vor vierzig Jahren viel besser ging als heute? Es muss von oben etwas geändert werden. Die Menschen hier im Norden von Shaanxi sind nicht viel anders als die Naturvölker – fern von materiellen Dingen, deshalb sind sie im Wesen noch rein. Aber zu was für Menschen sollten sie uns umerziehen? Wir kom-men aus einer Zivilisation, die sie nicht kennen. Primitiver Kommunismus? Ist das etwa die Richtung, die China einschla-gen soll?«

»Das ist ja reaktionär!«, platzte ich heraus und schaute instinktiv umher. In der von gelblichen Straßenlaternen schwach beleuchteten Straße war weit und breit kein Mensch zu sehen.

»In meiner Gruppe bin ich ziemlich isoliert«, redete Anran weiter, ohne meine Reaktion zu beachten, »noch betrachten sie mich als einen Andersdenkenden, einen Außenseiter. Aber ich gebe dir mein Wort, es dauert nicht mehr lange, bis sie meine Ansicht teilen. Cui, glaub mir, wir müssen zurück, auf welchem Weg auch immer. Hier sind wir verloren. Ich hoffe, du kommst zur Vernunft, bevor es zu spät wird.«

Jetzt war ich wütend. Ich glaubte, etwas Klangvolles, etwas Bedeutendes, etwas, was seine absurden Behauptungen niederschmettern würde, sagen zu müssen, fand jedoch vor Erschütterung kein Wort. Schließlich murmelte ich leise: »Wie traurig, dass du so pessimistisch geworden bist!«

»Ich bin nicht pessimistisch. Ich habe nur die Wahrheit gesagt, die Wahrheit, die ich in der Realität erfahren habe«, sagte Anran mit fester, klarer Stimme.

»Ist das nicht ein Verrat an unserem Ideal?«

»Nein«, sagte er überzeugt, »wir können nichts dafür. Das liegt an der Geschichte. Unser Ideal ist eine Illusion, eine Utopie, ein Traum. Jede Jugend hat ihre Träume. Träume zu haben ist keine Schande. Aber man muss wieder wach werden. Ich bin vielleicht etwas früher erwacht als ihr.«

»Du scheinst dir sehr viele Gedanken zu machen«, sagte ich, verwirrter denn je. »Ich komme überhaupt nicht dazu, nachzudenken.«

»Das solltest du aber tun. Nichts ist gefährlicher, als mit dem Denken aufzuhören.«

Auf einmal verfielen wir in Schweigen. Es fing an zu schneien. Große Schneeflocken tänzelten hinab, schmolzen auf meinem heißen Gesicht. Plötzlich sah ich vor meinem geistigen Auge, wie wir vor einem Jahr genau in dieser Straße von Tausenden von Blumen und Fahnen schwingenden Menschen empfangen worden waren. Mit Tränen in den Augen hatten wir zum Pagodenberg hochgeschaut und uns gefreut, am Ziel angekommen zu sein. In der Dunkelheit sah ich die vertrauten Konturen der Pagode[61], die seit Jahrhunderten dort stand – unverändert. Aber wir? ... In nur einem Jahr? »Sind wir etwa wie diese Schneeflocken, die feierlich vom Himmel fallen und wieder schnell wegschmelzen?«, fragte ich mich im Stillen und fühlte mich innerlich kalt, traurig, verwirrt.

Nach einer Weile sprach Anran: »Damit das Leben hier für mich einen Sinn bekommt, habe ich angefangen zu schreiben. Ich schreibe einen Roman.«

»Ja? Wirklich?« Ich wandte mich Anran zu und betrachtete ihn unter einer düsteren Straßenlaterne. Er sah wie immer verwahrlost aus. Sein Haar war noch länger als das letzte Mal, sein Gesicht noch schmaler. Aber seine Augen leuchteten. Auf einmal hatte ich das Gefühl, dass Anran viel reifer und viel stärker war als ich. Plötzlich schämte ich mich. Ich kam mir unendlich naiv vor – naiv, unsicher, orientierungslos. Den Inhalt seines Romans wollte er mir nicht verraten. Ich sagte leise: »Du bist großartig!«, als spräche ich nur zu meinem Herzen ...

In dieser Nacht konnte ich nicht schlafen. Meine Gedanken glichen einem zügellosen wilden Pferd, das unaufhörlich rannte und rannte und kein Ziel fand ...

Am nächsten Morgen trennten sich unsere Wege. Anran fuhr in sein Dorf zurück. Das Gespräch mit ihm hatte mich sehr erschüttert. Ich konnte auch jetzt meine Gedanken nicht ordnen. Ich musste mir eingestehen, ziemlich verwirrt zu sein.

Beiyan musste etwas in der Stadt erledigen. Huai wollte ins Kino gehen. Jiayu war mit starken Magenschmerzen aus seiner Trunkenheit erwacht und wollte ins Dorf zurück. Ich beschloss, ihn zu begleiten. Vor Schmerzen konnte er kaum laufen. Aber er

---

61 Yan'an-Pagode, die 44 Meter hohe Pagode wurde in der Tang-Dynastie (618–907 n. Chr.) gebaut.

ließ sich nicht von mir stützen und sprach auch nicht mit mir. Ich war wütend und wollte sagen, dass er nicht hätte trinken sollen. Aber ich wusste, er hätte diesen Vorwurf nicht ertragen können. Deswegen schwieg ich auch. Stumm liefen wir den Talweg entlang. Immer wieder musste er Rast machen. Ein Glück, dass wir einen Fäkalienwagen unseres Dorfes erwischten, auf dessen Deichsel Jiayu behelfsmäßig Platz nehmen konnte.

Im Dorf angekommen, krümmte er sich auf dem Kang zusammen. Ich holte Hong aus unserer Wohnhöhle. Hong untersuchte ihn, gab ihm zwei Schmerztabletten. Da Jiayu häufig unter Magenschmerzen litt, schlug sie vor, eine Katgut-Einbetten-Therapie[62], die sie bei Sun Lizhe gelernt hatte, durchzuführen. Diese Therapie sei nach Sun Lizhes Erfahrungen sehr wirksam gegen chronische Magenschleimhautentzündung, erklärte Hong. Jiayu sagte, er opfere sich lieber der Revolution als Hongs Versuchsskalpell. Ich atmete auf, er war wieder witzig. Während Hong ihm erklärte, wie harmlos der Eingriff sei, schlief er ein.

Am Abend kam er in unsere Wohnhöhle und sagte, er habe sich entschlossen, der Revolution als Versuchskaninchen zu dienen. Wir lobten ihn für seinen Mut und meinten, die Revolution brauche schließlich gesunde Kämpfer. Daraufhin ließ Hong ihn sich auf unseren Kang hinlegen, bereitete alles sorgfältig vor. Ich sollte ihr dabei assistieren. Wir hatten leider keine Einweghandschuhe. Deshalb wuschen wir uns mehrmals die Hände mit Seife und rieben sie mit einem Desinfektionsmittel ein. Hong wählte drei Akupunkturpunkte, Weiyu, Piyu (auf dem Rücken) und Zhongwan (über dem Bauchnabel), schnitt drei Stück Katgut von jeweils einem Zentimeter zurecht und bettete sie mit einer Punktionskanüle unter die Haut ein. Danach wurden die Stellen mit einem Verband versorgt. Jiayu

---

62 Katgut-Einbetten-Therapie *(xue wei mai xian)* ist eine uralte Behandlungsmethode der TCM. Das eingebettete Katgut (Darmsaite vom Schaf), das sich nach circa 15 Tagen selbst auflöst, übt permanent eine Stimulation auf die jeweiligen Akupunkturpunkte der Meridiane aus und erzielt somit die heilende Wirkung.

wirkte während des Eingriffs ziemlich entspannt, machte andauernd Witze. Nur ich war nervös. Wenn die Kanüle in Jiayus Haut stach, hatte ich das Gefühl, dass es bei mir wehtat. Das Ganze dauerte circa eine halbe Stunde. Für das erste Mal hatte es Hong meiner Ansicht nach sehr professionell gemacht.

Cui am Yan-Fluss, Yan'an
1976

Cui auf dem Handtraktor,
Kleines Tal, 1977

Cui mit Fengjun auf dem Apfelberg, Kleines Tal, 1977

Cui bei der Apfelernte,
Kleines Tal, 1977

oben: Cui und Hong in der Gedenkstätte Yangjialing vor einem Bild mit
Mao und seinem Sohn Mao Anying, Yan'an 1977

unten links: Notiz des Künstlers auf der Zeichnung: »Zhao Jie, ihre Mutter
ist Schauspielerin des Theaterensembles der Luftwaffe; sie verzichtet freiwillig
auf das weiche Bett in Peking und sitzt nun auf dem harten Kang Yan'ans.
13. Mai«

unten rechts: Notiz des Künstlers auf der Zeichnung: »Die Küche der
Pekinger Jugendlichen im Kleinen Tal; Cui ist beim Kartoffelschälen.
13. Mai«

oben: Cui nach einer militärischen Übung, Kleines Tal, 1977

unten: Cui und Beiyan vor ihrer Wohnhöhle, Kleines Tal, 1977

12. Kapitel

Wie Zhens Botschaft aus Peking uns erschütterte und Tong einen Zehn-Meter-Sturz überlebte, und warum wir nachts Apfelbäume und Weizenfelder mit der »Rauchheizung« versorgten

Bevor die Frühlingsaussaat begann, wurde Dünger auf die Felder getragen. Es war eine Mischung aus Fäkal- und Mistdüngern. Der Geruch blieb lange in der Nase haften, auch beim Essen und im Traum. Jeden Tag legten wir wieder zig Kilometer lange Wege zurück. Wir bezwangen Berge mit zwei schweren Körben Mist auf den Schultern. Erst jetzt wusste ich, was der Slogan »Unsere Schultern stählen« wirklich bedeutete. Meine beiden Schultern waren geschwollen und taten höllisch weh, sobald die Tragestange sie nur berührte. Beim Laufen dachte ich an nichts Besonderes, versuchte lediglich konkrete Dinge zu kalkulieren: wie man einen Fuß vor den anderen setzen musste, um den gewünschten Rhythmus beizubehalten; welchen Weg man wählen musste, der nicht zu steil und zugleich am kürzesten war; wann man die Pause einlegen musste, damit man für den Rest der Zeit noch genug Kraft hatte und nicht zu hungrig würde.

Ein paarmal dachte ich an Anran. Wie schaffte er es nur, einen Roman zu schreiben? Ich hatte nicht einmal die Kraft für einen Brief.

Die Katgut-Einbetten-Therapie schien zu wirken. Jiayu hatte seitdem keine Magenschmerzen mehr – bis jetzt jedenfalls – und ging auch schon zur Arbeit.

Am einem Nachmittag Anfang März kehrte Zhen zurück. Er schien gut erholt zu sein. Wir freuten uns alle über seine Rückkehr. Er erzählte uns, die Versorgung in Peking während des Frühlingsfestes sei knapp gewesen. Die politische Lage scheine noch instabil zu sein. Die meisten Menschen beobachteten gespannt die Entwicklung. Es werde viel über die Kulturrevolution diskutiert, zum Beispiel darüber, inwiefern sich die Linie des Vorsitzenden Mao in der Kulturrevolution von der der Viererbande unterschieden habe. Und noch eine erstaunliche Nachricht: In Peking kursierte ein Gerücht, die Abiturienten sollen ab sofort nach dem Bestehen einer landesweiten Hochschulaufnahmeprüfung studieren können und nicht mehr aufs Land gehen müssen.

Diese Nachricht löste eine große Bestürzung unter uns aus – und anschließend eine Verunsicherung. Und sie verstärkte meine Verwirrung zusätzlich, in die ich nach dem Gespräch mit Anran geraten war. Die erste spontane Frage war: Was würde aus uns? Studieren war zweifelsohne der größte Traum von uns allen, obwohl wir nie offen darüber gesprochen hatten. Wir spürten einfach voneinander, wie gierig wir nach Wissen und Kultur waren. Es war schier unvorstellbar für uns, dass man nach dem Abschluss der Oberstufe der Mittelschule studieren darf. In unserer ganzen Kindheit und Jugend war der Begriff »Studieren« aus unserem Vokabular und Denken verbannt worden. »Universität« schien ein Überbleibsel aus einem vergangenen Zeitalter gewesen zu sein. Und »Studieren« war in der Zukunftsplanung nie vorgekommen. Stand etwa eine epochale Wende bevor? Würde der Traum vieler jungen Menschen bald wahr werden?

Der Bestürzung folgte alsbald die Ratlosigkeit: Was würde aus unserem Ideal und unserer Überzeugung werden? Wollten wir nicht mit aller Entschlossenheit unsere Wurzeln in Yan'an schlagen und ein Leben lang Bauern sein?

Wir konnten die Fragen nicht beantworten und wollten auch keine tief gehenden Diskussionen führen. Schließlich war es ja nur ein Gerücht. Die Erschütterung schien wie ein kurzes Erdbeben. Wir feierten Zhens Rückkehr und kehrten schnell in unseren Alltag zurück.

Am zweiten Tag nach Zhens Rückkehr gingen wir zum Dorf Xiejiagou, um an einem von unserer Volkskommune organisierten Großeinsatz zum Planieren der Ackerböden teilzunehmen. Auf dem Weg dorthin stürzte Tong von einer Brücke zehn Meter in die Tiefe. Wie durch ein Wunder blieb er offensichtlich unverletzt.

Immer wenn wir mit Karren an dieser Brücke vorbeigingen, trieben die Jungs das abenteuerliche Spiel »Zugfahrt«. Die Straße vor der Brücke hatte ein starkes Gefälle. Die Jungs pflegten sich auf die Karre zu setzen und sie frei heruntersausen zu lassen. Diesmal hatte Tong seine Karre offensichtlich schlecht gesteuert, und er rollte schnurstracks vor unseren Augen am Ende der Brücke in die Tiefe. Wir rannten – zu Tode erschrocken – die Böschung hinunter. Tong saß – sich mit beiden Händen an den Rändern festhaltend – unversehrt in der Karre und lachte. »Meine fliegende Karre«, lobte er sein Gefährt, das ebenfalls ganz geblieben war. Vielleicht erlitt er einen Schock. Denn er konnte nicht aufstehen, obwohl er, wie er behauptete, keine Schmerzen hatte. Wir brachten ihn ins Krankenhaus der Stadt Yan'an. Laut ersten Untersuchungen hatte er angeblich keine Knochenbrüche. Aber wir trauten den Ärzten nicht und beschlossen, ihn zur Untersuchung nach Peking zu schicken. Aber vorerst musste er zur Beobachtung im Krankenhaus bleiben.

Aufgrund des schlechten Wetters konnte Tong erst zehn Tage später nach Peking fliegen. Wir waren heilfroh, dass nichts Schlimmeres passiert war. Die »Zugfahrt« auf der Brücke wurde seitdem strengstens verboten. Im Kleinen Tal wurde Tongs Zehn-Meter-Sturz jedoch zur Legende. Die Dorfbewohner pflegten zu sagen, der Himmel habe ein Auge und beschütze die »Peking-Kinder«. Möglicherweise konnten die »Peking-Kinder« ja auch fliegen. Denn schließlich hatte Zhen seinen Zwanzig-Meter-Sturz vom Berghang ins Tal ebenfalls unversehrt überlebt.

Mitte März, nach mehr als einem Jahr harter Arbeit, war unser Damm fertig. Auf dem Damm wurden Bäume gepflanzt, deren Wurzeln ihn in Zukunft besser vor Hochwasser schützen sollten. Wir veranstalteten eine kleine Feier und brannten dabei selbst gebastelte Knallfrösche ab. Hinter dem Damm war bereits ein richtiger Teich entstanden, in dem die Produktionsbrigade sogar Fische züchtete. Durch den Teich sah unser Dorf noch schöner aus. Das Teichwasser, das in der Sonne grün schimmerte, verlieh dem Kleinen Tal ein romantisches Flair.

Alle gingen nun zur Frühlingsaussaat aufs Feld, bis auf zwei Männer, die zum Sandwaschen[63] abgestellt wurden, um etwas Einkommen für die Produktionsbrigade einzubringen.

Der Frühling kehrte zurück. Die Gräser wurden wieder grün. Die Arbeit, die wir letztes Jahr getan hatten, wiederholte sich.

Die Reste der Köstlichkeiten des Frühlingsfestes waren längst verbraucht. Es herrschten wieder Mangel und Hunger. Dieses Jahr bekamen wir kein Getreide vom Staat mehr. Wie die anderen Dorfbewohner erhielten wir Rohgetreide (das hieß mit Hülsen) von der Produktionsbrigade zugeteilt, circa zweihundert Kilogramm pro Kopf im Jahr, je nachdem, wie die Ernte ausgefallen war. Im Moment war es sehr knapp. Die Vorräte müssten bis zur nächsten Ernte ausreichen. Wir waren gezwungen, dem Mehl wieder Spreu beizumischen. Nahm man zu viel Spreu, fielen die Dampfnudeln auseinander. Man konnte dann nur einen Haufen Krümel aus dem Topf zusammenkratzen.

Um den Anbau der Apfelbäume zu erweitern, wurde ich ab Ende März im Obstgarten eingesetzt, für den Lin Fengjun verantwortlich war. Lin Fengjun war ein dürrer Mann zwischen vierzig und fünfzig Jahren. Sein Alter konnte man schwer schätzen. Denn sein Gesicht war zerfurcht und von Wind und Sonne gegerbt, aber seine Kinder waren noch klein. Wenn er sprach, spielte stets

---

63 Sandwaschen, Sand für das Baugewerbe aus dem Fluss gewinnen.

ein freundliches Lächeln um seinen Mund. Er hatte ein Gebiss, das an einen Mühlstein erinnerte. Die bis zur Hälfte abgenutzten Schneidezähne hatten eine ungewöhnlich breite Schneidekante, als ob er sein ganzes Leben lang damit harte Körner gemahlen hätte. Er war ein erfahrener Gärtner, trug allein die Verantwortung für die gesamten Obstbäume der Produktionsbrigade und kannte jeden Baum so gut wie sein eignes Kind.

Meine Arbeit begann damit, neue Apfelbäume zu pflanzen und Wasser auf die Berge zu tragen. Alle Obstbäume wuchsen auf den am Dorfrand liegenden, glücklicherweise nicht allzu hohen Bergen. Hier wuchs sowieso alles auf den Bergen. Im Tal gab es lediglich einige wenige Maisfelder. Am Abend meines ersten Einsatztages hatten wir vier Leute – zwei junge Bauern wurden zur Verstärkung noch zusätzlich für diesen Tag eingesetzt – 300 junge Apfelbäume eingepflanzt und 300 Eimer Wasser aus dem Teich auf die Berge getragen, um die Setzlinge zu gießen. Im Durchschnitt hatte jeder 75 Eimer Wasser getragen und war 37,5 Male die Berge hinauf- und hinuntergelaufen. Ich war stolz auf unsere Leistung und malte mir aus, wie die Bäume eines Tages schöne, große Äpfel tragen und dem Kleinen Tal viel Geld einbringen würden. Von dem furchtbaren Schmerz an der Schulter nahm ich wenig Notiz.

In der Pause sagte Fengjun zu mir, wir beide würden die Früchte von diesen Bäumen nicht mehr essen können. Er würde zu alt sein und keine Zähne mehr haben, und ich würde längst nach Peking zurückgekehrt sein. Auf einmal wurde meine Fröhlichkeit von einer leisen, bitteren Traurigkeit getrübt. Aber ich versuchte nicht, ihm zu widersprechen. Er sagte es ohne auch nur einen Hauch von Vorwurf oder Spott, sondern mit einer Selbstverständlichkeit, als wenn er sagen würde, im Sommer gebe es Regen und im Winter Schnee.

Was mich immer wieder wunderte, war, dass die Bauern von vornherein nie geglaubt hatten, dass wir für immer hierbleiben würden. Sie nahmen uns mit offenen Armen auf. Aber für sie waren wir nur Vorbeigehende. Sie pflegten zu sagen: »Vergesst uns nicht, wenn ihr wieder zurück seid und hohe Kader werdet. Ihr habt ja gesehen, wie hart unser Leben ist.« Das zwang mich von Neuem nachzudenken, warum wir gekommen waren und was unser Ziel war. Dabei erinnerte ich mich auch immer wieder an das Gespräch mit Anran im Februar.

In Bezug auf die Bewegung des Arbeitseinsatzes auf dem Land hatte Vorsitzender Mao die Jugendlichen mit Schulbildung aufgerufen: »Die ländlichen Regionen sind eine weite Welt, in der ihr eure Fähigkeiten unbegrenzt entwickeln könnt.« Diesen Aufruf kannten die Bauern auch. Dennoch folgten sie einer anderen Logik. Ich war nicht in der Lage, meinen Gedanken eine klare Kontur zu geben. Oder ich wollte nicht weiterdenken …

Um den Bauern noch näher zu sein, zog Hong im April zur Familie Yan. Ein paar Tage später merkte Hong, dass sie von Kopf bis Fuß mit Läusen übersät war – die erste Folge der totalen Verschmelzung mit den Bauern. Zurück in unsere Höhle ziehen wollte sie jedoch nicht. Ich bewunderte ihre Entschiedenheit. Ich half ihr, die Kleidung zu kochen. Aber gegen die »Vampire« in den Haaren wussten wir keinen Rat.

Mein Wunsch, mit einem sechzehnjährigen verwaisten Mädchen zusammenzuziehen, lehnte die Leitung der Produktionsbrigade entschieden ab. Denn das Mädchen war ja noch nicht volljährig, und ich sollte nicht Verantwortung für sie übernehmen. Ihre Verwandten würden sich um sie kümmern, so der Parteisekretär Cheng. Innerlich war ich froh – musste ich zugeben –, dass mein Versuch, mich mit den Einheimischen zusammenzuschließen, gescheitert war. Ehrlich gesagt, mir graute es vor Läusen. Läuse gehörten hier zu den besten Freunden eines jeden. In der Pause auf den Bergen setzten sich Frauen gemütlich zusammen und knackten gegenseitig die Kopfläuse oder suchten ihre Jacken nach den Viechern ab. Die Männer taten es selten. Sie schienen mit ihnen richtig eins geworden zu sein. Die meisten Bauern wuschen sich nie. Es wurde behauptet, man werde nur zweimal im Leben gebadet: nach der Geburt und vor der Beerdigung. Allerdings wuschen sich die jungen Mädchen ihre Haare ab und zu auf der Talsohle an einem Bach. Es war eigentlich schwer vorstellbar, mit ihnen auf einem Kang zu schlafen. In dieser Hinsicht kapitulierte ich vor meinen kleinbürgerlichen Lebensgewohnheiten und achtete auf Sauberkeit, soweit es ging.

Im April schickte mich die Produktionsbrigade zu einem Fortbildungskurs für Obstanbautechnik in die Stadt Yan'an. Vier Tage lang lernte ich mit Kollegen aus verschiedenen Volkskommunen Theorie und Praxis des Obstbaumes, das Stutzen und Okulieren sowie Maßnahmen zur Vorbeugung und Behandlung von Krankheiten der Obstbäume. Ich freute mich, Wissen auf einem völlig neuen Gebiet erwerben zu können, und wusste diese Gelegenheit sehr zu schätzen.

Zurück im Dorf, durfte ich die gelernte Technik unter Fengjuns Aufsicht sofort probieren: Ich veredelte eine rote Sorte Hongguan Nummer zwei mit einer gelben Sorte, der sogenannten Huangkui, durch T-Schnitt.

Im Kleinen Tal, dessen Leben von den Launen der Natur abhing, lernten wir ab und zu auch, mit diesen Launen zu kämpfen, um zu überleben.

Eines Nachts in der zweiten Hälfte im April, als der Frühling die Obstbäume längst zum Blühen gebracht hatte, wurde ich vom lauten Rufen des Parteisekretärs geweckt: »Alle aufstehen! Es gibt Frost! Alle aufstehen! Frost bekämpfen!« Ich weckte die tief und fest schlafenden Beiyan und Feng, und wir begaben uns sofort auf den Dorfplatz. Dort erfuhren wir, dass die Kommuneleitung mithilfe eines Dieselgenerators (wieder Stromausfall!) über den Lautsprecher mitgeteilt hatte, morgen früh gebe es Frost. Alle Produktionsbrigaden sollten Frostbekämpfungsmaßnahmen ergreifen. Als genügend Leute eingetroffen waren, erläuterte Cheng die Aufgabe: Wir sollten, aufgeteilt in mehrere Gruppen, in den Weizenfeldern und auf den Obstbaumterrassen Feuer anzünden.

Es war stockdunkel und kalt. Fengjun, ein anderer Bauer und ich gingen zuerst auf den Apfelbaumberg. Dort zündeten wir an mehreren Stellen Feuer an und legten Erde darauf, damit viel Rauch entstehen konnte. Fengjun erklärte mir, dadurch brenne das Feuer langsamer, und der Rauch verhindere den Raureif. Nur so könnten die Obstbäume den Frost überstehen. Anschließend stiegen wir auf den Berg gegenüber und taten das Gleiche unter den Aprikosen- und Birnbäumen sowie im Wassermelonenbeet. Danach wanderten wir zwischen den Brandstellen umher, überwachten das Feuer und sorgten dafür, dass es nicht ausging und genügend Rauch erzeugte. Beiyan und Feng blieben die ganze Nacht mit den anderen Bauern zusammen in den Weizenfeldern. Die Bergkette entlang des Kleinen Tals wurde in dieser Nacht durch unzählige Feuer erleuchtet und bot ein einmaliges, beeindruckendes Bild.

Am nächsten Tag erfuhren wir, dass die Methode gut gewirkt hatte. Wir hatten die Natur überlistet und unsere Ernte gerettet.

Wenn der Frost im April ein Streich der Natur war, den man noch überlisten konnte, zeigte sie manchmal doch auch ihre fürchterliche Seite, gegen die wir Menschen absolut machtlos waren. Ende Juni konnte ich zum Beispiel das Wüten der Natur einmal in seiner ganzen Heftigkeit erleben.

Am Vormittag war noch wolkenloser blauer Himmel, so weit das Auge reichte. Am Nachmittag stieg im Norden eine dunkle Wolke hoch. Bald bezog sich der ganze Himmel. Die schwarzen Wolken hingen so tief, dass man glaubte, man könnte sie mit der Hand anfassen. Es fing an zu blitzen und zu donnern. Wenige Minuten später fegte ein starker Sturm mit Hagel über die Berge. Fengjun und ich liefen – da waren wir gerade im Wassermelonenbeet beschäftigt – schnell in eine Höhle. Ich spähte hinaus: Die Berge waren verschwunden. Der Himmel schien sich in einen gigantischen Wasserfall verwandelt zu haben. Sojabohnengroße Hagelkörner peitschten mit der Kraft eines Sturms gnadenlos auf die Erde. Der Wind heulte wie hunderttausend wütende wilde Wölfe, als wollte er alles Existierende zerstören. Die Gräser vor der Höhle zitterten und bogen sich hilflos zu Boden.

Zehn Minuten, fünfzehn Minuten? ... Ich zählte die Sekunden. Noch nie hatte ich eine solche Angst vor der Gewalt der Natur gehabt. Denn heute stand ich auf dem Standpunkt der Bauern. Ich bangte um unsere Ernte.

Nach ungefähr zwanzig Minuten ebbte die Wut des Himmels ab. Der Sturm hörte auf. Im Südosten öffnete sich eine Spalte in der dicken Wolkendecke. Im Nu wurde der Himmel, wie von einer Riesenhand sauber gewischt, wieder klar und blau. Die Sonne drängte durch und strahlte. Große Wassermengen flossen plätschernd von den Bergen hinunter in die Talsohle. Gräser reckten sich langsam wieder hoch und lächelten der Sonne entgegen. Die Berge schienen viel grüner als vorher zu sein, als wären sie von einem Künstler mit frischer Farbe neu bemalt worden. Aber was sagten unsere Obstbäume zu diesem Naturdrama? Auf den Apfelbaumterrassen bot sich ein Bild des Schreckens: Auf dem Boden unter den Bäumen lag eine Schicht noch unreifer Äpfel. Fengjun sagte, man würde wahrscheinlich ein Zehntel der Apfelernte einbüßen.

Dass dies nur ein kleiner Vorbote der späteren Katastrophe sein sollte, konnte ich an diesem Tag noch nicht ahnen.

Mitte Mai, als noch die Blüten der Apfel-, Birn- und Aprikosenbäume in voller Pracht standen, kehrte Tong zurück. Er war nur knapp zwei Monate in Peking gewesen, sah aber schon verwandelt aus: Seine Haut war wieder weiß wie Milch, seine Wangen wieder voller und mit einem zarten Rosa gefärbt; sein Haar glänzte; seine Kleidung war so sauber, dass wir uns gar nicht trauten, ihn anzufassen. Tja, er werde wohl eine zweite Anpassung durchmachen müssen, sagten wir lachend.

Und er hatte verschiedene Leckereien mitgebracht: Zucker, Bonbons, Reis und Würstchen! Mir war an diesem Tag etwas dermaßen Peinliches passiert, dass ich mich selbst nicht mehr kannte. Ich kam hungrig von der Arbeit zurück und sah viele Pekinger Würstchen in der Küche liegen. Mir lief das Wasser im Mund zusammen. Wie vom Teufel getrieben, griff ich nach einem und biss hinein. Tong schrie: »Halt! Die sind roh.« Alle schauten zu mir herüber. Am liebsten wäre ich auf der Stelle vom Erdboden verschluckt worden. Aber diesen Bissen im Mund spuckte ich nicht aus. Hinterher dachte ich, irgendwie war ich nicht mehr ich selbst, zumindest ein Teil von mir nicht mehr.

Der Hunger war uns zur Plage geworden. Sobald der Kopf frei war – und das war leider sehr häufig der Fall –, stellte ich mir unwillkürlich alle möglichen leckeren Gerichte vor, die ich kannte, und bekam noch mehr Hunger. Hong sagte, ihr gehe es genauso.

Eines Tages im Sommer hatte Jiayu eine circa vierzig Zentimeter lange Schlange gefangen. Nach Zhens Begutachtung – nicht giftig – schlachtete Jiayu sie und briet sie mit einem Schuss von unserem kostbaren Öl. Ich zögerte lange, bis ich mich in die Küche traute. Als ich sah, wie genüsslich alle das Schlangenfleisch verzehrten, griff auch ich zu. Der Hunger hatte den Ekel besiegt. Zhen sagte, Schlangenfleisch sei in seiner Heimat Guangdong eine Delikatesse, außerdem habe es heilende Wirkungen. Seitdem waren wir ständig auf der Lauer, Schlangen zu finden. Aber leider hatten wir nie wieder das Glück, einer Schlange zu begegnen.

Ende Juni erlitt Zhen einen Rückfall. Es ging ihm sehr schlecht. Nachts konnte er nicht schlafen. Seine Asthmaanfälle wurden so schlimm, dass er manchmal beinahe zu ersticken drohte. Wir waren sehr besorgt, wussten aber nicht, wie wir ihm helfen könnten.

13. KAPITEL

Wie das Hochwasser Yan'an im Schlaf überraschte,
und warum Zhen zu Karl Marx gehen wollte

Das Hochwasser sollte angeblich um vier Uhr morgens gekommen sein.

Am Morgen des 6. Juli hörten wir nach dem Aufstehen im ganzen Dorf Leute aufgeregt vom Hochwasser sprechen. Keiner wusste, aus welcher Quelle die Nachricht stammte. Denn Strom gab es nicht. Wir liefen zum Damm. Außer einem Riss stand er unversehrt da. Der Wasserstand des Teiches war jedoch deutlich gestiegen. Und durch den Überlaufkanal strömte eine gelbe Brühe mit hoher Geschwindigkeit talabwärts. Dennoch hatte das Hochwasser das Kleine Tal offensichtlich verschont. Aber wie stand es mit den Dörfern in den Tälern und mit der Stadt Yan'an? War es andernorts zu Überschwemmungen gekommen? Wir – außer Feng, die in der Schule unterrichtete – beschlossen kurzerhand, in die Stadt zu gehen.

Ungefähr um neun Uhr erreichten wir den Eingang des Tals. Der sanfte Yan-Fluss hatte sich in einen reißenden gelben Strom verwandelt, der voller Wucht gen Norden rauschte. Der ganze Acker unseres Nachbardorfs Dijialou am Fluss lag unter Wasser. Die Häuser neben dem Yanhui-Kanal waren spurlos verschwunden und die Bäume an beiden Ufern des Flusses entwurzelt. Wir wateten durch Schlamm und Schutt (Hong, Tong und Huai liefen barfuß!) am Dorf Yangjiawan vorbei Richtung Stadt. Der Regen hatte nachgelassen. Vor der Klinik der Yan'an-Universität standen zwei Leute von der Volksmiliz und ließen uns nicht vorbei. Die Wege in die Stadt seien gesperrt, sagten sie. Wir mussten uns einen Vorwand einfallen lassen. Jiayu erfüllte diese Aufgabe: Ein Kamerad von uns liege schwer krank im Krankenhaus in der Stadt. Wir müssten unbedingt nachsehen, wie es ihm gehe. Dann durften wir weiter.

Als wir die Asphaltstraße erreichten, sahen wir erst, welch schlimme Schäden das Hochwasser angerichtet hatte: Riesige Pappeln waren entweder entwurzelt oder in der Mitte gebrochen. Die Lanjiaping-Brücke war weggespült worden. Die Funkanlagenfabrik und die Streichholzfabrik sowie der Getreideladen des Dorfs Lanjiaping am anderen Ufer waren total zerstört. Die Gedenkstätte Yangjialing war überflutet. Je mehr wir uns der Stadt näherten, desto schlimmer würden die Verwüstungen. Leitungsmasten aus Zement lagen quer auf der Straße. Die vor einem Jahr neu gebaute Wangjiaping-Brücke war in der Mitte geborsten. Die Große Yan'an-Brücke hatte zwar die Katastrophe überstanden, jedoch alle ihre Geländer eingebüßt.

Am schlimmsten betroffen war der Norden der Stadt. Dort waren alle Wohnhäuser vom Hochwasser weggerissen worden. Es hatte viele Tote gegeben, weil die Menschen im Schlaf vom Hochwasser überrascht worden waren. Das Erdgeschoss des Gästehauses sowie des Yan'an-Hotels waren ebenfalls überflutet. Die Felder im östlichen Tal waren allesamt vernichtet worden, der Flugplatz war vom Schlamm bedeckt und das einzige Film- und Theaterhaus Yan'ans schwer beschädigt. Die nicht verwüsteten Geschäfte waren geschlossen. Schweren Herzens schleppten wir uns durch die engen Gassen. Wir sahen allerdings keine weinenden Menschen, was uns sehr erstaunte. Mit einer ungewöhnlichen Ruhe suchten sie im Schlamm oder unter Trümmern nach ihren Sachen oder schaufelten den Schlamm aus ihren Häusern. Der erste Wagen mit einem roten Transparent »Katastrophenbekämpfungswagen« erschien bereits auf der Straße. Eine Rettungsmannschaft mit roter Armbinde wurde auch schon gebildet. Auf einmal ertönte das Lied *Die drei Hauptregeln der Disziplin und die acht Punkte zur Beach-*

tung[64] aus den Lautsprechern. Die Atmosphäre belebte sich sofort. Der Strom war also wiederhergestellt worden.

Am Nachmittag schauten wir im »Büro für Angelegenheiten der Jugendlichen aus Peking« vorbei und trafen dort viele Kameraden aus anderen Dörfern. Alle fragten sich besorgt, wie groß der Schaden für Yan'an sei. Entweder Dürre oder Überschwemmung. Warum blieb diese arme Region nicht von Naturkatastrophen verschont? Gegen eine solche Gewalt der Natur seien Menschen offensichtlich hilflos, versuchten wir uns gegenseitig zu trösten.

Die Leute vom Büro kochten für uns getrocknete Nudeln. Um halb acht wollten wir ins Dorf zurückgehen. Der Regen hatte endlich aufgehört. Und der Himmel wurde allmählich klar. Kaum waren wir auf der Straße, kam uns eine Schar panisch rennender, ihr Hab und Gut mit sich schleppender Menschen entgegen. »Das Wasser kommt!«, schrien sie angstvoll. So liefen wir mit ihnen Richtung Süden und kletterten auf das Dach des nahe gelegenen Zweiten Gästehauses der Stadtregierung. Eine unsagbare Angst und Hilflosigkeit packte uns. Auf der Straße herrschte eine Weltuntergangsstimmung. Zehn Minuten schienen wie eine Ewigkeit. Nichts geschah. Plötzlich ertönte eine Ansage in den Lautsprechern, es handele sich um ein Gerücht,

---

64 Das ist die Vertonung eines Zitats aus der »Instruktion des Oberkommandos der Chinesischen Volksbefreiungsarmee über die erneute Bekanntmachung der drei Hauptregeln der Disziplin und der acht Punkte zur Beachtung« von 1947. Darin heißt es (so auch in den *Worten des Vorsitzenden Mao Tse-tung*):
»Die drei Hauptregeln der Disziplin lauten:
1. Gehorche dem Kommando in allem, was du tust. 2. Nimm den Massen nicht eine Nadel, nicht einen Faden weg. 3. Liefere alles Beutegut ab.
Die acht Punkte zur Beachtung lauten:
1. Sprich höflich. 2. Sei ehrlich, wenn du was kaufst und verkaufst. 3. Gib zurück, was du entliehen hast. 4. Bezahle für das, was du beschädigt hast. 5. Schlage und beschimpfe niemanden. 6. Beschädige nicht die Ackerbaukulturen. 7. Belästige keine Frauen. 8. Misshandle nicht Gefangene.«
Diese Disziplinen galten damals nicht nur für die Volksbefreiungsarmee, sondern fanden auch unter der Zivilbevölkerung Beachtung.

dass der Wangyao-Stausee gesprengt worden sei. Alle Bürger sollten wieder nach Hause gehen, es drohe keine Gefahr. Wir begaben uns wieder auf die Straße. Es fing an zu dämmern. Wir beschleunigten unser Tempo. Auf der Großen Yan'an-Brücke wurden wir jedoch erneut aufgehalten, weil gerade eine Leiche geborgen wurde.

Auf der Höhe von Wangjiaping entdeckte ich einen schwarzen Hund, der in einigem Abstand hinter uns herlief. Huai sagte, er folge uns schon eine ganze Weile. Als wir unser Tal erreichten, war der Hund immer noch da. Hong meinte, er habe bestimmt Hunger. Aber wir hatten nichts dabei, womit wir ihn füttern konnten. So folgte der Hund uns bis in unsere Küche.

Feng hatte gekocht und wartete auf uns. Parteisekretär Cheng wies uns zurecht, weil wir ihm vorher nicht über unser Vorhaben, in die Stadt zu gehen, Bescheid gesagt hatten. Er hatte sich große Sorgen gemacht. Es war schließlich halb zwölf. Wir entschuldigten uns und erzählten ihm, was wir gesehen und erlebt hatten.

Am nächsten Tag gab der Parteisekretär unserer Kommune über die Lautsprecher den Hochwasserschaden bekannt und rief alle zur Bekämpfung der Katastrophe und zum Wiederaufbau auf. Ihm zufolge waren die auf den Bergen und in den vom Fluss weit entfernten Tälern liegenden Dörfer wie unseres nicht schwer betroffen. Aber der Schaden in den Dörfern unten im Flusstal war enorm. Von den insgesamt mehreren Hundert Hektar Ackerland in den Tälern unserer Kommune waren nur knapp siebenundzwanzig Hektar vom Hochwasser verschont geblieben. Der Parteisekretär appellierte an die wenig betroffenen Dörfer, die geschädigte Bevölkerung mit Saatgut zu unterstützen. Unsere Gruppe beschloss, unseren gesamten Buchweizenvorrat zu spenden.

Der Hund wurde ein neues Mitglied unserer Gruppe. Von dem Schweinefutter kriegte er etwas ab. Wir nannten ihn Shuaike. Das ist die chinesische Übersetzung von Schwejk. Irgendwer hatte wohl den Roman *Der brave Soldat Schwejk* des tschechischen Schriftstellers Jaroslav Hašek gelesen. Außerdem konnte der Name auch »der schicke Bursche« bedeuten. Shuaike war in der Tat ein hübsches Tier, obwohl etwas schmutzig und abgemagert. Am Abend führte Jiayu ihn zum Teich und badete ihn darin, während wir am Ufer zuschauten. Es schien ihm zu gefallen.

Fünf Tage nach dem Hochwasser erfuhren wir über Lautsprecher, dass das Zentralkomitee ein Telegramm nach Yan'an geschickt hatte, in dem es der vom Hochwasser betroffenen Bevölkerung Yan'ans seine Anteilnahme zum Ausdruck brachte und Hilfe versprach. Die Volksbefreiungsarmee hatte angeblich eine Truppe zum Wiederaufbau in die Stadt entsandt. Die Wangjiaping-Brücke sei bereits wieder aufgebaut worden. Leitungsmasten seien auch repariert worden. Bis zum 1. Oktober, dem Nationalfeiertag, sollten alle Haushalte wieder Strom haben.

Bald darauf erhielten wir viele Briefe von unseren Familien und Freunden, in denen sie sich nach uns und der Lage nach der Hochwasserkatastrophe erkundigten. Das spendete uns viel Wärme und Kraft.

Drei Wochen nach dieser Naturkatastrophe ereignete sich in unserer Gruppe eine andere Katastrophe, die uns alle noch wesentlich stärker erschütterte.

Zhens Gesundheitszustand verschlechterte sich seit Wochen zusehends. Er blieb in der Wohnhöhle und konnte den Kang kaum noch verlassen. Eines Abends merkten wir, dass er den ganzen Tag geschlafen hatte. Als er am nächsten Tag immer noch nicht wach wurde, dachten wir, er habe Schlaftabletten genommen, um sich von seiner Krankheit zu erholen. Einer von uns blieb sicherheitshalber bei ihm. Am Nachmittag verlor Zhen die Kontrolle über seine Blase und nässte sich auf dem Kang ein. Am Abend, nachdem er über dreißig Stunden geschlafen hatte, injizierte Hong ihm 100 ml Glukose. Wir wollten ihn so lange schlafen lassen, bis die Wirkung des Medikaments vorüber war.

Um Mitternacht bekam er Krämpfe. Wir beschlossen, ihn ins Krankenhaus zu bringen. Als Jiayu und Yang ihn anzogen, sagte er plötzlich: »Macht euch … keine … Sorgen …« Als die Jungs ihn auf eine Karre tragen wollten, protestierte er: »Lasst mich! Lasst mich!« Er versuchte immer wieder, von der Karre herunterzurutschen, sodass wir anhalten und ihn anders hinlegen mussten. Als wir den Damm erreichten, sagte er deutlich: »Lasst mich bitte in Ruhe sterben!« und fing an, die *Internationale* zu singen. Da er sich heftig dagegen wehrte, in der Karre zu bleiben, war es unmöglich, ihn in der Dunkelheit bis in die Stadt zu schieben. Wir beschlossen daher, bis morgen früh zu warten, und kehrten mit ihm um.

Zurück in der Wohnhöhle, fiel Jiayu ein, dass Zhen vor zwei Tagen etwas geschrieben hatte. Er suchte und fand in einem Heft seinen Abschiedsbrief. Darin zitierte Zhen einen Brief von Friedrich Engels an einen Freund anlässlich des Todes von Karl Marx. Der Hauptinhalt war, Marx habe sein ganzes Leben dem Fortschritt der Menschheit gewidmet. Sein Tod sei ein Verlust für die ganze Menschheit. Zhen schrieb: »Aufgrund meiner Krankheit kann ich nicht mehr zum Fortschritt der Menschheit beitragen. Deswegen hat mein Leben den Sinn verloren. Ich möchte nicht nutzlos weiterleben und sogar den anderen zur Last fallen. Aus diesem Grund habe ich mich entschlossen, zu Karl Marx zu gehen …«

Zhen wollte sich das Leben nehmen! Wir waren fassungslos. Daraufhin kontrollierte Hong die Medikamentenvorräte und stellte fest, dass Zhen mindestens hundert Luminal-Tabletten geschluckt haben musste. Er war so fest entschlossen zu sterben?! Offensichtlich (und Gott sei Dank!) hatten die Tabletten das Verfallsdatum weit überschritten und an Wirksamkeit verloren.

Zutiefst bestürzt saßen wir neben Zhen auf dem Kang – Zhen lag nun im Koma – und diskutierten über die möglichen Ursachen für seinen furchtbaren Entschluss. Huai entsann sich, dass Zhen vor ein paar Tagen sämtliche Briefe verbrannt hatte. Offenbar hatte er den Selbstmord lange geplant. Und keiner von uns hatte seine Absicht geahnt. Wir fühlten uns tief schuldig. Wir gaben zu, dass die Geschlossenheit und der gedankliche Austausch innerhalb der Gruppe in der letzten Zeit drastisch nachgelassen hatten. Jeder kroch in seinen Kokon und kümmerte sich nicht mehr um die anderen. Zhens Tragödie war das schreckliche Ergebnis dieser Veränderung. In dieser Hinsicht trugen wir auch eine gewisse Verantwortung für seinen Selbstmordversuch. Zhens Krankheit war sicherlich die direkte Ursache für seine Tat. Aber war sie wirklich die einzige Ursache für seine Verzweiflung? Warum nur wollte er in so jungen Jahren freiwillig aus dem Leben scheiden? Zhen war doch ein so intelligenter, besonnener und reifer junger Mensch – der »Philosoph« unter uns.

Am nächsten Morgen beschlossen die Brigadeleitung und wir, das »Büro für Angelegenheiten der Jugendlichen aus Peking« in der Kommune und in der Stadt zu benachrichtigen. So begaben sich Jiayu und der stellvertretende Parteisekretär Changfu sofort auf den Weg in die Kommune.

Wir passten abwechselnd auf Zhen auf. Mal wurde er bewusstlos, mal war er hellwach, sprach wie im Rausch und äußerte klare Gedanken über Geschichte, Politik, Philosophie und Literatur. Mal wurde er von Unruhe und Wut gepackt und flehte uns an, ihn sterben zu lassen. Er weigerte sich energisch, etwas zu essen oder zu trinken. In einer seiner Schlafphasen gelang es Hong, ihm erneut Glukose zu injizieren.

Als ich an der Reihe war, auf ihn aufzupassen, war er wach und redete ununterbrochen. Er sprach über Rousseau und Hegel und über die Geschichte Chinas. Er sagte unter anderem, die Rückständigkeit Chinas sei auf die jahrtausendelange Selbstisolation zurückzuführen. China müsse sich öffnen, sonst gebe es keine Zukunft. Es war ein reines Selbstgespräch, denn er nahm meine Anwesenheit überhaupt nicht wahr. Ich war sehr erstaunt, beinahe entsetzt, wie weit seine Weltanschauung von der, die wir die »kommunistische Weltanschauung« nannten und die jeder von uns haben musste, entfernt war. Als ich versuchte, sanft auf ihn einzureden, um ihn zu beruhigen, verwechselte er mich mit Hong. Hong meinte, das sei auf seine Verwirrtheit zurückführen, oder möglicherweise habe seine Sehkraft nachgelassen habe – eine der Folgen dieser Megadosis von Luminal.

Am Nachmittag kamen Jiayu und Changfu mit zwei Verantwortlichen des »Büros für Angelegenheiten der Jugendlichen aus Peking« in einem Geländewagen zurück. Gemeinsam fassten wir den Entschluss, Zhen ins Krankenhaus zu bringen und seine Familie zu informieren. Als wir aufbrachen, befand sich Zhen in einer tiefen Bewusstlosigkeit, sodass man ihn problemlos in das Auto tragen konnte. Im Krankenhaus wurde Zhen untersucht und eine Magenspülung durchgeführt. Yang und Jiayu blieben bei ihm. Wir anderen kehrten ins Dorf zurück.

Da wir keine Nachricht über Zhens Zustand erhielten, gingen wir zwei Tage später wieder ins Krankenhaus, um ihn zu besuchen. Als wir gegen Mittag dort ankamen, sahen wir unseren Kameraden im Flur hocken. Yang erzählte uns, Zhen weigere sich weiterhin zu essen und zu trinken, ziehe die Nadel der Infusion heraus, wenn man nicht aufpasse. Nun wolle er sogar nicht mehr im Bett bleiben. Wir redeten freundlich auf ihn ein, versicherten ihm, wie sehr wir ihn schätzten. Zhen schien über das Scheitern seines Selbstmordversuchs sehr verbittert zu sein. Nach Peking wollte er nicht zurück, hierbleiben konnte er aufgrund seiner Krankheit eigentlich auch nicht. Außer ihn zu besänftigen, wussten wir auch keinen Rat.

Sieben Tage nach Zhens Selbstmordversuch war immer noch keiner aus seiner Familie gekommen, weil es zurzeit angeblich keine Flüge gab. Die Jungs blieben abwechselnd bei ihm. Zhen hungerte weiter. Man musste ihn sogar ans Bett fesseln, um ihm eine Infusion zu geben.

Am 6. August, zehn Tage nach der Tragödie, kehrte Zhen zu unserer Überraschung unter Begleitung von Yang, Jiayu, Huai,

Changfu und einem seiner Brüder, der einen Tag zuvor in Yan'an eingetroffen war, zu Fuß ins Dorf zurück.

Die Leitung vom »Büro für Angelegenheiten der Jugendlichen aus Peking« habe Zhen sofort zur Weiterbehandlung nach Peking schicken wollen, erzählte uns Yang, aber Zhen habe darauf bestanden, zuerst ins Dorf zurückzugehen. Aufgrund seiner Sturheit sei den Verantwortlichen nichts anderes übrig geblieben, als ihr Einverständnis zu geben. Aber Zhens Familie und unsere Gruppe sollten in diesem Fall die alleinige Verantwortung für Zhen übernehmen.

Zhen war etwas ruhiger geworden, und er fing an, Nahrung zu sich zu nehmen, allerdings nur sehr wenig. Sein Bruder wich nicht von seiner Seite und sprach viel mit ihm.

Am 8. August war Zhen endlich einverstanden, nach Peking zurückzukehren. Ohne zu frühstücken, verließ er die Wohnhöhle, ließ wortlos die Leute zurück, die sich von ihm verabschieden wollten, und ging, nur in Begleitung seines Bruders, mit hängendem Kopf talauswärts. Traurig und betroffen standen wir auf der Terrasse des Dorfplatzes und schauten ihm nach. Welche Tragödie eines Kameraden voller Ideale und Leidenschaft! Wir konnten immer noch nicht fassen, wie das hatte passieren können.

Nachdem Zhen gegangen war, schien unser Leben zur Normalität zurückzukehren. Wir gingen arbeiten, kochten, aßen, schliefen, fütterten Anjia und Shuaike, organisierten die politischen Schulungen und sprachen nicht mehr über ihn. Aber dieses Ereignis hing in Wirklichkeit wie ein Schatten über uns. Huai, der sich mit Zhen besonders gut verstanden hatte, meldete sich freiwillig zum Sandwaschen und verließ uns unmittelbar nach Zhens Abreise. Hong übernahm den Posten von Zhen und war ab jetzt für unsere medizinische Station verantwortlich. Jiayu war nun für den Transport der Produktionsbrigade zuständig, das hieß, er fuhr oft Traktor, um etwas für die Brigade zu kaufen oder etwas in die Stadt zu bringen, wie zum Beispiel den staatlichen Getreideanteil.

Feng unterrichtete in der Dorfschule, und ich arbeitete vorwiegend im Obstgarten, sodass nur Yang, Tong und Beiyan noch regelmäßig aufs Feld gingen.

Der innere Halt unserer Gruppe schien endgültig verloren gegangen zu sein. Keiner wusste mehr, was im Kopf der anderen vorging. Wir wollten eigentlich einen neuen Anlauf nehmen, um unsere Gruppendynamik zu beleben. Aber irgendwie fehlte uns die Kraft. Zhen hatte den Selbstmordversuch überlebt. Aber etwas in uns war daran gestorben. Es war nicht mehr so wie früher.

Außerdem kursierte seit einiger Zeit ein Gerücht, dass Beiyan bald für immer das Kleine Tal verlassen würde.

Ende August geschah noch etwas Trauriges: Unser Hund Shuaike musste sterben. Grund dafür war, dass wir ihn nicht an die Leine gebunden und dadurch gegen die Vorschriften der Produktionsbrigade verstoßen hatten. Wir hatten wirklich nicht genügend Futter für ihn, deshalb ließen wir ihn immer frei laufen, damit er selber etwas zum Fressen finden konnte. Und jetzt hatte er wieder ein Kaninchen gefressen, diesmal von der Familie Liang. Als Strafe wurde jedem von uns ein Punkt abgezogen. Die Mehrheit der Gruppe war dafür, Shuaike zu schlachten. So geschah es. Ich brachte es nicht fertig, sein Fleisch zu essen. Armer Shuaike, das Hochwasser hatte er überlebt, nicht aber den Hunger.

14. KAPITEL

Warum ein Bauer Sojabohnenkeimlinge verkaufen wollte und deswegen kritisiert wurde, und wie Beiyan mir ihr Geheimnis anvertraute

Anlässlich des Mondfestes[65] im September holte ich meine Kamera aus der Truhe und fotografierte die Dorfbewohner. Das war eine kleine sowjetische Kamera, die eigentlich meinen Eltern gehörte. Ich hatte sie mitgenommen, aber bis jetzt noch nicht benutzt. Ich weiß nicht mehr, wieso ich auf einmal auf diese Idee kam. Die Nachricht, dass ich Fotos machen konnte, verbreitete sich jedenfalls wie ein Lauffeuer. Das war ein großes Ereignis im Dorf. Die Dorfbewohner zogen sich ihre beste Kleidung an, wenn sie welche hatten, kamen in Scharen auf den Dorfplatz, strichen ihr Haar noch schnell mit Speichel glatt und ließen sich von mir fotografieren. So machte ich viele Familienfotos, auch eine Menge Porträts sowie Fotos von meinen Kameraden mit den Dorfbewohnern.

Am Nachmittag ließ ich mich von Jiayu fotografieren. Ich posierte auf dem Handtraktor, am Teich neben dem Damm, unter Apfelbäumen und mit Beiyan, Hong und Feng vor unserer Wohnhöhle. Zum Schluss machte ich Fotos von Fengjun. Fengjun war mächtig stolz und lächelte ein bisschen verkrampft in die Kamera. Aber vorher musste ich ihm erklären, was dieses »Ding« sei. Denn er hatte im Leben noch nie einen Fotoapparat gesehen.

---

65 Mondfest, auch Mittherbstfest genannt, ein traditionelles Volksfest am 15. Tag des 8. Monats nach dem chinesischen Mondkalender. Es fällt meistens auf Mitte bis Ende September des westlichen Kalenders.

Am zweiten Tag des Mondfestes erhielt ich zwei Briefe: einen von meinem Vater, den anderen von Anran. Vater schrieb, er sehe eine große Chance, von der Partei wieder aufgenommen zu werden. Sehr vorsichtig fragte er, ob ich mir Gedanken über die Zukunft mache, wenn ja, welche. Anrans Brief kam aus Peking. Er habe einen Monat Urlaub genommen, schrieb er. Aus zuverlässiger Quelle wollte er erfahren haben, dass noch in diesem Jahr die erste Hochschulaufnahmeprüfung stattfinden würde. Er habe auf jeden Fall vor, daran teilzunehmen. Und er riet mir, das auch unbedingt zu tun.

Sollte sich das Gerücht etwa bewahrheiten? Würde Studieren bald kein Traum mehr sein? Ich spürte eine leise Freude im Herzen und schrieb in mein Tagebuch: »Wissen ist Macht. Für den Aufbau des Vaterlandes braucht man Wissen und für die Bekämpfung der Armut ebenfalls.« Als ob ich mich selbst überzeugen wollte. Aber die Begriffe Verrat, Flucht und Opportunismus schossen mir gleichzeitig durch den Kopf und griffen mein inneres Ich an. Ich erzählte den anderen Kameraden von dieser Neuigkeit. Sie sagten, sie hätten Ähnliches von ihren Familien gehört. Aber keiner stellte die Frage, ob wir daran teilnehmen sollten.

Unmittelbar nach dem Mondfest kam eines Abends ein alter Bauer zu uns in die Wohnhöhle und bat Beiyan, zu ihnen nach Hause zu kommen. Seine Tochter Lanhua sei so weit. Ich wollte mitkommen. Beiyan sagte: »Lieber nicht« und eilte mit dem großen, hageren Mann hinaus.

Irgendwann in der Nacht kam sie zurück. »Ein Junge oder ein Mädchen?«, fragte ich im Halbschlaf. Beiyan setzte sich erschöpft auf die Bank vor dem Schreibtisch: »Ein Mädchen, aber es ist tot.« Sofort wurde ich hellwach. »Es war im Bauch schon tot«, sagte Beiyan und starrte ins Leere, »Ich musste es mit der Geburtszange rausholen. Der ganze Körper war blau, die Nabelschnur hatte sich fest um den Hals gewickelt.« »Wie geht es

Lanhua?« »Sie hat viel Blut verloren.« »Was macht man mit dem Baby?« »Ihr Vater hat es begraben, auf dem Berg hinter ihrer Wohnhöhle.« »Vielleicht will es das Schicksal so«, sagten wir beide fast gleichzeitig. Dann sprachen wir nicht mehr darüber.

Lanhua war noch nicht verlobt, geschweige denn verheiratet. Keiner wusste, von wem sie schwanger geworden war. Am Anfang tuschelten einige Frauen hinter ihrem Rücken, dass ihr Vater sie geschwängert habe. Weiter interessierte ihre Schwangerschaft auch niemanden mehr. Man hatte im Kleinen Tal andere Sorgen. Lanhua ging schon bald wieder aufs Feld arbeiten.

Ihre Mutter war bei der Geburt ihres zweiten Sohnes gestorben. Da war Lanhua erst sechs Jahre alt. Sehr früh hatte sie die Rolle einer Ersatzmutter für die Brüder und die einer Hausfrau übernommen. Sie kümmerte sich um die Brüder und den Vater, kochte, nähte, ging aufs Feld schuften, aber keinen Tag zur Schule.

Die meisten Eltern legten sowieso keinen Wert darauf, ihre Töchter in die Schule zu schicken. Sie sollten lieber die ganze Hausarbeit machen, da gab es ja genug zu lernen: nähen, kochen, Getreide mahlen, Öl pressen, Sauerkraut einmachen, Schweine füttern, Wolle zu Garn spinnen, Stoffe für Kleidung weben und so weiter. Außerdem würden sie eines Tages sowieso woandershin verheiratet. Für die eigene Familie waren sie dann nicht mehr nützlich. Also wozu die Schule? Feng musste immer wieder von Familie zu Familie gehen, um die Eltern zu überreden, ihre Töchter in die Schule zu schicken.

Trotz der Kulturrevolution war die Stellung der Frau hier auf dem Land leider immer noch sehr schwach. Die Frauen trugen nur dann »die Hälfte des Himmels«, wie der Vorsitzende Mao gesagt hatte, wenn sie gebraucht wurden. In jeder Produktionsbrigade gab es eine Frauenbrigade. Die Frauen machten auf dem Feld die gleiche Arbeit wie die Männer und zu Hause die ganze Hausarbeit, bekamen jedoch weniger Arbeitspunkte. Für große Bauprojekte der Volkskommunen, wie den Bau eines großen

Damms, wurden häufig sogenannte Sonderkommandos der Frauen gebildet, die mit Männern wetteiferten und schwierige Aufgaben übernahmen.

Gerade für Frauen gab es keine medizinische Versorgung und waren die hygienischen Bedingungen fürchterlich. Binden kannten sie nicht. Wenn die Frauen ihre Menstruation bekamen, nahmen sie alte Watte. Ich sah oft, dass ihnen bei der Feldarbeit ein blutiger Watteklumpen aus dem Hosenbein herausfiel, den sie mit den Füßen schnell in die Erde drückten. Die meisten Frauen gebaren zu Hause, weil sie kein Geld für einen Krankenhausaufenthalt hatten. In den entlegenen Dörfern war dies sowieso nicht möglich. Eine Entbindungsstation gab es nur im Krankenhaus einer Kreisstadt. Es lag deshalb in der Hand des Himmels, ob eine Frau eine Geburt überstand oder nicht. Als ich Beiyan einmal fragte, wie viele tote Babys sie schon gesehen habe, antwortete sie, sie wisse es nicht, sie habe sie nicht gezählt.

Den Rest dieser Nacht konnte ich kein Auge mehr zumachen. Die ganze Zeit sah ich einen kleinen, leblosen Körper, der keinen Ton von sich gab …

Als ich am Tag darauf Hong von der Totgeburt erzählte, sagte sie, sie habe eine Idee. Dann flüsterte sie mir ins Ohr, sie wolle das tote Baby sezieren.

»Was?!«, schrie ich auf.

»Das ist die beste Möglichkeit, Anatomie zu lernen«, sagte Hong, Sun Lizhe habe das Gleiche getan. Wirklich? Ja, er habe auch heimlich eine Leiche seziert. Wie hätte er sonst Anatomie lernen können? Das sei wichtig für sie als Barfußärztin, und ich solle sie unterstützen.

»Traust du dich wirklich?«, fragte ich.

»Ja«, versicherte sie, »bei Sun Lizhe in Guanjiazhuang habe ich bereits Tiere seziert. Und selbstverständlich darf hier keiner davon erfahren!«

»Dann ist morgen die einzige Gelegenheit, denn Beiyan nimmt

an einer Konferenz in der Kommune teil und übernachtet dort auch«, sagte ich.

Am nächsten Abend nahmen wir ein altes Bettlaken und gingen im Schutz der Dunkelheit zu dem Berghang hinter Lanhuas Wohnhöhle. Es war ein kleiner Berghang. Wir fanden ohne Mühe die Stelle, an der das tote Baby begraben worden war. Denn Lanhuas Vater hatte ein Häuflein Erde und ein paar Steine auf die Stelle getan. Wir buddelten den kleinen, toten Körper aus und wickelten ihn ins Laken. Mein Herz schlug schnell. Ich hatte das Gefühl, etwas Schlimmes zu tun, wollte die Aktion aber auch nicht unterbrechen.

Zurück in der Höhle, fiel Hong ein, dass sie gar kein Seziermesser hatte. Sie wusch das tote Baby in ihrer Waschschüssel, nahm dann unsere einzige Schere und fing an, den kleinen Bauch aufzuschneiden. Ich wunderte mich, wie mutig sie war. Ich traute mich nicht, das tote Baby auch nur anzufassen. Hong schien fest entschlossen zu sein, diese Handlung durchzuführen. Ich spürte eine leichte Übelkeit, und meine Knie wurden weich. »Ich muss gehen«, sagte ich. »Nein«, rief Hong, »lass mich nicht allein, sonst kriege ich auch Angst.« So blieb ich und schaute zu. Neben Angst packte mich auch eine Neugier. Wie klein der Körper war und wie dünn und blass die Haut! Nur auf dem Rücken und am Po gab es ein paar blaue Flecken. Es blutete nicht. Hong erklärte mir, das Blut sei längst geronnen. Wie eine Lehrerin und Schülerin zugleich zeigte Hong mir und sich selbst die Organe: Herz, Lunge, Leber, Magen, Niere, Darm, Bauchspeicheldrüse, Milz, Gebärmutter. Alles winzig klein. Den Körper weiter nach oben bearbeiten, das wollte sie nicht mehr. Auf das Öffnen des Schädels verzichtete Hong ebenfalls. Ein unbehagliches Gefühl schien sie nach und nach zu übermannen. Dennoch sagte sie, schade, dass wir kein richtiges Instrument besäßen, sonst hätte sie gern das Gehirn untersucht. Sie beendete die Aktion, nähte den Bauch zu und wickelte das tote Baby wieder in das Bettlaken ein. Dann brachten wir es zurück, wo es hingehörte. Am nächsten

Tag nach Feierabend verpflanzten wir ein paar wilde Shandandan auf das kleine Grab.

Heute kann ich mir nicht mehr vorstellen, wie wir als neunzehnjährige Mädchen diese Aktion gewagt haben, ohne Furcht, ohne moralische Bedenken. Aber damals hatten wir ernsthaft geglaubt, wir täten etwas Nützliches, Sinnvolles, sogar Wissenschaftliches, weil wir uns medizinisches Wissen aneignen wollten, um den Bauern zu helfen und zu dienen.

Seit August waren die drei Kader der Arbeitsgruppe für Linienerziehung wieder hier. Aber die Kampagne »Die Viererbande gründlich verurteilen« ging im Kleinen Tal nur schleppend voran. Seit dem Hochwasser hatten die Bauern noch mehr Sorgen: Sie versuchten, ihre Ernte zu retten, und kämpften ums Überleben. Aber irgendetwas musste die Arbeitsgruppe ja tun, um die Legitimität ihres Aufenthalts im Kleinen Tal und den Sinn ihrer Aufgabe zu bestätigen. Sie zerbrachen sich jeden Tag den Kopf, was sie tun konnten, um die politische Bewegung hier auf dem Lande in Schwung zu bringen. Darüber berieten sie auch oft mit uns.

Nun war endlich eine Gelegenheit gekommen. Sie fanden Ende September in dem Bauern Ma Yangsheng eine lebendige Zielscheibe. Der sollte heimlich einen Sack selbst gezogener Sojabohnenkeimlinge in der Stadt verkauft haben. Der Leiter der Arbeitsgruppe Lao Wang berief am Abend eine Vollversammlung ein, um Ma Yangsheng zu kritisieren und die Bauern anhand dieses lebenden Beispiels aufzuklären, was ein Linienkampf und was der »Schwanz des Kapitalismus« bedeutete.

Nach Einbruch der Dunkelheit trudelten Männer und Frauen nach und nach in der Bürohöhle ein, die nun der Arbeitsgruppe als Schlafraum diente. Man nahm auf dem Boden, auf dem Kang oder am Herdrand Platz und ging seiner Lieblingsbeschäftigung nach – Männer dem Tabakrauchen und Frauen dem Nähen von Einlegesohlen.

Lao Wang hielt eine lange Rede. Von der aktuellen Lage des internationalen Kampfes gegen den Imperialismus und Revisionismus über den Erfolg der Großen Proletarischen Kulturrevolution bis hin zu den Verbrechen der Viererbande dehnte sich die Rede aus. Als er mit der politischen Lage im Kleinen Tal anfing, war die Hälfte der Anwesenden eingeschlafen. Die Lage im Kleinen Tal sei eigentlich gut, bis auf einige Ausrutscher, sagte Lao Wang und fragte Ma Yangsheng, was er heute gemacht habe, statt bei der kollektiven Arbeit zu erscheinen, zumal jetzt auf den Feldern sehr viel zu tun sei. Yangsheng antwortete, er habe ein paar Sojabohnenkeimlinge in der Stadt verkauft. Mir war es ein Rätsel, wie die Kader das überhaupt herausbekommen hatten.

»Weißt du, dass es verboten ist?«, fragte Lao Wang.

»Ja«, antwortete Yangsheng brav.

»Aber warum hast du es trotzdem getan?«

»Weil ich Geld brauche.«

»Wer macht die Feldarbeit, wenn alle Leute einem privaten Nebenerwerb nachgehen, um Geld zu verdienen?«

Yangsheng schwieg.

»Weißt du, dass der private Nebenerwerb ein Schwanz des Kapitalismus ist?«, hakte Xiao Zhang, der jüngste von den drei Kadern, nach.

»Was für ein Schwanz? Ich wollte nur eine Handvoll Salz eintauschen. Meine Familie hat seit Wochen kein Salz mehr. Und die Kinder brauchen Schulbücher.« Yangsheng schien kein bisschen einzusehen, einen Fehler gemacht zu haben. Er sprach so laut, dass er vor lauter Aufregung einen roten Kopf bekam. Einige wurden sogar aus dem Schlaf gerissen.

Parteisekretär Cheng rieb sich die Augen und sagte mit ernster und etwas zu hoch angesetzter Stimme: »Ma Yangsheng, benimm dich und gestehe deinen Fehler!«

»Ich habe keinen Fehler begangen!«

Ma Yangsheng war ein unscheinbarer, kleiner Mann mittleren Alters. Bis jetzt hatte ich ihn kaum bemerkt. Er hatte äußerst schmale Augen, sodass man glaubte, er könne gar nicht sehen oder er schliefe permanent. Zum ersten Mal geriet er in den Mittelpunkt – im wahrsten Sinne des Wortes: Aufrecht saß er auf dem Hocker, den man extra für ihn in die Mitte gestellt hatte. Den Hals gerade gestreckt, sagte er noch einmal: »Was ist daran falsch?«

Nun sollten die Anwesenden ihm helfen, seinen Fehler zu erkennen. Keiner redete. Der stechende Tabakrauch hatte längst den ganzen Raum eingenebelt. Der Schnarchchor wurde immer lauter. Die Situation drohte ins Lächerliche zu geraten. Ich wurde unruhig. Denn ich fühlte mich verpflichtet, aktiv zu sein. Auf der anderen Seite wusste ich wirklich nicht, was ich sagen sollte. Dass »private Wirtschaft« ein kapitalistisches Phänomen sei, hatte ich in der Schule gelernt. Aber wenn ein Bauer sagte, er habe nicht einmal das Geld für Salz, nur deshalb habe er die Keimlinge verkauft, da wusste ich wirklich nicht mehr, was Recht und was Unrecht ist. Nach dem sozialistischen Prinzip sollte die Produktionsbrigade ihm helfen. Aber die Produktionsbrigade hatte auch kein Geld. Ma Yangshengs Familie war sicherlich nicht die einzige, die Geld brauchte. Auf jeden Fall sah ich darin einen Widerspruch. Aber jetzt war keine Gelegenheit, um über Widersprüche zu diskutieren.

Endlich räusperte sich Huai. »Gott sei Dank!«, dachte ich bei mir. Unser »Rhetoriker« wusste in solchen Situationen meistens zu helfen.

»Also, der Schwanz des Kapitalismus … Im Vergleich zum Körper ist der Schwanz ein kleiner Teil, also ein Nebenfluss, eine Nebensache. Dennoch gehört er zum Körper, also zum Hauptfluss, ja zur Hauptsache … Deshalb müssen wir versuchen, den Kern, … also das Wesen des Schwanzes zu analysieren. Nur so können wir ihn bekämpfen …«

So fing unser »Rhetoriker« an und ging in den nächsten dreißig Minuten (oder noch länger) der Sache auf den Grund. Ich konnte leider nicht alles mitbekommen, weil ich selber eingenickt war. Geweckt wurde ich durch Lao Wangs Stimme: »Ma Yangsheng, schlaf nicht ein! Hör gut zu!«

Da sah ich, dass Yangshengs Hals nicht mehr so gerade war wie vorhin. Sein Kopf hing fast bis zum Knie, und sein Speichel tropfte auf die Hose.

»Wacht auf! Wacht auf!«, rief Parteisekretär Cheng laut aus. »Und reden sollt ihr!«

Es regte sich im Raum. Die Männer zündeten erneut ihre Pfeifen an. Aber keiner redete.

Schließlich fragte Parteisekretär Cheng den Angeklagten, wie viel Geld er mit dem Verkauf der Sojabohnenkeimlinge verdient habe. Ma Yangsheng schwieg. Er schwieg, als wäre seine Zunge herausgeschnitten. Resigniert sagte Cheng: »Zehn Arbeitspunkte hast du durch das Fehlen sowieso verloren. Als Strafe werden dir weitere zehn Punkte abgezogen. Und tu das nie wieder!«

Da es keine Einwände gab, galt das als Beschluss. Lao Wang wollte eine Abschlussrede halten. Xiao Zhang schaute auf die Uhr und flüsterte ihm etwas ins Ohr. Dann verkündete Lao Wang: »Da es recht spät geworden ist, vertagen wir die Sitzung auf morgen. Wir müssen weiter der Sache auf den Grund gehen. Warum ist das schädlich für unseren Sozialismus? Denkt zu Hause gut nach! Außerdem sollt ihr darüber nachdenken, ob ihr etwas Ähnliches getan habt. Morgen soll jeder mitreden. Die Sitzung ist geschlossen.«

Einige atmeten auf, andere seufzten tief. Dann erhoben sich alle langsam und begaben sich auf den Weg nach Hause.

Am nächsten Tag wurde Jiayu krank. Er erbrach sich mehrmals und lag mit hohem Fieber und starken Magenschmerzen auf dem Kang. So hatte ich einen Vorwand, am Abend nicht zur Versammlung zu gehen. Ich blieb den ganzen Abend bei ihm und flößte ihm mit einem kleinen Löffel Wasser ein.

Als ich am späten Abend in meine Wohnhöhle zurückging, kam Changfu mir entgegen. Ich rief seinen Namen, aber er antwortete nicht und ging einfach an mir vorbei. Weil es so dunkel war, konnte ich sein Gesicht nicht sehen. Ich ahnte, er kam von Beiyan.

Die Tür unserer Wohnhöhle stand weit offen, darin brannte kein Licht. Ich rief: »Beiyan!« Nachdem sie geantwortet hatte, ging ich vorsichtig hinein und zündete die Petroleumlampe an. Beiyan saß am Rand des Kangs. Ihr Gesicht war ernst und traurig.

Ich fragte: »Was ist los?«

»Nichts«, sagte sie.

»War Changfu hier?«

»Ja.«

»Stimmt es, dass du bald nach Peking zurückgehst?« Das war das erste Mal, dass ich sie direkt fragte.

Sie schwieg. Das war ihre Art. Sie erzählte nie von sich. Wenn die Bäuerinnen oder die Jungs sie danach fragten, ob sie bald nach Hause zurückkehren würde, lächelte sie nur unbeholfen und verlegen und sagte kein Wort. Selbst bei der aufdringlichsten Ausfragerei, wann sie und Changfu ihre Hochzeitsbonbons verteilen würden, verlor sie nicht die Fassung und schwieg eisern.

Sie rührte sich nicht von der Stelle und schwieg, als wäre ich gar nicht anwesend. Ich holte vom Hof Reisig, zündete das Feuer im Herd an und schloss die Tür.

Als das Wasser im Topf zu kochen begann, sprach sie plötzlich: »Ja, ich werde gehen«, als erwachte sie aus einem Traum.

»Für immer?«

»Ja ... wohl für immer ...«

Stille. Das Reisig knackte im Herd. Mir fiel ein, dass sie nicht beim Abendessen erschienen war, und ich fragte, ob sie Hunger habe. Sie schüttelte den Kopf. Dann fing sie an zu erzählen: »Meine Mutter ist krank. Sie hat sich im Gefängnis viele Krankheiten zugezogen.«

»Deine Mutter war im Gefängnis?«, fragte ich erstaunt.

»Sechs Jahre lang, wegen meines Vaters. Mein Vater …« Sie hörte mitten im Satz auf und starrte auf die kleine Öllampe.

Wir lebten seit anderthalb Jahren zusammen; noch nie hatten wir über Privates gesprochen. Seit fünf Monaten wohnte Hong bei der Familie Yan. Und Feng war vor Kurzem zur Familie Tian gezogen, mit deren Tochter sie gut befreundet war. Im Moment wohnten nur wir beide hier; dadurch waren wir uns etwas nähergekommen.

»Erzähl von deinem Vater!«, bat ich sie leise.

»Mein Vater war seit den Fünfzigerjahren ein Anhänger von Hu Feng[66] – du weißt doch, diesem Literaten und Theoretiker, der wegen seiner Kritik an der Partei 1955 in die Verbannung geschickt wurde. Zu Anfang der Kulturrevolution war mein Vater noch einer der Referenten von Zhou Enlai und wurde auf einmal als Komplize Hu Fengs verhaftet und ohne Urteil ins Gefängnis geworfen. Er hielt die Misshandlungen und Erniedrigungen nicht aus und beging zehn Monate später, Ende 1968, im Gefängnis Selbstmord. Meine ganze Familie wurde in Mitleidenschaft gezogen. Meine Mutter wurde auf öffentlichen Tribunalen verurteilt, geschlagen, gedemütigt und schließlich eingesperrt. Mein Bruder und ich wurden als Bastarde eines Konterrevolutionärs beschimpft und durften nicht in die Organisation der Rotgardisten eintreten. Der Weg nach Yan'an war meine Erlösung. Hier wurde ich nicht diskriminiert, im Gegenteil, ich wurde geachtet, geliebt und gebraucht. Im Kleinen Tal habe ich mein zweites Zuhause gefunden. Die Bauern behandeln mich

---

66 Hu Feng (1902–1985), Schriftsteller, Übersetzer sowie Kunst- und Literaturtheoretiker, war ein Repräsentant der links orientierten Literaten Chinas. Nach Gründung der Volksrepublik geriet er aufgrund ideologischer und literaturwissenschaftlicher Differenzen mit den Machthabern in die Kritik. 1954 veröffentlichte er den an das Politbüro der KPCh gerichteten »Bericht über die Praxis und Lage der Kunst und Literatur in den letzten Jahren«. 1955 wurde er als »Anführer der parteifeindlichen Clique Hu Feng« gebrandmarkt, verhaftet und inhaftiert und erst 1979 entlassen. Ein Jahr später erfolgte die Rehabilitierung. Mehr als 2 100 Menschen wurden im Fall Hu Feng in Mitleidenschaft gezogen, darunter 92 verhaftet.

wie ihre eigene Tochter. Deshalb fällt es mir sehr schwer, das Kleine Tal zu verlassen.«

Ihre Stimme zitterte. Beiyan rang um Fassung. Ich wusste, dass sie ungern ihre Tränen zeigte. Deshalb schaute ich weg. Nach einer langen Pause sprach sie weiter: »Nach der Zerschlagung der Viererbande wurde mein Vater rehabilitiert, und meine Mutter bekam eine kleine materielle Entschädigung. Aber ihre Gesundheit ist ruiniert. Durch die Misshandlungen hat sie das Gehör auf beiden Ohren fast ganz verloren. Sie wünscht sich, dass ich nach Peking zurückkomme und in ihrer Nähe lebe ... Außerdem muss ich auch gehen, weil Changfu ...«

Sie hörte abrupt auf und schien wieder in den Abgrund des Schweigens zu fallen.

»Was ist mit Changfu?«, fragte ich nach einer Weile nach.

»Changfu wurde vor fünf Jahren durch seine Eltern mit einem Mädchen aus dem Kreis Mizhi[67] verlobt. Aber solange ich hier bin, will er nicht heiraten, obwohl ich ihm klargemacht habe, dass aus unserer Beziehung nichts werden wird. Seine Mutter ist sehr lieb zu mir. Nachdem alle meine Kameraden gegangen waren, hatte sie sich rührend um mich gekümmert. Am liebsten würde sie mich als ihre Schwiegertochter haben. Aber sie weiß, meine Mutter braucht mich noch mehr. Deswegen sagt sie, ich solle schnell zurück.«

»Ich wusste gar nicht, dass Changfu verlobt ist.«

»Das wissen nur wenige im Dorf. Er hält es geheim. Seine Verlobte hat bereits mehrmals Nachricht bringen lassen, dass sie nicht mehr warten möchte.«

»Es muss eine große Liebe sein, zwischen euch.«

»Von Liebe haben wir nie gesprochen. Er ist nur sehr dickköpfig, weißt du?« Zum ersten Mal war ein schwaches Lächeln auf ihrem Gesicht wahrzunehmen, und sie wurde ganz rot.

---

67 Mizhi, ein über 300 Kilometer nordöstlich vom Kleinen Tal entfernter Kreis, der zum Bezirk Yan'an gehört.

Ich hatte vergessen, Reisig nachzulegen. Das Feuer im Herd war nun erloschen. Ich zündete das Feuer erneut an, gab Beiyan eine Tasse heißes Wasser und fragte, ob sie von der angeblich bevorstehenden Hochschulaufnahmeprüfung gehört habe. Sie antwortete mit ihrer unveränderten, ruhigen Stimme: »Ja, ich habe davon gehört. Aber ich habe da keine Chance. Ihr habt wenigstens die Mittelschule abgeschlossen. Ich habe nicht mal das erste Schuljahr der Mittelstufe beendet. Seit acht Jahren habe ich keine Schulbücher mehr angerührt. Wie sollte ich alles nachholen können? Ich kann meinen Antrag auf Rückkehr nach Peking nur mit Krankheiten begründen.«

»Ich weiß«, sagte ich, »du bist ja auch wirklich krank. Guck mal deine Gelenke an!«

Beiyans Rheuma wurde immer schlimmer. Die Dorfbewohner pflegten zu sagen, wenn sie Beiyan jeden Tag aufs Feld humpeln sahen, Beiyan habe ihre Gesundheit dem Kleinen Tal geopfert, es sei höchste Zeit, dass sie nach Hause gehe.

Sie stand auf und sagte, sie müsse wegen der Herbsternte noch etwas mit Brigadeleiter Gao besprechen. In der Tür drehte sie sich noch einmal um und sagte, ich solle bitte nicht weitererzählen, was sie mir heute anvertraut habe. Sie werde rechtzeitig bekannt geben, wann sie das Dorf verlasse. Dann ging sie in die Dunkelheit hinaus.

Der Docht war fast abgebrannt. Die winzige Flamme flatterte im Windzug durch das Öffnen und Schließen der Tür, als schrie sie um Hilfe. Ich saß lange auf dem Kang und dachte über die Geschichte Beiyans nach. Durch das zitternde, nach Luft ringende Flämmchen der Öllampe hindurch sah ich sie in der dunklen Nacht über den schmalen Pfad hinken; ich sah Changfu, auf dem Kang sitzend, mit tränenerstickter Stimme seiner Mutter erzählen, Beiyan werde bald das Kleine Tal verlassen; ich sah irgendwo in Mizhi ein junges Mädchen Schuhsohlen nähend von ihrem zukünftigen Mann träumen; ich sah auch Beiyans Mutter in ihrer kleinen Wohnung in Peking, die sehnsüchtig auf ihre Tochter wartete; ich sah die blasse Ying auf dem Bett des Krankenhauses Yan'an sitzen, die erzählte, sie sei zu erschöpft, gehe nur zur Erholung nach Peking und komme bestimmt bald wieder. Dann dachte ich an mich, an meine Familie, an meinen Vater. Welche Schicksale hinter der Fassade des revolutionären Elans in jedem von uns doch verborgen waren!

15. KAPITEL

Wie Jiayu mich zum ersten Mal küsste, und warum ich schuld an seinen Magenkrämpfen war

Am Nachmittag des 21. August 1977 nahmen Jiayu und ich einen halben Tag frei, um uns in der Stadt das Theaterstück *Als sich die Ahornblätter rot färbten* anzusehen. Es war die erste politische Komödie, die vor dem Hintergrund der Kulturrevolution spielte. Seit der erfolgreichen Premiere im Frühjahr wurde sie von unzähligen Theaterensembles im ganzen Land aufgeführt. Als wir hörten, dass auch das Kunstensemble des Bezirks Yan'an dieses Stück spielte, wollten wir es unbedingt sehen.

In dem vom Hochwasser vor sechs Wochen verwüsteten und nun wieder hergerichteten Theater saßen wir in der Reihe zwölf nebeneinander. Die Handlung verfolgte ich nur halbwegs. Denn ich war von einem permanenten Schwindelgefühl geplagt. Irgendwann fiel meine Hand, wie von einem Magneten angezogen, auf seine, als wollte ich mich an ihm festzuhalten. Wir waren uns so nah. Unsere Schultern und Oberarme berührten sich leicht. Ich hörte meinen und seinen Atem. Wie von einem Geist gesteuert, bewegte ich im dritten Akt seine Hand in Richtung meiner Brust und drückte sie darauf. Er spürte sicherlich das schnelle, kräftige Schlagen meines Herzens und fing an, mit dem Handrücken meine Brust zu streicheln. Ich meinerseits erlitt augenblicklich eine Atemnot, und mein Körper löste sich in einer Wolke auf. Gleichzeitig überkam mich jedoch eine unerklärliche Angst. Ich hielt seine Hand noch fester in meiner, sodass sie sich nicht mehr bewegen konnte. In dieser Stellung erstarrt, dem Atem des anderen lauschend und schwitzend, saßen wir in dem neuen Theater, bis die Aufführung zu Ende war.

Als wir wieder draußen waren, war die Dämmerung bereits

angebrochen. Normalerweise hätten wir sofort angefangen, über das Theaterstück zu diskutieren. Aber heute schwiegen wir. Ich fühlte mich immer noch schwerelos. Der Asphalt unter meinen Füßen schien sich in Baumwolle verwandelt zu haben. Schweigend schwebte ich neben ihm her. Wie gewohnt wählten wir den Weg über die Berge, weil er fast um die Hälfte kürzer war. Der neue Mond war sehr geizig mit seinem Licht. Aber wir kannten unsere Berge wie unsere Westentasche. Die nächtliche Luft war kühl und feucht. Die Gräser am Pfadrand berührten unsere Hosenbeine und strömten einen frischen belebenden Duft aus. Wir sprachen nicht miteinander und hielten uns auch nicht an den Händen. Der Trampelpfad war ja nur so breit, dass gerade eine Person darauf passte. Hintereinander liefen wir, er voran, ich hinterher.

Als wir den Gipfel des ersten Berges erreichten, war ich durchgeschwitzt. Meine Wangen glühten. Mein Körper brannte. Die Lichter der Stadt Yan'an waren nicht mehr zu sehen. Der Yan-Fluss unter uns sah wie ein dunkles Rinnsal aus. Nichts war zu hören außer dem Rauschen unseres eigenen Blutes, und nichts war zu sehen außer unseren eigenen Schatten. In diesem Kosmos zwischen dem nachtblauen Himmel und dem Lößberg waren wir allein, umhüllt von einer silbrig schimmernden Dunkelheit. Wir hätten uns umarmen und lieben können. Wir hätten uns ins Ohr flüstern können: »Ich liebe dich!« Aber das kam uns nicht in den Sinn. Allein die Nähe des anderen zu spüren genügte uns und machte uns glücklich.

Ohne Rast liefen wir weiter. Er lief wie immer sehr schnell. Ich rannte hinterher. Anderthalb Stunden später kamen wir am Pass unseres Tals an. Von hier bis zum Dorf brauchten wir noch eine knappe Stunde. Der Weg müsste mal wieder repariert werden, dachte ich im Stillen. In der Nacht verwandelte er sich im wahrsten Sinne des Wortes in eine Falle. Wir bereuten, keine Taschenlampe mitgenommen zu haben. Immer wieder stolperte ich über Steine oder fiel in ein Schlagloch. Jiayu passierte es nie. Er schien die Augen einer Eule zu haben. Rechts unten auf der Talsohle plätscherte das Bächlein zwischen den Riesenfelsen, die in der Dunkelheit die merkwürdigsten Gestalten annahmen. Aber ich fürchtete mich nicht, weil Jiayu bei mir war.

Nachdem wir die erste Wohnhöhle passiert hatten, wurden unsere Schritte langsamer. Wir wussten, in zehn Minuten wären wir da. Auf dem Damm blieben wir kurz stehen. Er war unser ganzer Stolz. Sogar das Hochwasser hatte er überstanden – unser kleiner Damm aus Lehm und gelber Erde, gemischt mit unserem Schweiß. Hinter ihm hatte sich ein kleiner See aufgestaut. Am Tag, besonders bei Sonnenschein, sah er sogar grün aus, wenn die Schafe nicht gerade darin gebadet wurden.

Die Lichter in den meisten Wohnhöhlen an den Berghängen waren verloschen. Alle schienen in tiefen Schlaf versunken zu sein – die müden Bauern, unsere Kameraden, die Esel, die Ochsen, die Schweine, die Schafe, die Hühner und die Berge. Man glaubte sogar, das Knacken des wachsenden Maises am nahen Berghang hören zu können.

Um nicht bemerkt zu werden, gingen wir auf der Talsohle ins Dorf hinein. Jiayu begleitete mich zu meiner Wohnhöhle, die am anderen Ende des Dorfes lag. An der kleinen Quelle blieben wir stehen. Vom Abschöpfen am Nachmittag wieder erholt, war sie jetzt randvoll und glitzerte ruhig im fahlen Mondschein wie ein Auge der Nacht. Von hier aus müsste ich nur noch den Trampelpfad hochgehen, dann wäre ich da. Wir blickten uns an. Ich hatte seine Augen noch nie in dieser Nähe gesehen. In diesem Zauberspiegel, den ich so lange zu meiden versucht hatte, drohte ich nun zu schmelzen.

Ungefähr in der Art, wie Wassily, der Kommandeur der Leibgarde Lenins, im Film *Lenin im Jahr 1918* seine Frau umarmte und küsste, schloss Jiayu mich in seine Arme und küsste mich, zunächst auf die Stirn, dann auf den Mund. Ich spürte seine vollen, brennenden Lippen, die mich augenblicklich zum Glühen brachten und all meine Ängste, meine Scham und die quälenden

Fragen und die Verzweiflung auf einmal vertrieben. In diesem Augenblick existierte auf der Welt nichts mehr – außer uns beiden. Die Berge, die zu wenig Getreide hergaben, die Quellen, die nie genug Wasser spendeten, die Wohnhöhlen, die sich im Winter in Eishöhlen verwandelten, existierten nicht mehr; auch die endlosen politischen Schulungen und die körperlichen Schmerzen nach der härtesten Arbeit existierten nicht mehr; auch die verzweifelte Frage nach der Zukunft, der unerträgliche Hunger und die permanente Müdigkeit existierten nicht mehr. Ich wünschte, wir könnten für immer und ewig hier stehen bleiben, wie zwei einander umschlingende Bäume Wurzeln schlagen, Blätter bekommen, Blüten austreiben …

Aber Jiayu trennte seine Lippen von meinen und sagte mit zitternder Stimme: «Verzeih mir meine Kühnheit! Hast du Angst?«

»Nein …«, hauchte ich aus dem Bauch …

Am nächsten Tag kehrten wir in unser Alltagsleben zurück. Jiayu fuhr mit Parteisekretär Cheng zusammen in die Stadt, um Getreide an den Staat abzuliefern, und ich ging mit Fengjun auf den Apfelberg und erntete die ersten Äpfel. Jiayus Küsse brannten noch immer auf meinen Lippen. Wenn ich an ihn dachte, durchströmte mich ein Gefühl des Glücks. Gleichzeitig spürte ich eine Art Unruhe. Die quälenden Fragen kehrten in meinen Kopf zurück: Was bedeutete das, dass wir uns geküsst hatten? Stürzten wir uns dadurch in eine Liebesbeziehung? Wenn ja, war sie ein Widerspruch zu unserem revolutionären Ziel? War das Gefühl, das ich im Kino neben Jiayu und beim Küssen empfunden habe, ein edles Gefühl oder ein niedriges? Was würden die anderen Kameraden von uns denken?

Die Freude und die Verzweiflung waren fast gleich stark. Ich dachte auch an Anran und an seinen Brief, in dem er mich fragte, ob »der zerbrochene Spiegel eines Tages wieder gekittet werden« könne. Ich war verwirrter denn je. Im Tagebuch bezichtigte ich mich auf das Schärfste und hielt es für eine Schwäche, mich zu verlieben. Ich bezeichnete die Liebe sogar als eine »giftige Schlange«, die mich verzauberte und gegen die ich machtlos war, und mahnte mich wiederholt, stark zu sein und gegen meine »kleinbürgerliche Ideologie« anzukämpfen.

Eine Woche später erhielt ich einen Liebesbrief von Jiayu. Er schrieb:

»Cui,

ich bitte dich jetzt schon um Verzeihung, dass ich dir diesen Brief schreibe. Ich schreibe ihn, weil ich sonst von meinen starken Gefühlen erstickt worden wäre. Viele Worte habe ich zu lange in meinem Herzen unterdrückt. Sie wollen unbedingt gesagt werden. Dafür muss ich meinen ganzen Mut fassen. Heb diesen Brief gut auf oder vernichte ihn, wenn du ihn gelesen hast!

Ich muss dir gestehen, ich liebe dich von ganzem Herzen, und zwar schon sehr lange. Das hast du vielleicht bereits gemerkt, vielleicht auch nicht. Aber das ist wahr. Früher hatte ich viele Freunde, jedoch ausschließlich männliche. Mädchen fand ich engstirnig, oberflächlich und unzuverlässig. Nachdem ich dich kennengelernt habe, habe ich meine Meinung geändert. Je näher wir uns kommen, desto mehr verehre ich dich. Du bist kein gewöhnliches Mädchen. In gewisser Hinsicht besitzt du viele männliche Eigenschaften. Auf der anderen Seite hast du die vollkommene Schönheit einer Frau. Deshalb habe ich mich allmählich in dich verliebt. Und mit der Zeit vertieft sich diese Liebe. Ich weiß, ich habe viele Schwächen, die du verachtest. Vielleicht bin ich deiner Liebe gar nicht würdig (liebst du mich auch???). Aber ich werde mich bessern. Mit der Zeit wirst du mich besser kennenlernen. Ich strebe danach, ein edler Mensch mit hohem Ideal zu sein. Ich hoffe, unsere Freundschaft wird wie Kiefer und Zypresse ewig grün sein, weil wir das gleiche Ziel haben.

Jiayu«

Während mir das Herz vor Freude fast zersprang und ich den Brief immer wieder las, spürte ich wieder diese unergründliche Traurigkeit und Angst. Ich hatte das Gefühl, wir taten etwas Verbotenes, etwas Falsches. Dennoch wollte ich den Brief nicht vernichten. Ich faltete ihn sorgfältig zusammen und legte ihn in mein Tagebuch.

Am 9. September 1977, dem ersten Todestag des Vorsitzenden Mao, brachten wir unseren Kranz, an dem wir vier Tage lang gebastelt hatten, zur Gedenkstätte Wangjiaping und legten ihn dort vor dem Haus nieder, in dem Mao Zedong einst gewohnt hatte, um unsere Trauer zum Ausdruck zu bringen.

Auf dem Weg zurück ins Dorf fühlte ich mich nicht wohl. Am Abend wurde ich krank. Ich bekam hohes Fieber und Schüttelfrost. Hong brachte mir Medikamente und Beiyan eine Suppe. Aber ich konnte nichts essen. Es war eine furchtbare Nacht. Ich hatte Durchfall. Am nächsten Tag ging das Fieber zurück. Aber der Durchfall wurde nicht besser. Deshalb blieb ich zu Hause.

Es regnete seit Tagen. Das war sehr schlecht für die bevorstehende Herbsternte.

Jiayu brachte mir ein Buch, *Das Lied der Jugend* von der Schriftstellerin Yang Mo. Seine Familie hatte es ihm vor Kurzem geschickt. Diesen Roman hatte ich früher schon mal gelesen. Da ich aber seit anderthalb Jahren außer den *Ausgewählten Werken Mao Zedongs* kein Buch mehr angefasst hatte, stürzte ich mich darauf wie eine Biene auf eine Blüte und las den ganzen Tag und Abend, bis das Petroleum ausging. Wegen des andauernden Regens hatten wir seit Tagen keinen Strom.

Dieser Roman handelt von der revolutionären Jugend der Dreißigerjahre. Die Protagonistin Lin Daojing ist eine aus einer bürgerlichen Familie stammende junge Intellektuelle, die sich nach der Begegnung mit der Kommunistischen Partei allmählich zu einer kämpferischen Kommunistin entwickelt. Es geht um Liebe, Mut, Heroismus, aber auch um Eifersucht und Verrat. Ich war so sehr von der Geschichte gepackt, dass ich meine Krankheit und das Essen vergaß.

Möglicherweise unter dem Einfluss des Romans schrieb ich am darauffolgenden Tag einen Brief an Jiayu. Ich sprach von einer Freundschaft, die ich hoch schätzte. Aber unsere Beziehung sei nichts anderes als die zwischen zwei revolutionären Kameraden. Wir sollten unsere Jugend dem Aufbau des Vaterlandes und Yan'ans widmen und uns nicht so früh in die Liebe stürzen und so weiter, und so fort.

Wie eine Untergrundkämpferin, die ihrer Verbindungsperson eine Geheimbotschaft übergab, steckte ich Jiayu diesen Brief in die Hand, als wir uns beim Frühstück in der Küche begegneten. Danach sah ich ihn zwei Tage lang nicht mehr. Am ersten Tag hatte er angeblich in der Stadt zu tun und sollte sehr spät zurückgekommen sein. Am darauf folgenden Morgen erschien er nicht zum Frühstück. Es hieß, er sei mit Changfu in die Kommune gefahren, um die elektrische Mühle zur Reparatur zu bringen. Ich war sehr beunruhigt. Ich ahnte, was für eine Katastrophe ich ausgelöst hatte. Noch nie hatte ich eine solche Sehnsucht gehabt, ihn zu sehen.

Auch am Morgen des dritten Tages kam Jiayu nicht zum Frühstück. Yang sagte, Jiayu habe wieder Magenkrämpfe und könne vor Schmerzen nicht aufstehen. Die Nachricht traf mich wie ein Schlag. Offensichtlich war es meine Schuld. Unter dem Vorwand, Jiayu etwas Hirsebrei zu bringen, ging ich in die Wohnhöhle der Jungs. Jiayu lag mit dem Gesicht zur Wand auf dem Kang und schien zu schlafen. Ich rief leise seinen Namen und fragte, ob er ein bisschen Brei essen möchte. Er bewegte sich nicht. Ich setzte mich neben ihn und berührte mit einem Finger seinen Kopf. Leise, aber entschieden sagte Jiayu: »Geh!« Ich kämpfte mit meinen Tränen und sagte: »Jiayu, ich wollte dir sagen ...« Jiayu unterbrach mich: »Geh! Ich brauche kein Mitleid. Geh!« Als ich erneut etwas sagen wollte, schrie Jiayu wütend:

»Geh!« Erschrocken stellte ich die Schüssel auf den Herd und verließ die Wohnhöhle.

Den ganzen Tag waren Fengjun und ich mit dem Graben einer Höhle auf dem Apfelberg beschäftigt, in der die neu geernteten Äpfel gelagert werden sollten. Ich fühlte mich unendlich traurig und niedergeschlagen. Ich bekam nicht mit, was Fengjun mir erzählte, und hing meinen Gedanken nach: Ist es Liebe? Wenn das Liebe ist, warum fühlt sie sich so traurig an? Wenn es keine Liebe ist, warum bin ich so traurig, wenn er traurig ist? Stehe ich vor einer Entscheidung? Oder ist es bereits zu spät? Was soll ich jetzt machen?

16. Kapitel

*Wie Hong ihre Kopfschmerzen besiegte, ich im Krankenhaus unter
die Läuse fiel, und warum ich eine Apfelesserin wurde*

Zwei Tage nach seinen erneuten Magenkrämpfen ging es
Jiayu etwas besser. Er konnte wieder aufstehen und etwas
Hirsebrei essen. Aber er sah mich nicht an und sprach nicht mit
mir. Ich nahm mir vor, ihm einen neuen Brief zu schreiben und
ihm von meinen Unsicherheiten und Ängsten zu erzählen. Ehe
ich aber dazu kam, wurde ich von einer anderen Sorge abgelenkt.
Hong hatte starke Kopfschmerzen und zog in unsere Wohnhöhle zurück. Als sie auch noch Fieber bekam, beschlossen wir,
sie ins Krankenhaus zu bringen. Jiayu wollte mitkommen. Ich
riet ihm, zu Hause zu bleiben und sich auszuruhen. Aber davon
nahm er keine Notiz. So machten Tong, Jiayu und ich uns auf
den Weg. Tong und Jiayu zogen abwechselnd den Karren, in den
wir Hong, in dicke Decken eingewickelt, gebettet hatten, und
ich lief hinterher. Zunächst brachten wir sie in die Klinik der
Yan'an-Universität. Nachdem der Ambulanzarzt unsere Schilde-
rung angehört hatte, empfahl er uns, sofort mit Hong ins Be-
zirkskrankenhaus zu gehen.

Als wir dort ankamen, war es bereits neun Uhr abends. Nach
ersten Untersuchungen konnten die Ärzte Hongs Krankheit
nicht diagnostizieren. Sie hegten den Verdacht, dass es sich um
eine Hirnhautentzündung handeln könnte, weil Hongs Nacken
steif war. Daher schlugen sie eine Lumbalpunktion vor, um das
Rückenmark zu untersuchen. Ich musste anstelle ihrer Familienangehörigen die Einverständniserklärung unterschreiben. Das
Ergebnis der Untersuchung war jedoch nicht eindeutig. So wollten die Ärzte Hong im Krankenhaus behalten.

Tong und Jiayu gingen ins Gästehaus. Hong und ich wurden

in einem sogenannten Beobachtungsraum untergebracht, in dem eine einfache Pritsche aufgestellt war. Die ganze Nacht schlief Hong unruhig. Ihre Schmerzen waren manchmal so stark, dass sie sich mit ihren Fäusten auf den Kopf schlug. Da die Pritsche für uns zwei zu schmal war, saß ich die ganze Zeit auf einem Stuhl neben ihr. Diese Nacht schien unendlich lang zu sein.

Um sieben Uhr morgens kam Jiayu wieder. Tong war ins Dorf zurückgegangen. Jiayu sah furchtbar aus: blass, abgemagert und erschöpft. Bestimmt plagte ihn der Kummer noch stark. Außerdem hatte er sich noch nicht richtig von seiner Krankheit erholt. Da das hohe Fieber nicht zurückging, beschlossen die Ärzte, Hong aufzunehmen. So landeten wir im Zimmer Nummer neun im dritten Stock.

Als ich das Zimmer betrat, stockte mir der Atem. Acht alte, schmutzige Betten standen nebeneinander. Überall waren Abfall und Schmutz verstreut. Die Kranken und ihre Familienangehörigen lagen mit totengleichen Gesichtern im Bett und auf dem Boden, schnarchten oder redeten laut. Unzählige Fliegen schwirrten im Zimmer umher und flogen einem ins Gesicht. Ein Gestank stach mir so in die Nase, dass ich auf der Stelle zu ersticken drohte. Das einzige freie Bett war das erste neben der Tür. Ich hob das Betttuch, das hundert Jahre nicht gewaschen worden zu sein schien, und entdeckte Wanzen und anderes mir unbekanntes Ungeziefer. Kalter Schauder lief mir den Rücken hinunter. Aber was sollten wir tun? Hong konnte nicht stehen und warf sich in dieses Höllenbett.

Ein anderer Arzt untersuchte Hong und konnte immer noch nicht sagen, ob es eine Hirnhautentzündung war oder nicht. Er verordnete eine Infusion. Nachdem die Infusionsnadel gesetzt worden war, gingen Jiayu und ich essen. Seit der letzten Mahlzeit (auch nur Süßkartoffeln) am gestrigen Mittag hatten wir nichts mehr zu uns genommen.

Als Jiayu und ich endlich allein waren, wollte ich mich für meinen Brief entschuldigen und ihm sagen, dass ich ihn liebe.

Aber irgendwie brachte ich es nicht über die Lippen. Es schien mir auch nicht der richtige Zeitpunkt zu sein. So aßen wir schweigend die Lammsuppe und kehrten ins Krankenhaus zurück.

Als wir wieder das Zimmer betraten, fanden wir eine Hong vor, die zu unserem Schrecken unter schwerer Atemnot litt. Ihr Gesicht war blau, ihr Körper heiß wie ein Ofen. Der alarmierte Arzt stellte eine starke allergische Reaktion auf die Infusion fest. So wurde die Infusion abgebrochen, und Gegenmaßnahmen wurden eingeleitet. Es folgten weitere Untersuchungen durch einige Ärzte. Ein paar Stunden später waren die Symptome weg, aber das Fieber ging nicht zurück.

Am Mittag ging Jiayu ins Dorf zurück, um für Hong und mich die nötigsten Sachen zu holen. Beiyan kam Hong am Nachmittag besuchen. Als das Fieber bis zum Abend immer noch nicht gesunken war, sagte der Stationsarzt, nach vierundzwanzig Stunden Beobachtung sehe es wirklich nach einer Hirnhautentzündung aus, nämlich Enzephalitis Typ B. Wir sollten ein traditionelles chinesisches Arzneimittel mit Rindergallenstein als Hauptbestandteil besorgen, das allerdings sehr teuer sei. Erstens hatte ich kein Geld, zweitens konnte ich Hong nicht allein lassen. Beiyan war etwas zu essen und Zucker kaufen gegangen und Jiayu noch nicht zurück. Wie auf glühenden Kohlen saß ich neben der fiebernden Hong und wartete. Im Zimmer war es so laut wie in einem alten Pekingoper-Theater. Es war nicht auszuhalten.

Endlich – ich wusste nicht, wie viele Minuten oder Stunden vergangen waren – stieß Jiayu die Tür auf und kam herein. In diesem Augenblick erschien mir Jiayu als Erretter, als Hoffnung und als Wunder in einem. Ich sprang hoch und berichtete ihm von dem ärztlichen Befund. Er sagte kein Wort, gab mir die Sachen, die er geholt hatte, und ging wieder hinaus.

Eine Stunde später kam Jiayu zurück. Ihm war es gelungen, Geld vom »Büro für Angelegenheiten der Jugendlichen aus Peking« zu leihen, den Apotheker aus dem Bett zu holen und das Medikament zu kaufen. Inzwischen hatte eine Krankenschwester

Hong einen Einlauf gemacht. Nun bekam sie die schwarze bittere Kugel und eine Beruhigungsspritze. Allmählich ging das Fieber zurück. Jiayu und Beiyan brachen ins Gästehaus auf, und ich blieb bei Hong.

Gegen Mitternacht gab ich ihr nach Anweisung des Arztes die zweite Kugel. Sie fing an zu schwitzen, ihr Körper wurde kühler. Nur ab und zu wurde sie noch von Unruhe attackiert. Deswegen gab ihr der Arzt noch eine Beruhigungsspritze.

Die Kranken und ihre Begleiter (das hieß Männer und Frauen) waren alle – nebeneinander kauernd – eingeschlafen. Die alte Frau neben Hong verrichtete ihr Geschäft im Bett. Der Gestank war unerträglich, noch tausendmal schlimmer als das Plumpsklo im Kleinen Tal. Draußen auf der Straße fuhren ununterbrochen hupende Lastwagen vorbei. Ich war todmüde, legte mich neben Hong auf den Rand des Bettes. Aber an Schlafen war nicht zu denken.

Die Nacht verlief friedlich. Die zwei Kugeln der teuren Medizin hatten offensichtlich gewirkt. Denn am Morgen ging es Hong viel besser. Die Kopfschmerzen hatten nachgelassen. Sie wusch sich das Gesicht, kämmte sich die Haare und aß ein paar Löffel Hirsebrei. Tapfer nahm sie die dritte Kugel Medizin ein. Nur dieser Ort, den man »Krankenzimmer« nannte, war nicht zu ertragen. Zweimal gingen wir im Hof spazieren.

Am dritten Tag besserte sich Hongs Zustand weiter. Die ganze Gruppe und Changfu kamen Hong besuchen. Auch einige Kameraden aus Yujiagou schauten vorbei, weil sie in der Stadt zu tun und von Hongs Krankheit gehört hatten. Alle waren der Meinung, dass Hong zur Erholung nach Peking gehen sollte. Hong lehnte dies energisch ab. Sie machte sich Sorgen wegen unserer medizinischen Station. Erst als Ming am vierten Tag Hong besuchen kam und ihr ebenfalls riet, zur Behandlung nach Peking zu gehen, gab Hong nach. Denn Ming aus Yujiagou, fünf Jahre älter als wir, wurde von uns als ein Großbruder angesehen und verehrt. Seine Meinung fand stets Beachtung. Sofort ging ich ins Dorf zurück und bat die Kameraden, das Geld für Hongs Flugticket zu sammeln. Die meisten von uns erhielten ab und zu eine kleine Unterstützung von zu Hause, sodass wir vierzig Yuan zusammentragen konnten. Es fehlten noch zehn Yuan. Parteise-kretär Cheng machte eine Ausnahme und holte den Buchhalter vom Feld. Dieser nahm aus der alten Kasse einen der wenigen darinliegenden Zehner heraus und drückte ihn mir in die Hand. Noch am gleichen Tag eilte ich in die Stadt zurück und kaufte das Flugticket.

Mich juckte es seit zwei Tagen am ganzen Körper. Entsetzt merkte ich, dass ich total verlaust war. Bis jetzt hatte ich mir die kleinen »Vampire« sorgfältig vom Leibe gehalten, in dieser Hin-sicht hatte mir der letzte Schritt zur totalen Verschmelzung mit den Bauern stets gefehlt, die unsere Jungs und Hong längst voll-zogen hatten. Nun war ich auch so weit, auch wenn meine Läuse nicht direkt aus dem Kleinen Tal stammten, aus Yan'an waren sie ja auf jeden Fall. Gleichzeitig stellte ich erstaunt fest, wie anpas-sungsfähig ein Mensch ist. Nach nur vier Tagen fand ich dieses Zimmer nicht mehr so schlimm und die Patienten nicht mehr unerträglich. Im Gegenteil, ich fing an, sie zu mögen. Ich unter-hielt mich mit ihnen und half, wo ich konnte. Für einen krebs-kranken alten Mann, der nicht lesen und schreiben konnte, schrieb ich einen Brief an seine Familie. Die Leute schienen uns auch zu mögen und teilten das Essen mit uns, das ihnen ihre Familienan-gehörigen brachten.

Am Tag der Abreise Hongs kam die ganze Gruppe in die Stadt, um sich von ihr zu verabschieden. Wir brachten Hong zum Flugplatz. Sie war noch sehr schwach, außerdem von Angst ge-plagt, weil sie noch nie geflogen war. Zum Glück flog an diesem Tag auch eine hochschwangere ehemalige Pekinger Schülerin nach Peking, die heute im Kunstensemble Yan'an arbeitete. Wir baten sie, sich während des Flugs um Hong zu kümmern. Vom Postamt aus riefen wir Zhen an und baten ihn, Hongs Familie zu informieren.

Erleichtert und doch voller Sorgen verließen wir den Flugplatz. Denn bis zum Schluss konnten die Ärzte nicht genau sagen, ob Hong eine Hirnhautentzündung hatte oder nicht. Und wenn ja, welche Folgen die Krankheit haben könnte.

Alle wollten am Nachmittag in der Stadt verweilen, um am Abend den Film *Die Jugend* von 1965 zu sehen. Wenn wir in der Stadt waren, verpassten wir nie die Gelegenheit, ins Kino zu gehen, egal welcher Film gerade lief. Unser Hunger nach Kultur war genauso groß wie der nach Nahrung. Aber heute konnte ich auf beide Nahrungen verzichten. So erschöpft war ich. Mit Jiayu zusammen ging ich über die Berge ins Dorf zurück. Als wir den letzten Gipfel erklommen hatten, nahm ich meinen ganzen Mut zusammen und gab ihm einen langen Kuss auf den Mund, der alle Worte ersetzte.

Im Dorf angekommen, gingen wir direkt in die Küche. Darin war es dunkel und feucht. Der Topf war ungewaschen, die Asche nicht weggefegt, der Wasserkrug leer, das Brennholz alle. Schmutziges Geschirr stand überall herum. Auf einmal übermannte mich eine unsagbare Traurigkeit. Ich hatte das Bedürfnis zu weinen. Aber ich beherrschte mich. Wir zündeten die Petroleumlampe an (wieder Stromausfall) und fingen an, die Küche aufzuräumen und das Geschirr abzuwaschen.

Danach suchten wir nach etwas Essbarem, vergeblich. Nichts war da. Wir bereuten, nicht in der Stadt etwas zu Abend gegessen zu haben. Es lohnte sich nicht, für uns zwei Feuer anzumachen und zu kochen. So nahmen wir zwei rohe Maiskolben und gingen schlafen. Eigentlich wollte ich gleich meine Kleidung kochen und meine Haare waschen. Aber dafür war ich viel zu müde. Ich ließ alles, was ich anhatte, im Hof unter der großen Ulme liegen, weit weg von der Tür, weil ich Angst hatte, die Läuse könnten durch die Tür- und Fensterspalten zu mir in die Wohnhöhle krabbeln, und sagte mir: »Morgen, morgen ist auch noch ein Tag.«

Mitte Oktober war die Ernte der Herbstäpfel so gut wie abgeschlossen: 1700 Kilo von der Sorte Weijin und 750 Kilo Guoguang. Die Hälfte davon hatte ich gepflückt. Das war eine Arbeit, die mir große Freude bereitete. Die abgepflückten Äpfel trugen wir mit zwei Körben an einer Tragestange in die Höhle, die wir an einer günstigen Stelle in den Berghang gegraben hatten. Fengjun erzählte mir, die Äpfel könnten sich in dieser Höhle ein Jahr lang halten, weil es hier aufgrund des Lößbodens im Winter stets warm und im Sommer immer kühl sei.

Ein Teil der Äpfel wurden an die Dorfbewohner verteilt. Diese Äpfel mussten nicht bar bezahlt werden, sondern würden am Jahresende mit den Arbeitspunkten verrechnet werden.

Ich musste aber keinen Apfel kaufen. Denn laut einer Regel durften diejenigen, die im Obstgarten arbeiteten, so viel Äpfel essen, wie sie wollten und konnten. Sie durften nur keinen mitnehmen. Seit ich auf dem Apfelbaumberg arbeitete, hatte ich bestimmt mehr Äpfel gegessen als in meinem ganzen bisherigen Leben. Am Anfang traute ich mich nicht. Die Äpfel seien doch das Eigentum des Kollektivs, dachte ich. Aber als ich sah, dass Fengjun bereits am Morgen vor dem Arbeitsbeginn einen heruntergefallenen Apfel aufhob, an seiner schmutzigen Hose rieb und herzhaft hineinbiss, tat ich das Gleiche. Er sagte, diese heruntergefallenen Äpfel verfaulten sowieso, wenn sie nicht gegessen würden. Seitdem kannte ich keinen Hunger mehr. Wie das schöne Sprichwort besagt: »Wer im Pavillon am Wasser sitzt, der sieht das Spiegelbild des Mondes zuerst«, so hatten wir, die wir unter den Apfelbäumen arbeiteten, die Äpfel als Erste im Mund. Ich stopfte einen Apfel gleich in mich hinein, noch bevor der Hunger einsetzte. Allmählich wurde es zur Gewohnheit. Mit anderen Worten, ich wurde süchtig. Manchmal ertappte ich mich dabei, wie ich, gedankenlos unter einem Apfelbaum hockend, einen Apfel nach dem anderen in mich hineinstopfte, ohne zu wissen, ob ich Hunger hatte oder nicht. Ich hörte eine weit entfernte Stimme fragen: Wer bist du? Was tust du hier? Hast du kein schlechtes Gewissen, hier zu hocken und Äpfel zu essen, während andere auf den Feldern schuften? Was ist mit deiner Zukunft? Wirst du Jahr für Jahr hier hocken und Äpfel essen? Wirst du in fünf Jahren, zehn Jahren noch hier sein, Mist tragen, Wasser tragen, Apfelbäume pflanzen, Apfelbäume stutzen, Schädlingsbekämpfungsmittel versprühen, Äpfel ernten, Äpfel essen? Ist das dein Ideal? Ich war jedoch viel zu stumpfsinnig, um plausible Antworten auf diese Fragen zu finden. Mit der Zeit suchten mich auch keine Fragen mehr heim. Weder unser Ideal noch unsere Mission oder die Frage nach meiner Zukunft kamen mir noch in den Sinn. Ich fühlte mich innerlich hohl, vor allem im Kopf. Ich war vollkommen leer. Ich hatte die Kontrolle über mich verloren. Die Äpfel waren zu nah. Ich griff nach ihnen, als könnten sie das Loch in mir stopfen. Ich vermochte nicht einmal zu denken, warum ich nicht mehr denken konnte.

Ich aß Äpfel. Ich konnte nicht aufhören, Äpfel zu essen.

Schließlich konnte ich den Geschmack verschiedener Sorten auch nicht mehr unterscheiden. Sogar mein Geschmackssinn war stumpf geworden.

Ich war eine Apfelesserin geworden.

Im Angesicht dieser Erkenntnis empfand ich weder Trauer noch Freude, weder Wehmut noch Selbstkritik, weder Hoffnung noch Verzweiflung.

Ich war einfach stumpf.

Eine Aktion befreite mich vorübergehend von der Stumpfheit. Eine Aktion, die ich mir früher nicht zugetraut hätte.

Weil die Produktionsbrigade dringend Geld brauchte, sollten Fengjun und ich Äpfel in der Stadt verkaufen. Damit keiner unsere mit Äpfeln voll beladene Karre bemerkte – schließlich war es nicht legal –, brachen wir in der Morgendämmerung auf. Kaum waren wir in der Stadt angekommen, wurde unsere Karre von kaufwilligen Leuten umzingelt. Sie standen in dichten Scharen um den kleinen Wagen, drängelten und schubsten und streckten mir ihre Geldscheine ins Gesicht. Fengjun versuchte, unsere Waage und unsere Ware zu verteidigen, und schrie die Leute an, sie sollten sich anstellen. Aber sowohl sein dürrer Körper als auch seine Stimme gingen in diesem Chaos völlig unter. Einen Augenblick lang geriet ich in Panik und fürchtete, nicht mehr Herr der Lage zu sein. Dann riss ich mich zusammen, fasste Mut, steckte den Daumen und Zeigefinger in den Mund und pfiff – das hatte ich mal von Jiayu gelernt. Ich pfiff wie von Sinnen. Die Leute erschraken und starrten mich an. Dann schrie ich aus Leibeskräften, sie sollten sich anstellen, sonst würden wir kehrtmachen, ohne dass auch nur einer einen Apfel bekäme. Die Leute wurden leise und versuchten, eine Schlange zu bilden – für einen Moment jedenfalls. Während Fengjun die Äpfel mit unserer kleinen Laufgewichtswaage abwog, musste ich alle meine Sinne einsetzen: auf die Äpfel aufpassen, die aggressiven Käufer lauthals zurechtweisen, Geld kassieren und Rückgeld im Kopf ausrechnen und gleichzeitig mit dem Körper die Drängelnden zurückdrängeln. Innerhalb von wenigen Stunden hatten wir unsere Äpfel restlos verkauft. Ein paarmal mussten wir jedoch den Standort wechseln, um den Kontrolleuren aus dem Weg zu gehen. Knapp achtzig Yuan hatten wir für die Brigade verdient. Dass der »Schwanz des Kapitalismus« so gefragt und so nützlich war, hatte ich vorher noch nie so leibhaftig erlebt. Wir hatten Äpfel und kein Geld, die Leute in der Stadt hatten Geld und keine Äpfel. Warum dieser Tausch illegal sein soll, konnte ich nach dieser Erfahrung überhaupt nicht mehr nachvollziehen. Rechtens wäre es gewesen, einen Teil der Äpfel zu einem niedrigen Preis an den Staat und den Rest an die Dorfbewohner zu verkaufen. Die hätten dann ihrerseits versucht, die Äpfel privat zu verkaufen, was wiederum offiziell verboten war.

Eines wusste ich: Mit diesem Geld könnte die Produktionsbrigade Medikamente kaufen und Öl für den Traktor, Ersatzteile für die elektrische Mühle, eine neue Karre oder vielleicht sogar einen Esel oder Ochsen. Deshalb war ich stolz auf mich. Fengjun war ebenfalls sehr zufrieden und lobte mich für meinen tapferen Einsatz. Auf dem Weg nach Hause ließ er mich auf der Karre sitzen. Denn ich war richtig erschöpft, und meine Stimme war heiser vom Schreien.

Zu Hause wurden wir von Parteisekretär Cheng und Brigadeleiter Gao mit einem breiten Lächeln begrüßt. Mit aufgerissenen Augen nahm der Buchhalter die 79,36 Yuan in Empfang und schloss sie sorgfältig in die kleine, rostige Kasse ein, die sich in einer mit einem Vorhängeschloss verschlossenen Schublade des Schreibtisches in unserer Wohnhöhle befand, seit die drei Kader unsere Bürohöhle besetzt hatten. Fengjun erzählte ihnen von unserem Erlebnis. Cheng sagte, wir hätten Glück gehabt. Es komme oft vor, dass Äpfel oder andere Waren, die die Bauern in der Stadt zu verkaufen versuchten, beschlagnahmt würden. Anscheinend sei ich ein Schutzschild, ja ein Glücksbringer gewesen. Ich sagte: »Ich bin bereit, noch einmal Äpfel in der Stadt zu verkaufen. Das ist doch leicht verdientes Geld!« Daraufhin Cheng: »Hört her, was ein Peking-Kind sagt!«, und grinste bereit. Dabei wusste ich nicht genau, ob er das aus Erstaunen, Ungläubigkeit oder Anerkennung sagte. Fengjun fuchtelte mit beiden Armen und demonstrierte, wie ich die drängelnden Käufer zurückgedrängt hatte: »Eh, ihr hättet es sehen müssen. Dieses Mädchen aus Peking ist arg stark. Wer hätte das gedacht!« »Ja, ja, die Kinder aus Peking, die darf man nicht unterschätzen!« Die vier Männer lachten und zeigten dabei ihre vom Tabak braun gefärbten Zähne.

Am nächsten Tag sprachen alle auf den Feldern hinter vorgehaltenen Händen davon, dass Fengjun und ich Äpfel für die Brigade verkauft und viel Geld verdient hätten. Offensichtlich hatte uns doch jemand gesehen, beim Aufbruch oder bei der Rückkehr, obwohl wir absichtlich erst nach Einbruch der Dunkelheit ins Dorf zurückgekommen waren.

Die drei Kader der Arbeitsgruppe für Linienerziehung taten so, als ob sie von unserer Verkaufsaktion nichts wüssten. Es war unwahrscheinlich, dass sie davon keinen Wind bekommen hatten.

Aber keiner fragte, was Fengjun und ich gestern gemacht hätten, keine Dorfversammlung wurde einberufen, keiner sprach vom »Schwanz des Kapitalismus«. Drückte die Arbeitsgruppe etwa ein Auge zu? Gab es vielleicht doch Zweifel an der Wahrheit? Ich war jedenfalls dankbar, nicht mit einer Auseinandersetzung konfrontiert zu werden bzw. nicht mit der Suche nach der Wahrheit.

Auf einmal kamen mir Lao Wang, Lao Chen und Xiao Zhang sogar ein bisschen sympathisch vor.

17. Kapitel

Wie sechs von acht »Bäumen« entwurzelt wurden, und warum der Kopf mit dem Körper kämpfen musste

Nach der Apfelernte ging ich wieder aufs Feld. Jetzt wurde Rispenhirse geerntet. Den ganzen Tag blieben wir wieder auf dem Berg. Es war gut, wieder unter Leuten zu sein. Da fühlte ich mich etwas lebendiger.

Am Abend fand ich ein Paket für mich unter der neuen Postsendung in der Küche vor. Es waren Schulbücher, die Hong mir aus Peking geschickt hatte: Chinesisch, Mathematik und Geschichte. Sie schrieb, die Hochschulaufnahmeprüfung finde Ende des Jahres statt; jeder Jugendliche unter sechsundzwanzig Jahren sei berechtigt, an dieser Prüfung teilzunehmen; die aufs Land gegangenen Abiturienten würden bevorzugt behandelt. Hong drängte uns, wir dürften diese Chance auf keinen Fall verpassen. Übrigens, sie habe sehr wahrscheinlich doch eine Hirnhautentzündung gehabt. Zum Glück seien bis jetzt keine schlimmen Folgen festgestellt worden, außer dass sie manchmal Schwindelanfälle oder Kopfschmerzen habe.

Jetzt wurde es ernst. Dieses Paket Schulbücher rüttelte mich aus meinem Stumpfsinn wach und zwang mich zu einer Entscheidung. Ich stand vor einem Scheideweg. Intuitiv fasste ich den Entschluss, an der Prüfung teilzunehmen. Auf einmal wusste ich ganz genau: Ich wollte nicht für immer eine Bäuerin hier im Kleinen Tal bleiben. Aber der quälende Gedanke an unser ursprüngliches Ziel, unser Ideal und unseren Schwur, unsere Wurzeln in Yan'an zu schlagen, ließ mich nicht los. Wörter wie Opportunismus, Pragmatismus, Verrat, Desertion fraßen sich leise in mich hinein und nagten an meiner Seele.

Am Abend initiierte ich eine Diskussion in der Küche, eine

Diskussion darüber, ob wir an der Prüfung teilnehmen sollten oder nicht. Alle hatten bis jetzt Post aus Peking erhalten und waren über diese offizielle Bekanntmachung informiert. Außer Yang hielten es alle Mitglieder unserer Gruppe für richtig, an der Prüfung teilzunehmen. Wir debattierten, wendeten unsere Argumente hin und her und versuchten, uns selbst zu überzeugen bzw. – bei Licht besehen – uns zu rechtfertigen. Drei Argumente wurden schließlich zusammengefasst:

Erstens: Wissen ist die Grundlage für den Aufbau des Vaterlandes, auch für den Aufbau Yan'ans. Premierminister Zhou Enlai hatte sich schon immer für die Verwirklichung der Vier Modernisierungen[68] eingesetzt. Dass die Tore der Hochschulen nun wieder für alle geöffnet werden sollten, war zweifellos eine neue Linie der Partei. Deshalb sollten wir die Chance auch wahrnehmen. In diesem Punkt waren wir uns alle einig.

Zweitens: Wir sind keine Erretter der armen Bauern, sondern eher eine zusätzliche Belastung. Wir können Yan'an nicht von der Armut befreien. Zu dieser Erkenntnis waren wir erst durch unsere eigene Erfahrung auf dem Land gelangt. Deshalb sollten wir gehen und unsere Fähigkeiten dort einsetzen, wo sie wirklich gebraucht würden. Diese Ansicht, die Anran bereits vor acht Monaten kundgetan hatte, vertraten in erster Linie Tong und Jiayu.

Drittens: Diese Entscheidung ist keineswegs ein Verrat an unserem Ideal. Auch wenn wir gehen, werden unsere Wurzeln in Yan'an liegen, denn durch diese zwei Jahre sind wir bereits so tief mit Yan'an verbunden, dass es für immer in unserem Herzen bleiben wird. Dieses Argument stammte in erster Linie von mir und hörte sich eher wie ein Selbsttrost als ein Argument an.

Keiner von uns sprach davon, dass es uns längst leid war, Hunger zu ertragen und jeden Tag harte, monotone körperliche

---

68 Die Vier Modernisierungen – Modernisierung der Industrie, der Landwirtschaft, der Verteidigung sowie der Wissenschaft und Technik – waren ein wirtschaftliches Reformprogramm, das Zhou Enlai auf der 3. Tagung des Nationalen Volkskongresses 1964 zum ersten Mal angekündigt hatte.

Arbeit verrichten zu müssen. Auch fragte sich keiner von uns, warum Überzeugungen und Ziele, für die wir vor zwei Jahren noch unser Leben zu opfern bereit waren, heute nicht mehr galten. Wir rechtfertigten uns, indem wir uns sagten, wir schlügen doch nur die Richtung ein, die uns die Partei heute weise. Wir waren halbwegs aus unserem Traum erwacht, erlagen jedoch weiterhin unserer Selbsttäuschung.

Der Einzige, der nicht mit uns gemeinsam die neue Richtung einschlagen wollte, war Yang. Aber warum er dies nicht tun wollte, wussten wir nicht. Denn Yang demonstrierte seine Position nicht durch Argumente, sondern dadurch, dass er stillschweigend die Küche verließ, nachdem er all unsere Argumente angehört hatte. Das machte uns sehr traurig.

Feng gab bekannt, dass sie nicht an der Prüfung teilnehmen werde, nicht weil sie dagegen sei, sondern weil sie glaube, die Prüfung nicht bestehen zu können, denn ihre schulischen Leistungen seien nicht besonders gut gewesen, aber sie werde uns unterstützen, versicherte sie. Beiyan hielt unsere Entscheidung für richtig, würde selbst jedoch nicht daran teilnehmen, wie sie mir bereits erzählt hatte.

»Die Strömung der Geschichte bewegt sich vorwärts. Lasst uns Gischt auf den Wogen sein und nicht Sand auf dem Grund, der zurückgelassen wird«, hatte Anran in seinem letzten Brief geschrieben. Ich war jetzt an dem Punkt angelangt, wo ich ihm recht geben musste.

Am Tag gingen wir weiterhin aufs Feld arbeiten. Lernen konnten wir nur abends. Die Herbsternte hatte Vorrang. Changfu hatte eine neue Arbeitsmethode erfunden, nämlich »Arbeit auf eigene Verantwortung«. Das hieß, es wurden kleine Gruppen gebildet, die eine bestimmte Menge Arbeit für eine bestimmte Anzahl von Arbeitspunkten und innerhalb eines bestimmten Zeitraums übernahmen, zum Beispiel, das Getreide auf einem Berg oder mehreren Bergen, je nach der Größe der Fläche, an einem Tag zu ernten. Wenn die Gruppe früher fertig war, durfte sie auch früher nach Hause gehen. Es funktionierte sehr gut und war viel effektiver. Bis jetzt hatten die Bauern des ganzen Dorfs zusammen gearbeitet, und die Tageseinheit (d. h. der ganze Tag: von morgens bis abends) war die Grundlage für die Arbeitspunkte und nicht der Arbeitaufwand. Bei dieser neuen Methode bildete ich mit fünf jungen Leuten eine Gruppe. Es war unglaublich, wie viel Arbeit fünf Leute an einem Tag schaffen konnten! Man arbeitete im Akkord natürlich viel härter, viel schneller. Dafür konnten wir unsere Arbeitszeit individuell bestimmen.

Bis zum Jahresende waren es nur noch knapp zweieinhalb Monate. Jeden Abend schaffte ich kaum eine Seite zu lesen und schlief ein. Inspiriert von den beiden fleißigen Gelehrten und Politikern aus den alten Zeiten Chinas Sun Jing und Su Qin – der Erste verknotete das eigene Haar mit einem an einem Balken befestigten Seil, um sich am Einnicken zu hindern, und der Zweite stach sich mit einer Ahle in den Oberschenkel, um beim Lernen gegen die Müdigkeit zu kämpfen –, versuchte ich, mit Akupunkturnadeln meine Müdigkeit und Stumpfsinnigkeit zu vertreiben. Ich wählte vier Punkte an der linken Hand und am linken Arm, die ich am besten kannte – Hegu, Neiguan, Waiguan, Shousanli –, und den Punkt Taiyang an beiden Schläfen. Trotzdem schlief ich nach der Lektüre von zwei Geschichtsbuchseiten ein und wurde erst wieder wach, wenn Beiyan spätabends zurückkam.

Eine Woche später kam das zweite Paket Schulbücher an: Geschichte der chinesischen Literatur, Chemie, Physik und Erdkunde. »Die Arbeit auf eigene Verantwortung« ging weiter. Sorghum und Sojabohnen wurden geerntet. Die Zeit flog unter der Sichel dahin. Noch nie hatte ich die Zeit als so wertvoll empfunden wie heute.

Die Rettung kam am 30. Oktober. Wir wurden ins Rathaus unserer Volkskommune Hezhuangping einberufen. Der Leiter des »Büros für Angelegenheiten der Jugendlichen aus Peking«

unserer Kommune verlas uns das Dokument des Bildungsministeriums über die Aufnahmeprüfung für Hochschulen. Was die aufs Land geschickten Abiturienten betraf, hieß es, ab dem 1. November dürften diejenigen, die an der Prüfung teilnehmen wollten, entweder nach Hause fahren oder Urlaub nehmen, um sich vorzubereiten. Die Prüfung finde Ende November oder Anfang Dezember statt. Wir waren alle sehr froh, Zeit gewonnen zu haben. Einen Monat Zeit!

Die Stimmung in der Gruppe war angespannt. Yang, der immer noch unser Gruppenleiter und seit einem Jahr auch der stellvertretende Brigadeleiter war, änderte seine Meinung nicht. Wir wussten, dass er in der Schule gute Noten gehabt hatte und die Prüfung bestimmt schaffen würde. Seine Entschlossenheit und seine Kritik an uns zeigte er auf seine Art. Am Abend nach der Einberufung in der Kommune tauchten zwei Karikaturen in der Küche auf. Karikatur eins: Auf dem Damm des Kleinen Tals stehen acht Bäume, an denen ein Transparent hängt: »Unsere Wurzeln in Yan'an schlagen und die Revolution fortführen«. Karikatur zwei: Das Transparent wird von einem Windstoß »Hochschulaufnahmeprüfung« weggeweht. Sechs Bäume sind dadurch entwurzelt und umgefallen. Nur zwei stehen noch dort – offenkundig die von Feng und Yang (denn auch Zhen hatte inzwischen brieflich seine Absicht geäußert, an der Prüfung teilzunehmen).

Wir sahen alle die Karikaturen an der Wand. Keiner gab jedoch einen Kommentar ab oder suchte ein Gespräch mit Yang. In der Küche herrschte bleiernes Schweigen. Die Atmosphäre war bedrückend. Die Gruppe war nun gespalten und das Wirgefühl endgültig gestorben. Ab jetzt würde wohl jeder für sich kämpfen, für seine Chance, für seine Zukunft. Das war sehr schmerzlich, schien jedoch unabwendbar zu sein.

Mit unserer Entscheidung hatten wir unser Ideal zur Utopie erklärt und läuteten die Totenglocke für die Bewegung »Jugendliche mit Schulbildung sollen aufs Land gehen«. An jenem Abend war uns allerdings noch nicht bewusst, dass jetzt die schwere

Stunde zwischen dem Tod des Kollektivs und der Geburt des Individuums angebrochen war. »Ich bewundere Yang. Aber ich will meinen Weg gehen«, notierte ich in mein Tagebuch. Zum ersten Mal seit langer Zeit verwendete ich erste Person Singular – »ich« – als das Subjekt in meinem Tagebuch.

Anfang November kam Zhen überraschend zurück. Er war zwar nicht mehr so offen und unbefangen wie früher, aber ihm ging es einigermaßen gut. Sein Asthma hatte er weitgehend im Griff. Medikamente hatte er mitgebracht. Über den »Vorfall« sprach keiner, als ob Zhen nie vorgehabt hätte, sich umzubringen.

Seit dem 1. November hatte uns Parteisekretär Cheng beurlaubt. Nun blieben wir sechs Leute zu Hause und bereiteten uns auf die Prüfung vor. Yang ging allein aufs Feld arbeiten. Wir sahen uns nur noch selten, tauschten kaum ein Wort aus, geschweige denn differenzierte Gedanken. Keiner kümmerte sich um den Haushalt. Um Zeit zu sparen, bereiteten wir keine richtigen Mahlzeiten zu, sondern aßen fast nur noch gekochte Süßkartoffeln. Mit dreißig Fen – dem Rest eines kleinen Taschengeldes, das mir meine Mutter einmal geschickt hatte – kaufte ich in dem Krämerladen in Wangjiaping drei Pfund Bonbons und verputzte sie mit Jiayu innerhalb von drei Tagen.

Jiayu kam jeden Tag in meine Wohnhöhle. Wir verabredeten uns nicht. Aber irgendwie war es ganz selbstverständlich, dass er mich besuchte. Unsere Beziehung war inzwischen ein offenes Geheimnis geworden. Zusammen machten wir einen Plan: fünf Tage für ein Fach. Im Moment nahmen wir Mathematik durch. Es war eigentlich unmöglich, innerhalb von fünf Tagen das zu wiederholen, was wir in fünf Jahren gelernt hatten, zumal ich von der Anwesenheit Jiayus permanent abgelenkt wurde. Diese ungewöhnliche Nähe – wir mussten die einzige Bank teilen – erzeugte in mir stets eine Art Schwindel, Schwerelosigkeit, ein Kribbeln im Bauch, was meine Aufnahmefähigkeit auf null reduzierte.

Als Chemie an der Reihe war, erreichte die Ablenkung ihren Höhepunkt. Der Stoff war so trocken und unverständlich, dass es mir schwerfiel, mich zu konzentrieren. Irgendwann gegen Mittag merkte ich, dass Jiayus rechte Hand versuchte, meine dicke Winterjacke aufzuknöpfen. Mein Atem stockte. Ich war wie erstarrt und bewegte mich nicht. Da ich viele Schichten anhatte, dauerte es lange, bis seine Hand mein Unterhemd erreichte. Ich schämte mich, war jedoch nicht imstande, mich zu wehren. Dann spürte ich seine kalte Hand auf meiner Brust. Ich stieß einen leisen Schrei aus und fragte:»Was machst du da?« Jiayu sagte nichts und fing an, meine Brüste vorsichtig zu betasten, als erforsche er eine neue Welt. Ich ließ ihn gewähren. Die Schriftzeichen des Chemiebuchs verschwammen und verschwanden schließlich ganz. Ich schloss meine Augen und hatte das Gefühl, zum Himmel emporzuschweben. Die Zeit schien stehen geblieben zu sein. Erst als er versuchte, meinen Gürtel zu lösen, erwachte ich und stoppte ihn. Langsam zog ich seine Hand aus meiner Jacke und sagte:»Wir müssen uns auf das Lernen konzentrieren, sonst schaffen wir die Prüfung nicht.«»Verzeih mir!«, murmelte Jiayu leise und ein wenig verschämt und küsste mich zärtlich auf den Mund.

Mein Verstand sagte mir, ich müsste Jiayu bitten, nicht mehr zu mir zu kommen. Unsere Zukunft hing doch von dieser Prüfung ab. Aber ich tat es nicht. Im Gegenteil, ich wartete jeden Morgen sehnsüchtig auf ihn. Und wenn er dann da war, wartete ich sehnsüchtig darauf, dass er mich streichelte. Das tat er auch, mindestens einmal am Tag. Danach bereute ich, dass wir wieder Zeit verloren hatten. Ich war schockiert, welche Macht das körperliche Verlangen auf das ausüben konnte, was ich Vernunft nannte. Früher hatte ich mich für ein Mädchen mit starkem Willen gehalten. Heute wusste ich nicht mehr, was mit mir los war. Der Kopf wollte die Prüfung schaffen, der Körper sehnte sich nach Liebe. Der eine stand dem anderen im Wege. Der Kopf, der zeitweise zu versagen drohte, musste mit sich und mit dem Körper kämpfen. Jiayu litt genauso darunter. Er erzählte mir, er könne sich nicht konzentrieren, weil er den ganzen Tag an mich denken müsse. Er habe große Angst, die Prüfung nicht bestehen zu können. Ich sagte, dann sollten wir nicht mehr zusammen lernen. Aber er meinte, das wäre noch schlimmer für ihn. Dann könne er gar nicht mehr lernen. Was für ein Dilemma!

Mitte November übernahm Feng, die weiterhin in der Dorfschule unterrichtete, freiwillig den Küchendienst. Sie wollte uns dadurch unterstützen. Seitdem kochte sie jeden Tag drei Mahlzeiten für uns. Wir waren ihr sehr dankbar.

Außer dem Zeitdruck hatten wir mit der Kälte zu kämpfen. Warum müsse die Prüfung ausgerechnet im Winter stattfinden?, klagten wir. Wenn es Sommer wäre, könnten wir draußen lernen; jeder könnte einen ganzen Berg für sich haben, es sich gemütlich machen und so laut lesen, wie er wollte. Aber jetzt mussten sich Zhen, Huai und Tong eine Wohnhöhle teilen und stets gegenseitig Rücksicht nehmen. Außerdem war das Brennholz rar. Wenn wir den ganzen Tag heizen wollten, müssten wir Brennholz suchen gehen. Die Zeit dafür hatten wir aber nicht. So machte ich nur abends den Herd an. Die Jungs heizten fast gar nicht, weil sie zu faul waren und sich sowieso nicht wuschen. Wenn man auf dem Feld arbeitete, war die Kälte noch zu ertragen. Abends kroch man früh auf den Kang. Aber jetzt saß man den ganzen Tag in der dunklen, kalten Wohnhöhle und bewegte sich nicht. Die Kälte biss einem in die Knochen. Ich zog alles an, was ich hatte: drei langärmlige Unterhemden und eine lange Unterhose, zwei Pullover, die wattierte Winterjacke und -hose, obendrauf den dicken Militärpelzmantel und die mit Lammfell gefütterten Militärstiefel – alles dank meiner Eltern. Trotzdem hatte ich Frostbeulen an beiden Händen und Füßen bekommen. Abends juckten sie furchtbar, wenn die Wohnhöhle geheizt wurde.

Es geschahen manchmal Dinge, die mich zutiefst bewegten. Als ich eines Abends aus der Wohnhöhle trat und zum Essen in die Küche gehen wollte, sah ich ein Bündel Brennholz neben der Tür liegen. Auf einmal wurden meine Augen feucht. Ich wusste nicht, wer das da hingelegt hatte. Die Dorfbewohner wussten alle, dass wir die Prüfung machen und das Kleine Tal verlassen würden. Sie zeigten tiefes Verständnis und unterstützten uns moralisch und praktisch. Haolan, die Leiterin der Frauenbrigade, sagte fast jedes Mal, wenn ich an ihrer Wohnhöhle vorbeiging und sie zufällig traf: »Das ist gut, dass ihr studieren geht. Ihr gehört nicht hierher. Wir werden euch zwar vermissen, aber ihr werdet woanders besser gebraucht.« Manchmal fügte sie noch hinzu: »Mädchen, was du tust, ist richtig«, als wollte sie mich trösten. Wenn sie etwas Besonderes kochte, wie Buchweizennudeln oder Fladenbrot aus feinem Weizenmehl, brachte sie Beiyan und mir immer etwas davon in die Wohnhöhle.

Am 25. November kam Hong zurück. Sie hatte Bücher, Bonbons, Zucker, Pekinger Würstchen, für jeden einen Brief von zu Hause und die Nachricht mitgebracht, dass die Prüfung in der Region Yan'an nicht Ende November, sondern am 10. Dezember stattfinden würde. Wir hatten weitere zehn Tage Zeit gewonnen!

Meine Mutter schrieb, ihr Ensemble sei gerade von einer Tournee zurückgekommen. Unterwegs hätten sie den ehemaligen Revolutionsstützpunkt im Jinggang-Gebirge[69] besichtigt. Vater komme wahrscheinlich zum Frühlingsfest nach Hause. Großmutter, Schwester Qun und Cousin Shitou gehe es gut. Sie finde meine Entscheidung richtig und wünsche mir viel Glück bei der Prüfung.

Damals hatte sie meine Entscheidung, nach Yan'an zu gehen, auch für richtig gehalten und mich mit voller Kraft unterstützt. Als Elternvertreterin der Freiwilligen hatte sie eine bewegende

---

69 Das Jinggang-Gebirge befindet sich im Westen der Provinz Jiangxi, war in den Zwanzigerjahren der erste Stützpunkt der KPCh und wird als »Wiege der Revolution« bezeichnet.

Rede auf der großen Abiturientenversammlung Pekings gehalten. Das war jetzt wohl Vergangenheit. China schien im Buch seiner Geschichte eine neue Seite aufgeschlagen zu haben.

Und wir hatten noch vierzehn Tage bis zur Prüfung, die möglicherweise eine Wende in unserem Schicksal einleiten würde.

18. Kapitel

*Wie die Wildgans nach Hause flog, und warum Deutsch meine
Rettung war*

Am 9. Dezember packten wir unsere Zahnbürsten und unsere
Füller in die Taschen und gingen in die Stadt. Laut Mitteilung sollten wir uns im Gästehaus Nummer eins melden. Dort
angekommen, stellten wir fest, dass wir die Letzten waren. Die
meisten waren bereits gestern gekommen oder noch früher. Beide
Gästehäuser waren voll belegt. Daraufhin gingen wir zum »Büro
für Angelegenheiten der Jugendlichen aus Peking«. Die Leiterin
Frau Zhao empfing uns wie immer freundlich und fragte, ob wir
Hunger hätten (das fragte sie jedes Mal), sie würde gern eine Nudelsuppe für uns kochen. Wir lehnten höflich ab und sagten, wir
wollten nicht ihre ganzen Vorräte aufessen. Unser Problem sei,
dass wir keine Bleibe hätten. Sie bat uns zu warten und ging zum
Yan'an-Hotel. Kurz darauf kam sie strahlend zurück. Wir durften
dort umsonst übernachten!

Das Yan'an-Hotel war ein 1965 gebautes, solides, dreigeschossiges Haus im Zentrum der Stadt, direkt am Fuß des Phönix-Berges und gegenüber dem Berg der Pagode. In den letzten zwölf
Jahren hatte es Staatoberhäupter wie Ho Chi Minh aus Vietnam,
Ferdinand Marcos von den Philippinen und Prinz Sihanouk aus
Kambodscha beherbergt, als sie die heiligen Stätten der Revolution besuchten. Auch Premierminister Zhou Enlai hatte hier residiert, als er 1973 mit einer Delegation aus Vietnam in Yan'an
weilte. Es war eine Ehre für uns, hier übernachten zu dürfen.
Hong und ich bekamen ein Zimmer, und die vier Jungs schliefen
in einem anderen. Unser Zimmer hatte zwei Betten, einen
Schreibtisch, einen Stuhl, zwei Sessel und ein Bad mit einer großen weißen Badewanne! Als ich sie sah, schrie ich laut auf, drehte

den Wasserhahn auf und wollte sofort hineinspringen, denn ich hatte seit fast zwei Jahren nicht mehr geduscht. Aber Hong wollte zuerst essen gehen. Da merkte auch ich, dass ich großen Hunger hatte. Wir hatten nicht zu Mittag gegessen. So gingen wir auf die Straße und suchten ein Lokal.

Die Stadt war überfüllt mit Jugendlichen aus Peking verschiedener Jahrgänge, die ihr Glück versuchen wollten, die Hürde vor dem Portal der Hochschulen zu überwinden. Überall sah man bekannte Gesichter. So war es auch nicht verwunderlich, dass wir Anran in der Straße des Zentrums trafen. Er war wie immer allein unterwegs, freute sich, uns zu sehen, und lud uns zum Lammeintopf ein, weil er Geld von seinem Vater zugeschickt bekommen hatte.

Der Lammeintopf ist eine Spezialität dieser Region. Wir bekamen eine deftige Suppe mit Lammfleisch und ein spezielles Fladenbrot, das wir selbst in kleine Stücke brachen und in die Suppe tunkten. Es schmeckte vorzüglich. Wir tauschten Informationen über die Prüfung aus, die wir aus verschiedenen Kanälen erhalten hatten. Anran war zuversichtlich. Diese erste Aufnahmeprüfung für Hochschulen könne nicht allzu schwer sein, die Regierung wolle uns bestimmt eine Chance geben, in die Stadt zurückzukommen, meinte Anran. Er habe sich nicht besonders gut vorbereitet, aber er werde es bestimmt schaffen. Außerdem sei es besser für uns, hier in Yan'an die Prüfung zu machen als in Peking, denn das Niveau der Pekinger Abiturienten sei bekanntlich höher als das der Abiturienten aus der Provinz. In Peking gebe es mehr Konkurrenten um einen Platz. Mit seiner Aussage machte Anran uns Mut und stärkte unser Selbstbewusstsein. Denn wir hatten große Angst, die Prüfung nicht zu bestehen. Anran hatte Literatur als erstes und Musikpädagogik als zweites Wunschfach gewählt, Hong Medizin und ich Literatur als erstes Wunschfach. Da wir beide in der Mittelschule Deutsch als Fremdsprache gelernt hatten, war das für uns das zweite Wunschfach. Wir konnten das Fach wählen, aber nicht die Universität und den Studienort.

Ich fragte nach Ying. Anran erzählte, sie sei nicht mehr zurückgekommen. Angeblich hatte sie eine Fehlgeburt erlitten. Lin Wutong werde bald auch nach Peking zurückkehren. Die beiden würden wahrscheinlich heiraten. Übrigens, alle Mitglieder seiner Gruppe nähmen an der Prüfung teil. Tja, eine Ära der chinesischen Geschichte gehe offensichtlich zu Ende, resümierte Anran nachdenklich. Hong und ich erzählten Anran, was in unserer Gruppe alles passiert war: Tongs Unfall, Zhens Selbstmordversuch, Hongs rätselhafte Hirnhautentzündung, Beiyans geplante Rückkehr nach Peking und Yangs Entschluss, gegen den Strom zu schwimmen.

Als wir mit dem Essen fast fertig waren, kamen Tong, Huai, Zhen und Jiayu herein. Sie wollten sich ebenfalls mit Lammfleisch für den morgigen »Kampf« stärken. Die Stadt war nun mal klein. Und das beste Lammeintopfrestaurant war ebendieses. So setzten sie sich zu uns und bestellten drei Portionen für jeden. Jiayus sofortiger Unmut war nicht zu übersehen, als er Anran mit mir zusammen sah. Er nahm an einer Ecke des Tisches Platz, ganz weit weg von mir, und versuchte, Anran und mich nicht anzusehen. Es gefiel mir gar nicht, dass Jiayu immerzu eifersüchtig war. Um zu protestieren, ignorierte ich ihn und redete noch lebhafter mit Anran. Jiayus Gesicht wurde immer länger und betrübter.

Zurück im Hotel, ließ ich heißes Wasser in die Badewanne einlaufen und stieg hinein. Ich nahm die duftende Seife, seifte mich ab, bis der Schaum über den Rand der Wanne quoll, schrubbte mir drei Schichten Schmutz von der Haut, wechselte viermal das Wasser. Später kam Hong hinzu. Wir schrubbten uns gegenseitig den Rücken. Danach lagen wir im heißen Wasser und genossen es. »Das Paradies kann auch nicht schöner sein als diese Badewanne!«, frohlockte ich. Hong lachte: «Nein, bestimmt nicht!« Irgendwann schliefen wir in der Wanne ein, bis das Wasser kalt wurde. Hong war zuerst wach und weckte mich. Ich schreckte hoch und dachte, wir hätten die Prüfung verpasst. Dann trockneten wir uns ab, kletterten in das schöne, weiche Bett und fühlten uns wie zwei Prinzessinnen.

Es war bestimmt schon nach Mitternacht. Bis zum »Kampfbeginn« waren es nur noch wenige Stunden …

Am nächsten Morgen weckte uns eine Hotelangestellte um sieben Uhr. Nach dem Frühstück begaben wir uns tapfer aufs »Schlachtfeld«.

Die Prüfung fand in der Zweiten Mittelschule statt. Diejenigen, die geisteswissenschaftliche Fächer gewählt hatten, schrieben am ersten Tag jeweils eine Arbeit in Politik, Chinesisch und Mathematik und am zweiten Tag in Geschichte, Erdkunde und Allgemeinwissen. Im Fach Politik war ich schwach, weil wir in der letzten Zeit die *Volkszeitung* nicht gelesen hatten und ich deshalb nicht über die aktuelle politische Lage informiert war. Klassisches Chinesisch war auch nicht meine Stärke, und meinen Aufsatz in diesem Fach fand ich nicht besonders gelungen. Mit der Mathematikarbeit war ich gar nicht erst fertig geworden. Geschichte chaotisch. Wie sollte man sich ohne Schwerpunkte die fünftausendjährige Geschichte Chinas merken? Jiayu und Hong erging es ähnlich.

Ich war mir fast sicher, dass ich den »Prüfungskampf« verloren hatte. Bis auf Anran und Tong hatten alle kein gutes Gefühl. Die Vorbereitungszeit war eben zu kurz gewesen. Außerdem hatte es keinerlei Information über Prüfungsmethode und -inhalte gegeben. Wir fühlten uns wie blinde Katzen, die nach Mäusen jagten. Nun mussten wir auf das Glück setzen, vielleicht doch welche gefangen zu haben.

Aber Hong und ich hatten noch eine letzte Chance – Deutsch. Die Prüfung für Fremdsprachen würde am 3. Januar stattfinden.

Ende Dezember gab Beiyan ihre Rückkehr nach Peking bekannt. Die Dorfbewohner nahmen es stillschweigend hin. Keiner war überrascht. Parteisekretär Cheng sagte mit seinem gewohnten, manchmal ein wenig bitter scheinenden Lächeln: »Es ist höchste Zeit, dass du gehst, Beiyan, zu lange hast du hier bei uns geschuftet.« Eine für ihre scharfe Zunge bekannte Frau versuchte, einen

Scherz zu machen:»Fahre aber rasch nach Hause, Beiyan, sonst findest du keinen Mann mehr.«

Erst jetzt wusste ich, warum Changfu vor einer Woche zum Dammbau nach Yanchuan gegangen war. Es kam vor, dass für bestimme Bauprojekte des Bezirks Arbeitskräfte aus den Volkskommunen geholt wurden. Meistens wurden gute männliche Kräfte für solche Projekte ausgetauscht. Aber Changfus Abschied war ungewöhnlich gewesen. Er verabschiedete sich von jedem von uns einzeln, lange und intensiv. Zu mir kam er, als Beiyan nicht da war. Mit Tränen in den Augen sagte er:»Ich habe in diesen zwei Jahren sehr viel von euch gelernt. Ihr habt viele gute Sachen für das Kleine Tal getan. Das Kleine Tal wird euch Peking-Kinder nie vergessen.«

Ich sagte:»Ich weiß doch noch nicht, ob ich die Prüfung bestanden habe.«

Er erwiderte mit einer solchen festen Überzeugung:»Euer Wissen sollt ihr besser woanders für den Aufbau des Vaterlandes verwenden, das ist viel sinnvoller für euch und für das Land«, als wüsste er bereits unseren Abreisetermin. Dann fügte er ohne einen Hauch von Selbstmitleid hinzu:»Dass ich mein Leben lang hierbleiben muss, ist wohl mein Schicksal. Ich kann nur auf die nächste Generation hoffen. Ich bin sicher, in zwanzig Jahren wird China anders sein.« Bevor er ging, holte er ein Paar bestickte Einlegesohlen hervor und sagte ein wenig verlegen:»Ich wollte euch etwas zum Andenken schenken. Aber ich habe wirklich nichts, was ich als Geschenk bezeichnen könnte. Deshalb dieses Paar Einlegesohlen …, die hat meine Schwester bestickt. Normalerweise schenken Frauen Männern Einlegesohlen, nicht umgekehrt. Aber ich hoffe, du verstehst mich …« Ich musste mich sehr beherrschen, um nicht zu weinen.

Während er das sagte, wanderte sein Blick von der Wand, an der ein kleines Foto von Beiyan und mir hing, zum Kang, auf dem Beiyans Bettzeug ordentlich zusammengelegt lag, und zum Herd, neben dem Beiyans Holztruhe stand, als nähme er Abschied von dieser Wohnhöhle und von der nicht anwesenden Beiyan. Dann wünschte er mir viel Glück für die Zukunft und ging. Ich folgte ihm zur Tür hinaus und fragte:»Du kommst doch bald zurück, nicht wahr? Wie lange gehst du auf den Bau?« »Ich weiß es nicht«, antwortete er und verschwand hinter der Biegung des schmalen Pfades. Er wollte Beiyans Fortgang nicht miterleben, auch nicht unseren Abschied vom Kleinen Tal.

Am zweiten Neujahrstag gingen Hong und ich in die Stadt, um an der Deutschprüfung teilzunehmen. Wir beide waren die einzigen Kandidaten im ganzen Bezirk Yan'an, die Deutsch als Fremdsprache zur Prüfung angegeben hatten. Ein junger Lehrer aus der Fremdsprachenhochschule der Provinzhauptstadt Xi'an war extra unseretwegen nach Yan'an gekommen, um uns zu prüfen.

Am 3. Januar hatten wir die schriftliche Prüfung, bei der ich die meisten Aufgaben mit relativ gutem Gefühl lösen konnte. Die mündliche Prüfung am Tag darauf war mehr ein persönliches Gespräch als eine Prüfung. Es stellte sich heraus, dass dieser junge Lehrer ursprünglich aus Peking stammte. Er wollte wissen, warum ich 1976 noch freiwillig nach Yan'an gekommen war. Wider Willen gab ich unsere Geschichte in gekürzter Form wieder. »Hochachtung!«, sagte er, er sei damals, 1969, nicht freiwillig gekommen. Er habe Glück gehabt, dass er nach drei Jahren Einsatz hier in Yan'an, im Kreis Yulin, als ABS-Student[70] zum Studium

---

70 ABS-Student, Abkürzung für Arbeiter-, Bauern- und Soldatenstudenten. Zu Anfang der Kulturrevolution brach das ganze Bildungssystem zusammen, die Schulen und Universitäten wurden geschlossen. Die Universitäten begannen erst wieder 1970, Studenten aufzunehmen. Da Mao Zedong strikt gegen die Hochschulaufnahmeprüfung war, wurde ein Empfehlungssystem eingeführt. Das heißt, neue Studenten wurden unter Arbeitern, Bauern und Soldaten nach politischen Kriterien von den jeweiligen Fabriken, Dörfern und Armeeeinheiten empfohlen bzw. ausgewählt. Die Bewerber mussten mindestens drei Jahre Arbeiter, Bauer oder Soldat gewesen sein. Die Studiendauer wurde von vier auf zwei oder drei Jahre verkürzt. Von 1970 bis 1976 gab es landesweit 820000 Arbeiter-, Bauern- und Soldatenstudenten, deren Niveau längst nicht dem der Studenten vor der Kulturrevolution entsprach.

empfohlen worden war und an der Fremdsprachenhochschule Xi'an Deutsch hatte studieren können. Im letzten Sommer sei er fertig und gleich Dozent geworden, weil es an Lehrkräften mangelte. Dann stellte er mir ein paar Fragen auf Deutsch, die ich fast alle verstehen konnte. Zum Beispiel, was ich werden möchte. Vor zwei Jahren hätte ich noch ohne Zögern geantwortet: Bäuerin – oder das, was die Partei von mir erwarte. Heute stellte ich entsetzt fest, dass ich keine klare Antwort dafür hatte. Da ich es wirklich nicht wusste und die Wörter für all meine Idealberufe wie Schriftsteller, Wissenschaftler, Arzt, Journalist, Schauspieler und so weiter nicht kannte (als Berufsbezeichnungen kannte ich bis jetzt nur Arbeiter, Bauer, Soldat und Lehrer, aber diese Begriffe hatten mit meinen Traumberufen nichts mehr zu tun), so antwortete ich:»Student.« Das Wort hatte ich erst vor Kurzem gelernt, aber noch nie laut ausgesprochen. Jedenfalls klang es für mein Ohr sehr fremd. Er lächelte freundlich und sagte:»Die Betonung liegt in der zweiten Silbe bei *e*, nicht bei *u*. Also Stud*e*nt, nicht Stu*d*ent.« Dann sollte ich ihm nachsprechen. Auch die Aussprache für die weibliche Form –»Stud*e*ntin« – brachte er mir bei. Also konnte ich jetzt wenigstens das Wort»Student« richtig aussprechen. Nun blieb nur noch zu hoffen, dass es auch Realität werden würde. Als Hong und ich die Zweite Mittelschule von Yan'an verließen, sahen wir uns jedenfalls bereits als Studentinnen das Tor der Fremdsprachenhochschule Xi'an betreten.

Auf dem Weg zum Gästehaus trafen wir wieder auf Anran. Er erzählte uns, er habe die Vorauswahlprüfung für Musikpädagogik der Hochschule der Künste Xi'an bestanden und werde morgen die zweite Prüfung machen und übermorgen die mündliche Prüfung. Er war sich ziemlich sicher, aufgenommen zu werden. Wir gingen zusammen Baozi essen und stießen leise auf unseren ersten Sieg an.

Die Prüfung war vorbei. Wir konnten ab jetzt nichts mehr tun, als auf das Ergebnis zu warten. Alle gingen wieder aufs Feld arbeiten. Wir sprachen nicht über die Prüfung, wenn Yang und Feng dabei waren.

Seit Tagen traten die Dorfbewohner – in erster Linie Frauen – unsere Türschwelle kaputt, um Beiyan etwas zu geben, was sie mit nach Peking nehmen sollte: Hirse, Äpfel, Walnüsse und jede Menge bestickte Einlegesohlen. Beiyan sagte jedes Mal: »So viel Gepäck kann ich nicht tragen.« Aber den Frauen war es egal. So wuchs Beiyans Gepäck von Tag zu Tag und damit auch die Trauer des Abschieds.

Um ein Abschiedsessen für Beiyan zu veranstalten, wurde unser zweites Schwein Anjia geschlachtet. Seit über zwei Monaten hatten wir nicht mehr richtig gekocht. Nun waren alle wieder in der Küche versammelt und bereiteten ein Festessen vor. Wir versuchten, fröhlich zu sein. Aber die Atmosphäre wie beim letzten Frühlingsfest vor einem Jahr war nicht wiederherzustellen. Statt verschiedene komplizierte Gerichte zuzubereiten, kochten wir diesmal einen Riesentopf Schweinegulasch mit Sojasoße und luden einige Familien ein, die Beiyan sehr nahestanden, wie Changfus Mutter, Schwester und Bruder, Haolan und ihren Mann sowie Parteisekretär Cheng und Brigadeleiter Gao. Alle stießen auf Beiyans neuen Anfang im Leben an und wünschten ihr viel Glück. Beiyan konnte ihre Tränen nicht zurückhalten – zum ersten Mal sah ich sie weinen – und bekam keinen Bissen Fleisch herunter. Parteisekretär Cheng schlug vor, morgen eine Dorfvollversammlung einzuberufen, um Abschied von Beiyan zu nehmen. Beiyan lehnte das energisch ab und sagte, sie wolle sich einzeln von den Dorfbewohnern verabschieden.

Später, nachdem alle schlafen gegangen waren, blieben Jiayu und ich in der Küche zurück. Schweigend räumten wir die Küche auf. Weder er noch ich hatten Küchendienst. Aber wir taten es, weil wir ein bisschen allein sein wollten. Was die Prüfung betraf, war Jiayu sehr pessimistisch. Er vermutete, dass er die Prüfung nicht bestanden hatte. Publizistik und Politische Ökonomie hatte er gewählt. Zwei schwierige Fächer. Er wirkte wie ein Luftballon, dessen Luft entwichen war, besonders seit meiner Deutschprüfung. Ich versuchte, so gut ich konnte, ihn zu ermutigen. Aber manchmal fehlten mir die Worte.

Als wir gehen wollten, löschte ich das Licht, trat vor Jiayu hin und nahm seine Hand in die meine. Jiayu blieb steif stehen und rührte sich nicht. Dann sagte er leise: »Wann werden wir voneinander Abschied nehmen?« Ich spürte einen Stich in meinem Herzen und sagte: »Nein, das werden wir niemals tun …«

19. KAPITEL

*Wie ich dem Kleinen Tal den Rücken kehrte, oder warum unser
Ideal an einem Felsen im Kleinen Tal zurückblieb*

Am 1. Februar 1978 erhielt ich meine Zulassung. Überraschenderweise kam sie aus Peking. Ich wurde vom Fachbereich
Deutsch der Zweiten Fremdsprachenhochschule Peking aufgenommen. Ich konnte es nicht fassen, dass ich wirklich studieren
und nach Peking zurückkehren durfte. Ein unbeschreibliches
Gefühl übermannte mich. Und dieses Gefühl wurde noch verstärkt durch Jiayus Traurigkeit. Seit zwei Wochen wussten Jiayu
und Zhen, dass sie die Prüfung nicht bestanden hatten. Zhen
war sofort nach Peking zurückgefahren, um sich auf die nächste
Prüfung vorzubereiten, die in diesem Jahr bereits im Juli stattfinden würde. Jiayu wollte noch auf mich warten. Nun wussten wir
beide, dass unsere gemeinsamen Tage an den Fingern abzuzählen
waren. Inzwischen waren wir unzertrennlich geworden. Ich hatte
endgültig vor der »giftigen Schlange« kapituliert.

Die anderen Kameraden hatten ebenfalls nacheinander ihre
Zulassungen erhalten. Tong war von der renommierten Fudan-
Universität in Shanghai für das Fach Physik aufgenommen worden, und Huai würde Englisch an der Ersten Fremdsprachenhochschule Peking studieren können. Hongs Zulassung kam
unerwartet von der Fremdsprachenhochschule Shanghai. Wir
hatten gehört, dass beim Auswahlverfahren die bedeutenderen
Universitäten in den Großstädten wie Peking und Shanghai berechtigt seien, ihre Studenten zuerst auszuwählen, und zwar
durch die in die verschiedenen Provinzen extra dafür entsandten
Dozenten. Danach erst seien die anderen Universitäten dran. Insofern konnte ich wirklich von Glück sprechen, von einer Pekinger Hochschule ausgewählt worden zu sein.

Zwei Tage später erhielt ich einen Brief von Anran, der bereits nach Peking abgefahren war. Wie erwartet hatte er seine Prüfungen bestanden und war nun von der Hochschule der Künste Xi'an aufgenommen worden. Er bedauerte, dass ihm Peking verwehrt geblieben war, aber seine Freude überwog, überhaupt Musik studieren zu können. Nun würde er bald nach Xi'an zurückkehren müssen.

Jiayu und ich beschlossen, so bald wie möglich nach Peking zurückzufahren, damit er sich auf die nächste Prüfung vorbereiten könnte. Schweren Herzens nahm ich Abschied vom Kleinen Tal und von Yan'an. Wir machten uns noch einmal auf den Weg in die Stadt, bestiegen den Pagodenberg und besuchten zum letzten Mal das Theater und die Gedenkstätten. Auf dem Weg zurück gingen wir ins Dorf Lijiawa, um uns von Gang zu verabschieden. Gang hatte nicht an der Prüfung teilgenommen und dachte noch nicht an Rückkehr. Er war frisch verliebt und lebte jetzt mit seiner Verlobten Mudan aus seinem Dorf zusammen.

Als wir auf dem Weg zurück ins Dorf am Damm vorbeigingen, stach mir wieder die Parole in gigantischen, weißen Schriftzeichen am Felsen neben dem Damm in die Augen: »Wir wollen dem Kleinen Tal einen neuen Himmel bauen«. Ich wusste nicht, wer sie dorthin geschrieben hatte. Sie war schon da gewesen, als wir im Kleinen Tal angekommen waren. Wahrscheinlich war sie ein Credo von Beiyans Kameraden gewesen. Jedenfalls hatte sie auch unseren Enthusiasmus und unser Ideal widergespiegelt, das sich heute jedoch als Traum erwiesen hatte – als kurzer Traum. Nun ließen wir beides – die Parole und den Traum – zurück und schlugen eine neue Richtung im Leben ein. Und diese Parole am Felsen des Kleinen Tals würde wohl als eine Erinnerung an uns zurückbleiben, als die verblassende Erinnerung an eine Generation, an eine Legende, an ein Stück Geschichte.

Ob Jiayu diese Parole wahrnahm, konnte ich an seinem Gesicht nicht erkennen. Darüber sprechen taten wir nicht. In der

Gruppe sprachen wir überhaupt nicht mehr über die Vergangenheit, tauschten unsere Gedanken nicht mehr aus und reflektierten auch nicht mehr über unsere Handlungen. Wir blickten nur in die Zukunft. Ich freute mich, bald nach Peking zurückzukehren und ins Meer des Wissens eintauchen zu können. Dennoch wurde ich zunehmend von einer leisen Wehmut geplagt, je näher der Tag der Abreise rückte. Am Tag vor der Abreise ging ich zum letzten Mal auf die Berge. Am Vormittag trugen wir Mistdünger aufs Feld des Yunpan-Bergs. Am Nachmittag war ich mit Fengjun im Obstgarten und beschnitt Apfelbäume. In der Pause gab ich ihm das Foto von uns beiden vor einem Apfelbaum, das Jiayu mit meiner Kamera aufgenommen hatte und ich im Fotoladen in der Stadt hatte entwickeln lassen. Er betrachtete verwundert das Foto und fragte:»Bleibt unser Abbild für immer auf diesem Papier?« Ich sagte:»Ja.«»Darf ich es behalten?«»Das ist für dich«, antwortete ich.»Das ist aber eine gute Erinnerung«, sagte er lächelnd und steckte sorgfältig das Foto in die Brusttasche seiner verwaschenen blauen Jacke. Dann wollte er wissen, ob ich nach dem Studium das Kleine Tal wieder besuchen kommen würde. Ehe ich antworten konnte, fragte er weiter:»Wie weit ist eigentlich Peking weg? Es ist bestimmt nicht einfach, dahin zu kommen.«Ich erklärte ihm, da die Eisenbahn noch nicht bis Yan'an gebaut sei, müsse man zwei Tage mit dem Bus und einen Tag mit dem Zug fahren. Er sagte, er sei noch nie über den Kreis Zichang hinausgekommen, knappe hundert Kilometer, wohin seine älteste Tochter verheiratet worden sei. In der Provinzhauptstadt Xi'an sei er noch nicht gewesen, und von Peking würde er gar nicht zu träumen wagen.

Vor Feierabend ging er mit mir in die Höhle, in der die Äpfel gelagert waren, und wog fünf Kilo rote Guoguang ab. Ich müsse sie mitnehmen, sagte er, das sei die Sorte, die ich selbst veredelt hätte. Die schreibe er auf seine Rechnung. Tränen kullerten mir aus den Augen …

Fengjun war einer der wenigen Dorfbewohner, denen ich von meiner Abreise erzählt hatte. Am Abend besuchte ich noch Parteisekretär Cheng, Brigadeleiter Gao, Haolan und einige junge Frauen im Dorf und nahm von ihnen Abschied. Es fiel mir sehr schwer, mich von den Leuten des Kleinen Tals zu verabschieden. Vielleicht schämte ich mich auch. Ich kam mir wie ein Deserteur vor. Ich hatte viele gute Gründe für meine Flucht. Trotzdem änderte es nichts daran, dass ich ein Deserteur war.

Hong überließ ich meine gesamte Kleidung, die sie für mich an die Frauen und Mädchen verteilen sollte. Ich hatte so gut wie kein Gepäck, außer diesen fünf Kilo Äpfeln, den zwei Kilo Hirse, die Haolan mir gegeben hatte, einer Zwiebel der Wildblume Shandandan und einer Handvoll Erde von dem höchsten Berg des Kleinen Tals, Yunpanshan – dem »Berg, der in die Wolke ragte«.

In der Morgendämmerung verließen Jiayu und ich in aller Stille das Kleine Tal und begaben uns auf den Weg in die Stadt Yan'an.

Ein Schmetterling schlüpfte aus dem Kokon, breitete die Flügel aus und begann zögernd seinen ersten Flug …

20. Kapitel

Wie eine Shandandan nach Peking verpflanzt wurde,
und warum der Kuhhirte und die Weberin durch die Milchstraße
getrennt wurden

Meine Rückreise nach Peking war im wahrsten Sinne des Wortes eine schmerzliche Reise. Es fing im Bus an. Ich hatte schreckliche Bauchschmerzen, sodass ich beinah zusammengebrochen wäre. Jiayu bat den Fahrer anzuhalten. Ich kroch hinter einen Busch. Danach musste der Bus noch viermal anhalten. Die Mitreisenden waren sehr verständnisvoll.

Im Zug ging es mir nicht besser. Nach einer Wanderung durch alle Waggons war es Jiayu gelungen, zwei Tabletten zu besorgen, die den Durchfall dann tatsächlich stoppten. Ohne Jiayu hätte ich diese Reise wahrscheinlich nicht überstanden. Der Zug war brechend voll. Wir hatten keine Fahrkarten für Schlafwaggons bekommen. Die ganze Zeit saßen wir auf der harten Bank. Ich konnte mich an Jiayus Schulter lehnen und schlafen. Obwohl mir elend war, fühlte ich mich glücklich und geborgen. Denn Jiayu war bei mir. Wir mussten uns nicht mehr verstecken. Wir waren jetzt ein richtiges Paar.

Am ersten Feiertag des Frühlingsfestes kamen Jiayu und ich in Peking an. Am Bahnhof wurden wir von unseren Familien empfangen. Leider war ich so krank, dass auch meine Wiedersehensfreude darunter litt und ich nur bei beschränktem Bewusstsein wahrnahm, endlich wieder Pekinger Boden zu betreten. Zu Hause musste ich sofort schlafen gehen. Ich schlief zwei Tage und zwei Nächte, als holte ich den fehlenden Schlaf der letzten zwei Jahre nach.

Am dritten Tag erwachte ich, und mit mir mein Appetit. Zu Abend holte Mutter zwei Pfund Mantou aus der Kantine. Aber sie reichten nicht, weil ich allein ein Pfund verputzte und immer noch nicht satt war. So musste sie noch ein Pfund Mantou für mich kaufen. Alle saßen besorgt um den Tisch und schauten zu, wie ich ein Mantou nach dem anderen in mich hineinstopfte. »So viel auf einmal macht doch krank«, sagte Mutter kummervoll. »Das ist nur am Anfang so. Die haben doch kein Fett im Magen gehabt. Mach dir keine Sorgen!«, wandte Vater, der anlässlich des Frühlingsfestes auf Heimaturlaub war, beruhigend ein. Und Großmutter, überglücklich über meine Rückkehr, erzählte wieder die alte Geschichte: »Als du klein warst, lief ich immer mit dem Essen hinter dir her. Eine Geschichte – ein Happen.«

Am Abend kam Jiayu mich besuchen. Ich stellte ihn als meinen Kameraden vor. Ich wollte so gern allein mit ihm sein. Aber Vater saß die ganze Zeit bei uns und unterhielt sich mit ihm, als wäre Jiayu sein Gast. Erst als Jiayu sich verabschiedete und ich ihn zum Tor begleitete, konnten wir uns im Schutz der Dunkelheit kurz umarmen und küssen. Er lud mich für den nächsten Tag zu sich nach Hause ein.

Jiayu hatte eine sehr nette Familie: seinen Großvater väterlicherseits, seine Eltern – beide nun aus der 7.-Mai-Kaderschule zurück –, seine Amme und seinen kleinen Bruder. Alle freuten sich über seine vorübergehende Rückkehr und meinen Besuch. Seine Eltern waren ausgesprochen sanfte, gebildete, warmherzige Menschen. Seine Mutter stammte aus Sichuan, war temperamentvoll und gesprächig, während sein aus dem Norden stammender Vater meistens geduldig und ruhig zuhörte. Sein zwölf Jahre jüngerer Bruder besuchte dieselbe Schule wie meine Schwester. Seine Amme aus dem Süden, die ihn und seinen Bruder großgezogen hatte und seit zwanzig Jahren wie ein Familienmitglied bei ihnen lebte, hatte einen ganzen Tisch voll köstlicher Gerichte zubereitet, die ich bei uns zu Hause noch nie gesehen hatte. Meine Eltern stammten aus dem Norden und gehörten seit ihrer Jugend der Armee an, wo sie eine kollektive Versorgung gewohnt waren.

Sie hatten deshalb nie kochen gelernt. Jiaozi, die gefüllten Teig-täschchen, waren die Spezialität meines Vaters – das einzige Ge-richt, das er gut zubereiten konnte. Das hatte er ab und zu am Wochenende gemacht, als er noch zu Hause gewesen war. Aber ansonsten holte Mutter meistens das Essen aus der Kantine des Ensembles.

Jiayus Eltern gratulierten mir zu meinem baldigen Studium in Peking und befragten mich nach meiner Familie und unserem Leben in Yan'an. Sie waren zuversichtlich, dass Jiayu die Prüfung in diesem Jahr schaffen würde. Ich merkte, dass sie mich moch-ten. Ich meinerseits fand sie auch sehr sympathisch.

Als Jiayu mich später nach Hause begleitete, machten wir einen großen Umweg, damit wir etwas länger zusammen sein konnten. Es kam mir vor, als befänden wir uns in einem Traum. Vor sechs Tagen hatten wir noch in der kalten Wohnhöhle des Kleinen Tals geschlafen und waren über die kargen Berge der Lößhochebene gewandert. Heute spazierten wir Hand in Hand auf den hell be-leuchteten Asphaltstraßen Pekings. Immer wenn wir eine dunkle, geschützte Stelle erreichten, blieben wir stehen und küssten uns. Sobald seine glühenden Lippen meine berührten, durchfloss ein warmer Strom meinen ganzen Körper. Jiayu sah schöner aus denn je. Seine Haut duftete. Seine Augen leuchteten wie zwei Sterne am Nachthimmel. Die Liebe betäubte uns und ließ uns unsere Sorgen um Jiayus ungewisse Zukunft und unsere Angst vor der unvermeidbaren Trennung vergessen. An diesem Abend waren wir glücklich.

Ende Februar brachten meine kleine Schwester Qun und ich Mutter und Vater nacheinander zum Bahnhof. Vater kehrte nach Lanzhou zurück. Mutter musste für ein halbes Jahr in die 7.-Mai-Kaderschule der Luftwaffe am Mudan-Fluss in der nordöstli-chen Provinz Heilongjiang gehen. Seit Anfang der Siebzigerjahre wurden die Ensemblemitglieder zur politischen Umerziehung und Stählung durch körperliche Arbeit nacheinander dorthin geschickt. Nun war meine Mutter an der Reihe. Die ganze Last zu Hause ruhte nun wieder auf meinen Schultern.

Vor der Abreise führte Vater ein ernstes Gespräch mit mir, in dem er mich mahnte, mich nicht voreilig in die Liebe zu stürzen. Er meinte, Jiayu sei ein liebenswürdiger Junge. Aber ich solle mich hundertprozentig auf das Studium konzentrieren. Wir seien noch zu jung. Die Liebe würde uns ablenken. Mutter hatte vor ihrer Abreise auch Ähnliches angedeutet. Ich versuchte nicht, ihnen meine Liebe zu erklären. Ich verstand nicht, warum meine Eltern nicht begreifen konnten, dass man Gefühle nicht steuern und gegen das Verliebtsein nichts tun kann.

Anran kam mich eines Vormittags nach der Abreise meiner Eltern unerwartet besuchen. Er wollte sich von mir verabschieden. Am Tag darauf würde er zu seiner Hochschule nach Xi'an zurückfahren. Er aß mit uns zu Mittag und blieb den ganzen Nachmittag bei mir. Wir tauschten unsere Erfahrungen der letzten zwei Jahren in Yan'an aus und unterhielten uns über die Zukunft. Anran vertraute mir seinen größten Traum an: Er wollte Komponist werden und eines Tages nach Peking zurückkommen.

Kurz bevor er ging, fragte Anran nach meiner Beziehung zu Jiayu. Ich gab zu, in Jiayu verliebt zu sein. Allerdings wüssten wir nicht, was in Zukunft mit uns werden würde, fügte ich hinzu. Vielleicht wollte ich dadurch mein Eingeständnis abschwächen, um ihm nicht zu sehr wehzutun. Vielleicht meinte ich es auch wirklich. Schweigend schaute Anran mich lange an. In seinen großen Augen las ich Enttäuschung und eine unendliche Traurigkeit, die mein Herz berührten. Aber ich fand kein Wort, um ihn zu trösten. Ich empfand ein tiefes Schuldgefühl, wie ich es jedes Mal empfand, wenn ich ihn sah. Nur diesmal war es noch viel stärker. Die Tatsache, dass ich nach Peking zurückkehren konnte und mich auf eine Beziehung mit Jiayu eingelassen hatte, war Anran gegenüber in meinen Augen einem Vergehen gleich, einem Vergehen, das ich nicht mehr rückgängig machen konnte und wollte. Es blieb mir nichts anderes übrig, als mit diesem Schuldgefühl zu leben und die Tatsache hinzunehmen, Anran zu enttäuschen, obwohl ich mich ihm zutiefst verbunden fühlte. Wir saßen noch eine Weile still da. Ich senkte meinen Kopf, weil ich seinem Blick nicht standhalten konnte. Anran stand auf, sagte:»Ich wünsche dir, dass du glücklich bist«, und ging. In der Tür drehte er sich noch einmal um, holte eine Zeitschrift aus seiner Umhängetasche und drückte sie mir in die Hand. In diesem Moment konnte ich sagen:»Lebe wohl, Anran! Schreib mir!«

Es war die neueste Ausgabe der Literaturzeitschrift *Die Ernte,* die eine Novelle unter Anrans Namen enthielt. Sie trug den Titel:»Briefe aus dem Herzen des Lößplateaus«. In einem Atemzug las ich sie durch. Was für eine tragische Liebesgeschichte!

Unter den Hunderttausenden Jugendlichen, die Anfang 1969, dem Aufruf des Vorsitzenden Mao folgend, zum Einsatz nach Yan'an gingen, befand sich ein sechzehnjähriger Junge namens Qingqing. Sein Vater war General und hatte einst am Langen Marsch der Roten Armee teilgenommen. In der Kulturrevolution wurde er als Konterrevolutionär diffamiert, öffentlich verurteilt und ins Gefängnis geworfen. Um zu zeigen, dass er Vorsitzendem Mao und der Revolution treu war und sich ideologisch deutlich von seinem Vater distanzierte, lehnte Qingqing alle Chancen einer Rückkehr in die Stadt ab und blieb acht Jahre lang in einem der entlegensten Dörfer des Lößplateaus. Aus diesem Dorf schrieb er Hunderte von Briefen an eine ehemalige Schulkameradin, in die er heimlich verliebt war. Was Qingqing nicht wusste, war, dass dieses Mädchen diejenige Rotgardistin gewesen war, die seinen Vater zu Anfang der Kulturrevolution gefoltert hatte. Die Liebe zu ihr und die Hoffnung, sie wiederzusehen, waren die einzige seelische Stütze, die ihm all die Jahre Kraft gab. Er schickte diese Briefe jedoch nie ab, weil er die Anschrift des Mädchens nicht hatte und auch nicht wusste, wo sie sich in all den Jahren aufhielt. Kurz bevor ihn die Nachricht erreichte, dass sein Vater rehabilitiert worden war und er nach

Peking zurückkehren durfte, starb er bei einem Unfall. Sein Vater fand die Briefe in Qingqings Nachlass und begab sich auf die Suche nach der Empfängerin, um sie ihr zu übergeben.

Ungekünstelte Sprache, klare Struktur, meisterhaft erzählte Geschichte. Ein gelungenes Debüt. Ich bewunderte Anran von ganzem Herzen. Er hatte das zweijährige harte Leben in Yan'an zu einem Kunstwerk verdichtet. Im Vergleich zu ihm schämte ich mich zutiefst. Ich hatte nichts vollbracht.

Es war nicht zu leugnen, dass Anrans Talent, der Reichtum seines Geistes und sein Charme eine starke Anziehungskraft auf mich ausübten. Wenn wir zusammen waren, konnten wir stundenlang reden, ohne dass es uns langweilig wurde. Seine Gedanken glichen einem reißenden Fluss, der sich immerwährend fortbewegte, nie zu versiegen drohte und mich in seinen Bann zog. Das war das, was ich manchmal bei Jiayu vermisste. Oder versagte etwa die Sprache, wenn man verliebt war?

Anran glich jetzt in meinen Augen einem Stern: hell, glänzend, unerreichbar. Wenn ich es mir genauer überlegte, war ich es selbst, die ihn in einen Stern verwandelt hatte.

Anfang März begann mein neues Leben. Ich pflanzte die mitgebrachte Shandandanzwiebel auf dem Blumenbeet vor dem Fenster unseres großen Zimmers ein, nahm das von Großmutter neu genähte Bettzeug und eine Waschschüssel und quartierte mich im Studentenwohnheim auf dem Campus ein. Ich wurde eine der neunundzwanzig Studentinnen und Studenten des Fachbereichs Deutsch der Fakultät Osteuropa der Zweiten Fremdsprachenhochschule Peking und eine der sechs Zimmergenossinnen, die aus Peking und zwei anderen Provinzen stammten.

In der Woche, in der ich mich voller Elan dem Deutschstudium widmete und Jiayu für seine Prüfung hart arbeitete, schrieben wir uns Briefe. Am Wochenende sahen wir uns. Meistens fuhr ich vom Campus direkt zu ihm in die zweite Wohnung seiner Familie, in der sich sein kleines Zimmer befand. Dort warfen wir uns in die Arme und tankten unseren Körper mit Liebe. Das hieß, wir küssten und streichelten uns. Wir kamen nicht auf die Idee, miteinander zu schlafen. Ich weiß nicht, warum wir es nicht taten. Vielleicht aus dem moralischen Grund, weil wir nicht verheiratet waren. Noch wahrscheinlicher, weil wir mit unseren Körpern nichts anfangen konnten. Meine ganze sexuelle Erkenntnis basierte auf den einzelnen Beschreibungen des Liebesaktes in den Klassikern der Weltliteratur, die ich als Teenager gelesen hatte, die jedoch keinesfalls pornographisch war. So blieben wir beim Kuscheln und erkundeten vorsichtig tastend lediglich Teile unserer Körper. Dass Jiayu ekstatisch wurde, wenn ich sein Geschlechtsteil streichelte, und dass als Ergebnis eine Flüssigkeit aus seinem Körper strömte, entdeckte ich durch reinen Zufall. Denn beim Liebkosen sprachen wir nie. Wir verständigten uns ausschließlich durch Körpersprache. Vielleicht wusste Jiayu mehr über die Sexualität als ich. Aber er dachte nicht daran, mich aufzuklären.

Sonntags kam er gewöhnlich zu mir, half mir im Haushalt und Qun und Shitou bei ihren Hausaufgaben. Im April setzte sich Vater zum ersten Mal in seinem Leben auf ein Pferd, fiel prompt aus dem Sattel, brach sich ein Fußgelenk und wurde daraufhin nach Peking zurückgebracht. Eine Woche später erlitt Großmutter einen Schlaganfall. Selbst in dieser Situation durfte Mutter ihren Aufenthalt in der Kaderschule nicht unterbrechen. Es war eine sehr schwierige Zeit für mich und meine ganze Familie. In der Woche musste ich auf dem Campus bleiben. Qun und Shitou waren jetzt erst elf und vierzehn Jahre alt und mussten schon die ganze Verantwortung für sich selbst übernehmen und sich auch noch um unseren nun bettlägerigen Vater und die kranke Großmutter kümmern. Deshalb freuten sich Qun und Shitou sehr, wenn ich am Wochenende nach Hause kam. Jiayu war eine zusätzliche Freude für die beiden. Und er spendete mir viel Trost und Kraft. In dieser Zeit erzählte ich ihm die Geschichte meines Vaters – eine immer noch schmerzende Narbe in meinem Herzen, die ich bis jetzt allen Freunden und Bekannten strengstens verschwiegen hatte. Ich erzählte ihm auch die andere Tragödie meiner Familie um den Tod meines Onkels. Dadurch kamen wir uns noch näher. Er wurde mir so vertraut wie niemand sonst.

Eines Tages fragte Jiayu, ob ich bereit wäre, ihn zum glücklichsten Menschen der Welt zu machen. Ich wusste, was er meinte. Aber ich zögerte, warum auch immer. Jiayu senkte seinen Blick und sagte: »Wenn du mich fragen würdest, würde ich sofort mit Ja antworten. Aber du nicht. Das ist der Unterschied zwischen uns beiden.« Diese Erkenntnis machte mich traurig. Aber ich wusste wirklich nicht, was in mir vorging. Ich konnte nicht erklären, warum ich ihm keine Antwort geben wollte, obwohl ich ihn doch sehr liebte.

Im Mai, bevor Jiayu für die Prüfung ins Kleine Tal zurückkehren musste, machten wir einen Ausflug zum Park des Duftenden Bergs. Der Duftende Berg, über fünfhundert Meter hoch, ist die höchste Erhebung des fünfundzwanzig Kilometer nordwestlich von Peking gelegenen, meist vom Nebel umhüllten Westgebirges. Trotz zahlreicher Tempel, Pavillons und künstlich angelegter Seen, die die Kaiser verschiedener Dynastien im Lauf der Jahrhunderte hatten bauen lassen, ist der Duftende Berg eine naturbelassene, wunderschöne Berglandschaft. Er ist bekannt für seine zahlreichen Ahornbäume, die im Herbst den Berg rot färben und somit eine besondere Attraktion für alle Pekinger und Touristen sind.

Für mich wurde der Duftende Berg an diesem Tag zum »Berg der Liebe«. Jeder Baum und jeder Stein verströmte eine Romantik, die mein Herz erquickte, meine Sinne stimulierte und meinen Geist inspirierte. Der »Brillensee« verwandelte sich in eine traumhafte Quelle, die mir ein zartes Versprechen unversiegbarer Liebe zuraunte. Aus dem 1780 erbauten »Tempel des Lichts« wurde ein geheimer Ort, in dem wir durch das Fühlen des Pulsschlags und das Einander-in-die-Augen-Schauen unsere Verliebtheit austauschten. Der vierhundert Jahre alte »Pavillon der Selbstprüfung« lud zu einem Rendezvous ein, bei dem wir stundenlang eng umschlungen saßen und uns unseren Träumereien hingaben.

Als wir den Gipfel des Duftenden Berges bestiegen, bot sich unseren Augen ein fantastisches Panorama: üppige smaragdgrüne Berge wie ein Meer, das einen zum Eintauchen einlädt; fruchtbare Felder in der Ferne wie ein Märchenland, in das man gern fliegen würde; und der azurblaue Himmel wie ein riesiges Seidentuch, in das wir Liebenden uns einhüllen wollten. Das war das Paradies – unser Paradies! Der karge Berg Yunpanshan im Kleinen Tal schien in eine ewige Vergangenheit gerückt zu sein. Jiayus bevorstehende Prüfung und mein gerade begonnenes Studium waren nur noch vage, unbegreifliche Phänomene. In diesem »Paradies« existierten nur wir und existierten wir nur jetzt. Der duftende Frühlingswind blies kräftig in mein Haar und in meine Bluse, sodass ich plötzlich Angst bekam, ich könnte hinunterfallen, und mich an Jiayus warmer Hand festhalten musste. Überwältigt von der Schönheit der Natur und trunken vor Liebe gaben wir uns einen langen Kuss …

Am 22. Mai 1978 musste Jiayu nach Yan'an zurückfahren, an einem Montag. Wegen meiner Anwesenheitspflicht in der Universität würde ich ihn nicht zum Bahnhof begleiten können. Am Abend zuvor verbrachten wir unsere letzten Stunden.

Als wir uns an diesem Sonntagabend trafen, schickten sich dunkle Wolken gerade an, den Himmel zu bedecken. Jiayu begleitete mich zum Bus, der mich nach dem Wochenende zu Hause wieder zum Campus im östlichen Vorort Dingfuzhuang zurückbringen sollte. Aber ich stieg nicht ein. Ohne ein Wort zu wechseln, gingen wir weiter, gen Osten. Blitze zerrissen den Nachthimmel. Donner rollten über die Frühlingserde hinweg. Große Regentropfen fielen auf unsere Köpfe, unsere Gesichter, unsere

Körper. Wir stellten uns unter dem Vordach eines Kaufhauseingangs unter. Als der Regen nachließ, setzten wir unseren Spaziergang fort. Ziellos gingen wir die Straße entlang. Keiner von uns sprach davon, dass es Zeit war, Lebewohl zu sagen. Wie gern würde ich diese Nacht mit Jiayu verbringen! Seine Wärme noch einmal fühlen, seinen Duft noch einmal einatmen, seine Haut noch einmal berühren. Denn in ein paar Stunden würde er in einen Zug einsteigen, der ihn Hunderte von Kilometern von mir wegbringen würde. Wir beide würden dann wie der Kuhhirte und die Weberin durch die Milchstraße voneinander getrennt sein. Wenn ich nächstes Wochenende nach Hause fahren würde, würde ich nicht mehr den Umweg machen, um ihn in der kleinen Wohnung zu besuchen, weil er nicht mehr da sein würde. China ist so groß. Peking ist so groß. Aber es gab keinen Platz für uns, wo wir eine Nacht zusammen hätten verbringen können. Es gab noch so viel zu sagen. Aber keiner von uns vermochte den Mund aufzumachen.

Wir wussten nicht, wie lange diese Trennung dauern würde. Unsere Zukunft war sehr ungewiss. Denn Jiayu war sich nicht sicher, ob er die Aufnahmeprüfung bestehen oder gar in Peking studieren würde, sollte er es schaffen. Er hatte für diese zweite Aufnahmeprüfung Englisch als erstes Wunschfach gewählt, in der Hoffnung, von einer Fremdsprachenhochschule Pekings aufgenommen zu werden. Wir durften lediglich das Studienfach wählen, nicht aber die Universität und den Studienort. Viele unserer Yan'aner Kameraden hatten einen Studienplatz an einer der Universitäten in der Provinzhauptstadt Xi'an bekommen und wussten nicht, wann und ob sie je wieder nach Peking zurückkehren konnten, weil wir den Wohnort auch nicht selbst bestimmen durften und uns eine Arbeitsstelle später nur vom Staat zugewiesen werden würde. Diese Ungewissheit lastete schwer auf unseren Herzen. Und die Trennung heute Abend war die erste für uns beide junge Verliebte.

Der Kuhhirte und die Weberin schienen nicht ausgeweint zu

haben. Es fing erneut an zu gießen, und zwar so, als ob der Regengott den Himmel öffnete und die Tränen der beiden herunterschüttete. Unter dem Vordach einer Fabrikmauer hielten wir uns eng umschlungen. Jiayu strich mir die nassen Haare aus dem Gesicht und drückte unzählige heiße Küsse auf meine Lippen. Ich wusste nicht, wie lange wir da standen. Als ich meine Augen wieder öffnete, sah ich erstaunt den großen, weißen Vollmond, der sein kühles Licht auf uns hinabwarf.

Unter diesem märchenhaften Mondschein hielt Jiayu mit beiden Händen mein Gesicht und sagte:»Cui, ich liebe dich!«

Seine Augen, in denen Tränen wie Diamanten glitzerten, schienen mich abzulichten und für immer in seinem Herzen zu speichern. Drei Worte. Es war das erste Mal, dass er sie aussprach. Es war das erste Mal, dass ich sie in meinem einundzwanzigjährigen Leben hörte. Drei Worte, die alles Unsagbare sagten.

Und ich erwiderte mit zitternder Stimme:»Ich liebe dich auch, Jiayu!«

Es war der glücklichste Moment meines Lebens – und der schmerzlichste, weil uns keine Zeit mehr blieb …

Wir hatten nicht gemerkt, wann wir die Straße, die zum östlichen Vorort führte, schon erreicht hatten und rechts von uns ein weites Feld aufgetaucht war. Dunkle Regenwolken hatten sich gänzlich aufgelöst. Zum Vorschein kam der klare, dunkelblaue Nachthimmel mit unzähligen funkelnden Sternen. Der Vollmond schien heute Nacht so weiß und edel wie eine riesige Jadescheibe.

Wie sehr ich mir wünschte, dass die Zeit heute Nacht stehen bliebe! Aber sie zerrann zwischen unseren ineinander verschlungenen Fingern und verging mit unseren zurückgelegten Schritten. Als wir die nächste Bushaltestelle erreichten, war es kurz vor Mitternacht. Wir blieben stehen, weil wir wussten, bald würde der letzte Bus kommen. Die letzte Umarmung, der letzte Kuss, das letzte Händeschütteln …

Noch einmal sahen wir uns in die Augen.»Vergiss mich

nicht!«, sagten seine liebevollen, traurigen Augen. »Nein, das werde ich nicht!«, antworteten meine, die von Tränen verschleiert waren.

Dann kam er, der rot-weiße 342er, dessen beide grelle Scheinwerfer gnadenlos in das intime Schwarz der Nacht stachen. Er brach brutal in die Stille ein, hielt abrupt vor uns an, öffnete ungeduldig seine Türen, schluckte mich erbarmungslos hinein und rumpelte eilends wieder davon. Zurück in der dunklen Nacht blieb Jiayu, mein Geliebter ...

Ich sah seine sich rasch entfernende Gestalt und schrie im Inneren: »Warum bleibe ich nicht bei ihm? Warum?« Aber der Bus trug mich fort, immer weiter in die dunkle Nacht hinein, immer weiter von ihm entfernt, immer weiter in die ungewisse Zukunft ...

DIE ASCHE

Als Vater am Abend des 22. Juni 1989 mit einer großen Wassermelone das Wohnzimmer betrat und mich auf dem Sofa sitzen sah, sagte er lediglich:»Oh, Cui, du bist zurück? Ist deine Schwester nicht mitgekommen?«, so als ob ich eben von der Arbeit nach Hause gekommen wäre und nicht aus dem fernen Deutschland. Vater zeigte ungern Emotionen.

»Qun hat keine Ferien. Ich bin ein freier Mensch, wie du weißt.«

Vater fragte nicht nach dem Grund meines überraschenden Besuchs.

Ich war dank eines Stipendiums der Friedrich-Naumann-Stiftung 1984 nach Deutschland gekommen und hatte ein halbes Jahr zuvor mein Germanistikstudium an der Freien Universität Berlin abgeschlossen. Meine Schwester hatte gleich nach dem Abitur studieren können. 1987 war sie mit meiner Hilfe ebenfalls nach Berlin gekommen, wo sie das Fach Musical an der Hochschule der Künste belegte.

Vater setzte sich zu mir. Er sah müde und abgemagert aus. Ich fragte, ob er krank sei.

»Krank bin ich nicht, nein. Da ist was anderes …« Er zögerte.

»Was?«, fragte ich.

»Mein Körper ist nicht krank, aber mein Herz …«, sprach er leise und ernst. »Cui, wie gut, dass du zurückgekommen bist. Du bist heute eine intelligente, kluge, erwachsene Frau. Ich denke, Papa kann dir alles anvertrauen. Du wirst mich verstehen. Seit Tagen will ich mit jemandem darüber reden. Es bedrückt mich zu sehr. An diesem Abend – du weißt schon, an welchem – sind deine Mutter und ich nicht ausgegangen. Aber wir haben gehört, dass sie wirklich geschossen haben, auf das eigene Volk, auf die

Studenten, auf die schutzlosen Menschen. Panzer sollen durch die Stadt und über den Platz des Himmlischen Friedens gerollt sein. Als wir Großmutters Leiche ins Krankenhaus brachten, haben wir Verletzte gesehen mit Schusswunden. Im Krematorium herrschte großes Durcheinander. Wir mussten den Leuten dort heimlich Geld in die Hand drücken, damit wir überhaupt drankamen. In der Zeitung steht, dass ein konterrevolutionärer Aufruhr niedergeschlagen worden sei. Die Toten seien gewalttätige Aufrührer gewesen, die die Soldaten angegriffen hätten. Ich kann das alles nicht fassen. Was hast du in Deutschland gehört?«

Ich erzählte Vater alles, was ich während der letzten zwei Monate im Fernsehen gesehen und in den Zeitungen gelesen hatte. Ich erzähle von meinen Videoaufnahmen und Zeitungsausschnitten, von den schockierenden Bildern, den zerquetschten Fahrrädern. Ich erzähle von der Tonaufnahme, die die Studentenführerin Chai Ling auf ihrer Flucht den westlichen Medien übergeben hatte.[71] Ich erzähle auch von dem jungen Mann in weißem Hemd und blauer Hose, der sich einem Panzerkonvoi in den Weg stellte. Vater hörte schweigend zu, seine Miene verfinsterte sich zunehmend. Ab und zu öffnete er den Mund, als ob er etwas sagen wollte, aber er blieb stumm. Stumm und versteinert.

»Tochter«, sagte er, als ich mit meiner Erzählung fertig war, »dreiunddreißig Jahre lang hat dein Vater der Volksbefreiungsarmee angehört. Dreiunddreißig Jahre lang ist er stolz darauf gewesen, ein Mitglied dieser Armee zu sein, einer Armee, die dem Volk dient, die das Volk beschützt und die dem Volk so viel bedeutet wie das Wasser den Fischen. Heute schäme ich mich

---

71 Die Studentenanführerin Chai Ling (geb. 1966) nahm am 8. Juni 1989 auf ihrer Flucht eine 35-minütige Ansprache auf, die zwei Tage später nach Hongkong gelangte und im Fernsehen gesendet wurde. Darin behauptete sie, Panzer der Volksbefreiungsarmee seien über die schlafenden Studenten gerollt, was später von anderen Augenzeugen und der offiziellen Darstellung widerlegt wurde. Ihre Rolle bei der Studentenbewegung war und ist umstritten. Chai Ling lebt heute in den USA und ist mit einem Amerikaner verheiratet. 2009 ist sie zum Christentum konvertiert.

für diese Armee.« Und dann standen ihm die Tränen in den Augen.

Seit mein Vater mit achtzehn Jahren sein Leben in den Dienst der Revolution gestellt hatte, hatte er keine Sekunde an der Richtigkeit der Partei, an den Ideen des Vorsitzenden Mao, an dem Ideal des Kommunismus gezweifelt. In den Jahren der großen Hungersnot glaubte er wie damals alle unsere Landsleute, schuld an diesem Unheil seien schwere Naturkatastrophen und die Sowjetunion, die ihre Hilfe mit einem Mal zurückgezogen hatte. Nach der Kulturrevolution war es die Viererbande, die er für alle Verbrechen verantwortlich machte. Die Kommunistische Partei war für ihn die große, ruhmreiche Partei, die einzige auf der Welt, die für das Wohl des Volkes kämpfte. Als sie ihn dann ausschloss, war er fest davon überzeugt, dass die Partei recht hatte und er die Strafe verdiente. Er glaubte erkannt zu haben, dass er ein kleinbürgerlicher Intellektueller geblieben war und die Kriterien eines wahren Revolutionärs noch längst nicht erfüllte. Er schwor sich, in seinem Inneren eine Revolution gegen sich selbst zu entfachen und ein neuer Mensch zu werden. In den sieben Jahren, die er nach Lanzhou verbannt war, hatte er sechsundfünfzig Anträge geschrieben und die Partei um Wiederaufnahme gebeten.

»Jeden Tag habe ich Selbstkritik geübt und über meine Verfehlungen nachgedacht. Meine Reue hat mich Tag und Nacht gequält. Und als die Partei 1981 beschloss, mich wieder aufzunehmen, habe ich geweint. Dein Vater hat im Leben noch nie geweint. Aber an diesem Tag tat er es.« Jetzt weinte er wieder. Es war das erste Mal, dass ich meinen Vater so heftig weinen sah.

1982 hatte ihn die Partei aus der Armee entlassen und ihm eine Stelle in einer Servicefirma des Chaoyang-Bezirks im Nordosten Pekings zugeteilt, einer dem Bezirksamt untergeordneten Firma für die Verwaltung der Gastronomie und Bäder. Er war glücklich, nach Peking zurückkehren zu dürfen.

»Ja, ich war glücklich, Cui. Das erste Glück meines Lebens war, 1949 in die Armee eingetreten zu sein. Denn hätte ich das nicht getan, hätte ich eure Mutter nie kennengelernt. Mein zweites Glück war, dass ich nach Peking, das heißt zu euch, zurückkehren durfte. Und wem hatte ich das zu verdanken? Der Partei. Ich war dankbar, dass die Partei mir eine zweite Chance gab, damit ich mich verbessern konnte, und dass sie so großzügig war zu erlauben, dass unsere Familie wieder zusammengeführt werden konnte. Natürlich wäre ich lieber wieder ans Theater zurückgekehrt. Aber wir sind revolutionäre Schrauben, dachte ich, und die Partei braucht dich nun woanders.«

Innerhalb kürzester Zeit hatte sich mein Vater in die Servicebranche eingearbeitet, obwohl es für ihn ein völlig neues Gebiet war. Nach der wirtschaftlichen Öffnung suchte er dann neue Herausforderungen und übernahm ein Restaurant. Er nannte es nach dem berühmten Klassiker *Traum der Roten Kammer* und krempelte alles um. Das Restaurant wurde ein Riesenerfolg und zwei Jahre hintereinander als das beste Restaurant des Bezirks ausgezeichnet.

Nach dem 4. Juni war mein Vater suspendiert worden. Begründung: Das Restaurant habe während der Studentenbewegung unter seiner Anweisung Essen und Getränke zum Platz des Himmlischen Friedens geliefert. Außerdem habe er Plakate für eine Demonstration seiner Einheit geschrieben.

»Seit dem 4. Juni muss sich jeder einer Untersuchung durch die Partei unterziehen.« Vater rang um Fassung und sprach weiter. »Die Leute sollen sich gegenseitig anzeigen und diejenigen benennen, die an der Bewegung teilgenommen haben. Dafür wurden sogar Hotlines eingerichtet. Alle, die dabei waren, müssen in schriftlicher Form Selbstkritik üben und sich von den Ideen der Studentenbewegung distanzieren. Aber es sind doch Studenten, keine Staatsfeinde! Auf ihren Schultern ruht doch Chinas Hoffnung! Wie soll ich die Welt noch verstehen?«

Der 4. Juni 1989 war zweifellos ein Wendepunkt im Leben meines Vaters. An diesem Tag war sein Glaube an den Kommunismus zerbrochen.

Vater rückte näher zu mir und sprach fast flüsternd: »Wenn man mit neunundfünfzig Jahren feststellt, dass das, wofür man gelebt und gekämpft hat, eigentlich keine Wahrheit ist – das tut weh, das tut sehr weh. Aber ich will nicht klagen. Du kennst das Sprichwort, das lautet: Den Sohn kümmert es nicht, ob die Mutter hässlich ist; den Hund kümmert es nicht, ob die Familie arm ist. Wir lieben unsere Mutter, die Partei, aber mein Herz tut sehr weh, weil ich heute weiß, dass die Mutter uns belogen hat.«

In diesem Augenblick kam Shitou herein und rief überrascht: »Jiejie, wieso bist du zurück?!«

Shitou war jetzt fast zwei Köpfe größer als ich und redete mich immer noch mit »Jiejie« – große Schwester – an. Vater stand auf und wandte sein Gesicht zum Fenster, um vor Shitou seine Gemütsaufwallung zu verbergen. Er sagte, es sei zu heiß, er wolle sich ein wenig frisch machen, und ging aus dem Zimmer.

Shitou war ein stattlicher junger Mann geworden, der seinem Vater, meinem geliebten Onkel, zum Verwechseln ähnlich sah. Nach seiner Ausbildung zum Lokomotivführer arbeitete er heute als Güterzugführer beim Eisenbahnamt Peking und machte nebenher ein Fernstudium für Rechnungswesen. Er wohnte immer noch bei meinen Eltern. Jetzt freute er sich unendlich über das unerwartete Wiedersehen. Ich sagte, ich hätte ihm etwas mitgebracht, und holte ein T-Shirt, ein Hemd und eine Hose aus dem Koffer.

»Schau, gefällt dir das T-Shirt? Ich bin mir nicht sicher, ob die Hose dir passt. Probier sie mal an! Du scheinst mir wieder ein Stück gewachsen zu sein.« Ich sprach in einem betont lockeren Ton, so als ob wir noch Kinder wären.

Shitou probierte brav das T-Shirt mit einem Berliner Bären darauf und das hellblau gestreifte Hemd an und sagte: »Die passen, die passen, danke, Jiejie! Die Hose müsste auch passen«, indem er den Hosenbund in die Hand nahm und an die Taille hielt.

Mutter kam mit zwei Tellern in der Hand ins Zimmer und bat Shitou, den Tisch zu decken. Shitou stellte den Klapptisch in die

Mitte des Zimmers, holte aus der Küche vier Schalen und Stäbchen und zwei Stühle aus dem zweiten Zimmer. Mutter hatte wunderbar gekocht: Rühreier mit Tomaten, Tofusalat mit Schnittlauch, gebratenen Chinalattich mit chinesischen Morcheln und geschnetzeltem Fleisch und eine Wachskürbissuppe mit getrockneten Garnelen. Früher hatten wir die vier halbrunden, an den Tischkanten hängenden Platten ausklappen müssen, wenn alle zusammen aßen, und Großmutter hatte immer neben mir gesessen. Es fiel mir schwer, Haltung zu bewahren. Chinalattich mit Morcheln war eines meiner Lieblingsgerichte, Mutter hatte es offensichtlich nicht vergessen. Aber heute schmeckte es mir bitter. Alles schmeckte mir bitter.

Mutter, die seit ihrem Ausscheiden aus dem Theaterensemble 1980 als Dozentin für Schauspiel an der Chinesischen Musikhochschule unterrichtete, erzählte von ihren Studenten, die geschlossen an der Demokratiebewegung teilgenommen hatten. Sie selbst sei auch zweimal mit zu einer Demonstration gegangen und müsse deshalb jetzt eine Selbstkritik schreiben. Die Parteizelle ihrer Hochschule sei aber offensichtlich auf der Seite der Studenten und führe die »Untersuchung« deshalb recht lax. Jeder kritzele irgendetwas aufs Papier, um die Sache formal hinter sich zu bringen, berichtete Mutter.

Dann erzählten mir Mutter und Shitou, wie das staatliche Fernsehen über den 4. Juni berichtet hatte. In den Abendnachrichten des Chinesischen Zentralfernsehens vom 4. Juni war nur ein Titel eingeblendet gewesen: »Nachrichtenagentur Xinhua: Die das Kriegsrecht ausführende Armee schlug konterrevolutionäre Krawalle nieder und eroberte den Platz des Himmlischen Friedens zurück.« Dazu verlas der Sprecher die Nachricht, dass gewalttätige Aufrührer am Abend des 3. Juni die Soldaten der Volksbefreiungsarmee angegriffen, entführt oder bestialisch getötet sowie Armeefahrzeuge, Panzer und Busse in Brand gesteckt hätten. Die Soldaten hätten sich die ganze Zeit zurückgehalten und Ruhe bewahrt, um das Leben Unbeteiligter zu schützen.

Erst als sich die Lage extrem zugespitzt habe, hätten die Soldaten geschossen, zunächst in den Himmel, dann gezielt auf die gewalttätigen Aufrührer. Dabei seien aus Versehen auch Zivilisten getroffen worden. In der Nachrichtensendung des Pekinger lokalen Fernsehens wurden Filmaufnahmen gezeigt, aber nur solche, in denen Menschen angeblich Panzer und Armeefahrzeuge angriffen; der Kommentar lautete ähnlich wie beim staatlichen Zentralfernsehen.

In einer Pressekonferenz am 6. Juni hatte Regierungssprecher Yuan Mu gesagt, es seien über fünftausend Armeeangehörige und zweitausend Zivilisten einschließlich der konterrevolutionären Aufrührer verletzt worden, über vierhundert Soldaten würden noch vermisst werden. Insgesamt habe es dreihundert Tote gegeben, aber keine Toten auf dem Platz des Himmlischen Friedens.

»Es hörte sich so an, als ob die Soldaten die Opfer wären und nicht die Demonstranten«, sagte Shitou und fuhr fort: »Am Morgen des 5. Juni fuhren mein Meister und ich einen Güterzug nach Taiyuan. Nachdem wir Peking hinter uns gelassen hatten, tauchten plötzlich drei verletzte Studenten im Führerhaus auf und baten um Wasser. Wir gaben es ihnen und unser Frühstück noch dazu. Sie erzählten uns, sie seien in der Nacht in der westlichen Chang'an-Straße gewesen. Auf der Höhe der Liubukou-Straße seien gegen 6 Uhr am Morgen Panzer in die Menschenmenge gefahren, und die Soldaten hätten auf Flüchtende gefeuert. Sie selbst hätten Glück gehabt, und jetzt wollten sie nur noch weg aus Peking.«

»Was ist die Wahrheit?«, fragte Mutter aufgebracht. »Was ist in jener Nacht wirklich passiert?«

Ich schilderte Shitou und Mutter noch einmal, was ich vorhin Vater berichtet hatte. Shitou sagte, das Bild mit dem Mann vor dem Panzerkonvoi habe das chinesische Fernsehen auch gezeigt. Aber dieser sei vom offiziellen Kommentator als eine »Gottesanbeterin« bezeichnet worden, die vergeblich den starken Panzern der Volksbefreiungsarmee den Weg versperren wolle.

»Die Tragödie ist noch nicht zu Ende. In Shanghai sind bereits drei junge Leute hingerichtet worden. In Peking wurden letzte Woche auch acht Todesurteile ausgesprochen«, sagte Vater nach langem Schweigen.

»Aber es gibt auch einen Helden«, rief Shitou. »Es wird gesagt, dass der Oberbefehlshaber der 38. Armee den Befehl zur Niederschlagung der Studentenbewegung verweigert hat.«

Alle drei stimmten darin überein, dass kein Mensch in China sich hatte vorstellen können, dass die Volksbefreiungsarmee einmal auf das Volk schießen würde. Aufgewühlt saßen wir noch lange am Esstisch, bis mir die Augen nach dem langen Flug zufielen.

Am nächsten Morgen verließen Vater und Shitou sehr früh das Haus. Beim Frühstück sprachen Mutter und ich dann das erste Mal über Großmutter. In der letzten Zeit habe sie kaum noch etwas gegessen und fast nur geschlafen, berichtete Mutter, und an ihrem letzten Morgen sei sie einfach nicht mehr aufgewacht. Einmal habe Großmutter nach mir und meiner Schwester gefragt. Ich spürte einen Stich ins Herz. Aber ich fragte Mutter nicht, warum sie mich nicht früher informiert hatte. Denn das hätte wie ein schwerwiegender Vorwurf geklungen; außerdem hatte es sowieso keinen Sinn mehr. Deshalb schwieg ich.

Mutter fragte, was wir mit Großmutters Asche tun sollten: »Am besten bringen wir sie in ihre Heimat Miyun, was meinst du?«

»Ja, natürlich, zu ihrem Sohn«, antwortete ich.

Ich fragte auch nicht, ob es ein Testament gebe. Denn ich wusste, es gab keins. Großmutter konnte zwar schreiben, aber ich erinnerte mich nicht, sie je schreibend gesehen zu haben. Nach ihrem letzten Wunsch hatte ganz bestimmt auch keiner gefragt. In China legt man keinen großen Wert auf die Wünsche des Einzelnen, schon gar nicht auf die eines alten Menschen, der nicht mehr Herr seiner selbst ist.

Ich erzählte Mutter, dass ich gern einen Filmregisseur besuchen wolle, den ich auf der letzten Berlinale kennengelernt hatte und der, wie ich wusste, eben jetzt für die Kulturabteilung der Luftwaffe einen Fernsehfilm drehte. Ob sie für mich herausfinden könne, wo die Aufnahmen stattfanden. Mutter hatte von dem Film gehört; ein ehemaliger Kollege aus dem Theaterensemble meiner Eltern, Onkel Wei, arbeite für die Produktion als Aufnahmeleiter, ich solle ihn anrufen. Sie gab mir eine Telefonnummer. Noch am selben Tag fuhr ich zum Yangcun-Stützpunkt der Luftwaffe, etwa neunzig Kilometer südöstlich von Peking. Onkel Wei ließ mich am Eingang zum militärischen Sperrbezirk mit einem Jeep abholen. »Cui, wo um alles in der Welt kommst du denn her?«, entfuhr es dem Regisseur Xin, der gerade mit Außenaufnahmen beschäftigt war, die wegen des Lichtes nicht unterbrochen werden durften.

Als Kind hatte ich oft Kampfjets als Requisiten auf der Bühne gesehen. Heute sah ich zum ersten Mal echte. Auf dem Flugfeld glänzten zwei Reihen rot-weiße Schulflugzeuge in der glühenden Sonne. Von einem Bus aus, der als Garderobe und Aufenthaltsraum diente, beobachtete ich die Dreharbeiten. Eine Gruppe von Schauspielern in brauner Pilotenmontur musste immer wieder über den Platz laufen, die Maschinen besteigen und wieder herunterklettern, während die auf einer Schiene befestigte Kamera lief. Obwohl mehr als zehn Jahre vergangen waren, seit ich sie zum letzten Mal gesehen hatte, erkannte ich einige Schauspieler aus der Truppe meiner Eltern wieder. Nach und nach, zunächst ein wenig zögernd, dann immer strahlender kamen jetzt viele in den Bus, um mich in Augenschein zu nehmen. Die Nachricht, dass Cui gekommen war, hatte sich rasch auf dem Gelände herumgesprochen; alle schienen zu wissen, dass ich die Tochter von Du Bin und Zhao Guohua war und dass ich aus Deutschland kam.

Beim Abendessen in der Kantine drehte sich das Gespräch fast ausschließlich um den 4. Juni. Alle wollten wissen, was ich in Deutschland darüber gehört hatte. Die Namen von Deng Xiaoping und Li Peng fielen. Viele gaben zu, dass sie seit den Ereignissen ungern in Uniform auf die Straße gingen, teils weil sie sich schämten, teils auch aus Angst, dass ihnen die Bevölkerung ihr Missfallen zum Ausdruck bringen würde.

Er verstehe nicht, meinte Xin, wie Deng Xiaoping, der doch in der Kulturrevolution selbst zweimal kaltgestellt worden war, so hart gegen das Volk sein könne. »Der große Reformer, wie konnte er es in Kauf nehmen, als Volksmörder in die Geschichte einzugehen?« Xin sprach mit mir über den Machtkampf an der Parteispitze und rühmte dabei den Generalsekretär Zhao Ziyang, der seit seinem Auftritt auf dem Platz des Himmlischen Friedens am 19. Mai nicht mehr in der Öffentlichkeit erschienen war. Zhao Ziyang vertrete den liberalen Flügel im Politbüro, der für den Dialog eingetreten sei. Anscheinend habe er den Kampf verloren.

Nach dem Essen musste Xin die Aufnahmen des Tages sichten. Währenddessen ging Onkel Wei mit mir spazieren – besser gesagt, wir drehten endlose Runden um das Flugfeld. Onkel Wei hatte sich nicht sehr verändert, außer dass er vielleicht noch etwas rundlicher geworden war. Er hatte im Theaterensemble einst zu den besten Freunden meiner Eltern gehört und bei mir deshalb einen tiefen Eindruck hinterlassen. Wir sprachen über mein Studium und das Leben in Deutschland.

Plötzlich lenkte Onkel Wei das Gespräch auf meinen Vater. »Cui, jetzt, wo du eine erwachsene Frau geworden bist, können wir ja darüber reden. Das Ensemble hat meines Erachtens damals viel zu hart reagiert. Es war mitten in der Kulturrevolution, und die Angst war sehr verbreitet. Nach dieser angeblichen Affäre wurden Ning Yuan und dein Vater getrennt verhört. Um sich aus der Sache zu retten, hat Ning Yuan behauptet, dein Vater habe sie verführt. Und dein Vater hat alles zugegeben, aber nur um sie zu schonen, sie war doch noch so jung. In Wirklichkeit haben sie sich, glaube ich, höchstens geküsst, was zu jener

Zeit allerdings auch schon ein Vergehen war. Wir haben deine Mutter verspottet, als sie deinen Vater zum Spaziergang im Hof ermutigte und ihn demonstrativ begleitete. Wir dachten, sie wolle bloß ihr Gesicht wahren. In Wahrheit hat deine Mutter Rückgrat gezeigt. Und als das Ensemble sie später aus der Armee entließ …«

»Hat meine Mutter nicht selbst um ihre Entlassung gebeten?«, unterbrach ich ihn.

»Das behauptet sie. Aber soweit ich weiß, wurde sie vom Ensemble entlassen, wohl als Strafe, dass sie zu deinem Vater stand und die Entscheidung der Ensembleleitung kritisiert hat.« Onkel Wei hielt einen Moment inne. Das, was ich hörte, verschlug mir die Sprache. Der letzte rote Streifen der untergehenden Sonne verschwand majestätisch hinter dem Horizont jenseits des Flugfeldes. Ein leichter Wind wehte herüber. Die Luft wurde auf einmal angenehmer.

»Cui, mir persönlich tut es sehr leid für deine Eltern. Deine Mutter ist eine großartige Schauspielerin, sie könnte heute noch auf der Bühne stehen. Dein Vater ist ein guter Stückeschreiber gewesen … Aber ihre Schicksale wurden manipuliert. Die Kulturrevolution hat Millionen Menschen das Leben gekostet und unzählige Familien zerstört. Jede Familie wurde betroffen. Es gab natürlich viel schlimmere Schicksale, aber für jeden Einzelnen, für jede Familie ist ein solcher Schicksalsschlag der schlimmste. Auch heute werden wieder Schicksale manipuliert. Aus Studenten werden Aufrührer, aus Patrioten Konterrevolutionäre.« An dieser Stelle zitierte Onkel Wei das Sprichwort, das auch mein Vater zitiert hatte, und sagte: »Die Mutter zerstört die Liebe ihrer Kinder. Das ist die chinesische Tragödie.«

Am nächsten Morgen kam der Minister der Kulturabteilung der Luftwaffe, um die Dreharbeiten zu inspizieren. Xin schlug vor, ich könne doch am Nachmittag mit ihm in dessen Wagen nach Peking zurückfahren, dann bräuchte ich bei der Hitze nicht den Bus zu nehmen und mehrmals umzusteigen. Ich war sehr erstaunt, dass das klappte, aber Xin war eben ein sehr angesehener Regisseur, dem selbst ein Minister ungern eine Bitte abschlug. Am Nachmittag versammelte sich die ganze Crew an der Armeelimousine, um sich von mir und dem Minister zu verabschieden. Viele trugen mir Grüße auf:»Schön, dass du uns besucht hast, Cui! Grüße Lehrerin Du und deinen Vater von uns!« Die Jüngeren nannten meine Mutter»Lehrerin Du«, weil sie zuletzt die Nachwuchsschauspieler unterrichtet hatte. Dann stiegen wir ins Auto – der Minister, sein Adjutant und ich. Ich war ziemlich nervös, weil ich nicht wusste, worüber ich mich mit ihm unterhalten sollte. Der Minister, ein ernster Mann mittleren Alters mit dem Dienstgrad eines Generals, stellte mir ein paar höfliche, harmlose Fragen. Ich beantwortete sie brav. Dann schwiegen wir.

Der Minister war der erste Mensch, der mich nicht nach der westlichen Berichterstattung über den 4. Juni fragte. Ich stellte ihm auch keine Fragen nach jener Nacht. Ich war rücksichtsvoll. Oder zu feige? So schwiegen wir bequem, er vorne auf dem Beifahrersitz, der Adjutant und ich auf der hinteren Bank. Ich schloss meine Augen und tat so, als ob ich schliefe. Der Minister schaute aus dem Fenster.

Als das Schweigen zu drückend wurde, schaltete der kluge Fahrer das Radio an. Die klare Stimme des Sprechers des Zentralen Volksrundfunks drang uns ins Ohr:»… Die 4. Plenartagung des XIII. Zentralkomitees der KP Chinas hat den ›Bericht über die Fehler des Genossen Zhao Ziyang während des gegen die Partei und den Sozialismus gerichteten Aufruhrs‹ überprüft und genehmigt. Zhao Ziyang wurde seiner Ämter als Generalsekretär des Zentralkomitees der KP Chinas, als Mitglied des ständigen Ausschusses des Politbüros, als Mitglied des Politbüros, als Mitglied des Zentralkomitees sowie als erster Vizevorsitzender der Zentralen Militärkommission enthoben …«

Ich riss meine Augen auf, als ob ich den Sprecher sehen wollte, um zu bestätigen, dass ich richtig hörte. Der Minister drehte seinen Kopf nach hinten und tauschte einen langen Blick mit seinem Adjutanten. Las ich darin Entsetzen? Ungläubigkeit? Bestürzung? Ich konnte den Blick nicht hundertprozentig sicher deuten. Aber Freude oder Erleichterung drückte er ganz bestimmt nicht aus. Ich schloss meine Augen wieder, um meine Traurigkeit vor den beiden fremden Männern zu verbergen. In unserer Sprachlosigkeit ausharrend, erreichten wir am Abend Peking. Ich bedankte mich und stieg in der Nähe des Arbeiterstadions aus. Zu Hause sprachen meine Eltern bestürzt über diese Nachricht, die sie gerade im Fernsehen erfahren hatten. Der ganze Abend wurde davon überschattet.

Am nächsten Tag wollte ich den Platz des Himmlischen Friedens aufsuchen. Vater sagte, seit der großen Demonstration am 17. Mai sei er nicht wieder dort gewesen. Von sich aus würde er nicht dorthin gehen, aber wenn ich unbedingt wolle, werde er mich begleiten. So machten wir uns mit dem Fahrrad auf den Weg.

Die achtspurige Chang'an-Straße, auf der normalerweise Fahrräder in einem breiten Strom dahinflossen, wirkte gottverlassen. Ab und zu überholte uns ein einsamer Omnibus. Als wir den Platz des Himmlischen Friedens erreichten, zog sich mein Herz zusammen. Der Platz war leer. Zum ersten Mal seit ewigen Jahren stand ich wieder vor »meinem« Platz – und erkannte ihn kaum. Der Platz, der mein Spielplatz gewesen war; der Platz, auf dem ich laufen und Fahrrad fahren gelernt hatte; der Platz, der das Herz Chinas war und das Zentrum meiner Kindheit; der Platz meines Lebens, der stets voll Leben gewesen war: Dieser Platz war menschenleer und mit einem provisorischen Metallzaun abgesperrt.

Auf der nördlichen Seite gab es einen schmalen, von zwei Soldaten bewachten Durchlass. Ein großes Schild wies darauf hin, dass Fahrzeuge jeglicher Art nicht passieren durften – das galt auch für Fahrräder. Also schoben wir unsere Räder am Zaun entlang. Als wir die nordwestliche Ecke des Platzes erreichten, blieb ich stehen: Das purpurrote Tor des Himmlischen Friedens leuchtete unverändert majestätisch in der Sonne. Das Mao-Porträt, das drei junge Männer aus Maos Heimat Hunan während der Demokratiebewegung im Mai mit Farben beschmiert hatten, hing – gereinigt oder neu gemalt – an seinem gewohnten Platz. Aber dieses Lächeln, das mir bis dahin stets wie das gütige Lächeln Buddhas erschienen war, kam mir plötzlich kalt, listig, zynisch vor. Ich betrachtete es lange und fragte im Stillen: Du bist doch der Gründer des neuen Chinas, du bist doch der Große Führer des Volkes, wie kannst du es zulassen, dass etwas so Barbarisches geschieht?

Trotz der unfassbaren Tragödien, die der Große Sprung nach vorn und die Kulturrevolution über das Land gebracht hatten, hatte ich wie die meisten Chinesen – und wie die Studenten auf dem Platz des Himmlischen Friedens – Mao Zedong nie persönlich in die Verantwortung genommen oder gar die Schuldfrage an ihn gerichtet. Keines der Verbrechen hatte ich mit Mao Zedong persönlich in Verbindung gebracht. Mao Zedong war unsere ewige Sonne, deren Strahl in jede Zelle von uns eindrang, in jeden Winkel unserer Seele, in jeden Bereich unseres Lebens. Er war unser Gott, er war es, der die Legitimation der Partei sicherte. An Mao Zedong zu zweifeln hätte bedeutet, unsere Identifikation preiszugeben. Mao Zedong anzugreifen hätte bedeutet, China anzugreifen.

Ich ließ meinen Blick zum Platz zurückschweifen, vorbei an der Nationalflagge, die in der Windstille am Mast herabhing. Die grelle Junisonne blendete. Meine Augen taten weh, meine Nase, mein Kopf, mein Herz … Mir wurde schwarz vor Augen, meine Beine zitterten, Schweiß tropfte aus allen Poren. Ich stellte das Fahrrad ab und ging in die Hocke. Ich hockte auf dem Boden neben dem abgesperrten Platz und schluchzte, wie vor dreizehn Jahren in Yan'an, als ich vom Tod des Vorsitzenden Mao gehört hatte. Die Trauer, die mich heute ergriff, war jedoch eine andere, über deren Bedeutung ich mir erst ganz allmählich im Laufe vieler Jahre Klarheit verschaffen sollte.

»Cui, Cui, was ist los? Was hast du?« Vater beugte sich voller Angst zu mir herab. Ich sagte: »Vater, ich will nicht mehr auf den Platz gehen. Ich möchte nach Hause …«

Eine Woche später – am letzten Sonntag vor meiner Rückreise – fuhren wir alle gemeinsam nach Miyun, um Großmutters Asche beizusetzen. Mutter wunderte sich, dass ich eine große Tasche mitnahm. Das seien Geschenke für Tante und Nannan, sagte ich. Es gab inzwischen einen relativ bequemen Direktbus, und nach knapp zwei Stunden kamen wir in Miyun an.

Tante und Nannan wohnten in einer kleinen Wohnung in der Nähe des Miyun-Stausees. Sie freuten sich sehr, mich wiederzusehen. Tante hatte nicht wieder geheiratet. Sie war eine herausragende Lehrerin und hatte viele Auszeichnungen bekommen. Nannan war in diesem Jahr achtzehn Jahre alt geworden.

Nach dem Mittagessen gingen wir zusammen zu dem Berg, auf dem sich das Grab meines Onkels befand. Shitou hatte einen Spaten dabei, ich trug Großmutters schwarze Urne. Ich weinte nicht. Keiner weinte. In aller Stille versenkten wir Großmutters Asche neben der ihres ältesten Sohnes. Meine in der Nacht zum 4. Juni stehen gebliebene Armbanduhr legte ich zu der Urne. Nachdem wir frische Erde darübergeschaufelt hatten, breiteten Shitou, Nannan und ich weiße Chrysanthemen und grüne Zweige aus. Ein Grabstein sollte in Miyun bestellt werden, auf dem stehen würde: »Hier ruht unsere liebe Großmutter und Mutter Du-Zhao Biru 1907–1989«. Auch auf das Grab meines Onkels legten wir frische Blumen und Zweige. Danach standen wir noch eine Weile still da. Das laute Zirpen der Zikaden dehnte die Stille ins Unendliche. Als Kind hatte ich immer gedacht, die Zikaden lärmten im Sommer deshalb so fürchterlich, weil ihnen so heiß sei. Heute klang es für mich wie das Schreien der Verzweiflung.

Als Mutter das Zeichen zum Aufbruch gab, sagte ich, ich würde etwas später nachkommen, weil ich mit Großmutter noch ein wenig allein sein wolle. Nachdem alle außer Sichtweite waren, öffnete ich meine Tasche und holte einen großen Stapel Manuskripte heraus. Es handelte sich um Reden, Vorträge, Kritiken, Selbstkritiken und sonstige Aufzeichnungen, die ich als Schülerfunktionärin, Leiterin der Rotgardistenorganisation und Sekretärin der Kommunistischen Jugendverbandszelle der Schule geschrieben und bis jetzt in den Schubladen meines kleinen Schreibtisches aufbewahrt hatte: Kritiken, die ich auf unzähligen Kampfkritiksitzungen vorgetragen hatte; Vorträge, in denen ich die Grundsätze und Ziele des Kommunistischen Jugendverbands zwecks Aufklärung und Erziehung der Mitglieder dargelegt hatte; Reden, in denen ich über Erfahrungen beim Studium der Werke des Vorsitzenden Mao und deren praktischer Umsetzung berichtet hatte; Selbstkritiken, in denen ich mich mit meinem politischen Bewusstsein und Verhalten auseinandergesetzt und mich meiner Fehler und Schwächen auf das Schärfste bezichtigt hatte. Ich zerknüllte die Papiere, schichtete sie vor Großmutters Grab zu einem Haufen auf und zündete das Ganze an. Dann setzte ich mich auf einen Stein und beobachtete das Feuer. Dieses Feuer gefiel mir: Ich mochte seine Farbe – leuchtend rot und transparent; ich mochte die Art seiner Existenz – kurz, aber intensiv; ich mochte seine Dynamik – zerstörerisch und zugleich lebensbejahend.

Nachdem das Feuer heruntergebrannt war, schob ich die Asche zu der frischen Erde unter den grünen Zweigen und Chrysanthemen, holte ein Räucherstäbchen aus der Tasche und zündete es an. Dann kniete ich mich vor Großmutters Grab und sprach im Herzen zu ihr:

»Meine liebste Großmutter,
du bist nun endlich von all deinen Schmerzen, all deiner
Leid befreit. Du hast deinen Frieden gefunden. Du bist jetzt
mit deinem geliebten Sohn vereint, mit dem du dein ganzes
Leben lang nicht zusammen sein konntest.
Ich jedoch bin eine Waise geworden. Der Verlust durch deinen Tod ist durch nichts zu ersetzen. Wenn ich an dich denke,
empfinde ich Ohnmacht und ein Gefühl der Hilflosigkeit,
einen Schmerz, der mich wie ein Dolch mitten ins Herz trifft.
Ich weiß, dein Geist lebt in mir. Aber du bist nicht mehr da.
Ich träume oft von dir. Meistens bist du in meinen Träumen schon alt und krank, aber du bist lebendig, ich sehe dich
und spreche mit dir. Nach dem Erwachen versinke ich in eine
Leere. Ich rufe dann im Stillen nach dir: Großmutter! ...
Manchmal muss ich ein bisschen weinen. Wenn du noch leben würdest, bräuchtest du nie mehr Schuhe und Kleidung
für mich zu nähen oder für mich zu kochen. Vielmehr würde
ich dich verwöhnen und mit allem versorgen, vor allem mit
guter Medizin.
Aber du bist nicht mehr da. Du fehlst mir. Du fehlst mir so
sehr, meine liebste Großmutter, dass ich dieses Fehlen gar nicht
erklären kann. Das ist wie ein Loch in der Seele, das nicht zu
stopfen ist. Mit dir verbinde ich meine Kindheit, meine Jugend, mein Erwachsenwerden. Durch deinen Tod bin ich jetzt
von alldem abgeschnitten. Auch deshalb ist es für mich so
schmerzhaft.
Nach dem Erwachen aus dem Traum von dir muss ich ins
Leben zurück, in ein Leben ohne dich. Das Leben muss wei-
tergehen. Das Leben geht weiter. In meinem Körper entsteht
gerade ein neues Leben. Es wird die Fortsetzung von mir sein,
und von dir, meiner liebsten Großmutter. Es wird dein Uren-
kelkind, das ich dir versprochen habe.
Großmutter, du bist nicht allein. Deine Tochter, dein Schwiegersohn und deine Schwiegertochter, deine Enkelkinder Shitou

und Nannan – alle sind jetzt in deiner Nähe. Dein Sohn ist sogar bei dir, ab heute für immer.

Ich lebe jetzt in einem weit entfernten Land. Aber was spielt die Entfernung schon für eine Rolle? Weil ich dich mit jedem Luftzug atme, bist du für mich überall: Du bist in jedem Blatt, in jedem Regentropfen, in jeder Schneeflocke, in jeder Wolke, in jedem Fluss, in jedem Ozean, in jedem Stern; du bist im Mond, in der Sonne … Du bist im Universum … Du bist in meinem Herzen …

Hörst du mich, Großmutter im Universum? Ich rufe nach dir, ich denke an dich, ich vermisse dich.

Meine liebste Großmutter, ich habe dir heute keine Opfergabe dargebracht. Meine Opfergabe für dich sind meine Gedanken und meine Liebe.

Meine Opfergabe für dich ist, dass ich weiterlebe mit dir in mir.

Meine Opfergabe für dich ist, dass ich deinen Geist – den Funken deines Geistes – an die nächste Generation weitergebe.

Ich umarme dich, meine liebste Großmutter, indem ich die Erde umarme.

Auf Wiedersehen, Großmutter!«

NAMEN DER FIGUREN

BUCH EINS

Familie der Protagonistin

Zhao Cui	Protagonistin als Kind und Teenager
Großmutter	Du-Zhao Biru, Cuis Großmutter mütterlicherseits
Großvater	Du Tianmin, Cuis Großvater mütterlicherseits
Mutter	Du Peiyi alias Du Bin, Cuis Mutter
Vater	Zhao Guohua, Cuis Vater
Schwester	Zhao Qun, Cuis jüngere Schwester
Onkel	Du Peiren, Cuis Onkel, Mutters älterer Bruder
Tante	Zhao Guolan, Cuis Tante, Onkels Cousine und Frau
Shitou	Cuis Cousin, Onkels ältester Sohn
Nannan	Cuis Cousin, Onkels zweiter Sohn
Baoding-Großmutter	Vaters Mutter
Baoding-Onkel	Zhao Guorong, Vaters älterer Bruder
Baoding-Tante	dessen Frau
Dritter Großonkel	Großmutters drittältester Bruder

Nachbarn aus dem Wohnhof der Alte-Türvorhang-Gasse

Frau Jiang	Nachbarin im Vorhof
Ältere Frau Chen	Nachbarin im Außenhof
Jüngere Frau Chen	Nachbarin im Außenhof
Xiaohe	jüngerer Sohn der Jüngeren Frau Chen

Dahe	ältester Sohn der Jüngeren Frau Chen
Tante Hong	Verlobte von Dahe
Lili	Cuis Freundin im Hof
Lilis Mutter	Frau Qiu, Ärztin, Schülerin
	des Arztes Shi Jinmo
Lilis Vater	Herr Zhou, ein Gymnasiallehrer
Lilis Großvater	Vater von Lilis Mutter
Herr Zhang	Buchhalter des Arztes Shi Jinmo
Frau Zhang	dessen Frau
Frau Sun	Nachbarin im Hinterhof, Ärztin
Shi Jinmo	ein berühmter Arzt der TCM
Frau Lin	Nachmieterin von Frau Jiang
Frau Qian	Nachmieterin der Familie Zhou
Beibei	eine Rotgardistin

Kindergarten

Xiaohong	Freundin im Kinderheim des Theater-
	ensembles der Luftwaffe
Xiaoming	Xiaohongs jüngerer Bruder
Jian und Shu	zwei Schwestern aus
	dem 3. Kindergarten

Grundschule

Chen Mei	Rektorin
Lehrerin mit Brille	erste Klassenlehrerin
Lehrerin Wu	zweite Klassenlehrerin
Anran	Freund aus der Alte-Türvorhang-
	Gasse, späterer Kamerad
Xiaorong	Freundin aus der Alte-Türvorhang-
	Gasse, Mitschülerin
Xia	Mitschülerin und Freundin
Bing	Mitschüler

Mittelschule

Lehrer Huang	erster Klassen- und Deutschlehrer
Lehrer Guo	zweiter Klassenlehrer
Hong	Mitschülerin und spätere Kameradin
Mei Ling	Mitschülerin
Liang Junliu	Mitschüler
Chunyi	Freund, der zehn Monate in Yan'an gelebt hat
Chunchao	Chunyis ältere Schwester

Ensemble

Tante Yue	Schauspielerin und Kollegin von Cuis Eltern
Doktor Liu	Ensemblearzt
Ning Yuan	Nachwuchsschauspielerin und Mitbewohnerin der Wohneinheit
Han Ju	Nachwuchsschauspielerin und Mitbewohnerin der Wohneinheit
Tante Sheng	Kollegin von Cuis Eltern, Mitbewohnerin der Wohneinheit
Onkel Wei	Schauspieler und Kollege von Cuis Eltern
Tante Yi	Schauspielerin und Kollegin von Cuis Eltern
Onkel Zhong	Bühnenbildner
Erbao	ein Junge im Ensemblehof
Xin	ein Filmregisseur

Buch zwei

Parteisekretär Cheng	Bauer, Parteisekretär des Kleinen Tals
Brigadeleiter Gao	Bauer, Leiter der Produktionsbrigade des Kleinen Tals
Changfu	Bauer, stellvertretender Parteisekretär, Beiyans Freund
Fengjun	Bauer, Verantwortlicher für Obstbäume
Haolan	Bäuerin, Leiterin der Frauenbrigade
Ma Yangsheng	Bauer
Nanhuo	junger Bauer, Kandidat des Jugendverbandes
Zhisheng	Bauer, der alte Junggeselle
Lanhua	Bäuerin
Mudan	Gangs Verlobte
Guilian	Bäuerin
Qinglian	Bäuerin
Lao Wang	Leiter der Arbeitsgruppe für Linienerziehung
Lao Chen	Mitglied dieser Arbeitsgruppe
Xiao Zhang	Mitglied dieser Arbeitsgruppe

Hinweise zur Aussprache von Namen

Anran	*r* wie *r* im engl. **right** oder *j* im franz. Jean, *an* wie an
Beiyan	etwa wie bei-iän
Cheng	*ch* wie *tsch* in **tsch**üß, *eng* ähnlich wie *eng* in **Eng**agement
Chunyi	etwa wie tschun-i
Cui	*c* wie *tz* in Si**tz**, *ui* wie das engl. *way*
Jiayu	*j* wie *j* in **J**eep, *ia* wie *ia* in Ma**ria**, *yu* wie *ü*
Qun	*q* wie *tj* in **tj**a, *un* wie *un* in t**un**
Shitou	*shi* wie *sch*, *tou* wie das engl. *toe*
Xia	*x* wie *ch* in eu**ch**
Xiao	*x* wie *ch* in eu**ch**, *ao* wie *au* in B**au**m
Xiaohe	*h* wie *ch* in Bu**ch**, *e* wie *e* in Höh**e**
Xiaorong	*r* wie *r* im engl. **right** od. *j* im franz. Jean, *ong* wie *ung* in L**ung**e
Yue	etwa wie iüe
Zhen	etwa wie dschen
Zhou	etwa wie dschou
Zhuang Zedong	etwa dschuang tse dung

ZEITTAFEL

Jahr	Cuis Familie und Freunde	China
1905	Cuis Großvater mütter-licherseits geboren	Sun Zhongshan (Sun Yat-sen) gründet den Chinesischen Revolutionsbund (Tongmenghui), den Vorgänger der Chinesischen Nationalpartei (Kuomintang)
1907	Cuis Großmutter mütter-licherseits geboren	
1912		Pu Yi, der letzte Kaiser der Qing-Dynastie, dankt ab; Gründung der Republik China
1921		Gründung der KPCh in Shanghai
1927		Beginn der bewaffneten Konflikte zwischen der Kuomintang und der KPCh
1930	Cuis Vater geboren	
1931		Gründung der Chinesischen Sowjetrepublik in Jiangxi (bis 1934)
1932	Cuis Großeltern mütter-licherseits heiraten	
1933	Cuis Onkel geboren	Beginn des Angriffs und der Belagerung der Gebiete der KPCh durch die Kuomintang
1934–35		Der Lange Marsch der Roten Armee der KPCh nach Yan'an

Jahr	Cuis Familie und Freunde	China
1935	Cuis Mutter geboren	Konferenz von Zunyi, eine erweiterte Konferenz des Politbüros der KPCh in der Stadt Zunyi, Provinz Guizhou, auf der es Mao Zedong gelang, das militärische Kommando zu übernehmen
1937–45		Antijapanischer Krieg
1945	Cuis Großeltern ziehen nach Nanking	7. Parteitag der KPCh in Yan'an, auf dem die Mao-Zedong-Ideen zur parteipolitischen Leitlinie erhoben wurden
1945–49		Bürgerkrieg zwischen Kommunisten und Kuomintang
1948	Aus Angst vor Kommunisten schickt Großmutter ihren Sohn, Cuis Onkel, nach Changsha, Provinz Hunan	
1949	Cuis Vater tritt der Volksbefreiungsarmee bei	Gründung der Volksrepublik China
1950	Cuis Mutter tritt der Volksbefreiungsarmee bei, zieht als Mitglied der Volksfreiwilligenarmee an die Front des Koreakriegs; erste Begegnung der Eltern an der Front; Cuis drittältester Großonkel wird wegen seiner Mitgliedschaft in der Kuomintang verhaftet und zu einer Freiheitsstrafe von dreizehn Jahren verurteilt	Landreform in China; Beginn des Kriegs gegen die USA und zur Unterstützung Koreas (Koreakrieg); Gründung der Chinesischen Luftwaffe; Gründung des Kunstensembles der Luftwaffe; Kampagne zur Unterdrückung der Konterrevolutionäre
1951		Drei-Anti-Kampagne: gegen Korruption, Verschwendung und Bürokratismus

Jahr	Cuis Familie und Freunde	China
1952		Fünf-Anti-Kampagne: gegen Bestechung, Steuerhinterziehung, Veruntreuung von Staatseigentum, Betrug und Verrat von Staatsgeheimnissen
1953		Beginn des ersten Fünfjahresplans; Beginn der Kollektivierung der Landwirtschaft
1954	Cuis Mutter nimmt an der großen Parade zur Feier des 5. Gründungstags der Volksrepublik China und des Sieges im Koreakrieg auf dem Platz des Himmlischen Friedens teil	Ende des Koreakriegs
1955	Cuis Eltern lernen sich im Theaterensemble des Ostmilitärbezirks der Luftwaffe in Nanking kennen und lieben	Schriftreform (Vereinfachung der Schriftzeichen)
1956	Cuis Eltern heiraten in Nanking; Cuis Großeltern ziehen von Nanking nach Peking zurück	Kampagne »Lasst hundert Blumen blühen«
1957	Cui wird im Juli in Nanking geboren und im Dezember von ihrer Großmutter nach Peking gebracht	Kampagne gegen Rechtsabweichler
1958	Umzug des Theaterensembles der Eltern nach Peking	Kampagne »Großer Sprung nach vorn«; Gründung der Volkskommunen landesweit; Gründung des Zentralen Kunstensembles der Luftwaffe in Peking

Jahr	Cuis Familie und Freunde	China
1959–61	Cuis Großvater stirbt im November 1960	Hungersnot als Folge der Kampagne »Großer Sprung nach vorn«; Verteidigungsminister Peng Dehuai wird wegen seiner Kritik an Maos »Großem Sprung nach vorn« seines Amtes enthoben
1963	Onkel und Tante heiraten	Beginn der »Vier-Säuberungen-Kampagne« in den ländlichen Regionen (1963–66); Kampagne »Von Lei Feng lernen«; Personenkult um Mao
1964	Cuis Cousin Shitou geboren; Cui wird eingeschult	Kampagne »In der Landwirtschaft von Dazhai lernen«; erfolgreiche Explosion der ersten Atombombe
1965	Cuis Mutter und Lilis Mutter gehen im Zuge der »Vier-Säuberungen-Kampagne« aufs Land	Kritik an dem Theaterstück *Hai Rui wird seines Amtes enthoben* von Wu Han (Mao sieht im Stück eine indirekte Kritik an der Entlassung Peng Dehuais) – Ausgangspunkt der Kulturrevolution
1966	Cuis Schule wird wie alle anderen geschlossen; Rotgardisten besetzen den Nachbarhof; Tragödien im Wohnhof, u. a. Selbstmord des Ehepaars Zhang	Mao Zedong schwimmt im Jangtse; Beginn der Großen Proletarischen Kulturrevolution; Rebellion der Roten Garden; Roter Terror (»Blutiger August«)

Jahr	Cuis Familie und Freunde	China
1967	Cuis Schwester Qun geboren; Wiederaufnahme des Schulunterrichts; Kampfkritiksitzung gegen die Rektorin; das Ensemble der Eltern geht aufs Land	Staatspräsident Liu Shaoqi wird öffentlich kritisiert; Deng Xiaoping wird all seiner Ämter enthoben und nach Jiangxi verbannt; Ausweitung gewalttätiger Auseinandersetzungen verschiedener Gruppierungen (u. a. zwischen Rebellen und »Loyalisten«) im ganzen Land; der Artikel »Über die soziale Herkunft« von Yu Luoke wird zum »großen giftigen Unkraut« erklärt
1968	Anran geht mit seinen Eltern nach Lhasa; Xiaohe geht nach Yunnan; Lilis Familie zieht aus der Alte-Türvorhang-Gasse neun aus; Beiyans Vater begeht im Gefängnis Selbstmord	Veröffentlichung der Anweisung des Vorsitzenden Mao: »Jugendliche mit Schulbildung sollen aufs Land gehen«
1969	Beiyan, Ming und Sun Lizhe gehen zum Arbeitseinsatz nach Yan'an; Cuis Schule macht einen »Neuen Langen Marsch« nach Miyun; Cui nimmt als Blumenmädchen an der großen Parade zum 20. Staatsgründungsjubiläum teil; Onkels letzter Heimaturlaub in Peking; Das Ensemble der Eltern reist zu Agitationszwecken auf die Flussinsel Zhenbao	Drei Millionen Rotgardisten und schulentlassene Mittelschüler der Jahrgänge 1966–68 werden aufs Land verschickt; Staatspräsident Liu Shaoqi stirbt elendiglich und einsam in der Haft in Kaifeng; IX. Parteitag der KPCh: Kulturrevolution wird bestätigt; Lin Biao wird zum Vizevorsitzenden gewählt und zum Nachfolger Maos ernannt; Grenzkonflikt zwischen China und der Sowjetunion wegen der Insel Zhenbao im Grenzfluss Ussuri

Jahr	Cuis Familie und Freunde	China
1970	Tante besucht Onkel in Kunming; Cui zieht mit Großmutter zu ihren Eltern ins Theaterensemble und geht auf die Mittelschule; Onkel stirbt in Changsha	Yu Luoke wird wegen seines Artikels »Über die soziale Herkunft« am 5. März hingerichtet; am 24. April bringt China seinen ersten selbst entwickelten Erdsatelliten »Dongfanghong Nr. 1« in die Umlaufbahn
1971	Cousin Nannan geboren; Cui absolviert mit ihrer Klasse ein militärisches Training und schießt zum ersten Mal mit scharfer Munition	April: Die amerikanische Tischtennis-Mannschaft besucht China und wird vom Premierminister Zhou Enlai empfangen; Juli: Kissinger besucht heimlich China; September: Maos Nachfolger Lin Biao stürzt nach einem angeblichen gescheiterten Staatsstreich auf der Flucht in die Sowjetunion in der Mongolei ab; Oktober: Die Volksrepublik China wird in die UNO aufgenommen; Dezember: Beginn der »Kampagne zur Kritik an Lin Biao und zur Verbesserung des Arbeitsstils«
1972		Februar: Nixon besucht als erster Präsident der USA die VR China; Mao Zedong empfängt Nixon; April: Die chinesische Tischtennismannschaft besucht die USA; Oktober: Deutschland und China nehmen diplomatische Beziehungen auf

Jahr	Cuis Familie und Freunde	China
1973	Cuis Vater wird wegen eines angeblichen Sittenfehlers eingesperrt; eine Expertengruppe reist nach Guanjiazhuang, um Sun Lizhe zu begutachten	Premierminister Zhou Enlai besucht Yan'an; Deng Xiaoping kehrt dank Zhou Enlais Unterstützung in die Parteizentrale zurück und wird Vizepremierminister; X. Parteitag der KPCh: Die ultralinke Linie wird weiter bestätigt; Wang Hongwen und Zhang Chunqiao (spätere Viererbande-Mitglieder) werden ins Politbüro gewählt
1974		»Kampagne zur Kritik an Lin Biao und Konfuzius«
1975	Cuis Vater wird aus der Partei ausgeschlossen und nach Lanzhou, Provinz Gansu, verbannt; Cui trifft die Entscheidung, nach dem Abitur nach Yan'an zu gehen; Cui begegnet Anran wieder	Als erster Bundeskanzler besucht Helmut Schmidt die VR China; 1. Tagung des IV. Nationalen Volkskongresses (nach 10 statt 5 Jahren): neue Verfassung beschlossen, nach der China »zu einem mächtigen sozialistischen Staat der Diktatur des Proletariats« aufgebaut werden soll; Deng Xiaoping zum Stellvertreter des KP-Vorsitzenden Mao gewählt

Jahr	Cuis Familie und Freunde	China
1976	Cui geht nach Yan'an und lässt sich im Kleinen Tal nieder; Vater besucht Cui im Kleinen Tal; Cui verliebt sich in ihren Kameraden Jiayu	Januar: Premierminister Zhou Enlai stirbt; April: spontaner Protest auf dem Platz des Himmlischen Friedens gegen die Ultralinken der Parteispitze, der zum »Konterrevolutionären Zwischenfall« erklärt wird; auf Betreiben der Viererbande wird Deng Xiaoping erneut aller Ämter enthoben; Mao ernennt Hua Guofeng zu seinem Nachfolger; Juli: Zhu De, einer der Staatsgründer der VR China, stirbt; Erdbeben in Tangshan mit über 242 000 Toten; September: Mao Zedong stirbt; Oktober: Die Viererbande wird verhaftet; Dezember: Die Kampagne »Die Viererbande gründlich verurteilen« wird entfacht
1977	Hochwasser in Yan'an; Zhen versucht sich umzubringen; Cui und Kameraden nehmen an der ersten landesweiten Hochschulaufnahmeprüfung nach der Kulturrevolution teil	Juli: 3. Plenartagung des X. Parteitags der KPCh: Deng Xiaoping wird rehabilitiert; August: XI. Parteitag der KPCh: Kulturrevolution wird für beendet erklärt; Oktober: Das System der Hochschulaufnahmeprüfung wird offiziell wiederhergestellt, 5,7 Millionen junge Menschen unter 26 Jahren nehmen an der ersten Prüfung teil, 273 000 werden zum Studium zugelassen

DANKSAGUNG

Herrn Thomas Karlauf, der durch einen Zufall mein Agent wurde und mich tatkräftig unterstützte, und Herrn Tilo Eckardt, der das Erscheinen dieses Buchs ermöglicht hat, sowie allen Mitarbeitern des Blessing-Verlags, möchte ich von ganzem Herzen danken.

Herrn Klaus Gabbert, meinem Lektor, gilt mein besonderer Dank. Sein Engagement und seine Gewissenhaftigkeit haben mich tief berührt. Er hat diesem Buch den letzten Schliff gegeben.

Dr. Walter Bauhöfer war der erste Leser meines Manuskriptes. Er hat meine sprachlichen Fehler korrigiert, mit mir über manche inhaltliche Problematik diskutiert und mir Tipps gegeben, insbesondere auch zu medizinischen Fragen. Dr. Peter Sandmeyer und Dr. Huang Chuanjie sind zwei weitere Leser, deren Einwände und Ratschläge mir wichtig waren. Dafür möchte ich mich bei ihnen herzlich bedanken.

Mein inniger Dank gilt meiner Familie und meinen Verwandten, besonders meiner Mutter, meiner Schwester Xue, meiner Tante Guolan, meinem Cousin Cheng und meiner Tochter Yashi. Sie alle haben mich unermüdlich unterstützt.

Meinen Freunden und ehemaligen Kameraden – u.a. Dong Yan, Zhang Ke, Sun Chuan, Zhang Yuzhi, Wang Jianping, Cheng Zhengtian, Wang Chaohua, Liang Jintai, Xu Shuming, Zhang Jingpei, Wang Keming, Ren Zhenggang, Yao Jian und Sun Lizhe – sowie allen Bewohnern des Kleinen Tals möchte ich bei dieser Gelegenheit aufrichtig danken. Ohne sie gäbe es dieses Buch nicht. Außerdem danke ich Chen Youmin, der seine vor 37 Jahren entstandenen, einmaligen Zeichnungen für das Buch zur Verfügung stellte.

Darüber hinaus möchte ich mich bei Heinz bedanken für seine großzügige Unterstützung und unendliche Geduld.

Nicht zuletzt danke ich einem Menschen, ohne den ich nicht nach Deutschland gekommen wäre: Roland Prior.

Meiner Großmutter und meinem Vater, die das Erscheinen dieses Buches nicht mehr erleben können, sende ich im Stillen meinen tiefsten Dank ins Universum.

Zhao Jie
Berlin, im Februar 2013

INHALT